大聖堂と行列路
（撮影著者，以下同様）

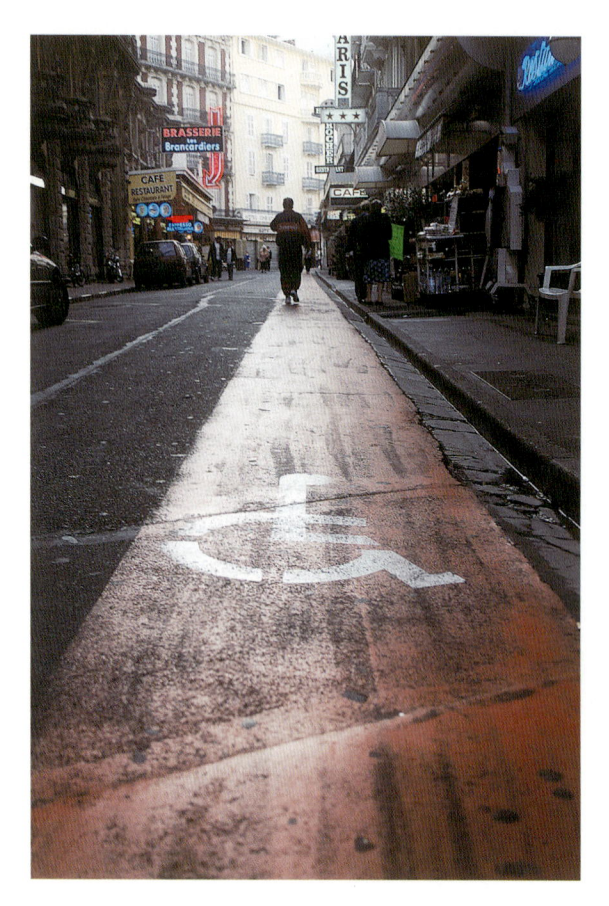

町なかの車椅子レーン

聖 体 行 列

洞窟と聖母像

ロウソク行列

新ノートル・ダム・センター
（傷病者宿泊施設）

十字架の道行き

SOUVENIR
de la
Vénérable SŒUR MARIE-BERNARD
— Bernadette SOUBIROUS —
MORTE EN ODEUR DE SAINTETÉ
A l'âge de trente-cinq ans, le 16 avril 1879
À la Maison-Mère des Sœurs de la Charité
et de l'Instruction chrétienne de Nevers
après avoir été favorisée, à Lourdes,
de dix-huit apparitions de la Très Sainte Vierge

修道女姿のベルナデット
（列福審査のための情報提供を呼びかけるカード）

ルルド聖域図

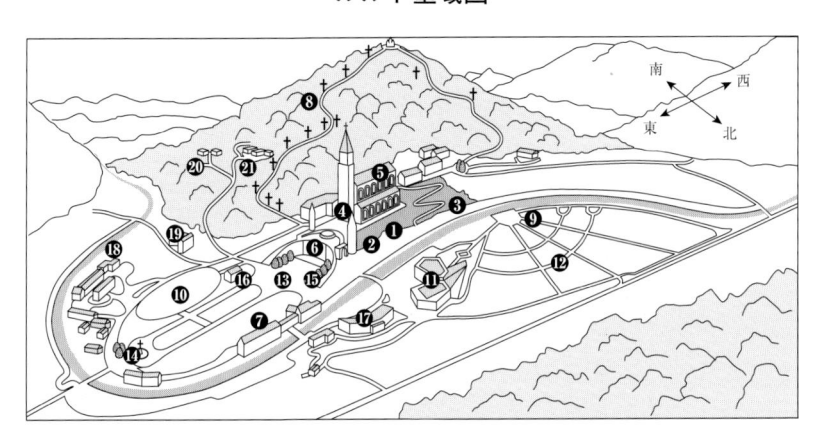

❶洞窟／泉
❷水汲み場
❸沐浴場
❹地下礼拝堂
❺無原罪の宿り大聖堂
❻ロザリオ大聖堂
❼悔悛の礼拝堂（旧ノートル・ダム・センター）
❽十字架の道
❾傷病者のための十字架の道
❿聖ピウスⅩ世地下大聖堂
⓫聖ベルナデット聖堂
⓬屋外集会場
⓭戴冠の聖母像
⓮磔刑群像
⓯医局
⓰案内所
⓱ノートル・ダム・センター（旧聖ベルナデット・センター）
⓲ノートル・ダム展示室
⓳サン・フレイ・センター
⓴シテ・サン・ピエール
㉑キャンプ場

出典） *Lourdes. Des apparitions au pèlerinage* 1994: 32 より作成

フランスの地図

- イギリス海峡
- リール
- ブルターニュ
- ポンマン
- パリ
- ロレーヌ
- レンヌ
- シャルトル
- ポワティエ
- ヌヴェール
- パレ・ル・モニアル
- ヴィシー
- アルス
- リヨン
- ボルドー
- グルノーブル
- ラ・サレット
- バイヨーヌ
- ルルド
- トゥールーズ
- ニーム
- プロヴァンス
- カルカッソンヌ
- マルセイユ
- ピレネー山脈
- 地中海

ルルド傷病者巡礼の世界

ルルド傷病者巡礼の世界

寺戸淳子著

知泉書館

まえがき

「ルルド」という地名を，思わぬところで目にして驚くことがあります。水や温泉関連の商品・施設，自然食の総菜店，バーの看板。その名が喚起すると期待されているイメージは，「癒しの聖地」と考えて間違いないでしょう。ルルドには奇蹟の泉が湧き，その水で傷や病いが癒えるという評判が，日本にも伝わっているようです。

本書はそのルルドをテーマにしていますが，「癒し」という観念は出てきません。その理由は，実際にルルドに行き，現場に身を置いたときの感覚が，「癒しの聖地」という言い回しとは結びつかなかったことにあります。人の宗教心や望みや喜びは万国共通で，聖地のもつ魅力は人としての当たり前の感覚によってわかるものである，という考え方があります。ルルドは観光地化していますから，観光客に疎外感を味わわせるような排他的な雰囲気はそこにはありません。それにもかかわらず，私はルルドで，そこが何か自分とはかかわりのない世界であるような，自分にはわからない世界がそこに広がっているような印象を抱きました。本文中の表現でいえば，そこには「ひとつの世界」があり，私はその世界の部外者である，という感覚です。この「ひとつの世界」を知りたい，その世界が人々を引きつけている理由を知りたいという好奇心から，この研究は始まりました。

ただし，その世界についてのイメージは，かなり早い段階からさだまっていました。大勢の傷病者（病人や障害を負った人たち）が集まる場所，「傷病者の聖地」というのがそれです。聖域の中心には車椅子に乗った人々や看護婦姿の女性たちがおり，来訪者は彼らが行き交う姿をいやでも目にします。余所で目にすることのない光景は，居合わせた者に強い印象を与えます。さらに，ルルドで調査を始めて間もなく，巡礼団で積極的に活動している人たちの口から，ある発言が繰り返し聞かれることに気づきました。巡礼団に参加する傷病者の数が減ってしまって大

変だ，最近は高齢者が多くて本物の傷病者はあまりいない，巡礼団には傷病者が参加していなくてはいけない。奇蹟にあずかって治癒した人がいなくてはならない，という発言を耳にした覚えはありません。彼らが確保しようと苦心しているのは，車椅子や寝椅子に乗った・本・物・の・傷・病・者・なのです。なぜ，この人たちは当たり前のように，傷病者がいないといけないと言うのか，なぜルルドには傷病者がいなければならないのか。この問いが「ひとつの世界」を解明する手がかりになると感じたとき，研究の方向が定まりました。

　本書は，この問いに答えるための考察をまとめた博士論文（2003年11月提出）に，加筆修正したものです。

　序では，ルルド巡礼に関係する主な先行研究を概観し，この研究の主題と位置づけを定めます。続く本論で，傷病者の存在が必要不可欠だとされる巡礼の，誕生と発展の歴史を辿っていきます。

　第1章では，19世紀のカトリック世界の神学や諸実践を概観したのち，その世界が展開した現場として，傷病者巡礼の舞台であるルルドの巡礼空間の特徴を分析します。ルルドに対し，「傷病者が公の場で見せ物にされている」という非難が向けられることがたびたびありますが，そのような非難の対象となる「傷病者のスペクタクル」の意義を，ここでは中心に考察します。

　第2章では，ルルド巡礼に独自の形式である「傷病者巡礼」の，誕生と目的を概説します。それは，「フランスの救い」を目指す運動の一環として始まったのですが，ここでは，傷病者巡礼によってフランスが救われることになる理由を明らかにするとともに，革命後のフランスで，共和国とカトリック世界がそれぞれどのような共同体イメージを人々に提供し，帰属グループとしての正統性を争ったかを中心に論じていきます。

　第3章では，傷病者巡礼を支援する奉仕組織〈オスピタリテ〉の誕生と発展を概観し，この組織が巡礼世界の確立に果たした役割を論証します。「フランスの救い」をあきらめざるをえなくなった後の傷病者巡礼を牽引したのは，この組織でしたし，巡礼団には傷病者が参加していなければいけないと口にしていたのは，その会員たちでした。ルルド巡礼というひとつの世界を理解する鍵は，この組織にあるのです。ここでは

「慈善」と「福祉」という異なる連帯のかたちを対比しながら，19世紀のフランス社会における社会的紐帯（その中には「公／私」や「男／女」といった境界設定の問題も含まれます）のイメージと，その変化について論じていきます。

第4章では，奇蹟的治癒を取り上げますが，癒しのメカニズムを考察するわけではありません。ルルドの聖域には〈医局〉と呼ばれる機関があり，そこで治癒の調査が行われてきました。つまり，この機関の存在は，「医師」という立場が聖域にかかわっていること，ルルド巡礼の世界が医学・医療の世界と交渉してきたことを意味しています。ルルド巡礼の意義を考える上で非常に重要な機関であるにもかかわらず，その研究は今までほとんど行われてきませんでした。ここでは，この機関と奇蹟的治癒物語の分析を通して，ルルド巡礼の世界が医療化された社会や科学的世界観に異議を唱えてきたことを明らかにしていきます。また，奇蹟的治癒の研究において頻繁に用いられる「全体性の回復」という観念の，問題点を指摘します。

第5章では，傷病者巡礼の現在の姿を，私が参加したさまざまな巡礼団の同行調査をもとに紹介し，新しいタイプの傷病者巡礼が同時代の社会につきつけている批判の意義を考察します。それは，病いや死を社会の中にどう位置づけるかという主題にかかわっています。

結論では，前半で本論を総括し，後半で「公共性」にかかわる一般理論との関係を整理します。この後半部は，今回あらたに書き下ろしたものです。

このように各章は内容的に独立していますので，関心のある章だけをお読みいただくこともできますが，先行する章の内容と考察を前提に議論が進みますので，なるべくでしたら序から順にお読みいただきたいと思います。

各章の初出は次のようになります。各論文とも大幅な修正を加え，形を変えて組み込んでいます。

第1章 「聖処女から聖母へ」（『東京大学宗教学年報 VI』1989年）；「聖地のスペクタクル」（『宗教研究』69-3, 1995年）；「ルルドの夏と冬」（『創文』創文社, 1997年）；「開かれゆく参加空間」（森明子編『ヨーロッパ人類学』新曜社, 2004年）

第2章 「キリストに依る世界」（『宗教研究』77-2, 2003年）；「開かれゆく参加空間」
第3章 「キリストに依る世界」；「開かれゆく参加空間」
第4章 「『患者』からの自由」（『東京大学宗教学年報 XIV』1997年）；「被る人々」（栗原彬・小森陽一・佐藤学・吉見俊哉編『越境する知　身体：よみがえる』東京大学出版会，2000年）
第5章 「被る人々」；「キリストに依る世界」；「開かれゆく参加空間」
結　論 「キリストに依る世界」；「開かれゆく参加空間」

　この研究は，以下の助成を受けて行われました。平成3年度日本学術振興会海外特別研究員，1993年度トヨタ財団研究助成，平成7年度科学研究費補助金（特別研究員），Bourse à l'Ecole Française de Rome (1996)，平成10年度科学研究費補助金（基盤研究(A)(2)）。また本書の出版は，独立行政法人日本学術振興会平成17年度科学研究費補助金（研究成果公開促進費）の助成を受けて実現しました。これらの機関と，助成を受けるにあたってお世話になった多くの方々に，心より感謝申し上げます。
　また図版の掲載をご許可を下さった被昇天修道会とルルド聖域史料室にも心より御礼申し上げます。

目次

まえがき　　v

序　論

I　イメージの中のルドド　　4
II　数字でたどるルルド　　10
III　研究におけるルルド　　15
  1　19世紀フランス宗教史　　15
  2　奇　蹟　　17
  3　聖母出現　　18
  4　巡　礼　　21
IV　本論考の目的と構成　　24

第1章　巡礼空間の構成

I　19-20世紀のカトリック世界　　35
  1　「ガリカニスム」対「教皇至上主義」　　36
  2　「ジャンセニスム」対「典礼運動」　　39
  3　聖　体　　43
  4　マリア神学　　47
II　巡礼空間の構成　　55
  1　洞窟周辺　　59
  2　聖堂：ミサと聖体顕示　　68
  3　行列の広場：聖体と傷病者　　75

4　その他：告解と発言の場　　　　　　　　　　　　86
　　5　旧市街と周辺部：ベルナデットとパノラマ　　　94
　　6　ルルドでのすごし方：「集う人々」となる／を見る　99
　Ⅲ　巡礼空間の変遷と特徴　　　　　　　　　　　　　105
　　1　屋外祭儀空間：歴史的な物語空間から普遍的な公開空間へ
　　　　　　　　　　　　　　　　　　　　　　　　　105
　　2　「貧しさ」のテーマの後退　　　　　　　　　　110
　　3　「聖体／無原罪の聖母／ベルナデット」の関係　113
　　4　スペクタクル　　　　　　　　　　　　　　　　118

第2章　ルルド巡礼の歴史：傷病者巡礼の確立

　Ⅰ　ルルド巡礼前史　　　　　　　　　　　　　　　　134
　　1　18世紀までのキリスト教巡礼　　　　　　　　　134
　　2　19世紀フランスにおける巡礼運動　　　　　　　137
　Ⅱ　ルルド巡礼のはじまり　　　　　　　　　　　　　146
　　1　1866-67年：教区巡礼のはじまり　　　　　　　147
　　2　1869-70年：傷病者の巡礼参加　　　　　　　　149
　　3　1872年：〈御旗巡礼〉と司教区巡礼の発展　　　156
　Ⅲ　「傷病者巡礼」の成立　　　　　　　　　　　　　159
　　1　被昇天会と〈救いの聖母協会〉　　　　　　　　159
　　2　〈全国巡礼〉　　　　　　　　　　　　　　　　163
　Ⅳ　司教区巡礼の確立　　　　　　　　　　　　　　　175
　　1　傷病者巡礼の発展　　　　　　　　　　　　　　175
　　2　司教区巡礼の意義　　　　　　　　　　　　　　177
　Ⅴ　ルルド巡礼の国際化：和解と平和　　　　　　　　186
　　1　第二次世界大戦後のルルド　　　　　　　　　　186
　　2　共同体イメージ　　　　　　　　　　　　　　　190

第3章　オスピタリテ

- I　社会編成の変化　199
  - 1　旧体制下の社会編成　199
  - 2　結社への対応と公共圏　201
  - 3　女性の社会的立場と公共圏　204
- II　社会的紐帯と救済事業　209
  - 1　カトリック世界の「慈善」と「隣人愛」　209
  - 2　共和国の福祉事業　211
  - 3　共和国の社会的紐帯観　213
- III　社会的カトリシズム　216
  - 1　慈善の伝統：〈聖ヴァンサン・ド・ポール会〉　217
  - 2　社会・経済問題への取り組み　220
  - 3　被昇天会と社会的カトリシズム　222
- IV　〈救いの聖母オスピタリテ〉　229
  - 1　発足：ノブレス・オブリージュ　229
  - 2　規約　233
  - 3　活動の規模　245
  - 4　オスピタリテの精神　247
  - 5　会員の「肖像」　250
  - 6　まとめ　263
- V　〈ルルドの聖母オスピタリテ〉と司教区オスピタリテ　270
  - 1　〈ルルドの聖母オスピタリテ〉の発足　271
  - 2　〈ルルドの聖母オスピタリテ〉の規定・規約　274
  - 3　〈ルルドの聖母オスピタリテ〉の会員構成と活動規模　277
  - 4　〈ルルドの聖母オスピタリテ〉の活動内容　279
  - 5　〈ルルドの聖母オスピタリテ〉の精神　282
  - 6　司教区オスピタリテと〈ルルドの聖母オスピタリテ〉の関係　285

7　司教区オスピタリテの活動内容　　288
Ⅵ　オスピタリテ活動の現在　　292
　　1　「ディスポニーブル」という規範　　292
　　2　「適切な関係」の変化　　299

第4章　奇蹟的治癒

Ⅰ　19世紀の医学と医療　　308
　　1　「公益」をめぐる争い　　308
　　2　三つの主題：ヒステリー・公衆衛生・賃労働としての医療
　　　　312
Ⅱ　〈医学審査局〉の成立と治癒審査の歴史　　318
　　1　聖地の成立まで　　318
　　2　聖域機関誌の誕生と〈全国巡礼〉の影響　　321
　　3　〈医学審査局〉の誕生と発展　　326
　　4　カトリック医師の組織：奇蹟的治癒審査への関与　　334
　　5　カトリック医師の政治行動：衛生問題　　344
　　6　巡礼同行医の立場：オスピタリエとしての医師　　347
　　7　まとめ：ルルドにおいて「医師」であること　　353
Ⅲ　奇蹟的治癒　　361
　　1　物語のスタイル　　362
　　2　報告の要請　　368
　　3　奇蹟的治癒物語の浸透：〈全国巡礼〉25周年記念
　　　　治癒者レポート　　375
　　4　奇蹟的治癒審査の批判と治癒物語の再評価　　380
　　5　考　察　　383
Ⅳ　まとめ：適切な奇蹟的治癒とは何か　　401

目 次　xiii

第5章　傷病者巡礼の展開

- I　20世紀前半の傷病者を取り巻く状況　410
  - 1　傷病者組織の設立：傷病者の役割・存在意義の模索　410
  - 2　「傷病者ミサ」の制定　417
- II　第二次世界大戦後の傷病者巡礼：傷病者の自立と社会参加の要求　419
  - 1　〈盲人十字軍〉　421
  - 2　傷病者の司牧　424
  - 3　新しい潮流：現行社会システム・価値の批判　434
- III　〈ルルド－癌－希望〉　443
  - 1　スペクタクル：アピール　445
  - 2　発話：討議・物語　446
  - 3　祭儀：共同行為・祈り　452
  - 4　まとめ　454

結　論

- I　ルルドにはなぜ傷病者がいなければならないのか　470
- II　関係する理論領域　479
  - 1　正義の実現過程としての「公」　480
  - 2　「主体性」の揺籃としての親密圏　481
  - 3　「現れ」の空間としての公的領域　484
  - 4　公的連帯と共属意識　486
  - 5　「物語による組織化」と「死を契機とする共同性」　492
  - 6　上記論者における共通理解と関心の違い　495
  - 7　ルルドにおける「公」　499

あとがき　511
参考文献　515
索　引　549

ルルド傷病者巡礼の世界

序　論

こういう男たちのひとりが，ある日，洞窟でミサがあげられていたとき，群集に向かって言うのを聞いたことがあった。「わたしたちは，これから聖体拝受をすることになります」と。ここで言われる「わたしたち」とは，ひとつの世界である。
(ユイスマンス 1994: 140)

I　イメージの中のルルド

1858年2月11日，ベルナデット・スビルー Bernadette Soubirous という名の14歳の少女が，町はずれにあるマサビエルの洞窟で白く輝く美しい女性を見た。4年後，司教区司教によって，ベルナデットの前に現れ人々へのメッセージを託したのはキリストの母マリアであった，すなわち，それは聖母出現[1]であったと認められるこの事件をきっかけに，人口4,143人，小郡役場所在地であり司祭長区でもありながら，近隣の街を行き来する湯治客の通過路に過ぎなかったフランス南西部ピレネー山中の町ルルド Lourdes は，現代カトリックの一大巡礼地へと変貌を遂げる。1990年の統計によれば，ルルドはパリに次ぐホテルのベット数と外貨交換高を誇る，フランス第二の国際的観光地である（*Le Tourisme en France* 1990: 50）。

　フランスで最も親しまれている観光ガイド『ミシュラン』のピレネー編に，ルルドはぜひ訪れたい一等観光地として次のように紹介されている（*Guide de Tourisme Michelin. Pyrénées* 1980: 122-125）。「世界的に知られた巡礼地ルルドは，夏のシーズン中その独特の表情を見せてくれる。潤沢な祭儀，行列，希望に胸を熱くする傷病者の姿が，聖地に霊的な雰囲気を与えている」。記述はこの後「巡礼」と題して，聖母を見たという見者「ベルナデット・スビルー」，聖母出現の舞台となった「マサビエルの洞窟」，そして「世界最大の巡礼」という，三つのトピックを取り上げていく。

　初めの二つのトピックで聖母出現の歴史と見者の生涯が簡単に語られ

　　1）　欧米では，イエスの母マリアの呼称としては「聖処女」が一般的で，「聖母」は日常的には用いられず，マリアが人間の前に現れる現象も「マリア出現」や「聖処女の出現」と呼ばれるが，本論考では日本での慣習に従い，原則として「聖母出現」の語を用いる。

I　イメージの中のルルド

るが、そこでは、2月11日から7月16日にわたって計18回を数えたとされる聖母出現が「日増しに膨れ上がっていく、信者も見物人も取り混ぜた群集」のただ中で起きたという記述が目を引く。奇蹟的治癒で有名な「ルルドの泉」が発見されるくだりも次のように語られる。「呆気にとられている見物人（spectateurs）の目の前で、ベルナデットは地面を指で掘り返した。そこから一条の水がわき出した」。この『ミシュラン』の記述にあるように、ルルドの聖母出現は実際、大勢の人々が見守る中で展開し、その状況が新聞によって刻々と報じられた、現場・実況感覚が強調された出来事であった。

　三番目のトピックで注目されるのは、傷病者の巡礼についての、かなり詳しい記述である。「1874年、第二回〈全国巡礼〉が14人の傷病者を連れてきた。これ以後、傷病者の存在が聖地を特徴づけることになる（1978年の統計では、425万人以上の来訪者に対し、7万人近い傷病者を数える）。傷病者の巡礼という試みの大胆さは、1963年に敢行された第一回ポリオ巡礼に端的に表れている（1978年には5,000人のポリオ患者と運動障害のある人々が巡礼を行った）」。

　対照的に、ルルドについての最も一般的なイメージを構成していると思われる「奇蹟的治癒 guérison miraculeuse」について、『ミシュラン』の記述は一言も触れていない。治癒の舞台として有名な「沐浴場」の名が、巡礼者用施設案内の中に出てくるだけで、奇蹟的治癒と思われる事例の科学的調査を行う〈医局 Bureau Médical〉についての説明もない[2]。だが、現在マスメディアによって提供されるルルドについての情報の多くは、この奇蹟的治癒に関係している。1993年9月に起きた治癒事例をめぐる報道が多くの紙面をにぎわせたのはまれな例であるとしても[3]、心理療法や伝統的な治療師の活動が話題になる時に引き合いに出

　2）　治癒が奇蹟的なものかどうかの判定と認定の全権は、治癒者が所属する司教区の長である「司教」に与えられている。〈医局〉は、そのような教会組織による奇蹟的治癒の認定に先立ち、病いが癒えたと申告してきた人物の病歴、治療の経緯、快復の事実の有無を調査する機関である。この機関については第4章で取り上げる。
　3）　多発性硬化症で16年間歩くことができず両腕も不自由だった58歳の男性が、ルルド巡礼から戻ったのち身体に異常を感じ、突然立ち上がって動けるようになったという話は、大衆誌 Paris Match 9月23日号（p. 78-81.）に早くも写真入りで紹介された。その後も一般誌 Le Point 10月16-22日号（p. 85.）に、ルルドで開催されたルルド国際会

されたり,「奇蹟は本当にあるのか」というテーマの討論番組や宗教番組に〈医局〉局長が出演して治癒事例に判定を下すまでの厳密な仕事ぶりを紹介するようなことは,珍しくない。1992年には聖域の公式ビデオ『ルルドにおける治癒と奇蹟』が発売されているが,それによれば現在までに200万人の傷病者がルルドを訪れ, 3万人が治癒し, 6,000例が調査対象となり, 2,000例が医師によって科学的説明が不可能であると認められたという。1999年現在ではその中の66件が,各治癒者が所属する司教区の司教により奇蹟的治癒として認定されている。

またここ数年,毎年 8 月15日の聖母被昇天祭の時期に,フランス公共テレビ FR2 が夜 8 時のメイン・ニュースでルルドの〈全国巡礼〉を取材しているが[4],そこでは世界各国から集まった巡礼者に対するインタビューとともに,ルルドの聖域を取り囲む悪名高い土産物街の様子や商品を選ぶ巡礼客,景気のよしあしを語る店主の姿などがたびたび映し出される。観光ガイドという性格上,『ミシュラン』の記述はルルドを肯定的に紹介しているが,実はこの近代の聖地は悪評も高い。

議の紹介記事に織り込む形で,またフランスの民放テレビ局 TF1 が月一回放送する二時間の人気番組「不思議な出来事」とのタイアップ誌 *Mystères* 11月号 (p. 14-20.) に,1989年に奇蹟的治癒と認定された事例紹介の紙上採録の最後に囲み記事が掲載されたほか,健康情報誌 *Prévention Santé* 11月号 (p. 42f.) にまでとりあげられていた。ルルドの〈聖域〉が発行している機関誌 *Lourdes Magazine* 12月号 (p. 32f.) は慎重な態度で,治癒の噂が広まっていることと〈医局〉による調査の開始を告げている。また,1993年10月23-24日に「治癒と奇蹟」というテーマで開催されたルルド国際会議について,日刊紙 *Le Figaro* に「ルルドの侵すべからざる奇蹟」という記事が,総合誌 *Nouvel Observateur* に「奇蹟をめぐる医師会議。ルルド:説明不可能なものの説明」という記事が掲載された。1992年 8 月に一般誌 *L'Evénement* も,「ルルド:危機に瀕する奇蹟」と題する記事をアメリカの *Health* 誌から転載している。

マスコミが取り上げる「スキャンダルとしての奇蹟」の歴史は,出現の同時代にまで遡る。当時の新聞にはすでに,ルルドの水の治療効果を揶揄する記事が見られる。たとえば1858年 3 月11日付けの *Charivari* は,泉についてふれていない 3 月 4 日と 6 日の *Ere Impériale* 紙だけを情報源にしたためか,「驚いたことに……洞窟には泉がないのである。私が知る限り大体の出現地には,ラ・サレットもしかり,泉があるものなのだが。その水は特効薬になる……だがいずれ誰かが,ここに井戸でも掘るだろう」と書いている (*LDA* t. 1: 236f)。「泉」と「治癒」が,この手の騒ぎにふさわしい通俗的な要素と認められていたことがわかる。なお,泉は実際には 2 月25日に見いだされていた。

4) その他,教皇や教皇庁の動向,諸宗教・宗派が主導する慈善団体の紹介,社会問題についての聖職者によるコメントなど,宗教に関係する報道は,フランスのニュース番組において決して例外的なものではない。

I　イメージの中のルルド

土産物屋の内部。大小さまざまなマリア像，絵皿，ロウソク，記念の盾などが並ぶ（1992年7月撮影）

ルルド巡礼の今日的意義を説く著書の中で，ローランタン神父は[5]，軒を連ねる土産物屋とそこで売られる悪趣味な商品の数々こそ，奇蹟的治癒と並んで，ルルドについて最も頻繁に否定的に取りざたされる話題であると述べ，町と聖域管理者が委員会を設けてその対策に当たっていることを紹介している。実際ルルドの「商業主義」批判は，ルルドが話題に上るときに信者・非信者の別なく頻繁に口にされるものである。また，そもそも「出現」や「奇蹟」にまとわりつくイメージが，ルルドを聖母に祝福された特権的な場所として魅力あるものにすることもあれば，馬鹿げた迷妄の産物として皮肉な態度をとらせることもある。このようなイメージができあがるにあたっては，次にあげる三冊の著作の影響が大きかった。

ルルドの歴史家と呼ばれるアンリ・ラセールの『ルルドの聖母』（LASSERRE 1869）は，100万部を売ったといわれる，19世紀の宗教書を代表する大ベストセラーである。彼自身，1862年に原因不明の視力障害がルルドの水によって奇蹟的に快復した縁でルルドの教区付司祭と懇意になり，ヌヴェールの修道院に入っていた見者ベルナデットとも近しくし，ルルドの紹介者としてその歴史に深く関わっていった。ラセールのこの作品は，出現当時の資料に加えてさまざまな噂話を採録し，出現

---

[5]　それによれば，1976年には50軒の卸売業者と400軒の小売商が10万種の商品を商っていた（LAURENTIN 1977: 103-112）。ローランタン神父は，1958年の聖母出現100周年を記念して行われた出現の歴史史料編纂事業にタルブ司教の命により携わったのち，70年代を通じて聖域運営と巡礼の諸問題を検討する委員会に参加し，ルルドについて数多くの書物を著している。

譚の決定稿となって,以後のルルド関連著作に数多く引用され,多大な影響を与えた。昔ながらの信仰説話の定型をなぞったその物語世界は,正しい信仰が勝利するという勧善懲悪スタイルに貫かれ,政府や教会権威の傲慢に対し,いたいけな少女ベルナデットと彼女を支える市井の人々の素朴な信仰,近代世界において失われつつある民衆的信仰が,称揚されている。彼が,物語を編纂した「伝聞＝耳」の作家であるのと対照的に,次にあげる自然主義の系譜の二人は,ルルドで見たことを土台に作品を創る「観察＝目」の作家であるといえる。

　1894年に出版されたエミール・ゾラの小説『ルルド』は,「三大都市」という連作の初めの一冊で,1896に『ローマ』,1898年に『パリ』が出版された。これは2か月で12万部のベスト・セラーとなった[6]。宗教を人間の弱さの証として批判する自由・合理主義思想の書であり,近代的知性にとっての信仰の不可能性をテーマとしている。また社会悪,特に貧困を克明に描写するという彼の基本的な執筆理念に由来するものと思われるが,宗教を,救いのない貧窮者の偽りの慰めとみなしている。金銭欲にとりつかれた司祭や商売人という登場人物像が信徒の不興を買ったのはもちろんだが,それ以上に,奇蹟的治癒を合理的に説明するために実際の治癒事例を自分に都合のいいように故意に歪曲したとして,聖域関係者やユイスマンスから非難された。だが,ジャン・マルタン・シャルコ[7]にルルドで起きる治癒について意見を求め,シャルコが「信仰による癒し」(1892)を執筆するきっかけとなるなど,奇蹟的治癒をめぐる論争を,ごく限られた参加者だけが関わる小規模な論争から,より広範な聴衆を巻き込む大規模な騒ぎへと拡大する契機ともなった。ゾラのこの小説は,宗教を個人の内面の心理的問題としてとらえているが,次にあげるユイスマンスの著作は,ルルドに集まった人々によって独自の巡礼世界が作り出される有様に注目している。

　1906年に出版されたヨリス＝カール・ユイスマンスの『ルルドの群

---

　6) これは彼の *Rougon-Macquart* シリーズ中もっともよく売れた *La Débâcle* に匹敵する売れ行きだという。書評は少なかったということだが,その中のいくつかが群集の描写を褒めている (ZOLA 1995: 608ff)。

　7) Jean Martin Charcot (1825-93) は神経病理学者で,パリに留学したフロイトは彼のもとでヒステリーと催眠現象を学んだ。

集』は，反教会を掲げる共和政権の誕生，1905年の政教分離法の成立という，フランス・カトリック教会を揺るがし，その歴史の転換点となった激動の時代を背景に書き上げられた。こちらも1か月で2万部という好調な売れ行きだった（HUYSMANS 1993: 25)。ラセール，ゾラのルルド像を総括し，聖地の現実を伝えることを意図して書かれた滞在記で，当時のルルドのさまざまな表情が時に皮肉を込めながら生き生きとした筆致で描かれるだけでなく，一心に見聞きし動揺する彼自身の姿もそこに浮かび上がり，秀逸なルポルタージュとなっている。だがルルドが人々の隣人愛が燃え上がる聖地として描かれる一方で，人々が大挙して訪れる近代的で俗悪な，行楽地と見まごうばかりの精神性の欠如した場所としても描かれているため，ルルドの商業主義という否定的イメージを定着させた著作とみなされることもある。

　このようなイメージに反省を促すような番組が，1998年5月に相次いで放送された。5月10日，ドイツとフランスが共同で運営する教養テレビ局 Arte が「ルルドの夕べ」という特集を組み，3本の番組を放送した[8]。300万人が視聴し，同局のそれまでの最高視聴率に匹敵する好評を博したという。その中の一つ，「神殿の商人」といって非難されてきた，ルルドの土産物屋やホテルで働く特に女性たちを取材した番組では，他者の苦しみを受け入れる彼女たちの人間的な厚みに焦点が当てられた。また5月20日には，公共テレビ FR2 の人気キャスターが自分の番組でルルドを取り上げ，苦しみを抱いて世界中からやってくる人々の連帯と希望の地として紹介した[9]。失業や移民など，社会から排除された人々の問題が深刻になっている中で，彼女はルルドに，苦しみによって人々が結びつく共同体の新しい姿を見たと述べている。

　ルルドを訪れる人々は，マスメディアを介して伝えられるこれらのイメージを多かれ少なかれ念頭において，聖地へやってくるものと思われる。それが「イメージの故に」か「イメージにもかかわらず」かは場合によるであろうが，いずれにせよ，何の予備知識もなく白紙の状態でル

---

　8) 以下の記述は，〈聖域〉発行の月刊誌 *Lourdes Magazine* に掲載された，番組制作者へのインタビューを参照している (*LM* 1998b)。

　9) 以下の記述は，*Lourdes Magazine* に掲載された番組キャスターへのインタビューを参照している (*LM* 1998c)。

ルドに到着するということは，現在フランス社会に生きる人々については考えにくい。

II　数字でたどるルド

このようなイメージに彩られたルドの町と聖域を，次に数字で概観してみよう[10]。

　町は標高420メートル，広さ3,866ヘクタール，人口約18,000人，パリから直通の高速鉄道 TGV で5時間半，スペイン国境まで約50キロに位置し，ピレネー山脈の夏山登山の玄関口としても知られる。1993年にルドの町が行った調査によれば[11]，空港・鉄道・道路・宿泊施設の利用状況から算出されたこの年の来訪者数は497万人で[12]，その34％が自動

　　10）ルドの町は1989年まで毎年『観光白書 Bilan Touristique』を発表していた。その後も1993年と1999年に，道路や駐車場といったインフラ整備を主目的とする調査を行っている。ルドの聖域を管理する事務局も，1971年に開設された広報室で毎年巡礼に関するさまざまな集計を行い，一部をプレス向け資料として公表している。

　　11）1999年春の広報室発表プレス向け資料 Service Communication. Sanctuaires Notre-Dame de Lourdes, 15 avril 1999 (p. 26-28.) に転載されたものを参照した。

　　12）1995年1月の Amusement Business 誌に掲載された，世界のテーマ・パーク入場者数1994年度上位50のランキングによれば，ヨーロッパからランク入りした8施設中のトップは，6位のユーロ・ディズニーランド（パリ）の880万人であった。400万人台の入場者を集めたテーマ・パークは，12位から15位までを占めている（根本 1995: 3）。テーマ・パークの入場者数との比較は，来訪者の動機を重視すれば無意味と映るかもしれないが，余暇の過ごし方の選択肢の一つと考えれば，無駄ともいえないと思われる。ユイスマンスの次の描写にも，同様の発想が認められる。「何人もの人たちが山や海へと旅に出かけるのをやめ，この町でバカンスをすごしにきて，病人たちの車を引き，障害者に水浴をさせることに熱中している。……彼らが自分に与えようとするのは，こんなバカンスだけなのだ」（ユイスマンス 1994: 300）。また，テーマ・パークと巡礼地には有料・無料の違いはあるが，どちらも異空間への参入であるということと，賑わっているかいないかがその施設の価値を左右するという共通点がある。なお，ルドにあるイタリア巡礼団専用の傷病者宿泊施設の車椅子出入り口階にある，子供達が描いた壁画には，「イタリア」という文字の横に電車の絵が描かれ，その進行方向に「ユーロ・ディズニーランド」と「ルド」という二つの地名が並べられている。

聖域の南側に広がるホテル・土産物屋街（1994年2月撮影）

車，23％が巡礼特別列車，19％が通常ダイヤの列車，15％が観光バス，9％が飛行機を利用している[13]。このうち町に一泊以上した滞在者は194万人で，平均3.5日滞在している。国別では，フランスが全体の55％を占め，イタリアが20.4％で続き，以下イギリス，ベルギー，スペイン，ドイツが5％を切ってこの順に並ぶ。来訪者中フランス人の占める割合が5割にとどまるという結果には，ルルドの国際的な性格が表れている。町の観光収入は24億フランに上るとされる。

ツーリスト・オフィスが発行するホテル・リストの1993年版によると，三食付きの四星ホテル4，三星ホテル22，二星ホテル139，一星ホテル38，星なしホテル69，計272軒を数え，料金は四星ホテルで500フラン見当，以下，400フラン，300〜200フラン，200フラン，160フランとなっている。ルルド滞在の標準的な形態は三食付きホテルでの宿泊だが，このほかに食事のつかないホテルが27軒，ルルドの近郊にも10軒のホテルがあり，さらに12軒の民宿と33のキャンプ場がある。また，車椅子の使用が可能なホテルは三食付きが88軒，食事がつかないものは4軒である。ほとんどのホテルが，巡礼シーズンである4月初めから10月末までの季節営業である。通年営業のホテルは，三食付き38軒，食事無し14軒の計52軒となっており，三食付きのホテル数だけを比べると，夏場の約15パーセントにまで減少する。また41軒あるレストランのほとんどは冬季も営業しているが，49軒あるカフェや軽食店のうち冬季も営業するのは10

---

13) 鉄道は1866年に敷設された。また航空機を利用した巡礼は1948年5月に始まった。

軒だけである。このことからもわかるように，ルルドの町は夏場の巡礼シーズンと冬場とで来訪者の数が大きく異なり，その表情が劇的に変わるのである。

　聖母が出現したという洞窟を中心に構成されるルルドの聖域[14]は，ポー川を挟んで旧市街と向き合うように位置している。専有面積22ヘクタール，建築面積は4ヘクタール50。その管理・運営は，さまざまな国や地域の修道会や教区から集められた30人ほどの司祭からなる「聖域司祭団 les Chapelains」と，経理・人事・諸サービスの分野で働く「非聖職者スタッフ les laïques」とで構成される，〈ルルドの聖母聖域事務局 Sanctuaire Notre-Dame [15] de Lourdes〉〔以下〈聖域〉と略記〕によって行われている[16]。〈聖域〉広報室の発表によれば，1999年4月の時点で284人の常勤職員がおり，4月から10月までの巡礼シーズン中には，ここに100人ほどの季節労働者が加わる。また聖域に本部を置くボランティア組織〈ルルドの聖母オスピタリテ Hospitalité de Notre-Dame de Lourdes〉には，フランスを初めとするヨーロッパ諸国の人々を中

---

　　14)　「聖域」は，教区教会運営のために1926年に創設された〈タルブ・ルルド司教区協会〉（会長はタルブ・ルルド司教区司教）が所有するマサビエルの洞窟周辺の地所と，そこに広がる諸施設を指す。司教が購入し所有していた地所とそこに建設された施設は，1905年の政教分離法により一時国家に没収され，1910年にルルドの町に委譲された後，1941年に正式にこの協会へ所有権が移された（BAUMONT 1993: 251f）。

　　15)　聖母マリアの呼称の中でも代表的な「Notre-Dame」は，字義通りには「わたしたちの貴婦人」を意味するが，慣例として「聖母」と訳されるので，本論考でもそれに倣う。この呼称は12世紀フランスの宮廷文化から生まれたとされ，サロンの女王，騎士の敬愛対象，臣下の守護者，といったニュアンスを持つ。

　　16)　聖域の管理・運営は，この地をカトリックの正式な祭儀空間と認定したタルブ司教区司教の命により，1866年から〈無原罪の宿り宣教修道会 Congrégation des Missionnaires de l'Immaculée Conception〉（通称〈ガレゾン会 Pères de Garaison〉）に依託されていた。その後，政教分離をめぐる混乱期の1903年に修道会が聖域の管理から撤退を余儀なくされ，教区付き司祭達が後任に当たったのち，徐々に現在の機構へと変化を遂げた。今日，フランス・カトリック教会全体にとってのルルドの重要性は，その監督体制と合議制度によく見てとれる。〈聖域〉には，〈フランス司教会議 Conférence épiscopale française〉（創設以来その総会はルルドで行われてきた）の協議会が第二ヴァチカン公会議の成果を受けて1970年に採択した規約（*Bulletin religieux du diocèse de Tarbes et Lourdes*, 25 juin, 1970: 122; LAURENTIN 1977: 59）に基づいて二つの評議会が設立されており，また必要に応じて個別に委員会を設け，外部からもオブザーバーを迎えつつ諸問題の検討にあたっている。フランス・カトリック教会全体で，ルルドの聖域の健全な運営と発展を見守る体制になっているのである。〈聖域〉の機構については，ローランタンの著作に簡潔にまとめられている（LAURENTIN 1977: 52, 59-62）。

心に約12,000人の会員が登録しているという。1998年には，のべ7,170人が奉仕活動を行い，ルルドを訪れる各巡礼団が個別に運営する巡礼団付きオスピタリテについても，〈聖域〉が把握しているだけで，76,509人が巡礼団に参加して活動した。この他，のべにして6,000人ほどのボーイ・スカウト，ガール・スカウト，奉仕や宣教を目的とする各種平信徒団体のボランティアが，聖域関連諸施設で奉仕活動を行ったという。経理関連の資料は非公開だが，1993年度の予算は9,200万フランと発表されている（BAUMONT 1993: 255）。

聖域の訪問者は，事務局によって便宜的に「巡礼者」と「観光客」の二つの範疇に分けられている。「巡礼者」とは，聖域内施設の利用や行事への参加のために〈聖域〉と交渉をもつ団体や個人を指し，巡礼団はその規模や形態から，次の三つのグループに分けられる。

第一に，司教区が組織する巡礼団，修道会や平信徒団体が主催する全国規模の巡礼団，国際軍人巡礼やマルタ騎士修道会国際巡礼などの国際巡礼団，アルコール依存症患者・癌患者・オートバイ愛好家など特定カテゴリーの人々を集めた巡礼団など，「公式巡礼団 pèlerinage officiel」[17]と呼ばれるもの。通常100人以上の規模で，司教区巡礼の大きなものは1,500人程，全国規模の巡礼団や国際巡礼団の場合は2万から3万人になることもある。公式巡礼団はほとんど例外なく「オスピタリテ Hospitalité」と呼ばれるボランティア組織を有しており，彼らが，巡礼に参加する「傷病者 les malades」[18]の募集から巡礼中の世話全般まで一切を引き受ける。この組織は，司教区での通常の教会活動の活性化にも一役買っている。見た目にもそれとわかる傷病者を伴うのはほとんどがこのタイプであり，聖域の公式日程表に掲載されるのもこれらの巡礼団のみである。

第二に，50人程度の小さな「グループ groupe」。聖職者が引率してい

---

17) 旅行代理店が企画する「チェーン（鎖）」もここに含まれる。このシステムは，巡礼シーズン中の数か月間，毎週ルルドを往復するチャーター便を飛ばし，往路でルルドに到着するグループを，復路でルルドから出発するグループを運ぶもので，巡礼グループを次々とつなぐように入れ替え続けることから「鎖」と呼ばれる。

18) ルルドでは，病人と障害者（最近は高齢者もこの中に含まれる）をひとまとめにして「les malades（病んだ人々）」と呼び，巡礼団や聖地に不可欠な存在とみなしてきた。本論考では原則としてこの語を「傷病者」と訳す。

なかったり，事前に事務局に連絡をとらないこともあるような巡礼団や，旅行代理店が企画するツアー等もここに含まれる。聖域事務局の建物内にはグループ巡礼受付窓口があり，ルルド到着後に，聖域内の施設の利用や行事参加の手配ができるようになっている。

第三に，夏の間，聖域を個人的に訪れた人々を当日募って組織される〈一日巡礼 pèlerins d'un jour〉。この試みは，巡礼団に参加していない人々にも巡礼体験を提供する目的で1966年に始められ，現在ではボランティア・ガイドによって夏の三か月間，フランス語，英語，スペイン語，イタリア語，ドイツ語，オランダ語の六か国語で行われている。朝8時半に，聖域中心部に立つ戴冠のマリア像の前に思い思いに集まった人々は，ガイドの案内によって，聖母出現の物語の解説を聞いたり，ベルナデットの足跡を訪ねる市内散策やミサ・行列・祈りの会などに参加したりして一日を過ごす。

〈聖域〉広報室発表の1998年度の統計では，公式巡礼団参加者626,688人，グループ巡礼参加者191,473人，計818,161人が巡礼者として数えられている。また，〈聖域〉が関与する二つの傷病者宿泊施設利用者41,680人と，他の傷病者宿泊施設やホテルを利用した傷病者23,364人に，聖域の〈医局〉へ傷病者カードの発行を申請してきた18,000人を加えた83,644人が，来訪傷病者数として発表されている。〈一日巡礼〉の参加者数はあげられていないが，かわって〈青少年巡礼サービス〉訪問者65,265人，青少年キャンプ村利用者20,742人，公式巡礼団に参加した青少年49,924人という数字が発表されている。これは近年，〈聖域〉で青少年の参加動向への関心が高まっていることによる (*Service Communication. Sanctuaires Notre-Dame de Lourdes, 15 avril 1999*: 25f)[19]。

---

19) ルルドの町が行った調査との比較のため，1993年度の統計もあげておく（*Sanctuaire de Notre-Dame de Lourdes. Statistiques 1994 - Conseil de Pastorale* 1994）：公式巡礼団参加者678,395人，グループ巡礼参加者160,013人，〈一日巡礼〉参加者176,120人（ボランティア・スタッフ107人），計1,014,528人。これは町が調査した来訪者数の五分の一に当たる。公式巡礼団参加者の国別比率は，フランス37％，イタリア30％，ベルギー，イギリス，ドイツ，アイルランド，国際巡礼が各5％前後となっている。また，1985年から1993年までの傷病者数をあげた内部資料によれば，1993年の傷病者宿泊施設利用者44,567人，傷病者総数が65,144人である。

III 研究におけるルルド

――――――

　この近代に成立した一大巡礼地ルルドは，さまざまな観点から研究されてきた。それらは主に，19世紀フランス宗教史，奇蹟，聖母出現，巡礼，という四つの主題に関わっている。それらを網羅することはできないが，以下，簡単にその傾向をまとめ，本論考との立場の同異を明らかにしておく。

1　19世紀フランス宗教史

　宗教史研究という枠組みの中では，ルルドはかつては民衆宗教の隆盛という観点から論じられることが多かった（MAYEUR (dir.) 1975: 68-71; KSELMAN 1983: 4-11）。それらの研究では，教会組織やエリート層による上からの統制と「生きた」民衆的宗教伝統の競合という観点，どちらに主導権や影響力があったかを問う政治的ともいえる関心が，前面にでる傾向がある。民衆宗教の活力を再評価する研究が目立つ中で，ニコラス・ペリー&ロレト・エチェヴェリアは，マリア崇敬がプロテスタント，合理主義，フリー・メイソン，共産主義との闘争において，教会や国家により保守派の旗印として政治的に利用されてきた歴史をもつと述べ，その政治性を強調している（PERRY & ECHEVERRIA 1988）。他方，最近の研究では，平信徒活動の高まりによるカトリック教会の活性化という文脈の中に置かれ，教会の民主化や，19世紀フランスにおける女性の社会活動の受け皿としての宗教というテーマに関係づけられるようになっている（cf. LE GOFF et REMOND (dir.) 1991; BOUTRY 1991b; JULIA 1991b; LANGLOIS 1991b）。本論考は，ルルド巡礼が同時代に対してもっていた社会批判としての側面や政治的意味に注意を払いつつも，それを

主導的人物やグループの意図の忠実な反映・具体化とは考えず，ルルド巡礼の現場において人々の広範な参加が喚起された結果，さまざまな立場のグループによって持ち込まれた諸要素が時間をかけて取捨選択され，ひとつの巡礼世界が形成されていった過程に，関心を向けるものである。

　19世紀フランスにおける社会と宗教の情勢がまとめられていて参考になるトマス・A・クゼルマンの研究は，宗教運動の原動力に関して，上述のエリートか民衆かの択一を排し，民衆が教会権威に圧力をかけ，教会組織も民衆宗教の諸要素を積極的に取り入れたという，両者の協同作業の観点に立つ（KSELMAN 1983）。彼は19世紀のフランス・カトリック世界を，治癒に代表される「奇蹟」と終末論的「預言」によって特徴づけられた一時期とみなすのだが，それらを単なる伝統の残存や時代錯誤の復古主義とは考えず，革命後の個人と集団の危機の時代に，不安と混乱を乗り越え迫り来る近代と向き合う手だてとして，積極的に採用され活用された技術・資源と考える。近代化の過程を，伝統的生活様式からの離脱を迫られる一方で新しい秩序が未完であるような不安定な時期ととらえ，その渦中にある人々に，ここを通り抜ければ新しい秩序に至るという約束・希望を与える必要があったからこそ，奇蹟と預言に因む巡礼が盛んになったという，巡礼の心理的効果を強調する論旨である。

　この，宗教運動の背後にある集合的動機づけと，奇蹟・預言の社会的・心理的機能という問題については，彼が結論として提示した「社会不安」以上のことがいえるかどうか疑問であり，本論考では中心的課題としては取り上げない。それよりも彼の研究で注目したいのは，19世紀にカトリック平信徒団体の全国規模のネットワークが果たした役割を指摘している点である。それによればフランス・カトリック教会は，革命後のフランス国家における共同体の再編期に，自らもカトリック共同体としての建て直しをはかり，教皇を頂点として世界規模で構想されるカトリック共同体と各国家レベルでのカトリック共同体の確立を目指したが，その中で平信徒団体のネットワークが重要な役割を果たし，特にルルド巡礼は，国家レベルのカトリック共同体における要としての位置づけを与えられていたという。これは他の研究では看過されてきた点である。本論考は，クゼルマンの研究で副次的な扱いだったこの問題を中心

に据え，共同体の再編運動という角度からルルド巡礼を検討する。

　19世紀フランス社会という文脈の中にルルドの聖母出現と巡礼を位置づけ，その意義を理解しようとするルス・ハリスの研究も，クゼルマン同様，伝統と近代の対立という図式の見直しを図る (HARRIS 2000)。聖地の成立と発展を支えた伝統的世界観と時代の要請を理解すべく数々の史料にあたり，聖母出現・巡礼史の非常に豊かな再構成となるだけでなく，革命後のフランス社会における社会的紐帯の問題や女性のおかれた立場についての言及もみられる労作だが，関係者の心理に注目し，ルルド理解の核心を奇蹟的治癒に求めるその議論は，女性の自我，および，その回復の物語へと，収束していく。そこには，次に述べるクゼルマンやダールバーグの議論にみられるのと同様の問題が認められる。

2　奇　　蹟

　奇蹟的治癒に関する研究には，治癒が科学的に説明できるか否かの検証[20]，治癒事例とその判定の歴史，治癒のメカニズムを論じるものなどが数多く存在する。人文科学の研究の場合，治癒のメカニズム論となる傾向にあるが，そこに共通してみられるのは，社会的に孤立した状態にあった病人が何らかの儀礼的操作を経て社会に再統合され，自我の全体性を回復することで治癒する，という議論である。上述のクゼルマンは，ルルドでの治癒者の多くが独身女性であったことに注目し，ヴィクター・ターナーの社会劇 (social drama) 概念を用いながら (cf. ターナー 1981: 15-66)，社会の周縁においやられた者がルルドでは「〔心身両面を備えた〕全的な自己 his total self／wholeness in oneself／both of body and soul」として儀礼の場に参入することで癒されると解釈する。これは後述するダールバーグの論文にも見られる特徴だが，彼らは「社会参加」・「社会統合」の観念と，「全体性の回復」・「全的存在としての人間」という観念を，個人が社会のうちに自らの場所を見いだすという現象の

---

　[20]　判定の妥当性を検証する医学博士論文も存在する (cf. BOUNAGUIDI-FILIPPI 1987)。この博士論文をはじめ，聖域内の書店では奇蹟的治癒に関するさまざまなタイプの書籍が売られている。

「社会的側面」と「個人的側面」であるかのように，互換可能な観念として扱っている。本論考では，「社会参加」の観念を「全体性の回復」の観念とは切り離し，後者については，それがルルド巡礼の世界において顕著でもなければ重要でもないと考え，その観念および分析に疑問を投げかけるものである。

　一方，奇蹟的治癒の社会的機能とメッセージというテーマに関しては，クゼルマンのいう「疎外された傷病者の社会への再統合」や，危機に陥っている社会状況の好転を約束する証，という解釈のほかに，巡礼地の威光を高めるため，あるいは，科学主義や合理主義に対して宗教的世界と神の威光を守るため，などと説明されるにとどまってきた。そこではルルドの特徴である「奇蹟的治癒の科学的検証作業」が考察の対象となることはなかった。しかし検証の作業過程には，宗教的世界と科学的世界の関係についての，また，人間存在や身体についての考え方・感じ方が表れているはずであり，この作業過程がルルドに存在してきたことこそ，問われるべき問題であると考えられる。本論考では，検証の作業過程における奇蹟的治癒の語られ方・扱われ方の分析を通して，ルルドの奇蹟的治癒の特徴とそこに込められたメッセージを考察し，それを全体性の回復という観念で説明することの問題点を指摘する。これは，なぜ治ったのかではなく，治癒した者，検証を行った医師，聖職者，周囲の人々にとって，治るということが何を意味していたのかを問うものである。

3　聖母出現

聖母出現研究は，出現という現象の歴史と機能の研究に大別される。
　シルヴィ・バルネイは出現現象の活用と糾弾の歴史を概説した著作の中で，出現が「受肉」と「復活」というキリスト教の根本教義を基礎とし，それと不可分な現象であると論じている（バルネイ1996）。出現現象の神学的基盤の分析，特に，キリスト教神学における肉体の意義の指摘として重要だが，彼女のこの論考は神学入門シリーズの一冊として刊行されたという制約もあってか，出現の意義をこれら根本教義の神学的

証明という側面に集約してしまっている。出現現象の核心を「見ること」と「信じること」の間の葛藤の問題に還元し,「見ないで信じることこそ重要である」と説く神学的教えに対して出現は両義的な位置にある, と結論して終わっており, 出現現象を発生させ許容する文化・社会的文脈および, この現象の社会的機能は考察対象となっていない。

出現の社会的機能の研究では,「見者」と「出現譚を受け入れる社会」という, 二つの基本的な作用主体が設定される。まず前者の「見者」に注目した場合, なぜ見者は出現を体験するのか, 見者にとっての出現体験の必要性と効果など, 見るにいたった動機づけや文化・社会的背景の分析が考えられる。見者の精神状態に注目し, 社会的な要請や抑圧に対する個人の反応として出現のメカニズムを説明しようとするミカエル・P・キャロルの心理学的研究は, その代表例であろう (CARROLL 1986)。このような, 宗教現象に関与する個人の動機や精神状態を心理学的に分析するという手法は, 本論考のめざすところではない。

「出現譚を受け入れる社会」を中心に論考を組み立てた場合には, 前述のクゼルマンのように出現を預言の一形態と見なし, 社会不安に形を与えた上でそれを解消するカタルシス効果を論じるものもあれば, 次にあげるウィリアム・A・クリスチャン Jr. のように, 出現譚が何らかの社会的価値を高める機能を果たすという観点を掲げるものもある。ルルドを対象にした研究ではないが, クリスチャン Jr. は中世からルネッサンスにかけてスペインに広く流布した出現譚の類型を分析し, それらの物語が出現の舞台となった地元の威信を確立し, また自然が持つ大いなる力に対する畏怖の念を回復させていたと述べる (CHRISTIAN Jr. 1981)[21]。これらの研究は, 社会がなぜ出現という現象を必要とし, それをどう活用したのかという問いから出発している。

出現現象を取り上げて, 特定の個人しか体験することのできない不思議な出来事が, 体験を共有することのできない他の人々の間に受け入れられていく過程に注目する研究もある。関一敏は,「聖母を見る」という客観的に確かめる手だてのない出来事が, 周囲の人々の間で「真実で

---

21) また, 聖地の縁起を物語る中世の奇蹟譚を分析したパトリック・ギアリも, 奇蹟譚が果たした社会的機能を分析している (GEARY 1978)。

ある」という合意を得ていく過程を，見者が一人で作り上げた物語の一方的伝達ではなく，見者と出現譚を受け取る集団との協同作業として分析する（関 1993: 173, 60）。彼はアーヴィング・ゴッフマンの演劇社会学を引きながら，「聖母出現の神秘的体験者は出現体験を演ずる者であり，その演技が（パフォーマンス）いかによく遂行されるか，周囲の聴衆をいかに説得するか，という受容（オーディエンス）との関わり合いの問題として真／偽がとらえかえされ」，「人々はそこで真偽の判定者としてではなく，共有すべき『真理』の発見者として，信ずべき表象の創出者として物語に参画してきた」と述べる。これは，出現に関与した人々が，「真偽」という言葉よりも「適・不適」という言葉を用いた方がいいような判定プロセスを通して現象を構築しているととらえる見方である。

他方，ベルナール・ビエ神父は，関が「教会的妥当性」という表現を用いながら提示している，出現譚の「適者生存」ともいえる観点をより明確に打ち出し，カトリック教会から真実の出現であるという認定を得ることができなかった出現事例を分析している（BILLET 1973）[22]。関もビエも，出来事が適・不適の判断にさらされ，それを通過した適切な事例だけが周囲の人々に受け入れられるという過程に注目し，その判断と認可成否の要件は何かを問うている。断るまでもないこととは思うが，人文科学の研究において奇蹟的治癒や超常的出現現象を扱う場合，そこで問われるべきことは，それが果たして本当に奇蹟や超常現象であったのかどうかということではなく，どのような現象が奇蹟や出現として認知されるのかという，奇蹟や出現の成立要件，その現象の構築・認可・歴史化の過程である。ここにいう適・不適の判断とは，そのような要件を満たしているかいないかについての判断を指している。

本論考は，聖母出現を，ルルド巡礼の世界を作り上げるために用いられた宗教的資源とみなし，その使われ方に注目するもので，聖母出現の信憑性の構築過程を分析の対象とはしない。だが，誰に主導権があるともいえない協同作業の観点と，巡礼世界を構築する際に働く適者生存の要件を考察するという立場は，彼らと同じくするものである。

---

22) ビエ神父はローランタン神父と共にルルドで史料編纂や委員会に深く関わり，ローランタン神父が去った後も〈聖域〉のオブザーバーとしての活動を続けている。

4 巡　　礼

　巡礼研究には，巡礼を行う個人の体験の分析と，集団的行為としての巡礼分析という，二つの方向がある。

　アルフォンス・デュプロンの宗教現象学的研究は，個人的な体験として巡礼を考察する (DUPRONT 1987)。彼は巡礼体験の核心を「聖なるものとの出会い」ととらえ，その体験を構築する空間構成や祭儀，巡礼者が聖地で何を見聞きしどう過ごすのかを分析するが，その中で，洞窟，泉，ロウソクの炎などの諸要素がもつ，聖なるものの存在を感じさせ喚起する力を重視する。本論考も巡礼者が聖地で出会う諸要素に注目するが，あくまでもそれらを巡礼世界構築にあたってふさわしいとみなされ採用された要素と考えて考察を進めるもので，それが持つとされる喚起力自体を問題にすることはしない。また本論考は諸宗教宗派の横断的比較を目的とせず，その前段階として一つの宗教的世界の全体的な記述をめざすものなので，さまざまな宗教的世界の比較を可能にする分析概念としての「聖なるもの」というような類概念は用いず，カトリックの世界観が提示するイエス・マリア・諸聖人といった個別の具体的な存在の水準にとどまって議論を進める。

　パオロ・ジュラーティ，エンゾ・パーチェ，ジョイア・ランツィによる社会学的調査も，巡礼の個人的な体験としての側面を扱い，ルルド，メジュゴリエ，ファティマへの巡礼者を対象に行ったアンケート調査の集計から，その平均的巡礼体験像とでもいえるものを探っている (GIURATI, PACE, et LANZI 1993)。デュプロンのような研究にはない，数による裏付けをめざした研究だが，そこで注目されるのは，人々が何を求め期待しながら聖地に到着し，そこで何を得て帰るのか，という巡礼前後の変化の分析である。巡礼者は旅の終わりに，当初期待していたものとは違った体験や効果を得たと感じている，という結論は，巡礼が，あらかじめ期待されたものとは異なる結果をもたらしえるという指摘として興味深い。本論考の関心は，人々がそこに参入することになる巡礼世界の構築過程と，そこで何が起こるのかにあるため，巡礼者の動機に

ついては調査を行わなかったが，以下の二つの研究もまた，その関心を巡礼の動機以外の領域に向けている。

ルルドについての研究ではないが，エリザベト・クラヴリーは，聖母出現地への巡礼の道中で，旅の道連れたちが独自の巡礼世界を作り上げる仕組みと過程を分析している（CLAVERIE 1990, 1993）。彼女の関心は，人々がなぜ巡礼に参加したのかという動機ではなく，巡礼の旅の途上で参加者が自らの人生を合理化し物語化するパターンにある。またその分析の特徴は，「信仰を同じくする人々の集まり」という形で巡礼グループを同定せず，人々はさまざまな言動の実践を通して自ら帰属することになる世界を構成しながらそこに参加する，という観点をとるところにある。巡礼に参加した人々は，何らかの対象への自らの帰依の度合いではなく，その場の暗黙のルールや共同行為にうまく参加できたかどうかによって自らの巡礼の成否を計っている，という指摘は，「何かを信じている／いない」という問題のたて方を回避する方途の示唆として重要である。これは，巡礼に参加する個人と集団的行為としての巡礼という，巡礼の二つの領域をつなぐ研究と考えられる。

集団的行為としての巡礼研究を代表するのは，ヴィクター・ターナーの流れを汲む人類学的研究である。ターナー巡礼論の基本的な枠組みは，アルノルト・ファン・ヘネップが通過儀礼研究で提唱した三段階論の中間段階を日常の生活世界と社会秩序から一時的に離脱した「境界状況 liminoid」として類型化し，社会批判と変革の可能性を秘めた時空間，理想的社会関係である「コミュニタス」的状況が発生する場として，評価するものである（ターナー 1981: 121-207）。巡礼をそのような境界状況のひとつと見なすことにより，理想的社会関係の構築をめざす集団の行為としての巡礼という視点が得られる。すなわちターナーにあっては，日常生活世界を離れることは，即座に，留保なく，社会関係を離れて一人きりになることを意味してはおらず，日常生活世界を離れる巡礼にも，集合的・社会構成的な機能が認められているのである[23]。本論考は，この集団的行為としての巡礼，社会関係を構築しようとする意志の発露と

---

23) 星野（2001：67-75）に，ターナーの「巡礼＝コミュニタス」論に対する批判がまとめられているが，その要点の一つは，ターナーの巡礼論において個人性・内面性が軽視され，社会的側面が偏重されているところにある。

しての巡礼という視点にたつものである。

　ターナーは自らがうち立てたこのような巡礼の構図をふまえた上で，さまざまな巡礼地がどのような観念とイメージを自らのアイデンティティの支えとして採用しているかの分析をキリスト教社会を対象に行い，その中で聖母にゆかりの聖地の特徴として次の二点を上げている(TURNER, Victor & Edith 1978)。第一に，「諸聖人の通功」という観念の重要性，第二に，イコン的なもの（iconicity）の復権，すなわち「宗教的観念を表象する物質の次元（the material representation of religious ideas）」の重要性である。諸聖人の通功については，本論考でも第三章で考察を加える。イコン的なものという観念は，アイデアとして著作の終盤に軽く触れられているだけだが，「記憶のよりどころとしての集合表象」論のように観念が具体的表象・物理的形態を持つことの重要性を説く議論とは異なり，観念よりも物質の相に執着する文化の一傾向の指摘として興味深く，本論考の議論ともかかわってくる。ただしそれが「ロゴス＝男性的原理優位」主義への反動であるという解釈には，男性的・女性的な本質が存在するかのようにうけとられる余地があるという難点がある。本論考では，「男性的・女性的」というカテゴリーを実体化することなく，それらのカテゴリーが文化的な選択と割り振りの結果構成されたものであると考え，ルルド巡礼の世界において男女の性差がグループ作りの戦略の一つとして利用されている場面で，その男女イメージを問題にする。

　ターナーのこの著作中，ルルドにはわずかに4頁がさかれるのみで，見者ベルナデットのパーソナリティを反映した明るく純朴な巡礼地ととらえられるにとどまっており，巡礼世界の特性の分析に踏み込んだ研究が課題として残されていた。これを引き継いだのが，次にあげるダールバーグの研究である。

　アンドレア・ダールバーグはルルド巡礼の世界の特徴を，「苦しむ肉体」の存在と役割にあるとみなす（DAHLBERG 1987: 2, 8）。彼女はルルドへの5つの巡礼旅行に参加し，性格を異にするどのグループにおいても傷病者の存在が参加者の関心の焦点となることに注目する。そして，ルルドでは通常の社会生活において周縁に追いやられている「肉体の苦しみの位置づけと意味が劇的に逆転」し，「肉体の苦しみが公のもの

(public) となり，苦しむ者達が祝福される」と述べ，「なぜ病人が祝福されるのか。なぜ彼は公の場にいるのか。なぜ彼は見知らぬ他者の注意を引きつけるのか。〔傷病者の〕車椅子を押すことがなぜ特権的行為なのか」と問う。ルルド巡礼における傷病者の役割と位置づけを研究しようとした唯一のものだが，残念なことにその論考は途中から，カトリックの世界観における身体イメージの問題を中心に据え，西欧文化の身体観は霊肉二元論であるという先入観に対し，ルルド巡礼の世界に見られる身体イメージによって反証を示すという目的に収束していき，肉体の苦しみが公のものとなる理由，彼女があげた上述のさまざまな「なぜ」が答えられずに終わってしまう。また彼女は，二元論的身体観に対抗する全体的・一元的人間イメージをルルド巡礼の世界の核心とみなしているが，クゼルマンのところでも指摘したように，その観念はルルド巡礼の世界において重要でないばかりか，その世界観に反すると考えられる。

　ターナーの流れを汲む社会関係志向の巡礼研究という枠組みの中で，傷病者の存在の重要性を指摘したにも関わらず，ダールバーグはその二つのテーマ，社会関係構築への関心と傷病者の存在とを，関係づけることなく終わってしまった。本論考はこの，ダールバーグも指摘していながら答えていなかった問い，ルルド巡礼に「苦しむ肉体」が存在することの意義，特に，その存在が人々を関係づけグループを束ねる要となる理由と効果を考察するものである。

IV　本論考の目的と構成

　傷病者の存在がルルドを特徴づけていることは，冒頭で引用した観光ガイド『ミシュラン』にも述べられていた。今日，聖域の公式ガイド・ブックは「ルルドにおける傷病者」というトピックに一章をさき，その中で「巡礼のただ中に，訪れる者すべての目にとまる存在 (une présence très visible) があります。傷病者です」と書く (BILLET, LAFOUR-

IV 本論考の目的と構成

CADE 1981: 165)。聖域司祭団公認のヴィデオ *Lourdes* も，車椅子や寝椅子に乗せられた傷病者の姿を繰り返し映し出す。さかのぼれば，〈聖域〉が発行する機関誌『ルルドの聖母』の1880年12月号にすでに，「今年，巡礼は，どのような巡礼団にとっても必要不可欠な要素であり至宝となった傷病者抜きには，もはや完全なものとは見なされなくなった」とある（*ANDL* 1880: 259)。ユイスマンスの著作には，傷病者を同行していないイギリスの巡礼団を「旅行者」呼ばわりする司祭が描かれている（ユイスマンス 1994: 165f)。傷病者のいない巡礼団は真の巡礼団とは見なされないような空気が，19世紀末にはできあがっていたのである。

先述のように，現在は毎年6万人前後の傷病者がルルドを訪れており，この数字は1960年代以降安定しているという。この間，特に1963年から1975年にかけては，第二ヴァチカン公会議の成果を受けた〈聖域〉の組織改革に伴い，「傷病者の世界 le monde des malades」が求めているものに応えるべく，傷病者のためのよりよい巡礼と彼らの教会における位置づけをめぐって議論がなされ，「傷病者の司牧 Pastorale des malades」が確立された時期であった（*RSL* 1976)。

だが，傷病者の存在が，聖母にゆかりの他の巡礼地と比べたときのルルドの特徴であることが知られているにもかかわらず，ダールバーグ以前にはこの点に注目した研究が十分には行われてこなかった。デュプロンにもターナーにも，傷病者の存在を，聖地とそこでの体験において何らかの役割を果たす要件のひとつにあげるという発想はない。ルルドに集まる多数の傷病者は，奇蹟的治癒を求める巡礼者とみなされるにとどまり，巡礼体験の構築に関与する存在とは考えられてこなかった。

本論考は，ルルドを傷病者の存在により特徴づけられる聖地とみなし，この傷病者の聖地の成立史，巡礼における「苦しむ肉体」の位置づけと意味，そして，そのような聖地の社会的意義を考察する。このとき，巡礼の参加者達は日常生活世界を離れてひとつの世界を作ろうとしているというターナーの巡礼論を，議論の基本的な枠組みとして採用する。さらに，そこには「わたしたち」の世界が広がり，参加者を自認する人々はそこに「わたしたち」の一人として帰属しているという視点から，そのような「わたしたち」を作り上げる仕組みとルールを考察する。すなわち，先にあげたものの中ではクラヴリーの研究が注目し分析しようとし

ていた，人々がそこに参加し実践するルールの感覚をめぐる論考となる。

　本論考のこの立場は，ゴッフマンの『集まりの構造』における議論に依拠している（ゴッフマン 1980: 262, 265, 267）。その中で彼は，社会的行為の作法や状況における適切な行為といった「共同行為のルール」と，「集団への帰属意識」の関係を，次のように述べる。

　「人は自分の関与能力を……集まり全体（そしてその背後の，集まりが成立する社会的場面）に向けなければならないことに気づく。このような関与は集まりへの義務，言い換えれば，集まりへの帰属意識を示すものである。したがって，社会的状況へのあらゆる参加は，ある意味で個人の帰属意識を表していることになる」。そうであればこそ，不適切な行為は「相手〔不適切な行為者〕は集まりに対して，そしてそれを越えた社会的場面に対して，十分にコミットしていないという感情」と困惑を引き起こす。すなわち，共同行為のルール・作法を守ることや破ることは，社会的集まりに帰属したり離反したりするための手だてとなるのであり，「ひとつの世界」としての「わたしたち」とは，あるルールの束が尊重され実践を心がけられる範囲であると考えられるのである。「帰属意識は，集まりのために出資したり，集まりのために将来を約束したりするなどということではなく，むしろ注意，関心，志向，要するに関与能力にかかわることなのである」。どれだけその場の暗黙のルールを習得し，そつなく操ることができるか，不適切な言動を避け適切な言動を実践することで人々に違和感を与えずに済ませられるか，という参加各人の注意深さと習熟が，ひとつの世界を堅固なものとして作り出そうとするときに必要となり，そのために払われる努力こそ，そこに帰属しようとする意志のバロメーターとなる。

　この考えに基づけば，ある世界の一貫性・独自性とは，そこに見られる諸ルールの一貫性・独自性であるということができるであろう。ルルドの場合，さまざまな場所から一時的に集まってきた不特定の参加者が巡礼世界を構築するのであり，限られた範囲内の定員による継続的参加によってその世界の独自性が維持されるわけではない分，ルールの実践を通じた独自の世界の維持のために，いっそう意識的に注意が払われている可能性が高いのではないかと推測される。

　本論考はこの観点から，人々はルルド巡礼の世界にふさわしい言動を

IV 本論考の目的と構成

遂行すべく注意を払い，実践能力を示すことで，その世界への帰属の意志と資格をアピールし，また自分たちが同じひとつのグループに属していると感じている――あるいはルールに反することにより帰属の拒否を表明する――という作業仮説を立て，ルルド巡礼の世界における集団の約束事としての適切な言動のルールの束を確定していこうとするものである。

ただし，そこに唯一絶対のルールが存在する，あるいは，そこでルールの画一化がめざされているとは考えない。ジョン・イードはルルドの沐浴場でボランティアとして働いた20年来の経験に基づき，沐浴という，ルルドにおいて祭儀に近い意味をもつ行為のやり方が，沐浴上で働くスタッフと利用者の間でその時々の状況に応じて柔軟に取り決められる様子を記述し，教義やマニュアルによる画一的な対応ではない現場での交渉の可能性と臨機応変な対応に注意を促している（EADE 1991)。彼は個別の状況での行為の選択可能性を述べるにとどまるが，そのような選択と判断の場面では，複数ルール間の調整が行われている点も見のがせない。

本論考では，ルールを，外から与えられるものではなく，実践の中で作られ試され修正されながら，その実践を通して既成事実化していくものと考えるが，そこには今述べたような複数ルール間の調整の問題も含まれる。巡礼世界を構成する適切な言動のルールをこのように仮定することは，先述したもう一つの基本的な立場，持ち寄られたさまざまな意図と資源の複合的な構成物として巡礼世界を考察するという姿勢とも，矛盾しないものと考える。なお本論考では，原則としてフランスの巡礼団を中心に考察を行う。もちろん，他国からの巡礼団もルルド巡礼の世界に参加している以上その基本ルールを共有していると仮定して論を進めるが，同時に，各国の巡礼団はフランスのそれとは異なる経緯・背景とルールをもっており，それらを個別に考察する必要があると考えるためである。

ルルド巡礼の世界において，人々は適切な言動をとるために，どのようなことに気をつけているのか。ルルド巡礼の世界がいただくふさわしさはどのような文化・時代背景をもち，他のルールや社会状況とどのような関係にあるのか。そして，傷病者の存在が，その適切さとどう関係

するのか。これらの問いを念頭に，以下では，文献資料とフィールド・ワークの成果を材料に，傷病者を中心に構成されることによって発生するルルド巡礼の世界のルールを分析していく。

　文献資料に関しては，同時代の人々に入手可能だった公表された印刷物を主な一次資料とし，そこに繰り返し見られる語彙，物語，意見や判断に，適切な言動のルールの手がかりを求める。フィールド・ノートの記録に基づき記述を行う場合も同様に，反復される「自然な」言動に注意を払う。

　この時，どのような参加可能な場や行事が準備・提供され，人々が実際に何に参加したりしなかったりしているのか，というように，参加の形態や状況に注目して分析を進めるが，これは，「適切さ」が「参加・関与」に関わる価値判断であると考えるためである。奇蹟や出現がなぜ起きるのか，巡礼になぜ行くのか，という問いが発せられる場合，多くは現象や行為の発生原因や起源を問うていると考えられるが，適・不適の判断はそのような問いの世界には属さず，何らかの活動が展開している実践の場への参加・関与の場面においてのみ意味をもつ。たとえば，アンケートやインタビューによって調査者が人々に巡礼に出かけた動機を尋ねる場面を想定してみる。その問いに答えることは，すでにひとつの状況における行為に他ならず，被質問者は，巡礼の動機として何がふさわしいのかというような社会常識的知識や質問者の意図，質問の状況などを考慮に入れた上で，まさに適・不適の判断をしながら質問に答えるであろう。それは，質問の内容・意図，質問者のアイデンティティ，質問されているという状況を考慮に入れた応答的行為であり，このような応答的関係への参入の場面で初めて，言動は適・不適の判断にさらされることになるのである。このような，状況・参加・ルールに関心を向けた研究をめざすため，本論考では現象の数量的な再構成やそのために必要となる統計的な処理という手法をとらなかった。

　以上の資料を基に，以下では次のような構成で進めていく。
　第1章では，聖地の空間構成と訪れる巡礼団の概要を記述し，ルルド巡礼の世界において来訪者に提供される有形・無形のもの，聖地を構成するために集められた諸要素を分析する。そのなかで，カトリック神学，

IV　本論考の目的と構成

特に聖母マリアにまつわる神学と崇敬の内容を概説する。そして，ルルドは傷病者の存在，特にその肉体に見て取られる苦しみのしるしを中心に据えた「スペクタクル」によって特徴づけられる，原則的にあらゆる人々に開かれた公共空間であり，また性格を異にするグループが別々に，あるいは協同して各種の共同行為を行う空間であることを示す。

第2章から第4章までは，ルルド巡礼の世界を構成するさまざまな組織の歴史を追いながら，各組織が持ち込んだ固有のルールと適切さの感覚，そして，それらが巡礼世界において日常生活世界を反転させる仕組みについて論じる。

第2章では，「傷病者巡礼」という独特の巡礼形態の歴史をたどりながら，なぜ傷病者が巡礼団に参加しなければならないとみなされるに至ったのかを考察する。ここでは傷病者巡礼が，「苦しみの捧げ物」という観念によって支えられた，「わたしたち」の構成を目指す運動であったこと，そのような共同体の構成という関心に基づいた巡礼の目的地であるルルドは，「病治し」の聖地には還元されないことを示す。またフランス国家とカトリック教会における共同体の再編の問題を取り上げ，カトリック世界における共同体イメージとして，「神秘的肢体」と「諸聖人の通功」という二つの観念を概説する。傷病者についての問いは，次の形へと変化する。「わたしたち」という共同性を模索する活動になぜ傷病者がいなければならなかったのか，傷病者の存在によって決定される共同性の質とはいかなるものなのか。

続く二章では，傷病者巡礼の実現に不可欠だった二つの組織，〈オスピタリテ〉と〈医学審査局〉を，特に19世紀末から20世紀初頭という時代背景の中に位置づけながら分析する。

第3章では，奉仕組織〈オスピタリテ〉の歴史と規範を分析する。この組織が，共同体の再生や貧困の解消などの社会問題に関心を持つ上流階級の男性を中心に創設されたことを示した上で，それが過剰な肉体労働による祭儀的な奉仕を活動目的としていたことの意味を問う。またそこに表れた，富やあるべき社会関係の理念についても考察する。そこでは「男／女」・「公／私」・「家族」のイメージや，ボランティアという活動形態がもつ意味が問題となる。

第4章では，前半でまず〈医学審査局〉を取り上げ，奇蹟的治癒の認

定過程にかかわる医師団の構成の経緯と，彼らが果たした役割を分析する。19世紀のフランスで，医学には，人間身体の健康管理を通して市民社会の秩序維持と生産性の向上に貢献するという社会的任務が課されていたが，そのような医学の世界とルルド巡礼はどのような関係にあったのか，ルルドにかかわる医師にとってふさわしい言動とは何であったのかを，特に，医師としてルルド巡礼の世界に参加しようとした時に医師達が抱えることになる矛盾に注目しながら考察する。

第4章の後半では，奇蹟的治癒物語を取り上げる。治癒の報告書や物語の分析を通して，医師，治癒した人々，治癒者をとりまく人々のそれぞれにとってなにが適切な治癒なのか，なぜ治癒は公表されなければならないのかを問う。ここでは「近代的自我」と呼ばれる人間観と対照しつつルルドにおける人間観を論じ，それに基づいて先述の「全体性の回復」論の問題点を整理する。

第5章では，傷病者巡礼というスタイルと「苦しみの捧げ物」という観念から始まった「わたしたち」を模索する運動の，第二次世界大戦後の展開を跡づける。ここでは私が参加した〈友愛 Amicitia〉，〈盲人十字軍 Croisade des aveugles〉，〈信仰と光 Foi et lumière〉，〈英国障害児巡礼協会 Handicapped Children's Pilgrimage Trust〉[24]，〈ルルド-癌-希望 Lourdes Cancer Espérance〉巡礼の調査記録をもとに，現在，ルルド巡礼の世界において実践されている適切な言動を分析し，その世界観を考察する。そこには，特に知的障害児の参加というテーマのもとに展開した，社会関係における相応しさについてのあらたな理想が表明されている。ここではまた，共同行為の場としての「公共空間」の意義を論じる。

そして結論で，公開性の高い公共空間における苦しみのスペクタクルの意味，〈オスピタリテ〉と医師が持ち込むルール，奇蹟的治癒物語の意義，巡礼における適切な言動についての考察をまとめ，なぜルルドには傷病者がいなければならないのかという問いに答える形で，この近代ヨーロッパに成立した一大巡礼を支える理念，巡礼運動が人と人との関

---

24) これは英国圏の巡礼団であるため，原則としてフランスの巡礼団を中心に考察を進める本論考においては，副次的に取り上げるにとどめる。

IV　本論考の目的と構成

係のモデルとして同時代に何を訴えているのかを論じる。最後に，この事例研究がどのような理論領域と関係し，また寄与を期待できるかを考える。

　なお，本論考での論述を先取りして整理するならば，そこで考察される適切さは，次の諸領域に関わっている。第一に，社会関係の領域。近代的な市民社会の構成とそこに生きる自律した個人という理想に対し，ルルド巡礼の世界は，まず伝統的な共同体の復興をめざし，やがてそれを乗り越えていった。第二に，通常，経済的な関係として認識される交換と交渉の領域。自己責任と自由競争に基づく資本主義的・等価交換的世界に対し，ルルド巡礼の世界は非対称的社会関係に基づく慈善や，応答的な愛の掟を対峙する。第三に，科学と宗教という，世界に相対する時の態度。原因-結果の解明や真偽の客観的判別などを要求する科学的合理主義に対し，ルルド巡礼の世界は，「参加すること」と，「わたし」によってなされる「証言」の重要性を唱える。そして第四に，性差イメージ。日常生活世界で求められる男女の役割分担が，ルルド巡礼の世界においてはそれと企画されぬままに変更されていくが，これは，日常生活世界に見られる「公／私」の境界が巡礼世界で変更されることにかかわると考えられる。

第1章

巡礼空間の構成

家族的な親しげな山々，子ども向きの洞窟，やさしいパパの風情の峰ともあいまって，景色は，オペラ・コミックの楽しげな場面そのものであり，ラ・サレットの雄大にして荒涼たる自然とは全く違うのだ。……ラ・サレットの高みでは，雲に包まれて，聖母マリアとともに，人はひとりである。気晴らしの娯楽もなく，カフェも，新聞もなく，パノラマ館もなく，バスツアーもなく，ましてや，山の頂上へと安楽に引き上げてくれるケーブルカーもない。ラ・サレットでは，人は自己の内に沈む。ルルドでは，外に開いて生きるのと逆に。

(ユイスマンス 1994: 180f)[1)]

本章では，ルルド巡礼の舞台となる聖地の構成と巡礼のスタイルを分析する。聖地は，ルルド巡礼の世界を形成する適切な言動が繰り広げられる枠組みであり，巡礼世界を支えるルールの束の一環として，それもまた適・不適の判断にさらされながら時間をかけて作り上げられてきたものである。

　聖地の構成と，そこで提供される諸々のものの意味を理解するためには，カトリックの伝統と神学，特に，ルルド巡礼の世界が成立した時代の信心の特徴に関する知識が必要となる。そこで以下では，19-20世紀のカトリック世界[2]で盛んだった信心の諸スタイルを概観し，ルルドが採用した宗教材と世界観の大枠を把握した後，聖地に展開する独自の世界をみていく。ターナーが分析しようとしていたように，同じ宗教宗派に属する聖地であっても，その宗教世界が保持・使用する宗教財全体の中から選択・採用された要素と強調点の違いによって，各聖地の性格は異なってくる。ルルドでは巡礼の適切な舞台として，蓄積された宗教材の中から何が活用され，どのような空間が形成されてきたのか。聖地の構造は，そこで繰り広げられる巡礼理解の枠組みともなるため，詳しく検討していく。

---

　1) ラ・サレットは，1846年の聖母出現によって成立した，グルノーブル南東に位置するアルプス山中の巡礼地。荒涼とした自然に囲まれた内省的な聖地で，ユイスマンスはこちらの方を好んだ。以下，20世紀初頭のルルドの様子を紹介する場合，なるべくユイスマンスの同書から引用する。翻訳の入手が容易であること，小説ではなく滞在記であることがその主な理由だが，同時に，彼がカトリック信仰への回心を体験した自覚的・選択的信者であること，神との親密な内的対話を好むという，ルルドの巡礼世界とはあまり反りの合いそうにない宗教的嗜好の持ち主であること，またその嗜好の違いについて自身でも同書中で繰り返し述べていることも，大きな理由である。彼の記述には，自身の予断の上に予定調和的に描かれたラセールやゾラの作品にみられる，唯一のルルド像に還元しようとするような押しつけがましさはなく，同書中につづられた批判と共感には，ルルドの巡礼世界を前にしたときの逡巡と歩み寄りが感じられる。

　2) 本論考ではカトリックの理念・伝統・組織への参加者からなる総体を「カトリック世界」と呼ぶことにする。

I　19-20世紀のカトリック世界

―――――――

　16世紀から19世紀に至るカトリック世界は，宗教改革に対抗すべくトリエント公会議でカトリック教会が打ち出した体制の，長期にわたる歴史的展開であると考えられる[3]。その特徴は，第一に，共和主義的平等主義に対して教皇権の絶対性を主張し，教皇のもとに中央集権化された聖職位階制度を尊重する，第二に，信仰の内面化と厳格主義に対しては，典礼や信心業の価値を評価する，という二点にある。また19世カトリック世界の信心の傾向としてあげられる，イタリアの民衆信仰のヨーロッパ北部への拡大，聖母と聖体に対する信心を特徴とする聖アルフォンソ・マリア・デ・リグオリ[4]の霊性[5]の普及，教皇の影響の強化などの特徴は，まさにトリエント公会議体制が育んできたものだが，それは同時に「イエズス会的」[6]と評されるものでもある（教史 vol. 9: 227ff）。そ

―――――――

　3）　以下，キリスト教の歴史・神学について，本論考の記述は主に次の事典や叢書を参照している：上智大学編『カトリック大辞典』；上智大学中世思想研究所編訳／監修『キリスト教史』〔以下，教史と略記〕；小林珍雄編『キリスト教百科事典』；リチャードソン，A.／ボウデン，J.編『キリスト教神学事典』；*théo. L'Encyclopédie catholique pour tous*；VILLER, Marcel (dir.), *Dictionnaire de Spiritualité*.

　4）　Alphonso Maria de'Liguori (1696-1787) はレデンプトール会創立者で，1839年に列聖された。ジャンセニスム，主観主義，唯理主義に反対し，その倫理神学は高い評価を得て，1871年に教会博士となった。またマリア神学については，キリストと教会のあいだにあって恩寵を伝える仲介者としての働きを聖母に認め，その取りなしの力を重視した。イエズス会はこれらの原理を支持した（教史 vol. 8: 242）。

　5）　信仰生活を導き支える核心となる思想・感性・関心・行いの違いを明確にしようとする時に，この語が用いられる。たとえばフランシスコ会は「貧しさ」を，ドミニコ会は「真理（の探求）」を修道生活の核心に据えるというように，基とされる「霊性」の違いが，さまざまな修道会や霊性運動のグループを生む。神に至る道はひとつではない，という前提があって初めて可能となる選択の幅といえる。

　6）　イエズス会は，スペイン・バスク地方の貴族出身であるイグナティウス・デ・ロヨラによって創設され，1540年に聖職者修道会として教皇により正式に認可された。君主制的，中央集権的な組織であり，厳格な軍隊的精神に貫かれると評される。キリス

してこれらのイエズス会的傾向は，フランス・カトリック世界を特徴づけてきたガリカニスム，ジャンセニスムという二つの潮流に，真っ向から対立していた。以下では，この二つの潮流とイエズス会的傾向を対比しながら，19世紀の信心世界を概観していく。

1 「ガリカニスム」対「教皇至上主義」[7]

ガリカニスムとは，フランス国内のカトリック教会（別名「ガリカン教会」）に対する裁治権を誰がもつのかという政治的な問題の中から出てきたもので，フランスの「地方教会」——ローマの「普遍教会」に対し，世界各地で司牧活動を担う現場の教会をさす——に一定の自由裁量権を認めるよう主張し教皇の干渉権に制限を加えてきた，歴史的展開を総称する。この政治闘争にはまた，教皇を裁き廃位する権利が地上に存在するか否か，教皇権より上位の権力が地上に存在するか否か，という教会内部のヒエラルキーに関する神学的争点としての一面もあり，教皇の至上権の制限がめざされる場合には，公会議の権威を教皇権の上位に位置づける公会議至上主義や，教皇権を否定する共和主義的教会観を生むことになる。

だが結局のところその最大の関心事は，実際の司牧活動の舞台である地方教会の裁治権や，地方教会の権利を誰が守り，そこから誰が利益を得るのかという問題であり，地方教会が活動を繰り広げている国土に対して統治権を持つ王権，地方教会の監督権を持つ司教権，そして聖職位階制度の頂点に立つ教皇という三つの権力が，地方教会に対する権益を巡って争っていたのである。それは，この三権力と地方教会の，独立と従属の関係をどう決定するのかという問題でもある。その中でフランス・カトリック教会の司教たちは，地方教会の監督者としての司教権を確立するため，すなわち，ローマ普遍教会からの干渉を制限し自らの独

ト教思想と生活を広めることを目的とする活動的な修道会で，世界中に派遣されたイエズス会士によって活発な布教活動が行われた。また哲学・神学教育を重視し，各地に学校を設立して聖職者の育成に努めた。

7) 以下は主に次の記述を参照している：JOULIA 1991a；マルティモール 1987.

立性とガリカン教会の自由を確保するために,教皇の至上権を制限しようとしていた。この司教達の利害が,フランス王国内への教皇の干渉を制限しようとしていた王権の利害と結びついて,ガリカニスムと名付けられることになる潮流が生まれたのである。この観点からみたとき,後にフランス革命の結果成立した聖職者民事基本法における司教・司祭の選挙制を,ガリカニスムの帰結ということもできる[8]。

これに対してイエズス会は,教皇の首位権を主張する教皇至上主義を標榜する。元来,修道者・修道会には免属という特別規定があり,これが認められた修道会は教皇庁の直接裁治権下に置かれ,修道院所在地の管轄司教の裁治権の適用を受けない。そのため,修道会に所属する律修者と,司教を頭とする在俗司祭のヒエラルキーの間には,緊張関係が存在してきた[9]。スペイン人とイタリア人を中心とするイエズス会の教皇至上主義は,フランス国内では特に,司教達のめざすガリカン教会の自由との対立を深め,そのような緊張関係を先鋭化させたため,司教・司祭が次第に統制を強めていく中でイエズス会は孤立していった。さらに西ヨーロッパ諸国において王権の保護を失うと,18世紀半ばには相次いでポルトガル,フランス,スペイン,ナポリ,パルマから追放され,1773年,ついに解散に追い込まれた。イエズス会は1814年に再建されたが,これを可能にしたのは,19世紀前半における教皇至上主義の進展であった。

ナポレオンのイタリア遠征とイタリア統一運動の進展に伴い,世俗権力としての零落が決定的となった教皇庁は,当時民衆の間にみられた教皇の人気の高まりを背景に,司教のローマ訪問の義務化や各国地方教会における教皇使節の発言力の強化など,諸制度の強化によって地方教会組織に対する影響力を増し,カトリック教会機構における教皇庁の指導権確立に努めた。だが教皇至上主義が浸透することになった要因は,そ

[8) フランスでは,司教が自由に会合を持つ権利は,1905年の政教分離法の制定後に回復された。
9) 司祭職には「律修司祭」と「在俗(教区付き)司祭」の別がある。前者は,清貧,貞潔,従順の修道誓願をたて,会則に従って修道院で生活しながら司祭職を勤める。後者は貞潔の誓願のみをたて,管轄司教の裁治権下に,赴任先の教区で司牧生活を送る。だが実際には,修道会であっても司教権に服するもの,領主権に服するもの,都市の管理下にあるものなど,その実状はさまざまであった。

のような教皇庁からの働きかけではなく，各国地方教会の政治的判断であったと考えられる。王権が弱体化した後，各国の地方教会は自国内の政治的圧力にさらされるようになり，それに対抗するために超国家的権力を頼みにした。地方教会は，かつては王権と結びつくことで利益を得ていたが，近代国家という政治体に対しては独立性を保持する方が有利であると，判断するようになっていったのである。

　このような状況下で，教皇の至上権に関する議論としての「教皇不誤謬説」が再燃する。教皇不誤謬説とは，信仰や道徳に関し教皇が最高権威として教義を決定するときには神の力によって誤謬から守られている，という内容をもつものだが，これを唱えることは同時に，地上には教皇の上位権力は存在せず，国家にも公会議にも教皇権を侵害する権利はない，と宣言するに等しい。この教皇不誤謬説は，教皇領がイタリア王国に併合された1870年に教義として布告された。世俗権の喪失に対抗する形で，教会世界における教皇の至上権が確立されたのである[10]。これに先立つ1854年に，論争に決着がついたとはいえない状態のまま聖母マリアの「無原罪の宿り」を教義として宣言したことも，「ガリカニスト陣営内であれほどまでに問題にされた教皇不誤謬性が，事実上行使された」ことに他ならなかった（マルティモール 1987: 147）。後述するように，ルルドに現れた女性は自分が何者であるかを「無原罪の宿り」の名の下に明かしたのだが，この一件は，無原罪の教義化を決定した教皇の判断の正しさを証明する，教皇不誤謬説に対して天から与えられた承認と捉えられることとなった。

　こうして，教皇権とそれを制限しようとしてきた地方教会の司教権の確執に一応の決着がつけられ，教皇を中心とする中央集権的聖職位階体制が確立されはしたものの，世俗社会で進展する民主化の波は，カトリック教会の体制に影響を与えずにはいなかった。19世紀半ばに，カトリック系新聞などの出版活動の影響のもとに盛んになった，非聖職者である一般平信徒が主体的に参加するさまざまな組織活動は，20世紀に入るとますます活発となった。レオXIII世（在位1878-1903）は平信徒活動

　10）ただし，この不誤謬性を公会議にも認めることで，教皇の独善を予防する方策がとられている。

の組織化と信徒の社会活動への参加を奨励し，ここから，後にピウスXI世（在位 1922-39）が「カトリック・アクション」として教義的な基礎を与えることになる，司教の指導のもとに教会の「司牧的使命を補完する信徒の使徒職」，「位階制的使徒職への信徒による参加」が進展していく（教史 vol. 11: 106f）。このように，確立されたばかりの中央集権的統治は，その成立当初から，民主的気運に満ちた信徒たちの組織的な活動という新しい事態と向き合い，その制度化に取り組むことを余儀なくされていたのである。これは，確立された裁治権のもとに参加権が拡大されていくという，カトリック教会内に展開した一種の民主化の流れととらえることができる。

　ルルド巡礼はこのような，国家・地方教会・教皇庁の関係の変化と教皇の首位権の確立，フランス地方教会の再編，平信徒活動の発展という時代の流れの中に，位置づけられるのである。

2　「ジャンセニスム」対「典礼運動」[11]

感性に訴える様式を特徴とする「トリエント公会議後の典礼は〈観せ物〉的であると言われてきた」（教史 vol. 5: 375）。イエズス会は宗教改革によって教皇権が揺らいだ16世紀に「恩寵に関する〈楽観主義的〉なドグマを強く弁護・実践し」（教史 vol. 7: 172），そのようなトリエント公会議後のカトリック世界の牽引役を果たしたとされる。だがその司牧方針は，内的修練よりも信心業を奨励することによってカトリックの教えの大衆化を推し進め，宗教生活を安楽にすることで改宗の促進を図る，弛緩主義（laxismus）だとして批判された。またイエズス会は，ある行為が道徳的に許されるか否かを判断する時に，人間が持つ行動の自由を極力認めようとする立場に立ったが，このような人間の都合を斟酌する立場に激しく敵対したのが，ジャンセニスムであった。オランダのヤンセン派神学を受け継ぐジャンセニスムは，アウグスティヌスの恩寵の

　11）　以下は主に次の記述を参照している: DELUMEAU 1971: 165-201; JOULIA 1991c; KRAILSHEIMER 1995.

神学を厳格主義的立場から論じ，厳しい倫理的生活を主張することから，厳格主義と評される。

　両者の間に繰り広げられた神学的対立の最大の争点は，「神の恩寵」と「人間の自由意志」との関係であった。ジャンセニスムが掲げる新アウグスティヌス主義は，神の恩寵に全権を認め，人間がいかに努力しようとも神は選ばれた者にしか恵みを与えないとして，人間の意志の自由を否定する。対するイエズス会の立場は，神の恩寵と人間の自由意志が共に作用することで救いが実現するというもので，人間が神の恩寵の業に積極的に参加・協力する可能性を主張し，これが儀礼に基づく宣教と宗教生活を推進する神学的根拠となった。両者の人間観・救済観の違いは，たとえば頻繁な聖体拝領の是非に関する次のような主張によく表れている。イエズス会が徳の養分として毎週の聖体拝領を推奨したのに対し，ジャンセニスムは聖体拝領は徳の報酬として初めて許されるとし，聖体を拝受するための内的準備の重要性を強調して頻繁な拝領に反対した。前者が神の恩寵に至る道を拡大することで多くの信徒の参加をめざすのに対し，後者は正しい者にのみキリスト教世界への参加資格を認める態度であるといえよう。

　これはやがて，秘跡[12]の力を認めるか認めないかを巡る対立へと進展する。神の恩寵にふさわしい者だけが救われるというジャンセニスムの主張は，行為の面では秘跡の軽視を，思想面では救いに対する懐疑を生む。また秘跡に対する態度の違いには，公的な礼拝と私的・内的敬虔の離隔という問題も潜んでいる。公的な礼拝は聖職位階制度によって担われるのに対し，内的敬虔は形式と集団を嫌い，個人の自主独立に意義を見いだす。ジャンセニスムの倫理的厳格主義は，信仰の内面化を奨め，司教制が不要であるという立場をとったためにガリカン教会と敵対していき，教会内に保護を失って失墜していった。ジャンセニスムは秘跡への懐疑ゆえに後に教皇から糾弾されるが，司教権の利益に抵触するという意味では，イエズス会とジャンセニスムは同じような立場にあったのである。

　他方のイエズス会は祭儀と礼拝を推奨したが，その彼らもまた典礼問

---

12)　神の恩寵を与えるためにキリストが定めたしるし，典礼上の行為。

題で大きく躓いた。中国で宣教にあたったイエズス会士マテオ・リッチは，新たにキリスト教徒となった中国人に対し，儒教の祖先崇拝を認めるという混合主義をとった。この順応策をめぐって，キリスト教と現地習俗の折衷を認めるか否かを問う典礼順応論争がもちあがり，結局この順応策は1742年に教皇に正式に否定されることとなった。

だがイエズス会のこれらの試みは，19-20世紀の典礼運動によってその精神を引き継がれていった。19世紀前半，フランスのソレムにあるベネディクト会を中心に典礼改革運動がおこるなど，典礼重視の風潮が強まり，この潮流をピウスⅩ世（在位1903-14）も支持して，頻繁な聖体拝領や子供の聖体拝領の奨励といった一連の方針が示され，信徒の積極的礼拝参加に大きな影響を及ぼした。同時に，現地語でのミサの推進や典礼における現地の習俗の尊重など，各地の固有文化に適応した宣教をめざす方向性も打ち出されていった。イエズス会においても，彼らの郷に入っては郷に従え的布教方針に対して，現在では，「受肉 incarnation」を模した「インカルチュレーション inculturation」という造語があてられ，理論化が試みられている（レクリヴァン 1996: 166f）。

ルルド巡礼はこのような，秘跡への信徒の積極的参加を奨励し公的礼拝を重視する典礼主義を背景に，成立したのである。

以上が，宗教改革後のカトリック教会の基本方針と，その歴史的展開の概略である。もう一度まとめるなら，それは第一に，教皇を頂点とする聖職位階制の確立，そして第二に，恩寵に関して寛容な典礼主義の進展であった。教皇庁，地方教会，国家の間にうち立てられた新たな秩序のもとに，典礼改革によって一般平信徒の典礼への参加機会が拡大され，参加者の拡大としての大衆化が進んだのである。それは，典礼を足がかりとしたカトリック共同体再建の試みであった。これは，組織の面では国という内輪を開き国境を越えた外側へとネットワークを拡大することであり，信心の面では内よりも外に向かうことを志向するものである。

このような歴史的背景のもとに，19世紀を特徴づける信心の諸実践が展開していった。その中心となったのが，「聖体」と「マリア」という二つの主題である。19世紀以降の歴代教皇は，聖体と聖母に対する信心と祭儀を軸に，カトリック教会を共同体として建て直そうとした。レオ

XIII世は聖母崇敬，特にロザリオの祈りを奨励し，ピウスX世は贖宥の信心と聖体崇拝を促進した。また19世紀は「イエスの聖心の世紀」ともいわれ，聖体に対する信心のヴァリエーションとして，イエスの聖心に対する信心も発展した。フランスの司教達の要請で，ピウスIX世（在位1846-1878）により1856年に聖心の祝日が全世界の教会に広められ，1864年には聖心崇拝の普及に功績のあった修道女マルグリット・マリー・アラコクも列福されている。

しかし19世紀のカトリック世界を最も特徴づけるのは，マリア崇敬の高まりであった。19世紀は「マリアの世紀」と呼ばれ，フランスではあいついで聖母出現がおこった。まず1830年に，パリ中心部のル・バック街にある愛徳姉妹会の修道院でカトリーヌ・ラブレー（1806-1875）に聖母が現れ，「奇蹟のメダル」の鋳造を命じた。1846年にはアルプス山嶺の寒村ラ・サレットで，二人の子供が涙を流す聖母を見た。1858年のルルド出現の後，1871年にはブルターニュ地方の寒村ポンマンに聖母が現れ，間近まで迫っていたプロシア軍の撤退を予言した。この四つの出現事例は，各出現地を管轄する司教区司教によって後に真実の聖母出現だったと認められたものだが，このほかにも認定されなかった出現事例が数多くある。また，マリアの名前を冠する信心会や修道会も数多く設立された[13]。

神学の領域でも，それまでにない進展が見られた。特に，1854年の「無原罪の宿り」の教義化をきっかけに，マリアの霊的母性（万人の母としてのマリア）のテーマが発展した。1904年には，無原罪の宿り教義化50周年を記念して国際マリア大会が開催され，この動きを受けて1930年代以降，各国にマリア研究協会が設立された。1950年には新たに「聖母被昇天」の教義が決定されるなど，マリア神学は20世紀に花開いたのである[14]。その発展の様子は出版物にも反映している（JOULIA 1991b:

---

　　13) これらの信心会の前身は，イエズス会士が1563年にローマ学院内に組織したマリア信心会であったという。この学生のためのマリア崇敬の会をモデルにして，やがて市民・職人なども各々のマリア信心会を組織するようになり，1584年に教皇勅書によって，これらの信心会も本部となるローマ学院マリア信心会の傘下におかれた。一時活動が停止させられたが，1847年にピウスIX世により復興された（教史 vol. 5: 322, 366, 399; vol. 9: 230)。

　　14) その成果として次の叢書があげられる: DU MANOIR 1949-71.

197; 200)。フランスにおける宗教書の出版は革命によって落ち込んだが徐々に回復し，1860-64年には総出版物の20％弱にあたる2,250タイトルが出版された。その中でマリア崇敬関連書の伸びが目立ち，1851-70年にそれ以前の四倍に当たる128タイトルが出版されている。イエズス会系の過去のベストセラーの再版のほかに，マリアの苦しみの観想や仲介者論など，新しいテーマの著作が見られた。

ルルドでは聖体と無原罪の聖母が信心の中心に据えられているが，それはこれらの時代潮流を背景としている。そこで以下では，この二つの内容を，より詳しく見ていくことにする。

3　聖　体

カトリック教会には，キリストによって制定されたとされる七つの秘跡[15]が存在する。秘跡とは，神からの聖なる恵みの賜物である「恩寵」を人々に伝える典礼上の行為で，中でも最も重要なものがミサ聖祭である。キリストは，死の直前に弟子たちと最後の晩餐をともにした際，食卓のパンと葡萄酒を祝福して彼らに分け与え，「わたしの記念としてこのように行いなさい」と命じたとされる（ルカによる福音書22章14-19節）。彼の死後，キリストの十字架による贖いの死と救いを記念する祭儀として原初教会で行われるようになり，2世紀頃に神に捧げる犠牲としての意味がこの祭儀に認められるようになるに至って，ミサ聖祭はキリストの十字架上の死による贖いの行いの再現，キリストの救いの業の更新であるという解釈が確立されていく。聖体とは，このミサ聖祭の構成要素であるパンと葡萄酒をさす。それは，十字架上で人間の罪を贖うために犠牲となって亡くなった救い主キリストの肉と血を置き換えるも

---

15)　七秘跡とは，洗礼，堅信，悔悛，ミサ，婚姻，叙階，傷病者の塗油（かつての「終油の秘跡」）である。信徒は，洗礼を受けることで教会の一員となり，堅信によって教会に所属する最終的な意思表示を行う。この二つの秘跡は，婚姻や叙階（聖職に就くこと）という，新しい社会的身分を得る節目におこなわれる秘跡同様，通過儀礼とみなすことができる。他の三つの秘跡のうち，ミサ聖祭と悔悛については本章で，傷病者の塗油の秘跡については，第5章で概説する。

のである。ここで「置き換える」と書いたのには理由がある。実体変化の神学によれば、パンや葡萄酒という物質は単にキリストの肉と血を「象徴している」のではなく、パンと葡萄酒の基体が、司教のカリスマ[16]によってキリストの肉と血に実際に「変化している」のだとされる。ミサ聖祭では、キリストの肉と血を犠牲として神に捧げる行為が更新され、信徒はパンと葡萄酒を口にする聖体拝領の祭儀にあずかることで、世の罪を贖うキリストの犠牲の肉と血を、パンと葡萄酒という外観のもとに、自分の身体の内にいただくのである。

　カトリック神学では、キリストの身体に三つの相を認めている (JOUBERT 1991: 151-157)。第一に、人として歴史の内に生きたキリストの歴史的身体、第二に、世の罪を贖う聖体、第三に、秘跡の場としての教会という相である。この中で第二・第三のものは、キリストの昇天後、その救いの業を歴史の内に更新する二つの身体だが、13世紀におこった聖体の実体変化の論争の結果、キリストの生身の歴史的身体とミサに用いられる罪を贖う聖体が近づけられるようになると、前者の聖体は「肉」のイメージが喚起する感覚的・存在論的次元を、後者の教会は「身体」のイメージが喚起する有機的一体性を、それぞれ想起させるようになった。この後の聖体崇拝は、こうして確立された、受肉し、受難によって神に捧げられた肉体、贖いの恩寵を運ぶキリストの現存としての聖体イメージに基づいている[17]。

　聖体をミサ聖祭という文脈から切り離し、独立させて崇拝する信心の始まりは、「聖体の祝日 Corpus Christi」であると考えられる (RUBIN 1996: 31-46)。1246年にベルギーのリエージュで初めて聖体の祝日が祝われたと記録にあり、1264年に教皇ウルバヌスIV世がこれを全教会の祝日と定めた。このとき教皇の命により、「聖体の実体変化論者トマス・アクイナス」(MACHEREL 1996: 49) によって、聖体の祝日のための典礼が作られた。聖体の祝日の中心的な祭儀は、聖体パンを納めた聖

---

　16) カリスマとは「霊の賜物」を意味し、司祭はこれを与えられているために祭式の執行が可能となる。この賜物は共同体を作るために与えられるもので、与えられた本人のためというよりも、むしろ他人のために神から恵まれた恩寵だという解釈がある (*théo*: 751)。

　17) 以下では原則として、「聖体」の語は「聖体パン」を指すこととする。

体顕示台を掲げる司祭とともに，共同体の成員が行列を組んで共同体内のしかるべきルートを練り歩く，屋外での聖体行列であり，その信心形態は聖遺物崇敬をモデルにしているという。行列の慣習は14世紀頃から西ヨーロッパ各地に広まり始め，16世紀以降普及した。

　この行列の象徴的意味について，モリニエは次のように述べている(MOLINIE 1996: 7-39)。一般に祭儀として行われる行列には社会集団の形成を促すという社会的機能があり，行列の組み方，並ぶ順番，役割分担，ルートの設定と順路など，行列の構成には社会関係が反映される。聖体行列は，そのような形で顕在化された社会集団と聖体をかかわらせるのだが，そこでの社会集団と聖体の関係は，聖体拝領における個人と聖体の関係と同じであるという。ミサ聖祭が人々を教会の内に集めて行われるのに対し，聖体行列では聖体が教会から外へ出ていくという逆転がおきており，また，聖体拝領における聖体の摂取と聖体行列におけるキリストの来駕という対比はあるものの，「聖体が信徒の体内をめぐるように，社会という身体の腸内を神がめぐる」(ibid: 7)，すなわち，信徒の身体と社会的身体がキリストの肉によって満たされることで共同体が形成されるという点は共通しているというのである。聖体行列はレコンキスタ後のイベリア半島と南米大陸という新たな領土で文化政策の一翼を担ったが，彼女はその理由を，聖体行列がもつ，社会集団に対する聖体拝領としての意義にあったと考えている。またモリニエは，聖体行列に聖遺物が参加することの神学的な意味に注意を促し，聖体は聖遺物をいただく祭壇[18]の上で実体変化を起こすとされているのであるから，聖遺物に伴われた聖体は実体変化を起こした聖体，すなわちキリストそのものであることが強調されるのだという。

　この聖体行列からさらに，聖体顕示台を使ったもう一つの信心業である「聖体顕示」が展開する。聖体行列が共同体の構成にあずかる屋外の祭儀であったのに対し，こちらは屋内で行われる個人的な信心業であり，宗教改革後プロテスタントに対抗して，聖体がキリストの真実の実在であることを示す信心として奨励された。この聖体はキリストの現存であ

---

　18)　「祭壇」はミサ聖祭を執行するために設置される祭卓で，必ず殉教者か聖人の遺物の上に設けるよう定められている。『カトリック新教会法典』第3巻「聖なる場所及び時」第4章「祭壇」第1237条に，聖遺物に関する規定がある。

るため，顕示されている間は聖体を無人のまま放置することは許されず，必ず誰かが礼拝していなければならない。このような，ミサ聖祭という祭儀から切り離され独立した聖体への崇拝，特にそれを「見る」ことに意味が持たされる傾向は，人々が聖体拝領にあずかる機会が減少するのと反比例するかのように高まっていったという（théo: 936）。当初はイタリアだけに見られる信心業だったが，19世紀半ばに他国に広まった。なお，夜間の聖体顕示という信心業の形態をフランスに伝えたのは，北部の都市リールの実業家フィリベール・ヴローだが，彼の義弟一家はルルド巡礼に深くかかわっている[19]。ヴローはまた，聖体崇拝にかかわる最も新しい運動である国際聖体大会の開催にも協力している。聖体崇拝の活性化によるカトリック教会の復興を意図して始められた国際聖体大会は，聖体崇拝にゆかりがある聖地への巡礼と聖体神学の研究会を組み合わせた会議で，1881年にリールで初めて開催された。聖体はこのように，個人的信心業に用いられた場合にもなお，カトリック世界においては人々を外へと連れ出し束ねる面を備えているのである。

また，聖体に対する崇拝と深い関係にあるものとして，13世紀末以降に進展した聖心崇拝がある。キリストの愛の象徴である心臓を崇拝することを通してキリストの全存在を礼拝するもので，1672年にフランス・ノルマンディー地方の修道士ジャン・ユード[20]が，イエスの聖心を祝う許可を司教から得たのが公的な崇拝の始まりとなった。同じ頃，1673年から75年にかけて，フランス中部の町パレ・ル・モニアルの修道院で修道女マルグリット・マリー・アラコク Marguerite-Marie Alacoque（1647-90）にキリストが現れ，自らの心臓を指し示しながら，聖心に対する信心を再興し広めよと告げる聖心出現が起きたとされている。この後，彼女の聴罪司祭だったイエズス会士が著した出現譚の普及などにより，聖心に対する信心が急速に大衆化し，19世紀に特に好まれ流行した。1765年に聖心の祝日と典礼が認可され，1856年に教皇ピウス IX 世がこの信心を全教会に拡大した。1910年，パリのモンマルトルの丘に聖心に捧げられたサクレ・クール寺院が建設され，後にフランスにおける聖体

---

19) ヴロー家の人々については，第3章III.3.(2)で取り上げる。
20) Jean Eudes (1602-80) は民衆布教に努め，司祭の養成を目的とする在俗司祭の会を創立した。また「聖母の汚れなき御心」に対する信心も唱道した。1925年に列聖。

顕示信心の中心地となった。

　このような，ミサ聖祭という文脈を離れた聖体に対する信心業の隆盛に対し，19世紀半ば頃から信仰の本質に戻ろうとする気運が生まれ，聖体拝領の重要性が再認識されるようになった。この運動を押し進めたのが先述のピウスⅩ世であった。まず子供の聖体拝領の禁止がゆるめられ，1910年には，ふつうのパンと聖体パンの区別がつく子供であれば聖体拝領の資格があると定められた。大人に対しても，聖体拝受者に贖宥が与えられるようになり，頻繁な聖体拝領が奨められ，病人には聖体拝領前の断食を免除するなど，人々が聖体拝領にあずかる機会が増やされていった。この聖体拝領の奨励は，上述の，典礼への参加機会の拡大という時代の趨勢を背景としていると考えられる。

4　マリア神学[21]

聖体がミサ聖祭という祭儀を離れて独立した崇拝対象となったように，聖母マリアも息子イエスを伴わない姿で表されることが多くなるなど，崇敬対象として一定の独立性を獲得していった。「無原罪の宿り」はそのような，イエスからある程度独立した崇敬対象としてのマリアの本質を規定する教義であり，「聖母被昇天」の教義はその展開と見なすことができる。以下，この二つの教義と，その後のマリア論上の重要なテーマである「マリアの従順」の要点を概観していく。

(1) 無原罪の宿り

「無原罪の宿り」とは，イエスの母マリアが，その母アンナの胎に宿り，この世に生を受けた瞬間から原罪を免れていたという教義である。この教義を決定した大勅書 *Ineffabilis Deus*（DU MANOIR t. III: 751-764）には，次の二つの要点がある。第一に，原罪ではなく救いを強調すること，第二に，神の恩寵が肉体に及ぶ点を強調すること。これらの要点は，大

---

　21) マリア崇敬史の概説書としては，現在でもマリナ・ウォーナーの著作が最良のものと思われる（WARNER 1976）。

勅書が教義の根拠としてあげた次の二箇所の聖書の記述から導き出される。

　第一の根拠は，旧約聖書の創世記3章15節である。その中の「お前と女，お前の子孫と女の子孫の間に／わたしは敵意をおく／彼はおまえの頭を砕き／おまえは彼のかかとを砕く」という言葉は，人類の始祖であるアダムとイヴの堕罪物語の結部，神が蛇，イヴ，アダムのそれぞれに堕罪後の運命を下す場面で蛇に向けられた言葉の後半部分にあたる。大勅書はこれを，神が蛇とマリアの間に敵意をおき，マリアもイエスと同じように蛇の頭を砕くことになると述べているものと解釈する。

　この解釈は，聖書のこの箇所を堕罪物語ではなく救済物語として読むことによって可能となる。もしこれがあくまでも堕罪物語にとどまっていたならば，ここに言われる女は罪の物語の登場人物でなければならず，蛇との間に敵意をおかれたのは，蛇にそそのかされて罪を犯してしまった女，イヴでなければならないことになる。救済物語という枠組みが設定されることで初めて，蛇に敵対する女はマリアとみなされ得るのである。

　ここから無原罪のマリアの役割が導き出される。マリアは，堕罪物語における人類の始祖アダムとイヴに代わって，イエスとともに新しい世代の両親の役を演じるのである。救いの物語におけるマリアのこの役割を表現するのが，早くから彼女に与えられていた「第二のイヴ」という呼称である。第二のイヴ論は，イエスを贖いの世界の始祖である新しいアダムと考える，パウロの「第二のアダム論」に触発されて生まれた説だといわれる。ここでは旧約世界の堕罪物語の始祖であるアダムとイヴに対し，新約世界の救済物語の始祖である第二のアダムとイヴが，それを正すものとして求められているのである。

　第二の根拠は，新約聖書のルカによる福音書1章28節である。そこに見られる「恵まれた方」という表現は，救済物語の主要人物としてのマリアの本質を述べているとされる。これは新約聖書中，マリアを描いたなかでも最も有名な場面，受胎告知における，大天使ガブリエルからマリアへの呼びかけの言葉である。マリア神学ではこれを，神がマリアに完全無欠・最高の恩寵を与えた証と考え，完全な恩寵に満たされた存在であるマリアは無原罪であったと結論するのである。

I 19-20世紀のカトリック世界　　　49

　ここで重要なことは，マリアの徳がイエスを産むという出来事と切り離され，神の恩寵との関係でマリアの本質が語られている点にある。マリアのアイデンティティとステイタスが，イエスとの関係ではなく神との関係を基盤にするようになることには，次のような意義がある。幼子イエスとの母子関係は歴史上一回限りの特別な体験であり，他の誰にも真似は出来ないが，神の恩寵との関係としてマリアの体験を見ることで，それを，神の恩寵と向き合う人間の体験のモデルとして一般化・普遍化できるようになるのである。

　以上の根拠から，次のような表現によって教義が宣言される。「聖処女マリアは御宿りの最初の瞬間から，神の唯一の恩寵と特権により，救い主にふさわしい存在たるよう，原罪のあらゆる汚れから前もって保護されている」。

　これを，大勅書が冒頭近くに引用している教皇アレクサンデルVII世（在位1655-67）[22]の言葉と比較すると，無原罪という教義の主題が際だってくる。アレクサンデルVII世は無原罪について，「聖処女マリアの魂は，創造された最初の瞬間，身体と一つになった最初の時から，恩寵の特別な計らいによって……原罪の汚れから前もって保護されている」と述べている。この表現の特徴は，魂と身体を明確に区別した上で，魂の無原罪について語るところにある。これは，アレクサンデルVII世が原罪を，特に魂に関わる問題と考える立場にあったことを示している。これに対して大勅書は，マリアが「御宿りの最初の瞬間から」原罪を免れていたと表現することで，霊肉の区別を避けている。完全な恩寵を受けたマリアが魂しか救済にあずかることができないのは矛盾ではないか，という配慮から表現が改められたと解説されているが（GALOT 1964: 13f），ここにはさらに重要な意味があると考えられる。

　アレクサンデルVII世の記述は，原罪が魂だけに関わるという立場からなされたものであり，そこでは原罪の及ぶ対象と時期が重要な問題となっている。これに対して大勅書の記述は，救いの内容と救いの及ぶ対象に専ら関心を向けている。ここで思い起こさなければならないのは，

---

　22) 反ジャンセニストとして知られる。また反フランス政策をとり，国王ルイXIV世と対立した。彼の言葉が大勅書に引かれるにあたって，この政治的立場が意味を持っていなかったとは考えにくい。

カトリック世界において，身体の復活が救済の欠くべからざる表現の一つだということである。これは，身体も魂と同様，救済の対象とみなされてきたことを意味している。この「救済の対象」が「恩寵の対象」でないはずはない。恩寵は身体にも及ばなければならず，ましてマリアの受けた恩寵が比類なき絶対の恩寵であるならば，その身体が，魂同様，恩寵の計らいにあずかっていなかったはずはない。

こうして恩寵の対象としての身体を考えるとき，魂だけについて語る先のアレクサンデルVII世の表現は，適切ではないことになる。すなわち，ここで表現の選択を左右しているのは，原罪の否定としてではなく恩寵の発現形態として無原罪を語ろうとする姿勢，原罪が魂と身体のどちらに関わるものなのかはさておき，魂同様身体も恩寵にあずかるはずであるという側面から無原罪を語ろうという大勅書の立場であり，アレクサンデルVII世と大勅書の表現の違いは，関心が原罪のあり方にあるか恩寵の発現形態にあるかの違いから生じているのである。大勅書は二つの根拠をあげ，上述の表現で教義を決定することにより，堕罪ではなく救済に焦点を合わせると同時に，身体もまた救済の対象であるという観点を前面に打ち出しているのである。

(2) 聖母被昇天

恩寵の発現形態への関心，身体も恩寵にあずかるというテーマは，次の被昇天の教義にも引き継がれている。マリアが死後復活し，イエスの計らいによって天に引き上げられたという聖母被昇天の信心を教義化しているのは，教皇令 *Munificentissimus Deus* (DU MANOIR t. III: 801-814) である。無原罪の宿りの教義は，地上に生きる人としてのマリアにおける恩寵の充満とその発現形態について述べていた。これに対してマリアの復活と被昇天は，人間の死後の理想状態と恩寵の発現形態に関わる，同じ物語の後日談と考えられる。無原罪の教義において「罪に打ち勝つ」という理想のあり方を実現していた恩寵が，次なる理想である「死に対する勝利」にも，マリアをあずからせるのである。また被昇天を「無原罪の必然の結果」とみなすことは，マリアにおいて贖いが成就しているという宣言であるだけでなく，罪と死の両方を打ち負かすことで初めて恩寵が完全に発現・成就するという，救済観の表明でもある。

被昇天の根拠として，教皇令は次の三点をあげる。第一に，新約聖書ルカによる福音書2章35節の「シメオンの預言」，第二に，マリアの永遠の処女性，そして第三に，理想としての一致状態。

　第一の根拠であるシメオンの預言とは，マリアが十字架の下で剣に胸を差し貫かれるであろうと述べるもので，福音書中，マリアを十字架に関係づける数少ない記述の一つである。死に対する勝利は贖いの成就の結果にほかならず，贖いは十字架によってもたらされることから，勝利としての十字架の下で剣に差し貫かれるマリアの姿が，キリストの十字架上の死に類比される十字架の下での犠牲の死，すなわち，死に対する勝利の業への参加の表現となるべく，ここに引用されたものと考えられる。ところで教皇令はマリアの生涯を語るにあたり，聖書の中からこの場面だけを引いており，マリアの生涯で最も重要な場面と思われる受胎告知は語られていない。マリア像同士を比較した時，死に対する勝利のイメージが受胎告知ではなく十字架である点は重要である。なぜならこれは，死に対する勝利が「産むこと」ではなく，「犠牲を捧げること」であることを意味しているからである。

　第二の根拠としてあげられるのは，マリアがイエスを産んだ後もなお処女であり続けたという，永遠の処女性の物語である。教父達は，出産によっても処女が失われなかったのは神がマリアの身体の聖性を守ったからであり，その神が聖処女の死後の身体の栄光を守らないはずはないのだから，聖処女の身体は死後の腐敗から守られている，という処女身体の死後非腐敗の観念を発展させた。これがさらにすすんで，恩寵に満たされた身体は復活して天に上げられていなければならない，という被昇天説にまでたどりつくのだが，この展開を貫いているのは，恩寵に満たされた「身体の栄光」というテーマである。ここでは，子供を産んでも処女であること，遺体が腐敗しないこと，復活して天に引き上げられることが，身体の栄光の諸相として並べられている。この観点からみた被昇天は，死に対する勝利の結果贖われた，身体の栄光の物語なのである。教皇令中にみられる数々の引用は，理想の身体イメージをマリアに託して考察してきた歴史の証言となっている。

　そして第三に，被昇天は身体と霊魂の一致の実現であるが故に求められている。この関心は，教皇令が引用している聖ボナベントゥラの次の

言葉に顕著である。「もし聖処女が天に人格としているのでなければ，その至福は完全であるとはいえない。人格は単なる魂ではなく，人としての複合体である。それゆえ彼女が二つながらそこにいることは明らかだ。でなければ，完全な恩寵を身に帯びていることにはならないからである」。ここでは，「恵まれた方」の享受する恵みが完全であるためには身体と霊魂の永遠の一致という理想状態が成就されていなければならないという議論によって，死後の身体復活という結論が導き出されている。復活という死に対する勝利は，死によって分かたれるべく運命づけられた霊と肉が，その隔たりを克服して永遠に一つになることだと理解されているのである。

　この「一つになる」ことの至福，マリアと神，マリアとイエス，霊と肉，教会員達の心などが一致していることへの言及は，教皇令中，他にも随所にみられる。被昇天は，恩寵によって実現する魂と身体の永遠の一致という至福の成就，また，恩寵によりもたらされる他のさまざまな一致のシンボルとなっている。ダールバーグのいうように，カトリックの身体観は，霊魂と肉体の分離どころか，二つがひとつになるところに理想を見いだしているのである。

(3) マリアの従順

マリア神学はその後，マリアの従順というテーマを展開している。これは，無原罪の宿りを公布した大勅書の中で「恵まれた方」について述べられていた，マリアの同意によって神の救いが実現したという観念に立脚している。第二ヴァチカン公会議の折りに公布された『教会憲章』には，次のように記されている。「『恩寵満ちみてる者』という挨拶を受けたナザレトの処女は，天の使いに『わたしは主のはしためです。おことばのとおりになりますように』と答えた。……神の救済の意志を受諾し……贖いの秘義に仕えるために，主のはしためとして子とその働きに完全に自分を捧げたのである。したがって，マリアは単に受動的に神に用いられたのではなく，自由な信仰と従順をもって人類の救いに協力した」(南山大学監修 1986: 92)。

　「自らの意志で引き受ける」というテーマは，次の教皇回勅『救い主の母』の中にいっそう明確に述べられている。マリアは「一生涯『お言

葉どおり，この身になりますように』という信仰の歩みを続けたのです。……信じるとは，いかに『神の定めは悟りがたく，その道は窮めがたい』（ローマ11・33）かを謙虚に認めつつ，生ける神の言葉の真実に『身をゆだねる』ことです。マリアは……心を開いて，神のご計画にあることすべてを完全に受け入れました」（ヨハネ・パウロⅡ世 1987: 34）。このような，身をゆだね信じた者としてのマリアの姿が，回勅の全編を貫いている。このテーマはルルドでの説教の中に繰り返しみられ，マリアの，理解しないながらも「はい」といって受け入れる姿は，自分の自由にならないこと・迷い・悩み・不安の中にある信徒の道しるべとなっている。

　マリアの姿に託されたこの信者イメージは，自律・自由・自己責任・自己裁量といった近代的価値を帯びた自己イメージに対抗する，別の選択肢としての意味を持っている。この点については，第3章と第5章で論じる。またマリアを巡って紡がれたイメージは，当然のことながら，「女性」とはどのようなものであるか・あるべきかを述べる，男性神学者の作り上げたジェンダー・イメージ，男性神学者による女性の本質規定の結果でもある[23]。近代のマリア・イメージは，産む性に還元されない，受け入れる力としての女性的価値のアピールである反面，従順な処女母性という価値は，指導的立場にあるものにとって都合のいい扱い易さを意味してもいる。マリア・イメージが女性のあるべき姿としてあてがわれるか，信徒全般の理想像として指し示されるかで，その評価は違ってくるのである。

　マリア神学のこの新しい展開を特徴づけているのは，「恩寵の授受」という主題である。無原罪と被昇天の教義は，聖母の身体が恩寵に満たされていたこと，また人間の生前と死後という二つの状況で恩寵が充満するとはどのような状態を意味するのかを，述べている。それはまた，「身体の祝福」についての観念の表明でもある。この二つの教義に限らずマリア神学の歴史をみると，そこにはマリアという存在についての考

　23）　松村は，男性の作り出した，男性に都合のよい観念としての女神イメージを多角的に論じている（松村1999）。

察を通して贖われた人間身体のあるべき姿を追求する，一種の身体論が展開している。そこでは身体が性——女性の場合特に出産の苦しみ——と死という二つの堕罪の結果から解放され，生理の次元を失っていくが，身体そのものは恩寵の宿る場として，清く堅牢であることを理想として追求され続けているのである。精神と肉体，霊的次元と物質的次元の境界は，その中で曖昧にされてきた。

　マリア神学にみられるこの恩寵の強調は，キリストの聖体に関する神学と深くかかわっていると考えられる。キリストの聖体が脚光をあび，マリアの身体が神学的に定義される，すなわち，聖体が恩寵の媒体，恩寵を運ぶ肉としてのイメージを強調するようになる一方で，マリアは恩寵を受け取る身体のモデルとして確立されていく，という相補的な関係が，両神学の間に認められるのである[24]。肉として受け取られる恩寵と恩寵を受け取る身体があることによって恩寵の授受が起こる，という観念は，信徒の積極的な礼拝参加を奨励する方針にかなった内容となっている。またそれは，イエズス会的な恩寵の神学にも通じている。先述のように，イエズス会とジャンセニスムのあいだには，神の恩寵と人間の自由意志の関係をめぐる激しい論争があった。マリアの従順への着目は，先行する二教義によって，恩寵を受け取った身体としての側面を確立したマリアが，自由意志によって恩寵を受け取ったのだと明言することにより，イエズス会的な恩寵の神学に，生き生きとした姿を与えることになったと考えられる。なおここでは，カトリック神学における受肉の重要性から，神の恩寵がこの世界に流通するために必要な基体としての肉と身体の観念が展開したと仮定しているが，そこに，恩寵の媒体としての肉の「偏在性・物質性」と，恩寵の受け手としての身体の「個別性・境界性」という対比があるように見えることの意味を，考える必要があるものと思われる。

　以上が，ルルドが巡礼地として成立した19-20世紀カトリック信心世界の概略である。ルルドは，無原罪の聖母の聖地として教皇至上主義と

---

24) この観点から，「上智の座／聖母子／授乳図／ピエタ」というマリアの図像の変遷と聖体神学との関係について，拙稿で仮説をたてたが，検証作業は今後の課題として残されている（寺戸 1989b）。

結びつき，聖体を前面に押し出した典礼運動の中心となり，奇蹟的治癒によって身体の祝福と救済への指向性を露わにする，まさにこの時代のムードを如実に反映した聖地といえる。また以下に見るように，ルルド巡礼のシステムは，フランスの地方教会とローマの普遍教会の関係を明示するという機能も果たしていた。ルルドは，各地から集まる巡礼団が，自分たちが同じひとつの世界に帰属していることを確認する場となっているのであるが，この点については第2章で述べる。それでは次に，聖母出現の出来事を簡単に紹介した後，巡礼空間の分析に入る。

II 巡礼空間の構成

聖母マリアは1858年2月11日から7月16日までの間にマサビエルの洞窟で少女ベルナデットに対し18回，その姿を現したという[25]。妹と友人の三人で薪を拾いにきていた2月11日をはじめ，18回の出現はすべて同行者や大勢の見物人がいるところで起きたもので，ベルナデットが一人きりだったことは一度もなかった。また最後の三回以外は，友人（2回目），知人（3回目），そして姿を現している女性（4-15回目）の頼み

---

25) 二回目以降の出現の日付と出来事は次のようになっている。
2月14日　友達に請われて洞窟へ行く
（2月17日　灰の水曜日：復活祭前の浄めの期間である「四旬節」が始まる日）
2月18日　姿を現している女性から「ここに15日間きてください」と求められる
2月19日-3月4日　二週間の日参（2月22日と2月26日には出現はなかった）
3月25日　受胎告知の祝日：「無原罪の宿り」という名が明かされる
（4月4日　復活祭：キリストの復活を祝う，カトリック教会暦上最も重要な祝日）
4月7日　ベルナデットの手がロウソクの炎に触れても火傷をしないという奇蹟が起こる
7月16日　最後の出現（ベルナデットは数人の女性と，洞窟から離れた場所で祈っていた）
出現の出来事とその分析については以下を参照のこと：LAURENTIN 1957-66〔第三巻よりBILLETと共著。出現に関わる書類・手紙・新聞記事等を日付順に編纂した，研究の基礎資料集である。以下 LDA と略記〕；関一敏 1993.

によって，洞窟を訪れている。

　「姿を現している女性」と書いたが，実はベルナデットは「なにか白いもの」が見えると言うばかりで，それが何者なのかを自分で特定することはなかった。現れているのは聖母ではないかという憶測は，出現に関心を向けた周囲の人々の間で生まれたもので，「ここに15日間きてください」という女性の言葉によって始まった洞窟日参の期間中，その証拠が待ち望まれた。この期待に明確な形を与えることになったのが，町の教区付き司祭が求めたしるしであった。カトリックの伝統では，冬にバラの花が咲き夏に雪が降ることが，聖母の起こす代表的な奇蹟とされてきたことから，司祭は，洞窟にあるバラの茂みが咲き女性が自らの名を明かすことを，聖母出現の証として求めたのである。だが人々の期待に反し，バラは咲かず名も明かされず，出現はそのままいったん終わりを迎えてしまう。

　しかしその二週間の間に，女性からは，人々の悔悛を求めるメッセージが発せられ（２月24日），「泉の水を飲み，洗いなさい」という指示がなされて水脈が見いだされ（２月25日），聖堂の建設と宗教行列の実施が求められていた（３月２日）。この間，洞窟に集まる群集は日増しに膨れ上がり（日参最終日には7,000人にのぼったという），司祭の求めたしるしが与えられなかったにもかかわらず，ベルナデットが姿を見せなくなった後も洞窟に人が絶えることはなかった。ロザリオの祈りを捧げ泉の水を持ち帰るなどの行為が，そこで行われるべき儀礼として定着し，有志の手によって洞窟脇の急斜面に葛折りの坂道が整備され，泉からは配水管がひかれて桶が設置された。現れていたという女性が誰だったかもわからぬままに，無原罪のマリア像も洞窟に安置された。

　日参終了から三週間後の３月25日，「受胎告知の祝日」に，ベルナデットは何かを感じて洞窟を訪れ，現れた女性に四度名を尋ね，ようやくその口から「私は『無原罪の宿り』です」という言葉を聞いた。この無原罪の宿りという，無学な少女が知っているはずのない，聖母の呼称の中でも特に神学的なものがベルナデットの口から出たことが決め手となって，それまで出現騒ぎに懐疑的でかかわりを避けてきた教区付き司祭は，以後積極的にベルナデットを支援するようになる。先述のように，この教義はルルド出現の４年前，1854年に教皇ピウスIX世によって教

義として宣言されたばかりであり，それまで謎の女性だった聖母がこの名のもとに自らを明かしたことは，教義宣言の追認という形で，ローマ教皇の権威を宣伝する格好の材料となった。この経緯から，ルルドは教皇至上主義の拠点と目されることになり，歴代教皇はルルドと親密な絆を持ち続けている。教皇ピウス XI 世が，イタリア王国とバチカン市国を承認するラテラノ条約を締結したのは1929年2月11日，ルルドの聖母出現記念日であった。

　出現という現象は，カリスマの唯一の保持・執行機関であるべき聖職位階制の外側で起こるため，教会権威にとっては扱いの難しい厄介なものである。聖職位階制という公式の恩寵の経路を無視して，一介の平信徒が司祭の手を経ず直接恩寵と接触することは，組織の権威と存在意義にとって有害なのである。それゆえ教会は，出現の真偽判定という形でそのコントロールにあたることによって面目を保つ。この時，出現としての適切さを判断するための材料が必要となるが，「無原罪の宿り」という呼称は，最も有力な決め手となった。また四旬節という，復活祭前の悔悛の期間中であったということも，出現の時期として非常に適切であった。さらに，ベルナデットの無欲で飾らない人柄と，洞窟に湧き出した泉の水が原因と考えられる奇蹟的治癒とが有力な証となって，ルルドの出来事は真実の聖母出現と認められるに至ったのである。19世紀にフランスで起きた聖母出現で，後に真実の出現と認められた事例の中でも，ルルドの出現は適切さの点で際だっていた。

　だがルルドの聖母出現譚には，カトリック世界の伝統に即して判断される内的整合性とは別に，時代の趨勢と照らし合わせたときの適切さも認められる。バラの花が咲くという伝統的な奇蹟が起こらず，「無原罪の宿り」という，近代カトリック教会世界を特徴づける教皇不誤謬説と深く結びついた新教義が肯定されたことは，伝統から近代への脱皮という，カトリック世界における時代の要請によく適っている。また，「無原罪の宿り」という名の開示によって教区付き司祭が，ベルナデットの手がロウソクの炎によっても傷つけられることがなかったという奇蹟によって医師が[26]，それぞれ出現を真実と認めるに至ったという一種の回

---

26) 前注（25）にある，4月7日の出来事のこと。後に奇蹟的治癒の調査を独自に

心譚は，教会権威と近代科学という新・旧二つの秩序の番人が，ベルナデットを承認した物語となっている。ルルドの聖母出現譚は，近代化という新しい状況にも見事に適っているのである。

　1862年1月18日のタルブ司教による聖母出現公認後，聖母の求めに応えて造られた礼拝堂が完成する1866年までに，洞窟のマリア像の設置と聖母が求めた宗教行列の実施（1864）[27]，聖域の管理をまかされたガレゾン会士の着任（1866），タルブからの鉄道路線の敷設（1866）という，巡礼地となるための基本的な要件がそろう。1836年に創設されたガレゾン会は，正式名称を〈無原罪の宿り宣教修道会〉といい，16世紀に聖母出現によって成立した〈ガレゾンの聖母〉という，タルブ司教区内でかつては人気を誇った巡礼地を管理していた。クゼルマンによれば19世紀のフランスでは，近隣の人々だけが訪れるような地元の巡礼教会は教区付き司祭が管理する一方，その影響が教区を越えてより広範に及ぶような巡礼地の場合は専任の司祭が，さらに巡礼地の重要性が高い場合には管理の全権を依託される修道会が置かれたという（KSELMAN 1983: 32）。だとすれば，聖地としての実績はおろか，その活動が始まる以前での宣教修道会の招致は，タルブ司教がルルドの発展に並々ならぬ期待をかけていたことを示唆しているであろう。こうして1866年5月19日に礼拝堂の聖別式とミサが，21日には4万人を集めて宗教行列と洞窟での初のミサが行われ，ルルドは「巡礼地の一つとして確立された」[28]。対照的に，見者ベルナデットはこの年7月4日，ヌヴェールというフランス中部の町にある愛徳修道会に入会するためにルルドを去り，二度と戻ってくることはなかった。

　ルルドの町と聖域は，この出現事件をきっかけに今日の姿へと変貌を

始める医師ドズーは，この一件で聖母出現を信じるに至ったと回想している。ドズーの回心は，ルルド出現譚の中でもよく知られた逸話である。

　27）　この後，カッコ内の数字は，四桁のものが完成・設置年，二桁以下のものが地図上の番号に対応する。以下は筆者が1992-1999年に行った調査とクルタンの著作（COURTIN 1947），および，〈聖域〉発行の機関誌，*Annales de Notre-Dame de Lourdes*［以下 ANDL と略記］，*Journal de la Grotte de Lourdes*［以下 JGL と略記］，*Recherches sur Lourdes*［以下 RSL と略記］，*Lourdes Magazine*［以下 LM と略記］の記述によっている。

　28）　1866年6月3日付地元紙 *Lavedan* の記述（*LDA* t. 7: 525）。

Ⅱ　巡礼空間の構成

とげた。タルブ司教ローランスによって，1861年にマサビエルの洞窟周辺の地所がルルドの町から買いとられ，その後も歴代の司教によって1942年まで地所の拡張が続けられ，旧市街とポー川を隔てて広がる一帯に，聖域とそれを囲む新市街が形成された。以下では聖域を，「洞窟周辺／聖堂／行列の広場／その他」の四つの部分に分け，ルルドの町が提供するものとともに概説し，来訪者のそこでの過ごし方と併せて，そこにみられる特徴を分析する。この区分はフィールド・ワークの過程で構想されたものであり，初めの三つは，洞窟周辺は個人的信心業の空間，聖堂は巡礼団やその下位単位で行われる祭儀の空間，行列の広場はルルドを訪れた人々全員に開かれた共同行為の空間，という区分に対応している。

1　洞窟周辺

(1) 聖母像と水

出現の舞台となった洞窟は，高さ5メートル弱，間口10メートル弱，奥行きは8.6メートルと小さい。床面は大理石の敷石で覆われている。聖母が現れたという洞窟右上，地面から4メートル強の位置に小さくあいた丸く暗いくぼみには，〈ルルドの聖母 Notre-Dame de Lourdes〉の名で親しまれている白い無原罪の聖母像（1864, 1）が浮き上がって見える。ベルナデットが気に入らなかったというこの像は，胸の前で手を合わせ，無表情に天を仰いでどこか素気ない。古くからヨーロッパ各地には奇蹟で名高い聖画・聖像が数多く存在するが，この像は少なくとも

古道具屋で購入した年代不明の古い絵葉書。洞窟前に柵が設けられ，治癒の記念に捧げられた夥しい数の松葉杖が岩肌に掛けられている

ヴァチカン市国の庭園内に造られたマサビエルの洞窟の複製。教皇を中心に撮られた何かの記念写真のように見えるが、定かではない。(ACEG：未整理写真，年代不明)

ルルドにおいては奇蹟と結び付けられることはなかった[29]。また多くの場合，宗教行列は人々の崇敬を集める特別な聖像を戴いて行われるものだが，この像は聖域で行われる行列に担ぎ出されることもない[30]。ルルドの聖母像は，人々が見上げて祈りかける対象，個人的な礼拝の対象なのである。

　出現の舞台である洞窟は，長い間さまざまな奉献物の陳列場所のようになっていたが，出現当時の姿に戻すため，1955年に前を覆っていた鉄柵とともに一掃され，現在は簡素な祭壇だけが据えられている[31]。ミサの時間以外は洞窟の内壁に沿って通り抜けられるようになっており，長い列を作った人々がゆっくりと進みながら，岩肌にふれ，口づけし，またロザリオや聖画を岩に押し当てたり，ハンカチに岩から染みでた水を吸わせたりする姿がみられる。洞窟の奥には，祈りの意向を書いた手紙を入れるための箱がおかれている。意向とは「〜のために祈ってほしい」という願いのことで，ミサや祈りの時間に読み上げられるのを聞いていると，自分以外の誰彼や何かのための祈りの意向という原則がある

---

29) ルルドの聖母像をいただく洞窟の複製は世界中にあり，なかには奇蹟的治癒が起きるといわれる場所もあるが，その場合も多くはそこにある人工の泉によるもので，聖像自体に力が認められることはないようである。

30) これは，1917年に聖母出現により成立したポルトガルの聖地ファティマと対照的である。ファティマでは夜のロウソク行列の時にマリア像が花で飾られた台座に乗せられ，男達に担がれながら主聖堂まで進み，信徒はロウソクを手に広場でそれを見守る。

31) この時撤去された立派な主祭壇は，タルブ・ルルド司教テアスから教皇ヨハネXXIII世に贈られ，バチカン市国の庭園に作られたルルドの洞窟の複製に設置された。

II 巡礼空間の構成

水汲場（1992年7月撮影）

ようである。洞窟の左手奥，ベルナデットが聖母に請われて水を掘り出した場所には，床にうがたれた穴を通して，照明を当てられた水の流れをガラスの蓋ごしに見ることができる（1974）。洞窟左上部にかけられていた感謝のしるしの多数の松葉杖は，今ではごくわずかを残してはずされている。このような措置による最大の変化は，祭祀空間として聖堂内陣のように装飾されていた洞窟が，「聖母がふれた／にふれる」場所としての簡潔性と手ごたえを回復した点にある。教皇の名の下に捧げられた寄進の品などが取り払われることで社会的権威の表象がぬぐい去られた洞窟は，誰のものでもない，皆に平等に開かれた場所となった。

洞窟前の舗装された空間は，1864年に幅21メートル，1874年に幅28メートルに広げられ，1922年には，川沿いの長さ50メートルにわたって野外劇場のように8段の階段席が設けられた。1958年にこれが取り払われて，現在は幅40メートルの空間が広がり，夏の巡礼シーズンには人であふれている。第一回の出現時にベルナデットがひざまずいた場所を示すプレートが埋め込まれており，その上にたたずんで祈る人の姿も見られる。洞窟前では毎朝8時半に傷病者のためのミサが，その後も一日を通じて数回ミサがあげられる。ここでのミサは人気が高く，同じ時期に聖域を訪れる巡礼団の間で祭儀空間の割り振りをするときに，調整が難しい場所の一つである。各国語で「静粛に」と書かれた看板がたち，スピ

ーカーから時折静寂を求めるアナウンスが流れるが，私語が絶えることはあまりない。沐浴場（1955, 3）へ向かう傷病者を乗せた車椅子や寝椅子の列が頻繁に通り，沐浴場で順番を待つ人々が唱えるロザリオの祈り，洞窟の左手にある蛇口の並び（1955, 3）で水を汲み手を洗う人々のざわめきが，ポー川の流れと混ざりあって聞こえている。

　水を用いた信心業は，泉の発見直後から行われていた。沐浴は，治癒を期待する人々が水を患部にかけたことから始まったというが，全身を水に浸すという形態がいつ頃から始まったのかは定かでない。1880年に最初の木造沐浴場が建設され，1891年に石造りの立派なものが完成した。「傷病者達が自ら，水の中に浸してほしいと望んだ」（BILLET, LAFOURCADE 1981: 169）ことから始まったといわれるが，当時，さまざまな疾病に対して水治療法が有効とされていたという時代背景の影響も考えられる（小倉 1995: 257-264）。現在，水で洗うという行為については，罪を浄め恩寵によって霊的に再生するための，水を用いた死と再生の儀礼，すなわち第二の洗礼としての意味が強調されるようになっている。また沐浴における脱衣の意味については，キリストが受難にあたって服をはぎ取られたように，神にすべてをまかせ，一切を捨てて貧しくなる行為であると解釈されている。それはまた，他者によって助けられることを受け入れる，謙譲の行為でもあるという（BILLET, LAFOURCADE op. cit.: 170f）。

　洞窟前では一人きりか小さな内輪のグループが祈るだけで，巡礼団の参加者たちが一緒にロザリオの祈りを唱える時には，邪魔にならないよう対岸に集まるのが暗黙の約束ごとになっている。現在，祈りの場としての静寂を確保するために，沐浴場へ向かう車椅子は洞窟の対岸を移動するよう変更する計画もある。ここは基本的には，集まった人々をグループとして統制しながら大がかりな祭儀を繰り広げる空間ではなく，一人一人が聖母に向き合い，心の赴くままに聖像や水に関連する信心業を行う場なのである。

(2) ロザリオの祈り

洞窟周辺はこのように私的な空間ではあるが，夜には洞窟前でロザリオの祈りの集いが開かれ，その後ロウソク行列がここから出発する。ロウ

II　巡礼空間の構成　　　63

ロウソク行列。「ルルドのアヴェ・マリア」のリフレインを歌う時，このようにロウソクを高く掲げる（1992年7月撮影）

聖母出現の場面が描かれたロウソク行列用の覆い（1992年7月撮影）

ソク行列は信徒の自発的な信心業として始まり[32]，1872年8月28日に初めて司祭の先導で組織され，聖域司祭団に追認される形で聖域の公式行事となったという。毎夜8時45分，集まった人々がロウソクを手に洞窟前を出発し，ロザリオの祈りを唱え「ルルドのアヴェ・マリア」を歌いながら行列路をロザリオ大聖堂前広場まで進む。この歌はロウソク行列が公式行事となった翌年の1873年5月27日に初めて歌われたと記録にあるように，ロウソク行列の確立は，後述する聖体行列に比べて格段に早かった。だが聖体行列と異なり，長い間傷病者の参加は禁止されていた。ロザリオの祈りの集いには，それに続く行列の準備の意味があるはずだが，実際には集いと行列のあいだに密接な関係はなく，参加者の規模も大きく異なる。巡礼団としてロウソク行列に参加する際，待ち合わせは

32）　1858年5月11日に初めて行われたという記述がある（LDA t. 2: 267）。

行列の出発場所で，祈りの集いへの参加は義務づけられていなかった。

　ここでロザリオの祈りについて説明を加えておく。これは，ロザリオと呼ばれる数珠を繰りながら捧げられる祈りで，イエスが弟子に教えたとされる神への祈り「主禱文」を一回，大天使ガブリエルが聖母への受胎告知の折りに述べた祝辞から始まる，聖母に捧げられた祈り「天使祝詞」を十回，父と子と聖霊という神の三位をたたえる「栄唱」を一回唱えることで，一単位をなす。この一単位を一連といい，五連ずつのグループを三回，計十五連を唱えてロザリオの祈りの全体が完結する。各連には，祈りながら瞑想すべきテーマがひとつずつ定められており，イエスとマリアの生涯の物語から選び出された十五の場面は十五玄義と呼ばれる。十五玄義は，喜び，悲しみ，栄光，というテーマのもとに五玄義ごとのグループにまとまっており，十五連すべてを唱えると時間がかかるため，一グループ五玄義だけを唱えて終わることもよくある。ルルドのロウソク行列では通常，一晩に一グループを唱え，三晩かけて全体を祈りあげる。出現を待つベルナデットはいつもこの祈りを唱え，集まった人々もそれに倣っていたといい，現在もルルドで捧げられる主要な祈りとなっている。形式的な祈りだとして批判されることがあり，ユイスマンスも「内なるひそかな祈りなんて，到底できなくなる。なにせ，内に思いをひめようとすれば，ロザリオの祈りが声高に繰り出してきて，この言葉の歯車の動きにはまりこんでしまい，祈りは，その動きのままに形作っていくほかはない」(前掲書: 175) と書いている。

　ロザリオの祈りは一人で唱えることもあるが，ユイスマンスの記述にあるように，その特徴は集団で行う祈りとしての側面にある。現在一般に，祈りは神との「対話・出会い」という語で理解される傾向にあるが，このように集団で唱えられる祈りの場合には，他の視点が必要になる。フランスの一般向けカトリック事典の「祈り」の項には，祈りとは世界から身を引くことではなく自分自身を捧げること，自分の内に沈むことではなく，自分を空にし，そこに聖霊の訪れを待つことである，と解説されている (*théo*: 734)。またロザリオという言葉は，バラの冠を表す「Rosarium」というラテン語に由来するもので，ロザリオの祈りとは，祈りの言葉を紡いでバラの冠を編み上げ聖母に捧げる行為でもある。

(3) 沐浴場と聖体行列

洞窟前の空間は現在，人々が自由に個人的に行う信心業の場と認識されている。だがゾラやユイスマンスの時代，洞窟周辺の様子は現在とは対照的なものであった。ゾラは1892年の8月後半に，ユイスマンスは1903年の3月と1904年の9月にルルドに滞在し，その様子を記している。彼らの著作中，洞窟前で傷病者を中心に繰り広げられる光景に対し「見せ物 spectacle」「見物人 spectateur」の語が散見されるように，当時ここは，人々が繰り広げる二つのスペクタクルの舞台であった。

第一に，沐浴場が洞窟のすぐ左横にあり (1880, 3)，洞窟に集まった人々はそこで行われる儀式を目にせずにはいられなかった。沐浴場前の空間は「柵で区切られ，張りわたした綱で閉ざされており……病人たちを乗せた手押し車でごった返して」（ユイスマンス 前掲書: 60）いた。傷病者が沐浴する間，外で見守る人々はひざまずき，両手を真横に伸ばして十字架の形をつくり，司祭の先導で「ルルドの聖母よ，我らのために祈り給え，母よ，我らを哀れみ給え，ルルドの聖母よ，聖三位への愛とその栄光のために我らを癒し給え，ルルドの聖母よ，罪人の悔悛のために我らを癒し給え」等の決まった文句を繰り返しながら，共同の祈りを捧げていた。集まった人々は，沐浴場のカーテンの奥へ運び込まれた傷病者が自分の足で歩いて出てくる姿を一目見ようと，その出口をみつめていたのである。1920年代の巡礼の手引き書に，沐浴を希望する健常者は聖域司祭団か傷病者支援組織オスピタリテに申請し，傷病者の数が許せば許可証を発行してもらえるという記述があるところを見ると[33]，当初，沐浴場は基本的に傷病者専用だったようである。だが来訪者が増大し，人の流れをよくするために沐浴場が現在の場所に移転して以来 (1955, 3)，沐浴場前での共同の祈りと治癒者の公顕というスペクタクルはなくなってしまった。沐浴は現在，傷病者も健常者も同じようにロザリオの祈りを唱えながら順番を待つ，個人的な信心業のひとつとなっている。

第二に，ゾラの時代，夕方の聖体行列のクライマックスは，洞窟前に

---

33) ルルド巡礼に大きな影響を与えた〈全国巡礼〉の手引き書の中の記述なので，他の巡礼団の場合も同様であったであろうと推察される（*Manuel-Souvenir du Pèlerinage National à Lourdes* 1929: XIV）。

並べられた傷病者に対して与えられる聖体による祝福と，そこで期待される奇蹟的治癒であった。聖体行列は，聖体顕示台を持った司祭が人々とともに聖堂から洞窟まで行列し，洞窟前で待つ傷病者と参列者を聖体顕示台で十字を切って祝福するもので，ゾラの小説『ルルド』の女主人公は，この祝福の時に治癒して立ち上がり，そのまま誇らかに行列に加わって，人々の歓呼に迎えられている（ZOLA 1995: 402ff）。その十年後にユイスマンスが訪れたときには，聖体行列の舞台はロザリオ大聖堂前広場に移り，行列は洞窟前から出発するようになっていた。しかしその頃も洞窟前の空間は沐浴場前のように綱によって区切られ，傷病者や高位聖職者，名士など，特定の人々のために確保されており，一般の人々はその外側から遠巻きに彼らをながめていた。ゾラとユイスマンスの時代，傷病者が洞窟周辺で「見られる」立場にあることは，聖域の空間利用の中で，このような形で明らかにされていたのである。

(4)「奇蹟的治癒」の後退

洞窟前の空間はこのように，かつては集団で行う祭儀，特にそこで起こる奇蹟的治癒というスペクタクルの舞台であった。それが現在は，祈りや沐浴，水を持ち帰る慣習など，個人の信心の表れにとどまる個別のさまざまな行為の場へと変化している。なかでも，奇蹟的治癒の舞台として知られた沐浴場が人目に触れるスペクタクルを提供しなくなり，聖域のボランティア組織が管理をまかされ，集団の祭儀と関わらなくなったことによる変化が大きい。現在，沐浴は特別な体験として高い人気を誇りながら，巡礼の公式プログラムに入ることも稀になり，あくまでも個人的な信心業，自由時間の有効な過ごし方の一つとして，勧められるにすぎない。20年にわたり沐浴場でボランティアとして働いた経験を持つイードによれば，沐浴に際しボランティアから沐浴者に与えられる霊的助言は，聖域司祭団の指導のもとに，奇蹟ではなく罪を清める第二の洗礼としての側面を強調するようになってきているという（EADE 1991: 60）。奇蹟的治癒もまた，沐浴場前の儀式とともに，視界と意識から遠ざけられ，今や，人々が見守り待ちかまえるところで目撃されることはないのである。

これは，松葉杖や奇蹟的治癒の資料展示についてもいえることである。

II 巡礼空間の構成

奇蹟的治癒の資料展示室
(1993年10月撮影)

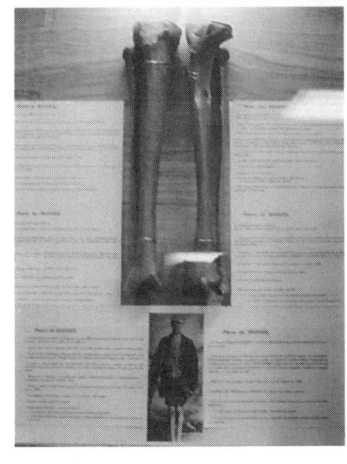

資料展示室に飾られた，奇蹟的治癒者ピエール・ド・ラダーの脚の骨の複製（1993年10月撮影）

博物館として今より大きな規模を誇っていたノートルダム展示室 (1932, 18) に，かつては奇蹟的治癒に関する写真や資料が豊富に展示されていた。現在は〈医局〉隣の小部屋 (1971, 15) に，奇蹟的治癒を認定されたか，あるいは治癒例として名高い人々の肖像写真が展示され，最近の認定例の医師所見が六カ国語で表示してある。その中で目を引くのは，ベルギーにあるルルドの洞窟を模した場所で治癒した男性の，足の骨の複製である。この展示スペースの前には最近まで表示がなく，〈医局〉前にフランス語で書かれた案内板があっただけで，積極的に宣伝されていないというよりも，なるべく目立たないようにしているかのようでさえあった。表示がされるようになった現在でも，小規模で目立たない場所にあるせいか，夏場でも混雑しているところを見かけたこと

はない。

　奇蹟は今や，もっぱら会話の中にあらわれるにすぎない。ゾラの小説には，巡礼の行きの車中で人々が順に自分の知っている奇蹟の話をして聞かせる場面があるが，実際，道中や見知らぬ同士の食卓で，最近おきたらしい治癒の噂話や有名な治癒の物語がよく話題にのぼる。だがこの噂話も，〈聖域〉発行の雑誌や新聞が積極的に治癒の速報を載せていた頃に比べると，ずっと控えめになっているであろうと推測される[34)]。〈聖域〉は1971年に広報室を設け，奇蹟的治癒が起きた場合の情報管理，特にマス・メディア対策にあたるようになっており，不確かな情報の流通を戒めるムードが，巡礼者にも声を落とさせているのである。この問題については，第4章で論じる。

　奇蹟の扱いが控えめになるのにともない，最近では，洞窟周辺で目にされる傷病者とボランティアの交流が，ルルドをアピールする格好の材料となっている。それはもはや，ゾラやユイスマンスが見た，苦しみに喘ぐ異形の者たちの戦慄する行列，「恐怖の博物館」（ユイスマンス 前掲書：146）ではない。傷病者の姿は奇蹟的治癒と切り放され，晴れ晴れと楽しげな解放感さえ漂わせながら，ボランティアとの親密で心温まる光景を訪れたものに提供するのである。

2　聖堂：ミサと聖体顕示

(1) 地下礼拝堂：聖像／聖体顕示／ベルナデット

聖堂はなにより，巡礼団単位の祭儀のための空間である[35)]。毎日さまざ

---

　34)　〈聖域〉は早くから出版事業に力を注いでいる。月刊誌 *Annales de Notre-Dame de Lourdes* (1866年4月〜1944年5・6月)，隔週新聞 *Journal de la Grotte de Lourdes* (1889〜1991年5月。1868－1889年までは，発行元・編集者・タイトルが異なる）の後を受け，1991年5月からは月刊誌 *Lourdes Magazine* が発行されている。

　35)　集会室やミサの場所取りは，公式の巡礼団だけで年間600近くも訪れる現在，巡礼団責任者の手腕が試される場となっている。毎年2月11日の出現記念の祝日前後に，その年ルルドを訪れるすべての巡礼団の責任者が一同に会し，〈聖域〉スタッフを交えて意見交換をする三日間の集まりが開かれるが，このとき，使用希望施設の日時が重なっている巡礼団の間で半日をかけて調整が行われる。イタリアの巡礼団責任者と何時間も

II 巡礼空間の構成　　　69

無原罪の宿り大聖堂とロザリオ大聖堂（1992年7月撮影）

まな巡礼団がミサをあげるが，それ以外の時間には込み合うこともない。観光地化している歴史遺産的な教会と違って，人々はルルドに聖堂を見に来るわけではないようである。

その中で，最初に建設された地下礼拝堂（1866, 11）だけが，洞窟に次いで人の絶えない礼拝の場となっている。洞窟の真上に岩盤を一部くりぬいて建てられているため，窓のない長い廊下の突き当たりに内陣をいただく独特の作りになっている。収容人数は150人。ここでは入口付近にある三体の聖像が訪れた者の目を引く。入ってすぐの右手には，ヴァチカンのサン・ピエトロ大聖堂で信心を集めている聖ペテロ像の複製がある（1878）。この像の右足に触れると50日の贖宥[36]を得られるといい，触れていく人が後をたたず，その部分だけがすり減り磨かれたように光っている。向かいには，子供の聖体拝領を勧める教令 *Quam Singulari* の公布を記念する聖ピウスⅩ世像（1913）がある。かつてその両脇には，貧しい子供たちの保護と教育に生涯を捧げた二人の聖人，聖ヴァンサン・ド・ポール（設置年度不明）[37]と聖ラ・サール（1935）[38]の像

話し合った挙げ句すべて押し切られ，疲れ切ったフランス人責任者の話を聞かされたこともあれば，希望日時に希望の場所を獲得できた責任者がスタッフ・ミーティングで功績をたたえられ拍手に包まれるのを見たこともある。いつ・どこでミサをあげるかは，巡礼団にとって重要な問題なのである。

36）カトリックには，罪を贖うために受けるべき罰を，死者が贖罪のために留められる「煉獄」という場所での滞在日数で換算する懲役のような考え方があり，「贖宥」とは，その減刑のようなものである。このシステムと世界観については第3章で論じる。

37）St. Vincent de Paul (1581-1660) は生涯を慈善事業に捧げ，民衆の心身の貧困

地下礼拝堂内の聖ベルナデット像。背後の壁がお礼の奉納版で覆われている（1993年10月撮影）

があったが，今は取り除かれている。かわりに頭巾と木靴姿のベルナデット像が聖ピウスⅩ世像の右手に置かれ，その踏み出した右足にも人々が触れていく。

　聖域史料室担当司祭の話によると，このベルナデット像は1970年代に着任した彼自身の提案で置かれたもので，それ以前にはどの聖堂内にもベルナデット像は一体もなかったという。見たところ訪問者が触れていくのは，聖域の聖堂内ではこの二体の聖像だけのようであった。このほかの場所では，ノートル・ダム展示室にある「ルルドに戻ったベルナデット」像と，ベルナデットが出現後に寄宿生となって滞在した町の病院にある「羊飼い姿のベルナデット」像にも，訪問者が触れていた。聖ペテロ像以外すべてベルナデット像，しかも貧しい少女としてのベルナデットであること，またこれらの聖像がどれも小さく屋内にあることが，人々の触れていく聖像の特徴である。

に手をさしのべた。町なかに出かけていって慈善事業を行う愛徳姉妹会を設立。1833年に，彼の名を冠した平信徒の慈善団体〈聖ヴァンサン・ド・ポール会〉が設立されている。この会はフランスにおける慈善事業の伝統と深く関わっており，第3章であらためて取り上げる。

　38）　St. Jean-Baptiste de la Salle (1651-1719) は青少年教育に生涯を捧げ，貧しい児童のために無料の学校を開いた。

II 巡礼空間の構成

　地下礼拝堂内陣に至る，幅2m70，長さ25mの廊下は，岩盤にうがたれているため窓がなく，壁面を大理石の「お礼の奉納板 ex-voto」で覆われている。奉納板には寄進者の氏名，奉納年月日，お礼の言葉が刻まれており，立ち止まって読む人の姿も見られる。ほとんどが治癒や回心のお礼だという。この中央廊下は1904年に掘られたもので，それ以前はその両脇部分に掘られた二本の側廊によって入り口と内陣が結ばれており，そこに12の告解室が設置されていた。現在こちらの側廊は通常立ち入りが禁止された状態で，ほとんど使われることはない。設置の時期や使われ方は異なるが，告解室があった側廊もお礼の奉納版で飾られた中央廊下も，神に向けて発せられる証としての言葉の場所，神に向かう人々の言葉の場所であるということができる。

　内陣主祭壇では，聖体顕示台を安置し，十字架上の受難のキリストの身体そのものとされる聖体を信徒の礼拝に供する，聖体顕示の信心業が行われている。人々はここで，キリストの実在と静かに向き合うのである。この時，洞窟で無原罪の聖母像と，洞窟上部を貫通する地下礼拝堂内陣で聖体としてのキリストと対面するという，空間構成の妙が，どれほど意識されているかはわからない。マリア・イメージの中でも，母胎に宿ったときから原罪を免れていたという彼女の本質を表している無原罪の聖母像が守る洞窟，またイメージの世界では母胎を連想させもする洞窟内部で，肉的存在としてのキリストと向かい合うという意味深長な配置であるように思われるが，このようなイメージの連鎖をたどらなくても，洞窟という，すっぽりとくるみ込む内的空間は，聖母やキリストとの親密な関係を効果的に演出するのに一役買っているように思われる。聖体顕示は初め，地下礼拝堂の上に重なるように建てられた無原罪の宿り大聖堂で行われていたが，それが狭い地下礼拝堂に移ったことも，また，1995年に聖ベルナデット聖堂脇に聖体顕示専用の礼拝堂が設けられたにもかかわらず，その後もこの地下礼拝堂で聖体顕示が続けられていることも，空間の持つ親密さが理由ではないだろうか。この閉ざされた小さく親密な空間と，後述する広場空間の開放性の対照が，ルルドの空間構成の大きな特徴となっている。

　聖体顕示台のほかに，1998年からは見者ベルナデットの遺体の一部を納めた聖遺物匣が，内陣右手の奥まった祭壇上に置かれるようになった。

この聖遺物匣は，ベルナデットを聖人として認定する列聖審査のために[39]，1925年4月18日に行われた三度目の遺体調査の時につくられたもので，右の肋骨が一本納められており，聖遺物匣正面には，恍惚状態にあるベルナデットの手がロウソクの炎に触れてもまったく傷つかなかったという，ロウソクの奇蹟の場面が刻まれている。カトリック世界において聖人と認定されるためには，生前の言動のほかに，遺体が腐敗しない，生前か死後に何らかの奇蹟を媒介した，などの条件を満たしていなければならないが，はたしてベルナデットの遺体は，死後30年たっても腐敗することなくみずみずしく保たれているという「聖人のしるし」を表していた。この遺体は現在ガラスケースに納められ，ヌヴェールにある愛徳修道会聖堂に安置されている。聖遺物匣にロウソクの奇蹟の場面が施されているのは，それが，生前ベルナデットの身体上に現れた唯一の奇蹟とみなされているからであろう。

　第二次世界大戦直後，この聖遺物匣を納める専用の礼拝堂をロザリオ大聖堂の側面につくる計画があったが，立消えてしまったという(COURTIN op. cit.: 288f)。聖遺物匣は，聖ベルナデット聖堂にも納められなかった。人々がそれに触れようと殺到し，混乱が予想されるため，と聖域史料室担当司祭は説明していたが，そのころ聖遺物匣を目にする唯一の機会であった聖ベルナデットの祝日（2月18日）に，聖遺物匣が洞窟内の祭壇上に安置されていた様子を見たところでは，それに触れる者もなく，懸念される事態が起こるとは思われなかった。聖遺物匣のこの控えめな扱いは，同じ日に旧市街の教区教会で，ミサの終わりにベルナデットの聖遺物入れ[40]に参列者が代わるがわる口づけをするのと対照的であった。現在，地下礼拝堂内陣祭壇上の聖遺物匣の存在が人々に知られているのかどうか確認できなかったが，少なくとも柵によって遮られた向こう側にあって，近づくことはできない。聖遺物匣が，後述する

---

39) ベルナデットは1879年4月16日に35歳で没した。1925年に列福，1933年に列聖された。「福者」とは，限られた範囲での崇敬を許可された人々を，「聖人」とは，全教会での崇敬対象として正式に認可された人々を指す。ベルナデットの遺体調査については次を参照した: RAVIER 1991.

40) 衣服の一部と思われる端切れのようなものが入っていたが，それを掲げていた司祭も内容物の由来を知らなかった。

聖ベルナデット聖堂ではなく地下礼拝堂に納められたことは，聖母やキリストとの先述の親密性，親密な空間としての洞窟のイメージに，関係していると思われる。

(2) **無原罪の宿り大聖堂／ロザリオ大聖堂／聖ベルナデット聖堂**

地下礼拝堂正面入り口の左右には，入り口上部に位置する踊り場に至る階段が設けられている。この踊り場が，地下礼拝堂の上に重なる無原罪の宿り大聖堂'(1874, 5) の正面入り口となっている。両聖堂の正面入り口上部は，教皇の肖像モザイクで飾られている。地下礼拝堂は「御聖体の教皇」ピウスX世の，無原罪の宿り大聖は，この教義を公布したピウスIX世のもので，前者は1908年，後者は1876年に設置された。

無原罪の宿り大聖堂は700人を収容する。聖域の聖堂の中で唯一，聖母出現と巡礼の初期の歴史を記念する品々で飾られている。出現と巡礼の歴史を物語るステンドグラス，18回の出現の日付と聖母のメッセージ，出現を公認したタルブ司教の教書の結びの部分を刻んだフランス語のプレートなどがあり，またかつては，1872年10月5日から8日にかけて行われた〈御旗巡礼 Pèlerinage des Bannières〉を記念する230の奉献巡礼団旗が飾られていた。第一回出現時の聖母の姿を表した「十字を切る聖母」像 (1877) が回廊に飾られていたが，1914-54年のあいだ告解堂前へ移され，1994年からは沐浴場の待合場所に置かれている。

地下礼拝堂の下に建てられたロザリオ大聖堂 (1889, 6) は1500人を収容する。次々と三つの聖堂が重なり合うように造られた背景には，増大する巡礼者を収めきれないという事情があった。内部は，ロザリオの祈りの時に黙想すべき十五玄義を描いたビザンツ式モザイクで飾られている。15番目の図像にのみ，ロウソクの奇蹟のベルナデット，ルルドにゆかりの教皇と司祭，そして傷病者たちという，ルルドの歴史に関係する人々の姿が描き込まれている。聖堂の入り口上部には，聖母が聖ドミニコにロザリオを授ける場面を描いたレリーフが飾られている。聖人伝によれば，13世紀に聖ドミニコが異端と戦っていた時，聖母がロザリオの信心を戦いの武器として用いるよう指示したといい，1571年のレパント海戦での勝利はロザリオの祈りの効験とされ，これを機にロザリオの祝日が制定された。19世紀に再びこの祈りが奨励され，教皇レオ XIII

世が10月を「ロザリオの月」と定めた。さまざまな敵と戦っていた19世紀末のカトリック世界が，異端と戦う聖ドミニコの姿に自らを重ね合わせ，勝利を約束されたロザリオの祈りに期待をかけたであろうことは想像に難くない。

　このレリーフの左にはロザリオの祈りを奨励したレオ XIII 世の，右には政教分離の難局を切り抜けたタルブ・ルルド司教シェフェールの肖像モザイクが飾られている。これらはレオ XIII 世から贈られたものである。また正面入り口左右に小さな側扉があり，その上部装飾空間に，1941年から44年の間，二枚の代理石版が飾られていた（COURTIN op. cit.: 226f）。左側の一枚には，政教分離によってルルドの町の管理下に置かれることになった聖域を，あらためて司教の裁量権下に置くことを定めた1911年の町議会決議文が刻まれていた。また右側の一枚には，ペタン元帥の命によって聖域の所有権が〈タルブ・ルルド司教区協会〉に帰することになった経緯が記されていた[41]。その冒頭には，「ペタン元帥の政権下に，フランスはその魂を再び見いだそうとつとめ」たとある。第二次世界大戦中のドイツ占領下に対独協力政権として成立したヴィシー政府は，伝統・道徳・宗教を重んじ，その政権下で政教分離が否定され，宗教教育が復活し，教会の権威が重視された。カトリック世界の復興を夢見てきた人々は，ヴィシー政権の掲げる「労働・家族・祖国」のスローガンに表された反共和国的価値に共鳴し，その体制を支持したのである。1942年以降カトリック教会はヴィシー政府と距離を置くようになるが，この時代の教会と政府の蜜月の記憶は，今でもフランス・カトリック世界に棘となって刺さっており，ルルドでもこの話題は歓迎されない。

　さらに大きな祭儀空間が必要となって建てられたのが，川を挟んで洞窟と向かい合う聖ベルナデット聖堂（1988, 11）である。見者の名前を冠した聖堂でありながら，ここにはベルナデットの聖像も聖遺物匣もなく，正面入り口右壁に，村娘姿の彼女の肖像写真が大きく引き延ばされ

---

　41) ルルドの聖域は1941年4月20日に元帥を迎え，1901年に失っていた土地と建物の所有権を回復した（CHOQUET〔s. d.〕）。ヴィシー政権と教会との関係については主に次の記述を参照している: COINTET 1996: 124ff, 258-261; DUQUESNE 1996: 23-118; 柴田・樺山・福井 1995: 304f.

焼き付けられているだけである（1992）。上述の三つの聖堂と比較したときの最大の特徴は，ここがバリア・フリーだということである。300台の車椅子と寝椅子を含め，5000人を収容可能で，収納式の壁を引き出すことによって二つに仕切って使うことができる。コンクリート打ちっ放しの壁，天井をチューブの配管が走るこの近代建築の聖堂は，人が入らないとがらんと空虚で寒々しい。その分，ミサで人があふれ，場が生き生きと充実したときには，教会とは入れ物ではなく人の集まりのことなのだと実感される。1995年には，この聖堂脇に150人を収容可能な聖体顕示堂が設けられ，こちらには人が絶え間なく訪れている。

　以上の聖堂のうち，車椅子と寝椅子の乗り入れが許可されているのは，原則として，1974年にスロープが設置された無原罪の宿り大聖堂と，バリア・フリーの聖ベルナデット聖堂だけである。傷病者の参加を前提とした屋内祭儀空間は，意外なことだが，このように非常に限られている。傷病者が屋内で個人的に礼拝することは自由であったが，彼らの参加を前提とした，あるいは彼らのためのミサは，100年近い間，屋外空間で行われていたのである。このことは，巡礼団という個別のグループを対象とする屋内祭儀空間と屋外祭儀空間の性格の違いを際だたせている。

3　行列の広場：聖体と傷病者

(1) 戴冠の聖母

聖域の入り口から三層の聖堂まで，遮るものなく真っ直ぐに伸びた長さ400メートルの広場は，祭儀空間拡張のため1874年に土地を購入・整備したもので，夕方の聖体行列と夜のロウソク行列の舞台となる。二つの行列は洞窟前を出発し[42]，中央に芝生の分離帯をはさんだ二本の路の川側を，聖域入り口にある巨大なブルターニュのキリスト磔刑群像（1900）まで行って折り返し，反対側の路を通って戴冠の聖母像（1877,

---

42)　最近ではポー川をはさんだ洞窟対岸の聖ベルナデット聖堂横から出発することもある。

13)が立つロザリオ大聖堂前広場に戻ってくる。ブルターニュの磔刑群像は，レンヌ，ナントなど，信仰篤いことで有名なブルターニュ地方の五つの司教区から贈られた。また戴冠の聖母像は，1876年7月3日に行われた「聖母像の戴冠式」を記念して作られた。「聖母の戴冠」は，ロザリオ十五玄義の十五番目，復活して天にあげられた聖母が天の皇后としてキリストから冠をいただく場面であり，聖母被昇天の教義と密接に関わる。テーマ自体の歴史は古く，レパント海戦後の17世紀には，〈勝利の聖母〉に捧げられた礼拝堂が数多く建てられ，マリアの勝利のテーマが盛んになった。聖母像の戴冠式はこのテーマに基づいて聖母像に冠をかぶせる儀式で，19世紀にフランス各地で盛んに行われた(CHELINI, BRANTHOMME 1982: 247, 305)[43]。復活の聖母の栄光を讃えるこの儀式の流行は，当時フランス・カトリック教会の置かれていた困難な状況と将来への希望を反映していると考えられる。

(2) 聖体行列と傷病者の祭儀

ロザリオ大聖堂前には，大聖堂正面から戴冠の聖母像までの長さ130メートル，広場を両腕で包み込むように丸く囲む南北二本のスロープ間の幅85メートルの，大聖堂前広場が広がっている。聖体行列では，この大聖堂前広場に傷病者が並べられて聖体の到着を待つ。

聖体行列は，「聖体の祝日」に行われていた行列同様，聖体を納めた顕示台を中心に組まれるもので，キリストの肉体そのものであるとされる聖体，すなわちキリストの現存が，人々とともに，人々の間を，歩む行列である。行列に加わらず沿道で見守る人々の間には，聖体が目の前を通るときにひざまずき，目を伏せて十字を切る姿が見られる。聖体を撮影して，ちらりととがめるような目を向けられることもある。先述のロウソク行列がマリアの行列であるのに対し，こちらはキリストの行列である。

行列は車椅子や寝椅子の傷病者を先頭に，巡礼団旗を掲げて団ごとにまとまった人々が進み，移動式天蓋の下で聖体顕示台を掲げた司祭が続

---

[43] 教皇ピウスIX世からピウスXII世までの約100年間（1846-1958）に，フランスでは170の聖母像の戴冠式が記録されている。

II 巡礼空間の構成

聖体行列を進む聖体顕示台（1999年8月撮影）

く。かつては傷病者が聖体行列に参加することは禁止されていたが，1970年代に傷病者の要望もあって，彼らの一部が行列の先頭を進むようになった。行列のクライマックスは，大聖堂前広場での聖体による祝福である。行列に参加した健常者は大聖堂前広場の中程で立ち止まり，聖体顕示台を掲げた司祭ら一行だけが前に進み出て，行列開始前から大聖堂前広場に並べられて待っていた車椅子や寝椅子の傷病者に，聖体顕示台で大きく十字を切りながら祝福を与えていく。このとき司祭の先導で，集まった人々が「主よ，私に見させてください，あなたの愛のすばらしさを，私に聞かせてください，あなたの御言葉の真実を，私を歩かせてください，道であるあなたとともに」などの祈りの言葉を斉唱する。かつてはこの時に，ひとり，またひとりと傷病者が立ち上がり，「治った！」と叫んで歩き出す，治癒のスペクタクルが見られたという。

　ルルドでの聖体行列の歴史は，はっきりとはわかっていない（cf. LACAZE 1995）。初めは，無原罪の宿り大聖堂を出発した聖体顕示台が洞窟右側の葛折の坂道を下り，洞窟と沐浴場前で傷病者に祝福を与えていた。1887年から，それまではもっぱらロウソク行列が行われていた聖堂前広場を進むようになり，1888年8月22日の〈全国巡礼〉の時に初めて大聖堂前広場で斉唱が行われたと記録にある。その日，人々は口々に「主よ，あなたがお望みになるならば，あなたには私を癒すことがおできになります。主よ，あなたを私の家にお迎えするのに，わたしはふさわしくありませんが，あなたが一言おっしゃるだけで，私は癒されるでしょう。主よ，死にゆく我らを救い給え」と叫んだのであった。こののち聖体行列は，洞窟前から聖堂前広場へとその舞台を移した。

〈ロザリオ巡礼〉が大聖堂前広場に寝椅子を並べて行った十字架の道行き。途中赤い十字架を登場させたり、寝椅子に掛けられたシートを剥がすことで十字架の色を青から白へと変化させたりと、動きをもたせていた（1994年10月撮影）

聖ピウスⅩ世地下大聖堂で行われた共同司式ミサ（1995年4月撮影）

　大聖堂前広場では、毎夕の聖体行列のほかに、大巡礼団による大がかりな「十字架の道行き」が行われる。十字架の道行きは信心業の一つで、キリストが死刑の宣告を受けてから十字架にかかって亡くなり、葬られるまでの出来事の中から14の場面を選び出し、祈りを捧げながらその一つ一つを観想する。大巡礼団が行う十字架の道行きでは、大聖堂前広場に傷病者の寝椅子を並べて巨大な十字架の形を作り、布や十字架などの小道具を使いながら、キリストの受難の物語をたどっていく。ドミニコ会主催の〈ロザリオ巡礼〉のものが有名で、1947年から大聖堂前広場で行われている。このとき参加者は大聖堂前広場の行列路寄りに集まって祈るが、スロープ上からこの傷病者のスペクタクルを眺める人々も大勢いる。広場を囲むスロープからは行列路を一望の下に見渡せ、聖体行列やロウソク行列の時にも見物の特等席となる。
　これらの行列や祭儀は、猛暑や雨など悪天候の時には、広場脇の地下に広がる聖ピウスⅩ世地下大聖堂（1958, 10）で行われる。長さ191メ

ートル，幅61メートル，建坪12,000平方メートルの巨大な聖堂は船底をひっくり返したようなドーム状で，コンクリートの壁をむき出しにした薄暗い空間には柱がなく，2-3万人を収容することができる。聖域内で最初に作られたバリア・フリーの聖堂で，内部には一切段差がなく，巨大な体育館のようである。聖堂の祝別式で後の教皇ヨハネXXIII世が「この聖堂は何よりも聖体崇拝の中心である」と説教したように，ここでは聖体の存在が強くアピールされている。聖体に捧げられた小礼拝堂には「御聖体の教皇」と呼ばれる聖ピウスX世の聖遺物匣が安置され，1981年の国際聖体大会[44]を記念して奉献された「十字架の道」[45]も壁面に設置されている。

　聖ピウスX世地下大聖堂では行列だけでなく，ルルドが主導的立場で積極的に改革に関与した二つの祭儀が行われる。毎週水曜と日曜の午前には，ルルドに滞在しているすべての巡礼団が参加することのできる「万国ミサ」が行われる。五-六カ国語で行われるため時間がかかり，頻繁にフラッシュまで光るミサは厳粛とは言い難いが，世界中から集まった信徒と司祭の数に圧倒される[46]。このミサは，あらゆる民族，言語，国家の人々が垣根を越えて集い一つになるという，教会の理想を表現している（LM 1999: 53f）。また地下大聖堂は1967年以降，「傷病者の塗油の秘跡」の舞台にもなっている。これは，危篤の信徒に施されていた「終油の秘跡」が1960年代後半の典礼改革によって，傷病者に闘病の勇気と慰安を与え，共同体が彼らを支援することを示す秘跡として生まれ

　44）ルルドでは国際聖体大会が，1899年，1914年，1981年と，三度開催されている。
　45）十字架の道行きの信心業を行うための設備で，14の場面を描いたプレートからなる。
　46）この聖堂に限らず，現在ルルドであげられるミサの多くは「共同司式ミサ」といって，多数の司祭が一緒に一つの祭壇で一つのミサを執行するものである。ミサは原則としてただ一人の司祭によってのみあげられるものだったが，第二ヴァチカン公会議における典礼改革によって，複数司祭が同時に一つのミサを行う事が可能になった。ルルドでは1964年7月26日に初めて行われた。ローランタン神父によれば，タルブ・ルルド司教テアスが二度にわたって教皇ピウスXII世に共同ミサの許可を申し出たことがきっかけとなり，典礼改革が実現したという（LAURENTIN 1977: 64f）。それ以前のルルドは，巡礼に訪れた司祭達がミサをあげるための祭壇不足に悩まされていた。ゾラの小説には，深夜零時から翌日正午まで，ロザリオ大聖堂内のすべての祭壇で絶え間なくミサがあげ続けられる様子が描かれている（ZOLA 1995: 321f）。ゾラによれば，当時聖域内には50の祭壇があり，一日に2000のミサがあげられていたという。

大聖堂前広場南スロープ下に
ある聖ベルナデット小礼拝堂
で行われた傷病者ミサ（1995
年5月撮影）

変わったものである。この秘跡は小さな集会室で行われることもあり，観衆が見守るなかで行うか，より親密な空間で行うかの判断は，各巡礼団に任されている。さらに，1993年に聖母出現記念日の2月11日が「傷病者の祝日」に定められてからは，そのための特別ミサが地下大聖堂であげられるようになった。

　このような，地下大聖堂にみられる「聖体と傷病者を中心とする祭儀が繰り広げられる空間」という特徴は，いうまでもなく行列の広場の特徴である。先述のように，聖域には長い間，傷病者が集まって祭儀を行うための屋内空間がなかった。彼らのために設けられた最初の祭儀空間は，ロザリオ大聖堂前広場の南スロープ下にある聖ベルナデット小礼拝堂であった（1927）。ここには出現中の恍惚としたベルナデット像があり，壁面には，3回目の出現時に聖母がベルナデットに言ったという，「この世の幸せはお約束しませんが，後の世の幸せを」という言葉が刻まれている。1934年に傷病者のためのミサ典書が定められてからは，毎朝傷病者ミサが行われている。この小礼拝堂の左手には，聖体会議の守護聖人である聖パスカル・バイロンの小礼拝堂（1914）があり，右手にはかつては聖ロクス小礼拝堂（1913）があった[47]。反対側の北スロープ下には，〈医局〉と〈オスピタリテ〉の事務所という，傷病者に関連す

47）聖ロクスは，ローマ巡礼の帰路ペストにかかって治癒し，ペスト患者を治癒する力を得たとされる，人々を伝染病から護る守護聖人である。この小礼拝堂は1966年にグアダルーペの聖母の小礼拝堂に変わり，聖ロクス像は南スロープを上る左手斜面に移された。

る二つの施設がある。聖体と傷病者は，大聖堂前広場でもピウスⅩ世地下大聖堂でも，特別な位置づけを与えられているのである。なお聖域入り口近くの聖ヨセフ聖堂（1968）は，ノートル・ダム・センターに宿泊する傷病者のために造られた傷病者専用のバリア・フリーの屋内祭儀空間で，450人を収容可能だが，現在は主に小規模巡礼団と奉仕組織〈オスピタリテ〉がここを使っている。

(3) 傷病者宿泊施設

広場と傷病者の関わりは，行列路を囲む施設の変遷にも表れている。これは同時に，ルルドにおける貧窮者の扱いの変化の過程でもある。

　ルルドで最初の傷病者宿泊施設は，聖域の外部に〈聖域〉とは関係ない組織の手で建てられた。聖域の南側150メートルの新市街にあるサン・フレイ・センター（1879, 19）〔1991年に〈苦しみの聖母病院〉から改称〕は，病気の貧窮者と高齢者のための奉仕活動を行うサン・フレイ修道会が運営する。1874年に着工し，1878年に活動を始めたが，この年の夏，〈全国巡礼〉の主催者に請われて傷病者270人を宿泊させたことから，以後，巡礼団に参加した傷病者の受け入れが慣行となる。常に資金不足に苦しめられ，当初の建設計画が実現したのは1938年のことであった。現在では完全に，巡礼団に参加する傷病者の宿泊施設となっているが，貧窮者と高齢者の援助を目的とし，主に中近東で15の養老院を運営する修道会全体の活動の中では例外的である。一時は600-700人を収容していたが，ルルドの町と〈聖域〉の援助と指揮下に大がかりな改修が行われ，1999年にベッド数400，1－6人部屋120室からなる新施設として生まれ変わった。ここに宿泊する傷病者を乗せた車椅子の列が，ホテル

町なかを行く車椅子の列（1992年7月撮影）

と土産物屋が並ぶ市街を聖域まで一日に何度も往復するため，ただでさえ狭い公道では交通が渋滞し，改善が求められている。だが，わがもの顔で進もうとする車や健常者に道をゆずらせ，車椅子が長々と列になって市街を進む光景は，聖体行列にも劣らないスペクタクルとなっている。

行列路をはさんで地下大聖堂の向かいにあるノートル・ダム・センターは，もとは貧しい巡礼者のための無料休憩・宿泊施設であった（1879, 7）。それ以前，現在のロザリオ大聖堂前の空き地には，「貧窮者のための施設を建ててほしい」というベルナデットの願いを入れて，ルルドの歴史家ラセールが匿名で個人的に寄贈した無料休憩所（1872, 13）があった。これが老朽化を理由に1877年に取り壊され，あとには戴冠の聖母像が設置された。ノートル・ダム・センターはこれに代わって建てられたものである。1907年に初めて〈苦しみの聖母病院〉に収容しきれなかった傷病者を宿泊させ，1910年にタルブ司教の命で正式に，増大する傷病者のための宿泊施設となる。以後増改築が繰り返され，全体の長さが200メートル，50のベッドが並ぶ廊下のような大部屋が主体の三階建てとなり，700人まで収容可能となった。ノートル・ダム・センターは，川の対岸に新たな施設が建設されたのに伴い，1996年に活動を停止した。現在は一部を告解室や事務所として使うのみで，ほとんどの部分が閉鎖されている。

聖ベルナデット・センター（1977, 17）は，傷病者の増大に対応するために1977年に建てられた。傷病者が快適に過ごせるようにと事前に委員会を設けて調査・検討が重ねられ，10人前後の部屋を主体にした近代的な施設を実現したが，新たな千年紀に向けた聖域と町の整備計画にと

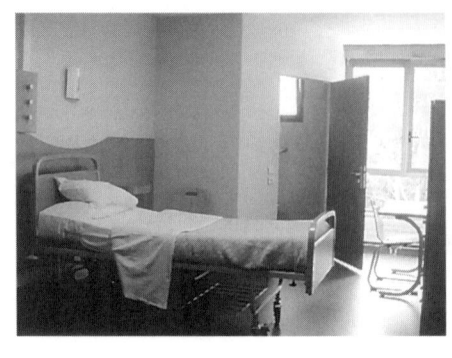

新ノートル・ダム・センター内の個室。奥の扉はシャワー・ルームへ通じている（1999年8月撮影）

Ⅱ　巡礼空間の構成

同個室内のシャワー・ルーム。壁の補助椅子に腰掛けてシャワーを使うことができる（1999年8月撮影）

もない1997年に早くも取り壊され，代わって新ノートル・ダム・センターが建設された。新センターは24,258㎡，1‒6人部屋272室，ベッド数904，8つの食堂と14基のエレベーターを備えた立派な建物で，こことサン・フレイ・センターの改修費用の20％は国家や町からの資金援助でまかなわれた。このほかイタリア，イギリス，アイルランドは，町なかに自国巡礼団専用の傷病者宿泊施設を有している。

　このように〈聖域〉は，傷病者の増加に対応する形で，徐々にその受け入れ体制を整えていった。それとは対照的に，ベルナデットが特別な関心を寄せ，19世紀の深刻な社会問題でもあった貧窮者への配慮は，聖域の中では二次的なものになっていった。ノートル・ダム・センターが傷病者専用の施設になるのにともない，代わりの貧窮者用無料宿泊施設が広場の反対側に建てられたが（1911, 16），ここもボランティアの宿泊施設，次いで巡礼者の集会室として使われるようになり，現在はインフォメーション・センターをかねた集会所になっている。1956年，それに代わる施設として，聖域から徒歩20分の所に慈善団体〈スクール・カトリック〉が運営する貧窮者のための宿泊施設〈シテ・サン・ピエール〉（20）が建設され，無料休憩所はその後大分たってから聖域の正面入り口右横に造られた（1992）。またインフォメーション・センター裏の目立たないところには〈聖マルタン互助会〉の事務所があり，ルルドを訪れた貧窮者の宿泊や職探しの相談窓口となっている。

以上の変遷過程から指摘できることは，傷病者と貧窮者のための施設がともに，初めは〈聖域〉外部の組織や個人の主導で設立されたこと，聖域内に最初に設けられたのが傷病者ではなく貧窮者のための施設だったことなど，〈聖域〉に明確な方針があってそれらの施設が準備されてきたわけではなく，傷病者に対しても貧窮者に対しても，〈聖域〉の対応は後手に回っていたということである。「傷病者の聖地」は，〈聖域〉が初めに打ち出した基本方針にそって作られたわけではなく，先行する出来事が積み重なり既成事実化することで，できあがっていったのである。

(4) 聖　　像

広場ではこのほかに，各所に置かれた聖像が目を引くが，それらの聖像にも変化の歴史がある。行列の広場は，聖像の配置によって物語る空間，それも出現の物語ではなく，フランスの過去と現在と未来を物語る空間だったのである。

かつては聖域正面入り口を入ったすぐの所に，蛇を退治する大天使ミカエルの像があった。続いてブルターニュ磔刑群像がそびえ，そこから大聖堂前に立つ戴冠の聖母像までの間，二本の行列路を隔てる芝生の分離帯には，ひざまずく聖マルグリット・マリー・アラコクにキリストが現れ，心臓を指し示しながら聖心の信心を広めるよう求めている像（1911）と，アルスの司祭像（1921）があった。この二つの聖像には，単なる聖人像以上の意味がある。

聖マルグリット・マリー・アラコクに聖心のキリストが出現した物語は，フランス王国の運命と深く関係づけられている。1689年，聖心のキリストは，フランス国王ルイ XIV 世が聖心の図像を軍旗に用い，聖心に捧げる聖堂を建設することで，フランス王国は聖心の庇護の下に栄えるであろうと告げたとされる。ここから，聖心とフランス王国の間に契約が結ばれたという観念と，革命はこの契約を守らなかった罰であるという解釈が生まれ，聖心の図像はフランス王国の復興を求める人々の旗印となった。革命後，聖心出現の舞台パレ・ル・モニアルはフランス王国の復興を望む人々の聖地となり，1870年代をピークに第二次世界大戦頃まで巡礼地として栄えた。一方，「アルスの司祭」として知られる聖

II　巡礼空間の構成

かつての行列路，聖心のキリスト出現像前（ACEG：未整理写真，年代不明）

　ジャン・バプティスト・ヴィアンネ Jean Baptiste Vianney（1786-1859）は，リヨン近郊の小村アルスの主任司祭としてフランス革命後の教区の再建に尽力し，1925年に列聖された，19世紀を代表する聖人である（cf. BOUTRY 1986）。聖体拝領・告解の重要性と苦しみの意味を説き，奇蹟的治癒を通して信心を集め，革命後の荒廃した教区を見事に建て直したことから，教区付き司祭の鑑とみなされ，革命後の信仰復興運動の象徴的存在となった。その説教を聞きに，また彼に告解を聞いてもらうために，存命中から大勢の人々がアルスへおしよせ，司祭は一日中告解室ですごすこともあったという[48]。

　ここから，二つの聖像は隣接して配されることで，19世紀のフランス・カトリック世界が味わっていた苦難の原因とそこからの再建の希望を物語ることになる。王国と個人がキリストとの契約を守り回心することで革命という罰から救われるという，フランスの罪と罰と救いの観念が表されるのである。これらの像の前では，フランス各地から訪れた巡礼団がミサをあげていた。現在はどちらの像も移動され，前者は十字架の道（1912, 8）途中の目だたない場所に，後者は十字架の道の起点にあるかつての悔悛の秘跡堂前に設置されている。このほか，現在聖ピウスX世地下大聖堂がある場所の聖域正面入口近くには，かつては第一次世界大戦戦没者の慰霊と和解の願いを込めた平和の祈念碑（1919）があ

---

[48]　アルスとパレ・ル・モニアルへの巡礼は，ルルド巡礼の成立とも深い関係があるため，第2章であらためて取り上げる。

り，その前で死者のためのミサがあげられていた。だが聖心像・アルスの司祭像と記念碑が撤去された後は，行列の広場でミサがあげられることはなくなり，かわって屋外ミサの舞台は洞窟対岸の草地へと移った。

　行列の広場には，フランスの罪と罰と救いの物語とミサに関わらない，二つの聖像が残された。広場中程に行列路を挟んで，地下大聖堂側には羊飼い姿のベルナデット像（1936）が，その向かいには膝の上に本を広げた修道女姿のリズューの聖テレーズ像（1934）があり，どちらにも多くの花束が捧げられている。聖テレーズは19世紀フランスが生んだ最大の聖人といわれるカルメル会修道女で，1897年に24歳で病没した。神を前にした人間のあり方として，霊的な子供となって神の愛にすべてをゆだねる「小さき道」の霊性を唱え，布教事業の守護聖人となり，1998年に教会博士の列に加えられた。フランスの聖女にとどまらない，世界的に人気の高い聖人であり，聖ピウスⅩ世地下大聖堂には彼女の礼拝堂がある。この二人の聖女には，エリートと民衆という対比が認められる。なお，旧ノートル・ダム・センター脇には修道女姿のベルナデット像（1932）があるが，こちらに供えられる花束の数は上の二つに比べて少ない。ルルドの町と聖域にあるベルナデット像の中で，修道女姿のものはこれ一つだけである。またインフォメーション・センター脇，大聖堂前広場裏手の木立には，瀕死の病人に今まさに聖母が手をさしのべようとしている，聖域内で唯一「奇蹟的治癒」を題材とする〈病める者の救い〉像（1912）がある。この他，大聖堂前広場を囲むスロープ上に配置された聖像など，聖域内に数多くある聖像のほとんどが団体や個人からの寄贈であり，特に司教区巡礼団から贈られた各地にゆかりの守護聖人像が多い。ルルドは，フランスや世界各地の聖人が一堂に会する集いの場，諸聖人の通功の場なのである。

　4　その他：告解と発言の場

　(1)　**十字架の道**

聖域の南側には，山ひとつを使った「十字架の道」（1912, 13）が設けられている。ロザリオ大聖堂前広場で傷病者を使って演出される十字架

の道行きでは，参加者は広場にたたずみ動くことはないが，それはこの信心業の正規の様式ではない。十字架の道行きとは本来，一カ所に静止して黙想する祈りではなく，14の十字架や図像を適当な間隔をあけて配置し，それらを順にたどって歩きながら行うもので，現在は復活を象徴する「ふたの開いた墓」の場面が加わることもある[49]。4世紀頃から，キリストが十字架を背負って歩いたとされる〈嘆きの道 via dolorosa〉がエルサレム市内に定められて人々が足跡をたどりはじめ，14-15世紀にこの地の監督を任されたフランシスコ会が，それを十字架の道行きの信心業として確立したという。すなわちこの信心業の核心は，出来事が起きたとされる場所をたどって歩くことにより，時間を超えてその現場に身を置くことにあるのである。フランスでは1709年に，聖母崇敬の普及者として名高い聖グリニョン・ド・モンフォールが布教活動のために人工の丘の上に作ったものが知られている（JOULIA 1991d: 407ff）。

ルルドの十字架の道は長さ1,600メートル，急勾配の険しい道に，115体の等身大の金色の彫像をつかって15の場面が描かれており，頂には磔刑の場面が配されている。ユイスマンスは彫像群がまだ一つしかなかった時代の十字架の道を見て，「醜悪の甚だしさ」，「冒瀆的なひどい代物」，「破廉恥事」と，さんざんにこきおろしているが（前掲書: 106），〈ロザリオ巡礼〉が1968年に行った大がかりなアンケート調査によれば，この十字架の道が人気祭儀の第一位になっており[50]，他の巡礼団もほぼ例外なく，滞在中に一度はここで十字架の道行きを行う。車椅子や寝椅子の傷病者用に川岸に簡素な十字架の道が設けられているが，わざわざ山の方にやってくる車椅子の傷病者もいる。ルルドで最も苦行的な要素が強い行程で，苦しい思いで上りつめ，クライマックスの十字架に至るところに，意義と魅力があるものと思われる。

49）　カトリック事典 théo には，15の場面からなる十字架の道行きがルルドから広まったと書かれている（théo: 772）。

50）　2位は広場で繰り広げられる祭儀（聖体行列や傷病者を使った十字架の道行き），3位は万国ミサとなっている。ドミニコ修道会が主催する〈ロザリオ巡礼〉は，数万人が参加する人気の高い巡礼である（ACEG 4E2: 28f）。

88 第1章 巡礼空間の構成

〈国際軍人巡礼〉が行った十字架の道行き。大聖堂前広場から出発，巡礼団長である軍付司教が十字架を肩に先頭を行き，傷病兵を担架に乗せて急勾配を登っていった（1995年5月撮影）

十字架の道行きの頂上にある磔刑の場面（1992年7月撮影）

(2) 悔悛の秘跡[51]

　十字架の道の登り口脇には，最近まで和解の秘跡堂（1914）があった。もとは集会室として建てられたもので，地下礼拝堂の側廊にあった告解室が手狭になったため，ここが使われるようになった。アルスの司祭像は，行列路からこの前に移された。フランスの回心と勝利という文脈から告解の重要性という文脈へと，聖人の身の置き所が移ったのである。

　ここで告解について説明を加えておく。「告解」と呼ばれていた秘跡

　51）　以下は主に次の記述を参照している：『カトリック新教会法典』第4部「ゆるしの秘跡」第959-997条; MARTOS 1995: 85; MCDONAGH 1995: 573f; RAMBO 1995: 19; *théo*: 969.

は，1959年に「悔悛の秘跡」と呼び名をあらためられた。これは，洗礼後に犯した罪を赦すことを目的とした，告白と贖いに基づく神との和解の秘跡である[52]。神学的解釈によれば，「悔い改め」とは神の呼びかけを受け入れそれに応ずること，神の意志への不断の応答を意味するが，赦しを求めることはまた，他者の前に自らの弱さを認め，他者が自分に対して力を持つこと，優位に立つことを，認める行為だともされる。

キリスト教の歴史の中で，悔悛の秘跡は個人的・集団的という二つの側面をもってきたが，一般には，ミシェル・フーコーが「司牧者権力 pastorat」[53]論で展開した，個人的・内的なイメージのもとにとらえられることが多かった (cf. FOUCAULT 1981, 1982)。近代西欧社会における人間の管理・統制技術の分析の中で，フーコーはそのモデルを，個人の保護と幸福のために個人に「自己の統治」を要求する管理技術としての司牧者権力と，それを実現するために利用された告解に見いだしている。彼の議論では，告解が魂の指導者とその指導に服する信徒という二者関係として設定されているため，そこに語られる個人は，他のもう一人の個人（反省的自己であれ師であれ）と向き合うばかりで集団的な広がりに全く意識を向けない，グループへの帰属感覚が希薄な存在として描かれることになる。

しかし悔悛の秘跡には，これとは別に，集団的側面もあった。悔悛の秘跡は，ユダヤ教にみられた共同体への参加を制限する罰とその制約を解く儀式に倣ったものといわれ，初期キリスト教会においても，公の場で集団的におこなわれる祭儀であったと考えられている。その後4世紀に私的な告解がまず修道院内で始められ，12世紀に七秘跡のひとつとなった。現在「告解」と聞いたときに頭に思い浮かぶ主要イメージと思われる告解室は，16世紀に成立したという。

実はフーコーも，私的な告解制度に先立つと考えられる集団的悔悛の秘跡について論じている（フーコー 1990: 15-64）。彼は集団的悔悛の秘跡

---

52) カトリック事典 *théo* に *Figaro Mme* から転載された1991年の統計によると，カトリック信者を自認する人で年に一度以上悔悛の秘跡を行う割合は12％，一度も行わない人は79％となっている（*théo*: 196）。

53) この語は「『牧人＝司祭型』権力技術」，「司牧権力」，「司牧システム」などとも訳される。

を，「自分自身を罪深き者として，そして悔悛者として認知する儀式」であるという。そして，重大な罪を犯した者が，自らが罪人であることを公にして悔悛者という一つの社会的地位を獲得し，贖罪の期間を過ごしたのち，再び教会の一員として復帰するという一連の過程により構成されていた儀式を，「悔悛者としての自分の地位の演劇的な認知」の過程とみなし，テルトゥリアヌスがこの儀式を特徴づけるために「自己の開示 publicatio sui」という言葉を用いていることを引きながら，公衆を前にした自己の開示としての懲罰という，その公的性格を強調している。罪深きものとして自分自身を暴露することによって「変化の，つまり自己や過去や世界との断絶の，装い」としての悔悛が実現するというのである。また「罪の悔い改めは，何らかの自己同一性の確立を目標とするのではなくて，自己の拒否，自己からの脱出を特徴づけるのに役立つ」〔強調は引用者による〕ともいう。堕落したものが教会の中に再び組み入れられるためには，一度古い自分を捨てて新しい自己にならねばならず，悔悛の秘跡はその刷新を演じるためのものだというのである。「断絶」と「自己同一性（の否定）」のテーマはルルドの奇蹟的治癒の世界観にかかわるので第4章で再び取り上げるが，ここでは，悔悛の秘跡に，帰属の意思の表明とその承認という機能があるというフーコーの指摘に注意したい。

　20世紀後半のカトリック教会世界には，公の場でなされる悔悛の後に教会との和解が与えられるという，原初教会の赦しがもっていた社会的側面を回復しようとする動きがある。ルルドでも悔悛の神学について1970年代を通じて検討が続けられ，「集団に与えられる赦しを伴う共同悔悛 Pénitence communautaire avec absolution collective」の試みがなされた（LAURENTIN 1977: 67f）。この改革については1971年に司教会議で提案がなされ，1974年に教皇庁から許可がおりた。1977年の司牧方針書では，悔悛の秘跡が「集団の赦しを伴う共同の悔悛」，「個人の赦しを伴う共同の悔悛」，「個人的な悔悛と赦し」の三つに大別されており，罪と赦しは共同体全体に関わる集合的な側面を持つということに，人々の考察を促すよう指導されている（RSL 1977: 107ff）。個人の犯す罪は「キリストの神秘的肢体〔教会〕」の全体に関わり，集団で犯した罪はそこに帰属する個人にも関わる。教会という身体の成員になることで，そ

II 巡礼空間の構成　　　91

の身体の全体や一部が犯した罪に対する責任が成員全員に発生するのである。この改革は，個人の問題ではなく集団の問題として赦しを考えようとしているのであり，赦しが持つ公共的な水準に重きを置こうとしている（*RSL* 1974a: 133-143）。

　この改革の試みには，第二ヴァチカン公会議のエキュメニズム運動の影響だけでなく，第二次世界大戦後のキリスト教徒間の和解が，国際的巡礼地となったルルドの重要なテーマの一つとなったという経緯も関係しているであろう。対立した過去を持つ異なるグループの人々が集まるルルドで，ヨーロッパの再生と和解のために，共同体への復帰の意志を互いに承認し合う祭儀を作ろうとしたのではないかと考えられる。そこでは，人間同士の赦しは神の赦しに由来するという観念の回復が試みられていることに加え，公開という契機も重要である。というのも，フーコーがいうような暴露や断絶は公の場でのみ実現可能であり，それらのことが現実に起きたことになるためには，他者による承認が不可欠だからである。

　他方の個人的な悔悛の秘跡の場所は，1997年に旧ノートル・ダム・センター内に移された。ここには司祭と信徒を隔てる衝立はなく，両者は小部屋で小さなテーブルを挟んで向き合う。悔悛の秘跡はまた，屋外で行われることもある。屋外での悔悛の秘跡は，基本的に，共同で行われる悔悛と和解の秘跡に続けて行われ，青空の下，行列の広場や洞窟対岸の草地に司祭が一定の間隔で点々と立ち，人々は話し声が聞こえないくらいの少し離れたところに列を作って順番を待つ。これは，話をしている姿が他者に見られることを意味する。悔悛の秘跡は個人的な行いであり，内容はもちろん秘匿されるが，その話し聞く姿は衆人環視のもとに

〈ロザリオ巡礼〉時に行列路で行われた悔悛の秘跡（1994年10月撮影）

公共空間で公開されるのである。また司祭の話では，集団の祭儀とは関係なく，通りがかりの信徒に請われて急遽その場で悔悛の秘跡を行うこともあるという。こうなると，司牧者権力というよりは，言ってしまいたい，公開したい，聴いてほしい，という気持ちを受け止めて応えるカウンセリングのようであり，司祭自らも「聴いてくれる人」という期待される立場を受け入れているようであった。「ルルドではすばらしい告解を聞くことができる」と，フランス人とイギリス人の司祭から聞いたことがあるが，そこからは司牧者としての指導的配慮よりも，言葉に立ち会い相手に寄り添っている印象を強くうけた。

(3) 平信徒団体パビリオン

聖域の正面入り口にむかって斜め左向かいの敷地には，1959年から各種平信徒団体のパビリオンが順次開設されてきた。

　カトリック世界では19世紀後半から平信徒の教会活動参加を奨励するカトリック・アクション運動が展開し，特に1920年代にさまざまな平信徒団体が誕生した（教史 vol. 9: 256-280）。イタリアで生まれたこの運動は，教会活動に協力する信徒を組織化し，信徒に教会共同体での責任を自覚させることを目的としており，在俗カトリック活動家の育成の場となっている。その特徴の一つは，若者，高齢者，病人や障害者などが，各人の置かれた立場や状況によって異なるそれぞれに固有の問題や必要に立ち向かうべく，立場を同じくする者同士で集まってグループを作り，若者による若者の司牧，高齢者による高齢者の司牧，傷病者による傷病者の司牧など，各グループにふさわしい司牧活動を信徒自らが主体的に行うという，司牧活動のカテゴリー化にある。

　ルルドにも，高齢者司牧，傷病者司牧，家族の司牧，エキュメニズム運動などの団体がパビリオンを開設している。各パビリオンにはボランティア・スタッフが交代で詰め，訪れる人々との交流をめざしているが，来館者は限られており，活発な交流が繰り広げられているとはいえないようである。1972年の〈聖域〉司牧報告書では，これらの活動が〈聖域〉と連携せず，活動同士で横の連絡を取ろうともせず，孤立化傾向にあると指摘されている（RSL 1972）。現在は，協議会を創設するなどして横のつながりを作る努力がされているようだが，効果のほどはわから

II　巡礼空間の構成　　　　　　　　　　　　　　　　　　　93

なかった。

　だが司牧とは，上述のフーコーの語法にも明らかなように，信者を導くこと，魂の世話をすることを意味し，本来は司祭の役割であるため，この運動が聖職者の不興を買い活動が抑制されることもあった。信徒活動を司祭の指導の下，教会の枠組みの中に位置づけるという聖職位階制への従属の原則が確認され，活動に対する支援が確定的となったのは，ピウス XI 世の時代のことである。1964年に公布された第二ヴァチカン公会議の文書は，信徒に，聖職位階制を尊重した上で，教会の利害について意見を表明する権利と義務を認めている（南山大学　1986: 78）。それは，認可された機関を通して発言するという形での教会活動への参加であり，そこではグループを作ることと発言の機会が与えられることが結びついている。カトリック・アクション運動は，人々をグループに束ねることで，その発言を適正化する機能を果たしているのである。

　しかしルルドのパビリオン活動の特徴と目的は，何よりもまず対話の促進にある。1993年2月の巡礼団長総会の場で，パビリオン活動を代表して参加していた〈傷病者・障害者と支援者たちのパビリオン〉責任者は，集まった巡礼団関係者に対し，「神父様の前で厚かましいとは思いますが，スタッフは皆カウンセリングなどの訓練を受けていますので，何でも話しにきてくれるよう，巡礼の参加者に声をかけてください」と発言した。ここでは，聴く準備があるというアピールの影で，司祭職との競合が意識されている。聖域中心部に開けたスペクタクルの空間に対して，その周辺には，巡礼者の声に耳を傾け彼らと語り合う傾聴と対話の領域が存在しており，そこでは司祭と平信徒が，悔悛の秘跡とパビリオンでの対話という二つの形で競い合っているのである。だが，司祭との対話が一対一なのに対し，パビリオンにはグループが存在するという違いがある。そこには発言と傾聴の機会があるだけでなく，同じ悩みを抱える人たちの存在が知られたり，新たなつながりが生まれたりする可能性があるのである。

　そのような，互いに語り合うことの重要性が，聖域では徐々に認識されてきている。カトリック世界全体で教会活動への平信徒の参加が進んだ1970年代に，ルルドでも望ましい巡礼の姿が模索されさまざまな改革が行われたが，その成果の一つが，巡礼参加者の出会いと自由な発言の

場としての「カルフール carrefour［交差点・討論会・シンポジウム］」の奨励であった。巡礼公式プログラムで半日をカルフールにあてる巡礼団もあるが，このような，参加者一人一人が自分の言葉で話し耳を傾け合う場は，体験談，特に苦難の体験を持ち出す場になりがちである。もともとルルドには，知り合ったばかりの者同士でも私的な話をしやすい雰囲気がある反面，時には予期せぬような立ち入った話を聞かされ戸惑うこともある。カルフールは，そのような私的な苦難の開陳が制度化された場と考えられる。私的な苦難の物語は，直接具体的な一者に向かわないことで，受け止められやすく，持ち出しやすくなるのである。告解という制度が，私的なことを話すことと聞くことの制度としても機能していたことを考えるなら，カルフールもまた，告解の典礼改革の延長上に位置づけることができるように思われる。

このほか，パビリオンに隣接する敷地にノートル・ダム展示室（1932, 18）が，新市街にはベルナデット映画館（1965）がある。展示室では聖母出現が写真やゆかりの品々を通して紹介され，映画館ではベルナデットの生涯を描いた2本の映画が上映されている。どちらも出現の物語を語り伝える場である。類似施設として，聖域正門を入ってすぐの右脇に，出現と巡礼の始まりを物語るジオラマもある。また正門前の右手には，奉仕組織〈オスピタリテ〉の食堂兼宿泊施設（1950）がある。オスピタリテの宿泊施設は，このほか市街にあるものもあわせ，全部で7棟ある。

5　旧市街と周辺部：ベルナデットとパノラマ

旧市街にも，巡礼者の訪れる施設が存在する。中心となるのは教区教会，ベルナデットの生家であるボリー水車小屋[54]，出現時にスビルー家が暮らしていた〈土牢〉，出現後にベルナデットを除く一家が暮らした家，

54）スビルー家は生活に困って1854年にこの家を手放した。1985年に〈聖域〉の所有物となった。

市立病院など，ベルナデットにゆかりの場所である。教区教会はベルナデットの時代のものではなく建て替えられたものだが，彼女が洗礼を受けた洗礼盤が残されている。教区教会は今でこそ聖域の祭儀と直接関係をもたないが，1870年代まで，ルルドを訪れた巡礼団は教区教会前で行列を組んで聖域まで行進していた。市立病院は，かつてはヌヴェール愛徳修道会が運営するホスピスで，出現後の1860年から66年の間，ベルナデットはその寄宿生となり，押し寄せる人々から身を隠すようにしてここに暮らしていた。

　旧市街にある施設の中で最も人気が高いのは，ヌヴェール愛徳修道会が所有する〈土牢〉である。粉挽き職人だった父親の失職以来極貧にあえいでいたスビルー家は，かつて牢獄として使われていたこの場所に善意で住まわせてもらっていた。ここは彼らが最底辺の暮らしをしていたことの記憶の場であり，後述するベルナデットのさまざまな「貧しさ」を象徴する空間となっている。1934年に祭壇をしつらえてからは，頻繁にミサがあげられるようになった。また旧市街では教区教会，駅前公園，役所，図書館などにベルナデットの像が置かれている。旧市街はベルナデットにゆかりの空間を演出し，ベルナデットの記憶を喚起する場を構成しているのである。

　町にはこの他に，いくつかの教養娯楽施設がある。20世紀初頭にはパノラマ館が存在した（Souvenir et livre de N.-D. de Lourdes〔s. d.〕）。「広場とその芝生の後方，スロープの下に，ガスタンクふうの鐘形の屋根が……まるくちぢこまっているのもおぞましい。この金属製の丸屋根の下には，エルサレムのパノラマ館とルルドのパノラマ館がおさまっているのだ」（ユイスマンス　前掲書: 38）。パノラマは「19世紀を見事に特徴づける現象に数えられ，また当時最も人気の高かったもののひとつ」（コマン 1996: 3）で，1860年代から80年代にかけて流行した。円形の建物の内壁に，360度方向に切れ目なく描かれた円筒状の巨大な絵を張り巡らせたもので，テーマは，遠い異国への旅や，そのヴァリエーションとしての帝国主義的植民地政策と結びついたものが多かった。また大がかりな投資と多業種の参加が必要な一大プロジェクトであったというように，テーマの点でも実現に必要な技術の面でも，資本主義の進展に結びついた娯楽であった。当時，キリストの磔刑とエルサレムの光景を描いたも

のが「巡礼地に置かれており，年間を通して多くの入場客に恵まれ」ていたという（同書: 196）。コマンは19世紀末のパリを「パノラマの都」と呼ぶが，彼の考えを入れれば，ルルドは都会を批判する聖地というよりは，経済・産業的にも流行としても最先端に位置する，時代の感覚に即した場所であったようにみえる。ルルドにあった，エルサレムの光景と聖母出現を再現したパノラマ館がいつ頃なくなったのかは確かめられなかったが，現在はそれにかわるものとして，イエスの子供時代，聖書の物語，出現時の町の様子，出現の物語と当時の暮らしを描いた，こぢんまりとした四つのロウ人形館がある。

ところでコマンによれば，パノラマ館の評価は知的教育的側面ではなく，そこで得られる個人的な感覚，「自分を取り巻く興奮や魔術的な錯覚に参加すること」（同書: 145）の成否にかかっていたという。錯覚から醒めるためには「自分の身体を引きずってそこから這い出すしかない」ような想像上の空間への身体を伴った参入体験（同書: 112）といわれるものは，ルルドの祭儀空間と比較したときに興味を引く。観客を磔刑と聖母出現という過去の場面に居合わせさせるパノラマと，聖体行列や十字架の道行きのような祭儀の間には，時間と空間を超越してある特別な現場に居合わせることを可能にするという共通点がある。ただし，両者の間には重要な違いがある。ルルドの祭儀空間では，他の参加者（観客）の存在や不在が，その場の構成要素として大きな意味を持っていることである。空間への参入体験を考えるときには，同じ空間に誰かがいることや誰もいないことによって引き起こされる感興という主題にも，注意が必要であろう[55]。

ルルドはまた，自然のパノラマにも恵まれている。町の南西には小規模ながら鍾乳洞があり，旧市街の南東のはずれからケーブルカーで行く標高947メートルのジェールの頂からは，ルルドの町とピレネーの山並

---

55) コマンはパノラマ館を「イメージが現実の代わりをし，実践にとって替わる」初めの一歩であったと考え（同書: 12），パノラマ体験が映画などの視覚映像によって代替されていったという娯楽の変遷過程から，日常からの脱出の欲望を満足させる手段が「参入する」ことから「見る」ことへと転換したという視覚文化論を展開する。その結果，パノラマ体験論に可能性としてあったはずの，ヴァーチャルな空間がもたらす体感という主題が抜け落ちることになった。娯楽としてのパノラマは「参入」と「見る」ことの分岐点に位置する，ととらえたほうがよいのではないかと思われる。

みが望まれる。ポー川源流のガヴェルニーやピレネー国立公園，スペインやビアリッツなどの町へ，バス・ツアーを楽しむこともできる。ルルドは緑豊かな山々に囲まれた，観光拠点でもある。

　ここで「観光」について考えておく必要がある。フランスの鉄道網は第二帝政期に整備され[56]，それとともに海や山へのヴァカンスが流行しリゾート地が生まれたが，そのようなリゾート地は，パリに代表される都市生活と突き合わされた時空間，都市に対しての異空間・異時間であった。シヴェルブシュは，パノラマや鉄道がしていたことは，遠隔の場所を難なく手に入れることであり，鉄道が作り出す時空間の核心は，断絶した二つの状況の間に生まれるコントラストにあったといっている（シヴェルブシュ 1982: 87）。

　ルルドを紹介した著作やガイドブックにも，都市生活者を癒す自然というテーマをあつかったものがある。1901年にガルド神父は，ルルドの提供する自然を，生産とは切り離された，手軽で人工的な，都市に住まう人々に満足を与えるものとして描いている（GARDES 1901）。神父はまた，都市空間や都市生活を頭脳労働とウィルスに関係づけ，都会の仕事中毒者は山で癒されるという主題を引いてくる。さかのぼれば出現騒ぎの最中に泉が湧き出した時，ルルドの市長は，それまで近隣の湯治場の隙間に位置する町という地位に甘んじていたルルドも，鉱泉の発見によって湯治場のひとつとなり栄えるのではないかと期待をした。「都市からの訪問者によって成立する地方」という自己イメージが，そもそもの初めから関係者達にはあったのである。そのような自然は，都市との相関関係によって成立するという意味での都市性を帯びているといえる。また湯治場は19世紀に大きく発展したが，その繁栄は鉱泉の効能によるものだけではなく，湯治場が歓楽街として確立され，当時のフランスで唯一カジノが公認されていた影響もあったという（小倉 1995: 92）。それは，自然の中に設けられたサロン的な社交の場だったのである。

　だがルルドは，都市の相関者としての自然であると同時に，フランス全土から集まった人々にとっては都市そのものでもあっただろうと想像される。ゾラは小説の三大都市シリーズをルルドからはじめ，パリで終

---

56) パリーボルドー間の鉄道は1853年に敷設されている（cf. 小倉 1995）。

えている。ユイスマンスもことあるごとにルルドをパリの，特に時代の先端，市場経済の発展を謳歌する時代の産物と見なされるような祝祭や娯楽の場に比している。彼は，「このカフェのテラスの端から見られる風景（speclacle）は，パリのブールヴァールのどのカフェで見る風景よりも，ずっとおもしろく，変化に富んでいる」（前掲書: 156）というように，ルルドにパリ以上に都会的なエッセンスを感じていた。「人々は，町からパン，ソーセージ，ワインなどを持ち込んできており，家族ごとに芝生のそこここに陣取って，野外の食事としゃれこむ。そのさまは，日曜日，ヴァンセンヌの森[57]で，ワインの小瓶やソーセージの薄片を持ち寄ってのピクニックなのかとふと錯覚するぐらい」（同書: 119）である。彼は，「巡礼団の群れ集まるルルドと比べればまだしもずっと静かなパリへ戻るのだと思うと，わたしにはよろこびがこみ上げてくる」（同書: 297）といって，ルルドを後にする。

　19世紀は，人々が行き交い集う，憩いと娯楽の場が次々と生まれた時代であった。一般市民に開かれた植物園・公園がナポレオン三世の都市政策としてパリに作られるようになり，「ジオラマやパノラマなどの見世物，写真，万国博覧会，デパートといった装置や空間は，十九世紀が《エクスポジシオン exposition》（展覧会，博覧会，展示，陳列などの意味を含む）という行為にどれほど魅せられていたかを，鮮やかに示している」（小倉1996: 216）。公園もまた，単なる憩いの場という以上に「人々が自らを他人のまなざしの対象，一種のスペクタクルとして展示する場でもあった」（同書: 218）。ルルドはそのような都市的空間だったのであり，そこには19世紀に誕生した都市的な娯楽が配備されていた。本章扉に引用したユイスマンスの描写に並ぶ，オペラ・コミック，カフェ，新聞，パノラマ館，バスツアー，ケーブルカーは，まさしくそのような都市生活者に提供された娯楽の数々であり，聖域空間とそこに繰り広げられる祭儀も，その一環としてルルドで提供されていたのである。

　57）パリ東部にある庶民の憩いの場。パリの町をはさんで反対の西側には，上流階級の人々が集うブーローニュの森がある。どちらも第二帝政期に公園として市民に開かれた（小倉1996）。

6 ルドでのすごし方：「集う人々」となる／を見る

ユイスマンスは，ルルドでは「だれもが屋内にとどまっていず，すべての者が，雨が降っていようと，なかろうと，戸外ですごしている」（前掲書: 41）と書いた。現在もルルドでは天候にかかわらず，人々はホテルの部屋にとどまることなく聖域や町なかに出かけていき，大半の時間を屋外で過ごす。ルルドの町が行った調査によれば，来訪者の平均滞在日数は3.5日であった。公式巡礼団の日程表を見ると，3日から8日，平均して5日ほど滞在している。また奉仕組織〈オスピタリテ〉の活動に参加する人は一週間単位で滞在する。来訪者はこれだけの日数を，上述の空間で過ごすのである。

　ルルドで人々が参加する祭儀や信心業は，その形態により四分される。第一に，洞窟や礼拝堂での祈り，水の持ち帰り，聖体顕示，十字架の道行きなど，一人で思い立ったときにできる，個人的・私的な信心業と呼べるもの。第二に，沐浴や私的な悔悛の秘跡など，司式者がいるもの，あるいは，パビリオンでの対話など，個人的行為でありながら他者との関わりが発生するもの。第三に，巡礼団単位で行う聖堂でのミサ，十字架の道行きやロザリオの祈り，傷病者の塗油の秘跡など，集団的な祭儀。そして第四に，巡礼団というグループの枠を越えて，だれでも参加することができる聖体行列，万国ミサ，ロザリオの祈りとロウソク行列などである。これらとは別に，〈オスピタリテ〉活動という，事前の登録が必要な，性格の異なる参加活動の可能性もある。ルルドを訪れる人々に

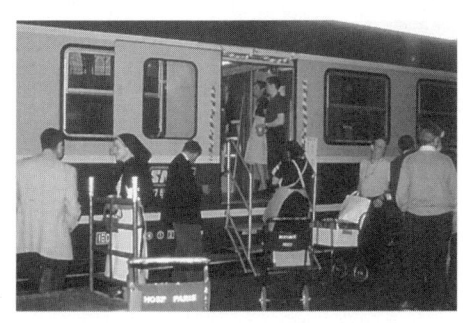

パリ司教区巡礼団巡礼特別列車の傷病者専用車両（1992年7月撮影）

ルルド駅で待つ傷病者専用バス。後部が大きく開き、車椅子でホームから直接乗り込めるようになっている（1999年8月撮影）

は、このようにさまざまな参加形態の選択肢があるのである。

(1) 巡礼の日程

例として、1992年の7月4日から10日にかけて行われたパリ司教区巡礼団のものをあげる（*Pèlerinage communautés et paroisses de Paris* 1992）。私は近所の教区教会に掲げられていたポスターを見て一人で申し込み、指導司祭1人、神学生2人が随行する、19人の「グループｉ」に参加した。このグループは互いに面識のない個人と家族からなり、知り合い同士誘い合わせて参加したような下位グループは形成されていなかった。往復は夜行列車で、傷病者も参加していたが、巡礼列車一台のこぢんまりした規模であった[58]。三食付きのホテルで2人部屋、毎回全員で食事を共にし、2日目くらいからうち解けた雰囲気になった。巡礼プログラムは次のようなものであった。

　　　行きの車中（一室6人）：車内放送の先導による祈り
　　　1日目午前：開幕ミサ／パリ司教講演
　　　　　　（講演後、グループｉは洞窟対岸でロザリオの祈りを唱えた）
　　　午後：聖体行列
　　　2日目午前：水の祭儀／司教講演
　　　　　　（講演後、グループｉは洞窟対岸でロザリオの祈り）
　　　午後：十字架の道行き（グループ単位）／悔悛の秘跡／グル

---

58) 全体の参加者数をグループの指導司祭や神学生に尋ねたが、関心がないのか、誰も知らなかった。巡礼列車一台で行っているので、400-500人程ではないかと思われた。

ープ間交流
　　　　　　　（グループiとしてロウソク行列に参加）
　3日目午前：聖ベルナデットのミサ／司教講演
　　　　午後：グループの自由行動（グループiは別のグループと一緒に，ベルナデットが聖母出現直前に一時暮らしていた小村バルトレまで片道1時間のハイキング）／ロウソク行列
　4日目午前：万国ミサ
　　　　午後：聖体行列／グループ間交流／ロウソク行列
　5日目午前：傷病者の塗油の秘跡を伴うミサ／司教講演
　　　　午後：閉幕ミサ／聖体行列
　帰りの車中：車内放送の先導による祈り
　　翌朝，グループiの希望者10人で，駅のカフェで朝食をとってから別れた

　大型巡礼団の場合，10人から20人で構成される下位グループが通常の行動の単位となり，下位グループが集まって巡礼団全体の共同行為，そして他の巡礼団との共同行為へと，規模が拡大していく。〈聖域〉主催の中心的祭儀である聖体行列とロウソク行列には，毎日参加するわけではない。プログラムの空き時間は，沐浴，諸施設や展示の訪問，ショッピング，旧市街探訪，絵はがき書き[59]など，各自で自由に過ごしていた。グループiでは希望者を募って，見者ベルナデットの生涯を描いた映画や，ちょうどこのとき聖域で上演されていたスペクタクル「マリア」を鑑賞しにいった。2日目午後のグループ間交流では，奉仕組織〈オスピタリテ〉参加者の体験談を聞いた。傷病者との交流の機会はプログラム上特に設けられてはいなかったが，グループiは5日目のミサの後に傷病者の車椅子を引く奉仕を行った。なお，プログラムへの参加・不参加は各自の自由に任されており，グループ単位の行動の場合でさえ，常に全員が顔を揃えていたわけではなかった。この拘束力の強弱は，巡礼団によって異なる。たとえば，第5章で紹介する英国障害児巡礼では常に

　　59）　フランスには旅先から家族や友人に絵葉書を送る習慣があり，人々は巡礼中こまめに絵葉書を書く。聖域周辺には多くのポストが設けられている。

グループ全員で行動し，癌患者巡礼の場合にも，顔ぶれがそろわないことはないようにみえた。

このように巡礼団に参加した場合にも，そこには個人の好みに応じた行動，巡礼団の中にあるグループ単位の活動，各巡礼団に固有の巡礼スタイルや独自の作法，そしてルルドに集まった巡礼者が巡礼団の枠を越えて全体で協同して行う祭儀というように，さまざまな行為の場と様態のヴァリエーションが存在する[60]。このことは同時に，各巡礼団やその下位グループに裁量権のある共同行為と全体の共同行為の並存，巡礼団やその下位グループごとに構成される「わたしたち」とルルドに集まった人々の全体で作る「わたしたち」の並存を，意味している。すなわち大型巡礼団に参加した場合，参加者はいくつもの共同行為に参加しながら，下位グループ，巡礼団全体，そして巡礼団という枠を越えたところにあると感じられるルルド巡礼の世界という，スケールと性格の異なる三つのグループに参加することになるのである。

私が参加したパリ司教区巡礼では，「司教区民」や「フランス教会の一員」としての仲間意識を感じる場面はなかった。グループ i では，パリ司教区巡礼団が全体で何グループあるのかに参加者の関心が向けられることはなく，集合写真も司祭や神学生同士が知り合いの5つのグループだけで一緒に撮った。また巡礼の感想を述べる時には，わたしたちのグループ i は非常に真面目だという自負や，ルルドに集まったすべての人々で行う共同行為のすばらしさを讃える言葉が聞かれた。逆に，パリ司教区巡礼団という単位が評価の対象になることはなかった。このことは，参加者の関心が，行動を共にしたグループ i という最小単位とルルドに集まったすべての人々という最大単位に二極化していたこと，彼らにグループ i と巡礼世界に参加している意識がある一方で，司教区巡礼団員としての意識は低かったことを表していると考えられる。評価の対

---

60) 巡礼プログラムに自由時間が増えたのは，1970年代以降の改革の成果である。当時，聖域司祭団は来訪者の増大に対し，司牧上の配慮から，来訪者のさまざまな要望に応え得る巡礼メニューの多様化をめざしていた。当時の聖域司祭団長ジュリア神父は，1970年8月の *Le Monde* 紙が〈全国巡礼〉の模様を報じた記事のタイトルに「ア・ラ・カルト〔メニューを自由に選べる〕のルルド」という表現を用いたことに触れながら，お仕着せの巡礼プログラムが参加者の支持を得られなくなってきている現実と真剣に向き合う必要を訴えていた（JOULIA 1970: 172）。

象になるかならないかは，関心の有無を反映すると推測されるのである。またこの関心の振り分けは，行動を共にする機会，あるいは目に触れるまとまりが，この両極で多かったことに由来すると思われる。前者は行動の単位として身近なものであり，後者はそこに身を置いていた空間，自分達の参加先として，巡礼の環境・枠組みを形成していたのである。巡礼後に関しては，司教区巡礼団としては特に何の機会も設けておらず，グループ i 内での交流も，別れ際，気のあった者同士が，住所や普段自分が通っている教会を教えあうにとどまった。

(2) 巡礼のヴァリエーション

ルルドを訪れる巡礼団はヴァリエーションに富み，性格を異にしている。巡礼を主催する修道会の霊性や司教区巡礼団の土地柄，お国柄による流儀と雰囲気の違いがあるといわれ，そこから「時間に正確なドイツ巡礼団とルーズなイタリア巡礼団」のような戯言もうまれる。ユイスマンスは人出でにぎわう街の様子に「思い出されてくるのは，万国博覧会の各国ごとのゾーン，各自がそれぞれの習慣を持ち込み，おのが国の縮図，おのが風習の縮小版をフランスに移植しようとするとりどりのパヴィリヨンのことだ。……ルルドでは，だれも他国人のことなんぞ関心がない。だれもが，自分の国にいる」（前掲書: 153）と書いた。また典礼の質の低さをあてこする文脈の中では，「そんな人々に向かって，かれらの習慣を捨て，かれら流の素朴な歌のかわりに，ラテン讃美歌を歌うようにと強要するのはあまり適当でない。……つまり，しょせん統一は無理ということなのだ」（同書: 131）[61]と述べている。かと思うと聖体行列については，「この叫び〔聖体行列の斉唱〕は，幾千もの声によって繰り返され，谷間にとどろき渡る」，「広場一面にひれ伏した人々がしんと静まる中に，顕示台を高々とあげ，幾千の人々の頭上高く，金色の光きらめく十字架を押し立てる」（同書: 146-149）というように，人々がひとつの行

---

61) カトリック教会における典礼の統一は，ゆっくりと行われていった。17世紀にローマ式典礼が次第に広がっていったが，地方ごとに特別の典礼も続けられていた。典礼の統一が聖職位階制の中央集権化に伴って進展する一方，イエズス会のところでふれたように，非キリスト教文化圏に対しては，キリスト教を根付かせるために各地に固有の文化を生かすという方向も模索されている。

為に共に没頭している様子が描かれている。このような参加グループ・参加スタイルのヴァリエーションと、その違いが乗り越えられる共同行為の並存が、ルルド巡礼の初期からの特徴なのである。

　巡礼シーズン中のルルドは、このようにグループの存在によって特徴づけられるが、序章でホテルの営業期間を紹介したところに書いたように、ルルドの表情は夏と冬で大きく異なる。ユイスマンスは「もうすぐ大群集が押し寄せてきそうなのを待っているルルド、まだ雑踏も喧噪もなくてひっそりと静まった内輪のルルド、その魅力がさそいかける」(同書: 41) と書いているが、11月から3月までは個人の来訪者が主で、傷病者のスペクタクルはなく、町は大変静かになる。10月の〈ロザリオ巡礼〉が終わるとそれまでと様子が一変し、急にしんとしてしまってぞっとするというシスターもいた。2月の出現記念日の頃さえ、ほとんどの土産物屋やホテルはシャッターをおろし、人気のない閑散とした様子になる。神や聖母との親密な対話を求める真面目な信仰者・求道者は夏の雑踏と喧噪をさけ、冬の静かなルルドを好むものである、というイメージがあり、聖職者が冬よりも夏のルルドの方が魅力的だなどといおうものなら、その場に間の悪さのようなものが漂うこともある。冬のルルドと夏のルルドの違いは、ユイスマンスの意見に倣うなら、内輪の静かな対話の空間と大勢の人であふれた儀式空間の違い、親密で私的な空間と公開された公的な空間の違いであり、この二つのルルドのどちらを好むかは、求める宗教的世界の違いによって左右されるのである。

　だが、冬に傷病者のスペクタクルを見ることはできないのに対し、夏には深夜や早朝にある程度の静かさと親密性を手に入れることができることを考えれば、夏のルルドの方が選択の幅が広いといえよう。またユイスマンスの記述に依拠して考えるなら、夏のルルドでは、予想していなかったもの、思ってもみなかったものに出会う可能性が高いように思われる。ユイスマンスにとって、親密さとはなるべく一人に近くなることで得られるものであり、大勢の人間は、親密な時間を撹乱する疎ましい存在であった。つまり、ユイスマンスは他者によって乱されていたのである。他者の存在は、意のままにならない事態を引き起こして彼をいらだたせる。冬のルルドは邪魔が入らず、予想と期待を裏切らない。これに対して、夏には大勢の人間と、なにより傷病者がいることによって、

巡礼経験の不確定性が高まるのである。

III　巡礼空間の変遷と特徴

聖域の空間構成や配置された宗教材，巡礼者のために用意された施設，巡礼空間で触れる目や耳からの情報は，聖域誕生から今日まで一定していたわけではない。そこで提供されるものの歴史的変化と特徴は，次のようにまとめられる。

1　屋外祭儀空間：歴史的な物語空間から普遍的な公開空間へ

ルルドの巡礼空間の第一の特徴としてあげられるのは，それが屋外の公開空間を表舞台としているということである。この屋外祭儀空間の変化については次の三点が指摘できる。

(1)「公的／私的」空間の分離

聖域では，「広場」と呼んできた屋外祭儀空間が順次拡張され，集団の祭儀のための空間が洞窟空間から分離されてきた。これは，聖母出現という歴史的出来事の記録と記憶の場所と，集団で行う祭儀の空間の，機能分化と考えられる。洞窟前が手狭だということが分離の第一の理由ではあろうが，その物理的制約が，空間と巡礼世界の構成に影響を及ぼしているのである。

洞窟は聖母出現の現場であり，「聖母が触れた／聖母に触れる」場所としての手応えを回復したと書いたように，聖域の中でも特に私的で親密な空間をめざしているようにみえる。洞窟に一部入り込むようにして建てられた地下礼拝堂だけが，他の聖堂と違って親密な空間を形成しているのも，それが洞窟と一体化し，洞窟内部に位置するためと考えられ

る。洞窟と地下礼拝堂に，ロザリオの祈りによって言葉の冠を受ける聖母像，聖体として顕示されるキリスト，ベルナデットの聖像と聖遺物匣，人々が触れていく聖像といった，礼拝対象が集中しているのも，それが親密な空間という枠組みを形成していればこそであろう。また，泉の水の流れが洞窟を起点とすることから，水に関わる祭儀，特に水中に全身を浸す沐浴の祭儀も，親密な祭儀に分類される。沐浴場は現在，周囲で見守る人々が祈りを捧げるという集団的祭儀を伴わなくなり，沐浴する個人のための空間になっている。なお，聖域内では沐浴場だけに，写真撮影禁止の看板が掲げられている。個人的な祭儀の中でも特に親密な，身体を伴う祭儀の場合，それを見世物にすることは不適切であり，沐浴に関しては「見物」という参加形態はふさわしくないため，という説明が自然に思われるが，別の可能性として，傷病者を見るのはかまわないが健常者を見ることは避けるべきである，という発想がある可能性も考えられる。後述するように，ルルドでは「見る／見られる」ことに関する適・不適の判断が，重要な意味を持っているのである。

　洞窟周辺の親密化に対して，複数巡礼団が共同でスペクタクルを展開する場という性格づけが鮮明になった屋外祭儀空間は，不特定多数の人々に公開された空間として，各人の姿が人前に現れる公開と顕示の場，行き交う人々の交渉の空間を形成している。そこで行われる祭儀の中心的形態は行列である。ところで行列を組むということは，人々が一つのグループを形成していることを公共空間において表明する手段である。人々は行列に参加することで，自分がその一員だということを他者の目の前に明らかにする。行列とは，参加の意志を人々に向けて表明する場なのである。

　ここまで祭儀のタイプを「私的・個人的」と「公的・集団的」に分けてきたが，その分かれ目はこのような，参加の意志の表明がなされるか否かの違いと考えられる。個人的な信心業には，行列に見られるような参加の意志の表明や他者へのアピールという関心が，ないか，あっても弱い。このように考えると，ある祭儀が場合によっては個人的なものにも集団的なものにもなりえることが説明できる。すなわち，自分が参加していることをアピールする必要性が高いときには，それは集団的なものになると考えられる。たとえば上述の沐浴は現在，一般には個人的な

信心業とみなされている。だが，早朝から皆で並んで何時間も待つというイタリア巡礼団の女性達の様子を見ていると，そこには沐浴せざるを得ないような雰囲気があり，集団からの強制力がかかっているようにみえる。個人的信心業とみなされているものであっても，集団の祭儀となることもあるのである。

(2) 公共空間の性格づけの変化

公共空間とは，必ずしも，何の意味も物語も表象しない中立的な空間を意味するわけではない。そこもまた意味づけられたり意味をそぎ落とされたりする場所であり，ルルドの屋外祭儀空間もそのような変化を経験してきた。それは，聖域空間におかれた聖像の配置を変えることによる，「フランスの聖地」から「国際的聖地」への転換であった。

　1950年代に，屋外空間に置かれた聖像の配置や数が変化したが，この時，行列の広場から聖マルグリット・マリー・アラコクとアルスの司祭の聖像が撤去された。これは単に空間の拡張と整備というだけでなく，フランス・カトリック世界が置かれた状況と密接に関わる物語の後退，祭儀空間の脱-歴史化を意味していた。先述のように，二つの聖像はともにフランス革命による打撃とそこからの回復，特に，共同体の再建というテーマにかかわっており，二本の行列路を隔てる分離帯に聖域の正面入り口から順にブルターニュの磔刑群像，聖心のキリストの出現像，アルスの司祭像，戴冠の聖母像，そしてロザリオ大聖堂と並べられることで，一つの物語を構成していた。それは，受難と犠牲の死によって救いへと導かれる（磔刑像）フランス王国は，聖心との契約を思い出し（聖心像），苦しみの意味を学んで回心することで（アルスの司祭像），栄光の聖母から授けられた祈りの武器により勝利を得ることができる（戴冠の聖母像とロザリオ大聖堂）という，回心による国家と教区の立て直し，過去の反省と未来の約束の物語を描いており，1941年にロザリオ大聖堂の左右側扉上に飾られた大理石盤は，物語の一部分の成就，すなわち，フランス・カトリック王国の復興はならなかったものの，ペタン元帥のもとにカトリック社会が再建されたことの，勝利の証だったのである。ルルドは「フランスの聖地」であることを空間構成によって示し，フランス各地から集まった巡礼団は，フランスの過去と現在と未来

を結ぶ道を歩み，そこに配された聖像前でミサを捧げていたのである。

　行列の広場の配置は，しかし，フランス王国の過去・現在・未来についてのみ語っているわけではなかった。戴冠の聖母像の先に重なる三層の聖堂正面には，ピウス IX 世，ピウス X 世，レオ XIII 世という，三人の教皇の肖像モザイクが掲げられている。クゼルマンによれば，19世紀のフランス・カトリック世界では，教皇領を守ることがフランスの使命と考えられており，そこから，教皇領がイタリア王国に併合されるのをナポレオン三世が阻止しなかったためにパリはプロシア軍によって侵攻されたという，ローマ陥落とパリ陥落を関係づける観念，教皇への裏切りのためにフランスは罰せられたのだという観念が生まれたという (KSELMAN op. cit.: 130-134)。教皇の運命とフランスの運命が，密接に関係づけられていたのである。教皇領のイタリア王国への併合が覆されず，カトリック王国としてのフランス王国の復興も絶望的となり，両者の危機と最終的勝利という終末論が破綻した結果，仮想敵としてのフリー・メイソンとユダヤ人に対する敵対的態度が強化されたとクゼルマンは考えているが，そうだとすれば，広場から聖像を撤去してフランスと教皇の勝利の物語を誇示しなくなる公共空間の脱－歴史化は，それらの敵対的態度の記憶を消し去ることでもあったと考えられる。

　これらの聖像は聖母出現100周年を機に動かされたが，この変化は，フランス国家やフランスの一地域の記憶に結びついた物語と礼拝対象を撤去した後，新たに別の物語を想起させる素材が配置されなかったという点で，重要である。それはこの空間が，フランスと教皇庁の過去・現在・未来を物語る場所から，特定の出来事を記念するのをやめ，具体的な歴史に対するコメントを控え，今そこで起きることとこれからそこで起きることのために提供された，普遍性を志向する公共性の高い「空き」としての空間になったことを意味するからである。この措置は，歴史を表象し記念することではなく，そこに集まった人々を中心に場を構成することに，関心が移ったことを示しているのである。行列の広場の変化には，フランスの聖地から国際的聖地への転換・脱皮という意義だけでなく，「過去に規定され約束された未来」と「開かれた未来」という対照が認められる。

　こうして，かつては教区単位でおこなうミサの空間でもあった行列の

広場は，集まった巡礼者が共同で行う祭儀の空間となった。巡礼団ごとに個別に行われるミサが屋内空間に移動し，屋外空間は巡礼団の枠をはずすような，あるいは横断するような祭儀のための空間となったのである。

(3) 傷病者の空間

私的礼拝の場と分かたれ歴史性を排していった公的な空間を，現在，特徴づけているのは，傷病者の存在である。だが公的空間と傷病者の結びつきは，そこが聖体行列や大聖堂前広場の十字架の道行きなど，傷病者を主役に演出された目を奪う大がかりな祭儀の舞台になるというだけにとどまらない。聖域内外で目にされる傷病者の往来が人々の注意をひきつけることも，ルルドの公共空間の重要な特徴である。傷病者宿泊施設を洞窟の対岸に移そうという計画に対して，それでは傷病者を聖域から排除することになるのではないかという懸念が表明されるように，ルルド巡礼の世界にとっては，傷病者の姿が公的な空間にあることが重要なのである。ルルドでは，傷病者を伴うフランス各地からの司教区巡礼団だけでなく，〈イタリア傷病者巡礼協会UNITALSI〉[62]などの他国からの巡礼団も，巡礼シーズンの4月初めから10月末まで絶えることがない。数千から数万人を集める大型巡礼団もほぼ万遍なくシーズン全体に散っており，傷病者の祭儀を目にする機会が偏ることはない[63]。傷病者は聖

---

62) 〈Unione nazionale italiana trasporto ammalati a Lourdes e santuari internazionali〉は1903年に創設された。当初は貧しい傷病者をルルドに連れていくことを目的としたが，後にルルド以外の聖地へも巡礼の枠を広げた。イタリア各地に支部があり，巡礼シーズン中UNITALSIが一グループもルルドにいないことはまずないというほどその活動は活発で，聖域近くに独自の傷病者宿泊施設も持つ。1992年には79,739人がこの組織を通じてルルドを訪れた（BURGALASSI 1993）。

63) 傷病者の存在によって特徴づけられる巡礼団の，1999年の巡礼日程は次のようになっている：
 4月4-12日〈英国障害児巡礼協会〉
 4月12-17日〈盲人十字軍〉（フランス）
 4月29-5月5日〈マルタ騎士修道会国際巡礼〉
 5月28-30日〈国際軍人巡礼〉
 8月11-16日〈全国巡礼〉（フランス）
 9月15-19日〈ルルド-癌-希望〉（フランス）
 10月6-9日〈ロザリオ巡礼〉（フランス）

地を特徴づける風景の一部なのであり，記念の絵葉書の多くが傷病者の姿をあしらっているのも，傷病者の存在がルルドの光景そのものであることを端的に物語っている。

　この，屋外空間における傷病者の存在の重要性は，広場を意味づける表象から歴史性が取り払われ，フランス・カトリック王国の再建という目標からより普遍的な枠組みへと聖地で提供される世界像が変化したことによっても変わらなかった，巡礼地ルルドの一貫した特徴である。傷病者の存在の中心性は，聖域空間の枠組みの変化にもかかわらず保たれたのである。では，それぞれの枠組みにおいて傷病者はどのような位置づけにあったのか。この後，第2章で19世紀的文脈の中の，第5章で20世紀後半の傷病者巡礼を扱い，この点を考察する。

2　「貧しさ」のテーマの後退

巡礼空間の特徴として次にあげられるのは，傷病者の存在が重要性を増すのと反比例するかのように，貧しさというテーマが後退したことである。いまでこそ傷病者が特権的な存在となっているが，巡礼の初期には貧窮者にも，ルルドを特徴づける中心的存在になる可能性があった。これは19世紀フランスの時代状況と，それに由来すると思われる，見者ベルナデットが負わされたイメージに関係している。

　旧市街で提供されるもののところで触れたように，ベルナデットの一家は，父親が事業に失敗して粉挽き小屋を手放し社会の最下層へと転落したうえに，父親が粉泥棒の疑いをかけられるなど，極貧にあえぐばかりでなく共同体内での社会的面目も失っていた。出現の初日に，ベルナデットが洞窟で何かを見たと知った母親は，町の人間に後ろ指を指されるようなことをしてはならないと彼女をきつくしかったと伝えられているが，この，社会的に不適切な言動を極力控えようとする母親の気遣いにまつわるエピソードには，町の中で一家が置かれていた状況をほのめ

　巡礼の年間プログラムはほぼ定着しており，年毎に大きな変化はない。各巡礼団責任者は，実施の二年前に巡礼の時期を〈聖域〉に通知し，許可を得なければならない。宿泊施設は各巡礼団の責任で確保する。

かす効果がある。またベルナデットは、幼いときにかかったコレラの影響で体が弱く病気がちで発育がおくれ、満足に教育も受けられず読み書きもできなかったと伝えられている。このような一家の経済的貧しさとベルナデットの体力・知力の貧しさ、さらには彼女の飾らず率直でぶっきらぼうといってもいいような素朴な人柄も含めて、「貧しく無力で無垢な少女」という見者像が形成され、「貧しさ」がその後のルルドの霊性のひとつとなっていった。加えて、ベルナデットがラセールに貧窮者用の施設の建設を頼んだことからも明らかなように、最初にルルドへやってきたのは、移動が困難だった傷病者ではなく貧窮者であった。だが、貧窮者に配慮した施設が完全になくなってしまうことはなかったものの、「貧窮者」というカテゴリーを前面に押し出し、彼らの存在に焦点を当てた祭儀が生まれることはなかった。

　そればかりか、貧窮者と傷病者への対応には大きな違いが認められる。現在、聖域内外で物乞いをすることは、聖域入り口の標識ではっきりと禁じられ、巡礼の参加者には、一人ひとりの貧窮者に個別の施しはしないようにと注意がなされる。これは、傷病者が組織的な支援の対象になるばかりか、個人の善意が何のゆかりもない個別の傷病者に向けられた場合にも美談となるのとは対照的である。ルルドでは、傷病者の性格づけがなされたようには貧窮者のアイデンティティとその意味づけが確定しておらず、貧窮者に対面したときの適切な態度に関して合意が形成されていないためか、貧窮者に対する肯定的・好意的見解というものが見られない。現在ルルドを訪れる巡礼団の中で、貧しさや社会の周縁というテーマに深く関わるのは〈ロマ巡礼 Gitans et gens du voyage〉だが、この巡礼団は偏見と無縁というわけにはいかず、彼らを迎える町と聖域には、スリや万引きを警戒して緊張が漂う。経済的な貧しさは、ルルド巡礼が生み出し、そこで蕩尽される富の問題に触れるため、正面から向き合いにくい状況にあるものと考えられる。

　ルルドでは、教皇レオXIII世の回勅 *Rerum Novarum*[64]公布100周年を記念して、カトリック教会がいかに社会問題に取り組むべきかを検討するシンポジウムを聖域で開催するなど、「貧しさ」を主題として取り

---

64) 1891年5月15日に公布された、労働者問題、労働と国家の関係についての回勅。

上げていこうとする姿勢が現在も保ち続けられている (cf. *Instius Catholique de Toulouse / Sanctuaire Notre-Dame de Lourdes* 1991)。だが貧しさについて討議は行うものの，それが聖域と巡礼世界の構成要素の中に組み込まれ活用されることはない。それどころか，聖域空間では貧しさに関わる表象が取り除かれていっている。

　親密な空間である地下礼拝堂から聖ヴァンサン・ド・ポールと聖ラ・サールという貧しい子供たちの聖人像が撤去され，そのあとに村娘姿のベルナデット像が置かれたことは象徴的である。ベルナデット像が貧しい子供たちの聖人像と並べられていたなら，三体の聖像は共通項としての貧しさをアピールしたかもしれない。だが，子供の聖体拝領を奨めるピウスⅩ世像と初代教皇聖ペテロ像と並ぶことで，ベルナデット像は，表象したかもしれない「貧しさ」の側面を弱められ，かわりに聖体との関係を前面に出すことになった。ベルナデットは1857年から58年にかけて，子供のころ面倒をみてもらっていた近隣の村の家庭に預けられていたが，初聖体を受けたい一心で，聖母出現の二十日ほど前に両親のもとへ帰ってきていたと伝えられている。初聖体とは初めて聖体拝領にあずかることをいい，子供が教会共同体の成員になることを意味する大切な通過儀礼の一つである。当時は一般に10-12歳前後で初聖体にあずかるのが普通だったようだが，ベルナデットは14歳になってもまだ済ませておらず，そのためルルドに戻って初聖体を受けたいと強く希望していたという。最近説教でよく聞かれる，ベルナデットの生涯が聖体と深く結びつけられたものであったという言説では，この逸話が重視されている (cf. RAVIER 1981)。地下礼拝堂の現在の聖像の配置は，ピウスⅩ世像と並べることで初聖体を受けるためにルルドに帰ってきたベルナデットを想起させ，聖体拝領への積極的参加を奨励する教会の方針を表現することになるのである。

　ところで，ルルドの聖母出現譚の中であまり言及されないものに，「草を食べるベルナデット」のエピソードがある。2月25日に泉が掘り出された時，白く輝く女性はベルナデットに「泉の水を飲み，洗いなさい」と命じただけでなく「草を食べなさい」ともいい，ベルナデットはその言葉に従って洞窟の奥に生えていた雑草を食べた。この行動に対して現在のカトリック世界は適切な解釈を与えることができず，出現譚の

なかにうまく位置づけられないため，このエピソードは省かれる傾向にある。だが次のような伝統を，この行動を解釈する枠組みとして考えることが可能であるように思われる。リュバンによれば，中世騎士物語の中に，司祭による正規の祭儀にあずかることができない戦場の騎士が，三枚の葉を口にすることで間に合わせの聖体拝領をおこなったという逸話が多く見られるという（RUBIN 1991: 335）。もしこの伝統が19世紀ピレネーのカトリック世界で受け継がれていたなら，この日ベルナデットが水を飲み草を食べたことは，司祭が不在の場で聖母によって命じられた聖体拝領——ベルナデットにとっての初聖体——と解釈され得たと考えられる。この解釈は，出現譚全体の基調とも整合しているようにみえる。

　貧しさのテーマは，〈土牢〉を中心とした見者の物語空間である旧市街に展開する。これは，聖域の外側に広がる世俗の町が貧しさにかかわることを意味することにもなっている。なぜ貧しさがルルドで傷病者の陰に隠れてしまったのか，なぜ祭儀が構成されなかったのかについては，第3章で考察する。

3　「聖体／無原罪の聖母／ベルナデット」の関係

　貧しさのテーマの後退以外にも，聖域では前面に押し出される要素に変化がみられる。祭儀においては沐浴から聖体へ，祭儀空間としては洞窟から広場へと，力点が移行している。それは参加形態で言えば，個人で行う私的な信心業と集団で行う共同行為としての祭儀の，対照の明確化と後者の強調である。だが，何か一つが突出して特権的な位置づけを与えられているわけではなく，集まった人々はさまざまなオプションを使い分けながら巡礼の日々を過ごしている。

　霊性の点でも，ルルドはバランスがとれた聖地といえる。そのことを端的に示すのは，礼拝対象としてのキリストとマリアのバランス，聖体と無原罪の聖母のバランスである。参加祭儀で比べると，十字架の道行きと受難，ロザリオの祈りと勝利というように，苦難と勝利の両方が配されている。説教で，また祭儀として，聖体が強調されはするものの，

戴冠のマリア像が聖域の中心に位置し，キリストとマリアに対する信心が並んで，どちらを排することもない。

そのことと照らし合わせた時，一つ不思議なこと，訪れた人々に不自然な印象を与えることがある。ベルナデットの遺体が，ルルドにないのである。これは，聖地に何を残し，何を目立たなくしていったかの選択基準に関係している。現在聖地で最も人目を引くものは，傷病者の存在と聖体の祭儀であり，逆にルルドを訪れる人々に期待されていながら目につきにくいものは，奇蹟的治癒とベルナデットの存在である。この取捨選択の理由は次のように推測される。

見者ベルナデットは先述のように，ルルドが巡礼地としての基盤を固めるのと入れ替わるようにして町を離れ，二度と生まれ故郷に戻ってくることはなかった。そのベルナデットの遺体を死後三十年目に掘り出して調査してみると，遺体は腐敗することなく，生きているかのようにみずみずしい状態を保っていた (cf. RAVIER 1991)。このしるしによって，彼女は列聖の資格のひとつを得たのである。遺体は現在，彼女が生涯を終えたヌヴェールの修道院の聖堂に，ガラス・ケースに納められて安置されている。

当時の〈聖域〉発行の新聞には，遺体をルルドへ移送する件に関する記事が載り，ベルナデットの遺族の手紙が紹介されている (*JGL* n. 24 1880)[65]。手紙は，*Les Pyrénées* 紙がベルナデットの遺体をルルドに戻す目的で始めた募金キャンペーンにスビルー家の人々が抗議する内容で，一介の新聞社にはそのようなことをする権利はないと述べ，かような振る舞いは，常に従順に生きたベルナデットに対する冒瀆だと非難している。手紙は，「ベルナデットの遺体をルルドに帰らせたいとわたしたちは強く希望しているが，その判断は教会権威にゆだねる」と結ばれている。キャンペーンがどうなったのか確認できなかったが，結局遺体はヌヴェールに留まった。だがそのことについてはさまざまな憶測が流れたようで (cf. ZOLA 1995: 432-453)，それほどこの決定は奇異に受け取られたものと思われる。今でも，ルルドに聖女の遺体があると勘違いした巡礼者が，その場所を問い合わせに案内所を訪れることも珍しくない。

---

65) 聖域史料室にその手紙が残っている（AŒG 20A）。

III 巡礼空間の変遷と特徴

　ところで，ルルドの聖域にないこの聖女の遺体は，「聖体」と「聖母の無原罪の身体」というカトリック世界における二つの身体モデル，ルルドの霊性の中心に位置する二つの身体モデルの両方を，体現していると考えられる (DAHLBERG 1991: 45f)。ベルナデットは終生病苦と戦い続け，壮絶な苦しみのうちに35才で亡くなったといわれる。その生涯は十字架上の受難のキリストに類比され，司祭達は説教で，肉体的苦痛を堪え忍ぶ彼女の英雄的忍耐と従順の徳，神への変わることなき愛と信頼を強調する。ベルナデットは病めるキリスト者の模範とされているのである。他方で，聖母は3回目の出現の時にベルナデットに対し，「この世の幸せはお約束できませんが，後の世の幸せを」と言ったといわれている。はたしてベルナデットの遺体は聖人のしるしを表し，腐敗を免れるという奇蹟にあずかった。これは，無原罪・被昇天の二つの教義によってマリアの身体にすでに実現したとされる恩寵に，未完ながら与った身体，復活の日を待つ聖人の身体である。

　このように，受難の記憶と復活の約束としてのベルナデットの身体は，生前・死後を通してみれば，キリストでもマリアでもあるような，聖地の霊性を見事に体現した非常に優れた存在であるが，遺体の状態では来世の栄光の方を強調する。その遺体がルルドにはなく，また遺体に代わるものとして聖域に贈られた彼女の聖遺物匣が長いあいだ司教館に置かれ，人々が目にする機会は年に一度，聖ベルナデットの祝日である2月18日だけであったということは，ベルナデットの神に祝福された聖人の身体，復活の日の恩寵に満たされた身体，奇蹟に関わる身体が，聖域の表舞台から遠ざけられてきたことを意味する。ベルナデットと聖体との類比が耳からの情報で強調され，彼女の奇蹟に関わる身体が視界から遠ざけられる傾向は，聖域内で奇蹟的治癒の扱いがたどっている経過と同じである。現在の聖域では，治癒者の情報・肖像写真や記念の松葉杖が人目に触れにくくなり，奇蹟的治癒が起こる舞台として名高かった沐浴場でも治癒をもたらすとされた集団的祭儀が廃止され，治癒を喧伝・鼓舞することがなくなっている。

　そしてこの，受難の「記憶」と復活の「約束」としてのベルナデットの遺体に代わってルルドに存在するのが，傷病者の生身の身体であると考えられる。傷病者の苦しみに苛まれる身体は，ルルドにかかわる言説

の中でいくつもの意味を負わされてきた。第一に，奇蹟的治癒にあずかる可能性をもつゆえに恩寵に最も近いという特権的地位，第二に，苦痛に耐えることにより得られる高い精神性という道徳的価値，第三に，十字架上の受難による贖いの行為に類比される贖罪的価値である。このうち，奇蹟への希望と苦しみの価値という二面は，一方の強調が他方の否定になりかねないという緊張をはらんでいるが，聖域で目にされるもののレベルで奇蹟が後退したように，現在では言説のレベルでも，肉体的苦痛を受難と類比することに重きが置かれ，治癒への期待を抑圧する傾向にある。

しかし基本的に傷病者の身体は，ベルナデットのそれと同じく，十字架上の受難のキリストと無原罪のマリアという，二つの身体モデルを体現しうるのである。ダールバーグも，傷病者がこの二つの身体モデルのそれぞれになぞらえられうる故に，巡礼における彼らの特権的位置づけが発生し，人々の祈りを神に仲介する力をもつとされる「代願者」の扱いを受けるようになると考えている。この，ルドル巡礼の世界で傷病者が負わされている意味については第2章で詳しく論じることにして，ここでは，ベルナデットの遺体と傷病者が聖地に並存していないことの意味を考察する。

まず考えられるのは，それが，聖域で目にされるべき身体の選択基準にかかわっているということである。傷病者とベルナデットの身体的苦痛を語る言説を通して人生の犠牲的側面が強調され，十字架上の犠牲の身体である聖体と傷病者の肉体的不全が広場で人目に触れるのに対し，ベルナデットの祝福された身体という目を奪う肉体の不思議や，奇蹟的治癒という身体を舞台とする不思議への驚きが，視界から遠ざけられつつある。さらに奇蹟との関係でいえば，ベルナデットの遺体が存在した場合には次のような問題も起こりえる。カトリック世界の伝統に従えば，聖人の遺体には奇蹟的治癒を起こす力が認められてきた[66]。そのような伝統があるところで，ルルドにあるであろうと期待されている遺体がな

---

66) 現在でも，亡くなった人物を聖人の列に加えようとする時に行われる列聖審査では，当該人物が生前か死後に奇蹟を媒介していることが必要条件として求められる。ベルナデットが媒介した奇蹟的治癒の情報提供を求めるカードがあるが，これは彼女を列聖しようという動きが起きたときに作られ，配られたものと推測される。

いということは，ルルドが，伝統的奇蹟的治癒の聖地とは異なる性格を獲得する契機となったと考えられる。第4章で詳述するが，ルルドで適切とされる奇蹟的治癒は，聖人の遺体に神の恩寵の媒介を求め，その応えとして意図的に獲得されるようなものではないのである。

しかしそれ以上に重要なのは，ベルナデットの遺体がなかったからこそ，傷病者がルルドにおいて中心的存在となりえたのではないか，傷病者を中心とする祭儀を構成できたのではないか，ということである。ベルナデットの遺体が聖地に存在したならば，その威光は強く，人々の視線と崇敬がそのもとに集まった可能性が高い。またベルナデットの遺体は，聖母出現やベルナデット自身の受難と栄光を記念して伝える記憶のよりどころであるということにも，注意する必要がある。行列の広場からの聖像の撤去について指摘したことや，本節の最後で論じることに関係するが，ベルナデットの遺体が存在することは，過去の出来事の記念と未来への約束に力点が置かれることを意味したであろうのに対し，傷病者の生身の顕在がそれに代わることは，現場での具体的な出来事に焦点が合わされることを意味すると考えられるのである。遺体の不在と，それに代わる，今ここで苦しむ生身の顕在は，「過去・未来」ではなく「現在」に人々の関心を向けさせる。マリア神学の主題に即していえば，無原罪という過去と被昇天という未来の間にあるマリアの従順に，光があたるようなものである。

現在，聖体と傷病者だけが広場を舞台とする集団の祭儀に関わり，無原罪の聖母像と洞窟周辺の空間，沐浴や治癒は，集団の祭儀には関わらなくなっている。聖域の言説と空間利用の傾向は，聖体と傷病者を用いたスペクタクルを前面に出し，聖体がキリストの現存として特権的礼拝対象となるような方向を目指している。しかしだからといって，奇蹟から犠牲へ，無原罪の聖母の領域である洞窟と泉から聖体の領域である広場へ，マリアの恩寵の身体からキリストの犠牲の聖体へと，聖地で重視される霊性が完全に移行し，後者のみが聖地に残されたわけではない。それぞれの身体モデルに関わる洞窟と広場は，個人の領域と集団の領域としての対照を明確にしつつ並存している。

ここで重要なのは，傷病者の生身の身体が集団の領域の中心に位置するということ，さらに，聖体が顕示されるように，広場で傷病者の姿が

顕示されていることである。奇蹟的治癒のスペクタクルはなくなったが，広場では今も，聖体による傷病者の祝福を伴う聖体行列や十字架の道行きといった，奇蹟に代わる大がかりなスペクタクルが提供されている。すなわち，広場で繰り広げられる祭儀は単に集団の祭儀であるだけでなく，そこでは「見ること」が祭儀と公共空間の重要な構成要素となっているのである。そこで最後に，この「見ること」について考察を加える。

4 スペクタクル

(1) 傷病者のスペクタクル

ルルドのイメージとして奇蹟的治癒の名のもとに漠然と予想されていたものは，実際の聖地では，多数の傷病者の圧倒的存在として目の前に現れる。すでにユイスマンスの時代，「ルルドとは，度外れのスケールの，ヌイイ〔パリ郊外，セーヌ河畔の行楽地〕の祝祭の中にぶちまけられた，巨大な聖ルイ病院〔パリの貧民病院〕といったところ」(ユイスマンス前掲書: 299)であった。現在も，車椅子や寝椅子に乗った傷病者とボランティアの姿が，聖域内外のいたるところで目に入る。インタビュー集『あなたにとってルルドとは？』(BARBIER 1987)は，ルルドを訪れた健常者・傷病者・ボランティアの体験談を集めたもので——中に医師の体験談が一つも収められていないことに注意が必要である——ルルドにおいて傷病者の存在がいかに重要な意味を持つかが主要なテーマとなっ

大聖堂前広場を傷病者宿泊施設へ戻る寝椅子の列。シスターのように見えるのはオスピタリエールの女性たち。右方向に登っていくスロープはロザリオ大聖堂上部テラスに達する (1992年7月撮影)

ている。これを読むと，健常者の場合，初めは傷病者の姿にショックを受けるが，傷病者が発する巡礼の喜びに感化されていき，いつしかそれを悲惨な姿として眺めるのをやめるようになるという。ルルドの印象と体験は，このように，目に入ってくる傷病者の姿を核に形成されていくものであるという基調は，〈聖域〉が刊行する他の出版物にも共通する。〈聖域〉発行の機関誌は，巡礼を助ける奉仕組織や傷病者巡礼の話題を，体験談の形で繰り返し記事に取り上げている。

だが同時に，聖域の公式案内書には次のような記述もある。「興味本意の視線に……傷病者は敏感で傷つき易いものです。彼らは哀れみや同情のための見せ物（spectacle）ではありません。他の巡礼者と同じように扱ってもらうことを望んでいるのです」，「共同体の一員として認めてもらいたいという彼らの強い願いが，1873年頃に，傷病者の組織的な巡礼を実現したのです」（BILLET et LAFOURCADE 1981: 166）。全国司教区巡礼団長協会監修の『巡礼の手引き』にある「傷病者」の項では，より直接的に，「町や村で，傷病者の姿を目にすることは滅多にありません。ルルドで，私たちは傷病者を目の当たりにします。彼らは同じ巡礼者なのです。興味本意に見るのはやめましょう，写真をとるのはやめましょう，隣人として出会うように努めましょう」〔強調は原文による〕（*Ensemble à Lourdes* 1992: 49）といわれる。これらの公式見解は，傷病者も健常者と変わらない教会の成員であるという共通性を強調し，傷病者をルルドに惹きつけるものについても，治癒への期待ではなく，社会参加への渇望によって説明しようとしている。そこには，病むことは社会からの排除を意味し，社会への統合こそがその治癒であるという観念が認められる。この観念はまた，治癒という快復の物語を，一個の肉体のレベルから人間関係のレベルへと移行している。こうすることで聖域司祭団は，「奇蹟」や「見世物としての傷病者」という厄介な問題を適切に処理しようとしているようにみえる。

だがこれらの記述は，傷病者が興味本位の視線にさらされている現状をかえって浮かび上がらせることになっている。今世紀初頭にユイスマンスが目にしたのも，そのような情景であった。「〔聖体行列を見ている人々の中に〕周辺の温泉場からやってきた物見高い連中もまた少なくない。病人たちがかたまっているまわりを，チュイリー公園〔パリの中

心部に位置する，上流階級の人々の憩いの場〕で演奏する軍楽隊を見るときのように物珍しげにかこんでいる」(前掲書: 182f)。「十字架の道行きの山も〔聖体行列を見ようとする〕人々で覆いつくされ，ジグザグの山の道にまで人は溢れる。これほどまでに巡礼者が，また見物人が殺到したことは，いまだかつてなかった。階段の上方で，坂道の下方で，何台ものカメラが高々と振りかざされている」(同書: 141)。現在も，聖体行列の時に限らず，家庭用ビデオやカメラを首から提げ撮影に余念のない人々の姿が，そこここで目に入る。

　ヴィクター・ターナーは，巡礼という非日常的な時空間では現行の社会システムが一時停止され，自由で平等な原初的社会関係としてのコミュニタスが実現されると考えていた。だがルルドにおいては，「傷病者」という社会的な立場が棚上げにされ，傷病者が健常者と同じ条件・立場で巡礼世界の成員になっているとはいえない。確かに，ルルドでは巡礼者の間に他所では見られない友愛の共同体が生まれるのをユイスマンスも目撃し，感銘を受けている。だが社会的立場や身分を一時的に脱ぎ捨てた時の平等の自然発生論ともいえるターナーの議論を，ルルドに適用することはできない。ルルドにおいては，平等の名のもとに肉体の不全が意味を消失するわけではなく，傷病者というカテゴリーが特定の目的のもとに活用され，傷病者の肉体的不全が依然として人々の目を引きつけているのである。しかもそれは〈聖域〉が少なからず支援している盲人巡礼 (1946～)，障害児巡礼 (1956～)，ポリオ巡礼 (1961～)，知的障害児巡礼 (1971～)，癌患者巡礼 (1986～) 等の特別巡礼団の場合，いっそう顕著である。疾病ごとに個別の巡礼団を組織する「カテゴリー化」傾向は，全国司教区巡礼団長協会の年次総会で問題にされたことがあり，聖域司祭団からも批判がでているが，現実には同じ問題を抱える傷病者をまとめた方が巡礼団を組織しやすく，当事者である傷病者や家族の間でも，この動きを支持する声が高い。これらの巡礼団は，癌患者[67]以外，目で見てすぐさまそれとわかる肉体の不全をしるしとしてもち，それを広場の公の空間で人目にさらすことに意義を見いだしている

---

　67) その彼らにしても，巡礼の間中，団のロゴ入りプラカードを掲げ，同じロゴの入った揃いのスカーフを首に巻き，司教区巡礼団ではない何か特別なグループであることをアピールしている。

土産物屋で売られていた「洞窟の傷病者」というタイトルの絵はがき

のである。
　「これほど種々さまざまの異形のものたちを陳列して見せてくれる病院はどこにもない。中世の寓話にでてくる怪獣が思いおこされてくる」（同書: 87）とユイスマンスが書いた時代とは，その生々しさと見る者に訴えかけてくる悲惨さの点で大きく異なっているには違いないが，それでも現在のルルドにおいてなお，平等とはおよそ異なる「見せ物としての傷病者」が，人目を引く存在として求められ続けている。傷病者の疲労を考えてのこととはいえ，歩くことができる者も一律に車椅子に乗せてボランティアが引っ張り，聖体行列では傷病者は行列の中にばらばらに混ざるのではなく，まとめられて行列の先頭を行くなど，彼らを人目にさらし続けている現状を見る限り，依然として傷病者の外観に大きな意味が与えられていると考えざるをえない。ボランティアの口から「寝椅子の数が減って，本当の傷病者がほとんどいなくなってしまった」という発言が聞かれることもまれではない。寝椅子はルルドを特徴づける光景の一部として，土産用絵葉書の重要なモチーフになっているほどである[68]。人目を引く大勢の傷病者が公共空間に存在するルルドは，傷病者のスペクタクル，肉体の苦しみのスペクタクルの舞台なのである。
　このスペクタクル性は，出現騒ぎの初期からルルドを特徴づけている[69]。出現を描く新聞記事中に「見物人 spectateurs」「興味深いスペク

---

　68) 現在売られている絵葉書では，大勢を一緒に写して一人ひとりの顔がわからないように配慮されているが，かつては数人の寝椅子の傷病者を正面から写し，その表情までわかるようなものも出回っていた。

タクル un bien curieux spectacle」等の直接的な表現が散見されるだけでなく，記事の多くが，恍惚状態にあるベルナデットの様子，彼女がひざまずいてロウソクをともしロザリオを繰る所作，その彼女に倣ってひざまずきロザリオを繰る人々の様子など，眼前に繰り広げられる珍しい光景の実況を伝える体裁をとっている。またベルナデットの身体に表れた兆候について，青ざめた顔，見開かれ一点を凝視する潤んだ目，発作的な震え，痙攣や乾いた笑いなど，ヒステリー症状を暗示する記述が見られ，はっきり「強硬症catalepsy」[70]の語をあげているものもある。第4章で述べるように，傷病者巡礼が盛んになったのちも，ルルドで治癒するのはもっぱらヒステリーの女性達であると言われるなど，ルルド巡礼は人々のイメージの中でヒステリーと深く結びついていた。

このヒステリーとスペクタクルの結びつきの事例は，他にも存在していた。ルルドが傷病者の巡礼地として確立されていった19世紀後半，首都パリにはさまざまなスペクタクル空間が存在していたが，その中に，ヒステリーの適切なスペクタクルが繰り広げられる場所があった。シャルコのヒステリー研究で名高いサルペトリエール病院[71]には「狂女の舞踏会」と呼ばれる一般公開日があり，治療の一環として，収容されていた女性達を交えたお祭り騒ぎが繰り広げられたという（リーパ 1993: 173-177, 310）。また同じサルペトリエール病院では，パリ社交界の人々を観客に，シャルコが火曜講義の場でヒステリーの公開実験を行っていた。ヒステリー患者を見にいくことが，治療効果や科学的知識という大義のもとに行われていたのである。

これらの事例と比べたとき，現在，巡礼関係者が厄介な問題だとして対応に苦慮しているルルドの傷病者のスペクタクルは，それほど不適切なものだろうか。「ルルドは〈苦しみの都 Capitale de la souffrance〉だと言われてきた」（RSL 1968: 123）だけでなく，「ルルドは苦しみの展

---

69) cf. *LDA t. 1*: n. 5［*LDA*に集められた資料の通し番号。以下同様］, 12, 28, 30, 31, 36, 37, 38, 50, 52, 56, 57, 58, 74, 75.
70) 受動的にある姿勢をとらされると，それを維持して自発的に元に戻そうとしない状態。緊張症・ヒステリー・催眠状態の際に生じるとされる。
71) もとは貧民救済のための病院だったが，1813年に女性精神神経疾患者の施療院となった。

示場（exhibition de la souffrance）だといって非難される」（*RSL* 1974b）というが，これらの言葉には，ルルドでは苦しみという開陳すべきではないものを人目にさらしている，すなわち，苦しみの取り上げ方として不適切であるという非難と，それに対する困惑が表れている。いったい，苦しみのスペクタクルが不適切とみなされる理由は何であろうか。苦しみがスペクタクルに供されることで，娯楽として消費されるという危惧にあるのだろうか。あるいは，苦しむ身体を人目にさらすことは，サルペトリエールの事例のように，一定の条件のもとでは適切な行為となるのだろうか。それともどのような条件であれ，スペクタクルはいつでも不適切なことなのか，すなわち，その「内容」にかかわらず，スペクタクルという「形式」がすでに不適切なのだろうか。

(2) スペクタクル批判：「見る／見られる／見せる／見せられる」ことと「関係」

「眼差し」や「視線」などの語を用いて視覚にまつわる問題を提起する論考は数々あるが，次の二つは，一方は「スペクタクル」概念を用い，他方は医学の領域を扱いながら，「見る／見られる／見せる／見せられる」ことと「関係」の関係を論じており，上記の問いを考えるにあたって参考になる。

1968年のパリ5月革命を機に広く読まれたギー・ドゥボールの『スペクタクルの社会』は，マルクス主義に基づく資本主義批判の書で，そこでは「スペクタクル」が，資本主義体制が貫徹した社会状況を表す概念として用いられている。ドゥボールは，資本主義社会とは「労働者と彼の生産物との全面的な分離」によって現出した「商品の世界」であり，商品の運動は「人間を他の人間から遠ざける運動」に他ならないと考える。そしてこの，労働者と彼の生産物の間に起こったのと同じことが，「人間」と人間がその中で生きているはずの「世界」の間にも起きている状況を「スペクタクル社会」と呼ぶ。それは，「客体化されてしまった世界」を主体から分離された「凝視の対象」として享受する（受動的行為）だけの「受動性の帝国」であり，「対話とは正反対のもの」である。「凝視される対象に対する観客の疎外（l'aliénation du spectateur）」や「活動的な人間に対するスペクタクルの外在性（l'extériorité du spectacle）」という「分離こそがスペクタクルのアルフ

ァでありオメガ」なのである。そこでは諸個人の社会関係も客体化されイメージによって媒介されるため，コミュニケーションの不在，社会関係の不在という事態が発生する。彼はその打開策として，具体的な「状況の構築」――「統一的な環境と出来事の成り行きを集団的に組織することによって具体的かつ意図的に構築された生の瞬間」[72]を創り出すこと――すなわち，関係の現場の活性化を訴える。それは，提供された凝視の対象を離れた場所で一人で見ることの対極にある行為，大勢が空間に参入し具体的な現場を創り出すという処方である（ドゥボール 1993: 13-37）。

このようなスペクタクル批判は，「分離（疎外）」と「活動（対話・状況の構築）」の対立という構図にまとめられる。その中で「見る」行為は，活動の対極である分離状況の基盤をなすものとみなされている。この立場からすれば，そこに在る凝視の対象が苦しみであろうと何であろうと，そもそも適切なスペクタクルなどあり得ないことになる。すべてのスペクタクルは，「観客の疎外」状況の表れとして否定される。スペクタクルは活動と対立しており，観客は関係を絶たれているのである。

ドゥボールが「観客」の置かれた「関係からの疎外」状況を論じているのに対し，次のルドミラ・ジョーダノヴァは「見る／見られる」ことによる「関係の発生」を論じている。

ジョーダノヴァの『セクシュアル・ヴィジョン』のテーマは，医学が18世紀以降の女性像の形成を科学的に支援し，性役割や性差など本来は社会－文化的構築物である「ジェンダー」を自然化する原動力になったという，「科学の持つ自然化力」である（ジョーダノヴァ 2001: 17）。それは，マリア・イメージのところで述べた，ある者が何者である（べき）かを定める本質決定（権）の問題だが，彼女はその本質規定が医学においては「見る／見られる」関係の中でなされたことを強調する。「視覚的なイメージや，見るという行為に与えられていた（権）力」は，「権利，所有物，利害関係，抑圧といった言葉のみで表現されるたぐいのものではない。それはむしろ神話の力に似ている」（同書: 235）のである。

---

72) 1958年『シチュアシオニスト・インタナショナル』第1号にある言葉。訳者解題を参照した（ドゥボール 1993: 250）。

III 巡礼空間の変遷と特徴

そして,「人と人の相互関係が常に医学の基礎になってきた。医者が患者を診る,すべての基本はここにある」(同書: 34) というように,診ることが医学的な関係の核心部分であると考えるジョーダノヴァは,「医者が患者を診る」とは「男が女を見る」――それは常に性的な視線であったということから『セクシュアル・ヴィジョン』という表題がつけられた――ことに他ならず,女性は一方的に眺められ表象される立場に置かれていたと述べる。「見る/見られる」関係,見て表象し自然化する一連の流れの中には,固定化された「立場の違い」があったというのである。

このようにジョーダノヴァは,医者という「見」かつ「見せる(表象する)者」と,彼によって「見られる者」の間に発生する関係を論じている。彼女のこの「見る/見せる」存在を名指しする議論と並べると,ドゥボールが観客と呼んでいた「見る者」は「見せられる者」であり,彼が糾弾するスペクタクル社会は「見せる者」と「見せられる者」から成り立っていたということが明確になる。

これらの見方を適用すると,シャルコの火曜講義は,医者が「見て」選び出し,「見せて」くれる症例を,知的好奇心のある一般の素人が「見せられる」場だったといえる。これに対して狂女の舞踏会の場合,ことはそれほど単純ではなさそうである。さらにルルドの場合,果たしてそこでは「関係を発生させ自然化する」「見る/見られる/見せる」行為と,「関係から疎外される」「見せられる」行為が,きれいに分かれているのだろうか。

以下ではルルドの「スペクタクル」に対する批判が妥当かどうかを,次の二点から考察する。第一に,ルルドの苦しみのスペクタクルは,「見せられる者」を活動(社会関係)から遠ざけているのか。この時,次のように問うことも忘れてはならない。観客は常に世界から疎外されているのか,また,「分離された世界」や「参加していない世界」が眼前にあるという状況には,積極的な意義は何一つ認められないのか。第二に,ルルドで「見られる者」は,権力が絡んだ一方的な関係の中で受動的な立場に置かれているのか。ドゥボール流にいうなら,凝視の対象となる商品として消費され,快楽と満足を得るための対象として貶められているのだろうか。それとも,「見る/見られる/見せる/見せられ

る」行為において、他の関係が発生しているのだろうか。なお、ルルドでは傷病者は「見る者」に都合よく表象されているか、という問題については、第2章以下で論じていく。

(3) ルルドにおけるスペクタクル
ⅰ)「巻き込まれる」こととしての「見に行く」こと

ドゥボールの議論では、スペクタクルは現場空間とは結びつけられておらず、この空間性の欠如が、活動からの分離の根拠の一つとなっていたふしがある。これに対し、ルルドは「スペクタクル空間」であり、そこでは人は、スペクタクルが繰り広げられている空間の中でスペクタクルに居合わせている。ユイスマンスは、ルルドで人々の間に一種の連帯感が生まれ、どこへ行っても知った顔に会い、つい挨拶したくなると述べたあとで、「だれもが屋内にとどまっていず、すべての者が、雨が降っていようと、なかろうと、戸外ですごしている」(前掲書: 41)と書いている。現在も、自分の家という私的な空間から巡礼に出かけた人々は、巡礼先でも屋内という閉じた空間の中にとどまらず外に出かける。本章扉に引用したユイスマンスの言葉にあるように、ルルドでは人は「外に開いて生きる」のである。これは次のことも意味している。すなわち、ルルドでは人は屋外の人目のあるところにおり、他者から見られることなく一人でいることがほとんどない。屋外でスペクタクルを目にしている当の姿が、そこに居合わせた他の人の見ているスペクタクルの一部となる。ルルドはそのような、居合わせた誰もがその一部となって見られるスペクタクル空間なのである。

そしてこのことが、「立場の違い」の問題について大きな意味を持ってくる。今述べたように、ルルドは誰もが他者から見られる空間であり、それ故そこでは「見る／見られる」間柄に発生するといわれる力関係が固定していない。しかしそれ以上に重要なことが、ルルドの「見る／見せられる」経験にはある。一日の終わりに、カフェで酒を飲む男性ボランティアを見ながら、ユイスマンスは次のようにいう。「彼らのように骨の折れる労働をしてきたのではないわたしにも、それははっきりと感じられる。わたしも、傷や祈りや叫びにほとほと疲れ果てた。病人たちをのせた車はひっきりなしに通っていくが、わたしはもう、目を向ける

元気もない。……〔少女の痛ましい姿は〕見るからにあわれで，泣き出しそうになるほどだった。いや，わたしは目をそむけたのだ。見たくなかった。これらの不幸な人たちのために，自分でもできるだけのことはしつくした。この人たちの癒しのために，熱心に祈りもした。わたしもまた，明日まではそっとしておいてもらいたいのだ」(同書: 155f)。

　見ることは即，対象を客体化する主体の権力の行使に他ならないという考え方もあるであろう。だがここでは，見る主体が見られる客体に対して権力を振るっているようにはみえない。ユイスマンスは，見ることで対象からなにかを奪っているのではなく，対象によって目を奪われているのである。目を奪われる経験では，主導権を握っているのは必ずしも「見る主体」ではない。ドゥボールもまた，「見る（見せられる）者に主体性がない」という事態を認識していたからこそ，スペクタクルがもたらすものを「受動性の王国」と表現したのである。見ることが何らかの力の行使である場合も確かにある。だが，目を覆いたくなるような，見たくもないものを見せつけられることによって，自分が弱い立場に立つこともあるのである。

　健常者が傷病者や障害者を見ることは，彼らを「わたしたち」から分離（疎外）することだという批判が適切なこともある。だが逆に，隠すこと，目に触れないようにすることが，疎外と呼ばれるにふさわしい場合があることも事実である。人目に触れるべきではないもの・こととして公の場から退け排除することは，存在の否認に等しい。そのような先行状況があるところで，開陳すべきではないとされたものを白日の下にさらすことには，隠蔽されたものの開示という意義が認められる。それは，場からの排除に対する戦い，参加を拒絶されたことに対する異議申し立ての方途となる。公の場に出ていって人目に触れることが，戦略的意味を持つのである。このように考えれば，スペクタクルが必然的に否定的な形式となるとは限らないといえよう。もちろん，スペクタクルに対する否定的意見はルルドにも存在する。1970年代には，傷病者の存在を強調する祭儀が見せ物的だという批判の声が傷病者からもあがるようになったが，これは「見られる者」の発言権にかかわる問題であり，第5章で詳しく論じる。

　ところで，戦略的意図を持って集団を作り，人々の前に数をもって主

張を提示するという行為に対しては,「マニフェスタシオン manifestation」という語が用いられることがある。だがルドでは「スペクタクル」が使われ,「マニフェスタシオン」は使われてこなかった。その理由は何であろうか。

ルルド巡礼の歴史において,「マニフェスタシオン」の語の使用はごく限られており,1872年10月に行われた〈御旗巡礼〉を〈Manifestation Nationale en l'honneur de Notre-Dame de Lourdes〉(*ANDL* 1871b) と呼んだ以外は,もっぱら「スペクタクル」が使われていた。その理由としてまず思いつくのは,ルルドを取りまく時代状況である。普仏戦争の敗北を受け,フランス全土に数多く存在する聖母の聖地とカトリック教会に呼びかけて実現した〈御旗巡礼〉は,カトリック王党派の政治的マニフェスタシオンの嫌疑を共和国政府からかけられてもおかしくない状況にあった。〈御旗巡礼〉の記念冊子には,巡礼二日目の日中に「巡礼者へ」と題するビラがルルドの町中に張られたことが記されている (*Manifestation de la France à Notre-Dame de Lourdes* 1873: 28f)。ビラは,革命派が扇動者を送り込んで,純粋に宗教的なマニフェスタシオンを政治的なものにゆがめようとしているので,その挑発にのらないよう注意を呼びかけるものであった。翌1873年6月にパレ・ル・モニアルで同様の全国規模の巡礼が行われた時には,巡礼の反共和政的メッセージが強くアピールされた (BOUTRY et CINQUIN 1980: 206-211)。そのような中で,ルルド巡礼は政府による弾圧を回避するために,巡礼が反政府運動や意見の公的な表明ではなく,純粋に宗教的な行為にすぎないことをアピールする必要から,「マニフェスタシオン」として自己規定することを避けたものと考えられる。

だがこれとは別に,「スペクタクル」と「マニフェスタシオン」のニュアンスの違いにも,言葉の使い分けの理由があるように思われる。「manifestation(表明,示威運動)」は,「manifester(表明する,発揮する,参加する)」という動詞から派生し,このほかに「manifestant(デモ参加者)」という,参加者を示す語も存在する。他方の「spectacle(光景,見せ物,見ること)」に対しては,見る行為を示す動詞は存在せず,行為者を示す派生語として「spectateur(見る人,傍観者)」があるだけで,スペクタクルへの参加者を表す語もない。ここに見られ

るように,「示威行動」と「見世物」には,「行為者」と「見る者」のどちらに重点が置かれるかという違いがある。

　ここから,ある開陳をマニフェスタシオン,スペクタクル,どちらと名付けるかは,書き手の関心が,発信する人々について語ることにあるか,見ている人々に向かって語ることにあるかによって左右されると考えられる。すなわち,マニフェスタシオンの語を使って語られることにより想起されるのは「マニフェストしている人々」であるのに対し,スペクタクルの語を用いた場合には,「見物人」という立場と,見るべきものがそこにあるという「対象の存在」に注意が向けられるのではないか,そしてそのことによって,それを実際に自分の目で見るよう人々を促すのではないかと考えられるのである。

　重要なのは,スペクタクルにおける行為者が「見る者」だということである。スペクタクルという言葉をことさらに用いることは,「見ている者」,あるいは「見るであろう者」に語りかけることだと考えられる。それは,「見られている者」について語るより,「見る者」にむかって語りかけることで,あなたも見物人たれと誘い,人々をまずは見る者として巻き込もうとする言葉なのではないか。つまり「見る者」が,ユイスマンスがそうであったように,自分の見たものによって動かされるかもしれないことを当て込んだ表現,見に来てもらうための方便,巡礼世界への参加の誘いとしての,スペクタクルの強調ではなかったかと思われるのである。

　クレーリーは,ドゥボールのいうようなスペクタクルの時代は,都市化が進展しメディア操作が本格化する1920年代に始まるとみている（クレーリー 1997: 40）。ルルドのスペクタクル性が強調されたのは,それ以前の時代,凝視の対象の安楽な消費が可能になる前のことであった。その時代に聖域機関誌が「ここには見るべきスペクタクルがある」と書くことは,そこへ足を運ばせるための誘い,ドゥボールがいうところの具体的な状況の構築への参加の呼びかけであったと考えられる。テレビが映像を各家の私的空間に運ぶ20世紀後半のメディア社会と,ルルドの〈聖域〉がスペクタクルを強調していた19世紀後半から20世紀初頭にかけての時代では,状況は大きく異なる。先述の傷病者の絵葉書も,ルルドに行った人々がルルドで投函するものであり,それは誰かがそこに行

った証となるのである。

　現在に至るまで，聖域には傷病者が存在していなければならないと言われ続けている。先述のバルビエの証言集の中には，ルルドへ行くのは傷病者がそこにいるからで，キリストやマリアとの対話が目的であればわざわざ余所へ出向くまでのことはない，という主旨の発言が，特にボランティア参加者の間でいくつかみられた。だが他方で，傷病者を見たくないと言う人々もいる。傷病者と直接かかわらない人々にとっても，この巡礼地の体験の核心はやはり，傷病者の存在に触れることで引き起こされる緊張や驚きにあるものと思われる。ルルドへ言ったことのない人々の口からさえ，「傷病者の姿が悲惨で胸が痛むでしょう？」とよく聞かれるのは，そのことを示唆しているであろう。このように，傷病者は聖地の中心的な存在となっており，その存在自体が，ルルドに対して好悪という対極的感情を引き起こしている。これは，スペクタクルの「内容」の問題である。最後に，スペクタクル批判とは別の文脈で，傷病者の存在がなぜ人々を困惑させるのかを考えなくてはならない。

　ⅱ）「具体的な苦しむ肉体」のスペクタクル
ルルドで人々に目を覆わせるもの，ルルドの聖地で繰り広げられる傷病者のスペクタクルの内容は，沐浴場や広場に並べられた傷病者の生身の有様，そして，その状態と治癒した身体との劇的な対照である。これらのスペクタクルに対し，傷病者の苦難の物語を観客が想像することによって演劇的な筋書きが加えられる場合もあるであろうが，スペクタクルが何より見せ物であることを考えたとき，そこで人々を引きつけているのは，やはり，眼前に繰り広げられる光景自体の生々しさ，見られる対象の物質的次元とでもいうべきものであると思われる。ルルドで人間身体は，傷み死にゆく肉体と生き返った肉体の生々しさをもって，居合わせた人々の視線をとらえてきた。そのような「目を奪う肉体（の不思議）」を提示することなしには，現在のルルドを特徴づけるスペクタクルは成立しえなかったであろう。ルルドでは，肉体の生々しい存在感が，スペクタクルに供されているのである。

　このことは，「貧しさ」のテーマがスペクタクルにならなかった原因に対する一つの手がかりを与えてくれるように思われる。ゾラやユイス

マンスは作品中，貧しい者の素朴さ，真摯さと対照させて，富ゆえの救いのなさというテーマを描いている。そこでは貧しさが生々しく語られることはなく，ただ富める者を対照的に浮かびあがらせるばかりで，富者の方に視線を集中させてしまっている。ここにはもちろん，富める者の一人としての彼らの道徳的な自己批判と清貧の思想があるのだが，そのように眺められた貧しさは，傷病者の肉体が突きつけてくるものに比べると，観念的で実体をつかみにくい。その理由は，貧富という立場の違いが，健常者と傷病者の間にある立場の違いとは異なり，相対的・社会的なものだというところにあるものと考えられる。そしてこの病いと貧しさにおける「立場の違い」の違いが，その後の聖域での扱いの差を生んだと推測されるのである。

　また，この肉体の苦しみの具体性・即物性は，ルルドに対する否定的評価にも関係しているのではないかと考えられる。これほど賛否が分かれる世界的聖地も珍しいと思われるほど，ルルドには共鳴する者だけでなく反発する者も多い。そこで記念されているのが「出現」といういかがわしいものであるから，という説明も可能ではあろう。だが，ルルドが出現を記念する空間表象に満たされた場所であれば，これほどの嫌悪感を呼ばないのではないかと思われる。その反発の原因は，ルルドで人目を引くものが，歴史的なできごとを記念し集合記憶の支えとなる空間的形象のように，わかりやすく，また感情的にも受け入れやすい役割を果たす類のものではないところにあるのではないのか。ルルドで人々の目を奪う傷病者の生身の肉体は，何かを記念・表現する表象，集合記憶の物質的基盤・支え，何らかの観念や情報・知識を得るために見つめるような対象ではない。なにかの表象や記念なら凝視が可能だが，そこでスペクタクルに供されている肉体は，表象や観念に解消されることを拒み，それを目にする人々は，肉体によって引き起こされる緊張と驚きを引き受けることを余儀なくされる。ここでいう緊張と驚きの最たるものは，肉体の不治と治癒であるが，それでなくともルルドの歴史と空間は，多くの傷病者の存在，沐浴（場），奇蹟的治癒，聖体，無原罪の聖母（の出現），ベルナデットの祝福された遺体など，身体・肉体を媒介，あるいは舞台にした不思議に満ち満ちている。

　ルルドのスペクタクルは，時に人々を居心地悪くさせ，それゆえやめ

るべきだと非難されるのだが,実はその,人々を驚かせ居心地を悪くさせる点にこそ,苦しみのスペクタクルの意義があるのではないか。この点について,次章以下でさらに検討していく。

現在聖域に見られる諸要素は,初めから意図して集められたものではない。無原罪の聖母であるという自己開示,沐浴場の開設,傷病者巡礼の始まり,〈医局〉の創設等の事態が先行し,そこに聖体や聖心,貧しさという,カトリック世界に伝統的な要素も加わって,ともすれば統一を欠きそうになるところに,目を奪う肉体のスペクタクルというガイド・ラインが生まれ,傷病者を中心に構成される世界が現出していった。聖地の現在の隆盛は,その手探りの歩みがまちがっていなかったことを示している。ではその歴史はどのように始まったのか。次章では,傷病者を中心とする巡礼がいかに生まれ発展してきたか,その歴史を追う。

第 2 章

ルルド巡礼の歴史
―― 傷病者巡礼の確立 ――

> ここルルドで，わたしたちが聖母に求めていることは，どこか狂っているのではあるまいか……聖母の洞窟前で求めるべきことは，おのれの病いの癒しではなくて，むしろ病いが増し加わることでなくてはなるまいに。そこは，世の罪のつぐないとして，犠牲としてわが身が捧げられるところでなくてはなるまいに。……罪のあがないの犠牲となるという特別な使命は万人に与えられているものではないにせよ……
> 　　　　　　　　　　　　　（ユイスマンス 1994: 149f）

I　ルルド巡礼前史

1　18世紀までのキリスト教巡礼[1]

　キリスト教の歴史の中で，巡礼は早くから実践されていた。ここではその長大な巡礼史全般を振り返ることはできないので，ごく簡単に概略を述べる。

　それはまず，ユダヤ教におけるエルサレム神殿詣でをモデルに，キリストにゆかりの聖地とエルサレムへの巡礼として始まった。4世紀にキリスト教がローマ帝国内で公認・国教化されると，聖人[2]崇敬を利用しながらキリスト教の影響圏拡大が図られていき，奇蹟を起こすとされる聖人の遺体や聖遺物を訪れるタイプの巡礼が，キリスト教世界を特徴づける巡礼として発展していった。元来，聖人とはキリスト教の信仰を守りぬくために亡くなった殉教者を指したが，肉体的苦痛を伴うその死はキリストの十字架上の贖いの死になぞらえられ，殉教者の遺体には，キリストの聖体同様，神の恩寵を媒介する力があると見なされるようになっていった。聖堂は聖人の遺体か聖遺物を中心に建てられねばならないため，ローマなどから遺体や聖遺物を各地に運ぶことによって新たな聖堂と共同体がヨーロッパ中に作られていったが，この時，聖遺物は神の恩寵の媒体として，恩寵をより広い地域へと伝えるために各地に配されていったということができる。それらの新たな聖堂が，所有する聖遺物が起こすとされる奇蹟の威光により，周辺地域や遠方からも来訪者を集

---

　　1)　巡礼の歴史については主に次の記述を参照している: CHELINI, BRANTHOMME 1982; 教史 vol. 9: 215-255; 関 1999; 歴史学研究会 1999.
　　2)　聖人については主に次の記述を参照している: BROWN 1981; DUVAL 1988; GEARY 1978; SIGAL 1985; THURSTON 1920; VAUCHEZ 1981; 渡邊 1989.

めるようになることで，新たな巡礼地が形成されていったのである[3]。

巡礼はこのように，キリストにゆかりの聖地を訪ねる行為から，神の恩寵を媒介する取りなしの力を持った聖人の遺体や聖遺物のもとへ赴く行為へと，性格を変えていった。どの聖地も，その格式と財政は多くの巡礼者を集めることにかかっており，また有力者の庇護を得るためにも，奇蹟を引き起こす力を持つ優れた聖遺物を所有する必要に迫られていたため，10世紀頃まで聖遺物の譲渡と争奪が繰り返され，その過程を通じてキリスト教世界を構成するネットワークが形成されていった。こうして聖遺物の配置が完了し，地方の拠点が確立された後に，ローマ教皇を中心とするキリスト教会の中央集権化が始まり，ローマ，エルサレム，サンティアゴ・デ・コンポステラなどへの大規模・広域巡礼が盛んになるのである。

これらの長距離巡礼の特徴は，日常生活世界から空間的にかけ離れた場所を，イメージの中で，自分にかかわりのある場所，「わたしたちの聖地」にしてしまうところにある。これを，空間の関係化，あるいは関係の空間化と呼ぶことができるであろう。巡礼ルートの確立を通して，キリスト教文化圏という網の目を広い移動空間にかけ，そのルートが，人・物・情報の流通ネットワークとして機能することで，「わたしたちの世界」が形成されるのである。これは，ある規範によってコントロール可能な範囲，自分たちにかかわりのある圏域の拡大を意味している。巡礼はその意味では，自分たちに関係のない余所に行くことではない。その点で，観光や冒険とは異なる。巡礼とは何かを考えたとき，「日常生活世界からの離脱」というのが最大公約数的な理解であろうが，そのような非日常もまた，「わたしたち」の圏域の中に含まれているのである。

この空間の関係化という性格は，サンティアゴ・デ・コンポステラ巡礼の場合に顕著である。コンポステラ巡礼は，中世ヨーロッパ社会の諸体制が整備・確立された11-13世紀に頂点を迎えたといわれる。イスラム勢力からイベリア半島を奪回しキリスト教世界を打ち立てようとした国土回復運動の一環と位置づけられ，ヨーロッパ型政治・経済・文化圏

---

3) ルルドの聖域にも，ベルナデット，教皇ピウスX世，コルベ神父のものを初めとして，数多くの聖遺物が集められている（*LM* 2002: 21)。

の拡大とヨーロッパ意識の形成に一定の役割を果たしたと考えられている[4]。当初は国王アルフォンス二世が後援し、隣国の王シャルル・マーニュが教皇に進言して、巡礼運動を支える国境を越えた協力体制がとられることにより発展の基礎が築かれた。中世末期になると、巡礼達成者を基本会員とする〈聖ヤコブ信心会〉が、パリ、トゥールーズ、バーゼル、アウグスブルグなどヨーロッパの主要都市で結成され、その奉仕活動が巡礼を支えるようになった。これは巡礼者の保護・援助を目的とする在地型信心会で、フランスとフランドル地方だけでも200以上あったといわれ、各地で宿泊施設を運営するなど、国際的な人的・物的支援網を形成していた。このように巡礼は、人間を社会関係から切り離すものというわけではなく、新たな社会関係の構成契機ともなっていたのである。

　17世紀には対抗宗教改革の一環としてマリア崇敬が奨励され、その中で最も多くの巡礼者を集めたのが、聖母の家が移築されたといわれるイタリアのロレートであった。ローマに次ぐ巡礼地として、教皇グレゴリウスXIII世がローマーロレート間の道を整備したほどである。しかしその後、巡礼は抑制されていった。トリエント公会議の結果、神学校が整備されて司祭の教育レベルが上がり、民衆の宗教実践が否定されていったため、あるいは、啓蒙主義の影響により巡礼が批判にさらされるようになったため、といわれるが、18世紀にピレネー国境地帯の役人が地方長官に書き送った文書の中でコンポステラ巡礼を浮浪行為の口実とみなしているところをみると、この時代の巡礼抑圧は、国境警備・治安維持の要請の高まりに関係しているように思われる。いずれにせよ、ヨーロッパ全域で巡礼が再び盛んになるのは19世紀に入ってからのことであった。だがそれらは広域型ではなく国内型の巡礼で、たとえば復興の始まりは1825年の聖年におけるローマ巡礼からといわれるが、そのほとんどはイタリア国内からの巡礼者だったという。

　4）　1990年代半ばにヨーロッパ統合が目前となるとリバイバル運動が起き、特に若者の支持を集めたのも、その伝統ゆえと考えられる。

2 19世紀フランスにおける巡礼運動

フランスでも，19世紀に入ると地方レベルの巡礼が盛んになった[5]。1814年から30年までの王政復古期にカトリックが国教化された結果，カトリック教会が再び活発に活動できるようになったためと考えられる。続く七月王政下でも，司祭の増加，修道院・宗教団体の再建など，カトリック教会の復興が進んだ。また第二共和政と第二帝政の政策もカトリック教会に対して友好的で，出版の自由が認められ，公職に就く者の宗教行列への参加（1830年まで禁止されていた）が許可され，司教たちの地方教会会議も開催可能となった。カトリック教会と政府の関係は，1880年代に反宗教的な政策がとられるようになるまで比較的安定していた。だが1846年までは，全国規模の組織的巡礼は行われなかった。その中で，リヨン近郊の村アルスと，パリの〈勝利の聖母教会〉だけが，例外的に全国からの巡礼者を集めた。

(1) アルス：「教区」の立て直し

アルスは，村の主任司祭ヴィアンネの評判によって，1830年代から彼の没した1859年まで毎年平均7万人の巡礼者を集めたという，全国的に知られた巡礼地であった（BOUTRY et CINQUIN 1980: 300）。19世紀後半の他の組織的な巡礼と異なり，伝統的な治癒聖人の巡礼に近かった[6]。またアルスの司祭の聖人伝も，伝統に則った構成になっている。司祭は荒廃した教区に着任すると，教区民の家庭を訪問し，苦しみの意味を強調しながら聖体崇拝を熱心に行い，聖体顕示，頻繁な聖体拝領，聖体信心会の再興を通して，教区の立て直しを図った（ibid.: 87）。このとき，

---

  5) 革命後のフランス教会史については主に次の記述を参照している: 教史 vol. 7-9; LE GOFF et REMOND 1991; 谷川 1997; ヴォヴェル 1992.
  6) 1860年にアラス司教区で行われた調査によると，地元の巡礼の三分の二が治癒聖人に対するもので，各地に「旅する女性 voyageuses」の伝統が残っており，雇い主の依頼をうけて，彼らの家畜や子供の治癒を願うために治癒聖人の聖地に赴いていた。19世紀の半ばになっても，伝統的な地元の巡礼は廃れていなかったのである（CHELINI, BRANTHOMME op. cit.: 312）。

人々がキャバレーやダンスにうつつを抜かし，安息日である日曜日にも働いていたことが荒廃の基準としてあげられており (ibid.: 18f)，逆に改悛の目安となったのは，日曜日の聖体拝領，夜の祈り，十字架の道行き，四旬節の悔悛などへの参加であった (ibid.: 37)。司祭が教区を見事に立て直し，人々が上述の悪しき娯楽に背を向けて教会活動に参加するようになると，司祭は教区立て直しの成功者として他の司祭達の支持を得ただけでなく，他教区の一般平信徒も，司祭の説教を聞き，司祭に告解を聞いてもらうために，集まってくるようになった。

このように，アルスの司祭の崇敬の核心は，「集団回心 conversion collective」による教区の立て直しにあった。当時のフランスでは，生活共同体の枠組みが，聖職者を中心とする教区[7]から行政区としての町村に置き換えられていく過程にあり，それによって生じた生活の変化に，人々も教会も対応を迫られていたのである。

フランス革命前，司祭は地域共同体の生活の監督者だった。1667年の民事王令以降，現在の戸籍簿にあたる教区簿冊の管理は主任司祭に任され，司祭が洗礼・結婚・埋葬等を記録していた。だが革命で，その監督者としての役割は否定されることになる[8]。1790年に聖職者民事基本法が公布され，教区が行政区分に合わせて統合・再編成され，聖職者は国から給与を支給される国家公務員となった。司祭は，聖職者民事基本法による改革を受け入れることを誓う「公民宣誓」を強いられたが，それは「『村の司祭』にアンシャン・レジームやローマ教皇との絶縁を迫り，革命への忠誠を強要する『踏絵』という性格」(谷川 1997: 37) をもっていた。旧体制を支えた組織の改革が行われ，その中に，旧体制維持に大きな役割を果たしてきたカトリック教会機構も含まれていたのである。そのため，カトリック陣営は旧体制の維持に活路を見いだそうとするとき，王党派と結びつくことになる。

---

　7) カトリック教会組織の行政区分上，最小の単位で，教区教会とその責任者である教区付司祭を中心とする地域共同体。「司教区」は司教により統括される，より上位の行政区分。

　8) 戸籍は1892年に世俗化された。「これ以後，結婚や家族の正当性を規定するものは民事契約（世俗国家）だけとなり」，人々が教会の懐の中で生まれ死ぬことがなくなった。谷川はこれを，社会システムの世俗化を告知する重大事件ととらえている (谷川 1997: 20f, 48f)。

この改革に対し，革命後フランス各地で反革命の内戦が起きた。なかでも有名なヴァンデ地方の反乱の研究において，森山は，それが伝統的共同体を守るという意味において，旧体制を守る戦いだったことを示している。聖職者民事基本法における教区の統廃合への反発は，政府から課せられる重税や兵役への不満だけでなく，教区自治が終わる危機感にも結びついており，「民衆は自分の問題として非宣誓僧を守らなければならなかった。……民衆は他人としての僧侶を守るのではなく，僧侶を含む自分たちの伝統的共同体生活を守ることを意味していた」（森山 1996: 55）。聖職者民事基本法は単なる宗教制度・組織改革ではなく，教区という彼らの生活の礎の解体を意味していたからこそ，人々は教区の名の下に新秩序に抗したのである[9]。プロンジュロンは，「民衆的カトリシズム」というカテゴリーの妥当性を論じつつ，民衆の方に「教会に帰属する意志」が認められると述べているが（PLONGERON 1976: 36），聖職者民事基本法が引き起こしたのはまさしく，この「帰属意識」の転換という問題だったのである。

 教区の解体だけでなく，生産・消費システムの変化（ブルジョワジーの台頭，出稼ぎ労働）など生活の枠組みが激変する中で伝統的社会秩序は乱れ，「教区の終焉 la fin des paroisses」という事態が進行する中で，教会はその立て直しの途を模索していた。1840-80年にかけて教会の建築や再建が盛んに行われたのも，その表れの一つである（BOUTRY 1991a: 280, 275）。また教区立て直しの，より日常的な目安・争点となったのは，先述のように，日曜ミサなど教会活動への参加と，その競合相手と見なされたキャバレー等の娯楽や日曜日の就業の放棄であった。一方の政府も，定められた休日に休業しているかどうかや，共和主義演劇や週末の行事への動員・参加の度合いを，公共精神普及の目安として調査していた（オズーフ 1995: 951）。教会も政府も，各々が提供する生活のリズムとイベントに人々が参加しているかどうかによって，生活共同体を統べる力の優劣を競っていたのである[10]。

---

9) 「ヴァンデ軍の末端の最小単位は教区隊だ。各教区隊は自分の教区の名称を付ける」（森山 前掲書: 160）。
10) だが，二つの陣営が繰り出すイベントが，常に絶対的に排他的関係にあったわけではない可能性もある。第二帝政期の唯一の国民祭典は8月15日のナポレオン一世生

アルスでは、人々が司祭の言葉に耳を傾け、共和主義・自由主義的な娯楽に背を向けて、告解や聖体拝領を頻繁に行い信心会に参加することが、教区立て直しの証とされた。そしてこの教区立て直しこそ、19世紀巡礼運動の主要な関心事であった。だが実は、教区が持つ「生活共同体」以上の意味、教会制度全体の中での位置づけや横との繋がりは、革命後に反省されたものであった（HILAIRE 1998）。教区はトリエント公会議で公式に設置され、社会的な役割を旧体制下で果たしたものの、教会の組織としてその位置づけが定義されたのは1917年のことであった。つまり教会は、革命後にあらためて自己の共同体としての構成と内部関係を整理するようになったのである。巡礼運動は、この関係づけの進展に深く関わっている。

(2) 〈マリアの無原罪の聖心信心会〉：「パリ／地方」を結ぶ全国ネットワーク

パリ中心部の2区にある〈勝利の聖母教会〉は、教区付き司祭デュフリッシュ-デジェネットが1837年に創設した、罪人の回心を祈る〈マリアの無原罪の聖心信心会〉が全国に広まることで巡礼地となった[11]。この信心会は〈奇蹟のメダル〉を会章として用い、メダルの威光ゆえに多くの会員を集めたが、この〈奇蹟のメダル〉自体は、1830年にパリのル・バック街にある愛徳姉妹会[12]の礼拝堂で起きたとされる聖母出現に由来する。このとき聖母はメダルの鋳造を命じ、配られたメダルの力によっ

誕祭で（他のすべての政治的記念日は、市民間の不和の記憶を想起させるものとして一切禁止された）、1870年まで全国の市町村で住民の積極的な参加によって毎年盛大に行われたが、工藤は、この祭典に向けられた熱意と動員の背景に、マリア崇敬の影響があったのではないかと推測している（工藤1994）。1840年代から、8月15日の聖母被昇天祭に聖母に捧げられた地元の巡礼地へ行く風習がみられ、また「皇帝の祭り」と「マリアの祭り」がともに祝われたのを確認できる村もあるという。後述するように、1870年代以降、聖母被昇天祭の前後にルルド巡礼を行うことが盛んになったが、これは皇帝生誕祭への情熱を引き継ぐ側面を持っていた可能性もある。二つの陣営が提供するものの間につながりがあることで、そのどちらもが多数の参加者を動員するようになる可能性について、示唆に富む。

11）ユイスマンスはこの〈勝利の聖母教会〉について、『ルルドの群集』の中で詳しく紹介している（ユイスマンス 1994: 22-32; cf. CHELINI, BRANTHOMME op. cit.: 299f）。

12）1633年に聖ヴァンサン・ド・ポールと聖ルイズ・ド・マリアックによって創設された、貧窮者支援を目的とする修道会。

て折りからのペストが沈静化したという評判がたったことから、メダルへの信心がたちまち広まった。しかし愛徳姉妹会は、出現の舞台となった礼拝堂への巡礼を禁止していた。

　この出現当時、愛徳姉妹会の礼拝堂が所属する教区の主任司祭だったのが、上述のデュフリッシュ-デジェネット神父であった。神父が次に着任した〈勝利の聖母教会〉教区は荒廃が著しく、教会にはほとんど信徒の姿がないような有様であったため、彼は教区立て直しの切り札として、〈奇蹟のメダル〉信心に基づく信心会を創設したのである。信心会創設後、日曜ごとの祈りの会で奇蹟的治癒が起きるようになると、信徒が次々と教会に戻っただけでなく、教区教会であった〈勝利の聖母教会〉は、愛徳姉妹会の礼拝堂に代わる〈奇蹟のメダル〉信心の中心地として全国規模の巡礼地となった。なお、この〈勝利の聖母教会〉巡礼では、「無原罪の聖母／奇蹟／勝利」というテーマの結びつきも注目される。1840-70年代のカトリック世界を特徴づけたのは聖母マリアにまつわる巡礼であったが、特に勝利のイメージが好まれ、第1章で述べたように、聖母の戴冠式が盛んに行われたのであった（CHELINI, BRANTHOMME op. cit.: 305f）。

　このように〈マリアの無原罪の聖心信心会〉は、アルスと同様、教区立て直しのテーマにかかわっていた。だが、アルスとの違いもある。クゼルマンは、この信心会が定期刊行物を使った初の全国規模の組織として、司教区を横断し教会位階制度の外側に広がるネットワークを形成したことに注目している（KSELMAN 1983: 166-171）。〈マリアの無原罪の聖心信心会〉は、教区立て直しから一歩進んで、フランス・カトリック世界を結ぶ平信徒ネットワークを作った点で重要なのである。さらにこのネットワークは、メダルという媒体だけでなく、文字情報の定期購読を媒介とした参加圏であるという特徴をもつ。メダルを身につける行為は「帰属のしるし」であるが、文字媒体への定期的アクセスもまた、一つの参加圏・帰属圏を作るのである。

　この信心会の活動について、ラングロアはパリの主導性に注目する（LANGLOIS 1991c: 322f）。それによれば、フランス革命前、宗教的な実践は地方によってまちまちだったが、1830年代からパリを中心に全国一律のカトリック世界が形成されていき、〈マリアの無原罪の聖心信心会〉

はそのモデルケースとなった。この信心会の設立により，「マリア崇敬に基づく／パリ主導の／加入手続きが容易で参加者に広く門戸が開かれた信心会の／ネットワーク化」という，一つのパターンができたというのである。

　この他にも，1846年9月19日に起きたとされるラ・サレットの聖母出現は，各地に「ラ・サレット」の名を冠した衛星巡礼地（pèlerinages satellites）を作り出した。このように，地方の教区立て直しの試みと並行して，中央とのつながりが生まれたりネットワークが形成されたりしていった。それが1870年代に，大規模な巡礼運動として開花するのである。

(3) パレ・ル・モニアル：「フランスの救い」

19世紀半ばになると，フランスでは全国規模の巡礼が盛んになる。修道会の復興だけでなく，鉄道網の整備も大規模巡礼の発展を促した[13]。その中で1870年代にめざましい発展を遂げたのが，フランス中部の聖地パレ・ル・モニアルへの巡礼であった。

　第1章で述べたように，ここは，17世紀にキリストが修道女の前に現れ，フランスを聖心に捧げよと自らの心臓を指し示しながら命じたという聖心出現で知られる。革命の衝撃とその後の社会混乱に不安と恐れを抱いていた19世紀フランス・カトリック世界では，国王がキリストの命じた通りフランスを聖心に捧げなかった罪のために，革命という罰を受けることになったのだという歴史解釈がなされていたが，1870年から71年にかけて，教皇の世俗権の喪失，普仏戦争での敗北，パリ・コミューンの衝撃という三つの災厄を経験したことにより，その物語はいっそう真実味を持つこととなった。普仏戦争敗北後，「ほとんどすべての保守系新聞は，ただ一つの言説を繰り返していた」(OZOUF 1982: 24)[14]。それは，フランスは罪人であり，神はフランスを癒すために罰せられたが，

　13）1848年の段階で全長わずか3,000kmだったものが，1870年に17,000km，19世紀末には45,000kmになった（デュビィ，マンドルー 1989: 53, 110）。

　14）同じ頃共和派は，敗戦の原因は遅れた国民教育にあると考え，ドイツに倣って教育を近代化するためにも教会の影響を排除しなくてはならないと，反宗教的な教育改革に乗り出した。

フランスは限られた犠牲[15]のおかげでかろうじて神から哀れみをかけてもらうことができる権利を保持しているにすぎず，信仰に立ち返る以外，救いの道はない，というものであった。

こうして，フランスの罪と罰の物語が人々の心を広くとらえ，聖心崇拝こそフランスを癒す最も有効な治療法だと見なされるようになっていった（BOUTRY et CINQUIN op. cit.: 175f）。聖心とフランス王国の契約の物語が，人々に状況認識の枠組みを提供したのである。このように，フランス・カトリック王国の過去・現在・未来（罪と罰と救い）にまつわる認識の枠組みを共有することは，とりもなおさず，一つのグループを形成することを意味していた。

一方，革命を推進しようとする人々は進行中の事態について，「不平等な過去／産みの苦しみ／平等で自由な未来」という，共和国フランスの過去・現在・未来の物語を語っていた。革命期の政治的レトリックにおいては，不平等と相違の社会である過去のフランスが否定され，自由と平等が価値として称揚されたのであり，この物語を共有する人々は，「自由のための戦い」に参加していたのである。このように二つの陣営では，フランスの過去と現在と未来に対する解釈が真っ向から対立していたが，この対立は，客観的事実として存在したというよりも，作り出されたものという性質をもっていたと考えられる。

リン・ハントは，フランス革命の特徴を「国民的過去と断絶しようとする意志」に認め，「アンシャン・レジーム（旧体制）」ということばを発明したことこそ革命期の新しいレトリックの最初の業績だと述べる。それは「二つの絶対的なもののあいだに亀裂を作り出す」（ハント 1989: 74）という革命の目的にかなっており，数々の革命祭典は，その断絶を目に見える形にする場であった。そこで集団的に行われた忠誠誓約は，社会契約の瞬間を記念し再創造する「新しい共同体の創造の瞬間，新しいコンセンサスの神聖な瞬間」だったのである（同書: 50f）。

この新しい共同体を創り出すために使われたのが，自由の木や自由の帽子，「自由」・「共和国」などの理念を女性によって表象したシンボル

15）「教皇ズアーヴ隊」のことを指す。ズアーヴ隊については，第3章を参照のこと。

や，学校のコンテスト・選挙・クラブ集会や祭典などの多様な儀式であった。そのようなシンボルや儀式が人々を持続的に革命に参加させ，権力に正当性を与えたのである。というのも，権力の「正当性とは，記号やシンボルにかんする世間一般の同意」なのであり，それゆえ，革命の敵対者によって引き抜かれた自由の木を地方行政当局が植え直したり，十字架像を公共の場から撤去しようとするような，象徴をめぐる争いがあちこちで起こったのである（同書: 84）。

　このような日常生活レベルでの実践とは別に，内部で共有される過去・現在・未来の物語において真っ向から対立していた二つの帰属グループはそれぞれ，人々がその物語に参加していることを実感できる機会である大がかりな祭典やデモンストレーションを提供した。この時，共和国が繰り出す自由の祭典に対し，カトリック世界は聖心崇拝を盛り立てることで対抗した。パレ・ル・モニアルはその中心地として多数の巡礼者を集めたのである。そのピークは，1873年の巡礼大会であった（BOUTRY et CINQUIN op. cit.: 188-196）。

　この大会は，聖地の運営を任されていたイエズス会のドブロン神父が，新任のオータン司教にパレ・ル・モニアルへの巡礼支援を要請し，司教の承諾を得たことで実現した（このようなイエズス会士と司教の迅速な協力関係は，かつては考えられないものであった）。ドブロン神父は平信徒団体に案内を出し，それに応えて各地に巡礼委員会が作られ，地元パレでも女性貴族たちが委員会を作って受け入れに備えた。パリの大新聞 *L'Univers* や地方の司教区広報，教区付き司祭たちも積極的に情報を提供し，大がかりな巡礼が実現したのである。何冊も出されたガイドブックの中では反革命の物語が語られ，キリストの聖心と信徒との繋がりが説かれた。

　巡礼は組織的で，全国から集まった巡礼団が団旗を掲げて行列し，巡礼の終わりにそれを聖域に献上して帰った。1873年6月1日にマルセイユの巡礼団がロウソク行列を行った後，これが慣習行事となった。巡礼運動のピークは，1873年6月20日（聖心の祝日）と29日であった。29日には，ド・ベルカステル男爵が，参加した50人ほどの国民議会議員の前でフランスを聖心に捧げ，その一か月後の7月25日には，パリのモンマルトルの丘にサクレ・クール〔聖心〕寺院を建設することが，国民議会

I ルルド巡礼前史　　145

で決定された。カトリック陣営が国民祭典に対抗する祭典を作ろうとしていたことが，ここには端的に表れている。

　このように，19世紀フランスにおける巡礼運動隆盛の背景には，人々の回心，罪と罰と救いという，共通の主題があった。だが巡礼スタイルは，時代によって変化している。特に，アルスと後二者との間には，組織化の点で違いがある。〈マリアの無原罪の聖心信心会〉は，平信徒ネットワークを全国に展開した。さらにパレ・ル・モニアルでは，イエズス会の主導の下，フランス各地に巡礼委員会を設置し，パリのカトリック系新聞や各地の司教区広報を通じて宣伝を行うなど，ネットワークとメディアを駆使して全国規模の巡礼運動を組織的に展開した。このスタイルが，その後の巡礼運動のモデルとなるのである。
　さらに重要なのは，帰属グループの規模の違いである。アルスの「教区立て直し」が生活共同体を対象としていたのに対し，〈マリアの無原罪の聖心信心会〉は教区を横断する信心会を，そしてパレ・ル・モニアルは「フランス」という，革命後強調されるようになった，より大きな規模の帰属グループを問題にしていた。各巡礼では，対応する帰属グループの規模と内容が異なっているのである。
　また，巡礼地では宗教行列が盛んにおこなわれたが，地元での行列と巡礼地での行列には違いがある。地元で行われる宗教行列では，その実践過程で共同体内の権力構造や社会関係があらわになり，再確認されるという側面が際だつ。これに対し巡礼地で行われるときには，集まったすべてのグループが，同じ場所を「わたしたちの聖地」としていただく仲間であることが表明される。行列は，あるイメージ上のグループの一員・一部であることを自ら表明し，そのことについて仲間からの承認を求める行為，諸グループが協力して上位グループとしての共同体を作り出す共同行為となるのである。ルルドでは3月2日の13回目の出現の折り，ベルナデットに対して聖母が「人々が行列を作ってここへ来るように」と指示したとされている。この指示は，単に祭儀の様式を指定するにとどまらず，ルルドが共同体祭儀の場所となるべきであるという，その将来像を決定するものだったのである。
　同じグループに帰属する者達は，同じ過去・現在・未来を共有し，そ

のことを同じ祭典に参加することで実感する。政府が次々と繰り出す祭典に対抗して，カトリック世界も大がかりなデモンストレーションを組織し，その一環として巡礼運動が盛んにおこなわれた。そしてルルドは，その中心地となっていったのである。

II　ルルド巡礼のはじまり

以下では，ルルド巡礼の基本形態である「傷病者巡礼」の形成に決定的な影響を与えた〈全国巡礼 Pèlerinage National〉に注目する。現在，聖地を訪れる100万人前後の巡礼者のうち，約7割が司教区・修道会や全国規模の信徒団体が主催する公式巡礼団に参加しているが，ルルド巡礼の標準形態といえるこれら公式巡礼団のモデルになったのが，〈全国巡礼〉だったのである。聖母出現の100周年を記念して行われた全国巡礼団長協会による巡礼史調査報告を読むと，司教区巡礼の初期には，巡礼を単独で行わず〈全国巡礼〉に同行する司教区も多く，ル・マン司教区の報告者は，司教区内の多数の傷病者が〈全国巡礼〉に参加して司教

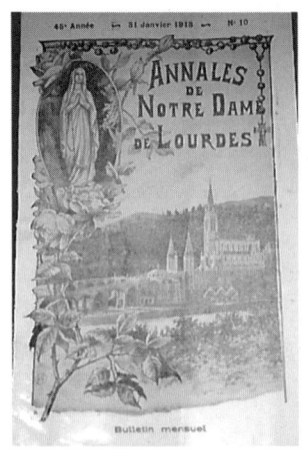

聖域機関誌『ルルドの聖母便り』の表紙

区巡礼には参加しないため，後者が沈滞したと書いている。またルルドを有名にした奇蹟的治癒も，司教区司教によって認定された65件のうち10件は〈全国巡礼〉参加者の身に起きたもので，6件が，参加者かどうか定かではないが〈全国巡礼〉期間中に聖域で起きている[16]。〈全国巡礼〉の歴史と理念を知ることは，ルルド巡礼の理解に欠かせぬ作業なのである。

聖域では1868年4月から月刊の機関誌『ルルドの聖母便り *Annales de Notre-Dame de Lourdes*』が発行され，聖域を訪れる巡礼団の様子と治癒の事例が報告されていた。以下，この機関誌の記述を主な資料に，傷病者巡礼の歴史を辿っていく。

1　1866-67年：教区巡礼のはじまり

ルルドがカトリックの聖域としてタルブ司教区司教により正式に認定されたのは，1862年1月18日，聖母出現とされる出来事から四年後のことである。この決定によって聖母が出現したというマサビエルの洞窟を訪れる人々の行為は正当な宗教活動と認められ，聖職者の組織する巡礼が可能となった。しかし礼拝堂が建つ以前は，個人的な巡礼が中心であった。

初の公式宗教行列は1864年4月4日，マサビエルの洞窟にマリア像が安置された祝いの日にタルブ司教ローランスの先導で行われ，2年後の1866年5月19日，礼拝堂の落成式に第2回の宗教行列が行われた。これらはいずれも聖域主催の大がかりな祭式であった。

初の公式宗教行列から三カ月後の1864年7月21日，タルブ司教区外からの初の公式巡礼団として，近隣の教区ルバジャックが日帰りで洞窟を訪れ，これが教区巡礼団による初の宗教行列であったと考えられている。巡礼団を組織したミエジュヴィル神父の報告書によると，「行列は当時有名だったガレゾン巡礼[17]を真似たものにすぎなかった……二列になっ

---

16)　そのほかの内訳は，〈ロザリオ巡礼〉が5件（4件が第二次世界大戦後），司教区巡礼が10件，外国からの巡礼が11件，その他23件となっている。

17)　ルルドから北東へ50キロほどの距離にある，かつての地元の一大巡礼地。1500

た男達のあとに司祭と聖歌隊が、最後にロザリオを繰る女達が続く。いくつもの無原罪の聖母像が台に乗せられ、等間隔に担がれていった」(RSL 1964)。他の教区もこれにならい、次々にマサビエルの洞窟を訪れるようになるが、その性格はルバジャック同様、ガレゾン巡礼をモデルにした郷土色の濃いものであっただろうと推測される。その他、近在の大小神学校・修道会・各種信心会も洞窟を訪れ、千人近くにもなる行列もあったという。これらの巡礼団は一度組織されると毎年定期的に巡礼を行うようになったが、当初はほとんどが近隣教区からのものであった。

　最初の転機は1866年に訪れた。この年の3月9日にタルブとポーを結ぶ鉄道がルルド経由で開通し、聖域の運営を担う司祭団が設立されるなど環境の整備が進んだことで、巡礼の規模は順調に拡大していった。5月21日に行われた地下礼拝堂の聖別式に集まった4万人のうち、3万7千人は鉄道の利用者であったという。遠来の大がかりな巡礼団はそれに遅れること一年、1867年7月16日に大西洋岸の町バイヨーヌが、特別列車でマリア信心会の女性達とともにやってきた。この後、巡礼特別列車を仕立てるのに必要最低限の定員400人を確保するため、いくつかの教区が集まって巡礼を行うようになる。列車を調達するために必要な定員を満たさなければならないという物理的な制約が、大人数の巡礼者が一時に聖地へやってくるという巡礼の形態を決定した。

　バイヨーヌからは、翌1868年初夏にも三度巡礼団がやってきた。5月10日に900人の男達の巡礼、26日に1,000人の女達、6月2日には孤児院や信心会の庶民レベルの少女達に勤労女性を加えた巡礼団が組織された。機関誌の記述を見ると、このほかの例でも、巡礼団を組織する者もそれを記述する者も、参加者の性別・年齢や職業・階層などの社会的身分を弁別することに余念がない。実際、現在でも巡礼団は、教区・司教区巡礼のような地縁グループでない場合には、ある特定のカテゴリーを形成する人々の集団であるか、あるいは教区巡礼団の中に下部単位としてそのようなグループが形成されていることが多い。バイヨーヌの巡礼団でも、男達の巡礼の中心となったのは聖ヴァンサン・ド・ポール会の会員

年頃に羊飼いの少女が聖母出現にあずかって成立し、泉の水による治癒が起こるなど、その類似性からルルドの前身といわれる。

であり，多数の上流社会の者が参加していた（ANDL 1868: 30）。また女達の巡礼には「バイヨーヌの上流家庭がこぞって参加し，労働者はごくわずかしかいなかった」（ANDL 1868: 46）。巡礼団はばらばらな人間の寄せ集めではなく，他と区別される独自のアイデンティティを有する集団として組織されていたのである。

2　1869-70年：傷病者の巡礼参加

　ルルドは奇蹟的治癒の聖地として有名だが，治癒は当初，ルルドから遠く離れたところで起きていた。聖域では1868年から機関誌が発行され始めるが，その第2号に，最初の治癒物語が掲載されている。1867年5月10日に南仏カルカッソンヌ近くのマカン村で起きた治癒の物語で，5月号に11ページ，6月号に12ページにわたって掲載された（ANDL 1868a）。たいへんな長編で，その後の治癒事例にみられる基本的な要素や型が既に網羅されている点でも重要な例だが，特に注目されるのは，少女の奇蹟的治癒が司祭の尽力による「教区の復活 résurrection d'une paroisse」に重ね合わされていることである。物語は，新任の司祭がいかにして荒廃した教区を立て直したのかを詳しく述べ，肝心の奇蹟的治癒は全体の半分ほどのところで起きてしまい，その後は奇蹟的治癒の効果による教区民の回心の話が続く。このように治癒物語でありながら，その描写は治癒前後の教区の様子に費やされており，ルルドがアルス同様「教区立て直し」に連なる巡礼であることが示されている。機関誌に掲載された最初の治癒物語が，奇蹟的治癒を個人的な出来事に終わらせず，革命後の教区立て直しの物語として語られたことは，ルルドにおける適切な治癒のイメージにとって，大きな意味を持ったものと考えられる。

　これ以降しばらくの間，機関誌に取り上げられた治癒のほとんどは，洞窟から遠く離れた場所でルルドの水を使いながら，当時盛んだった「九日間の連禱 neuvaine」[18]を行うことによって起きていた。これに対し，

18）特別の恩寵を得るために，一定の規則に従って九日間続けられる祈り。個人で

1869年6月に行われた，イエズス会士に率いられたトゥールーズ聖マリア中学校の生徒とその家族の巡礼では，参加した傷病者が奇蹟的治癒にあずかっている。巡礼団に傷病者が参加していたという記述はこれが初めてである (ANDL 1869: 79)。

トゥールーズ巡礼の半年後，1869年11月3日のマリー・ラサブ夫人の治癒事例 (ANDL 1869a) は，同じ村の者達が巡礼グループを組み，傷病者とともにその治癒を祈りに来た最初の例である。「ルルドの洞窟に行って治癒をお願いしようという考えがマリーと司祭の心を占め」，二人の司祭，一人の男性と数人の女性からなる一行がルルドへ赴いてミサをあげた。マリーは水を飲んだあと「ひざまずき，同行した者達は二隊に分かれ声高く祈りを捧げた。気の毒な病人は静かに祈っていた。聖母の連禱〔ロザリオの祈り〕が始められ，彼女はそれに心を合わせた」。治癒を求めて皆で祈るというやり方自体は，九日間の連禱が盛んに行われていたように，決して目新しいものではない。ここで重要なのは，洞窟から遠く離れた病室や修道会の礼拝堂などで内輪で行われていた九日間の連禱に対し，傷病者の治癒のために共同で捧げられる祈りが，表へ，公共の場所へと飛び出したことである。また全員が近親者だったのかどうかこの記述からは明らかでないが，傷病者をグループ・アイデンティティの核として巡礼団が組まれた点でも重要である。

ところで，機関誌12月号のこの治癒事例に続く記事は，『トゥールーズ司教区広報 Semaine Catholique de Toulouse』[19]の12月5日号に掲載された，ルルドの聖母による治癒事例の転載であった。このことは，治

も集団でも唱えられ，贖宥の対象になるものもある。

19) 19世紀中頃からフランス各地の司教区では広報が定期的に刊行されるようになり，現在それらを総称して「司教区広報 Semaines religieuses」と呼ぶ。教会の週間予定や行事の知らせ，信仰生活の手引きとなる読み物などの宗教生活に関わる題材から，神学研究や民俗誌，科学読み物まで，内容は編集方針により多岐にわたるが，幅広い読者層の獲得はままならなかったようである。必ずしも司教区教会主導ではなく，教区内の平信徒が独自に始め，後に司教の協賛を得たり，司教区の教会活動に正式に吸収されたりする例が多い。1861年3月に教区付司祭により創刊されたトゥールーズの広報は最も古いものの一つで，発行部数も多かった (POULAT 1972)。なおプラーの同書には，パリの司教区広報を担当していた司祭が，パリの週刊イベント・ガイド『オフィシエル』に対抗しうる，宗教行事と宗教生活の『オフィシエル』を目指していたことが紹介されている (ibid.: 17)。

癒事例がタルブ外の司教区でも注目されるようになり，治癒物語が流通し始めたこと，および，司教区や聖域間にネットワークが発生しつつあった可能性を示唆している[20]。当時，小冊子の形で治癒物語が各地で出版され始めており，機関誌で紹介された最も早い例は，治癒の当事者であるハンケという人物によって1869年12月12日に書かれ，医師の二通の証明書が付された，ベルギーのリエージュで発行されたものであった (*ANDL* 1869b)。この治癒物語で注目されるのは，同年に出版されたアンリ・ラセールの『ルルドの聖母』を読んだことが，ルルドの聖母に治癒を祈る契機となったと記されていることである。翌月の機関誌は，ラセールの本の影響の大きさと，それに触発されたであろう，聖域に宛てた手紙の多さに言及している (*ANDL* 1869c)[21]。それによれば手紙の数は一日に80から100通にも及び，ほとんどの差出人が洞窟の水の郵送を求め，ルルドの駅からは毎日70から80ケースが送り出されるという。手紙の多くはフランス国内からだが，ラセールの本がよく読まれたベルギーからの手紙も少し前から増え，その他イタリア，アイルランドでもルルドについての新聞記事や著作が現れ始めていた（1870年には，機関誌にフランス国外からの手紙の掲載が目立つようになる）。これらの手紙は毎週日曜日に，その週に寄せられた祈りの依頼を礼拝堂で読むとき最初に読み上げられるなど，積極的に利用されていた。このような，機関誌と手紙を通じて遠方に住む人々がひとつのミサ，ひとつの世界に参加するというやり方は，〈勝利の聖母教会〉のシステムを受け継いでいると考えられる。

---

20) 聖域史料室には，主に1870年代から19世紀末までの，ルルドに関連する記事を掲載した司教区広報のコレクションがあり，聖域司祭団が意識的に情報を集めようとした時期があったらしいことを示唆している。各地の司教区広報に，いつ頃，どれくらいの頻度でルルドの治癒事例が掲載されたかを調べることで，ルルド巡礼やルルドに帰される治癒の，各地方への浸透ぶりや，教区教育のためのルルドの利用状況を知ることができるであろう。なお，機関誌への治癒物語の最も早い転載例は，1868年11月号（p. 123-126）のエルマン神父の手紙（11月6日付）である。手紙はまず〈感謝の祈りの信心会〉の五つの支部（リヨン・オルレアン・アラス・ロデス・ロンドン）に宛てて書かれ，その後いくつかのカトリック系新聞に掲載され，聖域機関誌もこれをとりあげた。神父は11月12日に聖域の礼拝堂で感謝のミサをあげており，このとき聖域司祭団と接触したものと思われる。

21) 1870年の機関誌に掲載された手紙の多くに，ラセールの本に感銘を受けたと記されている。

1870年になると，機関誌に，巡礼団に参加した傷病者の治癒の話題が見られるようになる。その中で次の三例には注目すべき点がある。

　6月1日，ボルドーからイエズス会士に率いられてやってきたティヴォリの聖ヨセフ学校の巡礼報告に次の記述がある（*ANDL* 1870a: 41）。

> 　ルルドの聖母は，巡礼の喜びと思い出がもっと続くことをお望みでした。わたしたちもまた，〈わたしたちの奇蹟の人 notre miraculé〉を授かったのです。……〔少年は泉で〕洗い，病んだ目にちくちくする感じを受け，周囲を見回しまし た。「斜視が治ってる！」，同級生の一人が叫びました。

ここで注目されるのは，第一に，治癒の現場が巡礼団の他の参加者に目撃され，驚きをその場で引き起こしたこと，第二に，「わたしたちの奇蹟の人」という表現がみられることである。機関誌ではこれが初出だと思われるこの表現は，「奇蹟に与った miraculé」という語以上に，「私たちの notre」という所有形容詞の使い方，すなわち，こののち巡礼の記述に欠かせない定型句となる「私たちの傷病者 nos malades」を準備している点で重要である。その変形である「私たちの親愛な傷病者（と障害者）nos chers malades （et handicapés)」という表現は，説教での呼びかけに好んで用いられるようになる。

　7月6日，サンド村教区巡礼団の司祭は手紙で，二人の教区民が恩寵に与り，一人は巡礼の三日後に司祭のもとに報告に来たこと，また視力が衰えていたもう一人の女性もすっかりよくなった目を見せてくれたことを報告している（*ANDL* 1870: 69）。傷病者の参加が自発的なものか奨励されたものかはわからないが，巡礼団長である司祭に報告している点が注目される。

　10月号には，同年5月30日に起きたという，他とは趣の異なる治癒事例が掲載されている（*ANDL* 1870b)。それによれば，アンヌ・ルスという女性が，教区付司祭にルルド巡礼を勧められたが気乗りがせず，司祭が巡礼参加の手続きをとってくれたものの結局参加しないで夫と二人だけで巡礼前日に出発し，ルルドで治癒にあずかった。感謝の祈りを捧げ

ているところに当の巡礼団が到着したが,自分のことは何もいわず黙って彼らに場所を譲った,というものである。自分の治癒を祈ってもらうための巡礼を拒むかわりに,信仰を失っている夫の回心のために旅立つという回心譚が大きな部分を占め,家族が信仰を取り戻すと今度は望み通り日常生活に支障のない程度の軽い病いを再び得る[22]という,他の治癒物語より複雑な構成になっている。

実はこの物語は,当時確立されつつあった,巡礼団のただ中で起こる治癒に対して与えられる解釈を,反転した関係にある。1870年11月号巻頭の記事には,次の記述がみられる(ANDL 1870c)。

> すべての人々のあらゆる信仰と希望を,洞窟の聖母の前に一つにして導いてくる盛大な巡礼の,そのただ中で起きた治癒について,我々は既に何度も機関誌で取り上げる幸運に恵まれている。この崇高な証によって聖母は,共同で捧げられる賛辞を喜び……一つになった祈りは一人の祈りではかなわぬものを獲得することができることを示しておられる。……
>
> このような状況〔巡礼〕で得られた取りなしは,特別な価値を持っているように思われる。この取りなしは,それを受け取る人々をたたえ,彼らの犠牲と疲労に対して与えられる,触れることのできる褒美なのである。……〔強調は引用者による〕

ここでは,一つのグループの人々が一つの目的のために心を一つにして捧げる共同の祈りの特別な意義と,それに伴う効果としての治癒が語られている。重要なのは,巡礼グループに所属する傷病者の治癒が,グループ全体が払った犠牲に対する恩寵の現れであると明言されていることである[23]。振り返ってみればすでに,機関誌に最初に掲載されたマカ

---

22) 「治る? いいえ,わたしは完全に治りたくはありません。これからもずっと苦しみたいのです」,「わたしが苦しみますように,でも子供たちと夫は苦しみませんように!」というセリフが見られる。

23) 治癒を治癒者個人の問題ではなく,天から公に与えられたしるしとみなす例は,この二号前の機関誌1870年9月号(ANDL 1870b)にもみられる。Le Monde 紙に掲載され,カトリック紙 L'Univers に転載されたこの記事によれば,三年来病いの床にあった少女のために祈りを捧げてくれるよう,少女の両親がタルブ司教区の新司教に任命さ

ン村での治癒物語において，少女の治癒が教区の復活に類比されていた。マリー・ラサブ夫人の治癒事例では夫人の治癒のために共同の祈りが捧げられ，ティヴォリの聖ヨセフ学校の巡礼では治癒にあずかった少年が「わたしたちの奇蹟の人」と呼ばれ，サンド村の巡礼では治癒者が司祭に報告をしていた。そしてここに至って，それまで漠然と知られていながら言語化されていなかった，「巡礼団」と「傷病者」と「治癒」の三つがそろうことで成立するルルド巡礼の一つの型が，初めて明確に提示された。傷病者が巡礼団とともにやって来ることの意義，苦しみの価値，治癒の公的な意味が，明言されたのである。

アンヌ・ルスの例も，この世界観に従って理解することができる。アンヌの物語では，「巡礼団への参加」と「自らの治癒」という二つの事柄に対する消極的な姿勢が，その構成上の特徴としてあげられる。この，巡礼団への参加と治癒の両方に向けられる否定的態度は，両者の結びつきを逆に浮かびあがらせ，治癒と巡礼団参加のどちらか一方のみを回避することが物語の構成上あまり望ましいことではないと，無意識のうちにでも感じられていた可能性が考えられる。

またアンヌ・ルスの物語の一貫性は，これを回心物語と考えたときにいっそう明確になる。彼女は，一家の信仰生活の責任は妻であり母である自分にあると考えて，ルルドへと赴いた。家庭という信仰共同体の責任者は妻・母であり，その中で病んでいるのは夫であった。彼女は肉体の傷病者でありながら，ここでは信仰の健常者として，信仰において病んでいる夫の治癒のために祈っている。すなわち回心物語として考えれば，夫婦という信仰共同体での巡礼，共同体の健常者（妻）の祈りと犠牲，共同体の傷病者（夫）の治癒という，治癒物語と同じ構成をもつ物語として完結しているのである。もしアンヌが巡礼団に参加していたなら，そのとき彼女は，治癒を祈ってもらう傷病者と，夫の回心を祈る妻という，二つの立場を同時に兼ね，物語は複雑に入り組むことになったであろう。

れたピシュノ猊下に頼み，その祈りが天に通じて少女は治癒したという。ここでの治癒は，新司教の司教としてのふさわしさを保証するしるしの働きをしている。

II ルルド巡礼のはじまり

　共同で祈ることの意義の確認，犠牲が持つ力の観念，恩寵の現れとしての治癒（回心）への関心は，この年1870年にフランスを襲った大きな混乱と無関係ではなかった。普仏戦争の勃発と第二帝政の終焉，翌1871年のドイツ軍侵攻によるパリ陥落とアルザス・ロレーヌ両州の割譲，パリ＝コミューンの流血を経ての第三共和政の開始と，フランスは革命後の最後の動乱を経験した。この年にはまた，カトリック教会にとっても衝撃的な事件が起こった。普仏戦争に伴い教皇領からフランス軍が撤退すると，イタリア統一を掲げた政府軍が教皇領を併合，ここに教皇領は消滅し，以後教皇とイタリア王国政府は反目を続けることになる。

　それまで政治的な発言を避けていたようにみえる聖域機関誌もこれらの事件をうけ，カトリックに背を向けた罪人であるフランスの受難と贖いというパレ・ル・モニアル的テーマを，例えば「試練の時と無原罪の宿り」という一連の読み物などで取り上げるようになる（ANDL 1871a）。そこでは，「罪，痛み，苦しみ，十字架，殉教，贖い」などの語彙を駆使して社会の混乱の因果が説かれ，痛みと苦しみが，キリストの十字架上の贖いの死との類比によって最終的な栄光の約束に結びつけられているのだが，注意しなければならないのは，そこに二種類の苦しみ，一方には傲慢と背信によって人々が自ら引き起こした苦しみ，他方にはキリストとマリアが忍んだ無垢な苦しみが，弁別されていることである。殉教者を評する記述でも，「ゲッセマネの園でのイエスのように私たちの罪の重荷を引き受けた」(ibid.: 57) というように，その苦しみの無垢であることが強調される。また「無原罪の宿り」というマリアの称号の選択自体，彼女の苦しみが無垢であることを強調するものである。そしてこの「罪を贖う無垢な苦しみ」という，言い古されたとはいわないまでも決して新鮮ではないイメージが，傷病者巡礼という具体的な形を得て，この後突然，人々を動かすことになるのである。

　1870年の社会的混乱によって，予定されていた遠方からの巡礼団は完全に中止に追い込まれ，翌年まで再開されなかった（ANDL 1870: 85）。巡礼団を待つ間，機関誌には，フランス各地や国外の司教区から寄せられる治癒の報告や感謝の手紙，取りなしや回心のリストがますます多く，所属する司教区の名とともに各号の最後に掲載されるようになる。司教区名が氾濫する紙面の構成や記述のスタイルは，その後も変わることの

ない聖域機関誌の大きな特徴となった（cf. *ANDL* 1870: 32, 55, 104, 135f, 151f, 195-200)。

このように，1869-70年にかけて，ルルド巡礼の世界では，傷病者や治癒者が巡礼団のアイデンティティといっそう深く関係づけられていき，治癒が共同体の栄光の約束やしるしと見なされ，傷病者や治癒について語る場合，その苦しみに関心が向くようになっていったのである。

3 1872年：〈御旗巡礼〉と司教区巡礼の発展

1872年2月，機関誌に「ルルドの聖母に敬意を表する全国一斉巡礼」の実施を知らせる記事が掲載された（*ANDL* 1871b)。普仏戦争の敗北とパリ・コミューンの衝撃を受けて1872年に行われ，ルルドをフランスを代表する巡礼地へと発展させる契機となった，〈御旗巡礼〉である。巡礼計画は，上流階級の篤志家婦人たち102人の名前で1871年12月に全国の教会に向けて発せられ，パレ・ル・モニアルをモデルに実行委員会と全国規模のネットワークが作られた（*La France à Lourdes* 1873: 27)[24]。フランス全土に散る聖母に捧げられた聖域と司教区から，代表者が団旗を持ち寄ってそれをルルドの聖母に奉献するというこの全国一斉巡礼は，人々が心を一つにして無原罪の聖母に公の祈りを捧げ，罪人・重病人であるフランスの病いをルルドの泉に癒しに行く（フランスをカトリックに回心させる）ことを目的としていた（ibid.: 4)。

〈御旗巡礼〉にはまた，ナント司教も「傷ついた社会を守るのは，荘厳な公の行動，社会的な異議申し立てである」と述べているように（ibid.: 27)，「領土のあらゆる場所が宗教行為によって一つになったフランスの姿」を人々に見せつけるという，公の示威行動としての意義もあった。しかしそれは，フランスの救いのために祈る「純粋に宗教的でナショナルな〔国のためになされる〕マニフェスタシオン」であり，政治

---

[24] 実行委員会委員102人のリストには，ブルゴーニュ，リヨネ，サヴォア，フランシュ・コンテなどの東部，アンジュー，ノルマンディーから北部の一帯，イル・ド・フランスを中心に，公爵夫人，侯爵夫人，伯爵夫人，男爵夫人，海軍提督夫人らが名を連ねる。

行動ではないと主張された。なぜなら「参加者（manifestants）は，マリア像の下にひざまずく傷病者，女性，子供たちであった」(*Manifestation de la France à Notre-Dame de Lourdes* 1873: 9f) からである。ルルドの祭儀は政治的意図のカモフラージュであり王党派の示威行動に違いないと主張する人々がいるが，女性たちには政治的な下心などいっさいない，というように，そこでは女性が組織したということが，巡礼の非-政治性の論拠にされた。それは女性的な，それゆえ政治性のない，しかし社会的な公の共同行為だというのである（*La France à Lourdes* 1873: 4)[25]。女性は政治にはかかわらないという前提をここでは上手く利用しているが，女性たちの方もその先入観を利用し，自分たちの行動は政治的なものではなく宗教的なものだということで，全国を股にかけた活動に参加することを男性たちに許容させたとも考えられる。

〈御旗巡礼〉はその年10月5日から8日まで，発案者であるドミニコ会士の霊的指導のもとに，5万人の参加者，20人の国民議会議員，フランスの8人の司教とスペイン宮廷司祭兼総大司教も参加して，盛大に行われた。巡礼に先立つ九日間の連禱に始まり，巡礼中も定時にロザリオの祈りが唱えられるなど，フランスが味わっている苦しみに涙を流し，その回心と救いと復活の栄光のために，公の場で多くの共同の祈りが捧げられた（*ANDL* 1872b)。当時84あった司教区のうち77から巡礼団が組織され，各々の旗を掲げて集まったフランス各地の聖域と教区の数は252に達した。旗の行列では，巡礼実行委員会旗のあとに続いたメス，アルザス，ロレーヌの各旗が，集まった人々の心を強く動かしたという。これらの旗は，1871年に完成した無原罪の宿り聖堂内に奉献物として飾られた。〈御旗巡礼〉は，ルルドにおける初の全国規模の巡礼として，重要な意味を持った。

1872年はまた，訪れる司教区巡礼団の数が飛躍的にのびた年でもある。

25）確かに，残された報告書の中には王政復古について直接発言された形跡はなく，巡礼の目的は「再びキリスト教国となること redevenir chrétiens」であると強調されているにすぎない。しかし，聖域機関誌の記事に「フランス王国の結集」という表現が見られるように，王党派の政治的示威行動と見なされうる要素は十分にあった。また第1章でも述べたように，6日の昼頃に「巡礼者へ」と題されたビラが町中に貼られ，政府の挑発にのせられないようにという警告が発せられたように，巡礼の参加者の間では緊張感が高まっていた（*Manifestation de la France à Notre-Dame de Lourdes* 1873: 28f)。

1871年に35だったのに対し，1872年にその数は132に跳ね上がる。特にそれまでは近隣教区からの巡礼団が中心で，県外の司教区巡礼は南部鉄道沿線のバイヨーヌ，ボルドー，トゥールーズ，カルカッソンヌ，モントーバン，アジャン，オシュ，アルビ等に限られていたのが，この年には5月から10月までの間にパリ，オルレアン，ブロア，トゥール，アンジェ，ニオール，ポワティエ，ナント，クレルモン・フェラン，ヴァランス，マルセイユ，モンペリエなど，フランス全土から20以上の司教区が新たに巡礼団を組んでルルドを訪れた。

傷病者と治癒については，機関誌8月号に，フランスの救いと関連づけられた次の記述がある（*ANDL* 1872: 110）。

　　ほとんど毎日のように信仰篤い巡礼者たちは洞窟で，治癒という特別の恩寵に深く心を動かされている。8月19日には5つの治癒があった。人々はすぐさま奇蹟に声を上げた。……無原罪の聖母が……慈悲の業である奇蹟をかくも見事にあふれさせるのであれば，キリスト教徒の希望によって待ち望まれている教会の勝利とフランスおよび世界の救いの時の音は，遠からず鳴り響くに違いない。

9月号には，巡礼団に参加し，人々の目の前で治癒する傷病者の記述が見られる（*ANDL* 1872: 129）。

　　遠方からやってくる巡礼団のほとんどは，完全に治癒した彼らの傷病者を何人かルルドから連れ帰る。信仰篤く勇壮なヴァンデ地方の巡礼者たちは，三時間の間に彼らの傷病者のうちの4人が突然健康を取り戻すのを見た。
　　……遠くから運ばれた気の毒な傷病者が聖母に差し出される。一つの叫びが群集の中からあがる。「奇蹟だ！奇蹟だ！」。五年間障害に苦しんだ者，十年来の病人が，彼らをよく知る者も含めた数千人の目撃者の前で突然治癒したのである。居合わせた医師たちは皆驚嘆する……。

この時期，治癒はますます明確に，巡礼団全体の問題になってきてい

る。例えばペルピニャンの巡礼団では，その一員である少女が治癒したのを見て，引率した司祭が目に涙を浮かべながら「うちの巡礼団の子だ！（Elle est des nôtres!)」と叫び，人々も司祭の心中を察したとある（*ANDL* 1872: 136f）。また巡礼団組織者が直面する困難の中に，高齢者，傷病者や死にそうな者を率いてくることの責任が数えられるなど（*ANDL* 1872: 129），「司祭に率いられ傷病者を伴った司教区巡礼」というスタイルが認知されたことが示唆されている。このスタイルを観念の上でも形態の上でも完成させたのが，次にあげる〈全国巡礼〉であった。

III 「傷病者巡礼」の成立

1 被昇天会と〈救いの聖母協会〉

1872年1月24日，パリに〈救いの聖母協会 Association de Notre-Dame de Salut〉という女性平信徒組織が誕生した。〈被昇天修道女会 Congrégation des Religiuses de l'Assomption〉の創立者であるマリー・ユージェニー・ド・ジェズ修道女の発案で，〈被昇天アウグスチノ会 Congrégation des Augustins de l'Assomption〉〔以下「被昇天会」と略記〕創立者エマニュエル・ダルゾン神父の号令下に，協会の指導・運営を一任されたピカール神父とヴァンサン・ド・ポール・バイイー神父が中心となって組織された。

被昇天会は，1845年にフランス南部ラングドック地方の都市ニームで創立された修道会で，「工業の世紀のイエズス会を多少とも自認していた」（CHELINI, BRANTHOMME op. cit.: 325）。学校運営に始まり，数々の平信徒団体の結成，各種カトリック団体連絡会の創設や出版事業，日曜休業キャンペーンや成人学級など，活発な大衆教化活動を繰り広げることで世論を喚起し，カトリック教会の擁護と社会の再キリスト教化，

特に労働者階級の教化をめざした。1883年には〈良書出版社 Bonne Presse〉（現 Bayard Presse）を創設し，現在も発行の続く週刊誌『巡礼者 Le Pèlerin』[26]と日刊紙『十字架 La Croix』は，安定した発行部数を誇っている。ニームの司教総代理だったダルゾン神父と，労働者階級出身の孤児として苦労を重ねたマリー・ユージェニー・ド・ジェズ修道女は，生涯にわたり互いに霊的影響を与えあったという。

　〈救いの聖母協会〉は「フランスの救いに仕える」という目標を掲げて設立されたが，発足当初は，被昇天会が行っていた労働者支援事業の資金調達という役割に甘んじ，独自の活動内容をもたなかった[27]。また協会は，全司教区に少なくとも一つずつは支部を設けることを目標に活動を拡大していったが，各司教区支部は所属する司教区の司教から承認を得，教区付き司祭の霊的指導を受けながら教区活動の活性化に努めるよう指導されていたので，教区を横断した協会としてのアイデンティティは，ますます曖昧なものとなっていた。だが，「教区活動の担い手 œuvre diocésaine」[28]という協会の自己規定と教区との結びつきは，実はその大きな特徴であったと考えられる。協会の目的は，新しい霊性や主義主張を掲げて新たな信徒組織を創設することではなく，あくまでも教区という教会機構の枠組みを利用し，教区教会の補佐として教会活動を活性化することにより社会をキリスト教化していくことにあった。また「弱い性 sexe faible」と呼ばれる女性たちが，補佐役とはいえ，教区内教会活動の担い手として組織されたことは重要である。このネットワーク化された教区主義ともいえる方針は，それまでの平信徒団体には見られなかったものではないかと思われる。

　19世紀のフランスでは，革命により打撃を被った教区の建て直しが教

　26）　『巡礼者』は，1873年に〈救いの聖母協会〉の会報として発行され始めたもので，1877年から一般向けの週刊誌となった。
　27）　1873年11月24日付の手紙は，第一回〈全国巡礼〉のあとでなお，〈救いの聖母協会〉ニーム支部の定例会で，祖国のための祈りや募金活動が目的ならば，わざわざ協会を作って定期的に集まる必要はないのではないかという疑問が参加者から出されたことを告げている（AAA UW270）。
　28）　1874年3月12日のヴァンサン・ド・ポール・バイイー神父による協会活動の年次報告書にこの言葉が見られる（AAA E41: 14）。この年の報告書は，協会と教区活動の密接な繋がりを力説している。

III 「傷病者巡礼」の成立　　　161

会の最優先課題だったということをアルス巡礼のところで述べたが，ここで注目されるのは，〈救いの聖母協会〉の活動の背後にある教区イメージである。それは，たとえばヴァンデ戦争に見られたような「伝統的生活共同体」とは異なってきている。被昇天会と〈救いの聖母協会〉の活動には，教区連合としての司教区，司教区連合としてのフランス・カトリック世界という連合体イメージと，全体としてのカトリック世界を堅牢にするためにはまず生活共同体・地域共同体としての教区が重要であるという認識が認められる。また被昇天会は教皇至上主義で知られ，〈救いの聖母協会〉の巡礼マニュアルでも教皇との関係が強調されている[29]。教区を最小単位とし，フランス・カトリック教会を経てローマ教皇にいたる一大組織体のイメージが，ここで初めて，平信徒たちに具体的な活動を通して植え付けられたのではないかと推測される。

　被昇天会は，1873年にフランス全土で大きな盛り上がりを見せた「巡礼月間」[30]において主導的役割を果たした。その主力となったのが，

　29）　教皇ピウス IX 世が1870年にルルドの聖堂を訪れた者に贖宥を与え，1874年には自らの肖像モザイクを聖堂に設置し，1876年には教皇大使によってルルドで聖母戴冠の儀式が執り行われたことなどが，詳しく書かれている（Association de Notre-Dame de Salut 1929: xiv, 242-250）。また同書巻頭には「ルルドで得られる贖宥」という項目がおかれているが，ここに掲げられた「贖宥」（犯された罪のそれぞれについて教会が定めている一定の罰を，免除してもらうシステム）もまた，教皇によって特別に〈全国巡礼〉に与えられた恩恵であり，教皇とのつながりを示すものである。19世紀には贖宥への熱が高まり，さまざまな平信徒団体は自分たちの祈りや活動に対して贖宥の権利を与えてもらおうと腐心した。〈救いの聖母協会〉も，協会の主導で行われる祈りや巡礼に参加することで贖宥が得られることを宣伝していた。なお，この巡礼マニュアルは，1873年から1893年までの版が6万部印刷され，1894年から1923年までの版が26万部以上〈全国巡礼〉参加者の手に渡っており，その後の版はすでに5万部が出ているので，この時点までで37万部以上発行された計算になるということである（ibid.: 5）。

　30）　サン・クロード司教区では，この期間に12万人がジュラのさまざまな聖地に足を運んだ。リュブロンの光の聖母教会では，8月15日の聖母被昇天の祝日に300人の司祭を含む1万5千人が巡礼を行った。アラションでは，5人の大司教，3人の司教，500人の司祭とともに，数万人の巡礼者が奇蹟の聖母の戴冠に立ち会った。9月7日と8日にイスーダンの聖心の聖母教会で行われた全国巡礼には，200の団旗を掲げて4万人が集まった。ヴェズレー，モン・サン・ミッシェル，ラ・サレット，ルルドに向かうルート上にある聖地も，あらたに巡礼者を呼び戻した。アヴィニョン，ファヴェルヌ，ドゥアイなど，「聖体の奇蹟」で名高かったかつての一大巡礼地の再興は，1881年の国際聖体大会創設の前触れとなった。当初，7月22日から8月23日まで予定されていた巡礼月間は，巡礼の隆盛を受けて9月30日まで延長された（CHELINI, BRANTHOMME op. cit.: 327f）。

1872年8月22日に巡礼先のラ・サレットで創設された，被昇天会傘下の平信徒上流男性の組織，〈巡礼協議会 Conseil général des pèlerinages〉である（Association de Notre-Dame de Salut 1929: 347f）。ラ・サレット，ローマ，パレ・ル・モニアル，エルサレム，ポンマンなど，フランス内外の聖地への巡礼の活性化を目的に作られ，〈救いの聖母協会〉はその資金援助にもあたった。1873年5月3日，ピカール神父を議長とする〈巡礼協議会〉は教皇ピウスIX世に謁見し，計画されていた「巡礼月間」のために数々の全贖宥など特別な恩恵を得た（CHELINI, BRANTHOMME op. cit.: 327）。この期間中，鉄道各社が巡礼者に対する半額割引を行ったこともあってか，大小併せて3000以上の巡礼が行われ，シャルトル，パレ・ル・モニアル，ルルドが，その三大ピークであった。5月27日と28日に，パリから4万人の巡礼者がシャルトルの駅に降り立ったが，その中には14人の司教，2人の将軍を含む150人の将校，140人の王党派議員の姿があった。説教を行ったポワティエ司教は人々にパレ・ル・モニアル巡礼への参加を促し，その一か月後，先述のようにパレ・ル・モニアルでは盛大な巡礼が行われたのである。

この成功を受けて，1874年から75年にかけて再び同様の巡礼運動が繰り広げられた。被昇天会は教皇ピウスIX世から，1875年の聖年に先立つ一年間（1874年4月3日の聖金曜日から翌年3月26日の聖金曜日まで）を「改悛年間」とすることを許され，この期間内に六つの全国巡礼（パレ・ル・モニアル，ポンマン，ルルド，マルセイユ，サン・ドゥニ，トゥール）を計画した（ibid.: 334）。このように，被昇天会は当初フランス全土で全国巡礼を展開しており，ルルドはその中の一つにすぎなかった[31]。だが「傷病者巡礼」の確立が，ルルドを〈全国巡礼〉の特権的な中心地にしていくのである。

---

31) 被昇天会と〈救いの聖母協会〉は，ローマとエルサレムに向けた巡礼の再興にも功績があった。クリミア戦争後パレスチナにフランス人が進出し，1848年以降エルサレムに複数のフランス系修道会が拠点を構えた。1853年，聖ヴァンサン・ド・ポール会の主導の下にエルサレム巡礼協会が創設され，何度か巡礼が行われたが，1880年代には低迷していた。その後を，被昇天会が受け継いだ（ibid.: 315）。

Ⅲ 「傷病者巡礼」の成立

洞窟前の祈り。〈全国巡礼〉25周年を伝える記事の挿絵。オスピタリテ活動は上流階級の男性による慈善として始まったが、ここでは画面左手前で傷病者の世話をするオスピタリエールの女性の姿が目をひく。232頁の挿絵とは、見る者に与える印象が異なる (*Le Pèlerin* n. 1077 1897)

2 〈全国巡礼〉

(1)「傷病者巡礼」の確立：1873-79年

1873年、前年の〈御旗巡礼〉の成果を継続させる目的で、被昇天会がルルドへの全国一斉巡礼を組織したことにより、〈救いの聖母協会〉は創設者たちの意図を越えて大きく変貌していった。それ以前にも協会は、フランスの解放と救いのために九日間の連禱やロザリオの祈りを中心とするさまざまな「公共の祈り prières publiques」の推進に努め、幼ない子供たちの祈りなども組織していたが、傷病者巡礼の確立を機に、比類なき祈りの協会としてルルド巡礼の中心的存在となっていくのである。

1873年、492人の巡礼者とともにパリを出発した〈全国巡礼〉は、聖域機関誌8月号に「被昇天会のピカール神父に率いられたパリとマルセイユの巡礼団」として簡単に紹介されている (*ANDL* 1873: 119f)。その記述の終わりに一人の貧しい少女の治癒が報告され、記事は「神はフランスを救われる！」という言葉で終わっている[32]。そしてこの経験が、それ以降の〈全国巡礼〉を決定的に方向づけることになった。1874年、前年の治癒に心を動かされた一部有志の募金によって、14人の傷病者が巡礼に無料で参加したのである。だが、そのことについて機関誌には特

---

32) 1887年に機関誌に掲載されたルシー・フレテュール嬢の治癒物語に、1873年7月21日にパリを出発した巡礼団にベルギーから参加した、とあり、これが第一回〈全国巡礼〉での治癒者ではないかと思われる。だがその記述には、「フランスの救い」や「苦しみの捧げもの」といった〈全国巡礼〉的なところはない (*ANDL* 1876: 227-231)。

別な記述はなく，記事の最後に4件の治癒が伝えられてはいるものの，〈全国巡礼〉の参加者かどうかも明記されていない（ANDL 1874: 116f）。機関誌の記事は，翌年になって初めて，傷病者を巡礼に無料で参加させるための募金活動に言及するとともに，教区巡礼とも司教区巡礼とも違ってさまざまな人々を一つにまとめて行われるこの巡礼を，〈救いの聖母協会〉の主要な活動と位置づけた（ANDL 1875: 138ff）。「傷病者巡礼」が，〈救いの聖母協会〉が主催する巡礼に独自のスタイルとして認知されたのである。

　実際，1875年は，ルルドへ巡礼に赴く傷病者のための募金が〈救いの聖母協会〉の主要な活動になった年であった。〈救いの聖母協会〉の年次報告書はそれまで巡礼を，〈巡礼協議会〉の管轄にある，それゆえ〈救いの聖母協会〉には直接関係ない活動として扱ってきたが，この年を境に大きく変わり，1876年2月2日に行われたヴァンサン・ド・ポール・バイイ神父による活動報告では，協会も巡礼運動に密接にかかわると言われるようになった（AAA E41）。神父は報告の中で，〈全国巡礼〉で最も素晴らしいのは傷病者たちの姿であると多くの新聞がこぞって書きたてたことを伝え，その莫大な出費を協会の募金事業がまかなっていることに言及した上で[33]，ルルドで起こる奇蹟は協会の活動に対して天から与えられた承認のしるしであると述べている。その二年後の1878年2月7日の年次総会でも，1876年の巡礼で起きた12件の奇蹟（参加した72人の傷病者のうち12人が治癒したという）が引き起こした衝撃について詳しく述べている（AAA SX177）。〈救いの聖母協会〉は，傷病者巡礼の主催組織であり奇蹟の受益者であるとみなされるに至ったのである。

　会計報告をみると，1875年には10,660.75フランの募金で54人の傷病者を巡礼に同行しているが，その数は1877年に飛躍的にのびて366人（33,293フラン）に達し，1880年にはその後の〈全国巡礼〉の平均的規模となる959人（79,495フラン）を記録する（AAA SX239）。数字の上からは，1877年から1880年の間に傷病者の巡礼としての〈全国巡礼〉が確立されたと考えられる。こうして〈救いの聖母協会〉は，〈全国巡礼〉

---

33) この年，治療に必要な道具や食事用の備品などを備えた救急車輛（wagon ambulance）が一台設けられた。

III 「傷病者巡礼」の成立　　165

が傷病者の巡礼となっていくのと並行して，傷病者のための募金事業の拡大を契機に，〈全国巡礼〉の後援組織から中心的担い手，主催組織へと，急速に変化をとげていった。

　聖域機関誌も，1878年に初めて〈全国巡礼〉を「傷病者の全国巡礼 National des malades」と呼び (*ANDL* 1878: 124)，1879年には「彼らの親愛な傷病者 leurs chers malades」という表現が使われるようになる (*ANDL* 1879: 138)。巡礼の具体的な記述を見ても，この時期に，その後の〈全国巡礼〉で期待される基本的な光景が語られるようになっていく。その中心は，年々膨れ上がる夥しい数の傷病者を囲んで一時も途絶えることなく唱和される共同の祈りである。1877年にすでに，沐浴場へ次々と運ばれる傷病者の治癒を得るためにロザリオの祈りが共同で唱えられ，治癒が起こると讃歌の大合唱が起こる様が描かれていたが (*JGL* n. 34 1877)，さらに，治癒にあずかった人々がいくつかの公の儀礼の場で徐々に欠かせぬ存在となっていく。1878年9月1日付けの被昇天会の機関誌によると (*L'Assomption* 1878: 129ff)，パリで行われた〈全国巡礼〉の閉会式で治癒の公式調査書の数が読み上げられ，奇蹟に与った人々の一団が協会旗について行進した。翌1879年には，ルルド巡礼の一日のクライマックスであるロウソク行列の前に，ピカール神父によってその日に起きた治癒の報告が読み上げられている。また先の話になるが，1897年の〈全国巡礼〉25周年の際には，過去に治癒した人々を集めて各自に旗を持たせ，「奇蹟の人々の行列 procession des miraculés」をさせるために，傷病者用とは別に彼らの交通費を工面するための募金が行われ，325人の治癒者を巡礼に同行させている。この行列は，聖母出現

聖母出現50周年記念に行われた奇蹟的治癒者によるお礼の行列の集合写真 (ACEG：未整理写真，部分)

50年祭（1908年）と〈全国巡礼〉50年祭（1922年）の時にも，それぞれ364人，150人の治癒者を集めて行われた。

　これらの要素を網羅した〈全国巡礼〉の描写の基本的な型は，1879年の聖域機関誌の記述で一応確立したと考えられる。描写の大半は，傷病者の様子と，彼らを取り巻く人々の熱い祈りに捧げられている（*ANDL* 1879a: 137)。

　　　人はかつてこれほど感動的で美しいスペクタクルを見たことがない。三日三晩，数百，数千の信徒は洞窟の前，沐浴場の周りで，傷病者が運ばれ水につけられる間ひざまずき，しばしば両腕を横に伸ばして十字架の形を作り，合図で一斉に地面に口づけし……とぎれることなく祈り続ける。
　　　大群集がこの驚くべき祈りのスペクタクルを見るために遠くからやってくる。最も無関心な者達が心を動かされ，目に大きな涙を浮かべ，ひざまずき，彼らの心を優しく溶かしたこの祈りに参加する……。
　　　……洞窟前ではしばしば聖体拝領のあと，傷病者が『治った！』といいながら担架から突然起きあがる。

　記事は，「救いの聖母の〈全国巡礼〉は治癒の巡礼とも呼ばれた」と述べるとともに，傷病者の立場を考慮してか，身体の治癒より心の治癒の方が貴いと書き加えることも忘れない。「治癒しなかった傷病者は神の意志に身を委ねる。苦しみ，病いは，贖罪の業であり，おそらく救いでもあり，彼らはあきらめ，慰められる。隣人の治癒を喜び……人々の回心を望んでいる」。

　ここには，本章扉に引用したユイスマンスの言葉，彼の疑念にかかわる主題が認められる。それは，はたして人はルルドで聖母に治癒を望むべきなのかどうか，という問題だが，実は〈全国巡礼〉の作り出した傷病者巡礼には，「治るべき病い」と「犠牲としての病い」という，二種類の病いがかかわっているのである。以下，その二つの病いについて述べていく。

(2) 治るべき病い：「病んだ社会」の治癒

スーザン・ソンタグは、「病い」という現象がいかに人々の想像力を刺激してきたかについて論じた著作で、政治哲学の領域にみられる、病いと治癒の古典的隠喩について述べている。それによれば、古代医学の均衡論を前提とするこの隠喩では、「治癒とは正しい均衡を——政治の用語では、正しいヒエラルキーを——回復することを目指すことになる。原則として、診断は常に楽観的なものとなる。社会は定義上、致死の病気にはかからないことになっているわけである」〔強調は引用者による〕(ソンタグ 1992: 115)。

〈御旗巡礼〉が、重病人であるフランスの病いを癒すことをその目的として掲げていたように、ルルド巡礼においても、病いは混乱した社会状況、社会秩序の乱れの隠喩として用いられている。フランスの救いと教会の栄光を祈願する祈りの巡礼として始まった〈全国巡礼〉でも、社会は病んでいるという隠喩が用いられていた。1874年3月12日付け〈救いの聖母協会〉年次報告書でヴァンサン・ド・ポール・バイイー神父は、社会的な病いの原因は富者と貧窮者の分断にあり、「すべての治療法は、病いに応じて決められなければならない」と述べている（AAA E41: 12)。

だがルルドでは、この隠喩は衰退した社会状況を表現するという目的のためだけに選択されたわけではない。その治癒が、社会の治癒、教会と国家の復活のイメージを喚起するからこそ、社会状況が病いに類比されているのであり、核心は「治癒」の方にあるのである。マカン村の奇蹟的治癒物語は教区の復活を告げ、機関誌の連載記事、「試練の時と無原罪の宿り」は、教会と国家の危機を憂慮しつつも、来るべき栄光の希望を語っていた。いずれの場合でも、フランスと教会のおかれた政治状況は誤ったものであると考えられ、その改善が確信されており、病いではなく治癒の方に主眼がある。ソンタグがいうように、政治状況の隠喩としての病いは、治癒を約束されているのである。正しいヒエラルキーの回復への強い意志が、この隠喩の選択には認められる。〈救いの聖母協会〉は1875年の巡礼プログラムで、巡礼の目標として、教会の勝利、教皇ピウスIX世の解放、フランスの救いに続いて、多くの奇蹟をあげている。これらの目標はみな、回復という点で同じ一つのグループを作

るのである。

　同時に，奇蹟的治癒は自分たちが目指す世界の正しさの証でもある。1880年，ヴァンサン・ド・ポール・バイイー神父は〈救いの聖母協会〉の年次総会で，奇蹟的治癒を協会に対して神から与えられる承認の証とみなしていた（AAA SX189）。また時代が下って1912年11月23日に行われた〈巡礼協議会〉会合では，エマニュエル・バイイー神父がルルド巡礼全体に占める〈全国巡礼〉参加者の割合が少ないことを指摘した後，「しかし特筆すべき奇蹟の四分の一以上，正確には98件中25件は，〈全国巡礼〉の傷病者が享受している。これは我々の確かな慰めである」と述べている（AAA UD4: 2）。このように，奇蹟的治癒を自らの活動に対して与えられた承認のしるしとみなす発言が，たびたびなされていた。〈全国巡礼〉は治癒調書の作成や〈医学審査局〉の創設にも深く関与しているが，この奇蹟への情熱は，自らの正統性への情熱を反映しているのである。

　カトリック世界の復興を目指していた被昇天会によって，〈全国巡礼〉はまず，傷病者の巡礼としてではなく奇蹟の巡礼として構想された。1912年に書かれた大部のルルド巡礼史でも，〈全国巡礼〉は「〈全国巡礼〉の魂，傷病者（Les malades, âme du pèlerinage national）」という見出しのもとに，「巡礼独自の魅力は傷病者である。配慮，関心，祈り，すべてが彼らに集中する」と書かれる一方で，「巡礼の成否は治癒の数で計られる」と紹介されている（MONIQUET 1912: 465f）。フランスの救いの約束，自らが復興を目指している社会秩序の正統性の証として，傷病者は奇蹟的に癒されなくてはならないのである。だがユイスマンスは，ルルドで人は治癒を祈るべきではないのではないかと問うていた。それは，「病い」というより，「苦しみ」がもつ次の意味に関わっている。

(3) 犠牲としての病い：捧げられる「苦しみ」

1877年の〈全国巡礼〉の記述をみると，健康な巡礼者と傷病者がそれぞれに耐え忍ぶ疲労，払う犠牲が強調され，この巡礼がこれほどの苦しみを携えてくるのは，それが犠牲と贖い，特にフランスの救いのための巡礼だからであると説明されている（*JGL* n. 34 1877）。この観念は洗練さ

III 「傷病者巡礼」の成立

れて，1881年2月2日にヴァンサン・ド・ポール・バイイー神父により，「フランスの身代金 La Rançon de la France」という題名のもとに，協会活動の年次報告で次のように述べられている（AAA E41: 7-10）。

> 救いの聖母は我々に，傷病者に寛大な気持ちを向けることによって，彼らの痛みを自発的な意志による悔悛の高みにまで引き上げ，細々と捧げられる自発的な苦しみのかわりに，そのような本人の意思とは全く関係のない病いの苦しみでもって〔フランスの〕身代金を払ってはどうかと提案なさったのだ。
>
> 熱意ある病人，重病人を捜さなければならない。
> すさまじい苦しみが必要なのだ。……
>
> 聖母は傷病者と資金とを見つけてくださった。……
>
> 傷病者の増加と奇蹟の増加は……救いの聖母がそれらを，その一人子に捧げられる身代金としてお認めになったという希望を抱かせてくれる。〔強調は引用者による〕

傷病者巡礼は，傷病者の病み苦しむ肉体を犠牲として神に捧げることで，革命によってカトリックの信仰と教会を捨ててしまったフランスの救いを求める，「苦しみの捧げもの」としての意義を持つのである。金銭を募るのと全く同じように苦しみを募ること，これが神父の考える傷病者巡礼の姿であった[34]。この構想を支えるのは，神であるキリストが

---

34) 被昇天会の活動には，近代資本主義的とも言える感性が感じられる。ヴァンサン・ド・ポール・バイイー神父は1874年3月12日付けの年次報告で募金活動を奨励しながら，この銀行と財政の世紀にあっては，個々の口座に埋もれていたのでは全く生産性を持たない小口の金を寄付で集めることによってのみ，人々の魂の救いのために使う資本を得ることができると言っている。傷病者が金銭と同じように募られたことを考えれば，傷病者と治癒もやはり，各司教区がばらばらに持ち寄るよりは集められてこそ，大きな資本として人々の魂の救いに役立つと考えられたのではないかと推測される。募金によって集められた資本の有効活用への要求にみられる経営感覚，巡礼の効果を上げるための治癒者と傷病者の数への執着，その数をさばくために活躍した〈オスピタリテ〉や〈医学審査局〉という組織，広範な交通・通信ネットワークの意識的活用など，被昇

十字架にかかり自らの肉体に課せられた苦しみと死によって人類の罪を贖ったという，カトリックの救済観である。〈全国巡礼〉の参加者は，傷病者を「私たちの主キリスト」と呼んで世の罪を背負い贖う力を持った犠牲とみなし[35]，傷病者の奇蹟的な治癒は，神がこの捧げものを喜びフランスの救いを約束した証と考えられた。傷病者は，自らの苦しみを犠牲として聖母に捧げ，奇蹟的治癒にあずかることによってフランスの救いの証となるため，すなわち，フランスの救いという協会の目的のために召集された，天への捧げものなのである。〈御旗巡礼〉がそれぞれの団旗を聖母に捧げたように，〈全国巡礼〉は傷病者の苦しみと介護者の払う犠牲を聖母に捧げた。殉教者の遺体に，キリストの聖体と同じく神の恩寵を媒介する力が認められたように，傷病者にも，恩寵を媒介する力が認められたのである。

　またここでは特に，苦痛に大きな意義が認められている。1881年の聖域機関誌は，〈全国巡礼〉の10ページにわたる描写の大半を使って，傷病者の姿や痛み，疲れ，苦しみ，犠牲について語り，「苦しむのを恐れてはいけない」というピカール神父の言葉を伝えている (*ANDL* 1881: 140)。この苦しみの強調は，キリスト教の聖人伝に伝統的なものである。聖人伝には肉体の大げさな破壊という特徴があるが (ALBERT 1992)，それは，キリストの苛まれる身体のように傷だらけになることが贖いの業にとって重要とされるからであり，堪え忍ばれた苦痛は恩寵の取りなしの代価として機能するため，罪が大きければ大きいほど，その贖いのために差し出される犠牲と苦痛は大きくなくてはならないのである。1879年4月18日，ピカール神父はカトリック議会でおこなった「1878年のルルド傷病者巡礼」という発表の中で，傷病者に仕える婦人たちの献身的な姿を伝え，彼女たちの行為は犠牲の域にまで達していると評価しつつもなお，傷病者の存在がそれを凌駕するといい，参加する傷病者の

天会主催の〈全国巡礼〉は，企業精神とでも呼びたくなるような企画力，組織力，量への志向と実績主義に，貫かれている。

[35] この観念は，〈全国巡礼〉という限られた世界の中だけで通用していたわけではない。たとえば19世紀フランスを代表する歴史家ミシュレは，民主主義・反教権主義の立場に立つとされるが，彼の著作の中でも，女・子供といった弱者，民衆，自然，特に「女性の苦しみ」に，フランスを救う強さが認められている (CHASE Jr. 1992)。

多くがいかに重症かを，十人前後が死亡や危篤で巡礼を直前に取りやめ，参加者の何人かは意識不明であることを例に，述べている（PICARD 1879）。

　バイイー神父も上述の発言の中で，上流階級に属し日常的な苦労を知らない人々が巡礼に参加することで一時的に味わう苦労，自発的に捧げられるわずかばかりの犠牲では，フランスの救いのためにはまだ足りないといっていた。彼によれば，その不足を補うのは傷病者の無垢な苦しみだが，それは社会の中に埋もれてしまっているため，〈救いの聖母協会〉はそれを探し出し，巡礼のために募らなければならないのである。ここに，共同体の中の傷病者の位置という，もうひとつの主題が現れてくる。

(4)「社会統合」の実践としての傷病者巡礼

　傷病者は，その苦しみが十字架上のキリストの苦しみに類比されることで，捧げものとしての役割を巡礼団の中に獲得したが，この贖いのために捧げされる苦しみは自分のせいではない苦しみであり，他者の汚れを引き受けた無垢で理不尽な苦しみである。このような「贖いのための無垢な犠牲の苦しみ」は，罪を犯した結果病いになったというような懲罰論的な病いの因果論から傷病者を解放すると同時に，それにかわる象徴的な意味を「苦しみの使命」という形で回復する。一人一人の傷病者が耐え忍ぶ個別の理不尽な苦しみは，キリストの受難との類比によって意味ある出来事の再現とみなされる。これによって傷病者の心が慰められるという効果を推測することができるが，同時にこの類比は，健常者の共同体が，傷病者を自分たちとは決して無関係ではないものとして捉えることを可能にする。

　「苦しみの捧げもの」という観念は，「諸聖人の通功」というカトリックの共同体観に支えられている。それによればキリストの信徒達は，生者は地上，罪の贖いを済ませていない死者は煉獄，死せる聖人は天にとどまりながら，互いの救いのために祈りを捧げあい功徳を譲り合う，他者への贈与の圏域，神の恩寵を譲渡しあう恩寵の流通圏としての共同体を構成している。ヘールズのアレクサンデルは，生きている信徒達が煉獄の死者の罪を思って苦しむその苦しみが，煉獄で自らの罪を贖うため

に罰を引き受けている死者の従順と一つになったとき,生者の祈りは死者の救いを助けることができるといい,「他者のための苦しみ」と「祈り」と「救いの恩寵」の関係を説いているが(ル・ゴフ 1988: 371),この「苦しみと祈りと恩寵の流通する圏域」こそ,苦しみの捧げものという祭儀の舞台となる共同体の姿なのである。

　苦しみの捧げものはまた,カトリックに伝統的な「代願」の観念を受け継ぐものでもある。代願とは,狭義では,諸聖人の通功に基づいてキリストの神秘的肢体の参加者が互いに祈ることを意味し,広義では,他者のために罪を贖う価値があるあらゆる行為をさす。1875年の『ルルド新聞』の〈全国巡礼〉の記事に,「金持ちやルルドに出向くことのできない人は,貧しい傷病者によって代理(représenter)をしてもらってはどうだろうか」と書かれているが,これは代願の発想にほかならない(*JGL* n.35 1875)。それはまた,被昇天会の霊性とも関係している。被昇天会創設者ダルゾン神父が行う霊的な指導には,人間の意志の力に対する信頼と,自ら進んで苦しみに向き合うことの必要性という,二つの主要テーマがあったという(SAVART 1982: 265-268)。人は十字架上のキリストの受難に参加し,十字架を喜んで引き受けなくてはならないという霊性は,苦しみの捧げものに通じるものである[36]。

　傷病者巡礼では,傷病者が自らの苦しみを巡礼団全体のために神に捧げ,健常者が彼らのために祈ることによって,巡礼参加者の間に犠牲と祈りを捧げあう恩寵の流通圏としての「わたしたち」が生まれるとされる。傷病者は健康を害することで社会の厄介者となるかわりに,贖いの捧げものとなることで共同体の中で果たすべき役割を獲得し,「わたしたちの傷病者」や「わたしたちの奇蹟の人」として共同体の一員になり,巡礼団の至宝と呼ばれるまでになる。また巡礼に参加した健常者は,仲間の苦しみを,自分たちの罪のための苦しみ,自分たちのために神に捧げられる犠牲とみなし,その苦しみをともに神に捧げることで共同体意識を持つ。苦しみの捧げものという観念によって,日常の社会生活においては行き場も置き場もない肉体的な苦しみに,共同体の中での「des-

---

　36) だがダルゾン神父自身にはエリート主義的なところがあり,巡礼の教育的効果には期待をしていなかったという (SOETENS 1982)。

tination（用途，使用目的，使命，目的地，届け先）」が与えられ，そのままでは共同体の中に気まずさと葛藤を生じる原因となる病いと苦しみが，一転，巡礼団の「わたしたち」という仲間意識形成の契機となるのである[37]。

　ここまで傷病者の社会的疎外について述べてきたが，実は〈全国巡礼〉は当初，「病いによる疎外」ではなく「労働者の疎外」という問題に対処しようとしていた。ヴァンサン・ド・ポール・バイイー神父は1881年2月2日の年次報告で，健康で富裕な者が巡礼の期間中に味わう意図的苦痛ではフランスを救うには十分ではなく，傷病者の無垢な苦しみを募らねばならないと〈救いの聖母協会〉の婦人達に説くにあたり，どうやって募ったらいいのか途方に暮れている〈救いの聖母協会〉の婦人達とそれに答える聖母の間に交わされるであろう次のような会話を創作してみせた（AAA E41: 7f）。

　　婦人達　「どうやって傷病者に福音を伝え，その苦しみを募ればいいのでしょう」
　　聖　母　「貧しい者達を選びなさい。かれらはあなた方を受け入れ，また，かれらの方からあなた方のもとへやってくるでしょう」
　　婦人達　「ですが貧しい者達は，しばしば天に背く言葉を口にしております」

　この想像上の会話を理解するのに，1874年3月12日の〈救いの聖母協会〉年次総会でなされた発言が参考になる（AAA E41: 12）。そこでは，今日の社会的病いは富者と貧窮者の分断によって引き起こされ，労働者は「分断された大衆 un peuple séparé」というグループに押し込められている，と述べられている。そこには，カトリック世界から離れてしま

---

37) クゼルマンは，ルルドで治癒するのは，社会から疎外されたことで精神的ダメージを受けた結果，病気になった人々だと推測していた。社会的疎外に起因する病いが，社会に統合されたという実感によって治癒するというのである。クゼルマンがこのような治癒のメカニズム論を仮説としてたてていたことから，彼もまた，社会統合をルルド巡礼の効果と考えていたことがわかる（KSELMAN op. cit.: ch. 2）。

っている労働者階級という社会理解，当時カトリック世界を悩ませていた労働者の教会離れの認識がある。心あるカトリック信者は彼らに物心両面で支援の手をさしのべ，彼らを正しい社会秩序に復帰・参加させなければならないというのが，被昇天会と〈救いの聖母協会〉の労働者支援事業の理念であった。教会から離れてしまったために，自らの苦痛にキリストの十字架上の苦痛と同じ贖いの力があることを知らずにいる貧しい労働者階級の傷病者を探し出し，社会の犠牲者としての貧しい労働者が病気になることで味わっている無垢な苦しみの価値を理解させ，その苦しみをフランスを救うための犠牲として神に捧げることに同意してもらい，あらゆる犠牲を払って巡礼に参加してもらうこと。これが〈救いの聖母協会〉の活動目的であり，その核心は「労働者階級に福音を伝える」こと，富者と貧者の分断を乗り越えることにあったのである。

　それゆえ〈全国巡礼〉の参加者を募る場合には，後述する慈善活動同様，傷病者の人選が重要となる。参加傷病者は，カトリック世界において自らが果たすべき役割を自覚し，それを引き受けていなければならないからである。婦人達は，「善意の傷病者 les malades de bonne volonté」を募らなければならない。傷病者はカトリック世界の一員，フランスの罪と罰と救いの物語の参加者として，巡礼に参加しなければならないのである。こうして，病気の貧しい労働者に同胞の罪を贖う「わたしたちの主キリスト」という特権的な身分を与え，健常者がフランスの救いと彼らの治癒のために祈るという形で，両者がひとつの世界の共演者となることにより，分断によって病んだ社会は癒される。日常生活では接点のない者達が，同じひとつの世界の参加者として同じ目標のために心を一つにして巡礼を行う，これが，あるべき傷病者巡礼の姿とされたのである。

　先に，巡礼団は各々なにがしかのアイデンティティを有していたと書いた。そして，〈救いの聖母協会〉にはそのアイデンティティが欠け，〈全国巡礼〉は聖域機関誌の中で，教区巡礼とは違ったさまざまな参加者の寄り合い所帯のように書かれていたことをあげた。協会と〈全国巡礼〉のこのアイデンティティの問題は，傷病者を中心に巡礼団を組織することによって解決されたのである。

〈全国巡礼〉の傷病者巡礼によって,「フランスの罪と罰と救いの物語」の祭典は完成した。しかし,傷病者巡礼は司教区巡礼に取り入れられていく過程で,「フランスの救い」から「教区共同体の再興」へと,関心の焦点を移していく。それは,20世紀に入り,共和国と教会の間の,祭典を提供し参加者を獲得することで自らの陣営の力を充実させようとする儀礼戦略上の対立が,終わりを迎えたことにも影響を受けている。こうして「フランスの救い」という物語がリアリティを失うかわりに,「わたしたちの傷病者」を中心に作られる教区共同体のイメージが,意味を増していくのである。

IV　司教区巡礼の確立

1　傷病者巡礼の発展

傷病者巡礼はその成立直後から,人々が目の前の傷病者の治癒のために心を一つにして祈る素晴らしい巡礼として聖域発行の機関誌で絶賛され,他の司教区巡礼団も〈全国巡礼〉に倣って傷病者を参加させるようになっていった。聖域機関誌が毎年末に掲載する報告記事「今年のルルド」は,1879年と1880年で調子が異なっている。1879年には,大型巡礼団は信仰と希望の示威運動とみなされ,「巡礼者は教会のため,祖国のため,罪人のため,そして特に傷病者のために祈る。これが現在の多くの大規模巡礼団,特に〈救いの聖母巡礼〉の特徴である。それは傷病者の巡礼なのである」というように,傷病者と〈全国巡礼〉の結びつきが強調されているのだが (*ANDL* 1879: 283),1880年になると,〈全国巡礼〉のこの特権的な位置づけに変化が生じる (*ANDL* 1880: 259, 262)。

　ルルド巡礼は,特にここ三年,もっとも大きく感動的な変化を経

験した。……傷病者を参加させることで，巡礼に，絶えざる犠牲の偉大さを加えたのである。ここに至るまで〈救いの聖母協会〉の巡礼は，傷病者だけからなる列車を組織するという特権を，その発案者として保持するかのようであった。今年巡礼は，どのような巡礼団にとっても必要不可欠な要素であり至宝となった傷病者抜きには，もはや完全なものとはみなされなくなった。……傷病者と巡礼者によってなんと多くの英雄的な行為がなされたか。……何という介護，何という祈り。何という苦しみ，何という犠牲。巡礼が楽しみのための旅行に成り下がる心配はなくなった。傷病者はあらゆる瞬間に，健康な者の助けと祈りを必要とするのである。
　この祈りの奇蹟に，肉体と魂の驚くべき奇蹟が呼応する。

　……祈りと犠牲の精神は偉大な広がりを持つようになる。……苦しみはもはや頓着されない。
　家族，教区を立て直す最善かつ最短の方法は，ルルド巡礼である。
〔強調は引用者による〕

　〈全国巡礼〉が始めた傷病者巡礼は，こうして他の巡礼のモデルとなり，ルルド巡礼の基本的な型として定着していく。大規模な司教区巡礼は，なるべく多くの傷病者を同行するために募金を行い，独自の奉仕組織を有するようになる。傷病者巡礼の定着過程で重要なことは，傷病者の参加が巡礼団に必要不可欠とみなされるようになった理由が，苦しみと犠牲にあることである。そこでは傷病者の苦しみと犠牲，それに向けられた人々の祈り，差し出される救いの手が，家族や教区を立て直す有効な手だてとみなされ称揚されている。すなわちそれは，奇蹟の巡礼としてよりも，苦しみと祈りの巡礼，諸聖人の通功の実践として，採用されていったのである。そこでは「フランスの救い」という大きな目標が声高に言われることはなく，その前にまず，生活共同体の最小単位である家族と教区を堅牢にすることが目指されている。しかしまさにそれこそが，被昇天会と〈救いの聖母協会〉がフランスの救いのために目指したことだったのである。
　〈全国巡礼〉の巡礼マニュアルには，1907年にヴェルダン司教が誇張

IV　司教区巡礼の確立　　　　　　　　　177

のそしりを受けることなく「〈救いの聖母協会〉がルルドを今日の姿に作り上げた」と言うことができた，と自画自賛する記述が見られる (Association de Notre-Dame de Salut 1929: 299)。だがこの時すでに，〈全国巡礼〉はその役割を終えていた。〈全国巡礼〉を主催していた被昇天会は1901年にフランス国外へ追放され，1911年にエマニュエル・バイイー神父が巡礼団長に復帰するまでの留守をオルレアン司教が守っていたが，この間に〈全国巡礼〉は巡礼運動の牽引者としての勢いを失っていた。

　ルルド巡礼に参加した傷病者数の統計によれば，1874-1892年には年平均1,100人だったものが，1893-1913年は年平均6,000人以上になっている (*BAMIL* 1985)。1,000人前後という数は〈全国巡礼〉に参加する傷病者の規模なので，1890年代初めまでは他の巡礼に参加する傷病者は多くはなかったと思われる。これに対して6,000という数字は〈全国巡礼〉の規模を大きく超えており，傷病者を伴う司教区巡礼が軌道に乗ったことを示している。また巡礼特別列車の数は，1880年代に100前後だったものが1890年代には200前後になり，巡礼者数も1890年代以降10万の大台を超えている。このように1890年代に司教区巡礼が活発になり，1908年の聖母出現50周年の頃には，多くの司教区が独自の巡礼団を定期的に組織するようになっていた。聖母出現50周年祭の記述の中に，「教皇の家族 la famille du Pape」という表現があるが (*ANDL* 1907: 366)，ルルドは教皇を頭とする家族のメンバーが一堂に会する国際的な巡礼地として，この後さらに発展していくのである。

2　司教区巡礼の意義

(1) 司教区の再編

1790年に公布された聖職者民事基本法と1801年にナポレオン政府と教皇庁の間で結ばれた政教条約によって，フランスにおける司教区の編成と秩序は一変した。新しい行政区分を土台に新しい教区の区画が定められ，司教区の数は一時，革命前の半数に減った。1822年に一つの県に一つの司教区が対応する現在の形になったが，新しい区分によって地域の伝統

的なまとまりは分断されてしまった[38]。司教は教皇庁との関係を制限された上に，聖職者や司教団を代表する機関もないことから孤立した立場に置かれたが，かわりに下級聖職者に対する全権を有し，修道会も19世紀初頭に相次いで解散させられていたので，司教が教区の宗教生活を掌握することになった。その結果司教に教区の宗教生活の責任者としての自覚が生まれ，1825年頃から新任の司教が信徒の教会活動への参加状況調査を行うようになるが，これは新世代の司教の姿といえる（LANGLOIS 1991a: 235)。司教区は19世紀を通じ，司教の下に教会の行政単位として徐々に整えられていったが，その過程でルルド巡礼は大きな役割を果たしたと考えられる。

(2) 全国巡礼団調査報告書

聖母出現100周年を記念して，全国巡礼団長協会の主導のもとに司教区巡礼史調査が行われ，その後さらに詳しい調査票が送られて，60の司教区から回答が得られた（ADB 6G）[39]。寄せられた回答は，巡礼の創始年，巡礼が定期的に行われるようになった年，傷病者支援組織オスピタリテの創設年，1967年当時の巡礼の規模（参加者数・傷病者数），その時点までの巡礼回数，機関誌の有無など，調査票に記された質問事項のすべてに答えているわけではなく，長いレポートから質問に答えただけの簡単な回答まで，情報にばらつきがあるため統計的処理には適さないが，各司教区巡礼がどのように発展したのかを示唆する貴重な資料となっている。

そこで注目されるのは，〈全国巡礼〉との関係，特に〈全国巡礼〉のやり方が司教区に伝えられていく様子である。〈全国巡礼〉に参加した上流階級の人々がそれぞれの司教区で個人的に新たな参加者を募って傷病者巡礼を始めたり，被昇天会や〈救いの聖母協会〉が積極的に支部の

---

38) モニケはルルド巡礼史を著すにあたり，「歴史的な分割〔まとまり〕の方が，宗教的・民族的類縁性（affinités religieuses et ethnographiques）をよく反映している」という理由で，人工的に再編された司教区の編成ではなく歴史的な地方の分割にのっとって記述を進めている（MONIQUET op. cit.: 437)。司教区の再編は伝統の破壊であったという認識が示されている。

39) ビエ神父の行った報告書の分析が，聖域発行の研究誌に掲載されている: BILLET 1969.

創設を働きかけたり，〈全国巡礼〉に合流する形で司教区巡礼が組織されたりと，多くの司教区が〈全国巡礼〉と何らかの関係を持っている。

1873年までに最初のルルド巡礼を行った司教区は40あるが，傷病者だけは〈全国巡礼〉に参加させたり，ある時期まで〈全国巡礼〉に合流したり，いくつかの司教区で一緒に巡礼を組織していて途中から独立したりと，統合・分離が行われている。たとえば北部のアラス司教区は，1873年に第一回ルルド巡礼を行った後，1875-80年は〈全国巡礼〉に合流し，1881年からリール司教区と，1885-92年はカンブレイ司教区と合同で行い，その後独立している。一方のリール司教区は，1872年に初めてルルド巡礼を行った後，1873-85年は〈全国巡礼〉に合流し，1893-1912年はカンブレイ司教区と合同で行っている。また合同で行わなくても現地で交流があったようで，サン・フルー司教区の1880年代の報告書には，聖地で行きあわせた他の司教区巡礼団についての記述と感想が見られ，最上段の聖堂と洞窟前しかミサのスペースがなかったので互いにやりくりしあったことや，プロヴァンスのお国言葉の聖歌に感じ入った様子などが記されている。

19世紀末に被昇天会が政府との対立を深めていった頃から，各地の司教区巡礼が傷病者を伴うようになり，傷病者巡礼としての司教区巡礼が〈全国巡礼〉から独立していった。時には被昇天会自らが独立を促すこともあり，たとえばアンジェ司教区では，被昇天会のピカール神父の勧めで1883年から司教区巡礼に傷病者を参加させるようになった。他方，リール司教区では，1873年にピカール神父が直々に〈救いの聖母協会〉支部の発足のためにリールを訪れ，1890年まで教区内の傷病者は〈全国巡礼〉に参加していた。だがこの年から「傷病者によって巡礼者にもたらされる恩恵を，これ以上奪われたくはない」との思いから，傷病者を司教区巡礼の方に参加させるようになったという。ラヴァル司教区では1932年の司教区巡礼参加者が1,200人と少なかったが，その第一の原因は傷病者が〈全国巡礼〉に参加してしまったことだと書かれている。司教区巡礼の確立は傷病者の参加にかかっている，という認識があるのである。

それゆえ，傷病者の支援組織であるオスピタリテの創設も，司教区巡礼の確立を左右する重要な要素としてあげられている。オスピタリテの

創設年は，1882年から第一次世界大戦前夜までの司教区が15，第二次世界大戦前夜までが19，第二次世界大戦後は 8 で，両大戦間に多くなっている。報告書には，オスピタリテが創設されることで参加傷病者の数が安定し，司教区巡礼が定期的に行われるようになっていく様子が表れており，アルビ司教区の報告書のように，オスピタリテ創設以降司教区巡礼が軌道に乗ったと明記しているところもいくつかある。このアルビ司教区は，ルルド巡礼後も傷病者との関係を維持し絆を深めるために，図書貸し出しのサービスを行ったり，1930年からは機関誌《傷病者同盟 *L'Union des Malades*》を発行したりしている。これほど積極的な傷病者支援体制を整えていない司教区でも，1930年代に「ルルドの日」を定め，ルルドで行うのと同じ祭儀を司教区で行っている（いた）という報告が数多くみられる。オスピタリテの創設や，傷病者を囲みルルドで過ごすのと同じ瞑想と親睦の一日を過ごす「ルルドの日」の設定は，傷病者の居場所が〈全国巡礼〉から司教区へと移ったことの表れと考えられる。

　傷病者を伴う司教区巡礼が定着したのは両大戦の間であったが，これは，共和国と教会の関係が改善された時期でもあった。1914年，第一次世界大戦の勃発に伴い，政府は国内の対立を一時停止し挙国一致体制を作ろうと「神聖同盟」を呼びかけ，カトリック教会もこれに加わった。この経験をふまえ，戦後フランス・カトリック世界では共和政が受容されていき，政府も反教権主義を緩和していった。だが旧体制への復帰をあくまでも目指すグループもあり，〈アクション・フランセーズ〉という団体を中心に，第二次世界大戦終了まで勢力を保ち続けた[40]。

　またこの間に，司教区を束ねる組織も設立されていく。1920年に〈全国巡礼協会〉が結成され，1932年に巡礼団長総会が初めてルルドで開かれた (ANDL 1932: 224)。1938年には〈司教区巡礼団長協会〉が正式に設立され，現在は〈全国巡礼団長協会〉となっている（全国の聖地代表者の組織も1961年に創設されている）。1951年に全司教会議が創設され

　40）　被昇天会は1910-20年代にアクション・フランセーズを支持していたが，1926年にアクション・フランセーズが教皇ピウス XI 世によって糾弾され，さらに教皇に推されて民主派のメルクランが1927年に『十字架』紙の編集長となった後で，反アクション・フランセーズへと立場を変えた。

る以前に,まずルルド巡礼を通して,司教区間の横のつながりができていたのである。

(3)「祖国」の創建と対峙する巡礼運動

話が前後するが,ここで,カトリック世界と対峙していた共和国側の,「祖国」創建を目指す儀礼戦略をまとめておく。

傷病者巡礼は1880-90年代に確立されていくが,それはまた「大革命以降,顕在化した『二つのフランス』あるいは『さまざまなフランス』が,『単一にして不可分なフランス』を最も意識的にめざすようになった」時代でもあった(谷川1997: 186f)。普仏戦争敗北の衝撃が国民や教育についての反省を促した結果,祖国についての教育と祭典に力が注がれ,7月14日が国民祭典の祝日となり,国歌や三色旗が制定され,「建国神話が創出された」のである。

教育の分野では,「宗教による国民の統一という旧い規範にかわって,科学による国民の統一という新しい規範が生まれ」(渡辺1990: 192),教育近代化のために教会の影響を排除するべく,1882年に初等教育の無償・義務・世俗化を定めたフェリー法が成立した[41]。第三共和政の指導者達は,小学校教師が「共和国の新しい司祭」となり,共和主義的な理念の下に次世代の国民を育成することを期待したのである。学校は,国語としてのフランス語を普及させ,キリスト教の聖史に代わる国史を教え,地理の学習を通じて祖国の全貌を伝えることで[42],子供達に,自分がその一員である「祖国」の姿を植え付ける場として構想された。こうして,自分たちは通事的・共時的にどのようなグループに参加し帰属しているのかを教える役割が,1880年代以降,司祭から教師へと移っていったのである。

同様に,共同体祭祀の執行者も変化する。国民祭典の日に,教会に三色旗を掲揚し鐘楼の鐘を鳴らす権利が世俗当局に認められたことは,その象徴的な例である。それは,「村落共同体のアイデンティティや凝集力の記号でもあった鐘楼を,教区教会から村自治体(コミューン)が,

---

41) その完成として,1904年に認可修道会も含めた修道会教育禁止法が成立する。
42) フランスの全国地図が教室に完備されるようになったのは,1880年代のことであった(田中1990: 131)。

あるいは司祭から村長が，象徴的に簒奪することでもあった」（工藤 1998: 45）。それは，参加祭儀を提供する権利，祭儀を主導する権利の争いなのである。こうして1880-1900年にかけて，「共和政フランスの起源たる大革命について国民共通の記憶の再編をはかるという狙いの下に，大革命の記憶を選択的に喚起しようとする諸々の祭典が組織され」（同論文: 29），その中で，革命の子孫が偉大な先祖に負っている恩義のテーマが繰り返された。「『恩知らず』とならぬためには，父祖の記憶を維持し，かれらの『遺産』を絶やさぬようにせねばならない」（同論文: 33）のである。また1880年頃に，共和国の表象が「マリアンヌ」という女性像として定着したが（アギュロン1989），この像はもともと，共和国を形成する根本理念である「自由」を擬人化したものであり，それが共和国の表象とされたことは，共和国を「自由の国」として表象・確立しようとする意志の表れと考えられる。すなわち共和国が提供したのは，「自由を目指して闘った父祖への恩義とその継承」という，フランスの過去・現在・未来についての物語だったのである。1880年代以降，共和国政府は教育によって祖国を理解させ，国王像を自由像へ，教会の祝祭を市民の祭典へと置き換え，人々が帰属するグループの表象を変更することによって，彼らの自己理解と帰属意識を刷新しようとしたのである。

　だが工藤は，人々は一方的に祖国について教えられ，そのイメージを受動的に受け取っていたわけではないと考える。19世紀のフランス農村地帯では，かなりの行政権が地域の自治体に委ねられた結果，「コミュナリスム communalisme」と呼ばれる地域主義の活性化，「地域アイデンティティへの情熱とでも呼べるような事態」が生じていた（工藤 前掲論文: 46）。自分たちのコミュニティーを充実させ豊かにしていこうとする情熱によって生活環境が整備されていく過程で，共和国の制度である学校や役場が生活共同体の中で重要な役割を果たすようになっていったが，そのような，政府から委託された権限を自治の現場で行使する実践過程は，共和政の理念と体制を学習し身につける過程であったと考えられる。アルス巡礼のところで述べたように，フランス革命は旧体制下で機能していた伝統的な生活共同体を解体していったが，その完遂のためには，人々が生活共同体の次元で持っていた「教会への帰属意識」が，生活共同体次元での「共和国への帰属意識」へと変化する必要があった。

IV 司教区巡礼の確立

　コミュナリスムはその過程に生じた現象であり，国民祭典とともに，共和国への帰属意識，村民の自治体意識を高める役割を果たしたと考えられるのである。地域共同体のアイデンティティは，祭典執行と自治を通して共和国の構成単位として再編され，その再編を通して国民共同体への帰属意識も形成されたのではないか，「地域共同体のアイデンティティの再編」と「祖国イメージの確立」は同時進行したのではないかと，工藤は述べている。

　他方のカトリック世界もまた，生活共同体を充実させる公共サービス機能がカトリック教会から奪われていく中で[43]，巡礼運動を通して人々が帰属するべき世界の表象と祭典をもり立てることにより，自らのグループ・アイデンティティを確立しようとした。共和国の理念と制度に基づく共同体の形成に対し，対抗的共同体の形成を目指した同様の過程が進行したのである。ルルド巡礼が，共和国の形成に対抗する共同体再編運動を自認していたことの表れの一つが，1880-90年代にかけて盛んに行われた〈男たちの巡礼 Pèlerinage des hommes〉である。選挙権を持つ男性の感化によってしかカトリック国としてのフランスの復興はあり得ないとの認識から計画されたもので，毎回500～1000人規模でおこなわれ，聖域機関誌でも絶賛された（MONIQUET op. cit.: 471ff）。政教分離の混乱期である1901，1903，1905年に行われたものは，その頂点であった。また1890年前後にはフリー・メイソンへの敵対意識も高まった。巡礼期間中にフリー・メイソンがデモを行って巡礼団との間でもめ事を起こし，ルルドを閉鎖に追い込む計画があると書いた新聞もあったほど「1889年はこの話で持ちきりだった」が，結局何事も起こらなかった（ACEG 8P）。ルルド巡礼は1890年代に，共和国との対決の自覚を強めていたのである。

　この対立に決着をつけたのが，1905年に制定された政教分離法であった。この法律は，宗教活動に対する公的資金の支出を停止し，国家の公式行事から宗教を排除するとともに，教会財産の管理や組織の運営を〈文化協会〉とよばれる平信徒団体に委ねることを決定した。これは，教

　43）　1879年には市町村の慈善委員会に対する教会の関与が排され，公的扶助システムの世俗化がいっそう進展した（工藤 前掲論文: 43）

会管理の主体を国・自治体・聖職者から平信徒団体に移すものであり，教会が公的な機構でなくなるだけでなく，活動範囲が一教区内に限定される団体の管理下に教会運営をおくことで，ネットワークで結ばれたカトリック世界の弱体化を図るものでもあったと考えられる。谷川は，「フランス革命以後めざされた『単一にして不可分な共和国』は，一切の中間権力の介在を排し，万民法の下に個人を公民として直接国家に統合しようとする社会システムであった」と述べているが（谷川 前掲書: 225），〈文化協会〉創設は，国家機構に対立する教会機構を否定し，市民が個人的に参加する団体によって教会を運営させようとする改革だったのである[44]。協会の設立や教会運営のために必要となった教会財産調査は，時に激しい衝突を生み，結局政府が譲歩して1907年に〈文化協会〉の設置義務が緩和されるが，この経験が，この後さまざまな平信徒団体が教区の教会活動に参加する道を開くこととなった。政教分離法は結果として，聖職者と平信徒の距離を近づけ，教会運営への平信徒の積極的な参加を促進したのである（CHOLVY 1991: 97）。それは，共和国におけるコミュナリスムのような効果を持っていたのではないかと思われる。

　政教分離法は，国家と教会は競合することのない別の体系だということを決定するものであった。フランス・カトリック教会は，生活共同体全般に対する覇権の回復の希望を断たれ，共和国という枠組みの内部で活動する一組織という地位に甘んじていくのである。

(4) 記憶の共同体

ベラーは「記憶の共同体」という観念を用いながら，グループへの帰属意識は歴史解釈（過去の物語）と活動（実践）を通して形成されると述べている（ベラー他 1991: 186-189, 275-282, 288-294）。それによれば，真の共同体とは自らの過去によって成立する記憶の共同体であり，そのような共同体は「自らの成り立ちを語る物語を伝承し，また共同体の意味を体現し例示するような男たち女たちの姿勢を伝える」。と同時に「彼らはまた，共同体的な生き方を定義づけるような儀礼的・美的・倫理的

---

　44) 教皇ピウスⅩ世はこのシステムを，司教を頭としない，教会の聖職位階性の構造を破壊するものであると非難し，文化協会の創設を回勅で禁止した（教史 vol. 9: 144f）。この制度は1924年にピウスⅩⅠ世によって承認された（CHOLVY 1991: 97）。

IV　司教区巡礼の確立

な実践に参加する」〔強調は引用者による〕とのべ，そのような実践を「コミットメントの実践」と呼んでいる。

　ベラーは共同体を，物語の継承とコミットメントの継続によって成立するものととらえているが，共和国とカトリック世界が，共同体とその覇権を確立するために動員したものは，まさしくその二つの要素であった。「フランスの罪と罰と救い」と「自由を目指して闘った父祖への恩義とその継承」のどちらが公式の記憶・展望となるのか，「苦しみの捧げもの」と「国民祭典」のどちらが公式の祭典となるのか，「教区教会と司祭を中心とする教区生活」と「自治権を行使する地域コミュニティーの暮らし」のどちらが公式の日常生活世界となるのか。その公式性を，二つの陣営は争ったのである。ルルド巡礼は，その対立の中に位置づけられる。祭典を通してフランスの地方コミューンと祖国が構築されたであろうように，巡礼を通して司教区とフランス・カトリック世界が構築される。ルルド巡礼は，物語と実践を提供する，「記憶の共同体」構築の現場だったのである。

　ルルドの傷病者巡礼は，フランスの罪と罰と救いという物語を共有する「わたしたち」による，フランスを救うための苦しみの捧げものとして始まった。だがフランスが共和国として確立されると，巡礼運動の動機となっていたフランスの罪と罰と救いという物語は，その意義を失っていった。このとき，フランスの罪と罰と救いという物語に支えられ，また物語を支えていた傷病者巡礼は，「フランスの救い」から「傷病者を中心とする教区共同体の確立」へとテーマを展開していたことによって，存続することができた。そして第二次世界大戦後，巡礼が国際化することにより，ルルド巡礼の世界が提供する「記憶の共同体」，「わたしたち」のイメージは，フランスという枠を超え，全カトリック世界へと広がっていく必要に迫られた。最後にその様子を概観しながら，そこで提供される共同体イメージが，はたして一般にいわれるような「キリストの神秘的肢体」イメージなのかどうかを検討する。

V ルルド巡礼の国際化:和解と平和

――――――――

1 第二次世界大戦後のルルド

第二次世界大戦中,巡礼は中断を余儀なくされた。だが戦争中も,カトリック教会は国内を一つにする試みを打ち出し続けた。その一つが,〈ブーローニュの聖母〉像の全国巡回であった(CHELINI, BRANTHOMME op. cit.: 350f; CHOLVY, HILAIRE 1986: 123ff)。聖母像は1939年にブーローニュを出発し,第一次世界大戦の激戦地を経て東へ向かい,途中ドイツ軍の妨害にあってランスで足止めされながらも南下を続け,ル・ピュイ,トゥールーズを経由して西進し,1942年9月7日にルルドに到着した。この巡回に想を得て,タルブ・ルルド司教ショケは三つの複製を作らせ,全部で四つの聖母像が,1943年から48年にかけて〈大いなる帰還の聖母 Notre-Dame du Grand Retour〉の名の下に全国の司教区を縦横に巡った。のべ10万km,2万の教区を巡ったといわれ,各地で大変な盛り上がりをみせた(DUQUESNE 1996: 30ff)。人々は悔悛のしるしに裸足で巡行について歩き,マリア像を囲み,両腕を横にのばして十字架の形をつくりながらロザリオを唱えた。ル・ピュイでは人々が,「苦しみの聖母よ,苦しんでいるフランスのために祈って下さい。……罪を犯したフランスのために祈って下さい」と繰り返したという。第一次世界大戦中,神聖同盟にカトリック世界が参加したように,今度は共和国が,フランスの罪と罰と救いの物語に参加したということができるかもしれない。

終戦後の1947年には,ブーローニュの聖母に倣って二つの巡行が行われた。リズューの聖テレーズの聖遺物がルルドに運ばれ,ポルトガルを出発したファティマの聖母像は,スペイン,フランス,オランダ,スウ

ェーデン，リュクサンブール，ドイツ，イタリアを巡回した。特に後者は，〈大いなる帰還の聖母〉をモデルに，内部で敵対しあったヨーロッパを一つにする目的を持っていたと考えられる。大戦によって分断されたヨーロッパの再統合が，戦後カトリック世界の重要な課題となったのである。

第二次世界大戦後，フランス・カトリック世界はヴィシー政権を支持した過去を清算し，新しい人材の下に復興に努めなければならなかった。ルルドにも，大戦中に適切な言動をとった人物が招聘された。

戦後最初のタルブ・ルルド司教テアスは，モントーバン司教であった1942年当時，いち早くヴィシー政権と距離を置く発言をした数少ない司教の一人であった（ibid.: 55）。トゥールーズ司教サリエージュの影響下，モントーバン司教区で社会的カトリシズムの活動が活発だったことにも刺激を受け，テアス司教は徐々に，公の場で政治的な発言をするようになっていった。1944年6月，反抗的聖職者への見せしめのためか，テアス司教は捕らえられてコンピエーニュ収容所へ送られたが，収容所で労働者と接したことによって労働問題への関心を深め，労働者への共感を示すようになる（ibid.: 377）。8月末に解放されたテアス司教は，その年の末にヴァチカンで教皇への謁見を許されるが，このとき，共産主義者を支持するような発言に対して注意をうけたという（ibid.: 463f）。戦後，ストライキに支持を表明して「赤い司教」の異名をとることもあったが（GUINLE-LORINET 1993: 31），戦中から一貫して発言する司教であり続けた姿勢が評価され，タルブ・ルルド司教に抜擢されたと考えられる[45]。

戦後のルルド巡礼は，テアス司教の下で，和解と平和という主題がまず強調された。1944年12月10日，軍人達のお礼の巡礼が行われ，モントーバン司教テアスによってミサがあげられたことが，17日付の『ルルド新聞』に記されている。この巡礼には，フランス軍中佐，ベルギー大使

---

45) テアス司教の二代前の司教ジェルリエも，平信徒活動に積極的に関わったことで知られている。ジェルリエは戦争中リヨン大司教の職にあり，ドイツ占領下フランスの自由地区でただ一人の枢機卿として大きな責任を負っていた。1940年にペタン元帥を称えヴィシー政府支持を表明したが，その後のユダヤ人問題では，ヴィシー政府の対独協力政策抑止に尽力したという（CHOLVY 1991: 107ff; cf. 第3章 V. 5. (2)）。

代理の大尉，イギリス軍大尉，アメリカ軍大尉と中尉，ソヴィエト軍大隊長と将校数名，そして数百人の兵士たちが参加し，町の戦没者記念碑で行われた式典にはド・ゴール将軍の代理としてオート・ピレネー県知事も出席した。これをきっかけに翌年から軍人巡礼が定期的に行われるようになり，1958年に〈国際軍人巡礼〉が正式に設立された（DUPUY 1998: 3)[46]。1946年には，戦争中，捕虜収容所で活動する聖職者の総監督責任者だったロダン神父によって，戦争捕虜巡礼が行われた[47]。テアス司教はまた，モントーバン司教時代に教区内に誕生したドイツとの和解の運動〈キリストの平和 Pax Christi〉を支援するなど，戦後ヨーロッパの和解活動と世界平和のための祈りを，タルブ・ルルド司教として積極的に支援していった。この，ルルドを赦しと和解の聖地にしようという方向性が，第1章で述べた悔悛の秘跡の改革に，影響を与えたと考えられる。

また戦後のルルドでは国際化が進展する。1972年には，巡礼シーズンの7か月のうち，フランス人巡礼者数が他国からの巡礼者数を上回ったのは8月と10月の二か月だけであった（CHELINI, BRANTHOMME op. cit.: 354)。巡礼団に参加せず個人的にやってくる人々が増えたことも，大きな変化であった。序論で述べたように，現在では巡礼団の参加者は来訪者全体の五分の一程度という調査結果が出ている。第二次世界大戦までフランスの司教区巡礼が中心だったルルド巡礼の姿は，戦後大きく変化したのである。

1983年2月の巡礼団長総会記録を見ると，オランダ語圏巡礼団長グループからタルブ・ルルド司教ドンズに対し，司教区巡礼を特別扱いする理由は何かという質問が出されている（*RSL* 1983: 108)。質問者は，ベルギーでは司教区巡礼以外の巡礼に参加する者の方が多く，オランダには厳密な意味で司教区巡礼といえるものがそもそも存在しないというのに，タルブ・ルルド司教が巡礼を教区活動の延長であるとあくまでも言

---

46) 軍人によるお礼の巡礼は，第一次世界大戦後に始まった。
47) ロダン神父は，1946年に創設された，社会支援事業を目的とする平信徒活動〈スクール・カトリック〉の初代会長に任命されるなど，戦後のカトリック平信徒活動において重要な役割を果たした。1956年，この組織によってルルドに貧窮者の宿泊施設〈シテ・スクール・カトリック〉が開設されている（CHOLVY ibid.: 52)。

い続けるのは，非現実的な願望にすぎないのではないか，と述べており，これに対する回答は記されていない。実際に，たとえばイタリアには司教区の主導で組織される巡礼団はなく，健常者対象と傷病者対象の全国規模の組織が巡礼を主催している[48]。

フランス国内でも，現在では修道会主催の大型巡礼の人気が高く，特に〈ロザリオ巡礼〉[49]が盛んである。〈ロザリオ巡礼〉は1968年に大がかりなアンケート調査を行ったが，その報告書には，調査結果から見えてくる巡礼団の姿は健常者と傷病者の二つのグループに分かれ，互いに没交渉のまま終わってしまう二つの世界のようであり，特に健常者からは「見物人 spectateurs」のような印象をうける，と書かれている（ACEG 4E2: 52）[50]。また先述の全国巡礼団調査報告書にも，同様の問題をあげているものがあった。中でもマルセイユ，モントーバン，サン・フルー各司教区の報告書には，「傷病者を中心に，彼らを囲んで連帯するのが，司教区巡礼のあるべき姿」（マルセイユの報告書）であり，バスを使っての巡礼はそのような傷病者巡礼の精神にとってマイナスである，というように，傷病者の同行が難しいバス巡礼を批判する形で，傷病者と健常者の交流が損なわれることへの危惧が述べられている。またアンジェ司教区の報告書には，傷病者の巡礼と健常者の巡礼という「二つの巡礼」が，司教区巡礼の機会に同時に行われるのだと認識されてきた，と書かれている。司教区巡礼団の間に，傷病者が巡礼団の内部にしっかり統合されていないという危機感があり，傷病者を中心に教区を束ねるという理念と現実の間に乖離がある様子が見てとれる。

オランダ語圏巡礼団長グループによる指摘は，このようなルルド巡礼の変化を背景としている。第1章で述べたように，第二次世界大戦後，

---

48) 前者に〈Opera romana〉と〈Paolini〉，後者に〈UNITALSI〉と〈OFTAL〉がある。

49) トゥールーズのドミニコ会によって1908年に創始され，第二次世界大戦後に全国規模の大型巡礼となった。1948年に，ロザリオ大聖堂前広場に傷病者の寝椅子を十字架の形に配して行った「十字架の道行き」の信心業が評判となり，他の巡礼団に取り入れられていった（*Le Rosaire* 1998: 75, 91）。

50) 4万枚のアンケート用紙を用意し，3,676の回答を得た。なお聖域史料室には，イタリアの巡礼グループにも，健常者の巡礼と傷病者の巡礼の没交渉や摩擦という問題があるらしいことを示唆する資料がある（ACEG 11E64）。

聖域の中心部に位置する行列の広場からは，フランスの罪と罰と救いの物語を表象する聖像群が撤去されたが，傷病者を伴う司教区巡礼団が一堂に会するというスタイルは，その聖像群が置かれていた時代に構想され，実践されたものだった。ルルドがフランス・カトリック世界だけの聖地ではなくなった現在，行列の広場から聖像群が撤去されたように，傷病者を伴う司教区巡礼団を中心とする巡礼運動というスタイルも，変化を余儀なくされているのである[51]。

1967年にビエ神父は，巡礼団に参加しないでルルドを訪れる人の数が多いことを指摘しながらも，「毎年5万5千人の傷病者を伴ってやってくる司教区巡礼団や他の巡礼団がルルドの姿を作り上げ，個人的にやってくる人々に巡礼世界を提供している」と述べ，実際には個人で訪れる人数の方が多いが，それでもルルド巡礼は「グループ」を基本構成単位とする巡礼である，という認識を示している（BILLET 1967: 123）。ルルド巡礼の世界として人々の目に触れるのは，ばらばらな個人ではなくグループの姿である（であってほしい）という，ルルド巡礼のあるべき姿についての理想がここには記されている。しかし今やそのグループは，教区・司教区・フランスといった枠組みを超えている。それは，カトリック教会世界という，より大きな「わたしたち」を対象としているのである。だが，はたしてそれが一般にいわれているように「神秘的肢体」イメージなのかどうかを，最後に見ていく。

2 共同体イメージ

(1) 神秘的肢体イメージの歴史

一般にカトリックの共同体イメージとして真っ先にあがるのは「神秘的肢体」だと思われるが，日常生活の中でこのイメージが大きな影響力を

---

51) 1998年8月15日の〈全国巡礼〉クライマックスのミサ式次第は，依然として「フランスのための祈り」と題されていた。「私たちの祖国は苦しんでいます」というフランスの苦しみについての言葉に続いて，全員で「フランスのための祈り」を唱えるなど，フランスの救いを求める巡礼としてのスタイルが，〈全国巡礼〉では今も守られている。

持っていたかどうかは疑問である。カントーロヴィチは，神秘的肢体観が，国家が政体を確立しようとした時期に活用されたものであることに注意を促している（カントーロヴィチ 1992: 202-274）。すなわちこの共同体イメージは，君主制国家の国体論と関係しているというのである。まず13世紀に，「教会」を意味する「神秘的肢体」は，典礼上の観念から法学的な概念へと変化を遂げ，教皇を頭とする教会の「法的身体」を意味するようになる。次いで14世紀には，「法学上の擬制としてのみ存在する無形の団体的集合体」を指す「擬制的人格 persona ficta」全般が，「神秘体」として定義されるようになる。それは，法律上の「主権の基体」をさす概念となったのである。

　この有機体モデルは，ある一つの団体が有する主権が外部からの侵害から守られるべきことを，その団体が分断不可能な有機的一体であることを論拠に主張するために用いられた。一つの身体は一つの秩序によって統べられるもので，手・足・胴体などが別々の秩序によって動かされるのではないように，有機的一体を作っているグループは，それを部分に分割して，各部分を異なる秩序に従わせることなどできない，というのである。ローマ教会の国体理論は1302年に教皇ボニファティウスVIII世によって確立されたが，そこには「当時生まれつつあった世俗的な政体の自足性を主張する挑戦に答え，可能とあればこれに打ち勝とうとする，宗教的権力の側からの絶大なる努力が示されている」（同書: 203f）。神秘的肢体の概念は，第1章で見たガリカニスム論争の中で主要概念として用いられたものであり，このような有機体モデルは，複数の主権体の間で権力関係を調整する必要がある場合に有効性を発揮する。すなわち，「〈祖国の神秘体 corpus mysticum patriae〉は〈教会の神秘体 corpus mysticum ecclesiae〉と対抗的な関係におかれるに至った」（同書: 260）といわれるように，国家と教会が同時に用いた時，大きな意味を持つのである。そしてフランス革命は，この二つの身体のどちらをも，破壊しようとしたのであった[52]。

　52） ルナンは1882年3月11日にソルボンヌ大学で行った講演，「国民とは何か」で，革命後の「国民」のあり方を「生理学にたとえるなら，脳と心臓を取り去った体を，その最初の同一性のままに生きさせようとする試みにも似たものでした」〔強調は引用者による〕と述べている（ルナン 1997: 50）。この言葉は，教皇ボニファティウスVIII世に

神秘的肢体論は20世紀には廃れたというが（*théo*: 543），このような，まとまりを分断しようとする対抗勢力に向けられた時に効力を発揮してきたイメージが，それ以前にも平信徒に対して親しみ深く日常的な共同体イメージを提供していたかどうかは，検討を要する問題である[53]。

(2) 19-20世紀の教会論

第二次世界大戦中の1943年6月29日，教皇ピウスXII世は回勅『神秘的肢体としての教会』を発布した。戦争という分裂の時代に，神により一つになることを訴える目的で出されたこの回勅で強調されているのは，侵害の危機にさらされたグループの外縁や有機的統一を守ることではなく，聖体と恩寵の働きであり，何によって人々が「わたしたち」としてまとまるのかという紐帯の問題であった。それは，この戦いが外部からの侵略というよりも，内部分裂として認識されていたためと考えられる。

回勅は「恩寵」について，それは個人ではなくグループに対し教会（司祭）を通して与えられるものであり，キリストの血によってもたら

対抗する，フィリップIV世派の1302年のパンフレットの記述を思い出させる。そこに書かれた，「教皇は頭であり……君主は，そこから血を分配する血管が派生する心臓である。……心臓は頭を凌駕する〔国王は教皇に勝る〕」（池上 1992: 94）という一文を，ルナンが知っていたかどうかはわからないが，この教皇・国王イメージが，もしもある程度一般に知られたものであったなら，ルナンはここで，教皇と国王を取り去った，神秘的肢体の解体としてフランス革命を語っていると考えられる。なお，有機体として存続できなくなった国民を束ねるものについて，ルナンは「意志」による選択を主張する。国民とは，共通の苦悩という社会的資本をもち，「人が過去においてなし，今後もなおなす用意のある犠牲の感情によって形成された大いなる連帯心」（ルナン 前掲書: 62）によって結びつき，その共通の遺産を運用する意志によって動くのだという。まさにベラーのいう記憶の共同体だが，「共通の苦悩は歓喜以上に人々を結びつけます」というように，それは共通の苦悩の記憶の共同体として措定されている。興味深いことに，ここでも傷病者巡礼のように，苦悩が一人のものではなく，参加者全員の共有財産とみなされている。

53) それよりは「聖体」の方が，日常的な共同体イメージに関わっていたのではないかと思われる。12-13世紀頃から，聖体を冒瀆するユダヤ人がマリア像などによって罰せられる奇蹟譚が，たとえばサンティアゴ・デ・コンポステラ巡礼と密接に関わる『聖母頌歌集』などに見られるようになるのは，その証左ではないか。というのも，そこでは聖体に対する冒瀆が共同体全体に対する攻撃とみなされていると考えられるが，この観念が成り立つためには，聖体を中心に共同体イメージが醸成されていた必要があるからである。なお，ルルドの聖域機関誌には「神秘的肢体」という表現はほとんどみられない。

された聖霊の流通（communication）は，どのような人種や地理的な境界にも制限されないという（*Mystici Corporis* 1971: 8, 16）。次に教会において苦しみが占める位置について述べられ，教会では特に弱いものに場所が与えられる，というのも，キリストの身体は弱く受動的で死すべきものであり，それゆえそこでは最も弱い者が最も必要な者となる，といわれる（ibid.: 24）。そして，戦いの中で「不具の者，痴呆の者，遺伝病にかかった者が，社会の邪魔なお荷物として，時にその命が奪われるのをわたしたちは見る。……これらの者達の血は，わたしたちの贖い主にとって最も貴いものである」以上，教会には，今まさに世の中で横行していることを非難する義務があるという（ibid.: 50）。人々が今耐えている苦しみには天への捧げものとしての意味があると説き，聖母もまた苦しみを捧げたことで栄光のうちに称えられ，教会に集う信者達の母になったと述べ，その母に取りなしを祈りながら，回勅は終わる。

　聖母被昇天の教義を準備するかのような終わり方も興味深いが，注目されるのはやはり，その恩寵論と苦しみへの言及である。回勅は，恩寵がグループに与えられると言明することによって，教皇を頂点とする教会組織の権威を強調しているのだが，その言葉は同時に，神の恩寵を受け取るために人はグループを作らねばならない，すなわち，人は恩寵の授受の圏域に参加しなければならないという主張としても受け取ることができる。教会は恩寵を授受するグループであるという「諸聖人の通功」としての自己イメージが，ここには明らかにされている。さらに教会の神秘的肢体が，分断不可能な神々しい身体ではなく，弱々しいものとして提示されている点も重要である。教会とは健康と能力を誇る身体ではなく，弱さと痛みを帯びた身体であるという自己イメージは，グループに参加できるメンバーの選別という問題にとって，可能性に富むものである。

　第二ヴァチカン公会議の教会論は，この回勅の教会観を引き継いでいる。『教会憲章』と同日付の「エキュメニズムに関する教令」の冒頭の一文に，「すべてのキリスト者の間の一致再建を促進することは，聖なる第二ヴァチカン公会議のおもな目的の一つである」と述べられているように，この公会議は和解をテーマに掲げていた（南山大学 1986: 111-127）。『教会憲章』1章7節は神秘的肢体としての教会を論じているが，

そこでも，身体を満たすもの，霊の賜についての記述が中心となっている。教会は頭であるキリストに結ばれた肢体としてキリストとともに苦しみを堪え忍ぶと同時に，その肢体は賜を受け，キリストの力によって，救いのために互いに奉仕しあう。「キリストは自分のからだであり充満である教会を，自分の神的たまものをもって満たす」(同書: 51) という教会論は，『教会憲章』第8章で展開される聖母論と密接な関係にある。「教会はマリアの……愛を見習い，父の意思を忠実に果たし，信仰によって受け入れた神のことばを通して，自分もまた母となる」(同書: 95)。教会はここでは，「キリストの神秘的肢体」という相のもとにとらえられてはいない。それは，神の言葉を受け入れて実りをもたらす「マリアの処女母性」に類比されている。第1章で見たように，19-20世紀のマリア神学は，マリアについての考察を通して，恩寵を受け入れ，恩寵に満たされる身体イメージを確立していった。そしてそこにできあがったのは，「分断することのできない有機的統一体」ではなく，「受け入れる／満たされる」身体のイメージであった。第二ヴァチカン公会議は，この身体イメージを教会のモデルとして前面に押し出したのである。

第1章で述べたように，19世紀には聖体崇拝が盛んになり，20世紀に入って聖体拝領の重要性が増した。ピウスⅩ世は頻繁な聖体拝領や子供の聖体拝領を奨励したが，聖体拝領は何より信徒の参加の場であることを思い出すなら，ピウスⅩ世が下した聖体をめぐる決定は，参加者と参加の機会の拡大を図ったものと考えられる。それはまた，世俗的な国体・神秘的肢体としての教皇庁の存続が危うくなった時に，有機的一体という形態よりも，共同体の構成原理を重視する方向へと，方針を転換した結果とも考えられる。

その後も教会共同体は，人々を迎え入れる参加の場としての性格を強めている。『教会憲章』第2章「神の民について」では，告解と傷病者の塗油の秘跡について次のように述べられている。「告解の秘跡を受ける者は，神の慈悲によって神に加えた侮辱のゆるしを受け，同時に，自分たちの罪をもって傷つけた教会，愛と模範と祈りによって自分たちの改心のために努力している教会と和解する。病者の聖なる塗油と司祭の祈りとによって全教会は，苦しみと栄光を受けた主に，病苦を和らげ病人を救うよう願い，なお病人に対しては，すすんで自分をキリストの受

難と死に合わせて，神の民の善に寄与するように勧め励ます」(同書: 22)。教会の中には，罪を犯したものの復帰の場と，病み苦しむものの居場所が設けられていると明記されており，悔悛の秘跡改革が，このような教会イメージの明確化と連動していることがわかる。「貧しさ，弱さ，病気，種々の困苦などに悩まされている人々，義のために迫害を耐え忍ぶ人々は，自分たちもまた，世の救いのために苦しみを忍んだキリストに特に結ばれていることを知るべきである」(同書: 81)。公会議から30年後の1993年には，ルルドの聖母出現記念日である2月11日が傷病者の祝日と定められ，教会における傷病者の存在が公式に祝われるようになった。

　このように20世紀の教会論は，教会を，受け入れ満たされる身体と，それを満たす恩寵の媒体としての聖体からなる，恩寵の授受の世界としてイメージし，その中に苦しみと弱さの場所を設けている。ルルド巡礼の世界に展開していった「わたしたち」のイメージは当然のことながらこの教会イメージに呼応しているが，巡礼の提供する「わたしたち」の姿と関心を，「フランスの救い」からこのような教会イメージへと転換させることになった契機は，他でもない傷病者巡礼の実践であった。傷病者巡礼の支援組織として誕生した〈オスピタリテ〉が，巡礼のテーマを「社会的紐帯の創出」へと変化させていったことで，ルルド巡礼の世界がめざす「わたしたち」の姿もまた変わっていったのである。次章では，この〈オスピタリテ〉の成立と，そこに展開した新たな巡礼世界について論じていく。

第3章

オスピタリテ

結局，ルルドとは，一つの王国の実現であり，さらに，それ以上に，人道主義者たちの最高の夢の実現なのである。すべての階級が一時的ながら一つに融け合う。社交界の女がここでは，労働者や農民の女に包帯を巻いてやり，身体を拭いてやっている。貴族とブルジョワが，職人や百姓のための車引きになり，風呂場の三助になって，人に仕える役目を果たす。　　　　　　　　　（ユイスマンス 1994: 192）

肩からブルテルを下げたブランカルディエ（1992年7月撮影）

大聖堂前広場で待つ傷病者に水を配るオスピタリエール（1995年5月撮影）

　ルルドには，傷病者と並んで人目を引くものがある。「オスピタリエ（オスピタリエール）Hospitalié（Hospitalière）」[1]の姿である。ルルドを訪れる巡礼団のうち，傷病者を伴う大規模な巡礼団はほぼ例外なく，「オスピタリテ」と呼ばれる奉仕者の組織を有している。オスピタリテは，巡礼に参加する傷病者の募集から巡礼中の世話全般まで一手に引き受け，巡礼団によっては巡礼後の交流の世話役まで果たし，司教区での教会活動の活性化にも一役買っている。オスピタリテは今や，ルルド巡礼を特徴づける傷病者巡礼の実現に必要不可欠な組織とみなされている。
　聖域では，肩からブルテルと呼ばれるベルト（担架を運ぶときに使うサスペンダーのようなもの）をさげた男性たちが傷病者の移動を助け，人の流れを整理し，一見看護婦に見える白衣の女性たちが傷病者と語らう姿が日々人目にふれ，聖域発行の月刊誌には，オスピタリエと傷病者の

　1）　現在，オスピタリテの男性会員は「オスピタリエ」，女性会員は「オスピタリエール」とよばれる。以下，会員を指すときは基本的にオスピタリエの語を用いる。

交流をとらえた写真がたびたび掲載される。オスピタリエは，傷病者と同じように，ルルドを訪れたものが否応なく目にする光景の一部となっているのである。

　このオスピタリテは，単に巡礼の支援団体として構想されたわけではなかった。ルルド巡礼が，「共和国」という記憶の共同体に対抗する「フランス・カトリック世界」という記憶の共同体の創出をめざす運動として始まったように，オスピタリテの活動は，共同体の崩壊と呼ばれる事態に，共和国の原理と実践に対抗しつつ，対処しようとする運動だったのである。第2章で見たように，フランス革命によって旧体制の改革が進む中で，「わたしたち」という集団・帰属イメージは変更を迫られたが，その過程は当然のことながら，社会秩序・紐帯・倫理の変化を伴っていた。そしてそこに，社会関係が破壊されつつあるという危機感と，新しい社会関係の姿を模索する思想・実践上の運動が生まれたのである。以下では，共和国とカトリック世界がそのような事態にいかに対処しようとしたのかを概観したのち，ルルド巡礼におけるオスピタリテ活動をその文脈の中で分析していく。それは，「わたしたち」や「かれら」の間にあるべき社会的紐帯や支援活動といった社会関係にかかわると同時に，「男／女」や「公／私」といった社会的境界の問題にもかかわっている。

I　社会編成の変化

1　旧体制下の社会編成

二宮は，人々を日常的に結びつける契機を，「空間的・地縁的結合関係」と「機能的・職能的結合関係」という二つの概念を用いて整理している（二宮 1995: 174）。それによれば，旧体制下のフランスでは，地縁的結

合関係は「家」を基点とし[2]，機能的結合関係は同業組合を典型とする職能集団に代表されていた。革命は，そのような機能的集団，すなわち「中間団体 corps intermédiaires」の活動によって支えられる社会（社会の「社団的編成 organisation corporative」）を解体・再編しようとするものであった。社団的に編成された社会では，王によって認可された社会集団にのみ，王からの特権という形で，生産や商業活動に必要な裁量権としての自由（王の専制からの自由）が与えられた。それは「集団が特権によって専制から守られるような，連帯的で不平等を容認する社会」(REVEL 1987: 226)，人々がしかるべき集団に所属し，その集団のルールを守る限りにおいて保護されるような社会だったのである。

このような「『営業の自由』を妨げるギルド，『自由であるべき労働市場』を独占する職人組合は，ともに資本主義的発展を阻害する中世的残滓であり，市民法的社会編成原理に対立する」(谷川 1983: 87) ため，すでに1770年代には職業組合を廃止する必要性が訴えられていた。だが反発も大きく，1776年に親裁座で行われた議論では，社団が鎖の輪にたとえられ，鎖が壊されてしまえば社会はばらばらになってしまうと述べられている (REVEL op. cit.: 225)。そこには，社会的紐帯が破壊されるという危機感が表明されている。

しかし，社会の変化によって社団的編成による恩恵を受けない階層が増え，不利益を被る者の方が勢力として大きくなると，それまで自由の一形態であった中間団体の特権は，より広範な人々の活動を保障する自由と対立するものとなる。そのような変化を背景に，職業組合の廃止が，特権を持たない「共通身分 ordre commun」としての市民だけからなる自由市場を生み出すために行われた（二宮 前掲書: 199）。革命が社団的・身分的編成に基づく体制を否定する改革であったことは，1789年から91年にかけて社団的編成を廃棄する行政決定が次々に出されたことからも明らかである。それによって同業組合・自治体だけでなく，貴族や聖職者も身分に伴う特権を失っていく。教区の改変が地縁的結合関係の再編であったように，中間団体の廃止は，機能的・職能的結合関係の改

---

2) その例として，当時の人口調査が個人の頭数でなく「feu〔かまどを同じくする一戸・世帯〕」を数え，それを課税単位にしていたことを紹介している（二宮 同書: 176）。

2 結社への対応と公共圏

(1) ナポレオン法典における反結社政策

1791年のル・シャプリエ法によって同業組合は廃止され，労働者の結社が禁止された。この後も反結社的な政策がとられていくが，高村によれば，革命後の結社政策は二つの時期に分かれるという。革命の初期においては「自由の創出」のために結社が禁止されたが，ナポレオン期になると「公序への配慮」という動機から，サークルや労働団体などが公序を脅かすものとして監視の対象となり，19世紀を通じてその政策が継承されていった。1810年の刑法典は，「毎日あるいは決まった日に，宗教・文学・政治その他の事項を目的として集会する，構成員20名以上の結社は原則として禁止」（291条）するが，この20名という限度規定は，私的領域と公的領域を分ける境界として機能し，市民の社会関係を家族・友人間の私的な領域に限ることを意味するものであったと，高村は述べる。そこには，「ル・シャプリエが中間団体を否認することによって創出しようとした，『個人』『自由』というカテゴリーは全く見いだすことができない」(高村1999: 120)。実際には，結社の認可にあたり個別に柔軟な対応がなされたが[3]，政治結社やクラブの活動は確実に衰退した。この反結社法における公的活動を制限するという側面は，民法典における社団の認可規定にも認められる。

民法典では，金銭に換算可能な利得を分配する目的で契約により結成される「営利組合société」のみが認められ，精神的・倫理的な利益を視野に収めた「非営利社団association」は無視，あるいは排撃された。倫理的な場として存在を認められた団体は「家庭」のみであったが，民法典は，家庭においては家長に権限を集中させた。民法典は市民の社会

---

[3] 1848年まで，結社の結成には県知事の認可が必要だった。だが19世紀を通じて，多くの修道会は結社認可の申請をしないまま，非合法（非届出）結社（association non déclarée）として活動を黙認されていた。

関係を「家庭」と「家庭外」の二本立てにし，家庭には権威主義を適用し，家庭外の活動としては個人的な営利の追求である経済的関係のみを認めたのである。

　高村は以上の刑・民法典の分析を通して，「ナポレオン期における個人像とは，公共的な関心を有し，連帯する『市民 citoyen』ではなく，専ら私的領域に留まって自己利益を追求し，家に向かってのみ家長として振る舞うことができた『私民 homme privé』として描かれていたと言えるだろう」と述べ，その意味で，一連の反結社法を「『公共圏(性)』の国家による簒奪・独占を実現するもの」ととらえている（同論文: 115, 124）。中間団体の廃止により生まれた自由は，その後の法体系の中では公論を形成する政治参加や社会参加の自由にはいたらず，経済的自由にとどまったというのである。だがここではさらに，高村が「結社の自由」と「公共圏の形成」を結びつけて論じている点が注目される。市民によって自由に形成される結社が公共圏の確立を促すという議論は，モーリス・アギュロンの信心会研究の流れをくむものである。

(2) 信心会の伝統

アギュロンは，いかにして民主主義が庶民の間に根付いていったか，公共圏が非－都市部でいかにして形成されていったかという関心に基づく研究を続けているが，その中に，「信心会 confrérie」の伝統を受け継ぐ相互扶助会の機能に注目したものがある（AGULHON 1968）。信心会は14世紀頃に確立されていった平信徒の団体で，自衛的・相互扶助的なものから信心業や慈善事業のためのものまで，その目的は多岐にわたった[4]。信心会に入会を許可されることは社会的なステイタスにかかわっており，都市部では後に，同業組合と結びついていった。中間団体への参加によって自由と権利が保障されるような社会体制下ではグループを作ることが重要であり，信心会も，そのような中間団体の一つとして機能していたと考えられる。なお，1840年代と1870年代には，旧体制への郷愁と資本主義社会批判の高まりの中で，信心会が社会問題の論客の関

　4）　以下に信心会研究の歴史が概説されている: MAYEUR (dir.) 1975: 57-64; VAUCHEZ 1987: 113-122.

心を集めたという。

　アギュロンは，18-19世紀に，ブルジョワ層がサークルやフリー・メイソンなど，個人が平等な資格で集まる非宗教的な組織を結成するようになる一方で，相互扶助組織としての信心会の伝統が労働者階級に受け継がれていったと考えている。19世紀は実は，会員の拠出金によって病気・事故の補償や高齢者・失業者の救済を行う相互扶助会が増大した時代だったのだが（喜安 1994: 133），その会則に含まれる，会員の葬儀に関する規定にアギュロンは注目する。彼はそこに記された，死の床にある者を交代で看護し死者の埋葬と葬儀を行うことを最も重要な義務とする絆のありかた，死者との共同性ともいえる精神こそ，相互扶助会が信心会の継承者であることを示すものだという。

　だがそのような相互扶助会としての側面とは別に，アギュロンは信心会が，公衆の面前で自分の考えをアピールする場，公論を形成する空間としての役割を果たしていくようになったと考えている。そこに集い，発言し，意見を交換することが，政治参加の教育の機会になったというのである[5]。結社法の下では，そのような相互扶助組合が労働運動を担っていた。このように，旧体制下の結社を法的に否定することで旧い紐帯を解体し，新しい社会編成を構築しようとする19世紀の結社政策の下で，信心会の伝統は，人々が集い，助け合い，意見を交換する場の枠組みとして，機能し続けたと考えられる。その役割は，結社の自由が法的に確立されるまで続いた。1864年に刑法典の団結罪が廃止され，経済的要求を掲げる争議のための同盟権が認められるようになった頃から結社の自由が拡大していき，1884年に労働組合が合法化され，1901年のワルデック＝ルソー法により最終的に結社の自由が宣言されたのだが，このとき，宗教結社は適用対象から除外され，修道会は非合法結社として解散を命じられ，修道会系の学校が閉鎖されていった。

　結社とそれに支えられる公共圏，という編成に社会が変化していった時期に，女性が社会の中で占める場についても新しい規範が生まれてい

---

　5) フランス革命前夜から，ブルジョワ層の作る非宗教的サークルも，公の問題を論じ合う公論の訓練の場として機能していたという。リン・ハントは，地方の商人・職人・小売商などが，フリー・メイソンやジャコバン・クラブなどで経験を積むことにより政治に参加していったと，その役割を評価している（ハント 1989: 241, 265ff）。

った。結社に関する規定の展開の中で、それまで男女両性が参加していた信徒会や社交の領域に変化が生じ、19世紀半ばにはサークルやカフェが男性だけの交流の場として構成されていったのである（AGULHON 1977）。

3 女性の社会的立場と公共圏

(1)「家庭」観の確立

ミシェル・ペローやジョーン・ランデスは、フランス革命による社会の社団的編成の改革は集団と個人の関係を変化させただけでなく、その過程で男女イメージと役割分担の固定化を伴う「公／私」の境界改変も行い、その結果、社会の基本単位としての家庭の重要性が生じたと指摘している[6]。女性を社会の中にいかに位置づけるかが、「公／私」をいかに確定するかを左右したというのである。それによれば、社会について論じることは家庭や男女の性差について論じることに他ならなくなり、女性が生殖力・自然と結びつけられて母の役割が再評価され、家庭は市民の再生産・教育装置として確立されて女性の主要な活動領域となった。刑・民法典の結社の規定において「家庭」と「家庭外」が分けられていたように、男女両性の活動領域も分けられたのである。この後、女性は家庭内の私的な事柄に携わるのが自然の定めた役割であるので、女性に固有の場所は私的領域にあり公的領域にはない、という見解に基づく社会編成が確定していった（福井 1995: 186）。

ところで、家庭外での経済的関係に参加することが不適切とみなされるようになったからといって、女性が経済活動をしない存在となったわけではない。1850年頃から生殖が「再生産」という概念で理解されるようになったことで、女性は家庭にとどまることによってこそ、その本性に相応しい正しい経済活動に参加することになるとみなされるようにな

---

 6) フランス革命前後における公共圏の形成と女性の社会的立場の変化の関係については、ランデスの研究が大変参考になった。また、以下の記述も参照している：バダンテール 1998; デュビィ、ペロー 1996; フレス 1996; ゴディノー 1996; LANDES 1988; ミシュレ 1981, 1991.

(2) 医学における女性イメージ：感受性

女性の活動の場が家庭と定められることと，女性の政治活動からの排除は，同時に進行した。1791-93年にかけて全国の地方都市で女性の政治クラブが結成されたが，「女性は私的機能を果たすものと自然によって定められて」いるという理由で禁止されていった（HUNT 1992: 118f）。1793年，女性クラブは非合法化され，1795年には議会の傍聴，集会や街頭行動への参加も禁止された。「19世紀を通じて展開してゆく公と私の領域区分の発想は，公の空間を政治的区間として専ら男性に割り当てるように進んだ」（ibid.: 186）。

リーパは，19世紀半ばに強制収容の対象となった女性たちの研究の中で，女性の権利要求や政治参加の試みが，家庭や社会構造に関する反自然的な考えを抱く「政治的狂気」として収容の対象になった例をあげている（リーパ1993: 43）。彼女は，マクシム・デュ・カンが「パリ・コミューンで戦ったほとんどすべての不幸な女たちは，精神科医が〈病人〉と呼ぶものである」と述べたことを紹介しているが（同書: 50-55），ルルドの〈医学審査局〉局長を務めたボワサリー医師が奇蹟的治癒事例を紹介した著作の中に，コミューンの女戦士（他の「病い」は患っていない）の回心例が入っていたことは，この文脈においたときに初めて理解できる（BOISSARIE 1909: 153-159）。公的要求を掲げて街頭に出て行く行為を狂気とみなすことは，公の場，外に出ていくことの禁止と一体となっている。外に出ようとする女性は，収監されなければならなかったのである。

このような法的措置は，科学的な言説によって支えられていた。当時の女性イメージを医学の領域において自然化[7]した言説の代表者として，

---

7) 近代医学が作り上げた女性イメージの分析の中で，ジョーダノヴァは「自然化 naturalization」という語を用いながら，それを「概念，理論，経験，言語等々が『自然な』ものという性質を帯びることにより，その慣習的，伝統的，社会的特徴が隠蔽されるプロセスを指す」と説明している。このような見方は，正常と異常，自然と不自然を分けることは文化的・権力的な行為であると認識する歴史学の流れに属する（ジョーダノヴァ 2001: 17）。

リーパはブリケをあげている。シャルコに影響を与えたといわれるブリケは，1859年に出版された『ヒステリーの臨床治療概論』のなかで，ヒステリー患者に見られるような過剰な感受性は女性が本来もっている感受性が誇張されたものにすぎない，という本性説を唱えた。女性は，自然が自らに与えた生殖に代表される使命を果たすために，「感情的印象を甚だ受け入れやすくなければならず，またあらゆるものを自らのうちに感ずる能力を持たざるを得ない」（リーパ 前掲書: 209ff）。このような科学的見解に支えられて，女性には，自己犠牲と献身をその行為の特徴とする，「他者との関係に生きる利他的存在」という本性があたえられた（ジョルジョ 1996: 327）。「家庭／私的／感受性／利他性／女性」という結びつきが，当時の社会編成が自然に適っていることの論拠とされていくのである。

(3) 男性イメージ：閉ざされた自己

ところで，このような女性イメージは単独で成立したものではなく，対となる男性イメージを伴っていた。ただしそれは「男性イメージ」としてではなく，「普遍的人間イメージ」として語られてきた。現在，「身体」や「自我」は普遍的なものではなく歴史的に構成された概念である，という立場の研究として最も参照されることが多いのは，ノルベルト・エリアスによる身体・情感にまつわる社会規範の歴史研究であろう。だが最近，そこで考察された「近代人＝孤立した人間」が，実は文化の基準としての「男性的自我・身体」であることが問題視されるようになってきた。ウートラムは，エリアスが考察した「あるべき近代人」が「理想の男性イメージ」に他ならなかったことを，フランス革命期の男女イメージの分析において検証している（ウートラム 1993: 17-51）[8]。

エリアスは，近代ヨーロッパにおける「近代人」の自己経験の特徴を，自己という「内面」と「外部世界」との間に明確な境界線を引く孤立の意識，自己閉塞の感情にあると考えている（エリアス 1978: 31-52）。そのような自己経験は，「他者から独立して自由に存在する」個人，「自主的

---

　8) 日本でも荻野美穂や二宮宏之が，身体史の領域で「男性身体」というテーマが看過されてきたことの問題点を指摘している（二宮 1995: 73f）。

に決定を下す」個人という理想像に対応している。他者によって乱されない「閉ざされた個人」と，それに基づく個人の内面の権利や裁量権という主権の姿は，神秘的肢体が外部からの侵害に対して閉じていることを根拠に，その内部に関する独占的・絶対的主権を主張していたことを思い起こさせる。

第2章の終わりで見たように，神秘的肢体論は「主権の基体」を表す概念として機能していた。そのような前史があるところで，近代に主権が個人のものになった時，個人の身体が主権の確かな基体となるべく，神秘的肢体の末裔として閉じていなければならなかったとしても不思議はない。被昇天会創設者ダルゾン神父は，ルソーとスアレス[9]の主権観を比較しながら，「ルソーは主権が各個人に帰属すると主張しているが，スアレスは反対に，一つの身体としての人民に主権があるといっている」と述べて，後者を支持している (MAYEUR 1986: 145f)。ダルゾン神父にとって，主権の基体として相応しいのは，脆弱な個別の身体ではなく，個人を超えて永続する神秘的肢体であり続けたが，近代社会は，個別の男性身体もまた堅牢であると主張することで，それに主権を与えることを正当化しようとしたのではないかと思われる。

このような近代的自己イメージは，ブリケによって定式化されたような女性イメージの対極にある。女性に対する「よき妻・母であれ」という規範は，自らの身体と気遣いを他者の便宜を図ることに向けよという，生殖の場面で顕著となる強制となり，男性の場合とは逆に，開かれ受け入れ明け渡すことを「本性」として要求する。そのような閉じられることのない身体と感受性は，主権の基体には相応しくないと結論されることになったのではないか。男女両性の理想像は，このように対照的な形で構築されていったと考えられるのである。

(4) 社会学における男女イメージと社会編成

一方，当時の男女イメージを，自然な社会編成と関係づけながら，社会学の領域において学問的言説により客観事実化したのが，テンニエスで

---

9) スアレス Francisco Suárez (1548-1617) はスペインの神学者で，国際法の創始者の一人。

あった（テンニエス 1957）[10]。1887年に出版された『ゲマインシャフトとゲゼルシャフト』は、「・自・然・的・な・結・合・体と，・文・化・的あるいは・人・為・的・な・統・一・体」〔強調は原文による〕を厳格に区別する理論の構築をめざしたもので，そこではまず社会関係が「人為的／自然的」の違いによって類型化され，さらに「男性的／女性的」意志という対概念が導入されて，「年長／若輩」「教養階級／庶民階級」などの間に横たわる「本源的な対照関係」といわれるものが説明され，様々な集団が類型化されていく。

　テンニエスは，社会は人為的・自然的という二種類の結合形態から成り立ち，その区別がしっかりと維持されることによって安定すると考えており，そこから，男女の活動領域が混同されることを危険視している。特に，女性が家庭外の労働を通して契約関係に参入し「市民的解放を獲得する」と，自然的・女性的紐帯が損なわれ，婚姻が合意によって解消可能な市民的契約になってしまうことで社会が崩壊すると危惧している。テンニエスにおいては，男女両性の本質の違いが二種類の社会的結合の別を生み，その違いが，集団の類型と活動領域の違いを生むと考えられているのである。「女性が自由にのびのびと活動しうる場所は，家庭や自分の部屋や友達の部屋であって，市場でも巷でもない。……『旅をしない職人は旅する娘と同じである』という言葉がかつて職人たちの口に上った」（テンニエス 1957 下: 68）。

　このように，家庭外での活動が不適切であるとみなされていた中で，女性は慈善という方法によって公的領域での活動を行っていた。ペローとジョルジオは慈善活動を女性が外に出る合法的手段であったと評価しているが（ジョルジオ 前掲論文: 293; ペロー 1996: 715），慈善の意義はそれだけにとどまらないと考えられる。テンニエスの議論に照らした場合，慈善は家庭的結合を生む女性的・私的紐帯が公の場に出て行くこと，公の場での人と人との関係のあり方に揺さぶりをかけるものとみなしうるからである。なおテンニエスは，先の引用に続けて次のように書いている。「女性の仕事はすべて，外に向かう活動よりはむしろ内に向かう創造である。女性にとっては，活動の目的は働くことそれ自体にあるのであって，活動の結果にあるのではない。従って，奉仕をすることで完結

---

10) テンニエスは1894年にパリの万国社会学院会員に選ばれている（1957 下: 218）。

されてしまって，奉仕の結果として一物をも決して持ち得ないような献身的な奉仕は，女性の職分であるように思われる」(テンニエス 同上)。ここでは，外に出ていくこととしての活動や結果を生む仕事と，内に向かう創造としての奉仕が対比されている。

このような人間の活動の類型化や，あるべき男女イメージ，それぞれの性にとって適切な参入空間や適切な言動についての規範，さらには，人と人とのつながりの男女別の類型が，ルルド巡礼の世界では「上流男性の組織であるオスピタリテの奉仕活動」を通して反省され変化していく。その様子を見る前に，まず，慈善とはどのような行為とみなされていたのかを，当時の紐帯観や福祉事業と関係づけながら概説する。

II 社会的紐帯と救済事業[11]

1 カトリック世界の「慈善」と「隣人愛」

マユールは，19世紀に進展した公教育の非キリスト教化や政教分離を「公共サービスの世俗化」と呼んでいるが (MAYEUR 1988: 207)，慈善の領域では16世紀以来，王権による〈救貧事務所 Grand bureau des pauvres〉の開設など，救済事業への世俗権力の関与が進展していた。17世紀後半には治安上の対策として，ここに都市の貧者や物乞いが強制収容されるようになるが，このとき物乞いの面倒を個人的にみるというような私的慈善は，公的救済事業の障害になるとして禁じられた。慈善は国策としての救済事業と対立するものとみなされたのである。

その同じ17世紀に聖ヴァンサン・ド・ポールによって活性化された一連の活動は，近代カトリック世界における慈善活動のモデルとなった。

---

11) 以下は主に次の記述を参照している：林 1999; DUPRAT 1993.

聖ヴァンサン・ド・ポールは宗教改革後の混乱期に，慈善によってカトリック精神に基づく社会秩序を立て直そうと，貧者の訪問を中心とする活動を行った。カトリック世界には伝統的に「貧者の聖性」の観念があるが，聖ヴァンサン・ド・ポールもまた貧者の中に神を認め，貧者に接することは神に近づくことであると説き，人々が直接貧者のもとへ赴くことを重視した。1617年には彼の指導の下に，富裕な篤志家婦人の訪問看護組織である〈愛徳婦人会〉が組織された。パリではこの会をモデルに訪問看護システムが確立され，旧体制末期まで，教区単位で慈善活動が行われていた。

この慈善には，三つの特徴がある。

第一に，貧者のもとに赴く，貧者に近づくという活動理念。これは，上述の救貧事務所にみられるような，分離と収監に基づく政策と対照的である。それは，キリストとしての貧者のもとへ赴いてキリストと絆を結び，キリストを介して貧者と絆を結ぶという，紐帯を作り出す実践なのである。

第二に，階級差を前提とした，富者から貧者へという一方向性をもつこと。そのような慈善は，富めるものに課せられる社会的責任と慈善の義務，「ノブレス・オブリージュ Noblesse oblige」（貴族の「身分」は，その者に義務を課す，の意）と呼ばれる規範の実践の一つとして，旧体制下に富の再分配機能を果たしていた。だが慈善は，その経済的な効果だけを目標にしていたわけではない。カトリックの伝統的社会観は，富者が貧者に施し貧者が富者に感謝することで，社会秩序の安寧を得られると教えてきた。慈善は，二つの隔たった社会階層間に絆を生み出す実践として，奨励されていたのである。

第三に，カトリック教会傘下の慈善団体では，支援対象の選別が行われた。家庭訪問員が調査を行い，物乞い，飲酒・賭博癖のあるもの，身持ちの悪い女性などだけでなく，高利貸しや，劇場などの娯楽に携わる者まで，カトリックの道徳規範に照らして不適切な生活を送るものには，救いの手がさしのべられなかった。そこでは，同じカトリック世界の適切な一員であるかどうかが，第一に問われていた。そのような慈善とは，同じ規範を重んじ同じ世界に属す仲間内での支援であり，適切な生活と関係（神と人，人と人との）を重視する，それ自体「適切な関係を発生

させるための営み」だったのである。

そしてそこで求められる適切な関係，神と人，人と人との本源的な紐帯が，「隣人愛」と呼ばれるものである。隣人愛は，神の愛に由来し，神によって命じられ喚起される，人にとって外在的なものであり，人はそれを神や他者から受け取り，他者に受け渡していく。人は神ゆえに隣人を愛することができるだけでなく，愛さねばならない。慈善とは，そのような神の愛の授受に基づく隣人愛としての社会的紐帯・秩序を存在せしめる実践と考えられたのである。それゆえ，その論理的帰結として，神の愛の授受を否定・拒否する者（神を否定する者）に対しては，救いの手をさしのべる（神の愛を受け取らせる）ことは不可能だということになる。

19世紀のカトリック篤志家女性たちは，この慈善の伝統を受け継いでいた（スミス 1994: 153-159）。それは，社会的な効用をめざすよりも，カトリック教徒として正しい生き方を支援し，自らそのような生き方の手本になることを目標としていた。スミスは，「自分自身の肉体的な実在こそが，女性の慈善活動を動機づける」ものであったというが，具体的な人から人への授受の行為を通して関係を形成するためのものであればこそ，慈善活動においては，その場に居合わせることが必要不可欠だったのである。

ところでスミスは，女性たちは男性が行う「官僚的な福祉制度の非人格的な運営」を軽蔑していたとも書いている。ここで慈善と対比されている福祉は，どのような理念に基づくものなのであろうか。

2 共和国の福祉事業

慈善が，同じ世界の適切な一員に対してなされる仲間の扶助であったのに対し，共和国政府は救貧を，人権の理念に基づいて構想していった（林 1999: 121f）。カトリックの慈善事業におけるような救済対象の選別は厳しく非難され，かわって万人に対し，人として当然の生活を送る権利としての生存権が等しく保障された。このような平等性の原則に基づいて行われる社会福祉事業は，国の救済義務と国民の被救済権の枠組み

でとらえられるので[12]，そこでは慈善の場合のように関係の適切さが問われることはない。それ以前に，「公的扶助など社会権の方向に向かう措置は，〔道義上の義務としての〕友愛ではなく平等の観念でとらえられ」，「個人的権利の延長と考えられていた」といわれるように（オズーフ 1995b: 1185），その基本理念には「関係」という契機自体が欠けていると考えられる。

現在，経済学では福祉を，生活の物的側面の保障，すなわち「貨幣尺度による経済的厚生（economic welfare）」の問題としてとらえている（板東他 1983）。それは，働くことができず労働市場から除外された者の，個人消費の水準の保障を目的とする。そのようにとらえられた生存権は「消費生活の権利」であるため，そこに社会関係という契機が関与することはない。また生存権は自然権であるため，その行使にあたって他の何らかの条件が要請されてはならず，それゆえその権利を保障するために「適切な関係」に参加する必要があってはならない。「権利」に基づく福祉は，慈善のようには「適切な関係」を要請しないのである。「権利」と「適切な関係」は，救貧の現場では対抗的な関係にあるということができるかもしれない。

だが他方で，共和国政府の行う支援は，生産的な社会にとって有益かつ効率的な，経済的効果を求めてもいる。それは，労働力の確保をめざす社会的な対策でもあり，働く能力のある者は生産・経済活動に参加する義務があることを，そのような支援は暗に示している。慈善が「恩寵の授受への参加」を条件としたように，福祉事業は「経済システムへの参加の意思」を問うているようにみえる。自然権やそれに基づく福祉といえど，それを享受するためにはやはり，しかるべきルールの世界の適切な参加者でなければならないという現実があるように思われる。だが，経済的関係に参加することによっては，紐帯は生まれない。同時代の思想家たちも，そのことに頭を痛めていた。

---

12) 1790年4月の議会で「国の救済義務と国民の被救済権」が表明され，これに基づいて1793-94年に救貧院と慈善事業施設が国有化されたが，1796年にはもとの運営体制に戻された。

3 共和国の社会的紐帯観

(1) 友 愛

平等性の原則に基づいて権利としての社会福祉事業が構想されていく一方で，興味深い祭典がジャコバン政府によって企画された。社会的な徳としての「友愛」とは何かを人々に知らしめる目的で，1794年にフランス各地で行われた〈不幸な者の祭典 la fête du Malheur〉である（DU-PRAT 1993: 332, 353）。祭典では，貧しい者に対する態度が徳の有無を示すとして，高齢者・女性・貧窮者の「弱さ」に敬意が払われ，年齢・性別・職業を超えた連帯の徳が強調された。この祭典の必要性が，社会福祉事業とは別に認識されたことの意味は重要である。それは，権利としての救済によっては連帯は生まれないと感じられていたこと，救済が個人の権利に基づいて行われた場合，他者への関心としての社会的紐帯は他の方法で作られねばならないと感じられていたことを，示していると考えられるからである。

社団的編成の解体により経済的自由は実現したが，それは社会的紐帯の破壊としても現れた。革命後のフランス社会では自由と紐帯の両立が課題となり，さまざまな思想家が，自律した個人がいかにして一つの社会を作るかを論じたが，「すべての学説が，人間の他者に対する義務が契約に由来することを認めるのを嫌った」（オズーフ 前掲論文: 1181）。そして啓蒙の理念は，その答を「博愛」や「友愛」に求めたのである[13]。それは，神という外部の原因を持つ隣人愛とは異なり，社会的存在としての人間がもつ自然な性向，理性に基づく内在的な徳目，さらに，単なる感情ではなく，他者の痛みを和らげたいという欲求，行動への動機づけであるとされた。また「博愛」はフリー・メイソン[14]のロッジ（集会

---

13) 林によれば，社会的紐帯を評価する観念・語彙は，旧体制下では「博愛 philanthropie」，革命期には「友愛 fraternité」，第三共和政においては「社会的連帯（solidarité sociale）」というように時代とともに変化し，現在では「共に生きる vivre ensemble」という表現が用いられるという（前掲書: iii, 281）。本章では，共和国を支える理念の一つとして採用された「友愛」を中心に論じる。

所）から普及・大衆化した言葉であったため，メイソン的な，対等な仲間の間の紐帯というニュアンスを帯びていたという（DUPRAT op. cit.: XXXI）。なお，友愛についての議論が活発になされたのも，ジャコバン・クラブという新しい形のグループにおいてであった（林 前掲書: 87）。

だが革命の初期には，「自由」と「平等」に比べ，「友愛」は言及されることが少なかった（オズーフ 前掲論文: 1173）。諸権利に属す前二者に対し，道徳上の義務に属す友愛はキリスト教的な価値にも通じているため，旧体制を否定する革命の原理として前面に押し出しにくかったのではないかと推測される。だが同時に，たとえば1792-94年にかけて，友愛が「『われわれ』と『かれら』を明確に定め」，敵と味方を分かつ選別と排除の原理として作用したことも（HUNT 1992: 13），友愛を価値として称揚することをためらわせた原因と考えられる。万人が持つ内在的な徳というだけでは，万人を，「わたしたち」と「かれら」を，結びつけるとは限らないのである。また反結社的政策にとっても，友愛は御しやすい価値ではなかったはずである。

この状況は19世紀半ばに変化する。1848年の第二共和政憲法前文に，初めて友愛も含めた三原理が書き込まれたが，これは結社の合法化と同じ時期のことであった。1840年代以降，産業革命の進行と経済発展に伴い社会的結合関係が変化し，社会問題が深刻化したことで，人と人とのつながりの問題にも新たな展開があったのである。以後，共和派もカトリック派も友愛を価値として称揚するようになるが，その解釈は異なっていたとオズーフは述べている。「ミシュレにとって，友愛とは自由と平等の完成＝乗り越えである。ルイ・ブランにとって，またビュシェにとって，友愛とは自由と平等の異議申し立てである」（オズーフ 前掲論文: 1183）。いずれにせよ，権利の「個人性」を乗り越える原理としての

14）フリー・メイソンは，石工の同業組合を起源とする職業的団体であったといわれる。17世紀にイギリスの石工メイソンが，司法官や有識者などの教養層に集会への参加を認めたことから，近代の思想的フリー・メイソンが始まったと考えられている。博愛主義を掲げて宗教の多様性を認め，あらゆる職業・階層・人種（ただし男性のみ）に開かれた，自由な発言と交流が行われる啓蒙精神の実践の場となった。1893年にパリで初の男女混成ロッジが創設され，女性が正式会員に迎えられた（ヌフォンテーヌ 1996）。

意義が，友愛に認められていったといえるであろう。テンニエスが社会的結合の類型論をまとめた背景にも，紐帯・結合を取り巻く同様の状況があったと考えられる。

(2)「経済的関係」と「家庭(家族的関係)」

宗教と社会的紐帯について考察したデュルケムもまた，功利主義的個人主義の克服を目指していた。宮島によれば，その議論の特徴は，「社会的なもの」と「経済的なもの」を対置するところにあるという(宮島 1977)。それが端的に表れているのが，1895年に出版された『社会学的方法の規準』の中の，次の一節である。「純然たる経済的諸関係は，人間を互いに外部的関係におく (laissent les hommes en dehors les uns des autres) ものであるから，人はそのために集合的生活に参加することなしに (sans participer……à la même existance collective) よくこの関係を維持することができる」(デュルケム 1978: 223; DURKHEIM 1988: 206)。これは，契約・交換関係を特徴とする経済的・外部的関係と集合的生活は異なり，経済活動は人間を外的に関係づけるが紐帯は生まないという見解，すなわち，「経済」と「紐帯」を二分する立場である[15]。

テンニエスとデュルケムという二人の社会学者は，経済活動という外的行為によっては紐帯は生まれないという点では意見を同じくするが，紐帯が何に由来するかについては考えが異なる。それは「自然」に属するというテンニエスは，啓蒙主義期の博愛論者の流れをくむと考えられるが，儀礼的共同行為(集団的沸騰)への参加・経験を重視するデュルケムの立場は，〈不幸な者の祭典〉の必要性を感じていたジャコバン派，

---

15) だが「経済関係」というよりも，厳密には「資本主義的関係」といった方がよいのではないかと思われる。水林によれば，ナポレオン商法典には商法と民法の対比があり(「売りのための買い」という資本主義的行為は「商事行為」，「通常の商品交換」は「民事行為」と区別されている)，〈資本家的市場〉と〈市民的市場〉は矛盾・対抗関係にあるという認識がみられるという。非資本主義的交換行為の場における問題は，民事訴訟として治安判事の下での調停を義務づけられていたが，治安判事は「法律の専門的知識を持たない，地域の名望家であったと考えられる。民事的世界の紛争は，厳密な意味での法的解決以前に，地域の人格権威による非法的解決手段にゆだねられていた」(水林 1997: 89)。それは家父長制的解決であり，そのことから，通常の交換行為は資本主義的な経済関係ではなく，家庭的な社会関係とみなされていたと考えられるのである。

さらには，隣人愛は実践によって現出すると考えていたカトリックの世界観に，近いように思われる。

　だが，共和国の社会的紐帯観を考える時に忘れてならないのは，ペローやランデスが指摘していた，家庭・家族論の重要性である。共和国の法体系と社会観が，人と人との関係を「経済的・外部的関係」と「家庭（家族的関係）」に二分し，そのように構想された社会で「経済的・外部的関係」と「社会的結合関係」が対比されたならば，それは，それぞれ「経済的・外部的関係」と対照的に位置づけられた「家庭」と「社会的結合関係」を，接近させることになったと考えられる。そのような観念連合の中で，非経済的・集合的・社会的結合と紐帯は，家庭において，その中心的存在である女性によって，育まれ維持され教え伝えられていくものとされたと，推測されるのである。家庭が，社会の基本単位として，また市民の教育の場として重視されたこと，市民教育における「母」の役割が評価されたことは，社会的紐帯と家庭が結びつけられたことの証左ではないかと思われる。また，家庭と社会的結合関係が結びついた場合，紐帯の公的・外部的性格は弱まることになり，そのことが，友愛の公的価値の評価の遅れに影響を与えた可能性がある。あるいは，友愛はいったん内輪化した社会的紐帯を，外部化する観念として再評価されたとも考えられる。「家庭」について論じることで済ませていた時代から，「友愛」という観念を別にたてる必要性が認知された時代へと，移っていったのではないか。家庭を論じることと社会を論じることが同義であったといわれているが，それが同義であった理由を，社会的紐帯観との関係から考察する必要があるであろう。

III　社会的カトリシズム[16]

共和国の社会福祉事業と同じく，権利の観念に基づいて社会改革をめざしたのが，社会的カトリックの潮流である。単なる労働者の生活改善運

動にとどまらず,労働組合運動や諸団体の設立を通して自由主義経済の問題を討議し,社会問題全般について提言を行おうとする政治的活動であった。実はこの潮流は,リベラル・カトリックではなく,革命が主張した自由主義・個人主義と資本主義を批判する,保守・反動の中から生まれた。

マユールは,社会的カトリシズムを三期に分けている。第一は,1848年にフレデリック・オザナム,ラコルデール神父と,『新時代 *L'Ere nouvelle*』紙の周囲に集まった人々に代表される,キリスト教民主主義の時代である。まだ農業国であったフランスで,いち早く労働問題に取り組んだ先駆的世代とみなされている。第二は,教皇レオ XIII 世が公布した回勅 *Rerum novarum* に代表される,個人主義の拒否が中間団体の再評価(コルポラティスム)という形で展開した時期で,アルベール・ド・マンやレオン・アルメルの労働組合運動によって特徴づけられる。第三は,20世紀以降の自由主義的キリスト教への転換期である。聖職者や活動家が,社会民主主義の実践を通じて,家父長的・位階的な社会から平等主義的な社会へとその理想を変化させていき,〈フランス・カトリック青年同盟〉に代表される平信徒活動が開花した。以下では主に,ルルドのオスピタリテ活動に関係の深い第一・二期を概観する。

1 慈善の伝統:〈聖ヴァンサン・ド・ポール会〉

19世紀のフランス・カトリック世界で,慈善がもつ絆を作る力を再評価したのが,フレデリック・オザナムであった[17]。彼の活動の軌跡は,慈善から社会的カトリシズムへの歴史的展開を示している。

オザナムは,慈善によって生まれる絆こそ最も固い絆であると考え,自らが中心的メンバーとなっていた勉強会の仲間とともに,1833年,〈聖ヴァンサン・ド・ポール会 Société de St. Vincent de Paul〉を創設

---

16) 以下は主に次の記述を参照している: CHOLVY 1991: 37-52; MAYEUR 1986: 129-139; 柴田・樺山・福井 1995.
17) 以下は主に次の記述を参照している: GOBRY 1997: 99-106, 117-141; SICARD 1991.

した。これは，先述の聖ヴァンサン・ド・ポールの志を受け継ぐ慈善団体で，その活動の中心は貧者の家庭訪問にあった。

だが会の第一の目的は，カトリックを信仰する男子学生たちを束ね，正しい信仰生活を送る支えとなることにあった。1853年の講演で，オザナムは次のように述べている。「私たちの活動の最大の目的は，貧者を助けることではありません。それは，手段にすぎないのです。私たちの目的は，カトリックの信仰を堅固にすること，そして慈善によって，それを他の人々に伝えていくことです」(GOBRY 1997: 121)。このように活動の主目的は，貧者への奉仕にではなく，会員自身の徳育と横のつながりにあり，その意味で，活動の真の受益者は奉仕者たちであったといえる。会則には，参加を希望するすべての若きキリスト教徒を受け入れると記されているが，当初新規会員の募集範囲は限られていたという (CHOLVY 1991: 38)[18]。なお，慈善は女性の活動とされていた時代に，聖ヴァンサン・ド・ポール会は男性のみに開かれた団体であったが，以下の逸話が，その説明として機能していた可能性がある。それによれば，聖ヴァンサン・ド・ポール会の初代会長バイイーの妻は，かつてロザリー修道女に請われて貧者の家庭訪問を試みたことがあったが，快く迎えられずに落胆し，夫ともども「これは女の仕事ではない。若い男性でなければつとまらない」といってあきらめたことがあったという (BAUNARD 1913: 94f)。ここには，貧者の訪問は男性の仕事である，というメッセージが込められている。

会の第二の目的は，富者と貧者が触れ合うことにより，二つの隔たった階級間に，貧者に対する富者の厚情と富者に対する貧者の感謝の念という形で，社会的紐帯を生まれさせることであった。これは，ノブレス・オブリージュの伝統を受け継ぐものである。会の活動では，パンやさまざまな援助以上に良き本と助言を与えるべし，というように霊的な支援が重視されていたが，ここには，貧者が神の秩序の内に正しく生きることができるよう教え導くという，カトリック的な理想が表れている。

このように，聖ヴァンサン・ド・ポール会の活動においてめざされた

---

[18] 会員は1848年には1万人，1861年には32,500人を数えた。なお，会は1969年になって，女性の組織と合併した。

III 社会的カトリシズム

適切な社会関係は，カトリック青年が作る対等な「わたしたち」同士の横の関係と，貧者である「かれら」との上下関係に二重化されていた。慈善は階級差のある社会に，「同士の支え合い」と「他者への関心」という二種の紐帯を生むことを期待されたのである。もちろんそれは，神の愛の授受により「諸聖人の通功の教義を実践するもの」であった（GOBRY op. cit.: 137）。だが，貧者との実際の交流が，活動の方向を変化させていく。

オザナムは1836年には，神を直接見ることはできないが貧者を介することで「指や手でその傷に触れることができる，茨の冠の傷跡を彼らの額に見ることができる」と書き，貧者を通してキリストに出会い奉仕するという伝統的な貧者イメージを語っていた。その彼が，「上流階級の若者は……悲惨な人々を見なければならない」といい，「貧者を目の当たりにすること（le spectacle des pauvres）」の意義を強調するようになっていく（ibid.: 130）。オザナムは，慈善では解決できない自由主義経済の問題点を指摘するようになり，1848年にラコルデール神父のグループとともに『新時代』を創刊して社会改革を訴えるようになるが，その紙上で労働者の窮状を訴え，読者に，想像力をもち行動を起こすよう迫っている。

この姿勢の萌芽は，1835年に出版された著書，『キリスト教の進歩について』にすでに認められる。その中でオザナムは，「慈善とは，良きサマリア人のことである」と書いている（ibid.: 106）。後述するように，福音書に描かれた「良きサマリア人」とのこの類比は，慈善に対し，目にした悲惨のそばを黙って通り過ぎず正義のために行動を起こす，という性格を付与するものであり，そこには，上述の二種類の適切な社会関係とは異なる側面が認められる。サマリア人と彼が助ける旅人の関係は，相互扶助の義務を負った対等な仲間である「わたしたち」の紐帯とも，ノブレス・オブリージュの対象としての「かれら」との関係とも，異なっているのである。オスピタリテの歴史においても，この「二種類の紐帯」から「サマリア人的行為」への展開が，重要な意味を持つことになる。

2 社会・経済問題への取り組み

第二世代は，アルベール・ド・マンやレオン・アルメルに率いられた労働組合運動によって特徴づけられる（CHRISTOPHE 1995; 教史 vol. 9: 281-319）。1871年，アルベール・ド・マンとルネ・ド・ラ・トゥール・デュ・パンは，パリ・コミューン後の社会構想として，同業組合をモデルに社会の指導者層と労働者層の協調をめざし，〈カトリック労働者教育事業団 Œuvre des Cercles catholiques d'ouvriers〉を創設した。ド・マンは1876年に下院議員に選出され，労働条件改善のために働いたものの，経営者が慈愛の心を持って労働者を導いていくという家父長制的労使混成組合モデル（資本家と労働者の双方が参加する組合）が広範な支持を得ることはなく，運動自体は1885年頃に頭打ちになった。それにかわるかのように，1886年にド・マンの後ろ盾で，より平等主義的な〈フランス・カトリック青年同盟 Association catholique de la jeunesse française〉〔以下ACJFと略記〕が設立され，ここからさまざまな平信徒活動が生まれていった。一方のアルメルは，初めカトリック労働者教育事業団に参加していたが後に彼らと袂を分かち，労働者が自ら主導する労働組合や自主的な運動を組織・支援していった。

ここで問題になっていることは，聖ヴァンサン・ド・ポール会にもみられた紐帯の二重性にかかわっている。混成組合か労働組合かという問題は，誰と誰を束ねて「わたしたち」を作ることが問題解決にとって最も適切なのか，誰を「わたしたち」とし「かれら」とすることが適切なのか，「わたしたち」と「かれら」の間にどのような関係を設定することが社会正義の実現にとって望ましいのか，というような，境界の設定と紐帯の結び方にかかわっているのである。混成組合の支持者は，労使を分けることで階級間の分断・対立が起こると考える伝統的な紐帯観をとるのに対し，労働組合支持者は，利害を同じくするものが結社を作ることによって初めて，よりよく自身の問題を解決することができると考える。後者は，混成組合を作ったところで，その内部には対等ではない二つのグループとして「わたしたち」と「かれら」が存在し続け，望ま

しい「わたしたち」が形成されることはないと考えるのである。労使が対等であるためには，まず労働者のグループが確立されることが重要である，という立場は，第5章で取り上げる傷病者のカテゴリー化の問題にも関係している。

組合のあり方についての立場は異なっていたが，ド・マンとアルメルが一致して行動することもあった。アルメルの推進する〈労働者のローマ巡礼 pèlerinage du Travail à Rome〉に，1887年にはド・マンも参加し，100人の工場主，1,400人の労働者と300人の司祭による巡礼を成功させた（GOUPIL〔s. d.〕)。このとき彼らを迎えた新教皇レオ XIII 世が，1891年に社会回勅 Rerum novarum を公布したのである。

この回勅で教皇は，共和政を政治体制として承認し，カトリック教会はその中で社会的な役割を果たしていかなければならないとするラリマン (ralliement) の立場を明確にした。そこで示された，中間団体からなる社団的編成の社会を自由主義経済でも社会主義でもない第三の道として評価する「コルポラティスム」の姿勢は，1884年に公布された反フリー・メイソンの回勅 Humanum gemus から第二次世界大戦まで，変わることはなかった。この回勅後カトリック教会は，労働・経済・政治問題の全般に向き合う，あるべき社会像を模索する幅広い活動をめざしていくが，それは，近代という新しい環境の中で，社会的影響力をもつ公共宗教として自らを立て直そうとする覚悟と努力の表れであった。

この第二世代の活動を通して，カトリック世界では平信徒活動の意義が徐々に認められるようになっていった。マユールは，ディジョン司教ダドルが1907年4月14日に「労働者の将来」と題して行った説教で，「オザナムと聖ヴァンサン・ド・ポール会，ド・マン伯爵と労働者サークルは，平信徒使徒職への道を開いた」と述べたことを紹介している (*La Séparation de l'Eglise et de l'Etat* 1966: 189)。また，教皇レオ XIII 世の支援を受けて，19世紀末に発展した平信徒組織もあった。〈フランシスコ会第三会〉である (MAYEUR 1986: 193-207)。

そもそも「第三会」とは，平信徒団体の序列において信心会・大信心会の上に位置する最高位の組織で，『教会法典』702条によれば[19]，「世

---

19) 引用は，1917年5月27日に公布，1918年5月19日に施行されたものからで，今

俗にあって，ある盛式修道会の支配のもとに，その修道会の精神に基づき，使徒座が各員のために承認した規則に従い，世俗の生活に適した方法でキリスト教的完徳に達するために努力する」在俗修道会である。フランシスコ会第三会はフランシスコ会に連なるものであることから，その「清貧」の霊性に導かれて，貧しさの問題に関心を向けていったと考えられる。レオ XIII 世は，1882年と1884年の回勅で二度にわたって支持を表明し，会の発展を促した。初期の労働組合運動で重要な役割を果たし，1895年には，フランシスコ会第三会が開催した会議の場で，労働組合を推すアルメル（第三会会員）と混成組合派カミーユ・フロン・ヴローとの間で調整が試みられている。

1893年7月，ACJF の会員が創刊した反資本主義の雑誌『二十世紀 Le XXe siècle』とアルメルの主導で，フランシスコ会第三会の果たすべき役割と展望を話し合う会議が催され，さまざまな社会問題が検討された。会議は翌年以降も毎年開催され，社会的カトリックの潮流の中で重要な役割を果たしたが，信心会としての分を守るようにと教皇から忠告を受けた後は自粛ムードが強まり，1900年に『二十世紀』が廃刊になると会議も開かれなくなった。だがその後も，〈社会週間 Semaines sociales〉[20]の時には第三会の会合がもたれるなど，一定の影響力を保ち続け，数々の平信徒活動を生み出した。

3 被昇天会と社会的カトリシズム

ルルド巡礼は，これらの社会的カトリシズムの潮流と深くかかわっていた。そのことは，被昇天会の主要人物の来歴に認められる。彼らには，さまざまな協会の設立やメディアへの関与という共通点がある。

(1) エマニュエル・ダルゾン[21]

1845年に被昇天会を創設したダルゾン神父 Emmanuel d'Alzon (1810-

回はそれ以前のものは参照できなかった。
　20) 1904年にリヨンで創設された後，毎夏，開催都市をかえて各地の大学で社会問題の研究会を開いた。

1880) は，議員の息子として政治に強い関心を寄せていた。王党派のイメージが強いが，実際は，手紙に「現在の共和主義者はすべてを中央集権化し，あらゆる自由を破壊することしか夢見ていない。それゆえ，合衆国におけるような自由を求めて彼らと闘わねばならない」と書くような，民主的キリスト教ともとれるような思想の持ち主でもあった。1835年，南仏ニームの教会参事会員兼司教総代理に任命され，精力的に社会活動を行い，民衆の教化を目指した。活動の三本柱は，教育，労働問題，出版事業であった。

　教育の分野では，教育の自由（カトリックの聖職者が高等教育に従事する権利）獲得のために先頭に立って闘い，モンタランベールの要請を受けて1850年に公教育諮問委員会のメンバーとなった。フレデリック・ル・プレの著作に親しみ，数々の労働者支援組織を創設し，いち早く聖ヴァンサン・ド・ポール会を支援するなど，労働問題にも早くから関心を示した。生涯にわたる協力者であったマリー・ユージェニー・ド・ジェズ修道女の影響が大きいといわれるが，後述するエマニュエル・バイイーの下に集まった人々との親交の影響も看過できない。

　だが神父の最大の関心は，新聞・出版事業にあった。1848年にパリでラコルデール，オザナムらと共に『新時代』紙の創刊に関わった後，ニームで『万人の自由』紙を創刊し，40年に渡り『世界 L'Univers』紙（ミーニュ神父とエマニュエル・バイイーが創刊）と緊密な関係を保って寄稿やキャンペーンの企画を行うなど，新聞を通して民衆に働きかけ，人々の広範な参加を喚起することで社会を再キリスト教化しようとしていた。第一ヴァチカン公会議では，メルミヨ枢機卿とともに国際通信事務局を組織し，教皇不誤謬派に有利な情報を全世界のカトリック系メディアに配信したというように，意見の公表，世論の形成，人々の動員という，メディアが社会を動かす一連の過程を認識し，それを最大限に活用しようとしていた。1868年に出版の自由が拡大すると（ルルドの聖域機関誌も，この年に創刊された），新聞が安価な大衆の読み物として普

　21）　以下は主に次の記述を参照している: *Catholicisme II*: 386-387; CHOLVY 1982: 323-334; MAYEUR 1986: 141-153: MONSCH 1982〔被昇天会ローマ史料室責任者だったモンシュ神父はこのほかにも数々の論考を著しており，被昇天会の歴史を知る上で大変参考になる〕．

及し，日刊紙を読む習慣が定着するが，被昇天会は，このメディアを活用した修道会として知られている。

(2) バイイー親子

「カトリック・アクションの闘志の典型」と書かれるエマニュエル・ジョゼフ・バイイー・ド・スュルシー Emmanuel Joseph Bailly de Surcy (1794-1860)[22]は，数々のカトリック団体の創設に関わった。1825年，パリに図書館と講義室を備えた〈良き学びの会 Société des bonnees études〉を開設し，1830年に解散を余儀なくされた後も場所の管理を引き継ぎ，その一室で〈歴史研究会〉(思想信条を問わない勉強会)を開いていた。ここに，モンタランベール，オザナム，ダルゾンらが出入りし，この勉強会の仲間たちによって1833年に聖ヴァンサン・ド・ポール会が創設されると，バイイーが初代会長に就任した[23]。なお，バイイーがオザナムとロザリー修道女を引き合わせたことが，会創設のきっかけの一つであったという。

バイイーもメディアに深く関わり，1828年に週刊紙 *Correspondant* を創刊，1830年からは『新時代』にも参加した。1831年に印刷所を開設して日刊紙 *La Tribune catholique* を創刊，1833年に *L'Univers catholique* に改め，1834年からルイ・ヴィヨの着任まで編集長を務めた。このバイイーの志が，ダルゾンを経由し，息子のヴァンサン・ド・ポール・バイイー神父の代に，『巡礼者』と『十字架』という，現在まで発行が続くカトリック系雑誌・新聞として結実したのである。

ヴァンサン・ド・ポール・バイイー神父 Vincent de Paul Bailly (1832-1912)[24]は1860年に被昇天会に入会し，1871年から75年まで〈救いの聖母協会〉事務局長を務め，各地への全国巡礼を率いたのち，『巡礼

---

22) 以下は主に次の記述を参照している: BAUNARD 1913〔この著者は，次にあげるフロン・ヴローに関する著書も著している〕; *Catholicisme II*: 1948; O'MEARA〔n. d.〕: 53-.

23) バイイー家は聖ヴァンサン・ド・ポールと関係が深い。革命中バイイーの父によって隠されていた聖ヴァンサン・ド・ポールの遺体は，バイイーの妻と，彼の弟である修道士ジョゼフ・バイイーによって，パリに運ばれた。

24) 以下は主に次の記述を参照している：CASTEL 1962; CHOLVY, HILAIRE t. II: 126-; MONSCH 1982.

者』と『十字架』の編集責任者となった。週刊誌『巡礼者』は，1873年に〈巡礼協議会〉の機関誌として創刊されたもので，当初は巡礼に関する記事などが掲載された会報にすぎなかったが，1877年にバイイー神父が責任者となった後，改革が行われた。当時〈労働者結社連合 L'Union des œuvres〉の事務総長を務めていたバイイー神父は，この連合の機関誌を通じて労働者層に語りかけようとしたが，その試みは失敗に終わっていた。神父が『巡礼者』の責任者になったのは，ちょうどその頃のことであった。以後，〈救いの聖母協会〉が『巡礼者』の実質的な発行元となるが，巡礼の企画・実施のために作られた〈巡礼協議会〉から労働者支援事業を行っていた〈救いの聖母協会〉への発行元の変更には，この雑誌を労働者階級に向けた雑誌にしようとした神父の意図がみてとれる。その後，広範な一般読者向けのカトリック総合誌を目指したが，ユーモアや挑発を交えた内容が軽薄だという批判がカトリック出版界の内部からも出ていた。実際には定期購読者のほとんどが聖職者だったが，政府高官周辺の女性達へと広まっていき，1878年に行われた，購読者が紹介した人々への一か月間無料配布キャンペーンなどを経て，徐々に読者層を拡げていった。

　1880年代に反教会の動きが激しくなると，カトリック世界が論陣を張るための政治的論争紙の必要性が高まった。カトリック陣営の目には，グレヴィー大統領やジュール・フェリー公教育相の就任は，国家の主要ポストが反教権主義のフリー・メイソンによって占められた一大事と映ったのである。創刊会議でダルゾン神父は「フリー・メイソンはユダヤのたくらみである」と述べ，新しい新聞の目的を「秘密結社，宗教の敵との戦い」と定めた。こうして反フリー・メイソンと反ユダヤが，新しい日刊紙『十字架』の基調となった。1884年以降反ユダヤの論調が激しくなり，1894年からは反ドレフュス，反共和国キャンペーンの中心的存在となった結果，非届出結社として解散を命じられ[25]，フランスから追放されることになった。このとき，被昇天会が運営していた良書出版を引き継いだのが，次にあげるポール・フロン・ヴローであった。

　25）被昇天会も他の修道会同様，政府が要求する結社承認申請をせぬまま，非合法結社として活動を黙認されていた。

なお，ヴァンサン・ド・ポール・バイイー神父の弟であるエマニュエル・バイイー神父 Emmanuel Bailly（1842-1917）は1861年に被昇天会に入会し，オスピタリテの指導司祭を務めた後，〈全国巡礼〉の団長となった。バイイーとその二人の息子が，被昇天会とルルド巡礼に大きな影響を与えたのである。

(3) フロン・ヴロー親子[26]

ポール・フロン・ヴロー Paul Feron-Vrau（1864-1955）は，リールの工場経営者の家に生まれた。リールは繊維産業が盛んな工場労働の先進地域であると同時に，1830年代には人口の半数近くが何らかの扶助を受ける生活困窮者であるような，労働問題の先進地域でもあった[27]。ノール県ではカトリック派ブルジョアジーが影響力を保ち，社会問題に積極的に対処していたが，フロン・ヴロー家の人々はそこで指導的役割を果たしていた[28]。

ポールはカトリック系新聞の発展に尽力し，1890年から『十字架』のノール県版を支援していた。1900年に被昇天会がフランスから追放された時に，会が所有していた印刷・出版施設とパリ版『十字架』紙の版権を買い取り，フランスにおける半公式のカトリック新聞として『十字架』を政治状況の変化に適応させていった。彼の編集長時代にはリベラルな紙面が作られ，地方版が数多く生まれて連合体も組織されたが，1910年に被昇天会が運営に復帰すると影響力を失っていった。その後『十字架』は，愛国的立場を同じくする団体〈アクション・フランセーズ〉に接近して協調路線をとり，反動色を強めたが，後者が教皇ピウスXI世によって糾弾されると距離を置くことを余儀なくされ，その結果読者が激減した（MONSCH 1988b）[29]。1927年に教皇の推すレオン・メ

---

26)「フェロン Féron」と表記されていることもあるが，本論考では事典に準じて「フロン」で統一する。以下は主に次の記述を参照している: BAUNARD 1906; *Centenaire de la Maison PH. VRAU & Cie* 1919; *Dictionnaire de Biographie française*: 1058-1059, 1059-1060; HILAIRE 1988; PRÉVOTAT 1982; スミス 1994.

27) cf. ブランキ「リール市とノール県の労働者階級」（河野健二編 1979）。

28) ポール・フロン・ヴローの妻ジェルメーヌもまた，1890年代に，新聞の無神論的風潮に反対するキャンペーンを訴えた大司教に応えて〈祈禱同盟〉を形成するなど，活発に活動した。

ルクランを編集長に迎えた後,『十字架』は平信徒活動を支援する民主路線へと転換を果たした。

ポールはこの他にも,『十字架』編集長時代の1901-02年に,AFJCとも関係の深い〈アクション・リベラル・ポピュレール〉の副会長を務め,1908-10年には各地のカトリック委員会創設と司教区会議開催のために尽力した。『十字架』を離れた後は,叔父フィルベールと父カミーユが中心となって創設したリール・カトリック大学の執行部長を務めた。病人に対しては聖体拝領前の絶食を免除するよう,また,労働者が参列しやすいように日曜の午後にもミサをあげられるよう願い出るなど,典礼改革についての提言も行った。

ポールの父,カミーユ・エドゥアール・フロン・ヴロー Camille-Édouard Feron-Vrau (1831-1908) は医学博士であり,聖サヴール病院教授として貧者の救済にあたっていた。義兄フィルベールの要請で工場経営を手伝うようになった後は,労働者の就労・生活環境の改善に尽力し,共同購入システムなどにより労働者の消費生活の便宜を図った。聖ヴァンサン・ド・ポール会の地元協議会会長を務め,労働組合運動にも積極的に携わり,一時はレオン・アルメルの思想に共鳴していたが,労使混成組合である〈ノール県経営者協会 Patrons du Nord〉創設にあたって中心的役割を果たすなど,基本的には家父長制的精神で労働者の問題にあたった。

その一方で,修道女や司祭に工具の宗教生活指導を任せ,1888年に〈工場の聖母信心会 Confrérie de Notre-Dame de l'Usine〉を設立,1895年には〈キリスト教同業組合 Corporation chrétienne〉を創設し,死者のためのミサや無事故を祈願するミサを工場内の礼拝堂であげるなど,数々の試みを行った。被昇天会との関係も深く,カミーユの主導で創設されたリール・カトリック委員会に被昇天会のピカール神父やヴァンサン・ド・ポール・バイイー神父が招かれ,交流がもたれていた。彼の工場では,従業員の四分の三が『十字架』や『巡礼者』の予約購読者だったという。リール司教区は1875年から〈全国巡礼〉に参加し,カミ

29) *Cent ans d'histoire de La Croix 1883-1983* (p.449) に,1880-1987年の『十字架』の発行部数表がある。またアクション・フランセーズについては次の記述を参照している: ARNAL 1985; WEBER 1985.

ーユの力添えで1897年に司教区オスピタリテが活動を始めている。

　このように，被昇天会やルルド巡礼に関係していた人々は，社会的カトリシズムの潮流にも深くかかわっていた。『ルルド新聞』もまた労働者巡礼を支援し，〈全国巡礼〉中にルルドの教区教会で労働者巡礼についての講演会が開かれるなど，ルルドは労働者の問題にも積極的にかかわろうとしていた。アルメルも同紙に寄稿し，労働者巡礼はルルド巡礼の継続であると述べている。『ルルド新聞』はまた，1891年6月28日から1892年2月21日まで数回にわたって，回勅 Rerum novarum のほぼ全文を掲載している（BILLET 1991: 33）。ルルド巡礼は，社会問題に背を向けた浮世離れした運動ではなかったのである。そしてそのことは，次にあげるオスピタリテの活動によく表れている。

　ゾラは小説『ルルド』の主要登場人物の何人かをオスピタリテ会員に設定し，その一章をオスピタリテの活動紹介にあてている。またユイスマンスは『ルルドの群集』の終わり近くで，次のように書いている。「他人が働くのをみているだけで，あれこれと思いつきで口出しするしか能のないお節介やきはごく少数，何人もの人たちが山や海へと旅に出かけるのをやめ，この町でバカンスをすごしに来て，病人たちの車を引き，障害者に水浴させることに熱中している。……この人たちはみな，それぞれの仕事につながれ，疲れ切っていて，他の巡礼者たちのように，思いのままにひとり泉へ行って祈るという慰めすらも持っていない。縛り付けられ，追い回されている。それも，自分の費用で」（ユイスマンス前掲書: 300）。

　自分を後回しにし，自分を捧げ，他者を優先し，他者に仕える。ユイスマンスも心を動かされた，このようなオスピタリテ会員の熱に浮かされたような献身は，しかし，巡礼団の中に二つのグループを作りだしてしまうという負の側面ももっている。オスピタリテ会員には，傷病者に奉仕し，傷病者と交流してこそ本当の巡礼であるという自負がある。彼らはミサなどの祭儀や宗教的行事に参加する時間をさかれることも厭わず，昼夜を問わぬ奉仕に身を捧げる。そしてその結果，傷病者とその世話をするオスピタリエと，彼らとほとんど交流をもたない一般巡礼者が，互いに没交渉のまま終わってしまうというような事態が生じるのである。

聖域関係者やルルドをよく知る人々は,「傷病者／オスピタリエ／一般の巡礼者」と三つのカテゴリーに分けて巡礼者を語る傾向があるが, それは根拠のないことではない。オスピタリテは, 聖地ルルドを構成するさまざまな要素の一つとして, 強い「わたしたち」意識をもつ独自の世界を構成しているのである。

ところで, ここまで傷病者巡礼を支援する組織を指して「オスピタリテ」という言葉を使ってきたが, オスピタリテには,〈救いの聖母オスピタリテ Hospitalité de Notre-Dame de Salut〉,〈ルルドの聖母オスピタリテ Hospitalité de Notre-Dame de Lourdes〉, 各司教区巡礼団が擁する〈司教区オスピタリテ Hospitalité diocésaine〉という, 継起的に成立した, 三つの性格を異にする組織がある。以下では, この三つの組織の歴史を順に辿りながら, ルルド巡礼におけるオスピタリテの位置づけと役割, オスピタリエの考える「本当のルルド巡礼」と「人と人との適切な関係」, 彼らのアイデンティティの考察を行い, そこに結晶した世界観を明らかにしていく。

Ⅳ 〈救いの聖母オスピタリテ〉

1 発足:ノブレス・オブリージュ

〈全国巡礼〉の傷病者巡礼に同行する介護者の話題は, 1879年に初めて機関誌で取り上げられている。「神は修道士, 修道女, 紳士淑女を看護人とされる。彼らは皆この一週間の間, 神の聖ヨハネ修道会士, 愛徳姉妹会修道女となる」(*ANDL* 1879: 136f)。だがそれ以前,〈全国巡礼〉の発足時からすでに, 傷病者の介護にあたる人々は存在した。1865年, マリー・ユージェニー・ド・ジェズ修道女と被昇天会士エティエンヌ・ペルネ神父により, 都市労働者階級と貧しい傷病者を支援するために創設

された〈被昇天の小さき修道女会 Les Petites Sœurs de l'Assomption〉の修道女たちである。1876年には修道女たちを助ける女性平信徒団体，〈貧者に仕える女性の会 Les Dame Servantes des Pauvres〉が創設され，彼女たちも巡礼に参加した傷病者の介護にあたった。この会の活動目的は，富者と貧者として対立する社会階級の歩み寄りにあった。先述のように当時のカトリック世界では，社会問題の原因を「階級差の存在」ではなく「階級間の断絶」に求め，両階級の和解こそ，その解決を意味すると認識されていた。そのような，階級社会を前提とし，その中で上流階級の者によって行われる貧者救済の一環として，ルルド巡礼における傷病者への奉仕活動は始まったのである。

　だがこの二つの女性組織はどちらも，ルルド巡礼のために特別に作られたものではなかった。巡礼期間中の傷病者の移動，沐浴場の管理，聖域内の秩序維持を主な活動内容とする奉仕組織が構想されたのは，1880年の〈全国巡礼〉中のことであったといわれており，創設の経緯について次の逸話が伝えられている。

　1880年8月のある日のこと，ルシー・ド・サル子爵はルルド駅で一人の傷病者が列車から苦労して降りようとしているところに行きあった。一人きりで巡礼に来ていたその女性は，洞窟まで連れていってくれる人を捜していたので，子爵は彼女を助けて車椅子に乗せ，歩き始めた。途中，町の広場のカフェで，フロックコートにシルク・ハットで正装した結婚式帰りの二人のルルドの若者，弁護士ド・ラクヴィヴィエとエミール・クリストフが休んでいるのに出会った。子爵はかねてより知り合いのこの二人に，手を貸してくれまいかと声をかけ，こうして三人はそろって女性を洞窟まで連れていった。同じころ，興味半分で巡礼に来ていた二人の十字軍騎士の末裔，レピノワ伯爵とコンベット・ド・リュック伯爵は，〈全国巡礼〉の様子を目にして感動し，なにか自分たちにできることはないかと被昇天会司祭に申し出ていた。「貧しい者の僕になりなさい」という司祭の言葉に従って，彼らは三日間，慈愛の僕として働き，与えられた使命にすっかり心をとらえられ，巡礼の終わりに，エルサレムの傷病者に仕えるマルタ騎士修道会の騎士のような部隊を作りたいと願い出た。司祭の「服従しますか？」という問いに，二人は「心から」と答え，「では共に働きましょう」という司祭の返事によって，組

織作りが始まった。コンベット・ド・リュック伯爵，レピノア伯爵，ローラン・カストゥル侯爵，ド・ラ・クロワ氏，ヴェルクロ伯爵の五人が創設準備をまかされ，ルルドを発つ前に洞窟で祈りを捧げ，泉の水をともに飲んだ。

　これが，オスピタリテの創設について伝えられている話である[30]。こうして傷病者巡礼を支援する奉仕組織は，上流階級の男性による，傷病者の移動を助けるブランカルディエ（brancardier：担架運搬人）の組織として始まった。だが1881年7月にコンベット・ド・リュック伯爵が聖域司祭団に宛てた手紙には，「〔被昇天会の〕ピカール神父から，〈救いの聖母協会〉主催の〈全国巡礼〉の期間中，傷病者の食事，宿泊，移動の世話を任されました」とあり，巡礼に参加する傷病者の世話全般を引き受けていたことがわかる（ACEG 5H19）。本部はトゥールーズに置かれ，トゥールーズの会員を中心に組織された。これは，女性の組織である〈救いの聖母協会〉が本部をパリに置き，パリのメンバーが中心的役割を果たしていたのと対照的である。

　1881年の〈全国巡礼〉の一週間前，被昇天会発行の週刊誌『巡礼者』に，〈オスピタリテ委員会〉の創設を伝え，参加希望者を募る記事が掲載された（*LP* 1881: 520ff）。記事はオスピタリテを「マルタ騎士修道会を思い起こさせる献身の団体」と呼び，「社交界の紳士が貧しい人々の担架運搬人となった」と書かれた隣のページには，フロック・コートにシルク・ハット姿の紳士が，修道女とともに，若い女性の傷病者を椅子ごと両側から抱え上げている姿を描いた挿絵がそえられている。

　聖域機関誌1881年8月号によると，この年の〈全国巡礼〉には922人の傷病者を伴う6,000人の巡礼者が参加した（*ANDL* 1881: 135-144）。記事は紙幅のほとんどを費やして，募金によって無料で巡礼に参加した傷病者の様子と，「カトリックの慈善の最上の伝統がよみがえった」とい

---

30) ルブゾーマンの著書に引かれた，ボーション伯爵及びヴァンサン・ド・ポール・バイイー神父の思い出（REBSOMEN〔1930〕: 33）。聖域史料室に残る「ブランカルディエ長」とサインが入った1899年1月15日付の手紙にも，1880年の〈全国巡礼〉で初めて奉仕活動を行った12人から15人の男性が，〈全国巡礼〉がルルドを去った後，洞窟で感謝のミサにあずかり，泉の水を飲んで翌年の再会を誓い合ったのがオスピタリテの始まりであったと書かれている（ACEG 5H23）。

オスピタリテ創設を伝える挿絵。三人の頭上に「信仰・希望・慈善」と記されている（*Le Pèlerin* n. 241 1881）

われるオスピタリテの活動について語っている。「重症者の姿は，見るものを激しく揺さぶる。色を失った顔，疲れ果てたからだ，ぞっとするような傷などが，どちらを向いても目にはいる。……司祭と被昇天会修道女，看護婦人が，彼らのそばで奉仕を行う」。男性ブランカルディエの組織として始まったものの，参加者は女性が多かったらしいことを示唆する記述である[31]。傷病者の移動のためにはオスピタリテの会員だけでは足りず，他の巡礼参加者が飛び入りで手伝って，激しい務めの「疲れを分かち合い」，「彼らの大切な重荷を細心の注意を払って運んだ」。

記事は最後に，上流階級の人々と貧しい人々の交流について述べている。オスピタリテの活動は，堕落した時代のモラルを高めるだけでなく，「『教会』という共通の母の見守るところで，社会の両極に位置する二つの階級が歩み寄ることにより，社会問題についても重要な効果をもたらす。……貧しい者，苦しむ者に自らの意志で仕えることによって，富める者は彼らの使命を再び引き受け，自分たちの真の威光を再び見いだすのである」。はたして富める人々の慈愛は貧しい傷病者の心に届き，仮

---

31) 600人の傷病者を収容した〈七つの苦しみの聖母病院〉では160人の女性が奉仕し，そのうちの35人は徹夜の夜勤も勤めた。市立病院では12人の女性が修道女を助けて働き，132人の男性と子供を収容した仮設病院では25人の男性が奉仕を行った。この施設では，「フランスの名家中の名家の名をいただく」10人ほどの少年が小姓として奉仕した。また100人ほどの女性が洞窟前で傷病者に飲み物を配り，50人の女性が沐浴場で働いた。

設病院の傷病者たちは感謝の気持ちを表すためにわずかなお金を出し合って，集まった15フランでオスピタリエにお礼のロウソクを贈った。「聖母は，貧しい人々が慈善家たちのために捧げた祈りを聞き届けられるであろう」と記事は結んでいる。

　ルルド巡礼において，ここに至るまでもっぱら「苦しむ者」という性格づけを与えられていた「貧しい傷病者」は，ここでは「貧しい者」として描かれている。そのうえで機関誌の記事は，貧困という社会問題への解答がルルドで示されていると述べているのである。オスピタリテの創立譚や『巡礼者』のイラストが，十字軍，マルタ騎士修道会，カフェ，シルク・ハット，フロック・コートという道具立てを有していたのは偶然ではない。先述のようにカトリックの伝統的な社会観では，ノブレス・オブリージュによって社会秩序の安寧がえられるとされてきた。「上流階級の者が，献身と犠牲の模範をフランスに示さなければならない」といわれるように（AAA SV7: 8），〈救いの聖母オスピタリテ〉は，ノブレス・オブリージュの理念に基づいて伝統的な社会的紐帯を再建すること，高貴な階層が荒廃した社会と労働者を救うことを，最終的な目標としていたのである。巡礼中の交流によって富者の心に貧者への愛と慈しみが生まれ，貧者は富者の奉仕によって心身の荒廃を癒され，両者の間に慈愛と敬愛の絆が生まれることが期待された。ルルド巡礼は，過去・現在・未来を共有する「わたしたち」であることを実感すると同時に，社会的紐帯を確認し育む機会でもあったのである。

　しかし，興味深いことに，1930年にオスピタリテ創設50周年を記念して編まれた『オスピタリテ五十年史』では，聖域機関誌のこの記事が引かれながらも，貧しい者との関係を語る最後の部分は割愛されている。後述するように，この50年の間に，オスピタリテの活動と理想とする社会関係には，大きな変化がおこったのである。

2　規　約

正式の規約は1884年の夏にできあがった（AAA HE338）。この時期ルルドの聖域では，〈救いの聖母協会〉が〈全国巡礼〉のために設立したオ

スピタリテをモデルに，聖域司祭団直属の常設オスピタリテを別に設けようという計画が実現にむけて大きく前進しており，〈救いの聖母オスピタリテ〉は後者の創設計画をうけて，規約確立の必要に迫られたものと考えられる。

規約十か条の中では，次の項目が注目される[32]。

1．〈救いの聖母協会〉の下部組織であり，1872年5月17日付けの教皇書簡により協会に与えられた贖宥にあずかることができる。
2．貧しい傷病者の各地への巡礼に同行し，彼らとともに，また彼らのために祈り，慈愛をもって無償でその世話にあたり，巡礼の秩序と祈りの精神を保つ。戦時には移動衛生部隊や傷痍軍人病棟での活動に参加することが望ましい[33]。
3．他のすべての巡礼に協力を惜しまない

  ⋮

6．20人の創立会員[34]と，限られた男性有資格者（titulaire）と女性活動家（zélatrice），準会員（auxilière），賛助会員（bienfaiteur）からなる。入会を希望する者は，〈全国巡礼〉か司教区巡礼中に自分が奉仕した部署の責任者の紹介を得た上で，男性有資格者は評議会の承認によって，女性活動家と男女の準会員および賛助会員は会長の承認によって，参加が認められる。
7．男女正会員は祈りのうちに一つになって生きることを誓い，毎年四日の巡礼期間中，貧しい傷病者に仕えることが義務づけられる。準会員は何らの義務も負わず，彼らの名簿は正会員とは別に

---

32) ここでは，1884年のものとほとんど違いのない1885年の規約をとりあげた（AAA SV7）。
33) 戦時の活動について述べた部分は1884年の規約にはない。会が新たな戦争の時に役立つであろうという発言は，1883年の会合の折りに被昇天会士エマニュエル・バイイー神父の口から出ていた。これは現実のものとなり，1908年11月29日付のド・ボワソン会長からエマニュエル・バイイー神父宛の手紙（AAA HE366）には，モロッコ派遣軍の動員に際し，担当大臣から傷病兵のための病院および援助の組織を任されたド・タロンス氏から，〈救いの聖母ホスピタリテ〉会長に対し援助の依頼があったことが記されている。
34) 被昇天会ローマ史料室に残るリストには，会長を筆頭に21人の男性が名を連ねている（AAA SX206）。

作られる。実働の無理なものは賛助会員となり，正会員と同じ特典を得るために20フランの年会費を支払う。正会員には会費はない。ただし，活動にかかる費用はすべて自分で支払う。

10. 運営経費は，賛助会員からの会費と寄付によって賄われる。オスピタリテの所有する設備・備品は，戦時に傷病兵のために提供される。

次に，会員に与えられる贖宥と特典，会の守護聖人と祝日が述べられる。〈救いの聖母オスピタリテ〉会員は，〈救いの聖母協会〉に与えられた贖宥にあずかるために，「救いの聖母よ，フランスを回心させ救いたまえ！」と毎日唱え，会に寄付をしなければならない。これによって会員は，入会の日，死の間際，〈救いの聖母協会〉関係団体の守護聖人の祝日に「全贖宥 indulgence plénière」を，会のためになされるすべての良き行いについて「百日間の部分贖宥 indulgence de cent jours」を得ることができる。会員はできるだけミサに出席し，協会とオスピタリテの守護聖人の祝日，および毎月第一金曜日には聖体拝領に与らなければならない。

この規約の特徴は，それが，オスピタリテが〈救いの聖母協会〉の下部組織であるという会の位置づけと，会員が得ることのできる贖宥の規定から始まっていることである。組織の構成，入会規定，決議・運営方法，財源など，具体的な活動については，規約の後半になってようやく述べられる。ここには，何よりも贖宥によって規定される信徒の集まりであるという会の自己イメージが，明確にされているのである。贖宥はカトリックの共同体イメージに関わる重要な観念なので，以下ではまずその内容を概説し，参加者の自己イメージ上のもう一つの特徴である男女差について簡単に述べた後，規約が描くオスピタリテの仕事内容を概観していく。

(1) **贖　宥**

規約はその全体を通して，オスピタリテがカトリック教会の体現する秩序世界の内部に正しく位置づけられた，階層秩序を重んじる祈りの会で

あるというアイデンティティを明確にしている。そのアイデンティティと会の正統性を保証しているのが，贖宥の制度である。オスピタリテがどのような組織であったのかを理解しようとするとき，この贖宥という制度に向けられていた関心の大きさを看過することはできない。

贖宥は，11世紀頃にフランスで実際の慣行が始まったと考えられている。13世紀に神学的説明が完成されるが，その後も批判が絶えず，宗教改革後はプロテスタントを意識して慎重な態度がとられるようになった。啓蒙思想以前の民衆的な信心と思われがちだが，19世紀に平信徒の間で贖宥への熱が高まり，自分たちの祈りや活動に対して贖宥の権利を与えてもらいたいという平信徒組織からの請願書が，教皇庁に殺到していたことが分かってきた。〈救いの聖母協会〉も，その主導で行われる祈りや巡礼に参加することで贖宥が得られることを宣伝していた。

この贖宥は，罪の赦しにまつわる観念世界の重要な構成要素の一つであった。カトリック神学は罪を大きく二つの範疇に分け，一方に，決して赦されることのない大罪を，他方に，祈りや善行などの悔悛の業と恩寵の取りなしによって赦され得る小罪をおく。この区別は死者の魂の行き先を分けるもので，大罪を犯した魂は地獄に堕ちて永遠の責め苦をうけるが，小さな日々の罪である小罪を犯した魂は煉獄にとどまり，罪に応じた罰をうけることで赦され，やがては天国へ迎えられる。死後の魂の行方を心配する人々は，存命中にできるだけ課せられた罰を消化し，死ぬ時にやり残しがなくなるように努めるが，課せられた罰を全うする前に死んでしまった場合には，罪の汚れがすっかり浄められるまで煉獄にとどまって残された責めを負うことになる。つまり煉獄とは，死と最後の審判の間に設けられた魂の浄化に必要な期間，一定の時間によって測ることができる贖罪の刑期であり，贖宥とは，この刑期の短縮にかかわる制度なのである（ル・ゴフ 1988）。

『カトリック教会法典』930条によれば，「何人も，贖宥を取得して，それを生存中の他の者に恵与することはできない。ただし，ローマ司教によって与えられたすべての贖宥は，別段の定めがない限り，煉獄に捕らわれている霊魂のために恵与することができる」。贖宥は，贖宥対象となっている信心業を行った生者自身に課せられていた罰を軽減するだけでなく，生者が自らの善行による功徳を煉獄で苦しむ魂にゆずること

で，その魂が煉獄にとどまる期間を短縮することを可能にするのである。贖宥は，その時点までに課された罰がすべて免じられる全贖宥と，六十日間，百日間など，日数によって測られ，ある特定の期間罰を免除する部分贖宥に分けられ，後者が死者に適用される。ル・ゴフは，煉獄の発明によって，生者の時間が死者の方へと引き延ばされ，死の世界に地上と同じ時間が持ち込まれたと述べている。だがここで重要なことは，地上と死の世界の時間がつながるのと同時に，贖宥の制度を介して，地上の連帯が死の世界へと延長されたことにあると考えられる。

　それを示すのが，この制度と諸聖人の通功の観念との密接なつながりである。もともと諸聖人の通功は，殉教者や聖母に対してなされる，神への取りなしを求める祈りの有効性を基礎づける観念であったが，やがて，聖人と生者と死者のあいだで互いの功徳を譲り合うことができるという観念へ，さらに，互いのためにともに祈りあうキリスト教共同体のイメージへと展開していった。この諸聖人の通功の役割について，煉獄の観点から初めて明確な説明を与えた人物として，ル・ゴフはヘールズのアレクサンデルをあげている（ル・ゴフ 前掲書: 371）。アレクサンデルによれば，キリストの十字架上の苦しみが罪に対する贖いをもたらしたように，亡くなった信徒の罪のために苦しみ彼らのために祈る「普遍教会の共同の苦悩」は，死者自身が引き受ける悔悛の刑罰と一つになるとき，死者たちに贖いをもたらすことができる。「とりなしとは，教会の一員の刑罰を軽減すべき教会全体の功徳である」。贖宥は隣人愛のように，差し出す者と受け取る者を結びつけ，恩寵の授受に基づく適切な関係の世界を作り出す実践を，死者も含めて行うことを可能にする制度なのである。またアレクサンデルが述べているような，共同体が苦しみのやりとりによって成立するという観念こそ，傷病者による苦しみの捧げものの観念を支えていたものである。

　トマス・アクィナスも，死者を含めた共同体の姿を諸聖人の通功に基づいて構想している（同書: 399-416）。彼は，諸聖人の通功によって人は自らの善行を一種の贈与として他者に差し出すことができるといい，最も有効な三つの贈与・取りなしとして，「愛の結果としての施し／よい意図に支えられた祈り／ミサ」をあげている。

　このように贖宥への関心には，自らの罪と罰に対する関心だけでなく，

生者が示す死者の魂への配慮，生者と死者を含んだ共同体への関心という側面もある。「贖宥」と「諸聖人の通功」と「煉獄」の観念は相まって，隣人愛と実効を伴う扶助関係を死後世界へと拡張し，贈与を基盤にした生者と死者の共同体，生者と死者の間にある「行為の自由」の点での不平等を前提とした連帯の世界を作り上げているのである。祈り・救い・相互扶助の共同体への関心抜きには，贖宥への関心の高さを理解することはできない。19世紀の一般平信徒が，中世に確立されたという神学的言説をそのまま自分たちのものとしていたとは考えにくいが，反面，彼らの関心がこれらの言説と全く無関係な次元にあったとも考えにくい。実際，オスピタリテの規約が信徒の務めとしてあげた「奉仕／祈り／ミサ」は，トマスのあげた三つの取りなしそのものである。時代背景から考えても，贖罪の気運だけではなく紐帯を求める気持ちもまた，恩寵の授受に深くかかわる贖宥の流行に，大きく影響していたのではないかと推測される。

　他方でル・ゴフは，トマスが贖宥に関する議論において，「財」としての「善」の負債や譲渡の問題に敏感であり，語彙を好んで法律・経済用語から借用していることに注意を促している。贖宥は時代遅れの俗信ではなく，資本主義が進展した19世紀に大流行したと先に述べたが，トマスに注目したル・ゴフの議論に従うなら，贖宥と資本主義にはどこか共通する部分があった可能性が考えられる。「霊的な善（財貨）の交感 une certaine communion de bien spirituels」と「祈りの交流（取引）un commerce de prières」によって，信徒とキリストが，また生者と聖人と煉獄の魂が互いに結ばれている，という諸聖人の通功についての説明にも両者の類似性が認められるが（MERSCH 1953），テンニエスによる紙幣についての説明は，その異同を明らかにする手がかりとなる。

　テンニエスによれば，ゲゼルシャフトとは，共通の利害や目標をもたない人々の間で交渉が行われ，「同等のものの反対給付・返礼」という交換価値が問題になる場であり，紙幣は「ゲゼルシャフト的な交換のために使用される以外には，いかなる使用方法も与えられていない。従って，ただ所有するだけの目的でそのような貨幣を持っている人はいないだろう。人々は皆，手放す目的でそれを持っている」（テンニエス 1957a: 101f）。

恩寵は，このように説明された紙幣とよく似ている。恩寵には，それにあずかった者はその恩恵を自分の手元にとどめてはならない，それを手放し譲渡し流通させなくてはならないという一面があり，そのように命じられているからこそ，隣人愛という形で授受が繰り返されていくことになる。だが恩寵の流通には，経済的な交換関係と違い，デュルケム的な言い方をすれば，人を外部化するだけでなく，人々の間に連帯を生むという側面がある。また，等価交換ではなく一方的な贈与であり，この点でも資本主義的な貨幣の流通と大きく異なっている。こうしてみると，流通するものとしての恩寵は，同じ流通するものとしての紙幣のアンチ・テーゼとなっていることがわかる。恩寵は，紙幣と同じように手放されるために存在しているが，紙幣と異なり，一方的に譲渡され，人と人との間に適切な関係を生み出すのである。

19世紀における贖宥への関心の高まりに対しては，荒廃した世の中にあって人々の不安が募り，終末に備えて人々が悔悛の行いにすがった，という心理的説明がなされることがある。だが，贖宥の核心にある，異なる立場にある者の間に交わされる恩寵の譲渡・贈与という，資本主義的流通に対する批判的側面に，意味があった可能性も否定できないものと思われる。

(2) 男性有資格者と女性活動家

参加者の自己イメージとして次に注目されるのは，正会員と準会員，また男女の正会員の身分規定に，違いが設けられていることである。

まず正・準会員の違いは，男性正会員の呼称である「有資格者」という言葉に端的に表れている。規約7では，正会員が祈りのうちに一つになることを「誓う s'engager」のに対し，準会員は「何らの義務も負わない ne contractent aucun engagement」といわれている。この「s'engager」という動詞は「義務を負う，約束する，身を投じる，社会問題に参加する」を，「engagement」という名詞は「誓い，契約，志願，社会参加」を意味する。正会員は参加し，準会員は参加していないということになるが，この違いは具体的に，正会員が「聖別の業 acte de consécration」という入会儀礼の宣誓式を経ていることによっている。聖別は主に司祭の叙階式で行われるもので，神への奉仕のために身を捧

げる誓いを意味し，この式で宣誓することは，神の秩序に参加する決意を表す。現在でも，準会員には思想信条にかかわらず誰でもなることができるが，正会員にはキリスト教徒しかなることができない。男性正会員を指す有資格者という呼称は，教会秩序への参加者を表しているのである。

次に男女正会員間の違いであるが，男性が有資格者と呼ばれるのに対し，女性には「活動家」という，個人の資格で活動するというニュアンスをもった呼称が与えられる。そこでは，男性に見られる「参加／未参加」を分ける指標が避けられている。同様の違いは，入会の承認手続きにも認められる。男性正会員が，評議会の創設会員という同性の仲間たちによって入会を認められるのに対し，女性と準会員は会長の承認によって入会を認められる，という規定には，男女それぞれにとってオスピタリテ活動と組織が持つ意味の違いが表れている。男性にとって，オスピタリテは対等な仲間同士で作る組織であるのに対し，女性にとっては，巡礼中の奉仕は個人の発意に基づく活動であり，そこに参加するためには家父長的立場にある男性の承認が必要となる。組織と家庭という，男性と女性に相応しい帰属グループ・活動領域イメージの違いが，ここには投影されている。男女正・準・名誉会員の呼称は1895年頃から流動的になり変化していくが，それは会の枠組みの変化を反映している。現在，男女正会員は「オスピタリエ／オスピタリエール」と呼ばれ，そこにはもはや，参加資格や組織イメージの違いはない。

(3) 主要部署の仕事

規約には，部署ごとの細則が書かれている。仕事は完全な分業・担当制で，責任者と指揮系統が明示され，どの部署も自分たちの職務だけを果たし，他の管轄を侵すことはもちろん，実際に仕事を行う単位となる班を離れることも禁止される。各部署の具体的な規約は，次のようになっている。

ブランカルディエの慣例集の規定の多くは，具体的な仕事内容よりも，登録手続，班の編成，指揮系統など，人の組織にかかわっている。整然と秩序だった体系的な組織への志向は，ブランカルディエの組織図に顕著である（AAA SV7: 48）。全体は執行部と6つの班に分けられ，執行

部は責任者，副責任者，監督主任と副主任2人，会計主任と副主任2人の計8人からなり，各班は責任者，副責任者と主任5人，班員12人の，19人からなる。全体で122人が必要だが，設立後しばらくは人手不足に悩まされたということから，現実にこの通りにいったとは考えにくい。会員数がまだ少なかった創成期にこのような組織図を掲げずにはいられなかったところに，秩序と統括への強い意志が感じられる。また，事情があって参加できない者は欠席の罰金として10フランを支払うという規定は，ブランカルディエだけにあって他の部署には見られず，ブランカルディエに対し特に厳しい出席義務が課せられていたと考えられる。このような当時の雰囲気は聖域機関誌に「軍隊的」と書かれ，現在ルルドでインタビューしても「以前は軍隊的だった」，「軍隊的なところがなくなった」などとよくいわれるが，この組織図からも，ブランカルディエが兵士の連隊をイメージしていたことが推測される。

聖母出現があった洞窟周辺では，男女がともに働く。男性は洞窟内部とその前に広がる祈りの空間の監督を，女性はそこで傷病者に飲み物を配る役割を担当する。洞窟前の空間は仕切られ，傷病者の他には，高位聖職者など特別に認められた人物だけが入ることを許されたのだが，このような，洞窟に近づくことを制限するという，聖職者の権利を侵害するような処遇は，司祭たちとの争いの因になった。女性は傷病者に食事などを提供したが，この仕事には独身女性だけがあたった。オスピタリテでは，年齢によって奉仕内容に違いが設けられていたのである。

沐浴場での奉仕については，人員の確保，沐浴場前で祈りを主導する司祭の手配など，事前の周到な準備が要求されている。これは他の部署にはみられない配慮と主導性であり，この部署の重要性が推測される。沐浴場内部では祈り以外の私語は厳禁，という規定を見る限り，会話を通じての傷病者との交流は意図されていなかったと考えられる。一人の傷病者が何度も沐浴し，遠慮がちな傷病者がそのために沐浴の機会を奪われるのを防ぐため，沐浴の度に証明カードの端を折っていくように，というアドバイスに，現場の様子の一端が表れている。

なお女性の沐浴場については，〈全国巡礼〉到着の六時間後から出発の六時間前までは，パリ委員会（〈救いの聖母協会〉理事会）の会員のみが，女性と子供用の沐浴場内部で奉仕することができるという特別な

規定がある[35]。〈救いの聖母オスピタリテ〉はトゥールーズ在住の会員を中心に構成されており、ここではオスピタリテ会員たちが、〈全国巡礼〉の立役者である〈救いの聖母協会〉パリ本部に敬意を表す形で仕事を譲っていると考えられる。一方男性の沐浴場については、「われわれは特にパリ指導部に感謝しなければならない。彼らは旅の間、巡礼者のために働くだけでは満足せず、沐浴場の外で秩序を保つ務めに大勢で献身的に参加してくれた」と書かれており、トゥールーズを中心とするオスピタリテ会員が沐浴場の全権を握っていたことがわかる。ここには、オスピタリテ活動における覇権争いの現場となるほどの沐浴場の特権的な位置づけと、女性はパリの〈救いの聖母協会〉会員、男性はトゥールーズの〈救いの聖母オスピタリテ〉会員が優位に立っていたという力関係がかいま見える[36]。

　三つある傷病者宿泊施設では、〈七つの苦しみの聖母病院〉と市立病院の慣例集が、傷病者の巡礼中の生活を伝える貴重な情報源となっている[37]。

　〈七つの苦しみの聖母病院〉では、女性たちは12の病室に割り振られ、午後9時から翌朝6時までの夜勤も含む六つの時間帯の交代制で、修道女の指示のもとに立ち働いた。ただし、執行部は男性によって組織されていた。記章をつけた司祭しか病院に出入りを許されず、夜は二人の司祭が泊まり込み、毎朝一人だけが病室で聖体拝領を授けることができるなど、ここでは巡礼付き司祭についての規定が細かくなされている。受け入れ可能な傷病者は550人、食事は朝がカフェ・オ・レかショコラ、11時にスープと肉・野菜料理とワイン、5時に肉・野菜料理とワインが出される。食堂での奉仕は独身女性の仕事である。傷病者の面会時間は

---

　35) 1884年度〈全国巡礼〉報告書にも、沐浴場での奉仕が、「長い道中ずっと献身的に世話をしてきた傷病者たちに、ルルドでの滞在中も同じように尽くしたいと切望する〈救いの聖母協会〉理事会〔＝パリ委員会〕の女性たちにまかされた」と書かれている（AAA SV4: 8）。

　36) 被昇天会ローマ史料室に、「パリ委員会とトゥールーズのいざこざ」という1912年の文書が残されている（AAA SW1-28）。

　37) もうひとつは、〈全国巡礼〉の期間中〈貧しい巡礼者の休憩所 Abri des Pèlerins〉の二階に特設された〈救いの聖母仮設病院〉で、1883年から始められ、傷病者宿泊施設に宿泊する資格を与えられていながら場所の不足で泊まることができなかった者と、ルルドで新たに診察を受けて参加を許可された者を無料で宿泊させた。

午前7時から9時までと午後1時から4時までで、傷病者の親族および、一回限り有効の面会許可証を携行するものに限られた[38]。市立病院では男女とも奉仕を行うが、ここでも若い女性は食堂で働くだけで、病室に入ることは禁止されている。親族や友人も、責任者の許可なしには傷病者の介護にあたることはできない。

　以上、はたしてこれらの規定が実行に移され機能したかどうかは疑問だが、重要なのは、ここに、オスピタリテの創設者たちが構想した、あるべきオスピタリテの姿が表現されているということである。それは何よりも、隣人愛と贖宥に基づいた、生者も死者も参加する恩寵の授受の圏域として構想されている。と同時に、オスピタリテが、男性を教会秩序へ参加させるための組織であるという理念も顕著である。聖別という参加の宣誓を経た男性正会員の有資格者という呼称、指揮系統が明記された曖昧なところのない上下関係は、神に仕える騎士の連隊という、オスピタリテのめざすアイデンティティをよく表している。当時、共和国は兵士をモデルに男子教育を推進していたが、オスピタリテもあるべき成人男子のイメージとして、同様の兵士モデルを掲げていたのである。
　さらにそこには、強固な管轄意識を伴う完全分業体制という特徴が認められる。特に、年齢による仕事の分担には重要な意味がある。それは、傷病者とのかかわりの深さ、正確には、傷病者の身体とのかかわりの深さに関係している。たとえば、若い独身女性は食事の世話を通してのみ傷病者と接触することができ、少年もまた食事の世話と使い走りをするだけで、担架の運搬はさせてもらえない。傷病者は近親者からも引き離されているため、宿泊施設内部や沐浴場での傷病者に対する親密な身体介護は、オスピタリテの成人会員が独占する事になる。さらに、パリとトゥールーズという二つの都市が沐浴場での奉仕の権利をめぐって競いあっていたことから、沐浴場がオスピタリテ活動の中で特権的位置づけにあったことがわかる。このような、使い走り、食事の世話、介護と運搬、沐浴場、という仕事の序列は、傷病者の生身の身体との距離に関係

　38）コジアンによれば、1955年になっても、傷病者との面会時間は午前と午後の一時間ずつに制限され、オスピタリエの許可を必要とした（COZIAN 1955）。

している。オスピタリテ活動においては，傷病者の身体に最も近い部署が，最も権威があったと考えられるのである。

　ところで，誰が傷病者の身体に最も親密に接する権利を持つかという問題は，巡礼に参加する医師の立場にもかかわっている。傷病者の世話を目的にした組織であるにも関わらず，オスピタリテの規約は，医師の立場については一言も語っていない。唯一，コンベット・ド・リュック伯爵とピカール神父のサインの入った，「救いの聖母オスピタリテにおける医療奉仕についての規約」と書かれた1884年7月30日付の書類が一枚，残っているだけである（AAA UC3）。それによれば，〈救いの聖母オスピタリテ〉会長，聖域司祭団責任者，〈全国巡礼〉団長らの権威と許可のもとに，医師は〈全国巡礼〉に参加を認められ，その自由な活動が保証されるとともに，〈医学審査局〉での治癒検討会に出席することが義務づけられる。

　この規約案の中で，医師は巡礼団の外部の人間として，巡礼責任者の厚意により参加を認められているにすぎず，その活動は聖職者と平信徒の権威のもとにおかれている。19世紀を通して医師が獲得していった，傷病者に対する診察・治療の独占権，実社会における医学的権威の威光は，ここでは完全に無視されている。奇蹟的治癒にかかわる働きにのみ言及され，治癒の分析の専門家としての活動が保証されるだけで，傷病者やオスピタリエとの関係は全く想定されておらず，オスピタリエと共に傷病者の世話にあたる医師としての仕事は一切考えられていない。このようにルルド巡礼では，オスピタリエが傷病者を医師の手から奪い取り，自分たちの管轄下においている。傷病者は「オスピタリエのもの」なのである。傷病者が巡礼団の中で「わたしたちの傷病者」と呼ばれ，巡礼団の至宝とされていたことを思い出すなら，オスピタリエのこの態度が，この先問題を引き起こしていくことは想像に難くない。

　ところで，傷病者の介護から医師と家族が外されることは，それが共和国的（公的）機構による救済でも家庭的（私的）な介護でもない，別の紐帯とかかわるようになったことを意味している。この点については第5章で再び触れる。なお，ルルド巡礼における医術の排除については，第4章で考察する。

IV 〈救いの聖母オスピタリテ〉   245

3　活動の規模

　被昇天会ローマ史料室に残された〈全国巡礼〉報告書と，オスピタリテ機関誌『救いの聖母オスピタリテの思い出』に掲載された要約が主な資料となるが，欠落が多く，また報告責任者によって内容にばらつきがある。統計的な関心をもって報告書が作られた期間は非常に限られており，傷病者の数と費用については1886年から1904年まで，オスピタリテ会員数と参加状況については1894年から1907年までの数字が連続して残されている。
　活動の規模を伝える最も古い記録は，1883年の〈全国巡礼〉における〈救いの聖母協会〉と〈救いの聖母オスピタリテ〉の出納表である（AAA UC56）。この年の収入は，協会の2,631fr15とオスピタリテの13,002fr85の計15,634fr。対する支出は，協会が6,967fr60（布製品の調達1,873fr35を初め，ブランカルディエ用ブルテル600fr など，備品をそろえるのに使われている），オスピタリテが15,783fr05の計22,750fr65で，赤字分の7,116fr65は会長のコンベット・ド・リュック伯爵が立て替えている。オスピタリテの支出の内訳は，四つの傷病者宿泊施設関連の経費が10,325fr で，全体の三分の二を占めている。
　翌1884年度の〈全国巡礼〉報告書によれば，この年は764人の傷病者を無料で巡礼に伴い，その費用は9,755fr85であった（AAA SV4）。このうち傷病者の宿泊費と食料費は8,270fr45で，三日半の巡礼で傷病者一人あたり10fr82かかった計算になる。先述の，ブランカルディエの欠席に対する罰金10フランは，傷病者一人分の経費に相当している。宿泊施設での食事についての報告はないが，巡礼期間中，洞窟前で76リットルのブイヨン・スープと23リットルの牛乳を，また7台の特別列車の往復の車中では，41リットルのワイン，52.5キロのパン，10.5キロのチーズと大鍋6杯の牛肉入りポトフを配っている。
　聖域史料室には，1885年の創立会員・ブランカルディエ正会員・男性オスピタリテ正会員・女性オスピタリテ正会員の氏名・住所一覧が残っている（ACEG 5H6)[39]。それによると，ブランカルディエを除いたこの

年の会員数は，創立会員（男性）20人，男性正会員176人，女性正会員237人の計433人。このうち爵位を持つ男性が55人（28%），女性が55人（23%）である。会員の居住地は男女ともトゥールーズが最も多く，全体の二割以上を占め（男性46人＝26%，女性48人＝20%），ルルド（男性8人，女性13人）とパリ（男性5人，女性15人）がこれに続く。この三つの都市の合計で，男性59人（＝34%），女性76人（＝32%）と，男女とも30%を越えている。他には，アルビ，ナント，ボルドー，ナンシー，ペルピニャン，アジョンから，それぞれ男女あわせて5人以上が参加している。

1894年から1907年までは，部署別の奉仕人数表と，オスピタリテの登録者と実際の活動参加者の統計がある。八つの部署ごとに男女別に，正会員，名誉会員，準会員それぞれについて登録者，参加者，欠席料を払った者，無断欠席者を記す詳細な表は，1896年度の報告書で初めて作成された。活動者数は1500人から徐々に増え，2000人に達する勢いであった。正会員と準会員の比は約1：2である。

1899年度の〈全国巡礼〉報告書では，各部署の必要人数が算出されている（以下の括弧の中は1899年に実際に働いた人数）（AAA UC11:5）。この年の参加傷病者990人に対して，〈七つの苦しみの聖母病院〉の男性30（22）人と女性470（494）人が最も多く，ついで市立病院の男性65（44）人と女性135（121）人，男女の沐浴場各100（100／187）人，ブランカルディエ160（412）人，洞窟前の男性95（76）人と女性25（128）人，二つの仮設病院では男性50（71）人と男女各10（7／7）人，会計と指導部が各10（23）人，以上，男性530（774）人と女性740（940）人の合計1270（1714）人であり，参加傷病者を上回る数のオスピタリテ会員が必要とされていたことになる。部署別の人数では，男性では〈七つの苦しみの聖母病院〉，市立病院，洞窟前で，必要人数を下回っているのに対し，ブランカルディエは2.5倍，女性の場合は，市立病院と仮設病院で目標を下回り，沐浴場と洞窟前に集中している。若

---

39) 男性ブランカルディエの表は，途中ページ欠落のため，登録番号120のうち56から112までが抜け，約半数の63人の名前しかないので，ここでは扱わない。ちなみに63人中爵位を持つ者は19人（30%）で，居住地ではトゥールーズの13人が最も多い。パリからの参加は4人にとどまっている。

年独身女性が多く，既婚女性が少ないなど，年齢構成上の問題があったことも考えられるが，部署により人気に差があった可能性もある。

4　オスピタリテの精神

(1) 創設時の講話

〈救いの聖母オスピタリテ〉の機関誌『救いの聖母協会オスピタリテの思い出』1883年 第1号（AAA SV1）に掲載された講話の中で，エマニュエル・バイイー神父はオスピタリテのあるべき姿として次の三点をあげている。

　第一に，会員の持つべき美質について。会の精神は，犠牲と「真の献身 le vrai don de soi」にあるが，それはただの奉仕ではなく，会員は教会とフランスに仕える使命を負っている。オスピタリテはさまざまな職種のキリスト教同業組合（corporations chrétiennes）の伝統に連なるだけでなく，いにしえの看護騎士修道会，特にマルタ騎士修道会のような騎士道の再興なのである。会員は，忠誠と名誉と英雄的行為，気高いパッション（情熱，受難），聖なる熱狂，すべての献身を可能にする愛，真の自己放棄という，騎士の美徳を備えていなければならない。

　第二に，貧しい傷病者に仕えることの意義について。傷病者に仕えることは，「主キリストに仕える Servire Christo Domino」ことに他ならない。聖母の僕は傷病者の世話を通して，単純さ，優しさ，善良さ，喜び，繊細さ，忍耐という資質を獲得し，謙虚さを学ぶことができる。

　そして第三に，真の奉仕について。会員は「いくらかの過剰さを伴って身を捧げる準備ができていなければならない。凡庸でありふれた魂に畏れを起こさせるようなヒロイズムを留保なしに差し出している犠牲〔傷病者〕に触れるのは，よいことである」。貧しい傷病者は聖なる直感，献身への直感を備えており，それによって彼らは，自分たちにさしのべられた慈愛の手が本物かどうか，奉仕者が惜しみなく与えているかどうかを見分けてしまうので，オスピタリエはつねに真の熱情と愛にあふれていなければならない。本物のオスピタリエには，凡庸やありきたりは許されないのである。

ここに掲げられた理想の核心は,「仕える」ことにある。騎士としての高貴な情熱や忠誠と,苦しむ主キリストとしての傷病者に対する愛と自己放棄は,臣下や僕として仕えるという共通性をもつ。オスピタリテ会員は,傷病者の介護を通してフランスとキリストに仕える騎士なのである。またそこでは,「凡庸」に対比される留保なしの「過剰」が志向されている。バイイー神父の考える真の献身は,傷病者が体現している「凡庸でありふれた魂に畏れを起こさせるようなヒロイズム」であり,傷病者も傷病者に仕えるオスピタリエもともに,過剰な犠牲を通して神に仕えなければならないのである。このようにイメージされた仕える行為には,傷病者に益する活動を行うという実利的な目的への関心が認められない。傷病者は受益者である以前に,自らを基準にオスピタリエの献身の真実を量る審判とみなされてさえいる。このようにとらえられた仕える行為は,何より自らを磨き高める行為なのである。

(2) 第二次世界大戦後

1883年に司祭の口からでた上記の言葉は,第二次世界大戦後まで伝統となって受け継がれていた。1954年8月21日に〈全国巡礼〉の行事の一環として行われた〈救いの聖母オスピタリテ〉についての講演会の記録,『ブランカルディエの心理学』(AAA SV17) は,ベテランのブランカルディエであるド・ピエルブールがその仕事と心構えを述べたものだが,その内容は司祭の言葉と見まごうばかりである。序文を書いたオスピタリテ指導司祭ラモン神父は,この講演者を,古いタイプのオスピタリエの一つの典型とみなしている。そこでは,僕,祈り,傷病者,規律というテーマが語られている。

ド・ピエルブールはまず,仕えるというブランカルディエの使命は兵士の使命そのものであり,ブランカルディエは聖母の傷病者に仕えることを通して,女主人である聖母に仕えるのだと述べる。この「兵士」を「騎士」に変えれば,そのままバイイー神父の発言として通用しそうだが,ここには新たな主題も見られる。彼は仕えることの重要性を,聖母が受胎告知の場面で天使に対し「わたしは主のはしためです」と応えたことを引きながら,「わたしたちは〈主のはしため〉の僕である」という表現で強調する。この類比は,その前後に見られる「強い要求 exigence」という単語の頻出と相まって，オスピタリエの仕える行為の理解に，自ら選ぶというよりは選ばれ命じられたことに積極的に従うというニュアンスを加えている。またここには，第1章で見た，20世紀のマリア神学において進展した「マリアの従順」のテーマの反映が認められ，神学が平信徒活動と遊離していないことの例証となっている。

次に，悔悛と自己犠牲の精神に支えられたブランカルディエの仕事は，傷病者の移動を助けるという実利的な目的以上の目的を持った，行為という形をとった祈りであるといわれる。ブランカルディエは傷病者とともに，傷病者のために祈り，担架を運ぶという行為を通して彼らを支える。すなわちここでは健常者であるオスピタリエが傷病者をささえているのであって，傷病者の祈りが健常者を支えるという，代願者としての傷病者像が語られているのではない。またバイイー神父がいっていたような，オスピタリエの審判者としての傷病者という姿も，もはや描かれてはいない。傷病者が「苦しむ被造物，受難のキリストに欠けたものを自身の肉体によって補完している者」と呼ばれ，「我らの主たる傷病者」という古い表現が繰り返されていても，傷病者についてのイメージに，人間化（脱一キリスト化）とでもいえそうな変化が起きている。傷病者と語り合い，傷病者の心に慰めをもたらし，彼らが，自らに向けられる尊敬と愛情を感じられるように接しなければならないといわれるとき，あるいは，ブランカルディエの仕事の中でも病室担当は貧しさと苦しみに直接触れ，傷病者の名前，出身地，病状や人となりを知ることができる最も恵まれた部署であるといわれるとき，そこには新しい響きがある。傷病者に触れることによって，「貧しさと富，醜さと栄光，悲しみと喜びの絶えざる対照（antithèse）を伴う苦しみのルルド，真のルルドに触れる」ともいわれるように，そこには，一人の具体的な人間としての傷病者への関心と，彼らとの交流を通して人生を見つめなおそうとするオスピタリエの姿勢が認められる。

最後に，軍隊をモデルに規律の重要性が説かれるが，そこに参加する兵士たちは同時に，共通の母を持つ兄弟，キリストの兄弟と呼ばれ，オスピタリテ男性会員同士の横のつながりが，バイイー神父の発言に比べて強調されている。

ここにあげた二人の講演の間には，司祭と平信徒という立場の違いと，約70年の時の隔たりがあるが，その内容は非常によく似ている。どちらも仕えることを第一の務めとして説くとともに，騎士や兵士をモデルとする男性の部隊として，組織の秩序を重視している。だが，バイイー神父が「騎士」と「犠牲」を，ド・ピエルブールが「兵士」と「祈り」を説くことで，ニュアンスが違ってきている。そこには，「貴族的なヒロイズム」と「兄弟の情愛」，「騎士の孤高」と「兵士の連帯」という対照がある。また，ノブレス・オブリージュの観念が見られなくなっていることも重要である。すなわち，オスピタリテ会員同士でも，会員と傷病者の間でも，それぞれを隔てていた距離が縮まっている。聖ヴァンサン・ド・ポール会でのように紐帯は相変わらず二重化されてはいるものの，「わたしたち」の間も「わたしたちとかれら」の間も，近づいてきているのである。

5 会員の「肖像」

カトリック世界に伝統的な信心会という組織の特徴は，病気の仲間の介護，死の看取り，そして会員の葬儀への出席義務が厳しく求められる点にあるとアギュロンが指摘していたことは先に述べた。しかしオスピタリテの規約のなかには，そのような物故者にかかわる規定はなかった。これは，オスピタリテが一地域に限定されない空間的な広がりをもつ組織であったためと考えられる。だが，やはり葬儀への関心は早くに生まれ，1884年の〈全国巡礼〉の翌日に，オスピタリテの物故会員のためのミサがルルドであげられている。空間的な広がりにも関わらず，仲間が全員で死者を送る信徒会の伝統が維持されたということができるであろう。

地縁的契機に基づかない空間的広がりをもつ団体がいかにして「わたしたち」という共同体意識を持つかという問題に対しては，ミサとは別に，会員の死亡記事の冊子化という形でも解答が試みられた。物故会員の死亡記事を掲載した冊子は，1904年に第一号が発行された[40]。「わたしたちをマリアの足下で一つにする兄弟の絆に，今日に至るまで欠けて

いるものがあった。神のもとに召された会員の思い出に捧げられた短い覚え書きを……忘却から引き出すのは良きことと思われる」(AAA E48: 9) とあるように，死者を身近な故人として表象し，ともに悼むことによって，近しさの感覚，兄弟の絆，「わたしたち」という共同体意識が，生まれると考えられているのである。

この死亡記事は会員についての貴重な情報源であるが，各人が所属した部署はもれなく記載される反面，身分・職業・出身地・年齢・亡くなった時期などの個人情報の内容が一定せず，ここから統計的な情報を引き出すことはできない。また記事の内容を，各人の人生を忠実に辿った客観的な情報として扱うことはできない。そこで用いられる言葉や表現，繰り返し取り上げられる事柄などは，そのような形で会員の人生を描いて見せ，あるべき姿を示そうとした，執筆者の意図を反映していると考えられるからである。

ダニエル・ロッシュは，フランス革命前夜の18世紀にパリの王立医学協会で読み上げられた弔辞の機能を分析した論文で，それは模範的な事例を描く聖者伝として特定の倫理とイデオロギーを推奨しようとするものであり，「個々の弔辞は，同じ一族の生き生きとした肖像を提示している……最も高名な人びとと最も平凡な人びとを同一化することによって，標準的なもの，平均的なものを高尚にすることを可能にする」と述べている（ロッシュ 1984: 105）。冊子の編集者も，「身近にこのような徳の手本を見いだすことは，全員にとって霊的に有用であると思われる」(AAA E48: 9f) と書いているように，故人の生き方・人となりの記憶は，理想の自己イメージとして共有されるべく，選択的に構築され呈示されるのである。1904年の第1号の序に，「記述は単調」と断り書きがあるが，この単調さは，会員たちの人生の単調さではなく，理想とされるオスピタリテ会員像の安定を意味している。

第1号はオスピタリテ創設以来の23年間に亡くなった会員全員分を載せているので，295ページと大部である。278人中，名前が掲載されただけで記事がない男性24人と女性25人を差し引いた，男性130人，女性99

---

40) 冊子は，1910年までのものが被昇天会ローマ史料室に保管されている。1922年からは，オスピタリテの機関誌に活動報告とともに記載されるようになる。

人，計229人分の記事を読むことができる。男性130人に対し166ページ（一人当たり平均1.3ページ），女性99人に対し103ページ（一人当たり平均1ページ）となっている。傷病者の男性22人と女性27人の名前もあがっているが，記事はない。

　社会的身分についての情報は，物故会員たちの称号から得られる。男性154人中，爵位を持つ者47人（30％），聖職者19人（12％），将軍2人（一人は爵位も持つ），大佐1人，司令官1人，無徴者は53人（34％），女性は124人中，爵位を持つ者27人（22％），修道女1人，無徴者51人（41％）である[41]。男性には職業の記述があるが，女性の場合は夫の職業の記述はほとんどなく，爵位を有する以外，身分の手がかりはない。職業が記載されているのは，家が没落した後，貴族に仕えた1人だけである。男女とも主に，〈全国巡礼〉に参加して如何に敬虔に祈り隣人を助けたかが語られる。

　以下，後の死亡記事のモデルとなったこの第1号の記述の分析を通して，オスピタリエの理想の自己イメージを明らかにすることを試みる。まず，男性会員の自己イメージから見ていく。オスピタリテが男性の組織として始まったことも理由のひとつだが，カトリックの女性イメージに比べてカトリックの男性イメージは述べられる機会が少なく，このようにまとまって描かれているのは貴重な例であると思われるからである。その後，男女の死亡記事に共通する表現上の特徴から浮かびあがる，オスピタリテ会員の三つの自己イメージを提示していく。

(1) カトリック男性のあるべき姿：慈善と社会的カトリシズムへの参加

男性130人中，司祭以外では39人に職業の記載がある。軍人（18人）の他，地方や中央の議員などの政治家（7人），役人（5人），外交官，判事，公証人，金融業者，医師，薬剤師，農学者，考古学者，建築家，本屋など，社会の上層，あるいは自主独立をイメージさせる職業があがっており，郵便や鉄道のような公共サービスの職員の場合も，カトリック

---

41) このほかに，本来「貴族身分を示す小辞 particule nobiliaire」であった「de」を伴う姓の者が，男性32人（21％），女性45人（36％）いる。このグループの男性には軍人が多く（6人），役人（4人），政治家（2人），その他職業がわかっている者に，大地主，金融業者，考古学者，元鉄道職員がいる。

のさまざまな事業における組織作りや執筆活動などで指導的立場を果たしたことが強調されている。他方，農民や賃労働者はみられず，またブルジョワという言葉も用いられていない。教育面では，陸軍士官学校や法学部の出身者が多く，イエズス会の学校の卒業生も数名いる。政治的な話題は注意深く避けられ，唯一，会の会計を務めたガルデ伯爵が王党派議員として紹介されている。

だが男性の記述であっても，俗世での地位や仕事ぶりよりは，カトリック教会に貢献する信徒活動に重きが置かれ，いかにさまざまな平信徒活動に参加したか，篤志家として知られたかが強調される。多くの平信徒が組織に参加するだけでなく，その創設に積極的に関わり，司祭達も傷病者や貧しい人々の援助を行うだけでなく，教区教会の再建やカトリック教育の普及に奔走するなど，その姿は活動的に描かれる。男性正会員が参加したカトリックの団体や事業のなかで，特に参加が目立つのが，聖ヴァンサン・ド・ポール会（17人＝13％），聖フランシスコ会第三会（8人），カトリック労働者教育事業団（6人）である。第三会会員の半数の4人と，カトリック労働者教育事業団会員6人のうち5人までが，聖ヴァンサン・ド・ポール会会員であり，三つ全部に参加していた会員も1人いる。

オスピタリテには3人の聖ヴァンサン・ド・ポール会支部長がいる。そのうちの2人はブルターニュ地方の商人で，ロンブゼレの本屋に徒弟奉公しながらさまざまなカトリックの信徒活動に参加したサローと，ナントの薬屋ヴィディーは，それぞれ会の支部を地元に設立した。もう一人の支部長であるカルル・ド・カルボニエールは聖フランシスコ会第三会会員でもあり，自ら私立学校を創設してカトリック教育の復興に努めた。他に，金融業者，将軍，町長，役人，法律家，郵便局員などが聖ヴァンサン・ド・ポール会に入っている。聖フランシスコ会第三会に参加していたのは，役人2人，軍人2人，薬屋，職業のわからない者3人である。教皇勲章を授った元オスピタリテ会長フェルナン・ド・キャリエールは，カトリック労働者教育事業団を後援し，南西部地域で指導的立場にあった。サント・クロワ（ジロンド県）市長であったド・ヴァテールは，事業団と聖ヴァンサン・ド・ポール会に参加していた。オスピタリテ創立会員のフレデリック・ド・ラクロアも，事業団と聖ヴァンサ

ン・ド・ポール会のほか，さまざまな救済事業に参加していた。このほか，郵便局員，役人，法律家が事業団の会員になっている。

　男性正会員が参加する平信徒活動の中で人気が高かったこれらの団体は，会員が関心を持つべき活動でもあったはずである。先述のように，この三つは19世紀フランスにおける社会的カトリシズムの主要団体であり，その名が特にあげられているということは，オスピタリテ会員の男性にとって社会的カトリシズムの活動に参加することが適切であると評価されていたことを示していると考えられる。なお，このような社会的カトリシズムの活動と〈救いの聖母オスピタリテ〉への参加は，先に見た，社会福祉事業と〈不幸な者の祭典〉という，社会事業と祭儀の二本立てと同じ構成になっている。〈救いの聖母オスピタリテ〉には，社会的であることを理想とした男性が行う，他者への関心を表明し社会的紐帯を寿ぐ祭典としての意味があったと推測される。

　男性正会員と教会との繋がりは，教皇勲章によっても示されている。これは，カトリック教会や教皇のために功績のあった平信徒に対して教皇庁から与えられるもので，〈教皇庁ズアーヴ隊〉[42]に参加した元オスピタリテ会長，王党派議員，マルセイユの教皇庁総領事，パ・ド・カレ県の篤志家，公証人，郵便局員，農学者の７人が授かっている。いずれも，慈善事業や信徒活動の促進，執筆活動によるカトリック教会・教皇擁護などの功績を認められてのことである。このほか，教皇庁ズアーヴ隊への参加や教皇侍従であったことなど，教皇庁との繋がりが機会あるごとに示される。また，レジョン・ドヌール勲章を授った者も２人いる。地方政治に貢献した政治家と軍歴華々しい将軍で，２人とも聖ヴァンサン・ド・ポール会に関係し，将軍は聖フランシスコ会第三会会員であった。またその人となりを評価するときに，ミサへの怠りない出席，頻繁な聖体拝領や，死に臨んで終油の秘跡にあずかったことが強調されるのは，男性の記述の特徴である。男性の場合はことさらに，教会世界との

　42）　教皇庁ズアーヴ隊（Zouaves Pontificaux）は，教皇領を守るために1861年に大隊として正式に発足した。主にフランスとベルギーの志願兵からなり，1870年に教皇領が消滅したときには，13,157人の兵士の30％がフランス人だった。フランスのズアーヴ隊は，普仏戦争やコミューンとの戦いにも参加した。保守系カトリックの人々の間では，現在でも大切な思い出として語り継がれているという。

繋がりが示される。

　なお，社会的カトリシズムを代表する上述の三団体が掲げていた「ノブレス・オブリージュ／コルポラティスム／清貧の精神に基づくキリスト教的完徳」という目標は，オスピタリテ男性会員が抱いていた革命前の社会秩序への郷愁，さらには，同時代の共和国的枠組みに対する批判的態度をよく反映していると思われるが，教皇庁とのつながりもまた，そのような異議申し立てにかかわっている。オスピタリテ男性会員にとって，あるべき正しい社会の枠組みとは，「貴族主義／社団主義／教皇中心主義」に共通する，反国民国家的な枠組みだったのである。マユールは，19世紀カトリック世界における政治・社会哲学の基調を，「国民国家のヨーロッパと対峙する，キリスト教のヨーロッパへの郷愁（nostalgie de l'Europe chrétienne face à l'Europe des Etats）」と表現している（MAYEUR op. cit.: 23）。

　他方，女性の場合も，さまざまな平信徒活動（主に慈善）に参加していたと記されているのは37人（37％）と高率である。このうち２人は，病いの床にありながら組織づくりに力を注いだ。また女性のなかには，オスピタリテ会員として働いたわけではなく，病人として祈りを捧げていたという資格で，死亡記事が掲載されている者も何人かいる。このように活動実績として「病い」が数え上げられることは，男性会員の場合には決してない。男女によって，「働き」と認められるものが異なっているのである。

　だが同時に，記事には当時の男性イメージを裏切るような記述も見られる。エマニュエル・アマドゥは，「有徳の士であり，最も小さき者の僕として，自らの時間を神への奉仕と隣人に寄り添うことに捧げた。自分のもとへやってきた人々の役に立てないことは，彼にとって大きな悲しみであった」（AAA E48: 25f）。ファスイユは，家族とルルドへ観光に来ていた時に，傷病者を運ぶ手伝いを募る呼びかけに応えて「自分でも何と言っていいのか分からない直感に導かれ，〈全国巡礼〉の最後まで手伝った。……苦しみの光景と祈りとが，彼の魂の奥底まで揺り動かした」（ibid.: 81f）。彼らは，自分には本来無関係な呼びかけに進んで応え，他人の都合に自分を合わせようとしている。このような感受性と他者への配慮は，先に見たように，当時は専ら女性イメージが引き受けていた

ものであったが，自分を捧げることが男女オスピタリテ会員に共通して求められる美徳であったことから，このような男性像も受容され得たと考えられる。

(2) 捧げる人々

死亡記事のほとんどに，「献身を競い合う戦場 champ de bataille des dévouments」「力を尽くす se dépenser」「身を捧げる se consacrer／se dévouer／s'offrir／offrande de soi-même」「自己放棄 abnégation」「(神の意志に) 身を委ねる abandon (à la volonté de Dieu)」「自分のことを忘れる oubli de soi-même」「無私 désintéressement」「献身 dévouement」「贈り物 dons」「奉仕 service」「犠牲 sacrifice」など，会の目的である「献身」にかかわる言葉が見られる。「与える donner」という動詞もよく使われるが，単独で出てくることはほとんどなく，「無制限に与える donner sans compter／sans limites／sans bornes」のように，副詞句を伴うことが多い。ただ与えるのではなく，与え尽くす。バイイー神父が講話で述べていたように，どこか常軌を逸した過剰さを示すことを忘れない，甚だしい犠牲と贈与のモチーフが，全編を貫いているのである。

修飾語で多いのは，「無制限に sans limites」のほか，「勇敢な vaillant」「忠実な fidèle」「控えめな humble」などである。また，修飾語の選択には男女差がある。男性には，「たくましい・確固とした robuste」，女性には「隠れた cachée」「目立たない effacée」といった形容詞がよく用いられる。これらは，自分を低くし，陰でしっかりと支えるという，「良き僕 bon serviteur」の理想を表現している。

(3) 「働く人々」

死亡記事には，働き手としての身分を表す言葉が多く見られる。「仕えるもの・しもべ serviteur」「働き手 ouvrier」は男女両性に対して，「犠牲」「贈与」と同じくらい頻繁に使われている。このほか，男性には「騎士 chevalier」「戦士 soldat」という表現もよくみられるが，多くの場合「女主人 patronne〔聖母〕」と対で用いられ，臣下の身分を暗示している。他方，序文にある「上流階級の女性が，庶民の女性と重病者の

世話を仲良く分かちあう」という一節，あるいは「慈善の働き手達 (les ouvriers et les ouvrières de la Charité) の間に徳の上下はない」という表現によって，神の前ではこの世の身分の上下など取るに足らないものであることが説かれる。オスピタリテ会員は，神の前に等しく働き手として現れなければならないのである。なお，〈救いの聖母オスピタリテ〉の守護聖人の一人は聖ヨセフだが，彼は聖家族の長というだけでなく，働く者の守護聖人として崇敬を集めていたのであり[43]，ここにも，自分たちは働く者であるという会員の自己イメージが表れている。

ところで，この「ouvrier」という言葉には注意が必要である。「働く者」を表す語彙の中で，「ouvrier」は工場などで肉体労働に従事する賃金労働者を，また集合的に「労働者階級」を表す。つまりそれは，肉体・賃労働と，そのような労働に従事する階層をさすのである。それゆえこの言葉の使用には，肉体労働の強調だけでなく，聖域機関誌の記述に「本来はこのような仕事につくような人々ではない」とあるように，上流階級の立派な人々が卑しい仕事につくというニュアンス，価値の転倒が，意図されていると考えられる。また賃労働とのかかわりを考えるなら，無償奉仕・献身の場にこの語を用いたことは意味深長である。

さらに，「œuvre」という言葉との対比も重要である。「œuvrer」は「働く・活動する」を意味する自動詞だが，神学的文脈においては行為主体と不可分の善行を意味し，特に恩寵と救済の業にかかわる語彙となっていた。それゆえ，ここから派生した名詞「œuvre」は，女性単数形で「仕事・活動・業績・芸術作品・行い」を，女性複数形で「道徳的・宗教的な行い」，転じて「慈善団体」を意味する[44]。その成員が「ouvrier」と呼ばれるとき，オスピタリテという「œuvre」は，「肉体労働」という「宗教的な善行」に身を捧げる人々の集まりとして提示されることになる。

ここに，先の犠牲と贈与のモチーフを重ねることで，働くことについての一つの見解と態度が示される。オスピタリエが行う「犠牲と贈与と

---

43) 1920年に正式に労働者の守護聖人となり，1955年には5月1日がその祝日と定められた。

44) 男性形では，芸術家の全作品や建築の施工，建物の骨格，用材などを意味する。

しての主体的な肉体労働」は，労働者からその労働成果の一部を取得する「搾取」の概念に対峙するのである。聖域機関誌はオスピタリテ活動を労働問題への解答とみなしていたが，それは，オスピタリテがノブレス・オブリージュの実践により二つの階級の歩み寄りをめざしていたためだけでなく，このような，搾取とは異なる労働の姿を提示していたためでもあったのではないかと思われる。

　先述のようにテンニエスは，献身的な奉仕は結果ではなく行為そのものを目標とすると述べ，それを理由に，慈善を女性的な活動とみなしていた。この観点からすれば，オスピタリテの行為は捧げること以外の結果をめざさない，本来「労働」とは呼ばれえない行為である。それをあえて「労働」とよび，男性を中心的担い手とすることで，「労働」とは何であるかが変化していく。男女の活動，労働と宗教的行為の境界が曖昧になり，男性の労働が女性の奉仕に近づき，宗教的行為としての価値を持つようになるのである[45]。

(4) 苦しむ人々

最後にあげられる記事の特徴は，肉親の死をきっかけとする慈善活動への参加，肉親の死による深い哀しみ，病いと死の苦しみ，死の場面の記述など，「苦しみ douleur／souffrance」と「試練 épreuve」と「死」にまつわる物語が多いことである。「douleur／souffrance」は単独で用いられることはほとんどなく，「残酷な cruel」をはじめとして，「巨大な immense」「大きな grand」「耐え難い intolérable」など，はなはだしさを強調する形容詞を伴う。死別について語る記事は男性に13例，女性に14例，心身の苦しみを語るものが男性に23例，女性に20例，死の場面を語るものが男性に16例，女性に 9 例，合計で男性52例，女性43例である。〈全国巡礼〉での活動や仕事ぶりを記す方が，徳の手本という目的に適っていると思われるところで，死亡記事とはいえ，あまりにも苦しみと死についての記述が多すぎるという印象を受ける。ここでは，「記憶の選択を介した一族のアイデンティティの創出」という先述の観点か

---

　45) このような労働・活動観を，ハンナ・アーレントの「労働・仕事・活動」という三類型と比較することで，興味深い考察ができるのではないかと予想される（cf. アレント 1994）。

ら，死にまつわる苦しみと，故人がいかにして死を迎えたかが，わざわざ語られていることの意味を考えなければならない。またその記述に，男女差があることにも注意が必要である。

　先述のアマドゥは息子を失い，その「痛みは，気の毒な父親〔アマドゥ〕とわたしたちオスピタリエの間に，より強い絆を打ち立てたようであった」(AAA E48: 25f)。アルベール・シュヴァリエは，二人の息子を失っている。「その痛みが，ある日，彼をルルドへと向かわせた。……癒されることのない哀しみを貧しい者達への奉仕のうちにまぎらわせようとした。仲間たちは，彼がたたえていたメランコリーと，すべてを捧げた献身の思い出を，持ち続けている」(ibid.: 60f)。ド・ピブラック子爵は，新婚間もなく妻の看病のために軍を退き，妻のためだけに生きた。妻の死後は，毎年4か月，ルルドで貧しい傷病者に仕えた (ibid.: 140f)。サン・フェリックス子爵は結婚15か月で妻を失い，ゆりかごの中の娘と後に残された。それからは，娘の養育が子爵の唯一の仕事となった。30年後，すでに未亡人となっていたその娘にも先立たれた子爵は，4人の孫を育てることになる。彼の生き方は，「優しい愛情を注ぐ義務の感情がどのようなものであり得るかを示した」(ibid.: 155f)。ブーナンは妻の死後，郵便局の職を退き，聖ヴァンサン・ド・ポール会，カトリック労働者教育事業団をはじめ，さまざまなカトリックの活動に参加し，その功績により教皇勲章を受けている (ibid.: 42)。カタラ・ド・ブルゾーは結婚一年で妻子を失うと，信仰に慰めを求め，慈善事業に力を注いだ (ibid.: 53f)。1897年5月4日の慈善バザーの火事[46]で妻を失ったダマス子爵について，記事は「癒されることのない，この地上に，もはや自らをつなぎ止めるものをもたない」不幸を語り，「彼は天で地上の友人達のために祈ってくれることだろう」と結んでいる (ibid.: 70)。このように，男性会員の死亡記事には，肉親，特に妻を失い，癒されることのない哀しみに一人苦しみ耐える男性に，仲間たちが同情を寄せるというような，肉親の死をめぐる共感が数多く描かれている。

　男性会員自身の死の場面には，苦しみも恐怖もない安らかなキリスト

---

46) ダマス子爵夫人，リュッペ伯爵夫人，ロラン・ゴスラン夫人，ワラン伯爵夫人の4人のオスピタリテ会員を含む，100人以上が犠牲になった。

教徒としての理想の死や，苦しみのなかでなお勇敢に神の意志を受け入れたり，後に残す妻子など家長としての責任から心残りがあっても神の意志に従うような，神の意志を受け入れる犠牲としての死など，いくつかの物語の型が認められる。また男性においては，最後まで意識があったことが強調される傾向にある。これは，夫の死期を悟った妻の気丈な配慮によって，死に備えて心の準備を整え秘跡をうけて立派に死んだというド・レピノア伯爵の例に顕著である。ちなみに，死に際して秘跡をうけたという記述は，男性にのみ見られる。これらはキリスト教徒として立派に死を受け入れること，さらには神の意志を受け入れることを教える物語と考えられる。

　他方，女性の苦しみにまつわる記述には，次のような特徴がある。

　まず，天と復活への希望があげられる。娘を失ったド・ボヌヴァルの記事は，「もはや別れもなく，地上の涙が拭われる真の故郷で子供たちと永久にすごす」望みについて語っている (ibid.: 194)。アルトン伯爵夫人の死については，「幸せな思い出と聖なる愛によって地上で一つになった魂たちが再会する，復活の幸せへの希望だけが，残された夫と4人の子供，そして両親の慰めである」といわれる (ibid.: 187)。別れた者達の再会の希望は，男性の記述にはみられなかった。また，煉獄の魂への配慮については，全編を通して，テュリー子爵夫人の記事の中で一度だけ言及されている。

　また女性の記事には，この世は苦しみに満ちたところであるという感覚が強い。これも男性の記述にはなかったものである。男性の記事に描かれた苦しみは，多くの場合，先述のような死別や病いの肉体的な苦しみであって，それに耐える姿が主に描かれていた。これに対し女性の場合には，この世に存在する苦しみ一般に対する感受性を示唆する傾向がみとめられる。

　結婚七か月，22歳にして夫を失ったモンテ伯爵夫人は，「苦しむ者達に心惹かれるのを感じ」，毎年〈全国巡礼〉に母や姉妹と参加した。「彼女のまだ経験を積んでいない若さは，そこで，生きることの哀しみ (la tristesses de la vie) を知ることを学び，自らの苦しみに耐える力をくみ取った。『生きていると感じられるのはルルドだけ。あそこでだけ，私は何かの役に立つことができる，余所では私は役立たずなのです』」。

彼女は重い病いに苦しむ舅の世話をしていたが，モンテ伯爵に出会い，嫁を思いやる舅の希望もあって再婚する。だが5人の連れ子の母となってまもなく，出産によって命を落としてしまうのであった（ibid.: 241f）。

スミスは，19世紀のノール県におけるブルジョワ女性の心的世界を分析した著作の中で，カトリシズムが「女性の生殖に伴う弱さを飾り立てる」ことで女性の犠牲的本性を強調し，女性自身も「苦難について長々と語」る傾向があると指摘している（スミス 前掲書: 122f）。だがジョルジオによれば，カトリックの世界観では，女性のもろさと感じやすさは，女性の他者に訴えかける能力，人々に影響を与える力として評価されていたという（ジョルジオ 1996: 276ff）。女性の引き受け苦しむ力が，同時に，彼女を他者へと向かわせると考えられていたというのだが，オスピタリテ女性の死亡記事にも，「苦しみの響き合い」とでも呼べそうな主題が数多く見られる。

タベルヌ夫人は，自分と同じ病いの少女を寄付で巡礼に参加させた。彼女はルルドで対面した少女から「私は誰の役にも立っていません。聖母様がお治し下さるのがあなた様でありますよう，心からお祈りしています」と言われると，「いいえ，我が子よ，私は自分のためには祈りません。あなたのためだけに祈りましょう」と答えた。「惜しみない自己放棄だけが，二人の心を占めていた」。またある日，隣に寝かされていた女性に請われて夫人が水を飲ませると，その女性は奇蹟的に治癒した。夫人は「自分のことを忘れ，奇蹟の仲立ちとなりえたことを神に感謝した」（AAA E48: 270f）。このほか，「母親は苦しむのが仕事だ」と言うのを好んだというダンタン・ド・ヴァイヤック伯爵夫人（ibid.: 189），自らの苦しみを傷病者達の苦しみと一つにすることを好んだというイスナール・ド・スーズ侯爵夫人（ibid.: 216），自らも病気であるが故に傷病者を愛し同情を寄せたというモルー嬢（ibid.: 244），病いで寝たきりだったにもかかわらず困難にある女性の救援につとめたテュリー伯爵夫人（ibid.: 275f）等に共通するのは，苦しみを引き受け，同じように苦しむ者達に目を向ける，苦しみを仲立ちにした交流である。

このような苦しみの響き合いのテーマは，男性にはみられなかったものである。男性の場合，交流は仲間同士のもので，オスピタリエと傷病者の間にはみられなかった。傷病者はオスピタリテの男性にとって，ノ

ブレス・オブリージュの枠組みの中で仕えるべき主キリストであり続けたためか、仲間とはみなされていない。また苦しみへの共感でも、男性の場合は苦しむ者に仲間たちが向ける同情であったのに対し、女性の場合は苦しんでいる本人が同じように苦しんでいる傷病者に同情を向けている。男性の記事に見られる苦しみは、外在化され、眺められ、苦しんでいる本人は一人で自らの苦しみに耐えていた。これに対し、女性の苦しみは自身と世界とを貫き、結んでいるかのようである。前者において「彼の苦しみ」が見守られているのに対し、後者では「わたしの苦しみ」が外に向かっているのである。このような、苦しむ者が他者の苦しみに心を向けていく姿については、第5章であらためて論じる。

　以上のような死亡記事を読むと、オスピタリテ会員は、主体的に参加する動の部分を持つ反面、不幸な人々でもあったような印象を与えられる。男性の記述にさえ、生きることの喜びよりも辛さと悲しみが語られ、そこに活力の印象はない。ルルドについて語られるものの中で、死と、それに伴う痛みと哀しみについての省察は、傷病者をめぐってではなく、オスピタリテ会員の死を通して行われているようで、傷病者の奇蹟的治癒の喜び、あるいは、傷病者が自分の苦しみを捧げることに喜びを見いだす姿とは、対照的である[47]。ただしここで注意すべきことは、オスピタリテの死亡記事は会員だけが目にする内輪の読み物であるのに対し、治癒物語は一般の広範な読者に向けて書かれたものであったということである。すなわち、苦しみと死と共感が親密な内輪の感情とみなされた結果、公の場に持ち出されることがなかったのではないかと推測されるのである。このように、苦しみが親しい仲間たちの絆と結びついているところは、信心会の伝統を思い起こさせるが、それとは異なり、死別の哀しみの場、それが公開される場が、文字媒体であるということも、この死亡記事から読みとられるべき重要な特徴であると考えられる。

---

　47) 冊子には、男性1人、女性2人の治癒事例があるが、1人の女性について「治癒を得るという幸運に恵まれた」と記されているだけで、そこに喜びの記述はない。また電報技師の妻だった女性は、ルルドで奇蹟的に治癒した後オスピタリテに参加したが、夫の不治の病い、父の死、母の死、事業の失敗など、その人生は不幸の連続であった。

6 まとめ

ここで〈救いの聖母オスピタリテ〉の活動についてまとめておく。その焦点は，男性の慈善の意義にある。

(1) 男性と宗教

〈救いの聖母オスピタリテ〉の創設以来，オスピタリテは上流階級の男性の組織であることが強調されていた。『巡礼者』や聖域機関誌の記事，『オスピタリテ五十年史』の記事における，カフェ，フロック・コート，シルク・ハットという道具立ては，彼らの社会的身分を表象する。彼らは社会問題に関心を持つ上流階級の責任ある男性としてノブレス・オブリージュの伝統を継承し，その伝統に基づいて社会を再建すべく，オスピタリテ活動を始めたといわれる。オスピタリテは単なる巡礼中の奉仕組織ではなく，社会全体の再キリスト教化という，より広い視野と展望をもった活動の一環をなしていたのである。

だがオスピタリテの創設には，もうひとつ別の目的もあった。男性の教会活動への参加促進という目的である[48]。当時カトリック教会内には，労働者の教会離れと同時に，男性の教会離れという緊急課題が存在した。その中で，コンベット・ド・リュック伯爵が1883年2月25日付の手紙に「社交界の紳士の余暇をキリスト教徒として使うことができれば幸いです」と書いているように，オスピタリテは男性を教会活動へと導く窓口としての役割を期待されたのである (ACEG 5H19)。〈救いの聖母オスピタリテ〉の死亡記事でオスピタリテ男性会員の姿を描くとき，ミサへの出席状況や聖体拝領にあずかる熱意が評価の対象となり，教会との関係があれほど強調されたのはそのためである。後述するように，司教区オスピタリテの設立を求めて〈聖域〉に寄せられた手紙の中でも，男性を教会活動に参加させる受け皿として，オスピタリテ設立の必要性が訴え

---

[48] 第1章で言及した全国的な〈男たちの巡礼〉の試みもまた，同じ目的をもっていたと考えられる。

〈ルルドの聖母オスピタリテ〉
創設25周年記念の集合写真
(ACEG：未整理写真，部分)

られていた。女性がオスピタリテ活動の初期において組織の中に曖昧な地位しか得られなかったのは，彼女たちが〈救いの聖母協会〉という独自の組織をすでに持っていたという理由以上に，オスピタリテが男性の参加推進を目的に創設されたものであったためと考えられる。

こうしてみると，オスピタリテが聖ヴァンサン・ド・ポール会と同じ世界観によってたつ組織であることが分かる。どちらも慈善活動を通して仲間の間に，また二つの階級間に，そして男性と教会の間にも，紐帯を結ぼうとしたのである。社会問題の解決に私心を捨てて尽力する善きカトリック信徒の上流階級の男性がつくる「わたしたち」，というのが，オスピタリテのめざした組織像であった。だが活動規模のところでみたように，現実には上流階級の男性の参加は，あまり多くなかったようである。

(2) **恩寵の流通への参加：ロザリオの祈りと肉体労働**
この「わたしたち」によって作りだされるのが，隣人愛の観念と贖宥の制度によって特徴づけられた「恩寵の授受の圏域」である。隣人愛のところで説明したように，愛としての恩寵は人間に内在的な私有物ではなく，その流通は，個人の善意ではなく神の命によって行われる。信徒にとって，隣人愛という形で恩寵の授受に参加することは，神からの命令である。すなわち，隣人愛は「参加を促す」観念かつ実践なのであり，オスピタリテは，傷病者を支援することを通して恩寵の授受を促そうとする実践なのである。

後述する〈ルルドの聖母オスピタリテ〉や各司教区オスピタリテのも

のも含め，多くのオスピタリテの規約に，「常にロザリオの祈りを祈っていなければならない」という規定がみられる。このロザリオの祈りは，恩寵を流通させる方法の一つであると考えられる。ロザリオの祈りは，神から最高の恩寵を与えられ，生きとし生けるものの中で最も恵まれた存在である聖母を称える「めでたし，聖寵満ちみてるマリア」という天使の挨拶の言葉から始まり，「願わくは罪人なる我らのために，今も臨終の時も祈りたまえ」と，恩寵の取りなしを祈る言葉で終わっている。すなわちそれは，神から恩寵を受け取り人々のために取りなしを行うマリアに向けられた，恩寵の授受を主題とする祈りなのである。ロザリオの祈りを唱えながら「わたしたちの主キリストである傷病者」を運ぶことは，神から授かった恩寵の賜物であるキリストをマリアとともに神に差し出すことによって，恩寵の流通の現場を作り出すことにほかならないと考えられる[49]。

恩寵の流通はまた，別の方法でも行われる。それが，肉体労働である。オスピタリテ会員は，諸聖人の通功が行われる共同体のなかで，自己犠牲によって，キリストとしての貧しい傷病者に仕える肉体労働者となった。キリストとしての貧しい傷病者を乗せた担架を運ぶことは，犠牲と贈与としての肉体労働と解釈された。傷病者が肉体の苦しみを捧げるように，オスピタリテ会員は肉体労働の疲労を，共同体全体の贖罪のために神に捧げるのである。すなわち，傷病者巡礼のオスピタリテ活動は，「実社会で肉体労働を強いられ，病いとなってからはその肉体的苦痛を神に捧げる貧しい傷病者」と「キリストとしての貧しい傷病者に仕える，肉体労働者となった上流階級の男性」からなる，犠牲と贈与の世界なのである。さらに，この「贈与の世界」の「キリスト」と彼に「肉体労働により仕える者」は，「搾取の世界」の「貧しい傷病者」と「上流階級の男性」の関係を，逆転させている。実社会で搾取される者が巡礼世界では至宝となり，搾取する者が仕えるものとなるのである。

そしてここに，オスピタリテ活動と傷病者巡礼の中心的参加者が，社会的責任を負った男性と貧しい労働者でなければならない理由がある。

---

[49] 1955年になってもまだ，車椅子を引くときはロザリオの祈りを声に出して唱えなければならなかった（COZIAN 1955）。

オスピタリテ活動は，経済的世界に参加していない女性が，その秩序の外側で，秩序と無関係に行う奉仕なのではない。経済的世界の参加者である男性が，それを裏返すところにこそ，オスピタリテ活動の意味がある。それは，「貧しさ」を直接とりあげてはいないものの，経済的関係を主題とする祭儀としての側面を，もっていたのである。

経済的世界を裏返した贈与の世界において，肉体労働は恩寵の授受の回路としての祭儀となる。会員は入会式で神への奉仕に身を捧げる誓いを立て，その言葉通り，巡礼の間中寝る間を惜しみ身を粉にして働いた。過剰な献身と犠牲が求められ，会員同士が仕える行為を競い合う，傷病者の便宜を図るという実利的な目的が二の次にされている印象を否めない一種の祭儀空間が，そこには展開した。この祭儀は，過剰と肉体の蕩尽（労働力の誤った用い方）によって特徴づけられるが，この二つの要素は，経済的世界では明らかに不適切なものである。

(3)「過剰」を特徴とする祭儀

オスピタリテ活動の祭儀的側面は，司祭たちとの確執の中に認められる。だがそれは，司祭の権利を洞窟前で侵害するというような単純な問題にとどまらない。オスピタリテの過剰な奉仕，疲労の蕩尽が，問題なのである。

〈救いの聖母オスピタリテ〉の規約では，会員が信徒のつとめであるミサや祈りなどの信仰実践に参加するための時間を確保するよう，各部署の責任者に通達されている。だがボーション伯爵によれば，実際は日曜ミサに出席する許可を得ることさえ難しかったという。後述する司教区オスピタリテの会員手引きには，信仰実践のための時間を犠牲にして奉仕することこそ，オスピタリテ会員が払う最大の犠牲であるといわれている。

このように信仰実践に参加する時間が削られることを司祭団が懸念したには，単なる司牧的配慮以上の理由があったと考えられる。そもそもキリストに仕えるのは司祭の職能・職権であり，平信徒は司祭を通してこそ神に仕えるべきであった。その平信徒が，ルルドでオスピタリエとして直接「私たちの主キリスト」に一日中仕え始めたのである。それは，平信徒が作り出した，キリストに直接仕える祭儀であった。ミサに

出席しないで担架を運ぶことは，二つの祭儀の競合と，平信徒が司る祭儀の優先を意味するのである。

　各部署の仕事内容を紹介したところで述べたように，オスピタリテの仕事には序列が認められるが，それは祭儀としての重要性の問題であったと解釈される。沐浴場は，キリストである傷病者を水に浸からせ神に捧げるという形態と意義ゆえに，特権的な場所だったのである。沐浴場利用者数は，〈救いの聖母オスピタリテ〉と〈ルルドの聖母オスピタリテ〉の活動記録において非常に熱心に記録されていくのだが，これは，聖域機関誌がその年の巡礼の成果を振り返る記事において，ミサと聖体拝領の数を記録するのと同じ意味を持つと考えられる。彼らは，自分たちが司どる祭儀の数を記録していたのである。

　なおオスピタリテの仕事の序列で，沐浴場と対比されるのが食物にかかわる奉仕だということにも，しかるべき理由があると思われる。沐浴場とは，甚だしい人間の悲惨と際限なく続く肉体労働が支配する過剰の世界であるのに対し[50]，食事のサービスは，三度の規則的な時間に決められた量が配られる，管理された一定量を越えることのない仕事である。そこには，より祭儀性の高い過剰と，日常的な定量の対照があるのではないかと推測される。

　アラン・コルバンは，時間を有効かつ社会的に使わねばならないという時間管理への関心を近代の特徴ととらえ，「日々の時間の使い方を点検する態度は，19世紀の特徴である時間・性・金銭の脅迫観念的な算術を促す」と述べる（コルバン 1993: 13-29）。オスピタリテの細かく決められた活動時間割や，活動報告書に添えられた，何のためにそこまで細分化しなければならないのか必要性がわからない出欠表も，そのような，生活の諸側面をコントロールしようとする時代心性の表れとしての数量化ととらえることができる。

　だがオスピタリテ活動の場合，その数字は「管理」と同時に「過剰」の世界にも結びついている。オスピタリテ活動報告書にあげられる聖体拝領や沐浴の回数は，参加者の数によって示される成果を表すものだが，

[50) 男性の沐浴場では，数時間で400-500人を沐浴させることもあった（RETTÉ 1909）。

三日間の沐浴回数が男女合わせてのべ1万回というような数字は，それを通り越して過剰の域に達している。通常，管理された社会的時間・労働時間を示すはずの活動時間割でさえ，後述するように，ルルドでは常軌を逸したものになる。

オスピタリテの仕事がたいへんな疲労を伴う重労働であり，常軌を逸した激しいものであったという証言は，ボーション伯爵の思い出や聖域機関誌の記事，オスピタリテ会員の手引きなど，枚挙にいとまがない。それらの疲労の強調は，蕩尽，すなわち，惜しげもなく留保なく使われたことの強調である。それは，洞窟に湧く奇蹟の泉の無尽蔵の水，夥しい数の傷病者や巡礼者とともにルルドを満たす，つきることのない過剰のしるしの一つとなっているのである。このような過剰は，合理的・経済的な計算と実利に真っ向から対立する。

(4) 非経済的身体

ラモン神父は『ブランカルディエの心理学』の序文で，オスピタリテの仕事を形容する時に「肉体を苦しめる・屈辱的な」という単語を用いながら，上流階級の紳士・淑女が似つかわしくない卑しい肉体労働に従事するというニュアンスが，第二次世界大戦後にも残っていたことを示唆している（AAA SV17: 1）。だが，無茶な日課や過剰な肉体労働には，俗世の秩序の逆転以上の意義がある。

オスピタリテ会員の身体を描写する際，「役立つ・使われる」を意味する「servir」という間接他動詞がよく用いられる。オスピタリテ会員の，普段最も肉体労働から遠い身体は，ルルドで貧しい傷病者に仕えることで，その使い道を見いだす。オスピタリテの行う慈善は，富の使い道ではなく肉体の使い道なのである。ルルドでは，傷病者の全く無力な「目を奪う肉体」を，オスピタリエの壮健な肉体が一見「取り扱う＝支配する」ようでありながら，過剰な労働によって，その肉体もまた使われている。

肉体労働は本来，生命維持と生産のために行われる。だが実社会でそのような仕事に従事することを余儀なくされている労働者は，「貧しい傷病者」というカテゴリーに入れられることで，生産に携われなくなった非経済的な姿でルルドに持ち込まれる。オスピタリテ男性の肉体労働

も，何ものも結果として生み出さない（生産に関わらない）慈善，過剰・蕩尽（労働力の誤った使い方）という，非経済的活動である。オスピタリテ女性もまた，家の外に出て，家族や自分の持ち場である再生産過程から離れ，男性が行う社会活動としての慈善を補佐することで，非経済的あり方をしている。ルルドには経済的な身体活動は存在せず，経済的身体は注意深く排除されている。第4章でみるように，生産的市民の健康管理を通して社会の生産性を保証する役目を負う医師も，ルルドではその社会的役割を放棄し，科学的な目としてのみ存在する。信心会・同業組合の後裔を自認していても，オスピタリテ参加者の身体はひたすら恩寵の授受に励み，生産と所有の豊かさや保証に関心を向けない。共同体というものが，通常，生産と消費の安定を求めて相互協力するところに発生するものであるとするならば，オスピタリテ活動は，与えられた恩寵の，蕩尽という形をとった流通の活性化によって参加者がつながっている点で，それとは大きく異なっている。

このように，男性の慈善としての〈救いの聖母オスピタリテ〉活動は，男性イメージと男性の活動領域を見直すものであるが，その見直しは，同時代の社会編成に対する批判となっている。実社会で，合理的判断とコントロールされた身体によって自由な経済活動を行うことを期待されている男性は，ルルドでは僕として，経済性のない過剰な肉体労働に従事する。労働から「経済性」がなくなる反面，オスピタリテ活動では，肉体労働が，恩寵の授受とそれによって発生する紐帯に関わることで，「社会性」を帯びることになる。男性の慈善の意義，上流階級の男性が肉体労働に従事し――スミスが19世紀の女性たちの行う慈善の特徴としてあげていたように――巡礼世界に肉体的に存在することの意義は，ここにある。オスピタリテの活動では，男性身体が，主権の基体としてではなく，紐帯の媒体として機能しているのである。オスピタリテ活動は，非経済的・非主権的身体を社会関係・紐帯に関わらせ，自他の身体（「わたしたち」であるオスピタリエと「かれら」である傷病者の身体）を諸聖人の通功の場，社会的な場に参入させている。男性身体・女性身体・傷病者の身体が共存する恩寵の授受の圏域は，公的領域や経済的・外部的関係がまとっている自然さ・自明性を揺るがすのである。

V 〈ルルドの聖母オスピタリテ〉と司教区オスピタリテ

―――――

　〈全国巡礼〉の傷病者巡礼は、〈救いの聖母オスピタリテ〉の設立によって確固たるものとなった。この組織の設立によって、「フランスの救い」という物語への参加から、社会的カトリックと慈善への参加へと〈全国巡礼〉の意義が変化したことで、傷病者巡礼はさらなる発展を遂げた。そして〈全国巡礼〉が他の巡礼団に決定的な影響を与えていく過程で、オスピタリテ組織もまた〈全国巡礼〉の枠を越えて展開していった。

　1884年7月、コンベット・ド・リュック伯爵はエマニュエル・バイイー神父に宛てて、ピカール神父の強い希望である司教区ごとの〈救いの聖母協会オスピタリテ〉創設を勧める回覧状を書いたことを伝えながら、この計画が実現した暁には被昇天会はフランス全土の司教区、さらには外国に、彼らの活動の心強い支援者の連合を持つことになるだろうと書いている（AAA HE338）。被昇天会がルルド巡礼を介してカトリック世界を一つにつなぐネットワークを作ろうとしていたこと、そして、そのネットワークそのものになろうとしていたことが見てとれる。

　だが実際には、第2章で見たように、このころすでに各地の司教区巡礼が〈全国巡礼〉から独立しつつあった。上述の手紙から一週間とたたない1884年8月1日、コンベット・ド・リュック伯爵は別の手紙で、サン・ディエとアミアンの司教が彼らの司教区からの〈全国巡礼〉への参加を認めず、クートンス司教区は独自の傷病者巡礼を〈全国巡礼〉よりも早い時期に組織してしまうため、その年の〈全国巡礼〉は例年より人数が少なくなるだろうという見積りを述べている（ACEG 5H19）。こうして傷病者巡礼が〈全国巡礼〉から独立していくのに伴い、オスピタリテ活動もまた、ピカール神父や伯爵の思惑とは違う形で展開していくのである。

1 〈ルルドの聖母オスピタリテ〉の発足

〈全国巡礼〉の枠を越えたオスピタリテの活動は,〈救いの聖母オスピタリテ〉創設の翌1882年に始まっていた。この年の末の聖域機関誌は, 一年を振り返って次のように書いている。「慈善によって洞窟へと送られる傷病者の数は常に増大している。……何日間か滞在する巡礼団はすべて, 彼らの傷病者と, 寄付によって招かれた彼らの貧しい傷病者を連れている。……〔〈全国巡礼〉後も〕傷病者が引きもきらずにやってきた。オスピタリテもまた引き続き彼らに仕えた」(*ANDL* 1882: 229)。〈全国巡礼〉以外の巡礼にも協力するという条項が〈救いの聖母オスピタリテ〉の規約にあったことを考えれば当然のこの活動は,〈ルルドの聖母常設オスピタリテ〉の名のもとに, この年, ベルギーからの90人, カンペールの40人, カンブレイとリールの40人, フランシュ・コンテ, ブルゴーニュ, シャンパーニュとアルザスからの72人の傷病者巡礼に協力した。

だが活動の滑り出しは順調とはいえなかったようである。1883年のプイ子爵のレポートは, 司教区巡礼団がオスピタリテからの支援の申し出を断るなど, 活動がまだ受け入れられていなかった様子を伝えている。また聖域司祭団も, 被昇天会と密接なつながりを持ち続けているオスピタリテが, 聖域に常駐して活動することに警戒感を示していた[51]。1884年, この常設オスピタリテが〈ルルドの聖母オスピタリテ〉として聖域司祭団の傘下に入ることで, 二つのオスピタリテ組織は分離した。

1885年1月,〈ルルドの聖母オスピタリテ信心会〉が正式に発足し, 一か月後の1885年2月に教皇書簡により贖宥を得ている。4月6日には早速リヨンとベルギーの巡礼団長から援助の依頼があった。機関誌には, 翌年ようやく「1886年の〈ルルドの聖母オスピタリテ〉」と題する記事

---

51) 常設オスピタリテが被昇天会と聖域司祭団の両方と関係を保ち続けた場合, 組織の指揮系統が二重になるのではないか, という聖域司祭団の懸念に対し, コンペット・ド・リュック伯爵は1883年2月25日に, 聖域司祭団に従うことを約束する手紙を書いている (ACEG 5H19)。

が掲載され，初めて会創設の経緯と活動内容，規約が紹介された（*ANDL* 1886: 171）。記事は，被昇天会の〈全国巡礼〉によって貧しい傷病者が巡礼へやってくるようになって間もなく，「突然，社会的地位にある紳士達が，身体が麻痺したものの杖，目が見えないものの目，我らの主の苦しむ肉体である気の毒な人々の支えになりたいと望んだ。そして彼らの母，妻，姉妹や娘を，この自己放棄と献身の活動に参加させた」という記述から始まっており，〈救いの聖母オスピタリテ〉とのつながりが明示されている。また機関誌上でも，〈救いの聖母オスピタリテ〉が男性の組織として始まり，男性の主導のもとに女性たちが招き入れられたことが強調されている。〈ルルドの聖母オスピタリテ〉は1886年の5月から10月までの間に，700人の巡礼団参加傷病者と個人的に聖域を訪れた傷病者のために働き，「朝から晩まで，キリスト者という大きな家族のすべての苦しむ一員のために力を尽くさなければならなかった」。

　だが1884年度の活動報告会の記録は，「司教区巡礼団との関係」というオスピタリテ活動の問題点を，早くも浮き彫りにしている（ACEG 5H7）。この年8月から10月までの間にルルドを訪れた，傷病者を伴う19の巡礼団のうち，2つの巡礼団が〈ルルドの聖母常設オスピタリテ〉の協力を拒否し，独自のオスピタリテ活動を行おうとした。そのような動きに対し，報告者は「オスピタリテの存在意義はルルドにしかない」と喝破している。いずれは他の聖地へ赴く傷病者巡礼にも奉仕することになるかもしれないが，今のところルルドにしか傷病者は集まらないのだから，オスピタリテはルルドにさえあればよいというのである。

　しかしこの見解は，巡礼地での傷病者の世話のことしか考えておらず，巡礼団における傷病者の位置づけについて重要な点を見落としている。第2章で見たように，ルルド巡礼では傷病者は「わたしたちの傷病者」と呼ばれ，巡礼団の「わたしたち」意識を支えるアイデンティティの核となっていた。そのように「わたしたちの傷病者」を中心に巡礼団の「わたしたち」が確立されているところで，〈ルルドの聖母オスピタリテ〉会員という，巡礼団にとっては外側の人間が傷病者の世話を行うことは，巡礼団のアイデンティティ構築の問題に触れるのである。巡礼団にしてみれば，傷病者の世話を部外者の手に委ねることは，「わたした

ち」を作り出す契機をみすみす手放すことに等しい。各巡礼団の外側に，どの巡礼団にも帰属しないオスピタリテがかれらに固有の「わたしたち」を作り出し，傷病者を「オスピタリテのもの」にすることで，巡礼団の「わたしたち」意識に水を差すことになるということに，かれらはなかなか気づかないのである。

このように無自覚なオスピタリエが，自分たちに固有のルールを押し通そうとして巡礼団（長）と衝突していたことを伝える手紙が，聖域史料室に残っている。

1882年9月20日付の手紙は，その文面から，司祭の手になるものらしいことがわかる（ACEG 5H19）。「いったいこの信徒の群は何なのでしょうか。ブランカルディエのしるしである十字架とブルテルのもとに，叫び，押し，巡礼者を突き飛ばし，祝福された場所である洞窟に司祭や修道士が近づこうとするのを妨げ，そこから追い払おうとするのは？」。オスピタリテは聖域の人の流れに一層の混乱をもたらし，祈りを妨げ，慈善どころか憎しみを募らせているといわれ，「新しいカースト」と非難を込めて呼ばれている。今に司祭たちと一悶着起こすに違いない，この侮辱を止めさせ，司祭たちが自由に洞窟へ近づけるようにしてほしい，という文面からは，司祭に命令し，聖域の秩序に口を挟む平信徒への嫌悪と怒りが伝わってくる。

同じような手紙が，1885年8月24日付でディジョンの巡礼団長から寄せられている。彼もまた，オスピタリエは我々を助けるためにいるのであって，我々が傷病者の介護について指示を与えるのが筋であるのに，時に彼らはずいぶんと失礼なやり方で命令してくると抗議している（ACEG 5H20）。

1885年5月8日付のクローダン・マルリーの手紙は，傷病者に対するオスピタリエの態度を非難している（ACEG 5H20）。オスピタリエの中には，傷病者にきつくあたり，無礼な者もいて，特に沐浴場の女性たちはブランカルディエに輪をかけて権威的である。「わたしたちの貧しい傷病者が何人も泣きながら，もう沐浴はしたくないと言っているのを聞きました」。さらに腹立たしいのは，寄付によって巡礼に参加した貧しい傷病者に金銭を要求する者がいることであるという。

彼らの目に映ったオスピタリテは，謙虚な献身者の組織ではなく，聖

域の秩序に権威的に介入してくる傲慢不遜な平信徒の群れであった。それは，自分たちの定めたルールを振りかざして巡礼団長や司祭に命令し，教会の秩序を乱す者たちで，彼らのために教会位階秩序に乱れが生じ，平信徒と司祭の間に対立が生じているのである。

だが〈ルルドの聖母オスピタリテ〉がもたらした波紋は，司祭たちとの覇権争いにとどまらない，どの巡礼団にも帰属しない独自のルールをもつグループの発生という点にこそあった。このような，傷病者巡礼の構造を揺るがす，巡礼団という枠からはみ出しているオスピタリテの立場が，オスピタリテ活動の性格を変化させていくことになる。カトリック的慈善精神に基づき，あらかじめ定められた範囲内で行われる支援活動であったオスピタリテは，支援対象を選ばず「わたしたち」という枠組みを必要としない，「わたしたち」を越え出て行くものへと変わっていく。オスピタリテ活動の生む紐帯は，外側へと開かれたものになっていくのである。

2 〈ルルドの聖母オスピタリテ〉の規定・規約

1885年1月に出された規約には，会の目的，組織，入会規定，会員の義務，贖宥と特典が記されている（REBSOMEN〔1930〕: 56ff）。目的としてあげられるのは次の四項目（抄訳）である。

1. 傷病者に仕えることで，オスピタリテ会員は物質的な援助を行いつつ，自らは霊的な恵みを受ける。
2. あらゆる巡礼者に奉仕するが，中でも特に貧しい巡礼者に奉仕する。
3. 隣人のために働くことで，自らを聖化する。
4. 婦人たちも〈ルルドの聖母オスピタリテ〉の名称のもとに組織の一員となる。

この目的は，同時期にまとめられた〈救いの聖母オスピタリテ〉のものと比べると，組織の構成や会員の身分への言及がなく，かわりに，奉

仕する「わたし」と「隣人」に焦点があることで，参加者の個人・私人としての側面が強まっている印象を受ける。また女性も組織の一員となることは，1884年の試案段階で初めて補足として記され，最後に加えられた規定であるが，〈救いの聖母オスピタリテ〉での女性の立場に比べ，対等な扱いになっている。

『オスピタリテ五十年史』（以下『五十年史』と略記）に掲載された慣例集は，この本の書かれた1930年当時のものであると思われるが，その規定は主に，いかに他者と接するかについて述べている（ibid.: 194-214）。

1. 傷病者との関係において（Dans leurs rapports avec les malades），傷病者のうちにわたしたちの主の苦しむ身体を認め，聖母がベルナデットにしたように，尊敬を持ち，優しく温かく接する。
2. 巡礼者との関係においては，礼儀正しく接する。たとえ百回同じことを尋ねられても，質問者にとっては初めてだということを忘れず，答えなければならない。
3. 仲間同士，最大の友愛のうちにすごさなければならない（Entre eux, la plus grande fraternité doit régner）。
4. すべての傷病者に分け隔てなく（*sans distinction*）仕えなければならない。特定の傷病者，たとえば自分たちの巡礼団の傷病者（*ceux de leur pèlerinage*）の便宜を図ってはならない。〔強調は原文による〕
5. 町で，傷病者宿泊施設に泊まっていない傷病者のために奉仕することは原則として禁止される。ただし，洞窟前と沐浴場では，すべての傷病者に奉仕を受ける権利がある。宿泊しているかどうかは，担架と車椅子の外観で区別される。また傷病者の移動を助けている間は常に，ロザリオの祈りを声に出して唱える。

1と2が「～との関係において Dans leurs rapports avec」という表現で始まっているように，〈救いの聖母オスピタリテ〉に比べ，集まった人々の間にいかに連帯を生むかという点に大きな関心が向けられてい

る。また4の，特定の傷病者だけを特別扱いすることを禁じ，分け隔てなく接するようにという規定は重要である。これが，各巡礼団の「わたしたち」や「わたしたちの傷病者」意識を超えよという要求だからである。

　次の5は，それに逆行する規定のように見える。だがその要点は，宿泊施設に泊まっている傷病者は聖域外でも奉仕対象となるが，泊まっていない傷病者は聖域の中でだけ奉仕の対象になる，というように，聖域の内か外かが，奉仕対象となる傷病者の選別基準になっているところにある。これは，巡礼団という枠組がないところで，誰に手をさしのべるべきかという，支援対象の範囲を定める規定だが，そこには，個人的な善意によって行われる単なる人助けとオスピタリテ活動の間に，いかにして一線を画すかという問題がある。これより時代が下った『アラス司教区ブランカルディエ・看護婦人の手引き』の規定には，傷病者宿泊施設に宿泊していない傷病者に手を貸してはならず，聖域での奉仕活動以外に慈善を行う場合はブルテルと記章をはずし，一介の巡礼者として行動するようにいわれている（ACEG 5H30: ELOY 1910: 19）。すなわち，オスピタリテ会員としての奉仕とは何かを定めるために，このような規定が存在するのである。

　そしてこれは，オスピタリテの行為が個人の善意ではなく祭儀だということに関係している。オスピタリテの行う奉仕が，その時々の偶発的な単なる個人の善意に基づく行為ではなく，会により定められ課せられた遂行すべき任務であり，神の意志の遂行としての祭儀であればこそ，時と場所と対象の規定があるのであり，奉仕が巡礼団を離れて行われるようになった結果，祭儀としての「奉仕」となるの範囲を巡礼団以外の基準によって規定する必要が生まれたのである。司教区オスピタリテ設立許可の申請に対し，「ルルドの外ではオスピタリテは不要である」という，一見，覇権意識にしかみえない返事が出され続けるが，オスピタリテ活動が神聖な祭儀ととらえられていればこそ，時と場所がルルド巡礼に限定され，余所では無意味だとみなされたと考えられる。

3 〈ルルドの聖母オスピタリテ〉の会員構成と活動規模

オスピタリテ付き司祭ブロス神父によれば，発足当時，〈ルルドの聖母オスピタリテ〉会員のほとんどは，〈救いの聖母オスピタリテ〉の会員だったという（AAA SV15: 124）。1902年度の〈ルルドの聖母オスピタリテ〉正会員名簿には，入会年が記載されている。創立会員は男性24人（うち一名はベルギー人），女性25人，ブランカルディエ組織創設の1885年の入会者は24人，女性オスピタリテは創設された1886年に4人，1887年に31人が入会し，このあとは男女とも毎年10人から20人が入会していく。1901年の正会員の合計は男性267人，女性222人，この時点での物故者は男性55人，女性36人で，総数は同じ年の〈救いの聖母オスピタリテ〉会員数より少ない。爵位を持つものが，男性75人（28％），女性43人（19％）で，女性の方の割合が〈救いの聖母オスピタリテ〉にくらべて若干低くなっている。男性正会員には，司祭18人，軍人5人，医師3人がいる。

居住地で多いのはパリで（男性20人，女性29人），トゥールーズ（男性20人，女性9人），ルルド（男性11人，女性13人），そしてルルド近郊（男性19人，女性7人）が続く。合計すると男性70人（26％），女性58人（26％）で，ともに四分の一を占めており，〈救いの聖母オスピタリテ〉と同様の都市への集中がみられる。〈救いの聖母オスピタリテ〉との最大の違いは国外からの参加者がいることで，男性48人（18％，うちベルギーから38人＝79％，その他スペイン，ポルトガル，リュクサンブール，イギリス，オランダ，カナダ，インドから参加している。物故者にはロシア，アメリカからの参加者もいる），女性26人（12％，ベルギーから16人＝62％，その他ポルトガル，イギリス，アイルランド，スイス，ドイツ，オランダからの参加がある）となっている。

25周年にあたる1910年の統計によると，正会員はこの時点で男性387人，女性247人，物故者は男性106人，女性83人であった（REBSOMEN op. cit.: 93）。ルブゾーマンはまた1930年の統計として，正会員693人，準会員401人，聖職者会員37人のうち，正会員653人，準会員423人（ママ）と，

	巡礼特別列車	宿泊傷病者	沐浴場利用回数		
			女	男	計
1893	179	1,554	35,620	16,256	51,876
94	229	2,218	36,070	18,023	54,093
95	203	2,803	47,118	18,877	65,995
96	225	3,634	57,292	19,700	76,992
97	210	2,823	51,112	21,918	73,030
98	217	3,440	53,680	20,345	74,025
99	248	3,780	47,468	23,977	71,445
1900	225	3,678	47,049	18,836	65,885
01	290	5,053	48,956	23,524	72,480
02	218	4,392	46,514	20,712	67,226
03	229	5,339	42,563	19,548	62,111
04	318	5,502	56,760	24,028	80,788
05	252	5,378	43,995	21,838	65,833
06	240	5,955	43,546	24,068	67,614
07	244	5,618	50,540	25,355	75,896
08	602	9,290	85,817	45,444	131,261
09	306	8,593	63,721	34,001	97,722
10	354	8,393	65,758	34,747	100,505
11	424	7,291	79,183	42,073	121,256
12	446	9,702	88,971	41,079	130,050
13	494	9,946	99,936	42,723	142,659
20	40	935	34,379	16,962	51,341
21	178	4,768	85,214	30,719	115,933
22	299	9,103	90,806	32,372	123,178
23	335	10,078	101,383	35,964	137,347
24	325	13,650	117,533	39,612	157,145
25	404	11,375	111,611	40,000	151,611
26	368	12,082	129,050	42,762	171,812
27	344	12,450	120,768	41,398	162,166
28	351	15,100	142,575	51,641	194,216
29	387	16,985	147,526	52,663	200,189
1930	395	17,462	147,256	54,605	201,861

(『オスピタリテ五十年史』p.100, 420, 433とその他の記述をもとに作成)

ボランティア6,036人が活動したと書いている (ibid.: 193)。正会員に対し, ほぼ十倍のボランティアが活動しているが, 正規の登録をせず現場で手をさしのべる人の数が多いところに, 人手不足という事情とともに, 組織の開放性が感じられる。またこれは, 参加者のすそ野が広がったことを示唆している。1906年3月, クリエールの炭鉱事故で1,200人の犠牲者が出た折り, アラス司教区巡礼団長であり〈ルルドの聖母オスピタリテ〉のアラス・グループ長でもあるシュヴァリエ氏に率いられたオス

ピタリテ会員が救援に駆けつけ，葬儀にも40人が出席したが，犠牲者のなかにはルルドでボランティアとして働いた坑員が何人もいたという (ibid.: 102)。オスピタリテの正会員とボランティアの区別が，社会的身分の違いと重なっていたらしいことを伝える逸話である。

　1893年から，会員数や活動状況を示す数字への関心がみられるようになる（前頁の表を参照）。1899年には初めて聖域機関誌に過去3年間の巡礼特別列車数，宿泊施設を利用した傷病者数，男女の沐浴場の利用者数，ブランカルディエの数を記した記事が掲載され（ANDL 1898: 268f），以後，聖域機関誌の年末記事「今年のルルド」に，この数字が，巡礼者，聖体拝領や奉献物などの数とともに記載されるようになる。ブランカルディエの数だけがあがっているところに，男性の組織であるというアイデンティティの名残がみられる。また沐浴場利用者数は，〈救いの聖母オスピタリテ〉のものと同様，過剰さを誇示している。なお，〈救いの聖母協会〉でも1894年から出欠表の作成が始まるなど，このころ両オスピタリテで自分たちの活動状況をアピールしようとする意欲の芽生えがあったようである。

4　〈ルルドの聖母オスピタリテ〉の活動内容

具体的な活動内容を知る手がかりとなるのが，聖域史料室に残る会員用手引きである。『〈ルルドの聖母オスピタリテ〉女性のしおり』では，オスピタリテは沐浴場のみを管理すると規定されている（ACEG 5H30）。沐浴場は「彼女たちの聖域」（REBSOMEN op. cit.: 299）なのである。沐浴場利用者は多い日で1,600人から1,800人，そのうち担架に寝かされた重症者が60人から80人で，1930年にはのべ147,256人の女性が沐浴した。傷病者の服の脱ぎ着を手伝うのは多くの場合，司教区巡礼に同行した，傷病者のことをよく知る女性たちであった。服の脱ぎ着は，見ず知らずの者に任せるのが不適切な，親密な行為とみなされていたものと考えられる。

　女性たちには，献身，自己放棄，自己への無関心，忍耐と服従と善意という美徳をもって肉体労働と疲労に参加することが，自身の魂の向上

のために求められた。と同時に，その行為によって，このような肉体労働とは本来無縁の良家の女性たちの慈悲の心があらゆる嫌悪感に打ち勝つことを，他の人々に対して証明しなければならないとされた。どのような悲惨な光景，凄惨な傷口や鼻を突く臭いにも動じず，平静な態度で傷病者に接することが求められる場であるため，沐浴場で奉仕するには原則として28歳以上でなければならないという年齢制限がある。その年齢に満たない女性は，針仕事や聖具の手入れにあたった[52]。沐浴場という聖域は，そこで仕える者に心身の成熟を要求する場とみなされていたのである。

　男性の活動については，『〈ルルドの聖母オスピタリテ〉男性用手引き』が参考になる（ACEG 5H30）。ここでも最初に，忍耐と熱意を持ち，どのような悪天候，肉体的疲労，精神的衝撃にも耐え，疲労をものともせずにあらゆる務めを果たさなければならないといわれる。『五十年史』に引かれたボーション伯爵の思い出によると，1885年当時，ブランカルディエの仕事は寝食に支障をきたすほどの激務だった。列車の到着時間もたびたび遅れ，駅で夜中待ち続けることは茶飯事で，二晩徹夜で奉仕にあたったこともあったという。これらの冊子には，オスピタリテの奉仕は男女どちらにとっても，勇気がなければ立ち向かえないほどの悲惨と向き合う激しい肉体労働である（べきである），という理想像が描かれている。

　ところで〈ルルドの聖母オスピタリテ〉には，男女オスピタリテの間で利用できる施設に違いがあった。男性には，専用の食堂と宿泊施設があったのである。1895年，オスピタリテ男性会員用の食堂が開設され，1930年にはそこで一度に200人が食事をとることができた。「食卓でこそ，人は互いを知り親しくなるのであり，生まれや育ちの違いを越えて，どれほど生き生きと人生の喜びや悲しみについてここで語り合うことか。

　52）　アラン・コルバンは，近世初頭の布製品への執着を「繊維崇拝」と呼んで分析する中で，教会が司牧活動の一環として聖具室の手入れに女性を参加させ，ミサ聖祭用の聖布の管理に女性をたずさわらせるようになっていったと述べている（コルバン1993: 33-69）。それは，神への奉仕の機会の拡大と考えられる。1900年の聖域機関誌の記事には，彼女たちの奉仕の成果が，「ミサ用白祭服4着，祭服10着，聖体布52枚，肩布24枚，清浄巾71枚，聖体蓋4枚，祭壇布5枚，祭壇覆い7枚，聖体器覆い4枚，手拭き12枚」等々と数え上げられている（ANDL 1900: 280）。

……この魂の休息は，天国の前触れであるルルドでしか味わうことができない」(ibid.: 34)といわれるこの機会は，女性には与えられていなかった。宿泊施設ともども，男性にのみ，親交と集団生活の場が設けられていたのである。また1910年に創設された〈ルルドの聖母オスピタリテ・霊の兄弟団 Confraternité Spirituelle des Hospitaliers de N.-D. de Lourdes〉も，男性の組織であった。故人も含めた会員間の霊的一致を深めることを目的とする会で，会員の死は全員に速やかに伝えられ，死者の魂のためにミサがあげられた。

このように，女性たちが組織の一員と認められた後も，男女両性における紐帯や交流の形の違いは残された。男性にのみ，生死どちらの状況においても，集う場と機会が設けられていたのである。これは，集う人々が同質ではなくなったことに関係するものと考えられる。

アドルフ・ルッテは滞在記の中で，沐浴場で働いた仲間をあげ，包帯を直し続ける司法官，服を着せる電気技師，掃除をする文学士，身体障害者を抱きかかえる休暇中の兵士の他，2人の弁護士，インターン，2人の神学生，4人の神父，実業家，農民，中国人の若者もいたと書き，そこに，身分の上下を越えた友愛の世界を見ている (RETTÉ op. cit.: 199f)[53]。先述のように，〈ルルドの聖母オスピタリテ〉になると，新規会員を募集するにあたって〈全国巡礼〉時代とは異なる人脈が活用されるようになり，また大勢のボランティアが現場で飛び入り参加するようになるなど，会員の顔ぶれも多様性に富んできた。〈ルルドの聖母オスピタリテ〉は，仲間であることが自明な人々の集まりではなくなっていったのである。

そこでは努力と働きかけによって初めて，人々は新たな仲間となる。同じ巡礼団に属するわけでもなく，「わたしたち」という仲間意識を持ちにくいところで，参加者の幅も広がった結果，紐帯を作り出す工夫が必要となり，共同食堂，宿泊施設，死者を悼む儀礼などに，仲間意識を育み維持する機能が期待されたのである。このような施設・組織の必要性が女性に対して認められなかったことには様々な理由があるだろうが，

---

53) ルッテは『ルルドの群集』を批判する中で，ユイスマンスを「一貫して自分の殻に閉じこもったままの」，「社会性の本能を発達させることに決して成功することのない，孤独な魂」とみなしている (RETTÉ op. cit.: 278f)。

そこには，女性たちの社会性に関するテンニエス的見解も含まれていたものと推測される。

5 〈ルルドの聖母オスピタリテ〉の精神

(1) 良きサマリア人

〈ルルドの聖母オスピタリテ〉には会報のような冊子が存在していなかったので，ここでは『オスピタリテ五十年史』を参考にする。そこに書かれた会の精神は，組織の母胎となった〈救いの聖母オスピタリテ〉のそれをよく受け継いでいる。会の霊性の中心は，苦しむキリストと同視される「わたしたちの主である傷病者 Nos Seigneurs les malades」に仕えることであるとされる。また，規律と慈愛と仲間意識が重んじられ，責任者の決定は絶対であるといわれるなど，厳格な上下関係を持ち友情で結ばれた奉仕者の組織という自己イメージや称揚される価値に，大きな違いはない。だが，そこにはいくつか新しい面もみられる。

『五十年史』でルブゾーマンは，傷病者との交流とオスピタリテ会員同士の交流の二つを対照させている。傷病者との交流は，祈り，すなわち諸聖人の通功の実践であり，無駄話や笑いや冗談はふさわしくないといわれる（REBSOMEN op. cit.: 179）。この生真面目な奉仕態度は，食堂での仲間同士の和気藹々とした交流と大きく隔たっている。聖ヴァンサン・ド・ポール会の発足時に見られた，仲間同士の絆と貧窮者との交流の二本立てと同じ，紐帯の二重化がここにも認められる。

だが，傷病者に対するものと仲間同士のものとで，どちらが自然な親愛の情かということについて，興味深いことがいわれている。「傷病者に対する慈愛はとても自然なものであるのに対し，オスピタリテ会員同士の慈愛はそれとは別のものである」（ibid.: 183）。貧しく気の毒な傷病者に対する同情の念は自然に湧いてくるが，自分と正反対の気質の隣人と調和のうちに過ごすことは困難だといわれ，年齢差，職業の違い，土地柄，政治意識，さらに国籍などが衝突の原因としてあげられる。すなわち「かれら」への一時的配慮や同情と仲間内の親交が分けられ，「かれら」への同情は容易いのに対し，「わたしたち」を作り維持すること

V 〈ルルドの聖母オスピタリテ〉と司教区オスピタリテ

は難しいといわれているのである。

　この記述もまた，会員の構成にばらつきが生じ，当初構想されていたような均質な会員層ではなくなってきていることを示唆しているが，ルブゾーマンはこれに続けて，それぞれの背景の違いにもかかわらず，人々はルルドで真の友を見つけると強調している。オザナムが聖ヴァンサン・ド・ポール会を創設したときに期待していたように，慈善を通して，そのままでは友情を結ぶことなどなかったであろう人々の間に最も強い絆が生まれるというのである。この「わたしたち」の絆について，フランシス・ジャムは次のように書いている。

　ジャムは『五十年史』に寄せた序文で，オスピタリテは一つの身体を共に形作る人々の集まりであると述べる。「一つの身体となっている信徒達のあらゆる苦しみ，えもいわれぬ諸聖人の通功によって誰かが支払い，清算し，他の人々のために贖っている苦しみ」，そのような「悲惨にうずくまる人々が一つの身体を形作るように……オスピタリテもまた一つの身体，良きサマリア人という身体をなす」(ibid.: XI-XVI)。

　このような，奉仕を行うオスピタリエも奉仕される傷病者も一つのまとまった「身体」を作るという観念は，〈全国巡礼〉や司教区巡礼の「わたしたち」意識とは異なるものである。これは，巡礼団という枠組みを持たないために会員としてのアイデンティティと「わたしたち」意識を持ちにくい〈ルルドの聖母オスピタリテ〉が，まとまり意識を持つための工夫であり，堅固な外縁を持つ他のグループと対峙したときに身体イメージを持ち出して自分たちの一体性を強調し対抗しようとする神秘的肢体論の伝統を受け継いでいるが，ここで重要なことは，それがサマリア人の身体だといわれていることである。

　このサマリア人は，キリストが「隣人とは誰か」という問いに答えて語った「良きサマリア人」と題される譬え話（ルカによる福音書10章25-37節）の主要人物を指す。追いはぎに襲われ道に倒れていた旅人を，祭司とレビ人は見捨てて通り過ぎたがサマリア人は助けた，という内容だが，この話には，「三人の中で最も親切な者が助けた」という以上の意味がある。当時，サマリア人社会はユダヤ社会と絶縁状態にあった。これに対し，祭司とレビ人（かつての祭司階級）は，ユダヤ社会で範をたれるべき者達である。すなわちこの譬え話では，旅人が誰かは語られて

いないが，聞き手であるユダヤ人にとっての「わたしたち」の一員が見捨て，隣人とは考えられていなかったサマリア人が手をさしのべたところに，要点があるのである。キリストは，社会の枠組みが隣人を定めるのではなく，手をさしのべた者が，さしのべるという行為によって隣人になるのだということを，この譬え話で語ったとされている。

ジャムは，オスピタリテ会員はサマリア人であると述べているが，これは先述の規約の内容に適った類比である。〈ルルドの聖母オスピタリテ〉の活動において，支援対象はあらかじめ決まってはいない。目にした相手が助けを必要としていたなら，そのそばを通り過ぎることなく手をさしのべる，という以外に，オスピタリテの行動を律する基準はなくなっていくのである。

(2) **カトリック・アクション**
〈ルルドの聖母オスピタリテ〉男性会員は，傷病者の支援以外にも，来賓の案内や重要会議の手伝いなど，聖域で司祭団を補佐する役割を果たすようになっていった。また第一次世界大戦中に，聖域司祭団が傷病者宿泊施設を病院として軍に提供した時には，その管理をオスピタリテが行った。オスピタリテ男性会員は〈聖域〉のスタッフとして，さまざまな務めに当たったのである。それは，教会を補佐する平信徒活動，カトリック・アクションとみなしうるものであった。

ルルドとカトリック・アクションとの関係は，タルブ・ルルド司教の選出に象徴されている。ピエール・マリー・ジェルリエ（1880-1965）[54]は，1907年から1913年まで，先述の〈フランス・カトリック青年同盟〉の会長を務め，パリ司教区司祭であった時期には，創立間もない〈カトリック青年労働者連盟 Jeunesse ouvrière chrétienne〉を支援するなど，

54）高級官僚の息子としてヴェルサイユに生まれ，ボルドー大学で法律学を学び，労働契約について博士論文をまとめた。1911年から1913年まで弁護士協議会の書記官を務めたのち，神学校に入学。1921年に司祭になり，パリ司教区のさまざまな平信徒活動の指導に当たる。1929年にタルブ・ルルド司教，1937年にリヨン大司教，枢機卿となった。なおリヨン大司教は「プリマ・ド・ゴール primat des Gaules」（首座大司教（primat）とは元来，自分の教区だけでなく全国に裁治権を行使した司教をいうが，現在は単なる尊称で，フランスではリヨン大司教にのみ用いられる）と呼ばれ，パリ大司教と双璧をなす重要な地位である（LAFFON 1984: 175ff）。

20世紀を代表する平信徒活動に深くかかわっていた。ジェルリエはこれらの活動を指導する際，社会活動としての側面よりも宗教教育的側面に重きを置いていたというが，いずれにせよ，平信徒活動の積極的支援者が，第一次世界大戦後，タルブ・ルルド司教に任命されたということは，その時点でルルドの将来像，進むべき道が，教会位階の上位の人々によって，平信徒活動の積極的活用という方向で構想されたことを示している。折しもこの前年には，司教区オスピタリテの設立が認められていた。そこへジェルリエ司教が迎えられ，ルルドはこの後カトリック・アクションの実験的な聖地となっていく[55]。司教区オスピタリテの活動は，そのような平信徒活動の一環をなしているのである。

6 司教区オスピタリテと〈ルルドの聖母オスピタリテ〉の関係

1881年にマルセイユから100人の傷病者を伴う950人の巡礼団がルルドへやってきたが，この時，〈全国巡礼〉をモデルにヴェルクロ伯爵が組織した独自の奉仕団が活動した（REBSOMEN op. cit.: 42）。翌1882年6月には，60人ほどの傷病者を伴うベルギー巡礼団が，傷病者の移動を助ける組織を作ってやってきた。だが司教区巡礼団の正式の発足は，これよりずっと後のことになる。先述のように〈ルルドの聖母オスピタリテ〉の設立により，巡礼団単位の奉仕活動との間に競合が起こったのである。1884年度〈全国巡礼〉報告書に，「ルルド以外の場所にオスピタリテの存在意義はない」と書かれていたが，その後，〈聖域〉に司教区オスピタリテの設立許可を求める手紙が寄せられる度に，この言葉が繰り返されていた。

ルルドの外にはオスピタリテの存在意義はない，と拒絶されたブルターニュの司教区巡礼団長らしき人物は，1888年10月29日付の手紙で再度，上流階級の紳士たちを司教区巡礼に参加させるためにオスピタリテを組織することが必要なのだと手紙で訴えてきている（ACEG 5H21）。それ

---

55) タルブにはジェルリエ司教以前にも，「工場宣教師」（リエージュのドゥルルー司教が1886年に発案）を1893年に初めて実行に移したビレール司教など，新しい試みを積極的に行うリベラルな人物がいた。

によれば，1,800人の巡礼者のうち，一等車に45人，二等車に75人，三等車に1,680人と，庶民の参加が圧倒的に多く，また女性1,200人に対して男性は600人にとどまり，しかもそのうち120人は司祭で一般平信徒の男性が少なく，特に上流階級の男性ともなればほとんど参加していないという。この手紙への返事は残っていないが，ブルターニュで最も早い司教区オスピタリテの設立は，1907年のレンヌ司教区であった。1897年1月8日付のランスの司祭の手紙も，多くの上流階級の人々を巡礼に参加させるためにオスピタリテの創設を許可し，贖宥を適用してもらいたいと訴えている（ACEG 5H23）。これに対しては，贖宥を得たいのなら〈ルルドの聖母オスピタリテ〉に参加すればすむことで，他の司教区巡礼団もそれを受け入れている，という拒絶の返事が出されている（ACEG 5H23）。

　『五十年史』には，各司教区オスピタリテから寄せられた活動報告書が集められているが，それによれば最も早い設立は，1895年のリール・カンブレイ合同司教区巡礼団とベルギーの全国巡礼団のものであった。このように，まずフランス北部の遠方からオスピタリテの組織が始まり，20世紀に入って北西部，さらに近隣の南東部へと広がっていった。傷病者巡礼を軌道にのせるためには事前の準備が必要なことから，たとえ〈聖域〉が反対したとしても，オスピタリテの設立は止めようがなかったものと推測される。

　これらの司教区オスピタリテは，1928年にようやく〈ルルドの聖母オスピタリテ大信心会〉に連なる司教区オスピタリテとして正式に認められ，〈ルルドの聖母オスピタリテ〉との関係が整理された。大信心会は，他の司教の管轄下にある類似の団体を司教区の枠を越えて統括する権限をもち，ここにオスピタリテは，司教区を横断するネットワークを形成するに至ったのである。そして贖宥はここでも，同じひとつの世界への参加の指標と手段となっている。

　そもそも同じ目的を持つ信心会は，大信心会を頂点に系列を作り，大信心会と同じ贖宥にあずかるのが通例であるため，司教区オスピタリテが贖宥を得るためには，〈ルルドの聖母オスピタリテ〉が大信心会になり，その傘下に入ることが必要であった。〈ルルドの聖母オスピタリテ〉の大信心会への昇格と司教区オスピタリテの系列化の経緯は，聖域機関

誌に次のように説明されている（*ANDL* 1928）。それによれば，司教区オスピタリテの活動も〈ルルドの聖母オスピタリテ〉と同じ贖宥と恩寵にあずかることができるようにして欲しいという要望があり，タルブ・ルルド司教ポワリエがピウスⅩⅠ世に願いでて，1928年に大信心会の設立と贖宥の適用が承認された。このように聖域機関誌の記述も，贖宥を中心に記事をまとめている。またこの機会に，それまでは各傷病者宿泊施設ごとに独立していた看護婦人達の組織が，ようやく〈ルルドの聖母オスピタリテ〉に組み込まれた。

　こうして，〈ルルドの聖母オスピタリテ〉を中心とするオスピタリテ組織の整理が完了する。被昇天会とボーション伯爵は〈救いの聖母オスピタリテ〉の全国化を夢見ていたが，それとは違った形で，〈ルルドの聖母オスピタリテ〉と全国の司教区オスピタリテからなる一大ネットワークができあがったのである。1930年の段階で，外国の司教区オスピタリテも含め，大信心会に所属する司教区オスピタリテは39，うち36は男女混成，3つは女性のみ，またフランス国内のものが29に対し，国外の組織が10あった。

　司教区ごとに傷病者巡礼を支援することと，信心会の一つとして大信心会に連なり同じ贖宥にあずかることの間には，違いがある。前者が，教区という地縁的結合関係の中で行われ，教区システムに連なるとはいえ外部とのつながりを意識しにくいのに対し，後者は，ルルドという聖地を中心に作られたルルド巡礼の世界の中に，その活動が位置づけられることを意味している。また各司教区オスピタリテの間に生まれた兄弟関係によって，司教区巡礼同士のつながり意識も強まることになる。かつて，「フランスの救い」のための贖罪の祈りにともに参加する仲間としてイメージされていた司教区巡礼は，「オスピタリテの世界」にともに参加する仲間へと，連帯の契機を変えていったのである。

　ルブゾーマンは司教区オスピタリテの意義を，参加会員が遠く離れた地域に広がることで「彼らによって生き生きとした血が頭から最も遠くまで巡る」と表現している（REBSOMEN op. cit.: 215f）。ルルド巡礼の精神と活力が，オスピタリテ会員によって遠方まで運ばれていくというのである。しかしそこには同時に，ルルド巡礼の世界が，ルルドという限定された場所を超えて，司教区内に持ち込まれることへの期待も込め

られている。それまでの傷病者巡礼は，多くの場合，ルルドから帰れば終わってしまう一過性の行事であったと考えられるが，今後は司教区オスピタリテの司教区での活動いかんによって，巡礼世界とその精神を，年間を通じて継続することが可能になったのである。司教区オスピタリテの活動を通して，聖地を離れたあとの日常もまたルルド巡礼の世界とのつながりを維持し続けること，オスピタリテの精神がルルド巡礼の精神として教区の日常にフィード・バックされていくことが，この後，期待されるようになる。

　その期待と成果の表れが，聖域機関誌に掲載された，各司教区オスピタリテが主催する司教区単位の催しの報告である。1933年に，アミアン，パリ，リヨンでそれぞれの司教区オスピタリテが企画した「ルルドの日 Journées de N.-D. de Lourdes」の模様が初めて伝えられた。1935年には〈ルルドの聖母オスピタリテ〉の専用ページができ，ルルド本部だけでなく各司教区オスピタリテの記事も掲載されるようになり，1937年からは「オスピタリテ便り Chronique de l'Hospitalité」という題で，機関誌の主要読み物の一つとなった。ルルドの聖域で，各司教区巡礼団がそれぞれの威信を賭けて立派な宗教行列を組みながら競い合っていた時とは違った，新たな競い合いの場が生まれたのである。

7　司教区オスピタリテの活動内容

『五十年史』に寄せられた各司教区からの報告は，創設年だけを記した簡単なものから，活動状況や人数などが詳しく書かれたものまで内容にばらつきがあるが，伝えられた入会規定や会則は，〈ルルドの聖母オスピタリテ〉をモデルにしているため，いずれもよく似ている。またルルドに着いた時点で司教区オスピタリテ内の序列を放棄し，ルルド本部の指揮下に入るという規定も，共通している。オスピタリテ活動が司教区とルルドの関係を密接にし，司教区をルルド巡礼の世界に帰属させる機能を果たしたであろうと推測させる規定である。

　各司教区の報告によれば，〈ルルドの聖母オスピタリテ〉に参加している司教区オスピタリテ会員は少なく，二つのオスピタリテの参加者は

重なってはいなかったようである。新規会員を募る人脈は各司教区オスピタリテで異なったはずであり，また，地域密着型の司教区オスピタリテでは，会員の庶民化がいっそう進んだと推測される。ルブゾーマンは，司教区オスピタリテが〈ルルドの聖母オスピタリテ〉に新規会員を提供するようになったと書いているが，その意義は，〈ルルドの聖母オスピタリテ〉の会員数の増加よりも，会員の多様化の方にあったのではないかと考えられる。司教区オスピタリテの会員数は巡礼団の規模によって差があり，下はトロワの男女あわせて42人から，上はリヨン・ロワール・グループの男女490人までさまざまだが，『五十年史』の段階では，男女あわせて100人程度が平均的なところであった[56]。

　巡礼以外の活動は，一般に会合を年3回，ルルドの聖母出現記念日の2月11日前後に総会を，巡礼の前と後に準備と反省の全体会議を行う。その時には昼食会やミサ，聖体顕示の他，ルルド巡礼を思い起こさせる聖体行列やロウソク行列などが行われている。ルネ・ガエル（文筆家），ヴァレ医師，ガルガム（有名な奇蹟的治癒者）など，「ルルドの雄弁家」と言われる人々を招いて講演会を行う司教区も多い。また，物故会員のためにミサがあげられている。

　聖域史料室に集められた各地の司教区オスピタリテ会員手引きを見ると，〈ルルドの聖母オスピタリテ〉の精神と関心が，司教区オスピタリテにも引き継がれていることが分かる。

　『ノルマンディー青年団の手引き』には，「男性と宗教」と「労働者との交流」という二つのテーマがみられる（ACEG 5H30: RUFFY 1908）。この会は，1898年にルーアンの医学生の発案で始まった。1899年の会員は30人。傷病者への奉仕という行為を通して祈ることが会の目的なので，ミサを初めとする祭儀・信心業に参加することさえ犠牲にして傷病者に尽くし，苦しむキリストである貧しい傷病者のそばにとどまらなければならない，という参加心得は，〈救いの聖母オスピタリテ〉以来の伝統を受け継いでいる。「女性だけでなく男性も聖母に招かれていることを示そう」という呼びかけや，この組織によって巡礼団の中に若者の居場

---

56) 現在では，巡礼団の約一割の傷病者と，傷病者とほぼ同数の男女オスピタリテ会員，というのが，理想的な巡礼団の規模の目安であるといわれている。

所ができたという記述，また，青年団は同じコンパートメントで旅行し寝食をともにするという原則からは，宗教活動に参加する青年の層が薄く，男性が参加するための受け皿が必要とされていた様子が見てとられる。「学生や店主や神学生が，賃労働者や従業員と親しく交わる」ことを目的に作られたさまざまな組織から庶民の若者を会員として募っていたが，一週間休職すると職を失う危険もあったと書かれている。キリストである貧しい傷病者に対してはそのそばにとどまり，オスピタリテ仲間の賃労働者や従業員とは親しく交わる，という交流の二分は，聖ヴァンサン・ド・ポール会や〈救いの聖母オスピタリテ〉以来の紐帯の二重化に連なるものである。

『リヨン司教区看護婦人のしおり』もまた，古いタイプのオスピタリテの例である（ACEG 5H30）。主キリストとしての苦しむ身体に仕えるため，すべての時間を傷病者の世話に捧げることが求められ，宗教的な実践への参加を犠牲にすることこそ最大の犠牲であるといわれる。日課を見ると，その激務ぶりに驚かされる[57]。午前3:45起床，4:30ミサ，5:15傷病者の起床，6:00ミサ出席のため傷病者が出発，7:30看護婦人朝食，8:00傷病者朝食，8:15沐浴開始，11:00傷病者が病院へ戻る，11:30傷病者昼食，12:45看護婦人昼食，1:00傷病者沐浴場へ出発，2:00沐浴開始，4:00聖体行列（傷病者のそばでずっとロザリオを唱え続ける），5:30傷病者が病院へ戻る，6:15傷病者の夕食と就寝，7:30看護婦人夕食，8:30夜勤当番が配置につく。この間，祈りが恩寵をもたらすことを忘れず，どこにいても大きな声でロザリオを唱えていなければならない。また，このような超越的な献身によって傷病者を祈りに導くことも，オスピタリエールの務めの一つとされる。オスピタリエールは，ルルドで治癒しなかった傷病者が自らの苦しみを神に捧げるのを助けるとともに，恩寵に背を向け神から離れた者を訪ね，無限の献身でその心を開くよう努めなければならない。〈救いの聖母協会〉の女性会員たちに求められていた，キリストに背を向けた者を教会へ呼び戻すという使命が，ここに生き続けているのである。日々の心得のひとつに，朝，その日一日で得られる

---

57) 現在はさすがに緩和されているが，私が1999年に〈救いの聖母オスピタリテ〉で，傷病者宿泊施設の一角（一つの階の半分の面積）を担当する介護グループに参加させてもらったときには，一日の仕事は午前6:30に始まった。

贖宥を煉獄の魂のために捧げる決意をする,とあるように,伝統的なカトリックの世界観がよく受け継がれている。

このような古いタイプのオスピタリテがある一方で,新しいタイプのオスピタリテも生まれている。『五十年史』に掲載された報告書によると,1909年設立のムーラン司教区（オーベルニュ）オスピタリテでは,新しい試みが行われている。まず,会長を初めとするいっさいの序列がない。会員は司祭55人,男性53人,女性66人で,〈ルルドの聖母オスピタリテ〉に参加している男性は17人,女性は5人となっている。会員には,傷病者との手紙での交流や訪問が義務づけられ,1924年から月刊誌を発行して聖地や傷病者の近況を伝えている。毎年司教区内の二・三カ所で「ルルドの日」を催し,多いときは3,000人から4,000人が集まることもあるという。年に一度行われる,亡くなった傷病者のためのミサは,他の司教区からの報告には見られなかったものである。1926年に〈傷病者協会 Association des malades〉が設立され,10人から12人の傷病者を一グループとして回覧ノートを回し,親交を図っている。このノートにはオスピタリテ会員や司祭も参加し,傷病者と健常者の交流が図られていた。

このように日常的に傷病者を支援する活動が他の司教区オスピタリテにも広がっていき,傷病者を支える組織が教区内にできることで,傷病者の居場所が教区の日常の中に作られていった。それとともに,ルルドのオスピタリテ精神,ひいてはルルド巡礼の精神が,教区の日常生活に根付いていったのである。こうして司教区オスピタリテの活動が活発になることで,傷病者巡礼と傷病者を取りまく環境に変化が生じてくる。その最も象徴的な出来事が,1935年の「傷病者の典礼 la liturgie des malades」の成立である。ルブゾーマンは,タルブ・ルルド司教ジェルリエの尽力で傷病者の典礼が発展したと書いているが（REBSOMEN 1937: 71-76）,この典礼の成立は,傷病者への関心が,ルルド巡礼の世界を越えて,カトリック教会の日常へと広がっていったことを示している。こうして傷病者巡礼は,新しい局面を迎えるのである。

VI　オスピタリテ活動の現在

―――――

1　「ディスポニーブル」という規範

〈救いの聖母オスピタリテ〉、〈ルルドの聖母オスピタリテ〉、司教区オスピタリテという歴史的展開を通じて、ルルドのオスピタリテ活動は性格を変えてきた。〈ルルドの聖母オスピタリテ〉の精神のところに書いたように、オスピタリテ活動が理想とする社会的紐帯、人と人との適切な関係のあり方が、変化したのである。現在、オスピタリテ活動の神髄は、「ディスポニーブル disponible」という言葉で表される。

〈ルルドの聖母オスピタリテ〉本部で配られていたパンフレット『オスピタリテのしおり』で、冒頭の、「巡礼者、そして特に傷病者に仕えたいと望む平信徒によって形成される、聖域司祭団の指揮下にある大信心会である」という一文に続くのは、「100年近く前に、信仰深く、呼びかけに応える準備のできた (disponibles)、謙譲の美徳に満ちた男性たちの発意により、自然発生的に生まれた」という簡潔な成立譚である (*Hospitalité Information* 1976: 3)。このディスポニーブルという言葉は、創設当時、会員たちを形容する表現の中にはなかったものである。「オスピタリテの精神」と題されたページでは、「実習生が身につけ磨かなければならない徳」として、「奉仕の精神 esprit de service／即応性 disponibilité／謙譲 humilité と従順さ docilité／精励（奉仕の全う）constance／惜しみなさ générosité／他者への尊敬の念 respect と慎み discrétion」の六項目が順にあげられている (ibid.: 4)。「即応性 disponible」は「奉仕の精神」に次いで二番目にあがっているが、奉仕はオスピタリテの活動内容そのものであるので、奉仕のために要請される徳目としては、ディスポニーブルが筆頭に位置するということができる。

VI　オスピタリテ活動の現在

　ディスポニーブルがいつ頃から重要な徳性して要請されるようになったのか定かではないが、それを推測する手がかりが〈ルルドの聖母オスピタリテ〉の会報にある。

　会報は、1973年に『ルルド研究』の別冊として発行が始まった。第二ヴァチカン公会議後、その精神を反映させるべく、ルルドでは傷病者巡礼の見直しを中心に様々な改革が行われ、オスピタリテ活動も当然その対象となった。会報はそのような、オスピタリテを新しい時代に適応させようとする動きの中で創刊された。聖域の検討会や様々なオスピタリテ組織の会合記録などが掲載され、改革の過程を伝える貴重な資料となっているが、その関心は組織、特に、規約の変更にあり[58]、現場の生の声はそこからはあまり伝わってこない。だが、傷病者との接し方の見直しと、新たに会員となった若者をいかに活動に統合していくかが重要な課題となっていたことは、それらが討論のテーマに繰り返しみられることなどからも明らかである。その中で強調されていたのは、「engagement（参加・責任・引き受けること）」であった。次の記事は、その典型といえる。

　会報の1979年10月号に、その年2月に行われた、各オスピタリテ代表者の集いの報告が掲載され、「日常生活において最も大切なものは何か」という問いに対し、カルフールで出された回答が7つ、あがっている（HNDL 1979a）。それらは順に、「他者を尊敬する／他者を知る／人生を引き受ける（engagement）／引き受けること（engagement）と責任をとることに対して日常的に感じている恐れの克服／行為と祈りが共に人生を形作っていることの発見／他者への寛容や愛と同じく、笑顔、親しげな会話、開かれた態度、眼差しなど、日常的な振る舞いにおいてディスポニーブルであることに気を配る／引き受けること（engagement）をすべての基本とする／福音を生きたい、神の証人になりたい

　58）1975年頃から本格的な検討が始まり、1978年の秋に新しい憲章が公布された。その第2条と第3条には、活動の目的として次のように述べられている。会の主な目的は「第一に、ルルドを訪れた巡礼者、特に傷病者に仕えること、第二に、聖域のために働くこと」であり、「すべては友情、慈善、連帯の精神のうちに実現される」（HNDL 1978）。最大の懸案であった大信心会という組織形態の変更が行われなかったため、大きな変化はみられなかったが、全体を通して、よきキリスト者を育てる、友情を育む、ということが以前よりも強調されている。

という願い」となっている。

　他方でその同じ号には，オアズ司教区オスピタリテで行われたアンケートの結果も掲載されている（HNDL 1979b）。151の回答を30歳以上と30歳以下に分けて集計しているのは，戦前・戦後世代で違いがあると認識されていたためではないかと推測される。初めの4つの質問と，それに対する最多回答は次のようになっている（回答方式は，選択回答と自由記述の組み合わせだったようである）。

　　1）　なぜルルドに来ましたか：傷病者に仕えるため（22.7％）
　　2）　ルルドでは何が最もよかったですか：傷病者との対話（14％。30歳以上のグループでは，「洞窟でのミサ」が16％で最多）
　　3）　どの仕事が好きですか：病室での仕事（37.25％）
　　4）　オスピタリエにとって最も重要な資質は何だと思いますか：ディスポニーブルであること（32.5％。以下，「迎え入れること accueil」21.5％，「謙虚さ humilité」18％，「精神性 spiritualité」14％，「誠実さ loyauté」14％）

　このように，4番目の質問に対して「ディスポニーブル」をあげた回答が全体の30％にのぼっている。これは一司教区オスピタリテでのアンケート結果にすぎないが，会報にわざわざ紹介されているところをみると，オスピタリテ活動参加者の共感を得られる結果だったのではないかと思われ，参加者の間ではこの頃すでに，ディスポニーブルが大切な価値として認識されるようになっていたものと推測される。ディスポニーブルは，オスピタリテ改革の過程で，会報誌上での活動報告などを通して，理念として明確になっていったのではないかと考えられる。

　「ディスポニーブル」という言葉がいつ頃主役の座に着いたのかは確認できなかったが，その精神は，オスピタリテ活動の描写や参加者の証言の中に早くから認められる。

　ユイスマンスは次のように述べている。「車引きや水浴の奉仕にはたずさわっていないにせよ，ルルドを訪う人たちのなかには，路上で，自分たちの目の前を引かれていく人間の残骸への憐れみに動かされ，完全にわれを忘れて，彼らのために聖母に向かい，力を尽くして切な願いを捧げる者たちもいる。そこには，自己を振り捨てた善行があり，めったにみられぬ隣人愛がある。エゴイズムの荷は，一時預かり所へおいてき

VI　オスピタリテ活動の現在　　295

たというところである」〔強調は引用者による〕（ユイスマンス　前掲書: 300f）。アドルフ・ルッテは沐浴場での体験を述べる中で，そこではエゴイズム，自己愛，世間体が消え，みな自分のことにかまけることを完全に忘れるからこそ，極限的な絶えざる疲労と日々新たにされるぞっとするような悲惨のスペクタクルに耐えることができるのだといい，人はそこで「傷病者に惹き付けられる」と述べている（RETTÉ op. cit.: 183, 280）。21歳で母と共に〈全国巡礼〉に参加したルブゾーマンは，健康で未来への夢に胸を膨らませた，自分のであれ他人のであれ痛みというものを知らない若者である自身と，不幸に見舞われた人々とのあまりの違いに愕然とし，なぜ自分ではなく彼らが，という疑問を持ちながら，オスピタリテに参加するようになったと語っている（REBSOMEN op. cit.: 11）。

　ここにあげた体験に共通するのは，目にした苦しみ・悲惨に心を奪われ，他者の苦しみに気を取られて，自分が忘れられ二の次にされることである。その時まで自分自身に向かっていたであろう関心とまなざしが，他者に奪われ，釘付けにされている。だがその状態と，オスピタリエとしての活動の間には，もう一つ段階がある。自分の外へと向かった関心が，身体を動かさなくてはならないのである。この「見ること」から「行為」への転換に必要になるのが，ディスポニーブルという徳性である。

　「disponible」という語は，形容詞としては「自由に処分（使用）できる，空いている，自由な，拘束されない」，名詞としては「流動資産，在庫品」を意味するが，日常でも人物評価に用いられ，「他者に応える準備がある」というような意味になる。だが，このディスポニーブルの「自由」には注意が必要である。それは自らの「裁量」の自由ではなく，他者の自由に任せることができる「非拘束状態」としての自由なのである。

　上記の引用やオスピタリテ会員の死亡記事では，人々は偶然居合わせた他者の苦しみに目を奪われるだけでなく，身体もまた奪われるようにして，オスピタリテ活動に参加していた。目にした光景に心を奪われた結果，かれらは自らを，他者が自由に使える非拘束状態においたのであり，ディスポニーブルになることで，目撃から行為への橋渡しがなされ

たのである。第1章で見たように，ルルドは傷病者の悲惨と苦しみのスペクタクルが繰り広げられる聖地であるが，そのスペクタクルが倫理的に許されのは，スペクタクルが人を行動へと駆り立てるからである。ディスポニーブルは，ルルドで繰り広げられる苦しむ肉体のスペクタクルが倫理的に適切なものとなるために，必要な規範なのである[59]。

　このことを考えたとき，ルルドにおける医師の居所のなさ，医師への冷淡な対応の理由が，違った角度から見えてくる。医師はルルドの外でも内でも傷病者を見続けていて，そこには他の巡礼者が体験する，「見た」ことによる劇的な転換の可能性がないか，あってもきわめて低い。傷病者の肉体と苦しみを目の当たりにして驚き，行動へと駆り立てられることは，傷病者を診て治療することを生業とする医師という立場にはそぐわないと，感じられているのではないかと考えられる。しかしその医師も，ひとたびオスピタリエとして働き始めれば，すなわち，病いを診る専門家としてではなく，仕事を離れた私人として身体が動き出せば，ルルド巡礼の世界に共に生きる仲間として，機関誌にもその体験談が取り上げられるようになるのである。

　この，苦しみのスペクタクルとの関係とは別に，傷病者の便宜を図るというオスピタリテの仕事内容自体もまた，ディスポニーブルという徳性を要請する契機となったと考えられる。オスピタリテ会員の手引きに詳細な時間割や仕事のやり方がのっていたとしても，実際にはオスピタリテの仕事は計画通りにはいかない。あらかじめ決められた予定や奉仕者の都合通りには仕事は進まないし，予期していなかった，選択の余地

---

[59] 1995年5月30日にルルドの聖域にある〈傷病者・障害者と支援者たちのパビリオン〉でインタビューを行った折り，「ルルドでの活動に効果（efficacité）はあるのでしょうか」とわたしが質問したのに答えて，パビリオン責任者は，活動記録ノートの中から次の話を読み聞かせてくれた。ある日，イギリス人の若い夫妻がパビリオンにやってきた。妻の方は泣いていた。事情を聞くと，二人で洞窟前に立っていたとき，そばにいた見ず知らずの障害児がいきなり妻の手を握って笑いかけたのだという。妻はそのことにすっかり動揺し，夫妻は何か自分たちにできることはないだろうかと，とりあえずパビリオンに相談にやってきたのだった。調べると，夫妻の住まいのすぐ近くで障害者支援グループが活動していることが分かり，二人はその住所を控えて帰っていった。彼女は，「これも"efficacité"なのです」と話を結んだ。わたしの質問に対して，彼女がまず最初に思いついたこの話は，まさしくディスポニーブルを主題とするものだが，このとき彼女が「disponible」という言葉を使ったかどうかは，調査ノートに記録がなく，わからない。

のない仕事が降りかかってくることもある。寝たきりや移動の困難な傷病者の世話は，具体的で時に切迫した肉体的必要を満たすことの繰り返しであり，肉体の必要に応えるということの中には，目の前にいる自分が今それをしなければならないことが疑いようのない，否応ない状況というものがあるのである。オスピタリテ活動に参加していると，場合よっては日に何度も，人はサマリア人の立場におかれることになる。ディスポニーブルとは，サマリア人の態度そのものなのである。オスピタリテ会員は，傷病者によって巡礼世界に持ち込まれた弱く傷んだ生身に接することで，その必要を満たすために何かできることはないか，手を借さなければならないのではないかと思わされるようになる。その経験の積み重ねが，「他者の必要に応えなければならない」という規範を生み，「ディスポニーブル（他者に応える準備ができている・「空き」がある）」という心身の状態として理想化されたと考えられる。

　この規範はまた，誰に救いの手をさしのべるかという，支援対象の選別の問題にも関わっている。イギリス人のギボンズは，1928年にオスピタリエとして奉仕した経験を，次のように語っている（GIBBONS 1934）。〈ルルドの聖母オスピタリテ〉でブランカルディエとなった彼は，顔が崩れて分からなくなってしまったようなひどい状態の男の子の世話を任される。彼は，ひとたびルルドの聖母のブランカルディエになったなら，聖母から遣わされたものを受け取らなければならない，親しみが持てる相手を選んだりはできない，と心を決めて，その介護にあたった。

　このように，オスピタリテ活動の現場でディスポニーブルであろうとすることは，相手を選ぶこと，ひいては，相手が同じ世界の適切な仲間かどうかを問うことと，遠く隔たっているのであり，この規範によって，ノブレス・オブリージュの理想と支援対象の選別が，乗り越えられることになる。そしてこのような，同じひとつの世界の適切な参加者かどうかを問うことなく，助けを必要としている人に行きあったら留保なくそれに応え手をさしのべるという理想こそ，サマリア人の姿に結晶していたものである。この譬え話の中でキリストは，隣人だから手をさしのべるのではなく，手をさしのべることによって隣人になれと教えていると解釈されている。すなわち，ディスポニーブルであることと手をさしのべることと隣人になることは一つの連続した行為であり，ディスポニー

ブルであるということは，神の愛の授受という隣人愛を生む実践に対して，準備ができている状態を指すのである。

それゆえ，ディスポニーブルであれという要請は，オスピタリエにとってのみ意味をもつわけではない。それはオスピタリテという限られた範囲を超え，ルルド巡礼の世界全体に及んでいった。現在，「他者の必要に応えることで生まれる人間関係」というモデルは，「傷病者と健常者」という枠組みを越えて適用され，巡礼団への参加・不参加にかかわらず，ルルドでは人は誰に対してもできる限り親切になろうとしているようにみえる。譲りあい，声を掛けられたら応え，頼まれたら引き受け，他者に応えよう，ディスポニーブルであろうとするのである。序章でゴッフマンを参照しながら，ひとつの世界，「わたしたち」は，あるルールの束が尊重され実践を心がけられる範囲であり，人はそのような適切な言動のルールを守ることによって集団への帰属意識を表明する，と述べた。ルルド巡礼の世界では，ディスポニーブルという規範が，ひとつの世界を作り上げる適切な言動のルールとなっているのである。

これがルルドをひとつの世界にする規範だということは，次のことからも推測される。新人のオスピタリテ会員は，ルルドでは傷病者に軽々しく，手紙を書く・電話をするなどの約束をしてはいけない，とアドバイスされる。ルルドに居るときにはそれができるような気がするが，日常生活に戻ってしまうと傷病者に時間を割くこと，ディスポニーブルであり続けることが難しいからである。だがその原因は，単に実際問題として日常生活では時間に追われてしまうというところにあるわけではない。ディスポニーブルであれという共通ルールがひとつの世界を作るために実践されているルルドでは，その世界への参加（希望）者は容易にそれを実行できるのに対し，それがルールとされていないところでは実践が難しい，ということなのである。日常生活世界にはその世界で尊重される規範があり，その規範に照らして適切な言動をとることが，そこでは優先されるのである。

だが，日常生活において実行が困難であるからといって，この規範がルルド巡礼の世界でのみ重視され，その外側では意味を持っていないというわけではない。教皇ヨハネ・パウロⅡ世は1984年2月11日（ルルドの聖母出現記念日）に，苦しみの意味をめぐる回勅を出した。その最

終章は「良きサマリア人」と題され，そこでは苦しみを目にした者のあるべき態度が語られている（JEAN-PAUL II 1984: 58-66）。その中心は，苦しむ隣人のそばを無関心に通り過ぎてはいけない，そばにとどまらなくてはならない，という教えである。「良きサマリア人とは，相手が誰であるかにかかわりなく，他者の苦しみのそばに立ち止まる者のことです。そのように彼を立ち止まらせるものは，好奇心ではなく"disponibilité"です。"disponibilité"とは，自らを開き，他者によって動かされることのできる，内なる状態（disposition）です。良きサマリア人とは，他者の苦しみに対する感受性をもったすべての人，隣人の不幸に心動かされる人のことなのです」。サマリア人は「自らの『わたし』を他者に向かって開き，その『わたし』を与えます」。このように，ディスポニーブルであることは，カトリック世界全体においても，日常的な規範として求められつつあるのである。

2 「適切な関係」の変化

第2章で考察した傷病者巡礼は，記憶の共同体の次元で共和国に対抗していた。本章のテーマであるオスピタリテ活動は，社会的紐帯をめぐる理念において共和国に対抗する。オスピタリテ活動の歴史は，「わたしたち」や「わたしたちとかれら」の間にあるべき社会的紐帯や支援活動といった社会関係と，男女や公私といった社会的境界の問題にかかわる，と本章の初めに述べたが，まさしくこの領域において，オスピタリテ活動は共和国の理念に異議を唱えていたのである。このことをまとめて，本章を終える。

(1) 他者との無条件の紐帯

革命は，中間団体を解体することで平等な市民と経済的自由を作り出した。これによって権利に基づく平等な社会が作り出され，そこで人々は友愛によって結ばれることになった。だが実際には紐帯や社会関係についての新たなヴィジョンはなかなか確立されず，身分に伴う社会的責任がなくなった後は，貧窮者の救済も私人の権利に基づく対策となり，社

会関係という契機と関係づけられずに行われるようになった。

　その中でオスピタリテ活動は，対等な立場にある者達がつくる信心会的な連帯と，ノブレス・オブリージュという階級間の紐帯によって維持される，「階級差があり参加各人の果たすべき社会的役割が異なる社会」の復興をめざす活動の一環として始まった。かれらが行おうとした慈善は，社会的地位に付随する公的な関係義務であり，そこでの関心は社会関係の構築にあった。慈善は不平等な社会階層間を結ぶ実践だが，建前としてそれは，富者と貧者が互いに相手を受け入れること，相手を通して神の愛を受け入れることによって成り立つ。ノブレス・オブリージュが機能する社会は，互いに受け入れ合う「適切な参加者」によって構成される世界なのである。それゆえ，その世界のルールを受け入れようとしない相手を捜し出し，説得し，参加させることも，慈善の目的の一つとなる。かれらは，共和国にはない，相互の合意に基づく調和世界を夢見ていたのである。

　ところが実際にルルドで活動を始めると，当初目論まれていたような富者と貧者からなる世界という構図を維持することはできなくなる。司教区オスピタリテの報告書など，限られた情報源からの推測であるが，巡礼参加者のほとんどは庶民層であったらしく，オスピタリテ参加者にも上流階級の人々はそれほど大勢はいなかったものと思われる。上流階級のネットワークとは異なる人脈に頼ることでしかオスピタリテ参加者を増やせなかったとすると，そこに「社会的身分に伴う義務を負ったわたしたち」が作られた可能性は低い。また，〈救いの聖母オスピタリテ〉の間は手を差し伸べるべき傷病者の選別もできていたかもしれないが，〈ルルドの聖母オスピタリテ〉になると支援対象となる傷病者の範囲も広がっていき，社会構造に基づく支援行為という枠組みは揺らいでしまう。

　こうして，ノブレス・オブリージュの実践によって「わたしたち」上流階級の男性と貧しい労働者である「かれら」の間に適切な関係を打ち立てようとしていた活動は，二重の紐帯の両面で変化を余儀なくされる。活動に参加する「わたしたち」の間に生まれる絆は，社会的身分や生活状況の違いを超えたものと認識されるようになり，「かれら」との関係からは社会的義務の観念が消えていく。「わたしたち」が同質者集団で

VI オスピタリテ活動の現在   301

はなくなり，助けるべき「かれら」の選別が不適切になる。いずれの場合も，あらかじめ定められた枠組みがなくなっていくのである。「わたしたち」も「かれら」も未知の対象に対して開かれるようになると[60]，社会的身分に伴う義務の観念は通用しなくなるが，そのような社会的義務なきあとの社会性，人と人とのつながりの新たな類型を基礎づけるのが，無条件性によって特徴づけられるディスポニーブルという規範なのである。

　このようなディスポニーブルという規範は，「ボランティア」の理念に非常に近いように思われる。ボランティアもまた，地縁・血縁のような先行する社会的規制を受けない，義務によらない行為，二宮がいう地縁的・職能的結合関係のどちらとも異なる結びつきの形であり，よく見知った人々からなる共同体の内部では意味をもたない観念である。ボランティアの，始まりにおけるある種の一方性（いわれのなさ）は，そのような「関係のなさ」に由来するものであり，相互的社会的義務が発生していない見ず知らずの人間関係，すなわち，他者性を前提とした行為であるからこそ，わざわざ余所へ行って行うとき，ボランティアはことさらボラン・ティ・ア・らしく感じられるのではないかと考えられる。

　ボランティアはまた，福祉のような個人の権利の観念に立脚した行為でもない。権利（生存権）の保障だけを掲げた場合，社会は守られるべき権利をもつ「個人」の集合になる。そのような社会で各人が一人の個人として尊重されるのはもちろん大切なことだが，人が「他者」として尊重されるというのは，それとはまた別である。他者とは，関係性を必然的に含む概念であり，個人としてではなく他者として尊重されるということは，「関係の中において尊重される」ことを意味するのである。

　ボランティアは他者を求め，他者のもとで行われるという特徴をもつ。それは権利を守るための行為ではなく，他者との関係の始まりに向かう行為，義務や権利を理由にしない人と人とのつながりを模索する活動である。オスピタリテ活動は，保守・反動の動きの中から生まれながら，現場で傷病者支援の経験を積むことによって，「条件を問う慈善」とも

60）　実際にはさまざまなオスピタリテがあり，たとえば〈救いの聖母オスピタリテ〉のような巡礼団付きのオスピタリテは，親の代からのつきあいや姻戚関係などを通じて，文字通り家族的な絆を保持している。

「生存権を対象とする福祉」とも異なるボランティアという新しい試みに，近づいていったと考えられる。

(2)「私人」の社会活動

オスピタリテ活動の中心的規範となったディスポニーブルは，男女，公私の境界についても再考を促すことになる。

　ヨハネ・パウロⅡ世が述べていたように，ディスポニーブルという規範は「自らの『わたし』を他者に向かって開き，その『わたし』を与える」ことを要請する。それは，最も貴重なものであると信じられてきた自己の裁量権を一時棚上げにし，他者の裁量に任せよという命令である。これは，特に男性にとって大きな意味を持つ。というのも，これこそ19世紀において，女性のあり方を特徴づける本質・美質と考えられていたものだったからである。オスピタリテ活動では，その女性的あり方が男性会員に求められるようになった。この規範に従うことで，他者に乱されることのない自己コントロールを理想とする男性の閉ざされた自己と身体は，他者の都合，他者の要求に応えるようになり，男性は主権の基体としての閉ざされた自己と身体を維持できなくなる。そこに現れるのは，主権の基体としての身体ではなく，連帯の媒体としての身体である。ところで第2章でみたように，回勅『神秘的肢体としての教会』において，信徒の集まりとしての神秘的肢体は，キリストの弱く受動的な身体をモデルにするといわれていた。またマリア神学の展開においては，恩寵に身を捧げる聖母の姿が信徒の手本とされていた。20世紀のカトリック世界における身体イメージは，全体としてこのように，弱く，あけ渡され，与えられる，連帯の媒体としての側面を強調していったのである。

　オスピタリテ活動は，このように男女イメージの境界を一部うやむやにすることで，男女の活働を近づけていった。これは，男性組織の発足が女性の組織化を促し，女性の慈善活動も男性のものと対等な公的社会活動として認知されるようになったということだけをさすわけではない。ノブレス・オブリージュとして始まった公人の社会活動であるオスピタリテ活動は，サマリア人の行為となることで，男女両性にとって等しく，肩書（ノブレス）をもたず経済的主体（職業人）でもない「私人」の社

会活動となっていったのである。オスピタリテ活動は,「わたし」の私的な社会活動, 生産性という価値とは無関係な非経済人としてディスポニーブルな非主権者が行う社会活動なのであり, そうであればこそ, そこでは男女差が大きな意味を持たなくなっていくのである。

そしてこの, ノブレス・オブリージュが意味を持たなくなったということが, 貧しさをテーマとする祭儀が成立しなかった原因の一つではないかと推測される。当初オスピタリテ活動には, 貧しさを生む経済的関係世界を逆転してみせる祭儀としての側面があった。だが, この祭儀を成立させるためには, 上流階級という社会的立場がそこに明示されていなければならなかった。その結果, オスピタリテ活動において社会的立場と枠組みが意味を持たなくなると, 社会的立場・枠組みと切り離すことができない貧しさという主題もまた, 力を失っていったと考えられるのである。

こうして, 上流階級の男性による公的慈善として始まったオスピタリテ活動は, 私人としての男女が公開空間で行う, 見ず知らずの他者に向けて開かれた活動となった。

1991年, 回勅 Rerum novarum 公布100周年を記念する研究会議がルルドで開催された (Institus Catholique de Toulouse / Sanctuaire Notre-Dame de Lourdes 1991)。会議での発表は, 受け入れられること, 連帯, 居場所を見つけることなど,「疎外」と言い換えられるテーマ全般に及んだ。その報告書の結論部でダジョン猊下は, 人々が社会のくびきから自由になり絆を結びあうことの重要性を繰り返し説いている (DAGENS 1991)。彼の,「ルルドで貧しい人々を迎え入れることは……わたしたちの社会を統べる法への異議申し立てである」,「各人は他者の眼前に, 病い・障害・不幸を超えたところにある代替不可能な価値を伴って, 明らかにされる」という言葉には, ルルド巡礼の世界がめざす価値が凝縮されている。また「ルルドの巡礼者であるわたしたちは, 私的な信仰 (dévotions privées) で満足することはできない」という一節は, ルルド巡礼の世界が社会的カトリシズム運動の担い手としての自覚を持ち続けていることを示唆している。

傷病者の存在がディスポニーブルという規範を生んだことによって,

傷病者巡礼における適切な関係は変化した。今やそれは，「わたしたち」・「かれら」のどちらに対しても選別を行わず，特に「かれら」に対して留保のないものを理想とする。だが，そこから，ダジョン猊下のいうような「尊厳ある傷病者」像までの間には，まだ距離がある。ディスポニーブルという関係のモデルには，傷病者に，車椅子の上から人々に対して手助けや配慮を求める存在という役を割り当て，傷病者を弱者・受け身の立場におくという，負の側面があったのである。第二次世界大戦後まで，傷病者は「人々に助けを求める存在」という健常者に都合のいい役割を負わされた「かれら」であり続けた。1970年代以降，この「かれら」が「わたし（たち）」として発言し，自らの抱える問題を巡礼の場に持ち出すようになることで，巡礼世界に重要な変化が起こるのだが，その変化を述べる前に，ルルド巡礼の世界を特徴づける奇蹟的治癒と〈医学審査局〉について，次章で考察を行う。オスピタリテ活動が経済関係化された社会に異議を唱えていたように，〈医学審査局〉と，その設立を要請することになった奇蹟的治癒は，医療化された社会と科学化された世界・人間イメージに対して異議を唱えているのである。

第4章

奇蹟的治癒

　　自分たちの理性や感覚の射程内に入りきらぬものは理解できずにいる，無関心な者たち，疑いを抱く者たちは，聖母が洞窟においてかくも大量に注ぎかけておられるというのに，この霊的な恵みの賜物をまるで，意に介そうとせぬ。かれらは，目に見えるもの，手で触れられるもの，つまり，物的な奇蹟，すなわち，病いや傷の消失といったものにしか，動かされない。　　（ユイスマンス 1994: 301）

ビエ神父は，1974年に大衆誌 *Paris-Match* に掲載された記事，「バカンスにおすすめの『小さなルルド』特選」を引きながら，多くの巡礼者のイメージの中で奇蹟とルルドは一つになっている，と書いている（BILLET 1974: 107）。私がルルドの研究をしていると自己紹介すると，まず例外なく「本当に奇蹟は起きるんですか」と尋ねられたものだったが，1908年に出版されたルルド滞在記にも，ルルドの巡礼者に最も頻繁に向けられる質問は「奇蹟をご覧になりましたか？」というものだという記述がある（RETTÉ 1909: 202）。メディアで流される情報を見聞きした印象でも，奇蹟に触れずにルルドを紹介することはまずないといってもよい。

　だがこの，ルルドといえば奇蹟，奇蹟といえばルルドという一般的な印象に反して，現在，当のルルドでは，奇蹟と呼ばれる治癒について語りづらい雰囲気が支配的になっている。治癒が祭儀や説教などの折りに公の場で積極的に話題にされることはなく，雑談の中で，居合わせた人々が口々に治癒について知っていることを語り合ったり，治癒の不思議について意見を述べあったりするにとどまる。治癒は会話のなかにごく控えめに顔をのぞかせるにすぎず，治癒の当事者たちも，会話の間にさらりと自然にその話題を滑り込ませようとしているかのようであった。「奇蹟を見たんですよ。私のすぐ横で，私に『歩けた』っていうから，見たんです」，「実はこの子も治ったんです」，「寝椅子は乗り心地がいいんですよ，僕が保証します」，「病気だったときに受け取ったものを差し出しに来ているんです」，「彼もいまではすっかり元気になって，毎年オスピタリエとして参加しているんですよ」。このように，ちょっと付け加えられるような形で口にされた治癒は，その不思議さを巡る話へと会話を展開することはなかった。その語り口は遠慮がちで，聞き手も立ち入ろうとしない印象をうけた。

　治癒に対するこのように控えめな態度は，奇蹟のもつ両義性に由来するものと思われる。傷病者が治癒するらしいという評判は，聖地の魅力となって人々の期待をあおる一方，真面目でまともな大人なら取り合わない馬鹿げたお話として，冷淡な反応を引き起こしもする。ローランタン神父はその著作の中で，奇蹟的治癒をルルドの抱える問題の一つにあげている（LAURENTIN 1977: 103）。奇蹟的治癒は，ルルドをやり玉に

あげる時の攻撃の焦点、弱点であることが、ルルドに否定的な者にも好意的な者にもよくわかっている。〈聖域〉やカトリック教会関係者、信徒にとっても、奇蹟的治癒は両義的な存在となっており、不用意に奇蹟を話題にするとやっかいなことになるという警戒心が生まれている。奇蹟的治癒は、時と場所と話す相手を選ぶ、慎重に見極めた後でないと話しにくい、危険な話題なのである。

だが聖地の歴史の初めから、奇蹟的治癒がそのように扱いの難しい現象であったわけではない。それどころか、ルルド巡礼の世界には、その世界にとって適切で望ましい奇蹟的治癒が無理なく収まる場所が用意されていた。奇蹟的治癒は、ルルド巡礼の世界の適切な構成要素の一つだったのである。

そのような奇蹟的治癒を、医学の権威によってルルド巡礼の世界の外側でも認めさせようとする人々が作り出したのが、〈医学審査局 Bureau des Constatations Médicales〉であった。そして、第二次世界大戦後も〈医局 Bureau Médical〉と改名して活動を続けているこの組織の存在が、皮肉にも、ルルド巡礼の世界における奇蹟的治癒の場所を脅かすことになってしまったのである。医学審査局は、創設からしばらくの間は聖域機関誌に華々しく取り上げられ、機会あるごとにその存在を聖域外にもアピールしていたが、第一次世界大戦後、活動は行き詰まりを見せるようになる。第二次世界大戦後は奇蹟的治癒がもつ魅力をそぐものとして批判され、扱いの難しいお荷物のような存在になり、1970年代にはとうとう、奇蹟神学の再検討という形で、その役割と将来の展望が疑問に付されるようになった。冒頭のビエ神父の文章は、日刊紙 *Le Monde* の1973年8月12-13日号に掲載された「治癒よりも回心を」という記事にも触れ、ルルドにおいて治癒審査というシステムが袋小路に入っていることを認めている。

だが、医学審査局や医師たちはルルドの巡礼世界の形成に大きな影響を与え、その中で一定の役割を果たしてきた。そこで本章では、まず前半で、聖地の歴史における医師の役割と位置づけを検討する。それは、傷病者巡礼の意義を、近代社会における医学化の進行との関係から考えることでもある。第1章と第2章でみたように、ルルドの傷病者巡礼は共和国の理念を批判する運動として展開しており、本章で取り上げる医

学界との関係も，同様の近代批判に関わっている。また後半では，奇蹟的治癒の扱いの歴史を分析する。医学審査局の調査報告と奇蹟的治癒物語の比較を通して，適切な奇蹟的治癒の要件と，奇蹟的治癒がルルド巡礼の世界において適切である理由を考える。その目的は，医学審査局，巡礼世界の人々，そして治癒者本人によって，「治ること」がどう理解されてきたのかを明らかにすることにあり，誰が，いつ，なぜ治ったのかという，奇蹟的治癒の実態調査や治癒のメカニズムの分析は行わない。

以下ではまず，19世紀から20世紀にかけての医学界と宗教界の関係を概観する。そこでは，ヒステリー概念による宗教的価値の否定，衛生観念の啓蒙，専門職による賃労働としての医療活動，という三つの主題が問題になる。次に，医学審査局成立の経緯と治癒審査の確立，医学審査局と医学界をとりまく社会状況との関係，そして，医師が巡礼世界に参加することの可能性と不可能性という順に論じていく。

I 19世紀の医学と医療[1]

1 「公益」をめぐる争い

(1) 背　景

フランス国立図書館に，『ルルド問題　病院改革 L'Affaire de Lourdes. Les réformes dans les hôpitaux』という，「ドレフュス事件 l'affaire Dreyfus」を思い起こさせる表題の冊子が保管されている（L'Affaire de Lourdes 1906）。これは，少女をルルド巡礼に参加させるために孤児院が出した外出許可の是非をめぐってアントワープ市議会で行われた討議の

---

1) 以下は主に次の記述を参照している：ACKERKNECHT 1986; BORSA et MICHEL 1985; GUILLAUME 1990; LEONARD 1992.

記録で，フランスの事例ではないが，次に述べる理由から，この冊子の検討は，当時の医学・医療を取り巻く状況とルルド巡礼の関係を考える上で重要であると考えられる。

聖域機関誌『ルルドの聖母便り』1875年1月号と2月号に，「ベルギーにおけるルルドの聖母」という記事が掲載されている（ANDL 1874）。その中で，前年9月に1,000人からなるベルギー巡礼団がルルドを訪れたと伝えられているように，ベルギーでは早くから組織的なルルド巡礼が行われていた。1897年に傷病者専用の寝台車を初めて巡礼に導入したのも，ベルギー巡礼団であった。ボワサリー医師は1909年の著作の中で，「ベルギーなくしてルルドはなかった」と書いている（BOISSARIE 1909: 408）。また上述の聖域機関誌の記事では，ブリュッセル，リエージュ，アントワープなどで，ルルドの聖母に対する崇敬が浸透しつつある様子が述べられているが，それらの都市と並んで，東部フランドル地方の都市ガンの近郊にあるオースタッカー（Oostacker）という町が紹介されている。ここには1873年に，さる公爵夫人によってルルドの洞窟の複製が作られ，その直後から次々に治癒が起きていたため，近隣ではよく知られた巡礼地となっていた。ここで1875年4月に，ピエール・ド・ラダーという男性の，骨折後つながっていなかった左足と開いたままになっていた傷口が，いずれも瞬時に接合されるという奇蹟的治癒が起きた。彼は1878年にルルドへお礼に行き，1898年に没した。この事例は1908年に奇蹟的治癒の認定を受け，奇蹟的治癒のなかでも特に有名なものの一つとなっており，現在，聖域の治癒資料室には彼の両足の骨の複製が展示されている。このような経緯から，ルルド巡礼の世界において，ベルギーは20世紀初頭にはフランスと並ぶ重要な国となっていたのである。

他方，冊子が発行された1906年は，ルルドの聖域の閉鎖騒ぎが持ち上がった年でもあった。1904年頃から聖域閉鎖の噂が巡礼者達の間に不安を引き起こしていたといい（JGL n. 15 1904），ベルギーでもルルド巡礼を巡る状況はフランス国内とかけ離れていたわけではなかったと推測されることから，この冊子はそのころの状況について手がかりを与えてくれるものと思われる。実際ここには，当時のフランス医学界とカトリック教会の間に存在していたといわれる確執の諸要件が，網羅されている

のである。

(2) 内　容

アントワープ市議会における討議の発端は、ある公立孤児院で起きた一連のできごとを伝える新聞記事であった。記事の内容は次のようなものである。孤児院で暮らす神経性疾患の少女を慈善訪問した婦人たちが、彼女をルルド巡礼に参加させようと思いたち、その外出許可を求めた。孤児院を監督する委員会は医師達に意見を求め、医師達は治癒の可能性があるとの考えから、少女の巡礼参加に賛成した。この見解を前に、孤児院の委員会の三人が巡礼に賛成、二人が反対し、外出許可がおりることになった。その後、反対した委員の一人が多忙を理由に委員会を辞した。

議会で記事を問題にしたテルワーニュ医師は、この委員の辞職理由に疑いを差し挟む。それによれば、委員会では外出許可を出したのと同じ日に、公立精神病院に聖職者を一名配することも決定しており、この二つの決定が、辞職の真の原因ではないかというのである。こうしてテルワーニュ医師は、カトリック教会による医療活動の撹乱を問題にしていく。彼はそれを「科学への裏切り trahison envers la science」と呼び、「ここでは公益が争点になって〔賭けられて〕いる（l'intérêt publique est en jeu）」と述べる（*L'Affaire de Lourdes* 1906: 7）。

彼の発言は、次の三つの主題をめぐって展開している。第一に、奇蹟的治癒といわれているものについて。治癒は常に神経症の女性に起こるもので、科学的に説明可能なものばかりであるだけでなく、治癒に結びつく暗示は医師であれば誰でもかけることが出来るのであるから、医師に任せるべきである。第二に、衛生について。ルルドの沐浴場は不潔であり、患者の症状を悪化させるだけであるから、そのような場所への外出は許可すべきではない。第三に、病院の世俗化の擁護、具体的には、看護婦制度の利点について。資格試験に合格した看護婦と修道女のどちらが病人の看護にふさわしいのかという議論は、19世紀後半以降繰り返されていたものであるが、彼はそこから「福祉」と「慈善」の確執という問題を展開し、その中で、修道女が公共の福祉にふさわしくない理由を述べる。それによれば、修道女は思想信条によって看護の対象を選別

するため，病院の主たる利用者である労働者が自由主義思想を捨てるよう強要されることがしばしばあるという。彼はこの話に続けて，看護婦が低賃金の劣悪な条件下で働かされていることが医療事故の一因になっていると述べ，何の知識も持たない修道女に替えて看護婦を増やすために，看護婦をもっと条件のいい職業にしなければならないと説く。話のこの展開は，看護を資格を持つ専門家にゆだねられる賃労働として確立しなければならないという主張の影で，修道女の存在がその障害になっていることをほのめかしている。かつては社会的な評価を受けていた慈善という宗教的行為が，公平な福祉，労働者の人権擁護，労働条件改善という，近代社会の要請する理念の貫徹を妨げると非難されているのである。ここには，資本主義と宗教の確執という問題が浮き彫りにされている。

　このようにテルワーニュ医師の議論は，ルルド巡礼の非科学的性格の批判という次元にとどまるものではなく，彼自身口にしていたように，公益を問題にしているのである。そうであればこそ，市議会での議題にもなる。公衆衛生や医療環境の整備は医学の管轄であるだけでなく，公益の問題でもあるのである。彼の市議会における態度と論調には，医師は公益を守る番人であるという自負がみられる。これは彼の独りよがりではなく，後述するように，当時公認されていた医師の役割であったという。アントワープ市議会では，医師によって，医学と宗教が，公益をめぐる論争の中でつきあわされている。ここではもちろん，宗教は公益の領域から手を引くべきであると主張されており，その中で，ルルドが引き合いに出されているのである。ルルドは，公益という領域を支配していた旧い宗教的世界の象徴となっている。

　ルルドと公益を巡る論争については後述することにして，次に，アントワープ市議会でテルワーニュ医師が取り上げていた，ヒステリー・衛生・病院の世俗化というテーマを概観しておく。この三つのテーマはルルドの聖域機関誌，リール・カトリック大学医学部紀要，医学審査局機関誌など，ルルドに関係する機関の資料に頻出する，ルルドをめぐる論争の争点であった。

2　三つの主題：ヒステリー・公衆衛生・賃労働としての医療

(1) 宗教とヒステリー[2]

ヒステリー研究で名高いシャルコは，1870年にパリのサルペトリエール病院でヒステリーの研究を始めた。研究はその後急速に進み，ヨーロッパ大陸と英米の研究者によるヒステリー関連論文は1880年に62本，1885年に56本だったものが，1895年には124本にものぼっていた[3]。

トリヤによれば，19世紀におけるヒステリー研究は，次の三つの主題にかかわっていたという。第一に，女性の本質論。これは，ヒステリーという病いのイメージの問題である。第二に，ヒステリーという病いの定義。これは，ヒステリーが実体のある疾病なのか，それとも患者がなにかを伝えようとして発するメッセージ，すなわち文化的な現象なのかという問題である。そして第三に，奇蹟的治癒のメカニズムの科学的説明。これは，宗教的価値の否定の問題に結びつく。以下，この三点を見ていく。

ⅰ）女性イメージとヒステリー

ヒステリーと呼ばれる疾病は，てんかんのような痙攣を主症状とし，そこに感覚脱出，麻痺など，さまざまな副次的症状を伴うものである。その原因については，古くは子宮の変調説や神経の疾病説があり，「感受性が過剰であるために引き起こされる」とするロマン主義的な情念の理論を経て心理説に至るまで，さまざまなものがあったが，ヒステリーは女性の問題であるという観念は常に維持されていたという。特にロマン主義の時代には，女性とは生殖能力によって特徴づけられる存在であり，ヒステリーは女性のその「性的存在」としての本質に由来する病いであるとされたことから，「愛と苦痛の機構」[4]という女性イメージが醸成さ

---

   2) 以下は主に次の記述を参照している：モリス 1998; リーパ 1993; トリヤ 1998.
   3) その中でフランス語のものは1880年に30本，1895年に42本であった（トリヤ 同書: 359）。
   4) この言葉は，BRANCHET, J. L., *Traité de l'hystérie*, Paris, Baillière, 1874 か

れた。性にまつわる諸機能や活動に影響を受けやすい女性は、性生活の不全が原因で神経に変調を来すのであり、そのためヒステリーは処女や未亡人に多いのであるから、その症状は夫を持てばなくなると考えられていた、とモリスは述べている（モリス 1998: 181）。このような女性イメージは、ミシュレの『女』のように、当時の医学的記述が示すイメージに沿って女性を描いた作品を通して、医学的な言説の枠を越えて通俗化していった。

その中で注目されるのは、シャルコが男性ヒステリーをさす「外傷性ヒステリー」という概念を確立しようとしたことである（トリヤ 1998: 178）。当時、鉄道事故が増え、その主たる被害者であった男性にヒステリー性と見られる神経障害と麻痺が多発し、イギリスでは「鉄道脊髄症」と名付けられたが、男性とヒステリーの結びつきはなかなか受け入れられなかったという[5]。

なお、自らの本性である感受性が性生活の不全によって否定的に作用した結果発病する、という見解の内には、ヒステリーが「関係」にまつわる不全だと考えられていたことが示唆されている。

ii) 表現としてのヒステリー

19世紀において、ヒステリーをめぐる最大の争点は、それが病理学的に実在する疾病なのか、あるいは何らかの原因によって引き起こされた、意識下にある情動の応答的表現なのか、という点にあった。当時のフランス医学界の二大学派、サルペトリエール学派とナンシー学派は、ヒステリー症状が、医師がいなくても自然に発症する実体的な疾病なのか、あるいは医師が患者に与える暗示の結果引き起こされるものなのかで争った。後者の立場に立つナンシー学派は、サルペトリエール病院をヒステリーの製造元として非難し、医師が患者に適切に話しかけることによって症状の改善が可能であると唱えた。アントワープのテルワーニュ医師も、この見解を採用していた。ここには、今日、医師-患者関係とし

らの引用（トリヤ 同書: 122）。

5) ルルドの治癒事例の中でも特に有名な男性治癒者ガルガムは、列車事故の後遺症が治癒したが、彼と、トレイナーというやはり有名な男性治癒者（第一次世界大戦で負傷）は、治癒の奇蹟的性格を認定されなかった。

て知られている現象への注目,相関関係が患者の心理に影響を与え,その心理作用が身体に影響を与えるという観念がみられる。すなわち,症状は応答であるので,周囲や医師のアプローチが変わることで変化したり治癒したりするというのである。ここでも,ヒステリーは「関係」の病いととらえられている。

  iii) 宗教的価値とヒステリー
シャルコは1892年の論文『信仰による治癒』で,奇蹟的治癒現象全般をヒステリー患者の治癒に還元して説明した(CHARCOT 1897)。人は信仰心による自己暗示によって治癒することがあるという自己暗示(auto-suggestion)説で名高いこの論文は,ルルドから帰ったゾラの問い合わせがきっかけとなって執筆されたといわれている[6]。英語版の方が先に完成していたためか,シャルコは仏語論文中でも「faith-healing(信仰治療)」という英語の表現を用いて,さまざまな治癒の聖地(ルルドの名はあがっていない)を宗教宗派に関係なく,古来からの伝統的システムとして横並びに論じる。彼は,奇蹟的治癒とは,精神状態が肉体の状態を支配しているような患者において,周囲の励ましなどにより自らの治癒が確信された結果,病いが癒えるもので,患者自身の妄想によって引き起こされた疾病から妄想によって治癒することに他ならないという。ここから,治癒するのはもっぱら,精神状態の影響が身体に出やすいヒステリー気質の男女の,ヒステリーと神経症であるという結論が導かれる。彼は,「超自然といわれる治癒は信仰治療の影響下にあり,自然法則に従って」おり,あくまでも自然な治癒なので,回復には相応の時間がかかると述べている (ibid.: 32)。

  こうしてシャルコは,宗教的聖地の治癒効果を説明する,すなわち,承認することによって,同時に,その宗教的価値を否定したのである。彼は,アッシジの聖フランシスコやアビラの聖テレジアもヒステリーであったと書く。聖人を精神疾患患者扱いするこの論述はカトリック教会関係者の逆鱗に触れ,早くも1892年12月6日に『十字架』紙が,この論

---

  [6] 1892年12月にフランスの雑誌 *La Revue hebdomadaire* に,1893年1月にイギリスの雑誌 *The New Review* に掲載されたが,執筆は英文の方が早かった(LALOUETTE 1994)。

文に言及しないまま，奇蹟を否定したといってシャルコを非難したが，シャルコは論争を拒否して沈黙を守った。ギヨームは，聖人がヒステリー患者であるというシャルコの説とダーウィンの進化論によってカトリック教会は激しい衝撃を受け，その反動として奇蹟を称揚したと解釈している（GUILLAUME 1990: 65）。問題は，かつて超常・神的と解釈されていた現象が，単なる病理現象と理解されるようになった点にある。ルルドの医学審査局の目的は，病理（ヒステリー）であることを否定することによって「超常である可能性」を回復することにあったのである。

なお，ヒステリー患者をとり巻く環境について，もう一つ注目されることがある。第1章で述べたように，サルペトリエール病院では，女性ヒステリー患者の公開実験講義や，病院の一般公開が行われていた（リーパ 1993: 173ff）。ルルドの「苦しみのスペクタクル」は，女性の苦しみの唯一の公開の場ではなかったのである。ルルドのスペクタクルが受け入れられたこと，あるいは揶揄されたことの背景には，この首都パリにおける医学的スペクタクルの影響があったのではないかと推測される。さらに，ルルドの傷病者巡礼が，パリでのスペクタクルに対する批判として機能していた可能性もある。後述するように，〈聖域〉関係者はルルドでのヒステリー患者の治癒を否定してはいなかった。パリで治らないヒステリー患者がルルド巡礼に参加して治るということを，先述の，医師がヒステリー患者を作っているという非難と合わせて考えるならば，ヒステリー患者を作り出す病院から被害者である女性をカトリック世界の人々が救い出すというシナリオが存在していた可能性も考えられる。また，「男性（夫や医師）との適切な関係によって治癒する実態のない表現」や「感受性の否定的作用による妄想」と考えられていたヒステリーがルルドで治った場合，それが，「女性を取り巻く環境の正常化」と解釈された可能性もある。後述する，ルルドの奇蹟的治癒を「全体性の回復」の観念で解釈する研究者たちは，この見方を採用していると考えられる。

(2) 啓蒙活動としての医療と宗教

衛生意識に代表される近代的な医学的世界観の日常生活世界への浸透と，教会の立場の関係について，レオナールは次のように述べている。新し

い知の体系や世界観は，個別の実践場面，具体的な対面状況を通して初めて浸透していくもので，フランス社会における医学の権威もまた，そのような個別の状況の積み重ねによって，19世紀を通じて徐々に確立されていった（LEONARD 1992: 33-61）。そして新興科学である医学がそのようにして人々の間に浸透するのに一役買ったのが，治療師や聖職者・修道女であった。これら「医師以前」の人々から資格を持った「医師」への交替劇が完成するまでの間，医療現場には複数の担い手が並存しており[7]，特に修道女が果たした役割が大きかった。修道女達は科学を否定していたわけではなく，医師の指示に従うよう人々に説き，民衆の啓蒙に積極的に努め，医師の権威の確立を助けた。一般の先入観に反し，医師と修道女は対立していたどころか，現実には両者はさまざまな場面で協力関係を築き，修道女は医学が民衆の間に浸透する媒介の役割を果たしたというのである。この協力関係，科学に対する友好的態度は修道女に限ったことではなく，カトリック教会も，迷信の払拭と人々の啓蒙の必要性の認識という点では，医学界と一致していた（GUILLAUME op. cit.: 29）。医学界が公益のために行っていたことに，教会は反対していたわけではないのである。

　しかし，人々の日常生活を指導し公益を守るという役割の近しさが，やがて両者の協力関係を競合関係へと転換していった。1870年代以降，衛生観念，特に貧者の生活改善が重視され，共和国の政策の中で公衆衛生と公益が結びついていく過程で制度としての医療が確立されると，医師が市民生活と公益の独占的監督権を主張するようになり，医学界の同業者集団に参加しない人々は，非専門家として医療の領域から排除されていくのである。

---

　7) たとえば治療師は，農村部だけでなく都会でも頼られ続け，意外なようだがパリでも活躍していた。治療師は必ずしも「民衆の友」でもなければ「自然医」でもなく，その特徴は，医学を民間に通俗化した形で流布する役割を果たしたところにあった。また医師も，近代的機械的身体論を振りかざしていたわけではなく，患者の心理面を重視し，植物を用いた伝統医療を施すこともあった。二つの医療は，現在思われているほど明確に二分されてはいなかったのである（LEONARD 1992: 63-82）。

(3) 医療の経済活動化と宗教

 レオナールによれば,19世紀において医師という職業は,なるのに費用がかかるわりには儲からないため,地方名士の職業の観があったという[8]。医師が名士であったのは,地方名士という家柄のためで,医師という職種のためではなかったのである。レオナールは,医師のこの社会的な位置づけは,聖職者に似ていると述べる。医師も聖職者も名士として階層間を横断できる立場にあり,また医師の母や妻は篤志家として慈善活動をすることが多く,彼女たちが医師と宗教界との橋渡し役を果たしていた[9]。さらに医師という職業は,社会的義務と献身によって得られる名誉の観念に縁取られており,その意味でも,医師には聖職に通ずるものがあった(BORSA et MICHEL 1985: 133)。医師は糊口をしのぐための稼業ではなく,彼らは病院勤務の単なる勤め人とはみなされていなかったのである。そしてそのイメージは,医療制度と医師の権威が確立された後も残っていく。

 1880年代以降,公益の領域に宗教が関わるべきではないという考えが支配的になり,公共サービスの領域で政教分離が進み,病院の世俗化が推進された。この過程は,1878年のラエネク病院からの聖ヴァンサン・ド・ポール会修道女の締め出しに端を発するというが,排斥運動が激しかったのはパリだけで,地方では修道女が相変わらず重宝されていた(GUILLAUME op. cit.: 82-88)。興味深いのは,時にはアントワープ議会での議論とは逆に,公共サービスとしての医療に対する批判が,宗教界を中心に,医師を巻き込んで繰り広げられたことである。修道女の献身を評価し看護婦の賃労働意識を非難するという,倫理的行為としての医療と営利活動としての医療を対立させる構図があったのである。ここには第3章でみた,経済的関係と社会的紐帯の違いをめぐる判断,医療が経済的関係になってしまうことへの危惧と,それは紐帯・友愛の領域で

---

 8) 1792年と93年に旧体制の同業組合的な社会編成が解体された後,医師は自由に選択できる職業の一つとなり,1808年にナポレオンによって革命後の医学教育体制が整備された。なお,政府は司祭や貴族に代わる行政官を必要としていたが,このとき白羽の矢がたったのが,地方名士としての学者と医師であった(ibid.: 23-31)。
 9) 第3章で紹介したカミーユ・フロン・ヴロー医師の妻も,地元で有名な篤志家婦人の一人であった(スミス 1994)。

あるべきであるという判断がみとめられる。人間的な関係を維持するために非経済的関係を残すべきなのか，看護婦の労働条件改善のために非経済的関係を残してはならないのか，というジレンマの存在が，この頃からすでに感じられていたのである。この論法による病院批判はその後も続き (cf. EYRAUD 1914)，医師（生活環境改善に対する責任）と宗教者（内面生活の責任）の役割分担と協力が必要であるという意見も根強く残った (cf. BACKER 1905)。

このような時代背景の中でルルドの出現騒ぎと巡礼運動が展開し，医師がそこに巻き込まれていった。その象徴が医学審査局である。この機関の存在は次のことを意味する。第一に，医師が〈聖域〉の委託をうけ，〈聖域〉のためにその内部で活動しているということ，第二に，この機関が存在することで，ルルドを訪れる医師たちは個人的な立場ではなく医師という専門家の集団としてルルド巡礼の世界に相対し，医学界として聖地とかかわることになるということである。以下，医学審査局の成立と役割の歴史を追いながら，近代の医学・医療化された世界とルルド巡礼の世界の関係を考察していく。

II 〈医学審査局〉の成立と治癒審査の歴史

1 聖地の成立まで

聖母出現騒ぎの起きた1858年から，司教区司教によってそれが真実の出現であると宣言された1862年までの四年間に，ルルドでは三つの科学的調査が行われた。一つは洞窟に湧き出た泉の水の水質検査，他の二つは医師による調査で，見者ベルナデットの精神鑑定と，奇蹟的治癒にあずかったと主張する人々の調査であった。

II 〈医学審査局〉の成立と治癒審査の歴史

　ベルナデットの精神鑑定は，県知事の要請を受けた市長の命によって，出現騒ぎのさなかの1858年3月27日に，ルルドの施療院の三人の医師によって行われた（*LDA* t. 1: 297-301）。ベルナデットを入院させることで騒ぎを収めようと考えた知事が，入院に必要な証明書を医師に求めたのだが，医師団の見解は知事の期待を裏切るものであった。医師たちは，ベルナデットはエクスタシー状態で幻覚を見た可能性があるとしながらも，入院の必要はないと結論したのである。市長も，騒ぎは自然に収束するだろうとの予測から，そのまま成り行きを見守ることにした。ここには，医師が公益を守るという仕事を補佐していた様子とともに，当時の，ヒステリー症状に対する鷹揚ともいえる態度がみとめられる。

　次に行われたのは，洞窟に湧き出た泉の水質検査である。聖母出現が一段落した1858年5月6日に，これもルルド市長の依頼で行われた。近隣の湯治場にひけをとらない良質の鉱泉であるという調査結果は，水自体に自然の治癒効果を認めることで奇蹟騒ぎを抑えるのに有効なだけでなく，近在の湯治場の狭間にあって，湯治客が素通りするのを口惜しく思っていた市長には朗報であった。だがタルブの化学者の反論が地方紙に掲載され，市長はあらためて，大著『ピレネーの鉱泉』の著者でもあるトゥールーズ大学教授に水質検査を依頼する。その結果は，鉱泉とはいえない普通の飲用可能な水というものであった。こちらは，水自体の効用ではなく神の介入を信じ，それ自体は何の変哲もない普通の水という結果を期待していた人々に，有利な判定であった[10]。

　同じ頃，それまで成り行きを見守っていたタルブ司教区司教が聖母出現の真偽について態度決定を決意し，7月28日に出現の調査委員会が設置された（*LDA* t. 3: 209-）。委員会では，神の恩寵の物的証拠としての奇蹟的治癒の真偽と，見者ベルナデットの人物調査の二点が，聖母出現の真偽の判定基準として調査対象となった。こうして司教区司教の依頼で，医師による奇蹟的治癒の実態調査が行われたのである。

　奇蹟的治癒の調査は，それ以前に，医師ドズー Pierre-Romain Dozous によって個人的に始められていた。ドズーは1858年4月7日に

　10）　その後も水質検査は何度か行われたが，その度に，飲用可能な普通の水という結果が出ている。

聖母出現の現場に居合わせ，見者ベルナデットの手がロウソクの炎にかざされてもまったく傷つかなかったのを目の当たりにして出現の信憑性を確信するに至ったと，後に自ら述べている。実はこの，出現最後のスペクタクルである「ロウソクの奇蹟」を目撃して衝撃を受けた医師が奇蹟的治癒の調査を始めたという経緯自体，後述するように，あるべき奇蹟的治癒の姿に適ったものであった。3月1日には，後に奇蹟的治癒第一号と認定されることになる治癒が起きるなど，出現騒ぎの初期から治癒とその噂は近隣に流布していたが，ドズーは5月初め頃から独自にそれらを調べ始め，治癒者の名，出身地，病名等をノートに書き留めていた。

　調査委員会はドズーのノートを下敷きに調査を行ったが，彼自身は一度も委員会に召還されなかった。ドズーはルルドの施療院の勤務医であったが，院の運営委員会と対立して1856年に罷免されていたため，調査委員会はかかわりを避けたものと考えられる。調査委員会は，12の治癒事例を超自然的性格のものとする報告書を司教に提出し，司教はさらにその検討を，モンペリエ大学医学部元教授であり地域の水質検査官もつとめていたアンリ・ヴェルジェ Henri Vergez に依頼した。その結果をもとに，1862年1月18日の司教教書は，7つの治癒事例を聖母出現の証拠として取り上げた。こうして奇蹟的治癒は，聖母出現の真偽判定の決め手，聖地存立の要件としての役割を果たしたのである。だがこのとき司教教書の中では，「奇蹟」という言葉も「説明不可能」という言葉も用いられなかった。

　奇蹟的治癒事例のこのような用いられ方は，教会の伝統に則ったものである。元来，奇蹟的治癒の調査は，生前徳の高かった人物の聖性を検証する列聖審査に必要不可欠の過程で，現在でも教皇庁の列聖審査省で行われる審査では，奇蹟的治癒事例の有無が，当該人物の聖性判断の要件となっている。ルルドではこの手続きが出現の真偽判定に適用されたわけだが，これは同時に，本来なら聖母出現の真偽が決定された時点で，奇蹟的治癒の認定作業は打ち切られてしかるべきであったことを意味している。事実，治癒事例を奇蹟として認定する作業は，1908年の聖母出現50周年まで行われることはなかった。もちろん，各地の司教が独自に公の場で治癒について語ることについては，何の問題もなかった[11]。

II 〈医学審査局〉の成立と治癒審査の歴史　　321

このように，医師は聖母出現騒ぎの最初期から，ルルドの歴史に深くかかわっていた。社会的影響の大きな決定を下す必要に迫られた行政と教会のどちらもが，専門家としての医師に自らの判断の根拠となるべき判定を求め，医師は，権威ある公正な第三者として，利害に左右されることなく客観的判断を下すという役割を果たしたのである。

2　聖域機関誌の誕生と〈全国巡礼〉の影響

(1) 聖域機関誌

タルブ司教区司教によって聖母出現が真実と認められたことで，ルルドは正式にカトリックの聖地となった。聖域司祭団としてその管理・運営にあたったガレゾン会の司祭たちは広報活動に力を注ぎ，1868年4月から月刊機関誌『ルルドの聖母便り Annales de Notre-Dame de Lourdes』を発行するようになった。16ページのこの雑誌には，主に巡礼の報告，説教の採録，聖母出現や聖地の歴史，治癒の物語などが掲載された。なかでも治癒物語の占める割合は年々増加し，特に1873年から1883年の10年間では，全体の3分の1に上るようになった。これは，第2章で論じた〈全国巡礼〉の創成期にあたる。治癒物語の分析は本章後半に譲り，以下では治癒についての記事の変化の流れを簡単に追っていく。

聖地の成立当初は，治癒の多くが遠方で個別に起こっていたため，司祭団では情報源として当事者からの手紙に頼るしかなかった。治癒の報告は早くも機関誌第2号に掲載され，1869年8月号には「治癒者と，治癒のお礼の巡礼者リスト」も掲載されるが，寄せられた手紙のスタイルや情報としての利用価値はまちまちであった。その後1878年になってようやく，「驚くべき治癒についての重要なお願い」という記事によって報告のモデルが提示されるとともに，機関誌への掲載を前提とした治癒

---

11)　奇蹟的治癒認定の決定権は司教にあるので，この行為自体は逸脱ではない。なお司教に決定権を認めるという原則は，1563年のトリエント公会議で確認されたものである。ルルドにおける奇蹟的治癒の認定基準と作業の歴史については，1970年代に設けられた，奇蹟的治癒をめぐる状況の見直しをはかるための検討委員会用にビエ神父がまとめた資料を参照している（ADB 7H7. 8. 3）。

情報の提供を広く募る呼びかけがなされた (*ANDL* 1877: 205f)。この時，必要な情報として列挙された諸要素は，次の五つのグループに分けられる。①治癒者の姓名，出身地，身分，人柄，素行，信仰など，本人についてのもの，②病歴，癒えた病いの病名，病因，病状，試みられた治療法と効果など，病いについてのもの，③どのような儀礼の最中か，そのときの病人の心理状態，希望や不安の有無，治癒したときの気持ちなど，治癒の状況についてのもの，④治癒者の現状，神から与えられた恩寵が本人・家族・司教区住民や公衆に与えた霊的効果など，治癒が本人と周囲に与えた霊的効果，そして，⑤病いや治癒についての担当医の証明書かコメント，治癒についての司祭・告解士など責任ある人物の意見等，第三者の証言。この中で，信用のおける人物や専門家の証言が求められていることの他に注目されるのは，病歴，病名，病因，病状から治療法とその効果まで，医学的な知識を必要とする項目が報告内容にあげられていることである。この頃すでに，これらの知識が，傷病者やその周囲の人々の間に浸透していた可能性を示唆している。

　この1878年の呼びかけは，単なるお礼の言葉から詳しい状況説明まで思い思いの書き方で寄せられる手紙にかわる，資料的価値を持った一定の報告スタイルを確立しようとするものであった。治癒事例の資料化の要請がこの時期に生じた背景には，治癒の発生の仕方の変化，具体的には〈全国巡礼〉の影響があるものと考えられる。〈全国巡礼〉の傷病者巡礼参加者数は1877年に飛躍的にのび[12]，上述の呼びかけがなされた1878年には，初めて被昇天会の司祭により治癒者の調書が83通作成されている。

　第2章でみたように，被昇天会は奇蹟的治癒に大きな価値を認め，それを巡礼の活性化，ひいてはカトリック再生の切り札として最大限に活用しようとした。奇蹟的治癒を，治癒者が所属する共同体全体に与えられた神の恩寵とみなすことは，〈全国巡礼〉以前からなされていたが，〈全国巡礼〉はそのように理解される治癒がまとまって起こる場を組織

---

　12) 寄付による巡礼参加傷病者の数は，1874年から1876年までが14人，54人，71人なのに対し，1877年以降，366人，441人，555人と増加し，1880年には959人に達している。1876年に12人の治癒が報告されており，その衝撃が翌年以降の傷病者巡礼飛躍の契機となったといわれている (GUERIN 1897)。

した。〈全国巡礼〉で傷病者の治癒が次々と起こるようになる時期と，それを管理・統制しようとする動きは，重なっているのである。

同時に，機関誌に掲載される医師の証明書にも変化が認められる。呼びかけがなされた翌年，1879年の1月号に，先述のヴェルジェ医師の署名入りの記事がはじめて掲載され，以後定期的に見られるようになる (*ANDL* 1878: 244)。ヴェルジェは機関誌の創刊以来，医療顧問を務めていたが，その彼が1878年を境に表に出るようになった背景にも，被昇天会が調書作成を組織的に行うようになったことの影響があると考えられる。

(2) 奇蹟的治癒の調査目的

ルルドで起きた治癒への対応も徐々に整えられていき，機関誌掲載を視野に入れ，聞き取り調査を行い記録帳に記す作業が行われていった。このころの〈聖域〉の熱意と，まだそれについていっていない治癒者の姿が，1880年9月号の〈全国巡礼〉についての記事に描かれている。「多くの治癒が，毎年，調書（procès-verbal）のないままになっている。……〔治癒を申告することに〕引き続いて起こるであろう，大なり小なりの迫害を怖れる者もいる」(*ANDL* 1880: 129)。また同年12月号には，*Paris-Journal* に掲載されたという「ルルドと奇蹟」という記事の抜粋が掲載されているが，これも同様の問題にふれている。書き手である医師は，治癒が奇蹟的であることに科学的な保証を与えることは不可能だと述べた上で，次のように続ける。「しかし，問題はそこにあるのではない。実際のところ，医学的あるいは神学的見解を確立することが問題なのではなく，個人的な出来事のみが重要なのであり，それは当事者にしか係わらず，彼にしか判断や決定ができないものなのである。ここに一人の人がいて，かつて苦しんでいたが，もはや苦しんではいない，ということなのだ。……彼にとっては，それで十分なのである。だがあなた方〔医師達〕は，十分ではないという。あなた方はいったい何に首を突っ込んで〔mêler：混ぜる，巻き込む〕いるのか。よしんば当事者が自分の治癒を奇蹟と呼ばれることを喜んだとして，あなた方にいったい何の関係があるというのか」(JAMES 1880: 250)。ここでは，調査は誰のために行われるのかという重要な問いが投げかけられている。被昇天

会の答は明快であった。治癒はフランスの救いの証であり、証であればこそ、誰が見ても疑いようのない真実であることを明言する必要があるのである。

被昇天会はここで疑問に付されたことを一蹴するかのように、治癒審査の精度を上げる努力を重ねていく。1892年5月に被昇天会機関誌に掲載された、貧しい傷病者の巡礼参加審査要項には、次のようにある（AAA E41 n. 3 1892: 8）。「各司教区支部が以下の必要書類を中央本部に提出しない限り、傷病者の申請は審査対象とならない：1）聖職者による証明書；2）医師による証明書；3）傷病者本人（傷病者が子供や既婚女性の場合にはその両親か夫）の手になる参加申請書」。この審査には、貧しい傷病者のための募金利用希望者が多く全員を同行することが不可能であるという実務上の理由の他に、カトリック教会とルルドを攻撃する人々が反論できない本物の治癒を提供するための準備という目的があった。こうして選別され参加を認められた傷病者は、出発前にさらにパリ本部におかれた15名の医師からなる委員会で診察をうけ、症状についての証明書を発行された。証明書は番号を振られて医学審査局に提出され、傷病者は自分の証明書番号を胸につけて巡礼に参加した。このように奇蹟的治癒予備群としての傷病者が管理されるようになる一方で、治癒の追跡調査も組織化されていった。被昇天会主催の治癒者の第一回調査会が、1894年にパリで医学審査局長も参加して行われた。

被昇天会は、奇蹟的治癒の活用という明確なヴィジョンを持っていた。神の恩寵の現れである奇蹟的治癒は、合理主義に対抗するカトリック世界の武器であったが、この武器が強力であるためには治癒の事実が揺るぎないものでなければならず、そのために医師の協力が要請されたのである。こうして〈全国巡礼〉が盛んになるのと歩調を合わせるようにして、治癒の正確な情報、調査と記録への要請が高まり、傷病者を募るところから治癒の審査までの一連の過程が、専門的な知識と社会的な権威を備えた医師の監督のもとに置かれるようになった[13]。被昇天会の〈全

---

13) ルルドの治癒が説明不可能かどうかを賭ける懸賞も何度かあった。アルトゥスは1874年の著書の中で、三年前に治癒を否定する自由思想家に対し「ルルドの奇蹟の一つでも反駁したら10,000フランの賞金を出す」という公開挑戦状を出したのに何の反応もなかったため、ラセールの本が全部本当かどうかを賭ける旨の手紙を新たに新聞社に

II 〈医学審査局〉の成立と治癒審査の歴史

SECRÉTARIAT
8, RUE FRANÇOIS 1ᵉʳ
PARIS

ASSOCIATION DE NOTRE-DAME DE SALUT

PÈLERINAGE NATIONAL A LOURDES — 1894

ACCEPTÉ
1ᵉʳ T 94

TRAIN DES MALADES

857

AVEC HOSPITALITÉ **Hortense Vanlynseele**
né à Roubaix ; — âgé de 29 ans
demeurant à Roubaix, rue du Tilleul, impasse Ingouville 17-10
diocèse de Cambrai département du Nord
malade depuis 10 ans 1/2
d' (nature de la maladie) Laryngite chronique
indiquer si le malade est à l'hôpital
soigné par
qui laisse ou ne laisse pas espoir de guérison laisse peu d'espoir de guérison
Quelqu'un se charge-t-il de lui en route? Qui?
Prendra-t-il à Paris le train des malades? oui
Le rejoindra-t-il en route? Dans ce cas, prière d'indiquer exactement le nom de la gare

PIÈCES EXIGÉES

1° LETTRE DE RECOMMANDATION, donnée par un prêtre, de préférence par le Curé de la paroisse, M. l'abbé Maddelart, vicaire de S¹ᵉ Elisabeth à Roubaix
2° L'ORIGINAL DU CERTIFICAT MÉDICAL, donné par (nom et qualité du ou des docteurs) D' le docteur Lepoutre
3° DEMANDE ÉCRITE DU MALADE; s'il est mineur ou trop malade, du tuteur ou des parents.
— Si la malade est une femme mariée, il faut envoyer l'autorisation du mari.
Ces pièces doivent être jointes à la présente feuille. On est prié de copier ci-dessous le certificat du médecin.

COPIE DU CERTIFICAT DU MÉDECIN
(L'original doit être envoyé au Secrétariat.)

Je soussigné docteur en médecine à Roubaix déclare avoir donné mes soins à M⁽ˡˡᵉ⁾ Hortense Vanlynseele (29 ans) pour une Laryngite chronique. Les traitements les plus variés sont restés sans succès permanent.
En foi de quoi ai délivré le présent certificat pour valoir ce que de droit.   Signé Lepoutre 5 juillet 1894

(On peut continuer au verso la copie du certificat médical.)

1° Nom et prénoms du malade écrits très lisiblement.
2° Les pièces mentionnées ci-dessus sont absolument indispensables.
3° Les demandes ne sont régulièrement introduites qu'après le renvoi de cette feuille et des pièces exigées.
4° Prière d'envoyer le tout ensemble, afin d'éviter des recherches au milieu desquelles certaines pièces pourraient s'égarer.
5° La liste des malades sera close le 20 juillet. On fera droit aux demandes à mesure qu'elles nous parviendront et que la souscription le permettra.
6° L'Association ne se charge, ni des frais à faire en voyage, ni du transport jusqu'à Paris. Nous prions néanmoins d'indiquer ici la position du malade afin que l'on puisse l'aider dans la mesure du possible.
OBSERVATIONS (les mentionner au verso).

〈全国巡礼〉の傷病者参加申請書（ACEG 6H23: 94-14）

国巡礼〉に協力する医師の立場は，先の三つの科学的調査の時と同じ位置づけにある。治癒の利用目的があり，そのために医師が動員されているのである。

3 〈医学審査局〉の誕生と発展

(1) 成立：「カトリック医師」の役割イメージ

聖域機関誌1899年の記事には，「〈全国巡礼〉が創始したもののなかでも特に重要なものは〈医学審査局〉である」と書かれている（ANDL 1899: 196）。だがこの機関は，創設を宣言されて成立したというような明確な始まりをもっていない。後の医学審査局の仕事が始まった1883年の様子は，聖域機関誌に〈全国巡礼〉の一場面として報告されているにすぎない。「医師5名が——1名はその有能さ故に，他の4名は同席の希望が入れられて——治癒者の調書作成をまかされていた被昇天会士と聖域司祭を手伝った。ユニヴェール紙〔カトリック系新聞〕の編集者がその模様を取材した」（ANDL 1883: 196）。翌1884年の記事によれば，「奇蹟的治癒を管理する使命を帯びた医師たちは，信仰心をもった，信徒のつとめを怠りなく果たす，ルルドを愛する人々である。……彼らの厳格な慎重さは信仰をもたない医師たちから行き過ぎだと思われるほど」であった（ANDL 1884: 161）。この年，治癒者を迎えるために，沐浴場の近くに小さな小屋が建てられた。1885年には，「被昇天会士と聖域司祭は常に2名，時には4-5名の医師の協力を得ている。パリ大学とリール・カトリック大学の医学生も同席を許されている」（ANDL 1885: 207）。こうして医学審査局は，〈全国巡礼〉の期間中，被昇天会の司祭を補佐する形で数名の医師が治癒者の調査にあたる活動から始まった。〈医学審査局〉という名称は，1886年にド・サン・マクルー医師のもとを訪れたボワサリー医師（二代目局長）が，ルルドの印象を述べた記事のなかで用いているのが初出であり（ANDL 1886: 124），翌1887年に初めて聖域機関誌の目次に〈医学審査局〉の名が現れる。

送りつけたが，皆逃げの一手で負けを認めていると書いている（ARTUS 1874: 5, 11）。

II 〈医学審査局〉の成立と治癒審査の歴史　　327

　医学審査局の性格と，この組織と巡礼世界との関係は，1883年に審査の仕事を始めた初代局長ジョルジュ＝フェルナン・デュノ・ド・サン・マクルー男爵 Baron Georges-Fernand Dunot de Saint-Maclou の死亡記事によく表れている（ANDL 1891: 117-125）。記事は，彼の人となり，ルルドとの関係，医学審査局の活動への貢献を語る。以下，長くなるが詳しく紹介する。
　ド・サン・マクルー男爵はノルマンディーの名家に生まれた。士官学校に入学したものの健康を害し，退学後結婚。聖心修道会の学校を卒業した妻の影響で，カトリックの信仰生活へと導かれた。哲学と神学を学び，トマス神学研究者である司祭と勉強会を開きながら，妻の慈善活動を通じて貧しい農民と接する中で，医学により人々の役に立ちたいと願うようになる。カーンの医学校に入学し，ルーヴァン・カトリック大学医学部で神経病理学の博士号を取得。村長を務め，貧民救済に尽力し，地方史の研究にも手を染めた。ローマにも巡礼し，第一ヴァチカン公会議の折りも妻を伴ってローマに滞在していた。その後，妻の病気療養のために移り住んだニースで1873年に司教区広報を創刊。病気の妻を巡礼先のルルドで亡くした後は，〈聖マリア献身会 Oblats de la Vierge Marie〉に寄宿し，ここで教鞭をとった。この時，教会における列聖審査の基準について見識を深めた。ルルドには早くから〈全国巡礼〉に参加して赴いており，妻の死後も〈全国巡礼〉のオスピタリエの一員として活動しながら，治癒者の調査にあたっていた。聖域司祭団から，ルルドに腰を据えて治癒の調査をして欲しいと依頼されたとき，愛着のあるニースを離れるとまどいからずいぶん迷ったが，聖母は超自然の真実を科学的に示すこと，科学と宗教が和解することを望んでいらっしゃるのではないだろうかと考え，洞窟とマリアの働き手（ouvrier）になろうと決心して引き受けた。1888年からは，〈ルルドの聖母オスピタリテ〉の会長も兼任した。決して受け取ることなく，常に人々に与え続けた。ほぼ毎日聖体拝領を受け，自らの死の準備に怠りがなかった。告解の後，終油の秘跡にあずかって亡くなり，聖域司祭団の墓地に埋葬された。
　以上の，敬虔な信徒としての生涯についての長い記述に対し，医学審査局長としての功績については簡潔に述べられている。その最大の功績は「奇蹟」と「恩寵」を注意深く分けたこととされ，「超自然」を証明

することでルルドに貢献したと評される。また、医学会議を計画していたが、実現には至らなかったという。

　ここに描かれた肖像には、次の特徴がある。まず彼は、なによりも敬虔な信徒として描かれている。ローマ巡礼と〈全国巡礼〉への参加、聖体拝領、告解、終油の秘跡にあずかるという形での祭儀への参加など、カトリック教会が提供する共同行為への参加に加え、ニースからルルドへの移住や怠りのない死の準備という記述によって、神意への従順という徳が示されている。献身会への寄宿、聖域司祭団の墓地への埋葬も、半ば聖職者的な生涯を送ったという含みを彼の人生に持たせている。19世紀のフランスにおいて、医師と聖職者は、異なる社会階層を横断する名士という社会的な位置づけと人々への奉仕という役割において、よく似ていたという指摘を先に紹介したが、ド・サン・マクルー男爵は、まさしくそのような人生を送った人物としてここに描き出されているのである。

　彼の人生はまた、人々への献身という原則に基づいたものとしても語られている。その献身のスタイルは、社会の指導的立場にある人物のそれである。軍人として国家の平和に貢献しようと志した青年時代から、村長として、また医師として地域共同体のために働いた壮年時代、一線を退いた後の司教区広報創刊と教職、そして晩年のルルドでの「聖母の働き手」とオスピタリテ会長としての献身まで、その行動は、社会に貢献すべき上流階級の成人男性としての自覚に貫かれている。その中で、妻と聖母に対する献身ゆえに慣れ親しんだ土地を離れるという人生の転機の物語も、注意を引く。彼は、自らの人生設計にそってではなく、自分に向けられた要望に応え、それを受け入れることによって、進むべき道筋を定めていったのである。「受け取ることなく与え続ける」という表現が、彼の人生を総括しているといえるであろう。彼が習得した医師としての技術も、献身という目的のために用いられている。それは、人々のために生かされたのと同じように、カトリック教会のためにも用いられたのである。医師として、また信徒として、自分を無にして献身する上流階級の男性という、全く矛盾のない、見事なまでに一貫性のある肖像がここには描かれている。それは、第3章で取り上げた、自分を捧げて働くオスピタリエの姿とよく似ている。聖域のために働く医師に

は，オスピタリエと同じ徳目が求められていたのである。

(2) 医学化：「科学的説明が不可能」な奇蹟

開局の経緯からも明らかなように，医学審査局の仕事の中心は治癒の事実の確認作業である。これには，治癒を申告してきた人物の診察だけでなく，巡礼団のなかでも特に注目される傷病者の事前診察，過去の治癒者の経過を観察する定期検診も含まれる。元医局長のモンジャポン医師は，ド・サン・マクルーが，後のブノワXIV世が列聖審査のために1767年に定めた奇蹟の判断基準を適用して「恩寵による治癒」と「奇蹟」を区別し，「科学的な説明が不可能」という奇蹟の定義を定着させたことをもって，奇蹟的治癒の医学化（médicalisation）がなったと考えている（MANGIAPAN 1994: 77）[14]。

これらの検診は共同・公開で行われ，検査当日に居合わせた医師が国籍や信仰の有無にかかわらず参加を認められたばかりでなく，教会関係者はもとより弁護士，文筆家，新聞記者をはじめとする識者も，少なくとも第一次世界大戦前夜までは同席を許されていた（BOISSARIE 1894: 239f）。公開討論（科学の公開性）が要請されていたのだが，この公開性が問題視され，患者のプライバシー保護が訴えられることもあった[15]。また検診結果を資料として保存し，あらゆる立場の医師に自由な議論・知的交流の場を提供することも，医学審査局の目的であった。当時の医学審査局の様子を記した文章がモンジャポンの著書に引用されているが，そこではド・サン・マクルーは，ヒステリーに注意を払い，奇蹟を反駁しようとしている党派的な人物に見えるほど，徹底的に調査する人物として描かれている[16]。なお，調査が極端に厳しいことに驚いた，という記述は，医学審査局を訪れた人々の印象記の中で繰り返される常套表現となっている。

---

14) ド・サン・マクルーが二つを区別している所見が，聖域機関誌1884年8月号に見られる（*ANDL* 1884: 138-142）。

15) 奇蹟的治癒の調査に積極的だったリール・カトリック大学医学部の紀要にさえも，同様の趣旨の批判が掲載されている（*Journal des Sciences Médicales de Lille* 1907: 577-592）。

16) イギリス人司祭クラークが1887年9月に医学審査局を訪れた時のルポルタージュ（MANGIAPAN 1994: 82-85）。

医学審査局長はこのほかに，傷病者宿泊施設や沐浴上の責任者からの問い合わせに専門家として判断を下すこともあったが，臨床医としてのこちらの仕事は二次的なものであった。

(3) ヒステリー

　医学審査局が聖域内の機関として聖域内外で認知され，その活動が軌道に乗った様子は，聖域機関誌の記事によって跡づけられる。1889年には医学関連の記事が毎号のようにみられるが，この時の主要テーマはヒステリーと自己暗示であった。

　まず4月号と5月号に，「医師と奇蹟：医師達によって書かれたルルドの歴史」というボワサリーの記事が掲載されている（BOISSARIE 1889a）。その中で彼は，すでに300人の医師がルルドで治癒の審査に参加したと伝え，医学審査局が教会だけでなく同業者からも認められた機関であることを強調している。また「シャルコの告白によれば，サルペトリエールは毎年患者をルルドへ送っているという」と書き，シャルコとサルペトリエールの名を出すことで，治癒が現実に起きていると認知されていることを示そうとしている[17]。

　6月号には，ド・サン・マクルーが「治癒の医学的審査とヒステリー」と題する記事を書いている（DE SAINT-MACLOU 1889）。彼は，オーギュスタン・ファーブルの『内臓性ヒステリー入門』から「すべての女性はヒステリーである」という言葉を引用しながら，女性はヒステリー気質であるということを前提に話を進める。その上で，ルルドの治癒はすべてヒステリー患者の治癒であるという意見に対し，確かにヒステリー患者がよく治るが，ヒステリー以外の疾患の治癒例もあると反論

　17）　ボワサリーはConstantin Jamesの証言として，シャルコは講義でルルドの名を口にしないが，同僚の一人に宛てた私信の中で「サルペトリエールは毎年50から60人の病人をルルドへ送り出し，その前後に診察を行っている」と書いていたという話を伝えている（BOISSARIE 1894: 126）。彼はまた，Villepinte〔結核療養所〕では1896年から〈全国巡礼〉に患者を参加させているとも書いている（BOISSARIE 1909: 271）。聖域機関誌1885年11月号に掲載されている神経症患者の治癒事例は，シャルコの診断を受けオートゥイユで治療を受けたが何の効果も得られなかった女性のもので，この時には本人の口からルルド巡礼の希望を聞かされた主治医がそれを承認したと書かれている（*ANDL* 1885: 291-294）。

している。

　7月号の「ルルドの治癒の医学的研究：ヒステリーと奇蹟」と題するボワサリーの記事は，ヒステリーと自己暗示についての定説を伝えている（BOISSARIE 1889b）。彼は1874年の治癒事例を紹介しながら，治癒者が自分自身の治癒にもルルドにも全く無関心であったこと，ルルドで祭儀に参加しなかったこと，他者のために祈ったことを強調する。そしてその治癒が，思いこみ，自己暗示，沐浴による身体的ショック，集団の熱狂によって引き起こされる興奮など，通常ルルドでの治癒の原因として示されるものと全く無関係に起きていると述べ，それを論拠に，ルルドで起こる治癒をヒステリーに還元する議論を否定しようとする。またこの時，治癒者の社会階層（代議士の娘で，兄弟は上院議員）に注意を促し，サルペトリエールの病人や通常のルルドの傷病者とは全く環境が異なっており，ヒステリーになどなるはずがないと断じている。ヒステリーは社会環境によって誘発されるという見解が，明言されてはいないものの，社会的合意のある前提として彼の議論を支えているのである。

　以上の記事からわかることは，シャルコの論文が出される以前から，ルルドの治癒はヒステリー患者のそれであるという通説が存在したこと，その治癒は自己暗示や興奮などの心理作用によって説明されていたこと，治癒者の多くがヒステリー患者であったと医学審査局の医師も考えていたこと，その上で，ヒステリー患者ではないことが疑いえない治癒事例の選別に腐心していたことである。この状況下で医師がとる態度には，いくつかの選択肢がある。治癒の奇蹟性を認めない場合には，①ヒステリー患者の治癒は医師によっても可能なので聖地への巡礼には何の意義もない，という先のアントワープの医師のような立場と，②ヒステリー患者の治癒が大量かつ頻繁に起こるということでは，ルルドは他の追随を許さない非常に有効な治癒の空間なのだから，患者の治癒を第一に考えた場合にはルルド巡礼は奨励される，と容認する立場に分かれる。反対に，奇蹟的性格を認める場合には，③聖地の評判のためにヒステリー患者の巡礼を制限しようとする立場と，④ヒステリー患者の治癒とそれ以外の疾病の治癒を峻別することで聖地の真の力を証明することができるとする立場に分かれる。被昇天会は第三の立場に，医学審査局は第四の立場にたっていたが，その被昇天会が企画した〈全国巡礼〉の25周年

記念大会に際し，過去の治癒者が提出した報告書の中にも，癒えた病名としてヒステリーや神経症という記述がいくつもみられる。ヒステリーの治癒は，ルルドでは決してタブーではなかったのである。

(4) 審査基準の確立

医学審査局は，1892年に就任した二代目局長ボワサリーの時代に体制を整えるとともに，広く世間に知られるようになる。彼は1886年に初めて医学審査局を訪れてその助手となり，ド・サン・マクルーと協力して，後者の亡くなった1891年に458ページの報告書『ルルド医学史』を出版した。その効果か，同年〈全国巡礼〉期間中に医学審査局を訪れた医師は40名，翌1892年一年間では120名の医師がやってきた[18]。ルルドを訪れる巡礼者と医師の増大に伴い医学審査局の活動期間も長くなり，当初は〈全国巡礼〉が行われる8月の三日間だけ開局していたのが，8月から9月までの二か月間に延長され，1897年には4月15日から10月15日までの巡礼シーズン全般，そして通年へと変化していった。

ボワサリーは，奇蹟的治癒擁護という明確な立場で活動した。彼にとって，奇蹟的治癒は同時代の合理主義への挑戦であり，科学は神の介入の前に自らの無力を告白すべきであった（BOISSARIE 1898）。彼はルルドで起こる治癒が真に奇蹟的なものであることを訴えるため，執筆活動によって積極的に宣伝活動を行い，数多くの治癒事例報告書を出版した。1892年にゾラがルルドへ取材に訪れると，この小説家を迎え入れてさまざまな資料を提供し，公開調査会にも同席させたが，これも，ゾラの小説によって医学審査局の活動を広く世に知らしめてもらおうと考えてのことと思われる。だが1894年にゾラが小説『ルルド』を出版し，その中で実際の治癒事例に小説的歪曲を加え，完治している治癒者を作品中では再発させたり，実際には瞬時に起こった治癒を数日を要したように描いてみせると，それに抗議してさまざまな新聞投稿や出版活動を行った。さらには小説のモデルとなった治癒者たちを引き連れての公開説明会を，

---

18) 1890年から1904年の間に医学審査局の来訪者帳に署名を残した医師の数は，1890年と91年の27／36人に対し，1892年以降1904年までは120／109／169／177／202／211／200／240／216／328／268／228／181人となっており，1892年にその数が飛躍的にのびたことが分かる（BERTRIN 1905: 373）。

ブリュッセル，ルーヴァン，パリで開催している（*Boissarie, Zola. Conférence du Luxembourg* 1895）。この一件後，ボワサリーはますます治癒事例の選別と広報活動に専心するようになる。ビエ神父は，ボワサリーがゾラとの論争を経て，それと意識せぬまま，「治癒」の「審査 constatation」を「奇蹟」の公式の「宣言 proclamation」へと転換したと考えている（BILLET 1977）。論敵との対決が，巡礼世界の外側に向けた，奇蹟的治癒の真実性の宣言へと，医学審査局の仕事を変化させていったのである。

その過程で，治癒審査はますます厳密になっていった。1901年の機関誌に，治癒の選別基準が述べられている（MARTIN 1900; cf. OLIVIERI 1970: 30）。それは，次の三つの原則からなる。第一に，医学審査局では治癒事例を二つのカテゴリーに分け，解剖学的見地から異常の有無を確定できる「器質性疾病 lésion organique」の治癒のみを調査対象とし，心因性の可能性がある「機能性の異常 troubles fonctionnels」の治癒は一律に排除する。心理的影響の排除が目的だが，肉体に刻印された目に見える変化のみを扱うことで，奇蹟がことさら肉体という人間身体の物質的次元の問題であることを，期せずして明示する形となっている。第二に，器質性疾患の場合であっても，治癒の「即時性」という条件を満たしていなければならない。この基準が，精神状態が身体に影響を及ぼすことによって治癒が起きるという，自然治癒論を論駁する根拠となる。ここには，絶対に論駁できない奇蹟的治癒を提示するために，心理的影響で病状が改善される可能性を徹底的にとり除こうとする神経質なまでの配慮と強力な意志がみられる。そして第三に，調査対象となるためには，治療による改善の可能性があってはならず，治癒前の一定期間中，いっさい治療がなされていてはいけない。この要求は「医術」の排除を意味するが，医学審査局自体，医術的側面をもたない判定の学としての医学を体現しているのである。これらの要件を満たして初めて，当該治癒は「自然のプロセスでは説明できない」と結論される。心理的な影響も外からの働きかけもなく，突然状態が変わることは，自然の秩序に反するというのである。

審査の方法は確立されたものの，ここには確実な治癒事例が選別された先の展望がない。先述のように，奇蹟的治癒の審査は通常，列聖など

の明確な目的のために行われるもので，日常的な治癒事例の一つ一つが神の恩寵の現れとして個別に審査されることは，それまでなかった。この伝統に反し，この時期のルルドでは，医学審査局における医師の判定が，教会権威の判定を前提としないまま一人歩きするような形になっていた。治癒の選別は，ルルドに向けられる攻撃を反駁するために行われていたが，この過程にはカトリック教会は公式には関与していなかったのである。教会が，この先走りへの対応を決めるきっかけとなったのは，カトリック医師たちによる次の示威行動であった。

4　カトリック医師の組織[19]：奇蹟的治癒審査への関与

政府とカトリック教会の対立が深刻化した19世紀末は，カトリック陣営にさまざまな平信徒団体が生まれ始めた時期でもあった。カトリック信者としての自覚を仕事に反映させようとする医師の間にもいくつかの組織が生まれたが，その中に，後にルルドと深いかかわりを持つことになる二つの組織の姿もあった[20]。

(1) 〈聖ルカ・聖コム・聖ダミアン協会〉

〈聖ルカ・聖コム・聖ダミアン協会 Société Saint Luc, Saint Côme et Saint Damien〉〔1963年〈フランス・カトリック医師協会 Centre Catholique des Médecins Français〉に改称。以下〈聖ルカ協会〉と略記〕は，クロード・ベルナールの弟子であるル・ベル医師によって1884年に創設された，カトリック医師の協会である。同年に教皇レオXIII世が発布した，反理性主義，反唯物主義，反フリー・メイソンの回勅

　　19）　以下はボワサリーの次の記述を参照している：BOISSARIE 1894: 472-480; 1909: XI-XV, 36f, 377-389.

　　20）　このほかにルルドとかかわりを持った組織として，1875年にイエズス会士によってパリの医学生を組織するために創設された〈ラエネク講演会 Conférence Laennec〉があげられる。その機関誌は，1948年にルルドの治癒の特集を組んでいる（*Cahiers laennec* 1948）。これは，ドイツ占領下の1943年から46年にかけて，〈聖ルカ協会〉西南部支部の医師達がルルドの古い資料を調査して行った連続講演の記録をまとめたもので，1947年以来のテアス司教による医学審査局改革を背景に組まれた特集であった。

II 〈医学審査局〉の成立と治癒審査の歴史   335

Humanum genus に応え，カトリック精神に導かれた医師の職業倫理の確立を目的に組織された[21]。

活動内容の第一は，祭儀，特に巡礼への参加であり，毎月一回モンマルトルの医師専用礼拝堂でミサをあげるなど，カトリック信徒としてのアイデンティティを重視した活動を行っていた。第二は，医師の職業倫理に関する論争への参加であった。その中には，医師は単なる一職種ではなく，傷病者が信徒として死ぬことができるよう，その準備を助ける役目を負っているという考えなども含まれていた。そして第三は，さまざまな社会問題に対する態度表明と影響力の行使であった。出版活動に力を注ぎ，世論への働きかけに努めたが，ルルド巡礼とは距離をおいていた。1901年を振り返る聖域機関誌の記事に，〈聖ルカ協会〉の医師たちの抵抗は長かったがその態度も徐々に変化し，今では治癒の問題が協会で討議されるまでになった，と書かれているように（*ANDL* 1901: 386f），両者の交流が始まるのは1900年前後のことであった。その仲介の役を果たしたのが，次にあげるリール・カトリック大学であった。

(2) リール・カトリック大学医学部

リール・カトリック大学医学部は，真のキリスト教徒である医師を養成するという目標を掲げて，1876年11月にフィリベール・ヴローとカミーユ・フロン・ヴロー医師の尽力により創設された（GUILLAUME op. cit.: 93）[22]。このフロン・ヴロー医師がルルドとの関係構築のために積極的に働きかけ，1891年にボワサリーの『ルルド医学史』が出版されたのを機に，両者の交流が深まった。

『リール大学医学部紀要 *Journal des Sciences Médicales de Lille*』にはルルドに関するレポートが掲載され，治癒事例の検討のほか，ルルド巡礼の是非を巡る論争など，さまざまな討論が繰り広げられた。たとえ

---

21) ギヨームの著書に，*Bulletin Saint-Luc*〔〈聖ルカ協会〉の機関誌〕1922年1月号に掲載されたクテュリエ神父の次の言葉が引用されている。「1884年4月20日の教皇レオXIII世の回勅 *Humanum genus* がフリー・メイソンを批判し，心ある人々も同盟するよう呼びかけたことに，この会は真っ先に応えた」（GUILLAUME op. cit.: 90）。

22) ヴロー医師の死亡記事がリール大学医学部紀要に掲載されている（*Journal des Sciences Médicales de Lille* n. 14 1908: 315ff）。リール・カトリック大学医学部の歴史については，ビエ神父の論文が大変参考になった（BILLET 1996）。

ば，雑誌 *Tribune médicale* が1895年9月号で，「傷病者がわけも分からぬまま見せ物にされ犠牲となるむごたらしい展覧会（la cruelle exhibition）」であるとの理由から，ルルドにおける傷病者の存在に異議を唱える論陣を張ったことに対し，リール大学のドゥラスュス医師が「奇蹟の国で」と題するルルド巡礼の報告を書いている（DELASSUS 1895)[23]。また後述するように，ルルドの閉鎖騒ぎがもちあがった時には，カトリックの医師達が声をあげる場ともなった。

　リール・カトリック大学は治癒の調査にも協力した。フロン・ヴローは1897年から毎年のようにルルドを訪れ，ボワサリーを補佐した。リール大学の支持はルルドでの調査の信頼性を医学界に知らしめるのに貢献したと認識されており，1900年の聖域機関誌12月号には，それまではルルドについて医師が公に語ることなど滅多になかったが，医学雑誌も徐々にルルドの治癒事例を取り上げるようになってきたという記述がみられる（BOISSARIE 1900b）。〈聖ルカ協会〉との関係も改善され，ボワサリーはフロン・ヴローにお礼の手紙を書いている。フロン・ヴローは，モンマルトルの医師専用礼拝堂とリール大学にある聖ルカ像（医者の守護聖人）と同じものを，三つの組織の一致のしるしとしてルルドの医学審査局に寄贈するなど，組織間の関係樹立に努めた。

　またフロン・ブローの発案で，1900年からリール大学の学生2名が〈全国巡礼〉の時期にルルドへ差し向けられるようになり，1903年からは，学生2名が8月15日から9月15日まで奨学生として医学審査局に派遣された（BOISSARIE 1909: 36)[24]。彼はまた「パリやリヨンからもルルドへ若い学生が行くのが望ましい」として，〈聖ルカ協会〉，リール大学医学部，医学審査局の連携を企画し，奇蹟的治癒事例を研究する新しい協会の設立も提案していた（ibid.: 265）。その実現は1925年を待たねばならなかったが，この頃から，ルルドで起こる治癒の研究が聖域の枠を越え，当時成立しつつあった「カトリック医学界」に認知されるようになっていったと考えられる。第3章で紹介したように，フロン・ヴロー

---

　23) ただしその反論は，傷病者の置かれた状況については展開されず，医師達は治癒を科学的に調査しようとしていないという批判に終始し，論争としては成立していない。

　24) この制度は一時忘れられ，1960年代に再開されたが，また消滅した。

II 〈医学審査局〉の成立と治癒審査の歴史

親子の活動は，ネットワーク作りに基づくカトリック世界の構築という，一貫した目標を持っていたのである。

(3) 医師団の連携

ボワサリーの著作を読むと，そこに強い「医師団 corps médical」意識があることに気づく (ibid.: 50)。これは，前任者ド・サン・マクルーとの大きな違いである。ボワサリーは，カトリックの医師達がカトリック医師団としてまとまることの必要性と，カトリック医師団にはルルドで起きていることに積極的にかかわる義務があるということを，力説した。彼は「ルルドの名は医師に激しい恐怖を引き起こす」と述べ，それは自分についても同じであったと，次のように語る (BOISSARIE 1894: 128f, 473)。「15年から20年前のこと，ある医師が治癒者に対して治癒の証明書を出したことを新聞に書き立てられ，同僚のあざけりと非難の的となった。われわれは，決してそんなことには巻き込まれまいと思ったものである」[25]。ルルド巡礼に対する〈聖ルカ協会〉の慎重な態度は，巻き込まれまいとする医師達のそれであったといえよう。しかし医師達はその恐怖を乗り越え呼びかけに応えねばならない，とボワサリーはいう。彼は，治癒事例の出版活動を通して，ルルドの治癒事例の調査は医学的な研究に寄与し医学の進歩に役立つとアピールすることで，ルルドにかかわる医師を増やそうとしたのである[26]。

ボワサリーは聖域機関誌に次のように書いている。「ルルドの診療所

---

25) ルルドに「巻き込まれた」医師として有名な人物に，1912年にノーベル生理学・医学賞を受賞したアレクシス・カレルがいる。リヨン大学医学部で講義用解剖助手を務めていたカレルは，1902年にリヨン司教区巡礼に参加して治癒を目撃するのだが，この件について，彼が治癒を奇蹟と認めたと受け取れる記事がリヨンの新聞に掲載されてしまった。その後カレルはリヨン大学を去りアメリカに渡るが，その原因はルルドの治癒にかかわってしまったことにあるのではないかと，いまだにいわれている。なお1902年の治癒の後，カレルと医学審査局の間で交わされた手紙や資料が，聖域発行の研究誌上で1964-65年にかけて4回にわたって連載された (RSL 1964-65)。また，1966年に同誌に掲載されたカレルについての記事は，『カレルとゾラはルルドの奇蹟にいかに対応したか』という著作の，著者自らによる解説だが，この中でカレルとゾラは，奇蹟を受け入れた医師と拒絶した小説家として対比されている (RSL 1966a)。

26) ルノー医師は1910年に著書 La genèse des miracles の中で，「ルルドのスペクタクルを馬鹿にするかわりに，医師と精神科医は，この比類ない観察地を役立てるべきである」と書いている (GUILLAUME op. cit.: 68)。

は1884年に成立した。同年……〈聖ルカ協会〉が設立された。そして同じ頃，リール大学も初めての卒業生を世に送り出した。三つの組織は同じ時に誕生し，共に発展し，互いに支援しあったのである」(BOISSARIE 1900b)。この医師達の連帯が，奇蹟的治癒の認定過程にも大きな影響を及ぼしていく。その直接のきっかけは，フランス・カトリック医師団のローマ巡礼であった。

(4) カトリック医師団のローマ巡礼[27]

医師のローマ巡礼を最初に企画したのは，リール大学医学部教授と〈聖ルカ協会〉会長であった。資金と参加者の不足から計画はなかなか進展しなかったが，フロン・ヴローの仲介でボワサリーが積極的に協力するに及んで実現にこぎつけたと伝えられている。しかし医師団として単独では行えず，「無限罪の宿り」の教義公布50周年である1904年にタルブ司教が企画した，タルブ司教区民とルルドのオスピタリエ，そして有名なガルガムも含めた治癒者のローマ巡礼に，合流する形をとった。当初はフランス国内のカトリック医師を束ねることを目的としていたようだが，ボワサリーと〈聖域〉が関与することで，カトリック医学界と宗教というテーマに巡礼の枠組みが拡大していった[28]。こうして1904年4月7日から13日まで，〈聖ルカ協会〉副会長ル・ベック医師を団長に，イタリア，スペイン，ベルギー，オランダ，ドイツ，スイスの医師も参加して，255人の医師によってローマ巡礼が行われた。巡礼の報告は聖域機関誌にも掲載され，巡礼中に行われた医師による講演会も採録された(ANDL 1904)。

この巡礼に際し，ルルドの治癒事例のなかでも特筆に値するものを，治癒者本人も呼んで教皇ピウスⅩ世の前で披露する計画があった[29]。だ

---

27) この巡礼については，ボワサリーの記述 (BOISSARIE 1909: 377-382) と，聖域機関誌に掲載されたフロン・ヴローによる報告 (FERON-VRAU 1904) を参照した。
28) 巡礼準備のために各国の医師との間で交わされた手紙が聖域史料室に残っている。治癒審査についてのアレクシス・カレルからの提案の手紙，オランダにおける医学と宗教の関係について会議で発表することを快諾したオランダからの手紙，バイロイトからの不参加の返事などがみられる (ACEG 14E2)。
29) 1886年にサルディニアの首座司教が医学審査局を視察し，レオ XIII 世に報告をしている。医学審査局の存在は，創設間もなくから教皇庁に知られていたようである。

が直前になって、教皇庁典礼聖省によって認められていない治癒事例を、あたかも公に認められた奇蹟であるかのごとくに教皇の前で発表することの是非が問題となり、計画は実現しなかった。ボワサリーが教皇ピウスⅩ世に謁見した際、教皇は、われわれの時代に軽々しく奇蹟という語を用いてはならないと、二度繰り返したという。この一件が、ルルドの治癒が宙づりのまま教会機構の内部にうまく落ち着き場所を見いだせずにいる現状を浮き彫りにする結果となった。フロン・ヴローは聖域機関誌に寄せた7ページの報告の中で、4ページにわたってこの計画と頓挫の顚末を書き、無念の思いをにじませつつ、聖母出現公認時の司教教書に引かれた7つの治癒事例はすでに古くなっており、新しい治癒をルルドの聖母の栄誉のために捧げようではないかと述べている (FERON-VRAU 1904: 199-202)。

(5) 奇蹟的治癒審査の始動

1905年6月7日、治癒事例の報告書を送って欲しいという突然の要請が教皇庁から医学審査局にあり、事態は急転する。これは、政教分離法のゆくえをにらみ、聖母出現の50年祭も控えていたという時代状況のなかで、カトリック教会の威光を示す示威行動が切望されたためと考えられる。報告書を読んだ教皇は折り返し、これらの事例が治癒者の所属する司教区で教会法に則り正式に審査されるようにとの要望を伝え、これをうけてボワサリーが、60以上の治癒事例に関係する約30の司教区司教宛てに手紙を書いた。こうして治癒の審査が始まり、聖母出現50周年にあたる1908年に、22の事例が新たに奇蹟的治癒として当該司教区司教により認定されたのである[30]。1914年にルルドで国際聖体大会が開催された折り、ピウスⅩ世の教皇使節が医学審査局を公式に訪問したが、それは、医師の仕事にカトリック教会として公式の承認を与えるという意味をもっていた。これを機に、この後もルルドの治癒事例が教会の正規の手続きによる判定の対象となっていく。ルルドにおける医師の役割と位置づけが、ようやく定まったのである。この頃が医学審査局の活動の絶頂期

---

30) このときの認定文書の一つをフランス国立図書館で読むことができる (*Jugement Canonique de Mgr. Gély* 1911)。

であった。

　だが第一次世界大戦が始まり，1917年にボワサリーが亡くなると，医学審査局の活動は停滞していく。第一次世界大戦後，聖域における医師の位置づけが祭儀の場で明示されるようになったことと照らし合わせると，皮肉なことといえよう。1920年，夕方の聖体行列で，行列の中心に位置する聖体顕示台のすぐ後ろに医師たちの一団が続いた。「聖体である神に対する，科学からの敬意の念の表現」であると聖域機関誌に書かれていることから（ANDL 1920: 84），聖域で彼らが果たす監督者としての立場，司祭を補佐する役割が，そこに視覚化され象徴的に表現されたと考えられるのである。

　だが興味深いことに，医師の聖体行列への参加のいきさつについて，現在では次の話が流布している。それによれば，医師が聖体行列に参加するようになったのは，行列中に治癒する傷病者が多いため，治癒を現場で直接目撃できるよう，いわば病棟の回診のように見回るためであった，すなわち，行列への参加は実利的な目的のためだったというのである（BAMIL 1990）。医師が聖体行列に参加するようになった経緯について，医師からも一般の巡礼者からも，これと異なる理由を聞くことはなかった。1920年の聖域機関誌の記述からは，医師がルルド巡礼の世界の重要な参加者であることを示す象徴的行為と解釈される慣習が，職務の名残，実利的意義が次第に失われ形骸化した結果だと認識されている背後には，医師は巡礼世界ではなく業務にこそ参加しているはずであるという，医師イメージがあるものと思われる。医師達は，あくまでも医師という職業と技術の故にルルド巡礼にかかわっているのだという医師イメージがあったために，彼らが聖体行列に参加したことも，医師として「見る」ためであったと解釈されてしまったのであろう。だがそれは，聖体行列の中心部を歩く姿を集まった巡礼者たちに「見せる」・「見られる」ためであったと，同時代の記述は示唆している。

(6) 奇蹟的治癒の審査体制の確立

　ルルドを訪れる医師をまとめ，相互の連絡と親睦を深める目的で，第一次世界大戦後の1925年に〈ルルドの聖母医学協会 Association médicale de Notre-Dame de Lourdes〉が創設された。この協会は，治

II 〈医学審査局〉の成立と治癒審査の歴史 341

癒事例の調査を依頼することができる専門家集団のリストと治癒後の追跡調査網としても機能し，これにより治癒者の居住地での調査が可能となった。1929年1月に名称が〈ルルド国際医学協会 Association Médicale Internationale de Lourdes〉に改められた。この時の会員は690人で，先述のアレクシス・カレルも参加していた。1937年には21カ国から2,786人が参加していた。なお，この協会の会員でない医師でも，医学審査局への出入りは自由であった。1928年2月，治癒事例の再構成や検証をはじめ，治癒についての医学的な論争を目的として，協会機関誌が創刊された[31]。1938年の協会機関誌に，それまでに掲載された114の治癒事例の索引がある (*BAMIL* 1938)。こうして，治癒審査に専門家の意見を反映するための体制が徐々に整えられていった。だが第一次世界大戦後から第二次世界大戦末まで，ついに一つの治癒事例も教会当局に提出されることはなかった。この状況が変化するのは，第二次世界大戦後のことである。

1947年，新任のタルブ・ルルド司教テアスの主導の下に，ルルド国際医学協会会員のフランス人医師からなる〈医学委員会 Comité Médical National〉が創設され，医局長が事前に選出した治癒事例の合同調査を定期的に行うようになった。1951年からあらゆる国籍の医師に門戸を開くようになり，名称も〈ルルド国際医学委員会 Comité Médical International de Lourdes〉と改められ，現在まで続く専門家集団の合議体制が確立された。

以下に，国際医学委員会で，審議の最終段階で参加者全員に問われる質問事項をあげる。

1）診断
2）上記の診断は十分な客観的根拠に基づくものか
3）患者の自覚症状は診断に呼応しているか
4）心因性である可能性は排除されるか
5）深刻な病状だったか：機能障害の点で／生命の危険の点で
6）自然治癒の可能性を排除できるか

---

31) 1939-46年の大戦中をはじめ何度か休刊をはさみながら，現在も発行され続けている。

7）施されていた治療の効果を度外視できるか
　　8）治癒は十分に客観的根拠に基づくものか
　　9）自覚症状はなくなったか
　10）治癒はまったく予想に反するものだったか
　11）治癒は突然の病理的兆候の消失を伴うものか
　12）上記でない場合，治癒と認めうるような症状の改善がみられるか
　13）治癒は完全か
　14）後遺症はあるか
　15）再発があるか
　16）治癒後の検査期間は十分か
　「結論：当該人物の治癒は，その実現と維持の状況において，医学的経験から得られる観察と予想に矛盾する現象であり，科学的に説明不可能なものか」
この最後の問いに対して「はい」という答が大勢を占めた段階で，委員会のまとめたレポートが教会関係者の手に渡る。ここでようやく，治癒が奇蹟的なものかどうかの審議が始まり，司教が招集する審査委員会に最終判断がゆだねられるのである。

(7) 〈医学審査局〉の見直し

だが，合議体制が確立されるのとほぼ時を同じくして，治癒の扱いと医学審査局の見直しの必要性がいわれるようになる。1949年の国際医学協会機関誌79号に，「〈医学審査局〉は必要か」という投稿が掲載されている（GUÉRIN (Dr.) 1949）。そこではカトリック教会の教義に照らし合わせたときの医学審査局の正統性と，聖域にとっての将来的な有用性が力説されているのだが，この記事によってかえって，医学審査局の役割について疑問や批判が出されていたらしいことが推測される。その後も医局批判やその存続についての否定的発言が，聖域の内外で続いていた[32]。

───────────

　32) 1971年の聖域発行の研究誌に，イエズス会士による医局批判に対するピエ神父の応答がみられる（*RSL* n. 35 1971: 101-103）。また1970年には，雑誌 *Tribune médicale. Hebdomadaire international de l'actualité médicale* に，ルルドの奇蹟は嘘だという手紙が一通ならず掲載されている。70年代に入ってまで，奇蹟とは何か，治癒は本当に起き

これを受けて〈聖域〉では1974年に検討会を発足させ，奇蹟的治癒の扱いと医局の役割の見直しを行った。また1988年11月にはタルブ・ルルド司教の呼びかけで，教皇庁の列聖審査委員会の医学部門とルルド国際医学委員会のメンバーによる会議が開かれ，治癒の審査基準の見直しがはかられた。焦点は，奇蹟が今後も認定されうるかどうかにあったが，医師達の見解は否定的なものであった[33]。

1993年10月22-24日に，医局創設100周年を記念して，ルルド国際会議が「治癒と奇蹟」というテーマのもとに開催された[34]。会議はフランス・カトリック医師協会とルルド国際医学協会の会員を中心に，18か国から500人を越える医師・看護士・聖職者を集めて行われた。メディアの取材も多く，カトリック関係だけでなく，全国ネットのテレビ局や全国紙でも報道されていた。三日間，治癒，奇蹟，神学というテーマにそって午前中に講演が行われ，午後は使用言語ごとにグループに分かれての討論と質問にあてられた。集まった医師たちの関心は，医師は治癒にどう貢献できるかということにあったようで，フランスやアフリカの治療師や東洋医学についての発表が好意的に受け止められていた。反対に，ここでも治癒の審査方法と医局に批判が集中し，特に治癒者への同情の声が多く聞かれた。その後の展開を見ると，この会議が，奇蹟的治癒の扱いの改革に弾みをつけたようである。

医局長は現在，治癒の追跡調査のほかに，次の二つの役割を果たしている。第一に，〈聖域〉のスポークスマンとして，治癒についてのマスコミからの問い合わせに応じるだけでなく，巡礼者を対象に定期的に奇蹟的治癒事例や認定システムについて講演会を行う。そして第二に，聖

ているのかを巡って，批判が絶えなかったのである。

33) 認定の条件となる「いかなる有効な治療もうけていないこと」という規定は，今や満たすことが不可能であるという点で，医師たちの意見は一致していた（MANGIAPAN 1988）。

34) もともとは，ルルド市長で厚生省代表議員，トゥールーズ大学教授でもある心臓病の専門医，フィリップ・ドゥスト・ブラジー Philippe Douste-Blazy（2005年に外相に就任）が，〈国際カトリック医師連盟〉に安楽死問題についての会議を提案したことに始まるという。ルルドが開催地となったため，結局，フランス・カトリック医師協会とルルド国際医学協会の主催で，医局の100周年にちなみ，このテーマが選ばれたというが，経緯は定かでない（Centre Catholique des Médecins Français / Association Médicale Internationale de Lourdes 1994）。

域の医療アドバイザーとして，傷病者宿泊施設やオスピタリテの責任者と定期的に会合を持ち，問題点の改善，今後の課題などを話し合うという医療的な仕事を行うのだが，実はルルド巡礼の世界では現在に至るまで常に，医師が医療スタッフとしての職務を果たすことに困難がつきまとってきた。次に，この点について論じていく。

5　カトリック医師の政治行動：衛生問題

医師団は，治癒の審査以外の場面でも存在感を示していた。中でも象徴的な出来事が，1906年に起きた聖域の閉鎖騒ぎである。政教分離法が制定された翌年の1906年6月16日，『十字架』紙は，ジャン・ド・ボヌフォン Jean de BONNEFON なる人物がフランス国内の医師に次のようなアンケートを配送したことを伝えた[35]。

　　新しい議会の議題の一つに，ルルドの閉鎖問題があげられることでしょう。次の諸点について医学的なご意見をお聞かせ下さい：1）ルルドは傷病者にとって有益か否か；2）沐浴は危険か；3）フランスを縦断する汽車の長旅は結核や他の病気の伝染の観点からみて危険ではないか；4）聖域では衛生管理が十分になされているか；総合的に見て，医学的にルルドは危険か有益か。[強調は原文のまま]

この人物は名うての反カトリック主義者で[36]，以前にもルルド攻撃の著作を出版しており（BONNEFON 1905），この時も，大量の傷病者の移動に伴う伝染病流行の危険，聖域における設備不良，特に沐浴場の不

---

35) ボヌフォンの手紙の内容については，DELOBEL (1906) に記述が見られる。ボヌフォンは，ルルドは反共和国的であり，海外におけるフランスの役割を縮小しようとしている連中の片棒を担いでいるだけでなく，フランス国内での選挙にも影響を与えようとしている，というように，ルルドを反共和国を掲げる政治的キャンペーンの中心地として攻撃している。

36) ボヌフォンは1887年に教皇レオXIII世に謁見して教皇に関する著作を著したが，教皇庁との間に生じた私怨から，反教皇，反カトリック教会のキャンペーンを展開するにいたり，数々の扇動的なパンフレットを発表したという（*Dictionnaire de Biographie française* t. 6）。

潔さなど，公衆衛生上の問題を理由に，ルルドの閉鎖を訴えるキャンペーンの展開を図ったと考えられる。1904年にもルルドの聖域閉鎖の噂が流れたように（JGL n. 15 1904），政教分離法制定の前後，共和国政府とカトリック教会の対立が深まった時期には，ルルドの周辺でも緊張が高まっていたのである。実際にどれほどの社会的影響があったのかは不明だが，医学審査局とリール・カトリック大学医学部，そして〈聖ルカ協会〉は，当事者として，この動きに応答しないわけにはいかなかった。このルルド擁護キャンペーンは〈聖ルカ協会〉を中心に行われたらしく，同協会の機関誌ではこの一件が，第一次世界大戦前に行われた協会最大の示威行動として回想されているという（GUILLAUME op. cit.: 64）。

　医師達の示威行動は，次のような経過をたどった。まず6月19日に，ボワサリーをはじめ医学審査局に関係のある医師8名が署名をした意見書が作成され，カトリック系の新聞に掲載された。そこでは，大勢の瀕死の病人が集まっているにもかかわらず死亡率が低いという統計上の実績の提示，同行した専門家によって適切に監督されているという保証，せまい病室に押し込められるよりも理想的な自然環境の屋外で過ごす方が病人の健康には有益だという医学的見地が，反論の論拠としてあげられるとともに，傷病者個人の選択の自由，ルルドへ赴く権利が，主張されている。リール・カトリック大学では7月23日から翌1907年9月14日まで，医学部紀要にルルド巡礼についての意見が毎号のように掲載された。この紀要に寄せられた署名や手紙をあわせて，次にあげるユージェーヌ・ヴァンサンの本がまとめられた。

　リヨン大学のヴァンサン医師は，「ルルド巡礼と沐浴によって不都合が起きた例を知っているか，伝染が起こったことがあるか，個人的に意見表明をするつもりがあるか，それとも決議文に署名する方を望むか」を問うアンケートを国内外の医師に配り，これに応えて寄せられた手紙の抜粋がパンフレットの形で公表され，後に278通の手紙と2,352人の署名が『衛生の名の下にルルドを閉鎖すべきか？－否！』という書物にまとめられた（VINCENT 1907）[37]。ここにも医学審査局の意見表明と同様

---

37) 中に署名者リストがあげられている。2,352人中，フランス人医師1,889人，外国人医師463人で，カトリックの信仰をもたないと公言する医師からの手紙もみられる。宗教や思想信条の違いに関わらず，彼らは人類愛ゆえにルルドを擁護する，とヴァンサ

の内容がみられる。ルルドは衛生上問題がないと異口同音に繰り返され，傷病者を医師の監督のもとに一つの車輛で送る方が，結核患者が一般の乗客に紛れて個別に移動するよりもずっと衛生的である，という意見が多数寄せられている。さらに多くの医師が，傷病者に対する巡礼の精神的影響を評価しており，患者の希望の最後の芽を摘む権利は医師にはないという意見や，治癒や病状の好転がえられない場合にも，患者が医師の言うことを聞くようになるなどの治療上の効果が上がっているという指摘もある。なお治療効果については，ボワサリーも，ゾラの小説出版直後はシャルコの自己暗示説を批判していたにもかかわらず（BOIS-SARIE 1894: 480-495），今回の事件では一転して，シャルコがルルドの効果を認めていたと強調する事で，シャルコの名を利用しながら論陣を張っていた。

　だがこれらの医師たちが最終的な拠り所にしたのは，傷病者の選択の自由であった。閉鎖は「傷病者の人権に対する侵害」とまでいわれ，傷病者の利益を強調しつつ，宗教活動への国家権力の介入に対する危惧が表明されている。「衛生は表向きの口実で，本当はこれは政争である」，「旅の禁止の後には，公共の集会，劇場，カフェ等々，あらゆる政治活動の禁止に向かうであろう」と書かれるように（VINCENT op. cit.: 4f），この騒ぎは政治的な意味合いを帯びていると医師達は主張し，その点を批判した。その中でいわれる「患者の自由」は方便の感を否めないが，たとえ方便であったとしても，病院に代表されつつあった医療制度という社会システムの中で，患者の自由が主張されたことは注目に値する。それは，近代医療体制を一時的にせよ離脱する自由を認めることであり，医師自らが医学とは異なる価値を承認することなのである。アントワープ市議会でのようなやりとりが，あるいは各地で繰り広げられていたかもしれない[38]。

　ところで，医師たちがこのような政治的な問題に口をはさむことは，特にめずらしいことではなかった。近代以降の西欧社会で医学が果たした役割について，フーコーは次のように述べている（FOUCAULT 1977,

---

ンは書いている（VINCENT 1907: 232-304）。
　38）ヴァンサンは，聖地の閉鎖は地元経済に大打撃を与え，有権者によって議員は罰せられることになるだろうと書いている（ibid.: 3）。

1979)。近代社会において，国家の富としての人的資源という発想が生まれ，健康な人材確保のために公衆衛生を徹底することが国家の関心事になると，国民の健康教育が医師の指導のもとに国家事業として行われるようになり，医学は公共の場所の整備に関与するようになる。医師は社会秩序の番人として国民生活に介入することで，政治の領域に入り込むようになったというのである。

　ルルドの閉鎖騒ぎにおける医師の役割は，その延長上にある。秩序の番人，公僕としての社会的役割を認知されていたからこそ，医師はこのような騒動に巻き込まれたのであり，またその社会的身分ゆえに，ルルドの保護・監督権を主張できたのである。ただし，医師の発言が実際にルルドを守るうえで効力を発揮したかどうかは定かではない。騒ぎは沈静化し，1908年，ルルドでは聖母出現50周年が無事に祝われた。

　ここでは医師は，反対勢力に対するスポークスマンとして行動しており，患者と向き合ってはいない。彼らが参加しているのは，公益を社会的に判断する場面なのである。治癒審査においても，医師と傷病者が関係することはなかった。ルルド巡礼の世界で，医師－患者関係はなおざりにされてきた。そのことの意味を，最後に考える。

6　巡礼同行医の立場：オスピタリエとしての医師

医学審査局を訪れた医師の統計がある一方で，医師がいつ頃からルルド巡礼に同行し活動していたかを示す，まとまった資料はない。〈全国巡礼〉の成功後，他の大型司教区巡礼団も傷病者を伴うようになるが，聖域機関誌には医師についての言及はみられない。だが1906年の聖域閉鎖騒ぎの際のアンケートをみると，巡礼に参加する傷病者に積極的に証明書を発行している医師，巡礼同行医，また大巡礼団と同じ時期にルルドに滞在してその様子を観察している医師など，専門家としての職務や興味からルルドにかかわっている医師が少なからずいたことが分かる。それにもかかわらず，医師の姿は巡礼の記述に表れることがなかった。

　聖域機関誌が最初に取り上げたのは，1881年に〈全国巡礼〉に参加した若い医師が，沐浴場でボランティアとして働く姿であった（*ANDL*

1881: 139)。このほか，自分自身や家族の治癒を願って巡礼にやってくる医師についての記述もあり，1882年には，妻の治癒のお礼のために一人の医師が沐浴場で働いたことが伝えられている（ANDL 1882: 102）。このように，医師という仕事を離れ，一個人としてルルドを訪れる姿は好意的に描かれていたが，この時期，医師は基本的にルルドの敵対者と見なされていた。彼らはルルドで起きていることをよく知りもせず頭から闇雲にいかさま呼ばわりしたり，事実を確認することなく自己暗示説や冷たい水によるショック説で治癒を説明しようとする頑迷な人々として，揶揄され糾弾されていたのである。それらの医師は，客観的な医学的判断を下すことを拒絶しルルドにかかわろうとしない，医学の専門家としての職務を放棄している者として非難されていた。ここには，ルルド巡礼への参加はあくまでも私人としてのもので，専門家としての医師が関与する領域は奇蹟的治癒の調査に限られるという認識が認められる。そうであればこそ，やがて医学審査局が確立され，医師がその枠組みのなかでルルドを訪れるようになると，初めて専門家としての医師が，権威ある公正な医学的判断の担い手として，好意的に描かれるようになるのである。

　巡礼同行医への言及の最も早い例は，1883年5月2日から6日にかけて行われたベルギー巡礼団の記述である。この年「医師一名と薬剤師一名の指導のもとに，修道士二名と，奇蹟に与って治癒した者三名が，傷病者の介護にあたった」（ANDL 1883: 34f）。フランスの巡礼団に関しては，1888年の機関誌にようやく，「医師たちの役割は年々重要性を増してきて」おり「すべての巡礼団は医師を同行している」というボワサリーの言葉がみられる（ANDL 1888: 96, 248）。だが巡礼同行医の仕事の内容に触れることはなく，巡礼の描写の中心は，傷病者の苦しみと悲惨，彼らを助ける修道士や修道女，特にオスピタリテの男女の献身ぶりであった。

　巡礼団における医師の立場は，1901年と1902年の聖域機関誌に掲載された，パリのル・フュール医師のレポートによく表れている（ANDL 1901: 290-300; 1902: 49-58）[39]。それによれば，傷病者に関する全権は病室

---

39) 医学審査局の仕事とその改善すべき点を述べるレポートで，これらの批判は後

II 〈医学審査局〉の成立と治癒審査の歴史　　349

担当のオスピタリエール婦人たちが握っており，彼女たちが医師の存在を嫌い，彼らを部屋に入れたがらないため，傷病者は適切な医学的監督をうけられずにいるという。また，医師が沐浴に立ち会わせてもらうことができるのはごくまれで，本来はそれが義務づけられるべきであると非難している。医師としての仕事が妨害され監督が行き届かない，特に，ルルドではオスピタリエールが絶対の権限を有しているという記述は重要である。オスピタリエと医師の確執は，傷病者と向き合うのは誰であるべきなのかという覇権争いに他ならず，ルルド巡礼の世界において傷病者の世話をする権限は，隣人としての，また仕える者としてのオスピタリエの手に握られていたのである。医師は臨床医として巡礼に参加することを望まれておらず，診断医として治癒者とかかわることしか求められていない。

　他方で，傷病者は医師の存在をどう受け止めていたのだろうか。傷病者の発言が文書として残されることが滅多になかった中で，後述する，1897年の〈全国巡礼〉25周年に際し集められた治癒者の報告書は，貴重な資料となる（ACEG 6H23）。報告書には，症状や治療法が身体器官の名称などを伴って詳しく書かれているものも多く，しばしば医師や治療の無力が強調され，治療が中断あるいは放棄されている。そこには，専門家に委ねたが見捨てられ，あるいは失望して治療を放棄するというように，医学の体制にいったんは入りつつ，そこで満たされなくなると専門家による医術を拒絶するという，一定の物語の型が認められる。臨床医術との接触と決別の過程があり，医師の施術や管理の手を逃れていく傷病者の姿がある[40]。上述のル・フュール医師のレポートは，巡礼に参加するのに必要な証明書をなかなか発行してもらえず傷病者が困っているという，医師と患者の確執についても述べていた。また彼は，宗教的な動機よりは単なる出かけるための方便として，巡礼が利用されてい

半の53ページ以降でなされている。また56ページでは，奇蹟的治癒の調査について，なぜ〈聖ルカ協会〉はリール大学にならって医師を派遣しないのかと批判がなされ，奇蹟的治癒の問題に背を向けることはカトリックの医師としての義務に反する有罪行為であるとまで言われている。
　40）　1871年から1911年にかけて，病院の数が30％，入院患者の数が39％，治療を受けた患者の数が31％増加しているという（LEONARD 1981: 303）。

るともいっている。そこからは，医師の管理の手から逃れようとする傷病者の姿が浮かび上がってくる。

　ルルドにおけるオスピタリエの地位の高さは，この，傷病者が医師から逃れようとする過程に呼応している。ルルドにおいて，医師は医術を行う権利を剥奪され，かわってオスピタリエが傷病者の面倒をみる。管理の必要を説く医師団と，逃れていく傷病者，そして傷病者を擁護するオスピタリエという関係が，ここにはみられる。医療に携わる医師を拒否し，医師を審査の専門家という役割に還元することで，ルルド巡礼の世界は成り立っていたのである。

　他方で医師たちも，居場所のなさを何とかしたいと願っていたようである。第二次世界大戦後，ルルド国際医学協会の機関誌に巡礼同行医の手記が見られるようになるが，そこには，医師も巡礼の一参加者であるべきである，あるいは，医師も巡礼に参加したい，という声がつづられている。その中で1958年に掲載されたビオ医師の同行医体験記は，医師の自己イメージの変化を示す好例となっている（BIOT 1958）[41]。ビオ医師は1930年代には奇蹟的治癒の認定について活発に発言していたが，この時には，科学的な関心のためではなく傷病者の看護のために巡礼に参加するのだと述べている。ルルドは観察の場ではなく，ここに来る医師は，自分自身の科学的関心を満足させるために傷病者を調べ，傷病者を自分のために使おうとするものではない，医師は傷病者に仕えるために来るのであり，その使命は傷病者を支え励ますことである，という主張の中で，彼の医師としての位置取りは，治癒者の傍から傷病者の傍へと変化している。

　同じ年，ヴァレット医師は著書で次のように述べている。「巡礼に参加した医師はくたくたになる。……それらの努力と犠牲は，普遍的な言葉で『私は諸聖人の通功を信じます』と述べているのである。……ひと

　41）　ビオ医師はリヨンで社会的カトリック運動の中心人物の一人として活躍した。治癒認定過程への関与を重視し，1930年代に治癒審査について活発に発言した（LADOUS (dir.) 1992: 13, 22f）。なおペリシエによれば，1958年にはルルド国際医学協会会員7,429人中5,000人程が実際に活動し，前年ルルドを訪れた者は1,455人であった（PELLISSIER 1958: 4）。また，機関誌の発行部数はフランス語版が2,600部，外国語版が1,740部であった（*BAMIL* n. 105 1958: 2）。

II 〈医学審査局〉の成立と治癒審査の歴史

たびルルドに到着するや，彼らは日常での社会的地位を忘れる。……ルルドの医師は，専門家としての務めと隣人愛を完璧に一つにする術を心得ている」(VALETTE 1958: 77)。「聖体行列について歩くとき，医師は検診の時とは違った目で傷病者を見る。……傷病者はいつもの環境にある時とは違った感じ方をしており，自分が観察されているとは思ってもいない。医師は，自分の務めが移しかえられたことを感じる。ここでは誰も彼に診断を求めず，治療が優先されることもない。……傷病者は専門家が与えてくれない治癒を，全霊を込めて待ち望んでいる。彼は治癒を，自分自身，隣人，そしてしばしば神の栄光のために，求めるのである」(ibid.: 96)[42]。

彼らは，医療の専門家としては求められていないことを，痛感していたようである。1968年に巡礼同行医の役割を考える同行医責任者会議が開かれた際，ランス司教区巡礼団オスピタリテ会長がおこなった医師の務めについての講演が，ルルド国際医学協会の機関誌に採録されている（BAMIL 1968）。会長は，同行医がはたすべき使命は医学審査でも医療でもなく，傷病者への呼びかけであり，時には司祭よりも重要な影響を傷病者に与えることができるであろうと述べている。医師やオスピタリエの愛に触れることが，傷病者を神へと向かわせるというのである。だがこれに続いて掲載されている医師の講演は，監督者としての自己認識を前面に押し出し，傷病者に巡礼参加許可を出すときの注意点を述べるような実務的なものであった。オスピタリエの求める医師像と医師が果たそうとする役割の間には齟齬があり[43]，ルルドで医療に携わることは適切なのかという問いが，医師に対して，常に投げかけられているのである。

それに答えるような記事が，1972年の国際医学協会機関誌に掲載された（BAMIL 1972）。医師にとって沐浴場とは何か，という問いに対し，オスピタリエが「ルルドの心」[44]とも呼ぶ沐浴場でオスピタリエとして

---

42) 1995年5月30日に〈傷病者・障害者と支援者たちのパビリオン〉で行われた新人オスピタリエ研修で，ある医師は，ルルドへ来るようになってからは，以前と同じようには働かなくなった，傷病者やその家族と接する態度が変わった，と述べていた。

43) JACQUINET (1968: 24) にも，オスピタリエは医師の事前の指示に絶対に従わなければならないと強調されている。

働く医師から寄せられた四つの回答が,「証言」と題して紹介されている。トゥールーズ大学の生化学教授ドゥスト・ブラジーは,25年来沐浴場で学んだことは「時間を失うこと」の大切さであり,傷病者の服を脱がせ彼らに触れるという一見何の益もなさそうな仕事に献身することで,謙遜と他者のために祈ることを学んだという。彼は,沐浴場でキリストと出会うといい,沐浴は信仰の行いであって治療行為ではない,と結ぶ。ゴーティエ医師も同じように,沐浴とは謙遜,服従,共に祈ることであるという。沐浴場で働いた最初の女医だったが温かく迎えてもらった,という言葉には,医師とオスピタリエの間の緊張の名残が感じられる。彼女はまた,ここで出会う苦しみの大きさは,病院で苦しみを見慣れている医師にも深い省察を促すと述べている。イギリスのコヴェントリー医師は,ここでは医学の世界のいやなことを全て忘れて傷病者に奉仕できると書いている。これに対しモロン医師からは,沐浴場に何の意味も見いだせないという批判の手紙が寄せられている。この四通の中では,医師としての役割を離れようとする人々が,医師ではなく私人として沐浴場を評価している[45]。

　このほかにも多くの医師が,巡礼世界に巻き込まれていっている。1973年5月に掲載されたモントーバン司教区巡礼団同行医の体験談は,象徴的である (RAYNAL 1973)。彼は,1926年まで傷病者巡礼をたった一人で補佐していた医師に頼まれて,司教区巡礼に参加した。傷病者と毎日話すように努め,会話の中で,彼らが孤立を辛く感じていることに気づき,傷病者巡礼の活性化に尽力するようになる。初めは熱意が感じられなかった司祭も変化し（！），若い医師も参加するようになった。傷病者の募集など,教区民の協力を得て行うようになり,資金集めのために始めた福引きで,無関心だった人々とも交流が生まれたという。ここには,巡礼の牽引役となって活躍する医師の姿が表れている。

---

　44)　1975年9月30日に開かれた,奇蹟的治癒を見直すために設けられた検討会の一つで,モンジャポン医師は「沐浴場のオスピタリエは,自分たちがルルドの心〔cœur：心臓・中心〕に居るといっている」と述べている (ADB 7H8.7)。
　45)　1995年4月29日,ある医師は,聖域で偶然再会した私に対し,年に数回,巡礼団に参加してルルドを訪れるが,巡礼団によって,医師,ブランカルディエ,オスピタリエと,異なる立場で参加しているのだと語った。「医師として来ると,ちょっと孤独を感じるのでね」。

また，次のように語る医師もいる。1998年の *Lourdes Magazine* 1月号に，「巡礼同行医」と題する記事が掲載された（*LM* 1998a: 20f）。ベルギー巡礼団同行医へのインタビューをまとめたもので，医師は，オスピタリエとして巡礼に参加した若者を支援する立場から発言している。彼は，あなたが考えるルルドにおける医師の役割とは何か，という問に対し，「わたしたちはディスポニーブルです，わたしたちはそのためにここに来ているのです」と答え，耳を傾けること，受け止めることの大切さを説く。「傷病者と医師の関係を規定する物理的な基準は何一つありません。……対等な関係です」，「傷病者に向けられる愛は，わたしたちに由来するものではありません，わたしたちはただ，誰か他の人，神の愛を，運んでいるだけなのです」，「良きサマリア人の譬え話が，介護にあたるキリスト教徒の態度を語る時のわたしの言葉を，豊かにしてくれたのです」。わたしたちは「勝者の社会」に生きており，そこでは人は若く，美しく，強く，豊かで健康でなければならないとされているが，そのような世界を離れ，苦しみや，勝者ではない人々と出会うことが大切だ，と述べるその言葉は，生産性の高い社会を守るという医師の使命を離れ，巡礼世界の一員となった人のものである。

7 まとめ：ルルドにおいて「医師」であること

ルルド巡礼の世界において医師が果たしてきた役割は，大きく三つに分けられる。第一に，治癒事例の医学的審査によって，治癒の事実の信頼性を保証する。第二に，衛生管理が行き届いていることを保証し，傷病者に対する巡礼の心理的効果を積極的に評価することで，巡礼を擁護する。第三に，巡礼に同行する。この三つの役割には，対照性が認められる。第一の役割は，医学の目をルルドに注ぐことで巡礼世界を医学化することであるのに対し，第二の役割は，傷病者が病院や近代医学の手を逃れることを承認するという，反医学化といえるような側面を持つ。そして第三の活動は，医師自らがオスピタリエとなり，医師という社会的身分や患者との医療的関係を離れ，対等な者同士の出会いの価値を強調することで，非医学化の過程をたどる。以下，この三点についてまとめ

ていく。

(1) 医学化の徹底

ミシェル・フーコーは『臨床医学の誕生』で，病いを取りまく環境の近代化について語っている（フーコー 1983, 1984）。それによれば，病院という制度は，それまで「貧しい傷病者」として一くくりに教会の慈善事業の対象となっていた者たちを，「貧しいもの」と「傷病者」の二つのカテゴリーに分けて後者を収容し，臨床例として活用することで医学に貢献させることから始まったという。そうであれば，貧しい傷病者の臨床・治癒例を巡礼先のルルドで採取することは，その傾向の徹底化といえるであろう。そもそも奇蹟的治癒は病院の外で起こる治癒であり，そのままでは，研究用に蓄積されてきた情報の母集団に吸収されずに終わってしまう。それらを資料化する医学審査局の仕事は，症例を一か所に集めて研究する「病院」の拡張と考えられる。「医学審査局 Bureau des Constatations Médicales」や「調書 procès-verbal」という用語は，ルルドにおける治療審査のイメージを医学化する工夫といえよう。また，ボワサリーをはじめルルド巡礼にかかわった医師たちは，ルルドが症例の宝庫であるといって医学審査局や治癒調書の意義をアピールしていたが，そこには，ルルドにおいて医学化が徹底しているという主張以上の意味があったと思われる。オスピタリテが「ノブレス・オブリージュ（高貴な身分が課す義務）」という形で巡礼世界への参加義務を訴えていたように，医学審査局が発するメッセージは，ここは正当な医学空間でありここには医師のなすべき仕事があるという呼びかけ，奇蹟的治癒審査への医師の参加義務の提唱でもあったと考えられる。

　モンジャポン医師は「医学化」という言葉で，医学の世界・ルールのなかにルルド巡礼と奇蹟的治癒が的確に収まったことを評価していた。これは前提として医学化を評価することであり，それによって，共和国において推奨される価値を生活世界の枠組みとして肯定することに他ならない。すなわちルルド巡礼の世界を医学化するということは，巡礼世界を共和国の規範に合わせ，その要件を満たすことで存立を保障されるということを意味する。カトリック教会が共和国の法体系の中で与えられた立場を受け入れたように，巡礼世界は，医学化された社会のなかに

II 〈医学審査局〉の成立と治癒審査の歴史   355

適切な場所を定める必要があったのである。ルルドは医学化された空間であり，医師によって傷病者巡礼と治癒がコントロールされていると主張することで，確かに聖地と巡礼の存続は保障された。だがその医学化が，ルルドの奇蹟的治癒にとって最大の問題となっていくのである。

　ルルドの臨床的価値の主張は，第一次世界大戦後も続いていた。1928年8月の国際医学協会機関誌第3号に，ビオ医師の「臨床教育施設としてのルルド」という短い文章が掲載されている（BIOT 1928）。そのなかで彼は，巡礼団が連れてくる傷病者は，数においても病いの多様性（質）においても特筆に値し，その意味で「ルルドは真の病理学博物館である」という。また，医学審査局では党派や序列のない平等な立場で第一級の議論が戦わされており，ことに診断を下すにあたっての慎重さと厳密さは他に例を見ず，診断の決め手となる兆候を見極める判断力が養われると述べる。だがそれ以上に重要なのは，精神が肉体に及ぼす影響の可能性が徹底的に議論され，治癒が自然の過程によって説明可能かどうかが考察されるなど，通常の，病因と治療法に偏った研究で見過ごされている，治癒のメカニズムについての議論が行われることだと，彼は力説する。

　このような医学的なまなざしが傷病者をどのように扱うかについて，フーコーは次のように述べている。臨床医学の現場では，傷病者という具体的な個体は医学の世界を構成する合理的・普遍的な言語に向かって開かれ，そこでは「患者は彼の病いに対して，一つの外的事実に」すぎなくなり，患者は「括弧に入れ」られてしまう。「病気を見よ，病人は診るな」という風潮（ACKERKNECHT op. cit.: 10）として知られるこのまなざしにさらされることを，傷病者は拒めない。なぜなら「『病める人間も市民であることをやめはしない。』……自らを教育の素材として呈示することを拒否すれば患者は『恩知らずになるであろう』」からである[46]。しかし，そのように知るために眺めること，教えるために呈示することは，苦痛を和らげてもらうことを求めている悩める肉体に対する「暗黙の暴力」だとフーコーはいう。「しかもその暴力は，沈黙し

───────────
　46）　文中の引用はCHAMBON DE MONTAUX, *Moyen de rendre les hôpitaux plus utiles à la nation*, Paris, 1787, p. 171f.

ているだけにいっそう不当なものではなかろうか。苦痛は見せ物でありうるか。しかり，それはありうる」（フーコー 1983: 9, 25, 121）。

ルルドは苦しみのスペクタクルだといって非難されることがあると先に述べたが，ここではその非難は医学に向けられている。そしてその非難は，医学審査局にも向けられうるものである。医学的審査がルルドで行っていることは，フーコーにならっていえば，治癒者を括弧に入れ，治癒者を見ずに治癒を見ること，治癒を見せ物にすることであり，治癒を喜びたいと願う肉体に対する暴力である。そこでは自分が治ったという確信，あるいは自分が病いであったという確信さえ，括弧に入れられてしまう。治癒の判定は本人の実感とかかわりなく，外側から投げかけられる視線によってのみ下される。治癒者は治ったことで，医学のシステム内に取り込まれてしまうのである。それが治癒者にとって決して快い体験ではないことは，1970年代の，奇蹟的治癒の扱いを見直す検討会でも指摘されたことである。

だが，医学審査局による医学化には特徴がある。医学がそこで行うべきこと，自分たちの領域はここまでであるという宣言，自らの限界の宣言だということである。巡礼世界の正統性を保証する権威として聖域にありながら，医学審査局は，科学的秩序とは異なる秩序が存在する可能性を科学的に示唆し，自らの守備範囲を超える領域には踏み込まないという謙虚な態度を示すことを，期待されているのである。

(2) 反医学化

ルルドにかかわる医師たちは，医学化を推進するばかりではなかった。彼らはその一方で，衛生管理が行き届いていると保証することによって，傷病者が巡礼する権利を擁護したのである。そのことが端的に示されたのが，1906年のルルドの閉鎖騒ぎであった。このとき，ルルドへ行くことは傷病者の権利であるといわれたが，巡礼に参加した傷病者がたどり着いた先の実態は，医術の手の伸びない，オスピタリエが絶対の権利を主張して譲らない，素人・私人の世界であった。すなわち病院の拡張としての医学審査局がある一方で，ルルド巡礼は病院を出る運動でもあったのである。これはイヴァン・イリッチが，めざすべき未来像として示した脱病院化の方向である。

イリッチは，社会の医学化・病院化によって，「我々の身体に関する自由」が侵されてきたと考える。彼は，人々が身体について「決定する権利を医師に譲渡し」，医師が生・病・死を技術的に管理するようになった結果，それらを人生の一部として生きる文化，「自己ケアと受苦に対する」形式が，破壊されてしまったというのだが（イリッチ 1979: 14, 101），この「身体に関する自由」こそ，ルルドの閉鎖問題の時に争点となり，巡礼を擁護する医師によって承認されたものであった。フーコーやイリッチのいうように，医学・病院化された社会では傷病者の身体が「医師のもの」になるとするならば，ルルドでは，医師の視線と病院から逃れることで，傷病者は観察や一般化や管理の対象ではなくなり，自らに固有の苦しみの体験を自らの手に取り戻す。傷病者巡礼への参加は，病いと苦しみを自分の人生の一部として生きる主導権の奪回を意味することになる。医師たちは宗教活動の擁護を通して，結果として，そのような文化を擁護したのである。

 傷病者巡礼はまた，傷病者の「患者」としての次のような立場の相対化にもかかわっている。医療化された社会において病いになった場合，人は少しでも早く治癒し，生産的な社会に復帰しなければならない。病気の場合はすぐさま医療制度に組み入れられ，医師の指導に従って治療をうけること，いい患者になることが，近代以降，市民の義務になった。社会を維持する「生産的身体」は，「従順な身体」でなければならないのである（フーコー 1977: 30）。このように，医療化された社会において，医師と患者は，生産的な社会における二つの役割として相関的に形成された。「今日では，病気だということはとりもなおさず，医学という現代社会でもっとも大きな制度に組み入れられることに等しい。診断を下し，治療を施す道具的な制度であった医学は，いまや規範を押しつける制度となった」，「病人は治る義務があるから，期待される治癒はまさしく『労働』なのだ」（エルズリッシュ／ピエレ 1992: 60, 90）。

 傷病者巡礼は，この規範と「労働」からの解放，資本主義経済社会が市民に課す義務からの解放を意味する。第3章で，ルルドの聖域に持ち込まれた貧しい傷病者は「非経済的身体」としてそこに在ると述べたが，その身体は，働けなくなったという理由だけでなく，医師の手を離れるという条件によって，いっそう非経済的なものとなっていたのである。

医師たちは医療体制からの自由を擁護することで，巡礼世界の非経済性を容認したのであった。なお，この文脈においてみたとき，治癒は，貧しい傷病者を「働けるようになった労働者」として再び義務の世界へ送り返すことで，脱病院という社会批判，価値の逆転という契機を弱める，両義的な出来事となる。治癒者は経済的身体として，医師が保障している社会的価値に回収されることになるのである。

(3) 非医学化

医療体制を逃れた傷病者の行く先には，オスピタリテの世界が広がっている。その世界は，オスピタリエがそれぞれの傷病者の個別の必要に応えることと，オスピタリエが社会的地位を捨てて一個人としてやってくることの，二つの個人的性格によって特徴づけられる。フーコーは，個別を扱わないことを科学の特徴としてあげていた。ルルドで繰り広げられるオスピタリテ活動は，この切り捨てられた個別の具体性を回復する。傷病者は専門家としての医師の管理を逃れ，素人の手に委ねられることで，経済的（専門的職業）関係の世界と，生産的な社会の監督システムとを，離れるのである。

　こうして傷病者は，医学と医術からの自由によって「患者」ではなくなり，フーコーの言い方をなぞれば括弧をはずされ，病気という現象の外的事実であることをやめ，オスピタリエが向き合う一人の具体的な個人になる。「医師に管理される患者」は「オスピタリエに配慮される傷病者」になるのである。この時，医師と患者が権力関係のある役割関係として相関的に形成されているのだとしたら，どちらかがその役割を離れた場合，残された方も関係の相関者を失うことで自らのアイデンティティの変更を迫られることになる。それゆえ，患者だったものが傷病者巡礼に参加してオスピタリエの相関者となったとき，医師もまた変化せざるを得なかったのである。そこにはオスピタリエという立場以外，傷病者と関係を持つ道はないかのようである。

　初代医学審査局長ド・サン・マクルーもまた，初めはオスピタリエとしてルルドで働いていた。聖域機関誌がオスピタリエとして働く医師の姿を繰り返し伝えていたのは，それが，管理する医術の放棄，医師が専門家でなくなることにより成立する世界を，象徴的に表していたからに

II 〈医学審査局〉の成立と治癒審査の歴史　359

他ならない。1906年のアンケートに対する医師からの回答のなかに，ルルドでは苦しみの前での平等が実現している，それは自由・平等・博愛の実現の場であるという意見がみられる（VINCENT op. cit.: 213）。ここにいわれる平等の中には，「医師－患者」の権力関係がなくなり，傷病者が患者に還元されることから解放され，医師が専門職を放棄することでできあがる平等も入っているのである。

　さらに，そこには平等以上の意味がある。この世界は，共和国を支える規範の担い手であることを医師自らが止めることで，その規範への異議を唱えているのである。オスピタリエの男性が，日常生活世界における経済的関係を逆転していたように，生産性・健康管理・治療という価値・規範を守るべき番人である医師が，それを否定する人々の活動を保障し，それに巻き込まれ，その世界の一員となる。それは，苦しみと病いの，近代的な規範と制度に基づく管理からの離脱の保障である。オスピタリテ活動同様，ここでも，誰が何に参加しているかが重要である。傷病者と医師が病院化された社会を出て，個別の病いと苦しみが集う空間にやってくる。尊重されるべきルールが，身体の管理から苦しみに寄り添うことへと変わる。テルワーニュ医師が言っていた「科学への裏切り」とは，共和国を支える価値・制度への裏切りなのである。専門家による管理と賃労働が裏切られ，社会の生産性の保障が最重要ではなくなった世界。ルルドでは，公益とは何かが問い直される，あるいは，人にとっての益とは何かという形に，問いが変えられるのである。

　ルルドにおける医師団の働きには，このように，「医学化による保証」と「医学の放棄」という二つの面がある。医師は外部からの批判に対し，医学のもつ社会的権威によって巡礼世界を擁護するが，巡礼者達は，医師の保証のもとに医学と医術の領域から離脱し，医師に管理される患者であることをやめて病いと苦しみの経験を自らの手に取り戻し，私人たちが繰り広げる非経済的関係の世界に参加することで，医師が健康管理を通して市民社会の生産性を保障するという近代社会の在りようを否定する。それゆえ，否定された外側の世界の原理の体現者である医師は，巡礼世界の中に居場所を見いだすことが困難になるのである。医師団はルルドの正統性を保障する装置としてルルド巡礼の世界を医学化する

（と公言する）が，治癒の審査において医学のルールが乗り越えられ，衛生管理において医術のルールが無視され，最終的に巡礼世界のルールが尊重されることで，結果的に医師たちは，ルルド巡礼の世界に参加しようとするとき，そこに巻き込まれる以外の選択肢を持たなくなるのである。

　医学審査局は，確実な客観科学の導入によって治癒現象に真偽のルールを適用し，その信憑性を保証することで巡礼世界への参加に対し安全宣言を行い，より多くの参加者を獲得しようとした。奇蹟的治癒の審査は，ルルド巡礼の世界という参加空間の正当化のために必要だったのである。すなわちそれは，外に対して正統性を主張するための方便としての医学化であった。それゆえ，聖地の存立が脅かされることがなくなると，医学審査局には存在理由がなくなってしまった。そればかりか今度は逆に，その存在が問題を引き起こすことになってしまったのである。医学審査局を導入した結果，治癒が起きた場合，治癒者はあらためて医学化され医師団の管轄下に編入されることになるが，治癒者が医学化を拒否しようとした場合には医学審査局とのかかわりが避けられ，治癒事例が表に出ないことになる。そしてこのような関係の忌避，関係の活性化の疎外こそ，治癒の医学化以上に，ルルド巡礼の世界の原理にそぐわない事態なのである。

　モンジャポン医師は，1974年12月4日，医局の役割と奇蹟的治癒を見直す委員会の席で，ある巡礼団長に言われたという次の言葉を紹介している。「言ってやって下さい，治癒は常に起きている，と。でないと，ルルドはル・ピュイ[47]みたいになってしまいます」（ADB 7H8. 3）。ここには，奇蹟的治癒の減少が聖地の魅力をそぐという認識が表明されている。奇蹟的治癒は，人々が知り，触れることができる範囲内で，常に起きていなければならないというのである。なぜ治癒が起き，それが人々に知られなければならないのか。どのような治癒が起きなければならないのか。この問いを次に考えていく。

---

47) フランス中部にある，聖母に捧げられた聖地。中世に巡礼で栄えた。

III 奇蹟的治癒

　ルルドの歴史の中では，数々の奇蹟的治癒が，医学報告書や物語として公表されてきた。医学・統計的視点からは治癒事例に定型はないといわれるが[48]，反対に奇蹟的治癒物語には，その語彙と内容に一定の型が認められる。以下，奇蹟的治癒の公表の歴史をたどりながら，奇蹟的治癒とはどのようなものであるべきだと考えられてきたのかを分析していく。あらかじめ述べるならば，そこには，物語から医学的調査報告へというスタイルの変化，そして近年の「証言」の復興という流れがある。
　分析に用いる資料は次のものである。治癒の情報が伝えられる際の形態には，物語・医師所見・写真・調書・司教宣言文・インタビューなどがある。それらの情報の公表形態も，聖域機関誌『ルルドの聖母便り』・『ルルド新聞』・ルルド国際医学協会機関誌などの〈聖域〉の出版物，治癒者が所属する司教区の司教区広報，治癒について書かれた小冊子（主に治癒者の所属する教区で出版される），ルルドをとりあげた文学作品，治癒者本人による講演，医局長の講演，スライドや映像の上映会，テレビやラジオへの治癒者や医局長の出演など，さまざまである。本章では主に聖域機関誌に掲載されたものを奇蹟的治癒物語の範例として取り上げ，その記述の歴史を追っていく。機関誌が廃刊になった第二次世界大戦後の資料としては，『ルルド新聞』[49]を用いた。

---

　48) ボワサリーによれば，ルルドで治癒する病いは，上から，腫瘍と傷，結核，神経症となっている（BOISSARIE 1894: 111）。
　49) 1848年にルルドの地方紙 Le Lavedan として創刊された新聞が，1886年に聖域司祭団に買い上げられて〈聖域〉の新聞となり，1991年まで発行され続けた。初め週刊だったが1944年から隔週刊となり，その紙面は多いときで16ページを数えた。発行部数は1884年に600部，1957年に12,000部，1958年から1960年代半ばまでは20,000部前後だったが，1990年代には半分の10,000部に落ち込んでいた。ルルド巡礼にかかわる宗教界の動きを中心に，社会の動向も伝え，司教区広報の役割を担っていた。聖域機関誌と連携

1 物語のスタイル

カトリック世界には奇蹟物語の伝統があり，ルルドの奇蹟的治癒も当初はそれに倣って語られていたが，ここではルルド以前の伝統についての考察には踏み込まない。最初にルルドの奇蹟的治癒物語を伝統に則って構成し，人々の支持を集めたのが，アンリ・ラセールの『ルルドの聖母』であり，聖域機関誌はそのスタイルを踏襲している。以下，初期の機関誌に掲載された，三つの典型的な物語を例にあげる。

(1) 少女の治癒：資本主義社会との戦いと勝利，教区の復活

機関誌にみられる最初の治癒物語は，第2章でも紹介した，1867年5月10日に南仏カルカッソンヌ近くのマカン村で起きたものである。教区付き司祭から寄せられた手紙を編集者がまとめ，1868年5月号に11ページ，6月号に12ページにわたって掲載された長編で，会話体の混ざった物語として叙述され，その後の治癒事例にみられる基本的な要素や型を既に網羅している（*ANDL* 1868a）。

「教区の復活」と題された物語は，司祭の着任時に教区の宗教生活がいかに荒れはてていたかの描写から始まる。村の少女達は製紙工場や毛織物工場に勤めているが，道徳的に堕落し，贅沢にうつつを抜かしていた。司祭はここに〈幼きマリア会 Enfant de Marie〉を創設し，少女達の感化に努めた。やがて少女達は回心し，日曜日にカルカッソンヌに遊びに行くこともなくなり，自発的にアクセサリーを犠牲として教会に捧げるようになる。少女たちから差し出された装飾品は教会のマリア像の身につけられ，「敵から奪った旗〔戦利品〕」と呼ばれた。工場内の様子は一変し，恥知らずな行為がなくなって貞節が勝利を収め，あたかも修

しており，治癒の伝え方の傾向の変化も一致している。違いは，時事関連の記事の比重が大きいことである。1875年から治癒事例の速報が始まり，1881年に治癒の報道が増え，1892年からは治癒調書が掲載された。1900年秋から写真がほぼ毎号掲載されるようになる。1908年には，聖体行列中，今まさに立ち上がろうとしている治癒者をとらえたという写真が，一面に大きく掲載された。

道院のような雰囲気が支配していた。教区全体でも宗教心が高まり，人々が教会と宗教生活に回帰した。

　ここまでの記述ですでに全体の半分の紙幅が費やされるのだが，ここで中休みのように，これから始まる治癒物語は，自然の法則を知るのと同じように恩寵の掟を知りたいと願うすべての人々が抱く疑問への答をかいま見せてくれる，と書かれている。この表現は興味深い。奇蹟的治癒，すなわち恩寵の業には，自然法則とは異なる掟・ルールがあり，治癒が奇蹟であるためには満たしていなければならない要件があるというのである。

　こうしてようやく，治癒した少女の病いと闘病の話が始まる。フランソワーズ・パイレの家庭は，村で最も貧しい家の一つであった。少女は人々の中で目立たず，純朴で，方言しか話すことができなかった。毛織物工場で働いているときに病いを得，1864年から非常に苦しんでベッドを離れられなくなり，ブイヨン・スープしか口にできないほど衰弱していった。医師は無力で，〈幼きマリア会〉の少女達の祈りもむなしく，病状は悪化するばかりであった。ある日ルルドの出来事を聞いた少女は，泉の水で自分も治ると信じるようになるが，いよいよ水が手に入った時には喉が受けつけず（refuse：拒絶する），水を飲むことができなかった。少女は聖金曜日（キリストの受難日）に非常に苦しみ，「町中が，弔いの鐘がいつ鳴ってもおかしくないと覚悟していた。人々は断末魔の長さに驚き，哀れに思った（結末は来月）」といって，この月の記事は終わる。

　6月号も，少女の苦しみの話から始まる。死の間際と思われた苦しみのなかで，少女と司祭の間に次の会話が交わされる。

　　「ああ，神父様，体が燃えるようです。少しでも水が飲めたなら。神父様なら私を治してくだされるでしょう」
　　「かわいそうに，私にはできないのだよ。神様しかお出来にならない」
　　「せめて楽になれるように神様にお祈りしてください」
　　「マリア様への信頼をお持ちなさい。あなたの痛みをマリア様に捧げるのです。あなたのために祈りに教会へ行きましょう」

付き添いの修道女が席を外した時，母親が動揺した声で彼女を呼んだ。

ドアのところで母親が身震いしながら強い調子で言った
「フランソワーズが飲みました！　どうぞ上がって」。
修道女が階段の下に駆けつけた瞬間，瀕死の病人が寝ているベッドから喜びに満ちた叫び声が上がった。
「治ったわ，わたし，治ったのよ！」

　こうして物語の2ページ目で，クライマックスであるべき治癒が起きてしまう。治癒したときのことを話すよう促されて，彼女が語った言葉は短かった。「私は望んで，信じて，祈り，水を飲んで，治りました」。治癒の瞬間については，「突然，この死にかけた身体が，電気を受けたかのように生き返る」と記されている。少女は，「聖母様，あの方を愛さなければ……決して十分には出来ないでしょうけれど……でも愛さなければ」と感謝の気持ちを口にするのであった。この後，彼女が沢山食べたことや，治癒後の家族，隣人，そして教区全体の回心の物語が続く。男達も教会へ戻り，少女の兄弟も，次の日曜日にカルカッソンヌで開催されていた工業・農業展に行かず，教会に行ったと語られて，物語は終わる。全編を通じて，工場・贅沢・都会という要素によって，宗教生活と経済生活が対比されているが，これはこの物語の特徴であり，資本主義社会という悪が打ち負かされるというテーマは，この後受け継がれてはいかなかった。
　反対に次の諸要素は，その後の治癒物語に繰り返し取り上げられていくことになる。食欲不振に代表される病状の描写，医師の治療の無力，長く続く苦しみと治癒直前のかつてない最大の苦痛，人々の祈り，突然の劇的な全快，治癒後の異常な食欲，そして，自分はこのような恩寵にはふさわしくないという感覚。中でも，それまで何日，時には何週間にもわたって，わずかの水や牛乳かブイヨン・スープしかうけつけない，喉を通らない，あるいはそれさえも飲み下せなかった病人が，一転，何でも摂取できるようになり，ケーキやパン，肉までも，がつがつと底なしの食欲で平らげるという逸話は，以後の治癒物語で繰り返し語られる最もポピュラーなものとなった。また治癒は，「急でsubite／完全で

III 奇蹟的治癒

radicale／変わりなく続いている persévérante」ことが求められ，周囲の人々に対する治癒の影響力も重視される。

　ここで注意しておきたいのは，治癒者が症状に苦しめられていた期間の問題である。機関誌に取り上げられた事例によって異なるが，傷病者の闘病期間は，一般に何年にも及んでいることが多い。これは，現在ルルドで医師の口から聞かれる「重症のまま生き続けることは当時の医療技術では不可能だったので，かつての患者には長患いは少なかった」という想像とは異なっている。わずかのブイヨン・スープしか口にできぬまま何か月も寝たきりで過ごしていることも，ルルドの治癒者には珍しくない。治癒を伝える手紙には，何年も何年も苦しんだあげく突然その重荷を取り去ってもらったと記されていることが多い。上述の治癒物語の場合は，掲載が二か月にまたがることで，読者の印象の中で苦しみの期間が引き延ばされるという効果が生まれている。ここには，人が治癒を語るとき，病いや苦しみの経験のうちにこそ語られるべき多くの事柄があるという，病いの現象学とでもいえそうな問題ももちろんあるのであろうが，同時に，「発症／医学の無力／長患いによる消耗と絶望／治癒前夜の最大の危機／突然の快復／旺盛な食欲」という治癒物語の構成が，苦しみの記憶と記述を長引かせている可能性がある。すなわち，物語の語り手と聞き手の両方にとって治癒が奇蹟的である所以は，それが絶望の淵までの長い行程を経た後に初めて与えられたところにこそ，あったと考えられるのである。また後述するように，永遠に終わらないかもしれない連続という病いの相貌にも，意味があるものと考えられる。治癒は，時間の連続の中に，それを断絶する瞬間として，突如，起こるものなのである。

　なおこの物語には，すでに医師の証明書が添えられている。19世紀後半の，まだ医学的権威が確立途上にあったとされている時期に，奇蹟的治癒を医学化の趨勢の中に位置づけようとする努力は始まっていたのである。

(2) もと憲兵の治癒：全身を満たすもの

　これは，かつては熱心な信徒だったが，その後教会から離れてしまった「かつての憲兵，勇敢なキリスト教徒であり，知性と信仰と誠意に満ち，

その言葉は誓いに匹敵する」，フォッスという成人男性の治癒物語である（ANDL 1868b）。この物語には，三人称による叙述と一人称による証言の転換という特徴がある。それまで会話体を交えながら三人称で語られていた物語のクライマックス，治癒がおこる沐浴の場面で，唐突に一人称の述懐が始まる。

　　……彼は兵士としての，またキリスト教徒としての，すべての力を振り絞った。全身がふるえ，歯が鳴るのを，止めることができなかった。
　「ものすごく，ものすごく苦しかったけれど，これまでにあれほど幸福だった瞬間はありませんでした。全身を，何か分からない，心地よく，また強いものが通り抜け，四肢を浸すのを感じました。それが何かは言えませんが，命のリキュールのようなものでした。そう，命がわたしを訪れたのです。わたしは治りました。わたしは治っていたのです。
　……私はそれまで痛くてさわることのできなかった頭に触れてみて言いました。『なあお前，痛みを全然感じなくなくなったよ』……私には，自分が治ったのだということがわかりました。私は聖処女を祝福し，洞窟でお礼をするために急ぎました」。
　　彼は〔沐浴場から〕外に出た。ひざまずき，長い間祈った。……

こうして，第三者である書き手による物語文が再開される。
　この物語には，教区の復活というテーマはない。かわりに，治癒の瞬間の描写が詳しい。先述の少女の場合とは物語の果たす役割が違う，すなわち，治癒者の社会的立場によって，治癒物語の伝えるメッセージが変わっているのである。この男性は，公僕という社会的な立場にあった。また読書家で話が上手く，明晰に語ることができたとも書かれている。その彼が，少女によっては十分に語られず，簡潔に代弁されるにとどまっていた治癒の瞬間を，自ら描写してみせるのである。そしてそこでは，何かが全身を満たす感覚が，詳しく述べられている。また，自分自身の信仰を確固たるものにすることが主題となっており，近所の人たちが集まっても，少女の治癒の時のように皆で祈りを捧げるようなことにはな

っていない。立派な市民である成人男性の個人的な信仰の確立に，焦点が当たっている。ここには，共同体の無垢な一員である少女と，確かな証人としての男性という対比があるのである。他方，治癒後の旺盛な食欲と，「彼は，神の賜に相応しくあり続けることができないのではないか，十分に感謝できないのではないかと案じた」という治癒後の心理は，二つの物語に共通している。

(3) よき妻・母：自分の治癒を望まず，他者の治癒を祈る

第2章でも紹介したアンヌ・ルスは，信仰を失った夫と二人の娘の養育に心を痛め，かれらのために巡礼へ旅立つ決心をする（ANDL 1870c）。

> アンヌは思った。「わたしは母であり妻なのだから。かれらの魂を救うのはわたしの務め，でも，そのためには苦しみを甘受するだけでは足りないのね。わたしは治らなければ，ルルドへ行かなければいけないんだわ！」

出発の日，アンヌはひどい頭痛と吐き気に悩まされながらも，確信に満ちて旅立つ。ルルドの聖堂にはいると，

> 彼女の心は開かれ，穏やかに広がっていった。……彼女は治癒を願った，だが，彼女自身のためでは全くなかった。二人の子供のため……夫のため……自身の治癒を願う間も，彼女は自分自身のことを忘れていた。そして，聖処女の恩寵にすがりながらも，「治る？いいえ，わたしは完全に治りたくはありません。これからもずっと苦しみたいのです。マリア様，どうか頭痛をこのままにして下さい，ただ，妻として，母としてのつとめを，苦しみながらでも果たすことができる程度に軽くして下さい。どうかわたしが苦しみますように，でも，子供たちと夫は苦しみませんように！」
> ……彼女は二時間近くもひざまずいて祈っていた。彼女の魂にとっては，一瞬でしかなかった。
> 「わたしは治ったと感じました，そしてまた，夫のための希望という恩寵が，わたしに与えられたことも感じました。」

外に出ると，労働者〔夫〕はすっかり変わっていた。

家に戻ってしばらくたったある日，夫人は修道女の元を訪れて言った。

「シスター，頭痛がするんです！」
修道女たちは悲しんだ。「では，あなたの願いは聞き届けられなかったのですね？」「いいえ，シスター，聞き届けられましたとも，わたしがどれほど幸せか。」「でも，頭痛が！」「このしるしを待っていたのです。聖処女は，わたしがお願いしたものをすべて与えて下さいました……」

夫人は修道女とともにお礼の九日間の連祷をあげた。
　この物語の核心は，第2章で述べたことに加え，傷病者が「自分のことを忘れる」，「他者の治癒を祈る」ところにある。特に彼女は妻・母として，家族の魂の番人を自認している。これは，当時女性に求められていた規範的役割である。彼女は自分の利益のためではなく，義務の一環として治癒したのである。

　以上，これらの治癒物語は，少女（子供）の無垢な苦しみ，成人男性の近代的自律性，妻・母の自己犠牲をめぐる，規範的な物語となっている。治癒物語は「適切な治癒」を描くことで，人や社会の適切な姿をも，読者に伝えているのである

2　報告の要請

(1) 報告の義務と速報性
聖域機関誌1869年5月号に掲載された7ページにわたる治癒物語は，次の言葉で締めくくられている。「しかし我々は，口をつぐむことによって〔治癒者の〕控えめな望みを尊重しなければならない。物語の公表を許可することはつらい犠牲を払うことなのである。『病める者たちの救い』である聖母の栄光を讃えるためであればこそ，忘れてもらうこと，

III 奇蹟的治癒

そっとしておいてもらうことの喜びを，このキリスト教徒から奪うことができるのである」(*ANDL* 1869: 29)。犠牲を払うことが正しい行いであると暗にいいつつも，公表を望まない治癒者に理解を示すこのような態度は，しかし，そう長くは続かなかった。

三か月後の 8 月号に，以後の編集方針となる次の一文が掲載された。「我々は，自分たちで調査ができるもの以外，ルルドの聖母の特別の計らいについて滅多に語ってこなかった。……だがもし我々が，より顕著ないくつかの驚くべき事例しか取り上げないばかりに，聖母の恵みは素晴らしいが，ごく希にしかないのだと人々が信じるにまかせたなら，我々は，その栄光を鳴り響かせるべき聖母を裏切ることになるであろう」(*ANDL* 1869: 79)。

ここには，手紙で寄せられた多くの事例を積極的に紹介していこうという量への志向と，報道の義務の観念が表れている。この号を境に治癒の報告が奨励されていき，1871年には，「信徒の信仰を力づけることができる出来事をこうしてお知らせすることで，私の務めを果たすことができたと思っております」という，報道の義務の観念の浸透を示すような手紙も掲載されている (*ANDL* 1871: 177f)。

しかし，この 8 月号の記事でさらに重要なことは，報告のいち早い掲載，すなわち，速報性の方針が打ち出されたことである。この同じ号には，7 月末から 8 月までの「治癒者とお礼の巡礼者のリスト Calendrier de guérisons et grâces」が初めてあげられている[50]。そしてこのような姿勢が，治癒物語のスタイルを変えていくのである。上述の治癒物語が持っていた，出来事の進行を焦らすかのような執拗な細部の連続がなくなり，報告は簡潔になっていく。さらに，治癒物語に意味を与える社会的文脈も，記述の中から消えていく。またこのころから，雑誌の担当者が手紙に手を入れて語り直すことがなくなり，手紙がそのまま実名入りで公表されるようになっていく。

しかし，これらの事例がすべて奇蹟として喧伝されていたわけではない。1870年 3 月号には，「最も確実な事例についてであっても，ただ教

---

[50] 次のリストは翌1870年 3 月号 (p.196-199) に掲載された「 2 月と 3 月の多数の治癒（手紙の抜粋）」である。この年 5 月からほぼ毎月，「多くの取りなし（手紙の抜粋）」が掲載される。

会権威のみが奇蹟であると公言する権限」を持ち，機関誌はただ事例を報告するにとどまると述べられ，「教皇庁の教令は軽率な判断を禁じており，この使徒的権限への我々の服従は絶対的なものである」という，司祭団の態度表明がなされている（ANDL 1869: 191ff）。先の方針転換で弾みのついた治癒事例の掲載を，奇蹟の喧伝で聖域の評判を高めようとする野心と受け取られないための用心ともとれる記述だが，このように，治癒事例の扱いには当初から細心の注意が払われていたのである。

だが同時に，次のような治癒者本人の手紙も紹介されている。手紙の主は，さまざまな理由を見つけてくる科学も，多くの証拠を求める教皇庁も，わたしの事例を奇蹟とは認めないだろうが，わたしはこの治癒が奇蹟だと信じている，「なぜなら，私が体験したようなすさまじい苦しみから幸福感への瞬時の移行が，奇蹟なくしてどうして可能なのか，私には理解できないし，この先も決して理解できないであろうからです」と書いている（ANDL 1870: 23-26）。これは，奇蹟的治癒という出来事において本人の実感が評価され，受け入れられていたことを示している。手紙などの抜粋で構成された，聖母への感謝の言葉が並ぶ「ルルドの聖母による治癒と恩寵の業」（ANDL 1872a）という記事も，同じ流れに位置づけられる。聖堂と洞窟に早くから置かれていた，お礼の言葉と願い事を書き込むためのノート同様，簡潔なお礼の言葉が続く紙面からは，次々と持ち寄られる人々の感謝の思いの集積が感じられる。

(2) 治癒物語の変化

1875年5月号に，「あまりにも長いので全文を掲載することはできない」，「まだ長いと思われるかもしれないが，語り手にとってのみ大切な意味を持つ〔親密な〕記述をすべて削りつつも，出来事の全容を残すことができたと信じている」という断り書きと共に，治癒者の手紙の抜粋が掲載されている（ANDL 1875: 47-56）。ここで削られたものと残されたものを比べることで，治癒物語の中で何が重要な部分であり，どの部分が一人称で語られるべきなのかがわかる。削られたのは延々と続いていたらしい苦しみの記述であり，残されたのは治癒の前後の心理，特に，治癒をめぐる心の葛藤とその克服の過程であった。

「長いあいだ待ち望んでいたこの恩寵を，聖母がまさに与えてくださ

III 奇蹟的治癒

ろうというその瞬間，私は怖くなりました。つい今し方まで人々に取り囲まれていることに喜びを感じていたのに，今は一人に，たった一人になりたいと思いました。他の信心深い巡礼者を動揺させ，祈りを妨げるのではないかと心配になりました。苦悩と，闘いと，それに続いて言葉にならない幸福の瞬間が訪れました」。車椅子から立ち上がって祭壇前にひざまずき，人々の反応をうかがいながら，もう一度車椅子に戻った方がよいのかどうか迷った後，彼女は聖母が望んでおられることを果たさねばならないと意を決し，ミサを執り行った司祭のもとへ行く。「治ったと思います。間違いないと思います」と告げると，司祭は「聖処女の思し召しのままに，なすべきことを果たしなさい」と答えた。この後，後日談が続き，「この物語の詳細が病気の方々の慰めに少しでもなり，聖処女に対して全幅の信頼を寄せることができるようになればと願ってやみません。……苦しんでいるすべての人を，私を治してくださった方のもとへ導きたいと願っています」といって結ばれる。

ここには「治癒を受け入れる」というニュアンスとともに，治癒することは，「人々に知らせる」という公的な役割を引き受けることであるという認識が示されている。一人称の証言は，単に治癒の実感を強調するだけでなく，「決意」を証言するという働きをしているのである。

だがこの物語以前，1873-74年頃からすでに，物語の書き方には変化が見られた。教区司祭のレポートと医師の証明書のセットで治癒を報告するスタイルが定着する中で，治癒者の名前が文中で繰り返されることがなくなり，台詞や感情的な表現が減って，淡々とした客観的描写が主流となっていた。それらは感情の波や行きつ戻りつのない直線的な報告で，原因から結果が導かれるような，葛藤も破綻もない一連の流れといった印象を与える。また医師によるレポートは，三人称・非人称や名詞が主語の文で構成されるところに特徴がある。だがこの場合も，治癒の場面だけは治癒者本人の一人称による語りになっている。なお医師の報告では，一人称「je（わたし）」は，「私，○○〔名前〕は，以下のことに間違いがないことを証言いたします」で始まる証言文にしか出てこない。唯一「わたし」が必要になるのが証言であるという点は重要である。

1879年の1月号には，前年の〈全国巡礼〉中に起きた治癒の物語が掲載されている（*ANDL* 1878: 244-248）。目撃者の証言をまとめた印刷物

からの抜粋で，ここでも治癒の瞬間だけに唐突に一人称の証言が差し挟まれている。

> 彼女はロザリオの祈りを繰り返すことしかできなかった。
> 「聖体拝領の後，私はとても変な感じがしました。私は真っ青になっていたらしくて，母がどうかしたのかと聞くので，私は，何でもないから放っておいてと頼みました。それで母はハッカ水を探しに行きました。だから私が三回身震いを感じた時，母はそばにいませんでした。二度目の身震いは私を起きあがらせ，三度目の身震いは私を立ち上がらせて，洞窟へと駆け出させました。……戻ってきた母は私がいなくなっているので心配して，大声で，娘は，娘は，といいながら探していましたが，私が洞窟にいると教えられてやってきました。すっかり気が動転した母は，私が治ったことが信じられず，自分の足でちゃんと立てるかどうか確かめるために，私を立ちあがらせました」〔本人の証言部分の終わり〕

「わたし」と「彼女」の交代が印象的な物語なのだが，ここではさらに，治癒が内部における状態の変化ではなく，外側からやってくるもののように語られていることも印象的である。また，娘が身震いを感じたことに呼応するかのように，不意をつかれた母親が動転している様子が生き生きと描かれている。だがこのような臨場感のある描写は，急速に減っていく。

(3)〈医学審査局〉創設

1885年の〈医学審査局〉創設を機に，治癒報道に「医学」がはっきりと姿を現してくる。「〈救いの聖母巡礼〉医学報告」という記事の登場は象徴的である（ANDL 1885: 216-223）。1885年の5月号には，治癒者本人とその父である医師によって書かれた報告書が掲載されている（ANDL 1885）。書き手であるプティ医師は，「わたしたちの医師団（notre corps médical）の一人」であると紹介されている。治癒の事実の医学的確認の後，「これは厳密な意味で奇蹟と呼べるものだろうか？」という問いが発せられ，父である医師が，我が子を治癒したのは神であると証言す

III 奇蹟的治癒

る。ここでは，医師が奇蹟的治癒の調査を担うものであるという医学審査局の役割意識が表されているだけでなく，その役割への就任宣言がなされている。またこれは医学報告でありながら，上述の三つの治癒物語のように，非常に規範性の高いものとなっている。「父子」という関係は，医師・診断者が治癒者に対して父親のような立場にあることを暗示し，さらにここには，身内でありながら情に流されることなく冷静な判断を下す，あるべき医師の姿が描かれている。

そして1888年，医学審査局の名が目次に登場すると同時に，医師が治癒の主要報告者となる。ただし，医師の書くものすべてが医学的であるとは限らない。ボワサリーは，奇蹟的治癒物語を擁護する立場から執筆活動を行った。

1889年4月，ボワサリーは「医師と奇蹟：医師達によって書かれたルルドの歴史」の中で，意見を述べるだけの医師は，自分の信奉する理論や常識に捕らわれているのに対し，実際に患者を診断し，治癒事例に証人として巻き込まれた（se sont trouvés mêlés）医師は，理論に固執せず，誠実な語り手（narrateurs fidèles）として事実を提示する，と述べている（BOISSARIE 1889a）。このように理論と事実を対峙させた彼は，事実を表現するのは原理原則を離れ個別を語る物語であるというように，「理論・報告」の一般性に対し「物語」の個別性を対比し，聖域機関誌や自身の著作で，物語ることを自ら実践してみせた（BOISSARIE 1889b）。語り手が医師であることによって物語の信憑性が保証されるという立場から，報告ではなく物語を書いていくのである。

このころ，治癒事例を世間に公表すべきか否かの論争が各地の司教区広報を巻き込んで起こるが，その問題は，ここでいわれた物語の擁護論と関係している。奇蹟的な出来事の報道を控えるべきであるという主張に対し，ボワサリーは1889年11月号の「奇蹟と宗教新聞」という記事の中で，トリエント公会議で決定された規則はあくまでも事実認定についてのものであり，信徒の信心を高めるために新聞や雑誌に物語を掲載することや信心深い物語を説教すること，ひいては物語という形態をとることは，禁じられてはいない，という反論を支持している（BOISSARIE 1889c）。事実認定とは切り離された「公にされる物語」の必要性が，認められていたのである。

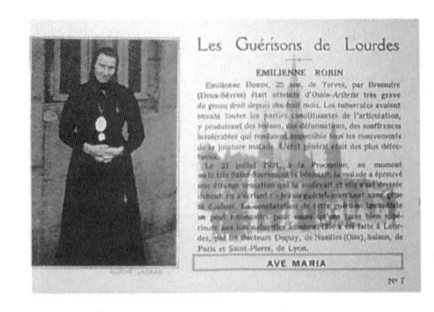

治療者の写真・情報が入った絵葉書
(ADB: 7H6.3.2)

　以後，聖域機関誌ではしばらくの間，物語と調書の二本立てが続く。20世紀に入って映像の公表が始まると，物語から「治癒者の姿の露出」へという変化がおこる。1910年に『ルルド新聞』に写真入り調書が掲載され始め，第一次世界大戦後には，各教区で催される〈ルルドの日〉に医学審査局長が，時にスライドやフィルムなどを用いながら，出張講演を行うようになる。この視覚化が，治癒物語の減少に拍車をかけたのではないかと推測される[51]。

(4) 物語の消滅

　第一次世界大戦が，物語の消滅を決定づけた。1915年，第一次世界大戦の影響で巡礼が途絶えたことを機に，目次から「治癒」の項目が消える。1918年，巡礼の再開に伴い治癒事例が1つだけ載り，1920年に12に増えるが，この時には，すべてが治癒の情報のみを記載する医学報告スタイルになっていた。これには，1917年にボワサリーが亡くなったことが大きく影響していると考えられる。1920年8-9月号に，象徴的な報告がみられる（ANDL 1920: 99-106）。聖域に宛てた治癒者本人の手紙が掲載されているのだが，医師のものに劣らず淡々としており，「私自身とし
・・・
ても (je me sens moi-même)，すっかりよくなったと感じています」〔強調は引用者による〕と書かれている。この書き方からは，治癒について，他者の判断が先行しているような印象を受ける。
　第二次世界大戦後の1946年1月，『ルルド新聞』20号のトップを飾っ

---

　51) 1920年代のものと思われる，治癒者（非-認定者）の写真入り絵葉書が何枚か聖域史料室に残っているが，一時的なものだったようである（ADB 7H6. 3. 2）。

たのは,「奇蹟を求める人へ」と題する記事であった (*JGL* n. 2 1946)。人が神に奇蹟を求めるのは不遜な所業であり,回心をこそ求めねばならないといって,治癒の待望を抑制する内容になっており,これが〈聖域〉のその後の基本的な姿勢となる。医局で情報の徹底管理が行われ,治癒関係の資料は医師以外には非公開となり,新聞に治癒調査の経過や報告書が掲載されることもなくなる。治癒者のプライバシー保護がいわれるようになり,1971年に広報室が創設されるとさらに情報管理が徹底され,奇蹟的治癒として認定されるまでは治癒者は表に出ず,認定された過去の治癒者だけがメディアに露出する,という二極化が起きた。と同時に,治癒審査と医局の見直しも行われるようになり,現在に至っている。

その見直しについて述べる前に,治癒物語の定型の,一般への浸透の様子を見ておく。奇蹟的治癒物語は聖域の発行物からは消えていったが,聖域機関誌に掲載された数々の物語は,各地で出版された奇蹟的治癒を物語る数多くの小冊子のモデルの役割を果たしたと考えられる。物語に接した人々は,それらを通して,奇蹟的治癒をいかに語るか,奇蹟的治癒はいかに語られるべきかを,習得していったのであろう。

3 奇蹟的治癒物語の浸透:〈全国巡礼〉25周年記念治癒者レポート

多くの無名の治癒者の手になる治癒物語と,メディアに現れたそれとの間に,どのような相違があったのかは,医学審査局の資料が医学関係者にしか公開されていないため,確かめることが困難である。公表された限られた物語以外,治癒者の発言はなかなか表には出てこないのである。

だが唯一,例外がある。1897年に〈全国巡礼〉25周年を記念して「治癒者のお礼の行列」が企画され,325人の治癒者が旗を掲げて参加したが,この時,治癒者が自らの治癒の模様を報告したレポートが〈聖域〉に提出された (ACEG 6H23)。表紙に,氏名,住所,癒えた病い,治癒時の年齢,治癒の場所が記され,治癒の報告に続いて,医師や聖職者の証明書が添えられている。1873年から1897年までの25年分の報告には年毎に通し番号が振られ,そのうち聖域機関誌や医学審査局によって採用

されなかったらしい127通が聖域史料室に残されて，一般研究者が閲覧可能な，治癒者の証言として貴重な資料となっている。この資料に添えられた，参加治癒者に向けて書かれた被昇天会士イポリットの1897年8月10日付の文書には，「あなた方の書いたレポートは正規の書類としてルルドに保管される」とあるが，医学審査局の調書や聖域機関誌に掲載された文書に比べると，レポートは全体としてかなり自由なスタイルで書かれている。それらは，教会権威や医師団によってお墨付きとならなかった，検閲以前とでもいえるような証言を提供してくれているのである。以下，このレポート群のスタイルを分析していく。

　史料室に残されたレポートは127通で，行列に参加したという325人の4割程度にとどまる。独身女性の割合が高く，男性は10例，既婚女性は28例（うち4例は寡婦），修道女は4例である。治癒時の年齢は，男性の半数が20代で，女性では20代と30代が多い。1889年までのものが30例なのに対し，1890年から96年までのものが95例あり（97年のものは2例のみ），古い治癒事例が少ない。癒えた病いや障害はさまざまだが，脊髄や脊柱の障害，麻痺，リューマチ，股関節痛，結核，腫瘍，癌，潰瘍，胃炎，神経症などが目立つ。ほとんどの治癒が〈全国巡礼〉期間中に起きているが，それ以外の司教区巡礼や，巡礼の枠外で起きた事例も含まれている。本人の手書きか口述筆記の報告書に医師の証明書が添えられたものが多く，司祭，修道院長，施設長，地方名士，隣人などの証明書が添えられたものもある。スタイルに統一性はなく，長い物語もあれば，ごく数行の簡潔で素っ気ないものもある。

　内容については，上述の奇蹟的治癒物語の諸要素が，よく学ばれ生かされているといえる。レポートに頻出するのはやはり，拒食から旺盛な食欲への劇的な転換である。通常，苦しみの描写は長くて詳細であるが，男性のものにはほとんど見られない。男性の報告のほとんどは，わずか数行という簡潔なものである。また多くのレポートが，病名や治療法，身体器官の名称などを，医学用語を用いて説明している。医師名と治療法名を並べ，誰も何も効果をあげることができなかったと書くものもある。病気の年数をはじめ，さまざまな日付，時間，治療の回数など，数字も多くあげられ，病いの経験が数量化されている。〈聖域〉と医学審査局の目を意識してのことかもしれないが，全体として医学化が浸透し

ているという印象をうける。これらのレポートを読む限り，ここに集まったのは前近代的，反科学的な人々ではなかったと思われる。

〈全国巡礼〉中の治癒物語だが，「フランスの救い」に触れたものは一つもない。かわって，「働けるようになる」ことが重視されている。治癒者にとっては，働けるようになることが治癒を意味しており，本人にとっては必ずしも完治・全快である必要はなかったようである。傷病者巡礼の参加者を貧しい労働者階級から募っていたことが影響しているものと思われるが，奇蹟的治癒が，被昇天会が期待したような共和国に対する批判ではなく，共和国の経済体制への帰還を促す結果になっていたらしいことを示唆している。

洞窟や沐浴場前の祈りについて，1887年に起きた治癒を語るムーラン嬢のレポートは，間違いだらけの文章で当時の様子を伝えてくれる。「わたしがとても悪いのをご覧になった神父様は，集まった人々の祈りにわたしを委ねられました。わたしがルルドに着いた時に自ら望んだように，治癒か死をと望み，皆でロザリオを全部通して祈りました。祈りが終わり少し意識が戻り聖体拝領をいただき少しして大きなふるえが来て身体中にばりばりという衝撃が走りました。治るのではなく死ぬのだと思い祈りました。聖処女マリア様，もし，わたしがこの地上でまだ何かの役に立つのでしたらお治し下さい，わたしはあなたの子供なのですから。もし役に立たないのでしたら。どうぞわたしをお持ち下さい！わたしはあなたのものです！」(6H23: 87-2)。

ここにみられる全身を襲う衝撃などの身体感覚は，レポートに頻出するテーマの一つである。「司祭様がやってきて聖体をくださった途端，死にそうになりました。危険な状態になり，骨がばりばりと音を立て，周囲の人に聞こえました」(6H23: 80-1)。「水に浸された途端，一瞬でしたがひどい苦しみに見舞われました。まるで誰かがわたしの身体をずたずたに引き裂いたようでした。何秒かの後，わたしは突然の活力に生き生きとなったと感じました」(6H23: 80-2)。「水に入ると，ものすごい苦しみを感じました，まるで誰かがすべての神経を引っ張っているようでした」(6H23: 94-4)。

目を引くのは，他者のために祈るというテーマである。これは当初，聖域機関誌の治癒物語のなかでは目立たなかったもので，治癒物語とは

別に流布した物語,回心譚のなかなどで発展したものと思われるが,確認できなかった。聖域機関誌では,先に引用した1889年のボワサリーの文中で,治癒者が他者のために祈ったことが強調されていた (BOISSARIE 1889b)。ゾラの小説にも,「他の人たちをお救い下さい,他の人たちをお救い下さい,イエスさま!」と訴える少女の声が人々の心をとらえてかき乱し,「最も頑なな人々を慈愛の熱狂の中,自らの健康と若さを隣人に与えるために両手で胸を開かせるであろう崇高な無秩序の中に,投げ込んだ」という印象的な場面がある (ZOLA 1995: 400)。

　レポートでは,他の傷病者のために祈るという逸話が,1880年代以降のものに徐々に見られるようになっていく。初出は1882年に35歳で治癒したパリのキュバン嬢である。「ポワティエで,それらのすべての不幸な傷病者を目の当たりにして,わたしは,自分は治ってはいけないと強く思いました。なぜなら,結局のところ,わたしは最もひどい状態にある者の一人ではなかったのですから」(6H23: 82-1)。1888年に57歳で治癒したパリのグイエ夫人は,「ルルドで傷病者のためにたくさん祈りました。でも,自分の治癒は求めませんでした……弱く絶え間ない祈りと,わたしの涙と命を,貧しい傷病者の治癒のために捧げました」(6H23: 88-5)。1893年に23歳で治癒したボーヴェのドゥライエ嬢は,聖体行列を待つ間,傷病者のために祈るよう伯爵から奨められたときにも,自分の治癒のことで頭がいっぱいだった。だが行列がはじまり,身体が切り裂かれるような痛みを感じたとき,彼女は「わたしよりも悪い傷病者のために心から祈りました。……ある声がわたしにいいました,『ついてきなさい』,わたしは聖体顕示台に向かって泥棒のように走りました……わたしは,慈愛の眼差しをわたしに注いで下さった聖母様に感謝しながら,聖体行列について歩きました,でも,わたしはそれ〔恩寵〕に値しないのです」(6H23: 93-3)。1895年に47歳で治癒したヴェルサイユのキリエル夫人は,洞窟で見た「寝椅子に寝かされたすべての傷病者の様子に深く心を動かされ,まわりのすべての傷病者の治癒を祈るために,自分のことを忘れてしまいました」(6H23: 95-26)。また男性も,他者のために祈ったと書かれている。1896年に22歳で治癒したメスリーのジャック・ピット氏は,傷病者のただ中にあって「もはや自分の治癒を聖処女に祈ろうとは思わなかった。彼の心の底にはただ一つの望み,ただ一

つの叫びしかなかった。ルルドの聖母よ，彼らを癒したまえ」〔代筆〕(6H23: 96-19)。治癒後，教区活動に積極的に参加し，オスピタリエとして働き始めた女性もいる（6H23: 87-7）。それらのレポートは，「以前よりもエゴイストでなくなった」(6H23: 96-9) 治癒者の中に，他の傷病者への関心が芽生えたことを語っている。

　三年後の1900年，機関誌に掲載された〈全国巡礼〉の記事では，「この巡礼の魂である人々，……自らの偉大さを忘れ沐浴場と宿泊施設で自己を捧げる，貧しい人々に惜しみなく仕えるオスピタリエとブランカルディエの英雄的な献身，そして，それに劣る事のない，自分自身のことを忘れ他者の健康を祈る傷病者の献身」というように，他者の治癒を祈る傷病者の姿がオスピタリエの献身と並べて讃えられている（*ANDL* 1900: 162）。このころからこのテーマが目につくようになっていき，後に『ルルド新聞』の編集に携わるガエルの雑誌にも，自分以外の人の治癒を祈る物語が美談として掲載されるようになる。ボワサリーの著作にも，他の人が治るべきだと述べる治癒者の物語がみられ（BOISSARIE 1909: 235-244），ルッテの著書にも，自分自身を忘れることへの言及が多くみられる（RETTÉ 1909）。第二次世界大戦後に行われたオスピタリエの講演のなかでは，四つの奇蹟（merveille：驚嘆すべきもの）として，ルルドの群集，水，傷病者の喜び，そして傷病者の放棄・断念（renoncement）があげられている（ADB 7H7. 8. 5: ALLIER 1949）。講演者は，傷病者は自分のために熱心に祈っているように見えて，実は他者のために祈っている，1931年からオスピタリエをしてきて多くの傷病者に話を聞き，手紙のやりとりをする中で，そのような例を数多く見聞きしてきたし，他のブランカルディエも同様の事実を認めている，と語っている。オスピタリテの現場でよく知られたテーマであった印象を受ける。

　以上，このように不採用のレポートであっても一定の型にそって治癒経験が再構成されているように，奇蹟的治癒の世界には，適切な治癒についての明確なイメージがあったのである。

4 奇蹟的治癒審査の批判と治癒物語の再評価

(1) 治癒審査の見直し

1970年代に入ると，〈聖域〉は奇蹟的治癒の扱いと情報公開について，あらたなガイドラインを模索するようになる。1971年の広報室の開設も，その成果の一つであった。同じ頃，奇蹟的治癒についての神学的・教育的記事が『ルルド新聞』に定期的に掲載されるようになり，読者からの「感謝の便り」コーナーも復活している。記事と投書は，奇蹟的治癒についての生き生きとした物語がなくなったことを補う役割を果たしたものと考えられる。

これらの見直しは，〈聖域〉内外のスタッフにより組織された検討委員会によって進められた。1974年8月6日に行われた第一回会議の議題は，奇蹟神学の見直しであった[52]。そこでは，疑わしい治癒を振り分けるために作られた医局が，治癒に対して沈黙の掟を課し，治癒者からも申告しようという意欲をそいでいることが問題にされ，「治癒の司牧」という言葉で，信仰を生き生きとさせるために，治癒の適切な語り方の指針を示していかなければならないという方針が確認された。

ローランタン神父はこの点に関し，「審査」と「治癒」を分けて考える必要を述べている。審査は「起きたことの吟味」であり，それは贈り物を値踏みするようなものである。そのような，事例を制限し絞り込んでいく審査に対し，治癒は，神の恩寵を受け入れることで新しい何かを引き起こす契機であり，それゆえそこでは証言を受け入れることこそが肝要なのである。神父はこのように，審査と治癒を，「退けること」と「受け入れること」という全く対照的な行為としてとらえ，排除のシステムに対して，受け入れるシステムの必要性を訴えている[53]。ローラン

---

52) 出席者は，聖域司祭団長ロトン神父，ルルドの聖母出現史調査に携わったローランタン神父，聖域司祭団の一員であるジュリア神父，イエズス会士ラタピー神父，ビエ神父，モンジャボン医師の6名であった（ACEG 6H153: 1974年8月6日第一回検討会議用資料）。

53) 同様の主張が，LAURENTIN (1977: 115) にもみられる。なおモンジャボン

III 奇蹟的治癒

タン神父はまた，1974年12月4日の会合用に作成されたレポートで，治癒審査は抽象的・科学的という以上に，「利用価値」という性質ゆえに，ルルドにおける癒しの性格に矛盾しているとも述べている[54]。「利用する」とは都合に合わせて用いることであり，それはまさしく，受け入れることの対極にあるというのである。

だが検討会の議論によっても，治癒審査を巡る状況に変化は見られなかった。そこで，ビエ神父によれば，その代替として終油の秘跡の改革が行われたという (BILLET 1977)。改革の目的は，奇蹟的治癒をめぐる状況の改革を腕をこまねいて待つかわりに，「恩寵を受け取る」という治癒の心髄を引き継ぐ祭儀を整え，治癒がもたらすものを再活性化させることにあったというのである[55]。だが思惑通りには運ばず，奇蹟的治癒が議論される必要性は，その後も認識され続けた。

現在，1993年に行われたルルド国際会議の成果を受けて，医局の姿勢にも変化が生じている。ルルド国際医学協会機関誌の1998年特別号には，列聖審査のために行われる奇蹟調査をモデルにした医学的審査と，そこに神の恩寵が認められれば良しとされるような奇蹟的治癒との，二本立てにする方向が提案されている (BAMIL 1998)。そこでは，神の恩寵にあずかった者は証人となるべく召還されており，その恩寵の結果を自分の特権として独り占めにすることなく人々に伝え分かち合わなければならないのであり，そのために医局が窓口となり，神の恩寵に触れたと感じた者が証言できるような環境を整えなければならない，といわれている。今や，治癒に「驚かされた」人々に必要な支援を与え，治癒者を一人にせず，共同体に証言を提供し，感謝の祈りを可能にすることが，医局の仕事であるといわれるようになったのである。20年前にローランタン神父から出された提言が，こうして医局の方針として明確に打ち出された。このように現在〈聖域〉では，恩寵の授受を活性化する方向に改

医師は，今や「ルルドで我々はシステムの囚人になってしまった」と現状を憂えている (ADB 7H8. 7: 1975年9月30日検討会議討議記録)。
　54) ビエ神父はレポートの中で，シュフェール司教から祭儀聖庁にあてた1906年7月7日付の手紙にみられる「神の示現〔奇蹟的治癒〕の利用価値 utilité de cette manifestation」という表現を引用している (ADB 7H8. 3: 1974年12月4日検討会議用資料)。
　55) 終油の秘跡の改革については，第5章で詳しく論じる。

革が進んでいる。その成果と思われるのが，新たな聖域機関誌 *Lourdes Magazine* の1999年の特集号である。

(2) 奇蹟的治癒物語の現在
Lourdes Magazine 1999年5月号は，1987年に多発性硬化症が治癒した男性の事例が66番目の奇蹟的治癒として認定されたことを特集している (*LM* 1999)。本文は，2頁にわたる治癒の概要紹介と，奇蹟的治癒を認定した司教がミサで述べた説教の採録2頁，治癒者へのインタビュー（本人が書いた大変簡潔な手紙が添えられている）4頁，巡礼中治癒者を介護したオスピタリテ責任者の証言1頁からなる。医局長は医学的調査の経緯を短いコラムに書くにとどまり，医学報告書の類は一切掲載されていない。

「しるしは与えられた」と題された説教の採録には，2枚の写真が添えられている。治癒者が聖体拝領にあずかるところと，聖体拝領に用いるパンとワインを治癒者が司祭のもとへ捧げ持っていくところの写真である。後者には，「奇蹟にあずかった者は捧げものの行列に連なる」というタイトルがつけられている。司祭は説教で，ルルドの治癒は，生まれ変わることを受け入れるよう強く求めるしるし，神の賜であり，治癒者は「神の慈悲が彼の最も深いところまで達した」ことを理解した，と語っている。

治癒者のインタビューの内容は，この説教によく呼応している。治癒の瞬間，彼は「手が腰に触ったような気がしました。……ある考えがわたしの精神を動揺させました。誰かがこう言ったようでした。『さあ，起きて歩け！』……わたしは背を向け，寝返りを繰り返しました。眠ることができませんでした。起きろという招きに，煩わされていました。『起きて歩け』というフレーズが，わたしの考えを覆い尽くしてしまいました。……わたしの全存在で聞いた言葉が，わたしの自由を尊重しているのを感じていました」。とうとう彼は立ち上がり，「自分の身に起こったすべてのことのために」神とマリアに感謝の祈りを捧げた。次は，彼の家族が治癒の事実を受け入れる番であった。そして最後に，彼は自分の事例が医局の調査対象になることを受け入れた。なぜなら，「神のしるしを自分のためにとっておくことはできないからです。わたしはそ

れをお返し（redonner）しなければなりません。それが自然なことに思われたのです。そのためにわたしは，何年にもわたる，時に耐え難く屈辱的な，調査，鑑定，数々の診察を，落ち着いて生きてきたのです」。彼は最後に治癒について，「手も足も出ない，といったところですよ（笑）je me suis senti dépassé [56] par les événements (Rires)」といったのち，普通の無名の一人の教区民に戻りたいという願いを述べて，インタビューを終える。インタビューの中には「受け入れる accepter・recevoir」という言葉が頻出しており，自分を超えたものを受け取るかどうか態度を迫られ，受け入れた人々の物語という印象を残す。

　この特集以外にも，*Lourdes Magazine* は，聖域に寄せられたお礼の手紙の掲載によって一人称の語りを復活させるなど，発言の機会を増やす傾向にある。1999年夏に聞いた医局長の講演会でも，証言の重要性が強調されていた。これらが現在，さまざまな検討を経た後，語るにふさわしいとみなされている治癒物語の形なのである。

5　考　察

以下では，医学的審査が証明しようとしたものと，奇蹟的治癒物語が描き出そうとしたものを並べることで，ルドで起こる奇蹟的治癒がどのようなものであるべきだったのかを考察する。

(1) 医学報告書
ⅰ）　影響力の排除と連続性の立証

治癒事例を調査するかどうかを判断する際の最も基本的な基準は，その症例が機能的であったか器質的であったかであり，機能的な症例の治癒事例は，一律，審査対象から外される。さらに，治癒に結びつくような治療を一切していなかった，治癒が即時的なものであった，という要件が満たされて初めて，その治癒が自然の過程によって説明できるかどう

---

56)　この「dépasser（超過する，人を困惑させる）」という言葉には，自分の力を超え出るものに翻弄されるというニュアンスが込められている。

かという審査の対象になる。

　このうち，機能性疾患と治療の影響が考えられる事例の排除は，「何らかの影響力が作用した可能性の排除」という共通点を持つ。先述のように，近代医学では，機能的障害は心理作用の影響を受けて発症した（精神状態が身体に作用して発症した）可能性があると考えられている。また治療は，投薬や施術によって身体に外部から働きかけ，その影響によって健康状態を改善しようとするものである。医学審査局は，治癒者がそのような内部・外部どちらの影響作用も受けていなかったこと，身体がいかなる働きかけも受けてはいなかったことを，証明しようとする。そしてその状態で治癒が起きたときに初めて，超自然力の介在の可能性が保証されるのである。あるいは次のようにいうこともできる。医師団は，器質性疾患のみを対象とすることで，それが「人間心理の表出」としての病いではないことをまず保証し，そのことによって「神の表出」である可能性を提示しようとしたのである。

　これは，医学審査局が，どのような身体が治ることを評価していたかという問題にかかわる。民間習俗や農村世界における身体観の研究で名高いルークスは，伝統的な身体観においては身体は自然と結びついていてその影響を受けやすいと考えられており，そこでは治療師などによって身体と自然の連続性に働きかけることで治癒が得られるとされていたと述べている（ルークス1983）。〈全国巡礼〉25周年記念式典の際に集められた治癒者の体験談には，治療師にかかったという記述がみあたらない（現実にはかかっていたかもしれない）が，そのことは，治癒者がそのような伝統的身体観・治癒観の世界に帰属していないと暗に示す（伝統的身体・健康観との結びつきを否定・隠匿する）結果になっている。また，ルルドで起こる治癒の多くは，感受性が際だって鋭いヒステリー気質の女性身体の上に起こる説明可能な治癒といわれるが，奇蹟的に治癒する身体は当然，そのような外部からの影響を受けやすい身体であってもならなかった。

　治癒が起きた場合，それが奇蹟的であることを保証できるのは，ルークスがいう前近代的身体でも感受性の鋭い女性的身体でもなく，エリアスが描き出した「閉ざされた個人」の身体である。医学審査局は，影響を受けやすい伝統的身体が自然との交感によって治ったのでもなければ，

III 奇蹟的治癒

影響を受けやすい女性身体がヒステリーによって病いになり自己暗示によって治ったのでもなく，自己管理され誤った影響に翻弄されない閉ざされた個人の身体が治癒したのだということを，証明しようとしたのである。その意味で，ルルドの公式の奇蹟的治癒事例は，近代に成立したと考えられる身体観に異議を唱えてはいない。25周年のレポートを書いた治癒者たちも，自ら医学的な語彙を用いていたように，医師の言説を拒絶してはいなかった。ルルド巡礼の世界で起こる奇蹟的治癒においては，技術としての医療が役に立たないものとして退けられるだけであって，近代医学が提示する身体観自体が否定されているわけではないのである。

ところで，この内・外両面における影響力の排除の要請の背後には，現象とは原因と結果の連続が時間的に展開することであるという前提がある。科学的に説明できるということは，連続した過程を辿ることができるということであり，反対に，何の影響（原因）もない突然のプロセスの断絶は，自然法則に従っていないことを意味する。医学審査局は，治癒が自然法則に従っている可能性を示すしるしとして，心理，治療，その他，どんなに小さなものでも，治癒の過程にある「連続性」の痕跡を探し出そうとする[57]。ルルドで起こる治癒の説明としてよく聞く自己暗示説も，身体と精神の間にある連続性に基づく説明，すなわち自然の連続したプロセスによる治癒の説明なのである。西欧近代医学は二元論的人間観・機械論的身体観を採り，精神作用が身体に及ぼす影響を無視していると批判されることがあるが，ルルドの治癒をめぐる論争では，精神と身体のつながり・連続性が前提されており，医学審査局は，そのようなつながりによって起きたのではない治癒を選別しようとしていたのである。

また精確な治癒審査のために，傷病者が携帯する診断書は「正確で，完全で，最新のものでなければならない」という規定があるが（OLIVIERI op. cit.: 30），それは，病いのプロセスを辿るために，連続した空白のない情報が必要だからである。どこにも欠けたところのない情

---

[57] ボワサリーは，奇蹟は絵画のように目の前に提示されるものではなく，二つのかけ離れた対峙する状態，病いと健康の間にある「対立」によって生まれるものであり，この対立を見抜くのは，目ではなく知性であると述べている（BOISSARIE 1894: 263）。

報だけが，治癒の前後に断絶があった場合に，それが断絶であることを明示し保証することができる。医学審査局の審査は，自然現象の特徴は原因と結果の連続からなる一連の過程を経るという連続性にある，すなわち，それは時間的なものである，とみなす自然秩序観に基づき，そこから，時間秩序を無視した現象は超自然的なものである可能性があるという結論を導く。治癒の即時性が証明されなければならない理由は，ここにある。

ⅱ）即時性の原則

即時性の原則は，自己暗示説を反駁するために必要となる。そのよくまとまった議論が，医学審査局の職務を述べた1901年の *Etudes* の記事にみられる。書き手であるマルタン修道士は，器質性疾患と機能性疾患の区別の重要性から話を始め，後者が心理作用によって治癒することはシャルコもみとめていると述べる（MARTIN 1901: 339）。だがルルドでは，骨折やカリエスや癌や壊疽性の傷が「数週間かけてではなく，数分のうちに」治るのであり，これは自然法則に反することであるとして，次のように言う。「即時性は，奇蹟に特徴的なしるしである。骨折をなおし，傷をふさぎ，癌を消滅させるためには，少なくともある一定の時間がかかる。……そのためには，数百万の極微の細胞が分裂し，新しい細胞が成長し，また分裂しなければならない。幾世代もかけてようやく，損傷を受けた器官の再生に必要な，骨や筋肉や神経や軟骨ができあがるのである。この生理学的作業は，かなりの程度引き延ばされた時間をかけることなしには，成し遂げられない」。

　変化のためには一定の時間がかかること，これが，あらゆる物理的存在が逃れることのできない自然法則なのである。ここから，即時の物理的変化は，自然法則を超えた超自然の出来事である可能性があるという結論が導かれる。治癒の即時性は，時間をかけて展開するプロセスの無視，断絶を意味するのである。医学報告書は，連続性を立証することで治癒が自然のプロセスにあることを，連続性を立証できない（断絶を認める）ことでそれが自然のプロセスではない可能性があることを，保証する。しかし，この結論から何を導くかは，医学の管轄外のことである。

　ゾラが小説『ルルド』のなかで加えた歪曲，本当は瞬時に起こった治

癒を，あたかもゆっくりと時間がかかって治ったかのように描くという歪曲は，奇蹟的治癒かどうかを判断するこの基準に触れていたために，激しい非難を浴びたのである。1895年9月8日の『ルルド新聞』は，ゾラの発言として次の言葉を引いている。「わたしの見た傷病者は全員，瞬時に健康を取り戻しました。わたしはまだ，奇蹟とは信じていないのですが」(*JGL* n. 36 1895)。この記述を信じるなら，ゾラ自身，瞬間的・即時かどうかが，治癒が自然法則にかなっているかいないかの分かれ目になること，それが奇蹟的治癒審査の核心であることを，十分認識していたと考えられる。少なくとも新聞の読者は，この記事から，治癒審査における即時性の原則の重要性を読みとることができたのではないだろうか。

ルルドではこのように，身体において進行していた病いの過程が断絶することで治癒が起こることがあると，されてきたのである。身体が，ある時点で疾病の自然なプロセスに従うことを止めてしまう。そこでは身体は，永遠に連続する自然過程と対峙している。身体が，自然の流れから外れるのである。

(2) 奇蹟的治癒物語
i) 「連続／断絶」
奇蹟的治癒物語には，テーマの上では，長々と続く苦しみ，長い拒食の期間から旺盛な食欲への劇的な転換，外側からやってくる何かの感得という特徴が，また形式の上では，治癒の瞬間は一人称で語られなければならないという暗黙の約束と語彙上の特徴がある。そしてそれらが一つになって生まれる効果が，「連続／断絶」の対照である。これは，上述の医学報告書の中心的なテーマでもあった。奇蹟的治癒物語は，物語の進行・流れによって，それを演出する。

奇蹟的治癒物語で連続性を表現するのは，長く詳細な苦しみの記述である。間断なくいつ果てるともしれない，心身にいかなる休息も与えてくれない苦しみの描写は，読む者に，切れ目のない連続の印象を与える。その連続の最中に傷病者が「永遠の休息〔死〕」，すなわち，プロセスの断絶を望む場面がしばしば出てくる。病いの苦しみは，誰にも押しとど

めることのできない奔流のように描かれるのである。

　これを一気に解決するのが奇蹟的治癒であり，ここに，何者かの感取の瞬間が訪れる。治癒の瞬間，治癒者はしばしば身体に外側から何かを受ける。それは「電気のような衝撃」や「四肢を駆けめぐる力と恵みの洪水」であり，「思いもかけない衝撃」・「身体中にばりばりという衝撃」・「骨が砕けるような衝撃」であり，「誰かに引き裂かれるような」・「神経を引っ張られるような」感覚，あるいは，「命のリキュールに浸される」・「腰に手を置かれる」ような穏やかな感覚である。治癒の瞬間，かれらは自分の身に訪れた何かを被り，そして受け入れるのである。

　その瞬間を挟んで対比されるのが，拒食と旺盛な食欲である。何も食べられなかった状態から何もかもを平らげる丈夫な胃腸への転換は，それまで続いていた滞りという古いプロセスの終了と新しい歩みの始まりを宣言する。読者は，数え上げられた食物や飲み物の量によって，治癒の前後の劇的なコントラストを感じ取るのである。ここで興味深いのは，治癒が第一の結果として，身体の内側に外部の異物を取り込み，受け取り，消化する過程を，再開させることである。これは外界と和解し交渉する肉体であり，受け入れる身体である。また，交渉の過程は治癒者と周囲の人々の間にも開かれる。治癒者は人々に語りかけ，自らの体験を差し出し，今度はあなた方が治癒の事実を受け入れる番であると，人々を促すのである。

　ii）「断絶／授受」

これらの出来事の描写は，奇蹟的治癒を特徴づける語彙によって彩られている。奇蹟的治癒物語で繰り返し用いられる動詞がいくつかあるが，それは二つのグループに分けられる。一方に，受け取る（recevoir）・とる（prendre）・むさぼる（avaler）・受け入れる（accepter）・いっぱいにする（inonder）・貫く（pénétrer）・満たす（remplir）・達する（atteindre）・なだれ込む（envahir）などの語彙が，他方に，差し出す（offrir）・与える（donner）・返す（redonner）・とっておけない（ne pas pouvoir garder）などの語彙があり，これらが「受け取る／差し出す」という対を作っている。そしてここに，閉じる（fermer）・自分の殻に閉じこもる（se renfermer）・開く（ouvrir）・自己表現する（s'exprimer）という語彙が加わって,「断絶／授受」という対ができあがる。それらは,自分の内側と外側の断絶と,そこに始まる交渉を表現しているが,これは何も,ルルドで病いや治癒を語るときだけの特徴というわけではない。

　ラプロンティーヌは,病いと治癒を語るさまざまな言説において用いられる語彙を分析し,そこからいくつかの対立する概念のセットを抽出している (LAPLANTINE 1986)。そして,それらの対概念を貫く最も基本的はイメージは「開／閉」のそれであると指摘する。病いの体験における「開／閉」イメージの重要性は,ル・ブルトンによっても指摘されている。彼は,病いとは食欲をはじめとする欲求や関心を失うことで,それは内閉の状態に他ならないという。病いによって人は身体の内側に閉じこめられ,世界との関係を断たれたかのように感じる。その印象は,痛みが言葉によって伝えられないという事実によって,いっそう強められる。痛みは人を孤立させ,固有の苦しみの中に引き留める。他者に絶対に接近不可能な距離が,痛みによって生じるのである。これらのことが,「L'incommunicable（伝えられない・断絶した）」という表題のついた節の中で述べられており,治癒はそれを交渉 (communication) へと転換し,そこに授受が起こるといわれる (LE BRETON 1995: 24ff, 39)。この場合の「開／閉」は,「内／外」という対比を伴っている。

iii）　一人称の「わたし」の意義

奇蹟的治癒物語に登場する「わたし」という一人称の意義は,断絶の演出にかかわっている。ルルドの奇蹟的治癒物語の歴史の初期から,物語は必ずしも治癒者本人が一人称で語らなければならないとはみなされてこなかった。語り手は,司祭でも,家族でも,医師でもよかったのである。だが治癒の瞬間に関しては,治癒者本人が語るべきであるという暗黙の了解が確立されていった。この原則の効果は,他者によって三人称で語られた物語の場合に顕著である。他者が語る三人称の客観的な物語が滞ることなく続き,治癒の瞬間になったところで突如,治癒者が述懐を始める時,そこに,「かれ」や「彼女」から「わたし」への転換が起こる。そのスタイルは確かに臨場感を生みもするが,同時に,治癒の瞬間だけ当人へと語り手が交代することで,時間の分断と治癒の瞬間の全

くの異質性が表現されることになる。語り手の交代，人称の交代によって，治癒の瞬間はそれまでの連続性と，きっぱりと分けられるのである。

また，治癒者以外が用いる「わたし」も，奇蹟的治癒物語の世界において重要な役割を果たしている。かれらが「わたし」を用いて参加する証言としての物語や証明書では，「わたしは（も）見た・受け入れた」という，「わたし」の参加の連鎖が起きる。医学報告書や物語に添えられる署名リストでも，「わたしは証言します」という文面の下に，署名者たちの「わたし」が並んでいる。そのように「わたし」が次々と巻き込まれていったことが示されて初めて，奇蹟的治癒物語は十全なものとみなされる。多くの「わたし」の参加が，その治癒が奇蹟的であることを立証するのである。

このように，奇蹟的治癒物語が語る治癒は，調和や秩序の回復ではなく，一人の人間が体験する断絶を語る。その断絶は何かのプロセスの完結ではなく，授受・流通・交渉の始まりをもたらすのである。

(3) 医学報告書の領分と奇蹟的治癒物語の領分

治癒審査の核心は，プロセスに断絶があるかどうかの精査にあった。それは，治癒が一切の因果・影響関係がないところで，一連の時間過程のなかに突如現れた断絶かどうかを吟味する。原因と結果の連続性，プロセスの予見可能性の有無を調べ，それがないと結論することで，結果として調書は，治癒前後の「非-連続性・非-同一性」を検証することになる。実体として映像や数値に表れた疾病や障害の消滅は，物理的次元で確認された断絶であり，治癒物語のなかで「わたし」が証言している出来事の，物証となるのである。だが，物理的に示された目に見える断絶は，同一性（プロセスの一貫性）の断絶を示すことはできても，断絶の原因については何も提示できない。科学には，自然の過程ではないということはできても，自然な過程の外側にあるものを指し示すことはできないのである。医学審査局は，科学的な記述の中に回収不可能な断絶であると明言することにより，原因の「外来性」を示唆するところで，その役目を終える。

奇蹟的治癒物語の役割は，その断絶の原因を語ることにある。断絶の

III 奇蹟的治癒 391

瞬間に何が起きたかを語ることができるのは,それを体験した「わたし」だけである。変化の原因が外在的で,自分にとっては異質なものであること,自分は何かを被り受け取ったのだということを証言するのが,この「わたし」の役目なのである。「わたし」は,訪れたものを被り受け止める基体として,治癒物語の中に姿を現す。医師の所見,写真やレントゲンには,治癒する前後の身体の違いを物理的に提示することはできても,治癒の瞬間におけるこの「被る感じ」や「主観にとっての異物性・非同一性・他者性」をすくい上げることはできない。治癒がその身に何かを被り受け取ることであること,治癒が外側からやってくるものであることは,物語によってしか表現できないのである。「受け取る／差し出す」というグループを作る語彙群は,物語のこの使命にかなっている。これらの言葉が医学報告書にはなく,奇蹟的治癒物語に頻出する理由は,二つの叙述の役割の違いにある。この語彙群が,科学の世界と物語の世界を分けているのである。

　現代の奇蹟神学は,奇蹟を語る言葉は「関与・決断・約束」の言葉であるといい,これは科学的因果論の言説と対峙すると述べる(PERROT, SOULETIE, THÉVENOT 1995: 31, 36, 191-200)。科学の言説は事実確認の場面で用いられるもので,その言説がなすべきことは,真理と虚偽と矛盾の弁別である。これに対して,奇蹟神学が述べているような関与・決定の言説としての治癒者の証言は,決意のもとに行われ,その言説を受け取った者に対して応答(拒絶・無視も含めた)を促す。発言者は言葉を発することで自らの立場を明示し,受け手は,発言者が「発言した」ということに対してどのような態度をとるのかを決めなければならない。奇蹟は決断を促し,応えを求める。それは,選択と決断を伴う言語活動なのである。奇蹟的治癒をとりまく言語活動では,この守備範囲の異なる二つの言説が使い分けられている。科学の言説は,治癒という現象に対して,真・偽・矛盾の中から,矛盾という判定を下す。そこから先が,物語の出番となる。奇蹟的治癒の認定過程は,「突発的な変化が起きた／自然な因果関係の結果ではない」というところまでを医学審査局が科学の言説で行い,「神との間に起きたというアピール／アピールの成否」を物語や証言が担うという,二段階からなっているのである。

　二つの言説ということで考えるなら,治ったと表明する権利と義務を

治癒者のものと判断してきたことは適切であったといえる。それは、そこでなされるべきことが、治癒したという「内容」を伝えることよりも、発言することを引き受けるという「行為」であるからである。内容であれば誰によって伝えられても同じことで、語り手によってそこに違いが生じるようなことがあってはならないが、行為であれば、それが誰によって行われるかということこそが重要な問題になるのである。

　ルルド巡礼の世界における医師の立場は、この行為としての発言という問題にかかわっている。医学報告書とそれを記述する科学的言説においては、内容の真偽だけが重要であり、それは関与者によって左右されてはならない。医局の仕事は報告書から「わたし」という関与者・証言者を無くしていくことであり、客観性とはまさしくそのようなものなのである。だが医師にとって、医学報告書を「書く」ということは、関与の決意を示す行為となる。ボワサリーが書いていたように、医学審査局の医師は中立的立場で治癒の調査に当たっても、どうしても「巻き込まれる」というニュアンスでとらえられる立場に立たされてしまう。治癒を調べることで、ルルド巡礼の世界に関与することになってしまうのである。

　上述の奇蹟神学は、奇蹟は関与に基づく世界を現存させる、と述べている。奇蹟は、機械論的な自己完結した因果の必然的過程を断って、そこから人を解放し、行為へと導く。それは受け手の自由にまかされた、神からの働きかけ（action de Dieu）であり、人間はそれに感謝（action de grâce：恩寵の行い）で応えなければならない。治癒体験が公表されなければならないとされ、しるしの秘匿・保持が戒められる理由はここにある。奇蹟的治癒は、応答としての感謝（恩寵）の連鎖を引き起こさなければならない。それは、科学的因果ではなく、応答の連鎖を喚起しなければならないのである。

　最後に奇蹟的治癒とはどのようなものであるべきかをまとめる前に、研究者たちが奇蹟的治癒について何を語ってきたのかを概観する。それらの発言が前提とする世界観や肯定する価値と、ルルド巡礼の世界で尊重される価値の間には、重要な齟齬が認められる。

(4)「全体性」の回復論

奇蹟的治癒とは何か，という問いに対して，「全体性の回復」ということが度々いわれてきた。この観念は主に，なぜルルドで人が治癒するのかという，治癒のメカニズムの説明として用いられてきた。以下では三人の論者を取り上げながら，そのメカニズム論としての妥当性と，この観念が奇蹟的治癒が起こる当該世界の世界観に適合しているかどうかの二点を考えていく。

ⅰ）「十全な自我」イメージ

ルス・ハリスは，上述の聖域史料室資料群6H23を，19世紀の女性の「自我 self」イメージを再構成するのに有効な資料と考え，治癒者の証言に表れているという自我イメージの分析を試みている（HARRIS 2000: 21f）。彼女は，治癒の瞬間における「自己喪失 loss of self」に注目し，その一時的な自己喪失が，結果として自己の「全体性 wholeness」を回復すると述べる。そのプロセスについては，次のように説明される。聖処女との出会いは，肉的存在としての人間の限界と，聖処女が具現している完全性・超自然的可能性の対照によって，傷病者に大きな衝撃を与える。聖処女は，非デカルト的人間イメージ，「全的存在としての人間 human wholeness」イメージとして，精神による肉体の抑圧を否定し，「統一的自我イメージ unified conception of the self」を保証する（ibid.: 310f）。「〔治癒の〕プロセスを，何らかの正確な生理学・心理学的メカニズムによって説明することはできないであろう。むしろ，『自我』の内部に起こる変容の，それと定義できない力（undefined nature of the transformation within the 'self'）が，思いもよらない力をもたらしたのである」。彼女は，そのような「統一的自我」が「自己喪失」によってのみ実現するところに，ルルドの奇蹟的治癒の特徴を認めている（ibid.: 362）。

彼女のこの議論は，19世紀において女性の自我は危機的状況にあったという女性の自己疎外論を前提としており，疎外された自我が十全な自我になることで治癒するという論旨になっている。治癒者の自我は，デカルト的な心身二元論を否定した統一的・全体的なものであるといわれるように，そこでは精神による肉体の抑圧と発病の間に因果関係が推定

されている。明言はされていないが，叙述を読む限り，第1章で概説した近代マリア神学に描かれたマリア像が，傷病者に，近代医学的・デカルト的人間イメージとは異なる人間イメージを提供し，それに触れることで傷病者の自我が力を取り戻し治癒する，というプロセスが推定されていると考えられる。

治癒のメカニズムは明言できないと断られているので，ここでは，この仮説の基本的な問題点だけを指摘しておく。まず，「自我」の概念が，通時・通文化的なものかどうかという点である。19世紀末から20世紀初頭にかけてのフランス・カトリック世界に生きた人々が，20世紀後半の世俗的自我イメージと同じような自我イメージに親しんでいたかどうかを検証する必要がある。またそれ以前の問題として，上述資料群6H23において，ここにいわれるような聖母との出会いと，彼女が考えるところの「自我イメージの転換」は，多くのレポートに見られる広範で共通の出来事とはなっていない。彼女の仮説は，資料群によっては裏付けられないのである。

アンドレア・ダールバーグは，巡礼の同行調査に基づいて，ルルドの奇蹟的治癒をとりまく状況を分析している。彼女は，人間の精神活動を高く評価するプロテスタント的人間イメージと対比しながら，カトリックにおいては復活の教義に見られるように肉体的な完全性が重要な意味を持つことを重視し，その人間イメージの特徴が心身一元論にあるというところに，治癒の核心を求める。ここから彼女も，聖処女が体現するといわれる「無原罪の身体」の「完全性 perfection」を重視した議論を展開するが，彼女は「自我」概念を持ち出すことなく，あくまでも受肉の教義に立脚しながら話を進め，「神性と肉体の調和ある一致 harmonious unity of divinity and flesh」が治癒において実現すると述べる (DAHLBERG 1991: 47)。彼女はそれゆえ，治癒のメカニズムを論じているわけではない。「奇蹟的治癒の言説は，この世界における，そして身体における，生命の完全性の方向を向いている」〔強調は引用者による〕(DAHLBERG 1987: 286)。

彼女の分析は，ルルド巡礼の世界の内在的理解をめざしたものとして評価できる。だが，マリアの身体が体現しているとされる完全性によっ

て，巡礼世界に見られる身体すべてを解釈しようとしたために，この奇蹟的治癒論と，彼女自身が同じ論文のなかで行っている苦しみの解釈との間に，矛盾が生じてしまっている。ダールバーグ自身，ルルド巡礼の世界では，傷病者の身体はキリストの身体とマリアの身体という二つの身体モデルに類比されることで，病いと治癒のどちらの状況においても価値を有すると指摘しているにもかかわらず，奇蹟的治癒を論じる場面では，マリアの身体に類比される完全な身体の実現としての治癒のみを評価し，キリストの十字架をモデルとする犠牲（傷病者の苦しみ）を，二元論的身体観に基づく，身体からの離脱や身体への無関心（身体破壊）とみなしてしまうのである（ibid.: 287）。

　これは，奇蹟にあずかった身体を「一元性・完全性」の枠内で考えているために生じた誤りと考えられる。そこには「恩寵の授受」の観点が欠けている。その結果，十字架上の犠牲の身体が恩寵の授受の中心に位置することが見落とされ，肉体への無関心とみなされてしまったのである。だが第1章でみたように，キリストの身体もマリアの身体も，恩寵の授受にともに参加する恩寵の基体であった。この二つの身体の間にあるのは，「身体破壊」と「完全性（全体性）」という対立ではなく，「差し出すこと」と「受け取ること」の対なのである。また，恩寵の授受の観点がないため，完全性という「完結」が奇蹟的治癒のゴールとみなされてしまい，治癒が喚起する恩寵の授受の連鎖，諸聖人の通功の重要性が，見落とされてしまった[58]。

　彼女たちの議論は，ルルドの奇蹟的治癒の核心が，デカルト的心身二元論の乗り越え，心身・霊肉の調和という形での全体性・完全性にあるとみなす点で共通している。彼女たちの議論はまた，日常生活では身体経験が軽視されているという前提と，ルルドにおいては身体が重視され評価されているという認識を共有している。奇蹟的治癒は身体の再評価

58）治癒と恩寵の関係については，現在ルルド巡礼の世界で治癒への期待が抑圧される傾向にあることの理由を考察する部分で論じられているが，そこでは，無償の贈与としての治癒という理想に対し，治癒を求めることが等価交換的態度として批判されるためである，と述べられるにとどまり，恩寵が巡礼世界で果たす役割には関心が払われていない（ibid.: 198-225）。

の頂点であり,さらにそれが日常生活世界における身体のあり方に対する批判として機能しているとするならば,そこには近代科学的身体観ではない別の身体観がみられるはずであるという推論から,ルルド巡礼の世界における一元論的身体観の復権という結論に行き着いたものと考えられる。そこには,近代社会は身体を軽視しており,近代科学(に基づく社会)が否定されるということは二元論が否定されることにほかならない,という論理構成が認められる。しかし本章でここまで述べてきたように,奇蹟的治癒物語において否定されていたのは近代科学的「身体観」ではなく,近代科学的「世界観」であると考えられる。ハリスとダールバーグの解釈には,奇蹟的治癒が異議を唱えているものについて,「個人の内面」と「身体観」のレベルにとどまっているという問題点がある。

　奇蹟的治癒の研究においては,治癒を一人の人間の内なる調和の回復として語る場合と,社会からの疎外の解決として語る場合の両方に,全体性の回復という観念が用いられるが,トマス・クゼルマンの議論は後者にあたる。彼はルルドの治癒者の社会的身分・背景を分析し,寡婦や独身女性など,社会から孤立した女性たちが主に治癒していると指摘した上で,ルルドの奇蹟的治癒を孤立の解消,社会からの分断・疎外から統合への転換,社会的紐帯の回復の結果として説明する(KSELMAN op. cit.: 54ff)。クゼルマンは上記の二人とは異なり,奇蹟的治癒という現象を,治癒者を取り巻く人々を巻き込んで行われる現状改革の方途と考えているのである。治癒現象を人間関係・社会関係の中に位置づけている点で,評価できる。
　だがその彼も治癒のメカニズムを論じる段になると,ヴィクター・ターナーの「ソシアル・ドラマ」概念を用いながら (ibid.: 40-50; cf. TURNER 1990),傷病者が,社会的連帯の表現であり「自己のすべて total self」をかかわらせて行われる奇蹟的治癒儀礼に参加することで疎外から回復し,「心身を伴う自我の全体性 (wholeness in oneself, both of body and soul)」が実現され治癒すると説明する。ここでも「疎外」は「十全」と対をなしているのである。

ⅱ）メカニズム論の妥当性

　以上、三人の論者は、心が治って身体が治るということを、一人の人間の心身の問題として、あるいは、社会のなかで起こることとして、述べている。治癒のメカニズムについて推測することは医学の領域の仕事であると思われるが、あえて評価するならば、クゼルマンが述べていた、孤立が解消されることで治癒が起きるという推論の妥当性は高いように思われる。だがその議論は、心身一如的な「十全な自我」や「全的自己」という観念を用いなくても展開可能であろう。それらの観念は、「疎外」の対立概念を「全体性」とみなした結果、設定されたと考えられるが、それを、たとえば「受容」という語で置き換えても、問題はないように思われる。

　奇蹟的治癒物語の記述を手がかりに、治癒のメカニズムを推理するなら、外の社会で不全になった身体がルルドで息を吹き返す、食べなかった身体が食べるようになるのは、「世界の拒絶」から「世界の受容」へと転換がなされた結果と考えることができる。現実には傷病者は、クゼルマンが指摘したように社会から孤立し「拒絶されていた」人々で、社会に「受け入れられる」ことで治癒したのかもしれないが、奇蹟的治癒物語のなかでは、彼女達はあたかも「拒絶していた」人々であるかのように描かれている。そのような傷病者像は、社会を拒絶することで病いになるという病因論、語彙・表現としての病いという見方に通じるものであり、決して特異なものではない。

　ハリスもまた、病いと治癒の発生を、否定と肯定、願望の抑圧と充足の問題としてとらえている。この場合も、「拒絶／受容」の対概念を用いて、ルルドでは、女性としてのあり方を自他によって否定されたために病んでしまった女性傷病者が、完全な女性的存在のイメージである聖母と出会うことで女性としての自己を肯定（受容）することができるようになり、その結果治癒する、というように、先述の彼女の推論（その仮説が妥当かどうかはここでは問わない）を言い換えることができるのではないだろうか。「自我」の概念を用いずとも、19世紀に男性イメージと対比的に形成された女性イメージに対し、女性達がいかに対処したかを分析することは可能であり、また、「自我」を持ち出すにしても、そこに全体性や十全という属性を設定する必然性は認められない。

他方，クゼルマンのように社会関係の中で治癒を考える場合にも，傷病者が医学・医療体制から解放され，医師との関係から神やオスピタリエとの関係へと相関者が変化した（あるいは，孤独な状態から脱し相関者を得た）ことで治癒が引き起こされた，というように，全体性の回復の観念を用いることなく立論可能ではないかと思われる。なお，関係の改善によって治癒するという仮説は，ヒステリーの治癒理論に非常に近いものである。先述のように，ヒステリーは関係の不全によって引き起こされ，関係の改善によって治癒する病いであると考えられていたのである。

　　iii）　世界観との整合性
ここまで，全体性や十全という観念を用いることに疑問を呈してきたのには，理由がある。全体性の回復という観念は，ルルドの奇蹟的治癒の説明に適していないと考えられるのである。というのも，かれらが用いる全体性という観念は，自己完結によって実現・保障された対内的かつ対外的な調和・安定という，「同一性 identity」という言葉で言い換えられる価値を含意していると思われるからである。ハリスが「全体的な自我」という観念で表現しようとしていたのは，このような「わたし」の姿であると考えられる。そのようなイメージで統一的自我をとらえていたからこそ，ルルドではそれが自己喪失によって達成されると解釈した時，彼女はそこに何か逆説的なものを感じたのではないだろうか。
　だが，ルルドの奇蹟的治癒では同一性が回復されているとはいえない。逆に，奇蹟的治癒は同一性という価値と対立している。ルルドの奇蹟的治癒は，人間の内部にあるとされる「精神と肉体の分断」の回復ではなく，「身体の内と外の分断」の乗り越えにかかわっている。また，奇蹟的治癒が起こる世界は，連続性を主張する科学に対し，連続のただ中における断絶の可能性を主張する。そこでは，人間の内側にあるとされる同一性と世界の内側にあるとされる同一性がともに否定されている。ただし，否定のされ方には違いがある。人間の同一性は，内閉が破られることで否定され，世界の同一性は，プロセスが中断することで否定される。同一性は，西欧近代世界を特徴づける価値なのではないかと思われるが，奇蹟が起こる世界は，そのような近代的価値としての同一性に異

議を唱えているのである。ルルドの奇蹟的治癒が対峙し挑戦するのは，「心身二元論」ではなく，完結性としての「同一性」である。傷病者巡礼が，医療化された社会を否定することで，医療化されるべき生産的市民としての「わたし」を否定しようとしていたように，奇蹟的治癒が起こる世界に参入する「わたし」は，おそらく，自己同一性をもつべき近代市民社会の適正な一員として構成される「わたし」と，対峙しているのである。

　ルルドの奇蹟的治癒が同時代の何を批判しているのかについて，上述の三者の分析には，この観点は見られなかった。それゆえかれらは，全体性や統一といった観念を用いてルルドの奇蹟的治癒を説明することに違和感を覚えなかったのであろう。だがルルドで治癒する人々は，日常生活世界・近代市民社会を成り立たせている適切な言動のルールと価値観を離れ，ルルド巡礼の世界に参加し，その世界観をよく身につけ，そのルールを守る中で，治っている。ルールの実践としての奇蹟的治癒が起こることによって，その世界自体も活性化されることになるのである。

　では，奇蹟的治癒が活性化する世界とはどのようなものか。ハリスとダールバーグが指摘したように，ルルド巡礼の世界では身体が重要な位置を占めている。だがそこでは，心身一元論的な身体イメージは問題になっていない。ルルドでは，「心身の関係とはこのようなものである（べきである）」というイメージ操作が問題なのではなく，「身体があることによって起こること」を見聞きし実践することが，重要なのである。そしてそれは，カトリック世界内の言葉で「恩寵の授受」といわれるものである。肉体の苦しみを捧げる傷病者と肉体労働を捧げるオスピタリエの「差し出す身体」に対し，奇蹟的治癒にあずかる身体，恩寵を「受け取る」身体がある。ルルド巡礼の世界に参加しそれを創り出している身体は，「恩寵を差し出す身体」と「恩寵を受け取る身体」であり，恩寵の授受に参加しているそれらの身体が現に存在していることによって，人はそこで恩寵が授受され流通していることを確信する[59]。ルルド巡礼

---

59) BRAGUE (1980) は，「肉」の経験とは，時間と空間のなかに存在すること，「位置づける disposer」ことそのものであり，「在る disposition」ためには肉体が必要であると述べている。これにならえば，カトリックの世界観においては，恩寵が発現し位置づけられるためには，肉体が必要であるといえるのではないだろうか。また，原罪が

の世界とは,恩寵が人々の身体を横断する世界であり,奇蹟的治癒はそれを活性化するのである。

　モアンはキリスト教における身体観について,テルトリアヌスの「肉は救いの蝶番」という言葉を引用しつつ,人間の身体は通常外に対して閉じているが,キリスト教においては聖体が身体から身体への通路を開くと述べている(MOINGT 1986)。諸聖人の通功とは,そのような,神に横断される人々の集まりと考えられる。神秘的肢体イメージは主権体の主張とかかわっているが,その神秘体を構成する契機である聖体拝領に注目するとき,一人一人の身体とそこに入っていくキリストの肉体を考えたとき,それは,共通の恩寵に向かって開かれた人々の集合となる。聖体を受けとる身体は,恩寵をやりとりできる開いた身体となるのである[60]。

　ルルドでは身体にかかわる何かが日常と変わる。その何かを,ハリスやダールバーグは心身二元論から一元論への転換と考えた。だが実のところそれは,身体を差し出す時・場所・居合わす人々が,病院や労働環境とは異なっているところにあると考えられる。ルルドでは,身体が人と人との交渉の場面に持ち出され,その身体に手がさしのべられる様子が,目に入る光景の一部となっている。実際,オスピタリテの仕事の中心は,傷病者が差し出す身体を受けとめ支えることにある。ベッドから抱き起こして車椅子や寝椅子に移すとき,移動を助けるとき,沐浴場で水の中に浸し,引き上げるとき,オスピタリエは傷病者の身体を,重みと厚みを両腕にしっかりと感じながら,身体全体で受けとめ支える。それが,オスピタリエの身体の使われ方の特徴である。あるベテランのオスピタリエは,傷病者を抱きかかえて車椅子に座らせるときの体勢と動きをやって見せてくれながら,「ルルドで一番好きな身体の動きだ」と

肉体を媒体とするように恩寵も肉体を媒体とするというのであれば,それは,逆転の物語になっている。

　[60]　第3章で参照したエリアスは,人間イメージの類型を「開／閉」の概念によって対比した上で,現代人にとって「『孤立した人間』としての自己と個人一般の観念を脱することは,確かに容易ではない」が,「閉ざされた個人」としての人間像の代わりに,「他人との関係において相対的自律性は多少有しているが,決して絶対的全体的自律性を持つことはなく……他人に依存している存在」である「開かれた個人」としての人間像に基づいて,社会現象を分析する必要があると述べている(エリアス 1977：50)。

いっていた。上記の三人の論者が,「全体的自我の回復・実現」という表現でいおうとしていたことも, この, 身体が持ち出されることの効果だったのではないだろうか。通常, 精神活動ばかりが評価される人々の交渉の場, 公共の空間に, 身体が持ち出され, 人々の関心の焦点となり, 受け止められること, 人間の経験の中心部に身体が位置づけられること, それが, 全体性・心身両面の回復といわれていたことの, 内容なのではないかと思われる。

IV　まとめ：適切な奇蹟的治癒とは何か

〈ルルドー癌ー希望〉巡礼にオスピタリエとして参加していた二十代半ばの青年は, わたしとの雑談の中で自らの治癒を語り,「以前病人として参加した時に受け取ったものを差し出し (offrir) に来ている。それがここの特徴なんだ」と言った。動詞「offrir」は「贈る, 差し出す；(神に) 捧げる, 供える；(身を) さらす」等を意味し, 特に, 相手が受け取るかどうかにかかわらず差し出すというニュアンスをもつ。彼は, 自分がかつて受け取ったものを, 受け取ってもらえるかどうか判らないまま, 今度は人に捧げに来ることを, 巡礼の特徴だといっていたのである。

　この, 差し出されたものを受け取る話, 与えられ受け入れられる恩寵のテーマこそ, 奇蹟的治癒物語の核心である。奇蹟的治癒物語は, 恩寵という外側からやってくるものを突然身体に被り, 突き動かされる感じを伝えていた。それまで水を飲むのもやっとだった病人が, 大量のパンやワイン, ステーキまで平らげるという, ルルドの奇蹟的治癒物語最大の特徴である常軌を逸した食欲のテーマも, 受け取る身体を語る。また治癒者は,「自分は恩寵に値しない」と躊躇しながらも, 神の思し召しに従おうと決心して治癒を受け入れる。奇蹟的治癒物語は, 心身が恩寵を「被る／受け止める」ことを語っているのである。このような奇蹟的

治癒は，技術的な操作によって獲得されるものではなく，裁量の範囲外でおこる点で，治癒儀礼とは異なっている。ルルドで起こるとされる治癒は，調和が回復され自分の内側に変化が起きることとしてではなく，身に降りかかるもの，差し出された恩寵を被ることとして，提示される。また近代医学においては，治癒は原因物質の除去によって得られるとされる場合が多いように思われるが，そのような異物の排除としての治癒に対し，ルルドでは，さらなる被りとして治癒が起きるのである。

　ビエ神父は治癒者の証言を分析して次のようにいう（BILLET 1974: 214f）。「多くの場合，神に対してだけでなく，他者に対する回心が起こ・・・・・・・・・・・・・・る。……彼らは治癒の体験の内に，"顔のない説明不可能なもの"や名前のない"超越者"ではなく，一人の本当の人格からの絶対的な無償の行為を認めるからである」〔強調は引用者による〕。それは「感謝によって応えられることを求める」「自分自身とは異なったもののしるしであり，〔治癒者は〕病気だけでなく過去の人生のすべてを越え出ていくようになる」。治癒者は，思いもかけず他者からの無償の贈与を受け，それに応える義務を負うことで，それまでとは違った関係の中に踏み出していくのである。この時，奇蹟と応えの関係が，苦しみの捧げものの場合とは逆転している。治癒が求めに対する応えなのではなく，人が治癒に応えなければならないのである。

　一方，第三者が語る治癒の物語は，当然のことだが，一人称の時のような「被り」ではなく，代わりに転換と突破を強調する。1994年12月に開かれた〈ルルド－癌－希望〉のパリ支部会合で，オスピタリエールの女性が，寝たきりだった二十代の男性の話をしてくれた。男性が小グループでの語り合いでずっと黙っているのが気になり，「彼が何か言いたいんじゃないかしら」と水を向けると，初めは口を開かなかったがやがて堰を切ったように話し始め，巡礼の終わりには自分の足で歩いて帰っていった。今ではオスピタリエとして，やはり快復した友人と毎年参加している。オスピタリエの男性が知り合った女性は，ルルドに着いたときには全く元気がなかったが，巡礼によって，自分は病院内での番号に還元された存在ではなく固有の名前を持った一人の人間なのだと，自らの尊厳を取り戻して帰っていった。同会の会長は，離婚の危機にあった夫婦が子供の癌と巡礼をきっかけに和解し，子供の死後も新しい家庭を

IV　まとめ：適切な奇蹟的治癒とは何か　　　403

築く努力をしている例をあげ，「こういう回心こそルルドで起きる奇蹟なのよ」と結んだ。

　これらに共通するのは，閉塞した状況の突破と囚われからの離脱，何かが動き出し，新しく関係を築く準備ができることである。それは失われた調和の回復というゴールではなく，新しい関係に向かうスタートとして語られる。そしてこの閉塞と突破と苦しみが密接に関わっているところに，ルルド巡礼の世界の特徴がある。

　苦しみの捧げものにおいては，苦しんでいる者の「わたしの苦しみ」が「他者のために」役に立ち，苦しんでいない者にとっては「他者の苦しみ」が「わたしのための苦しみ」という意味を持っていた。このような苦しみの意味を説くカトリックの救済観は，苦しみを礼賛する苦痛主義（dolorisme）だといって非難されることがある。だが，苦痛主義が「わたしの苦しみ」を「わたしのために」利用することを論じるのに対し，苦しみの捧げものにおいては，苦しみはそのままでは人を自分の殻に閉じこもらせる原因，苦しむ当人にとっては否定的な働きをするものであるとみなされる。傷病者の親交組織〈アミシシア〉の会報にも，自分のことしか見えなくし，まわりの人々のことを忘れさせる苦しみのせいで，傷病者が陥ってしまうエゴイズムや，自分自身の内に閉じこもることへの戒めの言葉が，繰り返し見られる。ル・ブルトンが述べていたように，苦しみは閉塞の原因と認識されているのである。

　だがその同じ苦しみが，同時に突破の契機にもなる。〈アミシシア〉の会報では，他者の苦しみに配慮すること，自分の苦しみを忘れ他者の苦しみを考えることこそ，自分自身の内に重く沈み込むことを避ける手だてであると強調される。またユイスマンスは次のように書いている。「まずもって多くの人々は，ひとたびルルドに来ると，病む我が身を忘れ去り，自分よりも重い病人が自分の代わりに癒される恵みを願うようになる」（ユイスマンス　前掲書: 149）。自分の苦しみを忘れ，他者のことで心がいっぱいになる，というのは，ルルドで繰り返し見聞きされる規範的な物語である。実際，傷病者の発言には，他の傷病者についてのものが多い。傷病者だけでなく健康な巡礼者も，熱心に他者を語る。他者の治癒を祈るという語りを欺瞞とみなすことはたやすいが，現実に，他者の苦しみや人となりのすばらしさを語る言葉が，ルルド巡礼の世界を

特徴づけている。それは，ルルド巡礼の世界を支えている適切な言動のルールの，実践の一つなのである。

　これらの発言は，かれらの関心が他者に向かっていることをアピールしている。そしてこれが，ビエ神父が「他者への回心 conversion vers les autres」と呼んでいたものである。「conversion」のもとの意味は「向きを変えること」であり，他者への回心とは，「他者の方へ向きを変えること」である。ここでは，苦しみが忘れさせるものが，「他者」から「自分」へと転換している。そして「他者の苦しみ」こそ，この転換を起こすとされるのである。自分の苦しみが自分のことで心をいっぱいにして他者を忘れさせていたのに対し，他者の苦しみはその関心を他者へと転じ，自分のことを忘れさせる。自分の苦しみのせいで他者を忘却することによって作られていた私の殻は，目の前に迫ってくる具体的な他者の苦しみの発見と，それによって引き起こされる驚きによって，破られるのである。盲人巡礼のある参加者は，ルルドで大勢の盲人や傷病者の存在に触れて驚き，長いトンネルを抜けることができたのだと語ってくれた。そのなかに何度も「驚いた」という言葉が出てきた彼の話は，驚くことが自分を閉じこめる闇を抜ける契機となること，不意打ちを被ることで，それまで自分の心が外からのどんな影響も遮断し閉じていたことに気づくものだということを，教えてくれた。

　そして奇蹟的治癒には，そのような他者の苦しみと並ぶ，強烈な驚きをもたらす突破口としての意味がある。1993年のルルド国際会議で奇蹟神学について発表したデュプレックス神父は，そのなかで，フランス語の「miracle（奇蹟）」はラテン語の「miraculum」に由来し，その語根である動詞「miror」は「驚くこと s'étonner」を意味すると述べた（DUPLEIX 1994）。彼は，奇蹟と驚きの関係に注意を促したのである。さらに現代奇蹟神学の入門書では，キリストの十字架は連続性，同一性，原因と結果としての世界を断絶し，それを自由と創造力に開かれた奇蹟のある世界に変えたと述べられ，内在的な連続する同一性としての秩序に対し，奇蹟が，外来の異質な恩寵を受け取ることで実現する反同一性・非同一性のしるしとして描かれている（PERROT, SOULETIE, THÉVENOT op. cit.: 27）。

　そしてこの非同一性こそ，奇蹟的治癒を取り巻く驚きを引き起こす。

現在フランス語では,「不意にとらえる,現場で取り押さえる,驚かす」などの意味を持つ動詞「surprendre」や,「揺るがす,亀裂を生じさせる」という意味をもつ動詞「étonner」の受身形によって,驚くという状態が表現される。驚きは,不意な亀裂によってもたらされるのである。治癒者は,何ものかの予期せぬ到来に不意をつかれ,その不意に訪れた何かが病いのプロセスに亀裂を生じさせる。人は,奇蹟的治癒が,絶対と思われていた世界の同一性を破っていることに驚き,その驚きが次に「わたし」の同一性を破る。さらにルルドでは医局によって,この驚きの正当性が専門家の目によって判別・保証されるのだが,ここでは一般の人とは別に,専門家が驚きにうたれることが要求されている。専門家は,簡単には驚かない,冷静沈着であるという規範を満たした人物とみなされており,その彼が驚けば,それは本物なのである。

ルルド巡礼の世界の一員になる,奇蹟が起こる世界に参加するということは,人は驚かされ,同一性を破られ,動かされ,変わるのだと認める世界の一員になるということである。1948年に『ラエネク』誌に掲載された奇蹟論は,次のように述べている。神からの救いを受け入れることは,自分だけで十全だとは思わず他者の必要を認めることであり,自分自身に対する所有権を奪われることとしての自己放棄である(BOUILLARD 1948: 32)。奇蹟が起きる世界を受け入れるということは,自分が他者の自由になること,自分の自由にならないことを認めることなのである。また「奇蹟を信じる」という言い方がよくされるが,一般に思われているほど,奇蹟は目で見て信じるということに還元されない。治ったという本人や語り手の話に耳を傾け,その言葉を受け入れることを通して治癒者や話者を受け入れることが,結果として,不思議な治癒を受け入れる(否定しない)ことになるのである。なお,断るまでもないこととは思うが,ここに述べたような適切な奇蹟的治癒物語にまつわるルールは,ルルド礼巡の世界のルールを構成する一部としてのそれであり,他の時代,他の聖地の奇蹟譚が,同じルールに従い同じ機能を果たしている(いた)と安易に類推することはできない。

上述の国際会議でロンヴェルザン猊下は,聖書で神について語られるときに用いられる語彙をみれば,それが神の定義をめざすものではなく,神との関係を表すものであることが容易に見て取れると述べている

(LANVERSIN 1994)。人間にとって，神は内容ではなく，関係を結ぶ相手だというのである。これを引き継ぐかのように，閉会の挨拶をランベール神父は次のように結んだ。「日々，絶えることなく神から贈られる花束に，わたしたちは気づくことができるでしょうか？」(LAMBERT 1994)。

第 5 章

傷病者巡礼の展開

あなたは言われました。「苦しむ者はみな，わたしのもとへ来なさい。わたしはあなたがたを慰めるであろう」と。——この人たちは来たのです。ここにいるのです。　　　（ユイスマンス 1994: 253）

前章で見たように，ルルド巡礼の世界では奇蹟的治癒物語を舞台として，病いと治癒と恩寵をめぐる観念が洗練されていった。だが，ルルドは傷病者巡礼によって特徴づけられる傷病者の聖地であったにもかかわらず，大勢の治癒しなかった傷病者の経験についての発言はなかなか表に出てこなかった。第3章の終わりで述べたように，傷病者は「苦しみの捧げもの」や「人々に手助けを求める存在」といった，健常者の都合に合わせたイメージを負わされた「かれら」であり続け，長い間，自ら発言する「わたし（たち）」になることがなかったのである。

その状況が変化するのは，1920年代にさまざまな傷病者組織が作られるようになってからであった。そのころ，ルルド巡礼に参加した傷病者たちが親交団体を作って交流を深めながら，社会，教会，救いのヴィジョンにおける傷病者の位置づけと役割について自ら考え，発言するようになっていったのである。ルルドでも傷病者巡礼のスタイルが受け継がれる一方で，第二次世界大戦後には，巡礼団の至宝とされていた「かれら」傷病者が組織を作ることで「わたしたち」となり，「わたしたち」として自ら主催する巡礼が始まった。こうして傷病者がルルド巡礼の世界に主体的に参加し発言するようになることで，巡礼世界における傷病者の位置づけと傷病者巡礼の意義が変化していった。苦しみの捧げものがいわれなくなり，健常者と傷病者の双方によって，新たな「わたしたち」の形が模索され始めるのである。

しかし，これらの傷病者主催の巡礼団は発足当初，他の巡礼団を組織する教会関係者から「カテゴリー化」であるとして非難されていた。傷病者，盲人，障害者が独自の巡礼団を組織し内輪で固まることは，参加者の間に何らの分け隔てもない友愛の共同体を実現しようとする巡礼の理想にもとる，というのが反対派の主張であった。だが障害児巡礼のように，司教区巡礼への参加を拒否されたためにやむなく独自の巡礼団を組織して始まったものもあり，さらに興味深いのは，少女，若者，男性，労働者，軍人など，他のカテゴリー化がルルド巡礼成立当初から行われていたことである。それらのカテゴリー化が適切とされ，傷病者のカテゴリー化がことさら非難されるのは，傷病者の位置づけが巡礼世界の中で重要な意味を持っているからに他ならない。傷病者の参加形態が変わるということは，当初，司教区巡礼を基本に構想されていたルルド巡礼

の世界の構成全体に，影響を及ぼすことになるのである。またそれは，巡礼世界に誰がどのような形で参加するのが適切なのか，そもそも誰が参加してよいのかを問い直し，参加者の役割と参加資格を見直し，巡礼世界を開いていくことでもあった。傷病者は，日常生活世界で奪われている居場所を巡礼世界のなかに与えられるという状態から，さらに一歩進んで，巡礼への主体的な参加をめざすようになる。それは，「発言」と「現前」という二つの形での参加要求となる。

　以下，本章前半では，傷病者主催巡礼の展開を三期に分けて追っていく。内容は大きく二つに分かれる。第一に，代表的な傷病者組織を，カトリック・アクション運動の中から生まれた先駆的傷病者組織，傷病者・障害者の自助独立を訴える組織，障害児（特に知的障害児）組織の順に紹介する。そして第二に，カトリック教会内の傷病者の位置づけの変化を，祭儀改革を切り口に整理する。それは，傷病者の存在がルルドという限られた範囲を越え，司教区やカトリック世界全体のなかで関心を集めていく過程でもある。また，傷病者にとって望ましい巡礼の姿を模索する中で，ルルド巡礼の世界がもつ，近代的理念に対する批判としての側面が変化していく。第4章でみたように，奇蹟的治癒は一面で共和国的価値・規範への復帰も意味していたが，ルルド巡礼の世界は，祭儀改革を通して老いや死と向き合う姿勢を明確にすることで，健康に基づく社会を批判し，苦しみを生きる文化の回復をめざす運動としての意義を強めていくようになるのである。

　本章後半では，傷病者巡礼のまとめとして〈ルルド－癌－希望〉巡礼を取り上げ，現在，ルルドの傷病者巡礼がどのような理念に基づいてどのような実践を行い，これから先どこへ向かおうとしているのかを考察して終わる。

I　20世紀前半の傷病者を取り巻く状況

―――――

1　傷病者組織の設立：傷病者の役割・存在意義の模索

　カトリック世界には，教会活動の一環として正式に認可された，職業・年齢・問題意識等に基づいて形成されるさまざまな平信徒組織が存在する。1920年代に，それらの平信徒組織を教会の司牧活動に積極的に参加させるカトリック・アクション運動が盛んになり，同じ病いや障害を持った人々によって傷病者のサークルが結成されるようになった。病いになることで心を閉ざしてしまわないよう，他の傷病者と助け合いながら豊かな信仰生活を送ることをめざして発足したそれらのサークルは，聖ヴァンサン・ド・ポール会のように，自らの置かれた状況や志を同じくする者が支え合い導きあうために作られた組織であった。健常者にとって常に「かれら」であった傷病者が，こうして「わたしたち」を作ったのである。以下，その代表的な組織を二つあげる。

(1)〈カトリック傷病者同盟〉

　〈カトリック傷病者同盟 Union catholique des Malades〉は，スイスにあったプロテスタント系の傷病者の会〈てんとう虫 Coccinelles〉[1]をモデルに，その会に参加していたルイ・ペイロによって1914年に創始された[2]。〈てんとう虫〉では，会員が自分の気持ちや考えをノートに書い

---

　　1)　てんとう虫は「神の虫 bête à bon Dieu」とも呼ばれる。
　　2)　以下の記述は主に，PEYROT〔s. d.〕を参照している。1922年にマルグリット・マリー・ティヤール・ド・シャルダンが入会した縁で，ティヤール・ド・シャルダンもこの会に深く関わった。なお，モデルになった〈てんとう虫〉は，アメリカの傷病者の会をモデルに創設されたもので，ルイーズ・デヴォンシュ（「英語を独学した孤児で，

て回覧することが活動の中心であったが，ペイロはその方法を，傷病者の主体的な参加を確かなものにする点で新聞などの印刷物よりも優れていると評価し，〈カトリック傷病者同盟〉でも，10人前後のグループごとに，回覧ノートと手紙によって交流することを活動の中心に据えた。しかし彼は，単に個人の信仰を支えることだけをめざしたのではなかった。彼は，カトリックとプロテスタントの最大の違いは，諸聖人の通功の教義にあると考えた。そして，この教義によって「救いの技」が「連帯の技」になることを重視し，傷病者が参加すべき場所と果たすべき役割をそこに求め，会の目標を「自分の十字架を背負うことを引き受け，諸聖人の通功によって絶えざる反響がもたらされる，贖罪者の役割を果たすこと」と定めた（PEYROT〔s. d.〕: 10）。会は速やかに発展し，1917年にはグループ数が5から10に増え，1920年には40になり，会報 *Trait d'Union*（はじめは死亡記事を伝えるものだった）も発行されるようになった。会員たちは，後述する「ルルドの日」等で顔を合わせていたが，やはりルルドが最大の再会の場であり，司教区巡礼や〈全国巡礼〉の折りに大勢の会員が親交を深めたという。

　会は，手紙によって結ばれた傷病者のネットワークとして機能した。教区活動を補佐する全国規模のネットワーク〈救いの聖母協会〉，各オスピタリテ，カトリック医師団などのように，ルルド巡礼の世界において今度は傷病者がグループ単位に束ねられ，そのグループが組織化されたのである。これは第3章で述べた，結社を作ることが公論への参入の条件になる，という問題に関わっている。19世紀前半の信心会が，人々に発言と意見交換の場を提供し，社会参加のための教育機関としての機能を果たしたように，傷病者たちも，ノートや手紙を読み書きし合うという活動を通して，自らの体験の語り，耳を傾け，支え合い，提案を出すといった，主体的な活動の経験を積み重ねていった。それは，新たな活動の拠点としても意義を持ったのである。

　しかし，傷病者組織の第一世代の参加者たちが内面化していたのは，健常者によって唱えられていた「苦しみの捧げもの」という傷病者イメ

右手が麻痺」と紹介されている）を中心に主に女性が参加している： BELIN 1930; TESTES 1936〔亡くなった会員10人の評伝で，序をティヤール・ド・シャルダンが書いている〕。

ージ・役割であった。苦しみの価値を内面化する傾向は，次の，ルルド巡礼の世界と関係の深い組織に顕著である。

(2) 〈アミシシア〉[3]
ⅰ) 歴　史

「友愛」を意味する〈アミシシア Amicitia〉は，1921年にヴォージュ出身のマリー・ウィルツとオルレアン出身のマルグリット・リヴァールを中心に結成された。創設に当たってウィルツは，「病いの時に避けがたいエゴイズムに対し，戦うことができる手だてを提供しなければならない。他人の不幸を心に掛け，自分のものではない苦しみに同情することができるように。それこそが，常に激しく自分自身の上に重く沈み込むことを避ける手だてではないだろうか」[4]と書き，会の目標として，精神的絆によって傷病者を結ぶこと，生活に目的を与えること，何かの役に立っているのだと感じられるようにすること，の三つを掲げた。しかし，傷病者に苦しみを役立てることを教え，教会の中で重要な位置を占めているという確信を取り戻させようという「傷病者による傷病者の使徒活動」が標榜したのは，傷病者の普遍的使命としての「苦しみの捧げもの」の観念であった。人々のために捧げられる犠牲として苦しむことこそ教会活動における傷病者の使命であるとされ[5]，マリアこそ完全な自己放棄のモデルであるとして，会はルルドの聖母の守護のもとにおかれた。また〈アミシシア〉は一つの家族であるといわれ，会長は「大姉 Grande Sœur」，会員は兄弟姉妹と呼ばれたように，公論の教育機関というよりは家族的グループとしての性格の方が強かった。

　活動は，指導役のもとに5人から8人の傷病者で1グループを作って回覧ノートをまわす形で始まり，手紙と機関誌によってフランス全土にネットワークが広がった。会員は，会主催のミサや交流会，司教区オス

---

　　3) 以下の記述は，ESTIENNE (1968) を主に参照している。また〈アミシシア〉オルレアン本部でも，資料の閲覧やインタビューなどの調査をさせていただいた。
　　4) 会報1925年1月号のタイプ版に引用された，1920年8月30日付のウィルツのノートの言葉。〈アミシシア〉オルレアン本部に，会報のコレクションが残されている。
　　5) 傷病者として〈全国巡礼〉に参加したフィリパールは，自己の使命に対して「『プロ』の傷病者 Malade «professionne»」という表現を用いている (PHILIPPART〔s. d.〕: 12f)。

ピタリテによって組織される「ルルドの日」，そして〈全国巡礼〉や司教区巡礼などで顔を合わせ，総会はルルドで開かれた。〈アミシシアの友〉という，会の趣旨に賛同する健常者のグループも作られ，この会が主催する集まりももたれた[6]。

〈アミシシア〉も発展がめざましく，1925年には，32グループ（400人）の女性会員，8グループ（80人）の男性会員を抱える大所帯となった。会員の中から何人もが修道女になる一方，創設者の一人リヴァールは手がけていた通信教育活動を拡張して別組織〈Auxilia〉[7]を作り会長職を退くなど，他の活動に積極的に関わる人材も輩出された。会報に寄せられた手紙を読むと，修道会と平信徒活動はどちらも「活動」という意味では大きな違いがなく，今思われるほど対照的な位置づけにはなかったという印象を受ける。会は1936年にカトリック・アクション運動年鑑に記載され，1939年には教皇ピウス XII 世から祝福を受けている。

1921年から発行されている会報 Amicitia. Revue mensuel は，20ページの紙面の半分近くが会員からの手紙で占められている。上述のように，会の霊性の中心は「苦しみの意味」であるが，会報では大きく三つのテーマとして展開されている。

第一に，苦しみの接近不可能性。会付き司祭が「苦しみとは，人が学ぶべきことでありながら，想像することが不可能なものの最たるもの，最も隠されたものである……苦しんでいない者が苦しんでいる者を慰めることの根元的・絶対的不可能性はここに由来する」（ARM 1926a）と書いているが，この苦しみの理解不可能性は，傷病者にとって切実なテーマであった。他方でこのテーマは，苦しみという状況において，理解とは異なる地平があることへと省察を導く可能性を秘めてもいる。

第二に，キリストに倣って苦しむことの重要性。1926年4月号に掲載された，「身体の苦しみにあってイエスと一つであり続けること」とい

---

6) 会報1926年7月号（p.13.）によれば，ルーアン支部では司教区巡礼団ブランカルディエも参加して演奏会が催され，司教区巡礼のための寄付が募られた。

7) 各地の療養施設の病人にアンケートを出すなどの準備を経て，1926年に始められた。フランス語・計算のほか，英語・タイプ・簿記など職業訓練になるような講座もあった。〈Equipes Sociales〉〔異なる階層の人々が社会正義のために働くことを目的に，学生と労働者を主体として1921年に創設された。ルルドの聖母の守護のもとにおかれる〕の後援を得，1929年にその下部組織となった（Les Equipes Sociales de Malades〔s. d.〕）。

う読み物(ベルナド著『聖体から三位一体へ』からの抜粋)では,苦しみそのものに価値があるのではなく,いかに苦しむかということが重要であり,キリスト教徒にとっては「キリストとともに,キリストに倣って苦しむ」ことが大切であると説かれている(ARM 1926c)。イリッチのいう苦しみを生きる伝統がよく保持されており,キリストの十字架がそのモデルとなっている。その中で,十字架の道行きの信心業が,傷病者の信仰生活において,新たな意義を獲得していった。「傷病者のための十字架の道行き」という信心書のジャンルがいつ頃からか生まれていたが,その読者層は,傷病者サークルを中心に形成されていたのではないかと推測される[8]。またルルドでは,1948年にドミニコ会主催の〈ロザリオ巡礼〉が,ロザリオ大聖堂前広場に傷病者の寝椅子を巨大な十字架の形に並べて行うスペクタクル性の高い十字架の道行きの信心業を初めて行い,大変な評判を呼んで,その後多くの巡礼団が同じスタイルを採用していった。

　そして第三に,司祭のために苦しみを捧げる使徒職について。〈アミシシア〉会員は苦しみを捧げることで司祭を補佐する務めを果たそうではないか,という呼びかけに応えて「司祭達のために苦しみを捧げる使徒職」の自覚を綴った手紙が,1926年1月号にみられる(ARM 1926b)。同年12月号には,ルーアン司教区巡礼団のルルド巡礼中に開かれた,〈アミシシア〉の集会における司祭の説教が採録されているが,そこでも苦しみの捧げものによって聖職者を支えるという傷病者の使命が奨励されている(ARM 1926d)。これをさらに一歩進め,傷病者が苦しむこと自体を「苦しみの司祭職」[9]とみなす観念もある。人は病いという犠牲の状態になり,神に肉と血を捧げる十字架上のキリストに似ることによって,犠牲を捧げる職,すなわち司祭職につくというもので,そこでは,病人としての人生は絶えざるミサ,十字架の道行きであるといわれ

---

　　8) 傷病者の十字架の道行きがいつ頃から盛んになったのかは確かめられなかった。なお,『重病人の十字架の道行き』という著作の1957年版には,ルルドの聖域改革にも深く関わった,〈スクール・カトリック〉会長兼〈カトリック傷病者委員会〉会長ロダン神父が序文を寄せている(LHOTTE 1957)。十字架の道行きはルルドで人気の高い信心業であり,そのための施設が,聖域横の山道,聖ピウスX世地下大聖堂,川沿いの散歩道の三カ所に設けられているほどである。

　　9) このテーマについては,時代が下るが次の著作を参照した: TRIVIÈRE 1943.

る。会報でも，女性にとって病気になることは司祭になることの代わりとなり得ていたのではないかと思われるような記述が，たとえば〈アミシシア〉会長の書いた手紙などにみられる。この観念に従えば，病いは社会からの排除であるどころか，女性にとっては逆に，健康なときには禁じられていた領域に参加する可能性を開く機会となる。参加の領域が誰に対してどこに開かれているかは，ものの見方によって大きく変わるのである。

　これらは，苦しむ者と他者との関係，苦しむ者にとっての苦しみの意味，苦しみの公的な役割，という，苦しみの三つの側面をとりあげているが，もうひとつ，「自分を忘れる」というテーマも会報の中で大きな場所を占めている。1927年1月号に掲載された次の手紙は，典型的なものである。「聖処女に治癒を願うつもりでルルドへ行ったのですが，寝椅子に横たわる気の毒な病人たちを見たとき……自分のエゴイズムが恥ずかしくなり，彼らのために祈りを捧げました」(*ARM* 1927)。聖域機関誌が奇蹟的治癒物語の舞台となったように，傷病者組織の会報が，「自分を忘れる」という物語の開花の場になったのではないかと推測される。

　第二次世界大戦後の1947年6月，会としての初めてのルルド巡礼が行われた。10年後の巡礼マニュアルには，巡礼中の内省・黙想の課題として次のようにある (*Amicitia à Lourdes* 1958: 102ff)。「人々のことを知ろうとしているでしょうか」，「共同体の感覚 (le sens de la communauté) をもっているでしょうか」というように，それらは，他者に関心が向いているかどうか，人々とともに生きようとしているかどうかを問うものであった。また，治癒の希望を抱くことは否定しないものの，たとえ身体が治らなくても「かれらはもはや一人ではありません。かれらは他の多くの傷病者を見たのです。……かれらは人生の意味を見いだしました」というように，苦しみの中にある者が，同じく苦しみを抱く者に対して関心を持つことで，世界の見え方が変わることを説いている。

　このような苦しみをめぐるテーマには，共通点がある。それは，苦しみを「一人のものにしない」ということである。エゴイズムのピークとしての病いから諸聖人の通功への180度の転換を説きつつ，〈アミシシア〉の霊性は徐々に，「苦しみの使徒職」（自分の苦しみの使い道）から

「他者の苦しみへの配慮」へと，重心を移していったのである。

　なお，活動の最初期からいわれていた，傷病者としての「わたした
ち」にとどまってはならない，同病者が集まることで生まれる「内輪
intérieur des catégories」の心安さに安住してはならないという戒めも，
上述の心構えに通じている。諸聖人の通功は，限られた範囲内で取り交
わされて終わってはならない。「わたしのエゴイズム」を抜けたところ
にある「わたしたちのエゴイズム」への警戒が，必要なのである。

　ⅱ）〈アミシシア〉巡礼の現在[10]
1995年6月の巡礼は，傷病者約150人，オスピタリエ約350人を中心に，
700人規模で行われた。私は会の本部があるオルレアンのグループに参
加した。

　現在，巡礼で苦しみが強調されることはなく，苦しみの捧げものが奨
励されることもない。「わたしたちに治癒として差し出されるのは，連
帯というコミュニオン〔聖体拝領・共同体〕なのです」というように，
体験談を語る会やミサなどで，仲間とともに苦難を乗り越えることの意
義が繰り返し説かれていた。また後述する「傷病者の塗油の秘跡」の準
備会では，この秘跡は「神は常に在らせられる」ということを確認する
祭儀だが，そこではわたしたち自身が神のご意志に対してディスポニー
ブルであることが重要であり，神の臨在とわたしたちの参加の二つによ
って契約が成るのだ，と説明されていた。これは，「苦しみを捧げる」
のではなく「神を迎え入れる」ことを強調した説明であり，ビエ神父が
構想していた改革の方向に適っているといえる。

　傷病者の会と支援健常者の会の二本立てで活動してきたためか，両者
の交流が少ないことが巡礼中にも問題となっており，健常者も巡礼中に
一度は傷病者宿泊施設を訪ねて欲しいと会長が訴えていた。巡礼団の中
で思うように交流が図れないという現状が浮き彫りにされていたが，こ
れは現在司教区巡礼でも問題になっていることである。かつては苦しみ
の捧げものの観念が傷病者と健常者を一つの祭儀の共演者にしていたが，

　10）　わたしは1995年の巡礼に参加し，6月14-18日に調査を行った。1994年の会員
2,379人のうち，巡礼に参加したのは傷病者149人，健常者184人，女性オスピタリエ181
人，男性ブランカルディエ161人，看護婦15人ということであった。

それがなくなったことで，両者をつなぐものが弱くなったためと考えられる。会長に続けて発言した司祭は，健常者は傷病者に何を言ったらいいかと初めは不安や恐れを抱くが，傷病者の方から話しかけてくれるので心配はいらない，ともに居てできることは必ずあると述べていたが，現実には，苦しみの捧げものがなくなった後，傷病者と健常者がともにできることが見失われているようであった。

　この事態は，会の勢いと今後の展望にも影響を与えている。傷病者のネットワークとして先駆的な役割を果たした〈アミシシア〉だが，現在は会員の減少に苦慮している。苦しみの捧げものの観念がリアリティを失った結果，「カトリック教会における傷病者」というアイデンティティもリアリティを失い，会が提供してきた苦しみの意味と連帯の形への参加者が，減少したものと考えられる。会では組織改革を行い，1993年に傷病者と支援者の組織を一本化し，その後も各地の支部の独立性を増して地域共同体的な側面を強化しようとするなど，時代に即した形への転換を図るべく模索が続いている。

2　「傷病者ミサ」の制定

第一次世界大戦後，カトリック世界内の傷病者を取り巻く状況が変化する。傷病者が聖体拝領を受けやすいように便宜が図られるなど典礼上の改革が進む一方で[11]，傷病者のための新たなミサ典礼が制定された。これは1925年6月にオランダの司祭の会合で，「傷病者の聖三日ミサ」の試みの報告がなされたことに端を発している（PUNET 1926）。この試みは，ルルド巡礼に行けない傷病者のために司教区教会で100人以上の傷病者を集めて行われたもので，午前中にミサ，午後にルルド巡礼に倣った聖体行列と傷病者の祝福が行われた。三日間の式次第を見ると，1・2日目午前中のミサで読まれる聖書の箇所では治癒が語られている。ルルド巡礼の経験を教区に持ち込むことを目的に始められた祭儀だが，

---

11) 聖体拝領前の断食規定が傷病者に関して緩和されたり，傷病者の自宅に聖体を届けることが奨励されたりした。

これを機に同年オランダに，自らの苦しみを捧げるという使命を受け入れることで使徒になるという目標を掲げた傷病者の組織，〈傷病者使徒会 Apostolat des Malades〉が創られ，1928年にはフランスにも設立された。

　1931年に〈ルルドの聖母オスピタリテ〉会長ルブゾーマンによって書かれた傷病者ミサの概説書には，大勢の傷病者が集まり公共の祈りやロザリオの祈りを通して治癒が祈られているルルドほど傷病者ミサをあげるのに適した場所はないが，教区でこのミサを行うこともまた望ましいと薦められている（REBSOMEN 1931）[12]。彼は，教区で傷病者ミサを行い教区教会に傷病者が集まることで，傷病者には苦しみの意味を，健常者には慈善の大切さを教える機会が広がることを，期待していた。1931年当時の状況として，傷病者ミサはベルギーとオランダではかなり頻繁に行われているが，フランスではアルザスとジロンド以外ではまだよく知られていない，と書かれている。

　この祭式に基づいて，ルルドでは1933年8月にリール司教区巡礼団によって洞窟で初めてこのミサがあげられ，1930年代にはフランス各地の教区教会で「ルルドの日」が祝われるようになった。こうして傷病者が教区活動に参加する機会の拡大が図られていったが，その背景には，上述のような傷病者団体の活動の影響があったものと推測される。たとえば〈アミシシア〉の会報は，1926年10月号で，このミサと〈傷病者使徒会〉をいち早く紹介している。

　遠く離れたオランダで，ルルドに行けない人々のために始まった祭儀だが，傷病者ミサはフランスでも大きな意味を持った。巡礼には限られた人々しか参加しないが，教区の行事であれば参加者も増えることになる。だがそれ以上に重要なのは，巡礼の経験と霊性が巡礼後も生き続け，日常生活世界にもたらされるのが容易になったことである。巡礼の時以外，傷病者と健常者の間に交流がないことが，巡礼団関係者の間で悩みの種になっていたが，その解決策として，傷病者ミサを行う「ルルドの

　12）　本文中にさまざまな傷病者団体の紹介があり，〈傷病者使徒会〉の次には，先述の〈カトリック傷病者同盟〉と〈アミシシア〉の名前があがっている。なお同書によれば，この時点での使徒会会員は，オランダに3万人，フランスに7千人を数えたという。

日」に期待がかけられたのである。

　このほかに,「終油の秘跡」を見直す動きも活発になる[13]。その焦点となったのは,治癒の可能性の扱いであった。今でこそ「終油の秘跡」と呼ばれているが,かつては「傷病者の塗油の秘跡」であり,決して死の準備の祭儀ではなく,治癒の可能性をも視野に収めたものであった,という解釈が多く見られた。治癒の可能性への注目は特にフランスに顕著な傾向だといわれるが,ルルドの奇蹟的治癒の影響があるのかどうかは定かではない。この改革は,第二ヴァチカン公会議によって推進されることになる。

II　第二次世界大戦後の傷病者巡礼：傷病者の自立と社会参加の要求

　第二次世界大戦後,上述の組織や新たなタイプの傷病者組織が従来とは異なる形でルルド巡礼を行うようになり,フランス・カトリック世界内にも傷病者の声に耳を傾けようという気運が高まったことで,ルルド巡礼に参加する傷病者の要望と主体性にも,ようやく関心が向けられるようになった。以後,「傷病者は子供ではない」という言い方で,オスピタリエが何でも面倒を見ようとする従来の傷病者巡礼が,家父長的な健常者本意の活動だと批判されていく。

　他方で,傷病者が司教区巡礼に参加せず,同じような問題を抱えた

---

　13)　終油の秘跡の見直しは,20世紀初頭から徐々に始まっていた。例えば『傷病者の祭儀』という著作は,終油の秘蹟は治癒の可能性を考慮に入れているのだから遅すぎては無意味である,という趣旨で書かれている (*Les Rituel des Malades* 1914)。また『恵まれない者のもとへ』という著作は,1920年代の終油の秘跡の実情を伝えている (*Chez les mal lotis* 1928)。これは,人々の教会離れが進み,傷病者に対する司牧が困難な状況にあって,特に田舎の若い司祭を助ける目的で書かれた手引き書で,いかに終油の秘跡を施すかについての非常に実践的なアドバイスが書かれている。この中で,多くの人は信仰を失っているが,傷病者のために教会でルルドの聖母にロウソクを捧げるというような習慣的実践は保たれている,と述べられており,ルルドの聖母が日常の習慣の中に根付いていた様子が示唆されている。

人々だけからなる身内意識の強い巡礼団を独自に作ることは，巡礼運動の精神にもとるカテゴリー化だという批判の声もあがった。それによれば，傷病者も健常者も一緒に何の分け隔てもない共同体を実現することこそ，巡礼の目的だというのである。また，傷病者だけの組織は社会から傷病者を分離し彼らの統合を遅らせることになる，あるいは，内輪で病気や障害についておしゃべりをすることで自分たちの世界に閉じこもるようになる，という批判もなされた。これに対して傷病者組織の関係者からは，事態は逆だという反論がなされた。傷病者が独自の組織を作り各自が責任ある仕事を果たしていくことで独立した人格として生きることができるようになり，そうなって初めて社会統合がはたされるのであり，傷病者の自立なしに統合はありえない，というのである(FRANÇOIS 1973)[14]。これは，第3章で取り上げた，労働組合をめぐる議論と同じ構成をなしている。健常者と傷病者の混成主義に対し，立場を同じくする者がグループとして自立することによってこそ真の社会統合，異なるグループ間の協調が成し遂げられる，という主張が，傷病者巡礼のあるべき姿をめぐる議論でも主張されていくのである。

　なお，この問題は実のところ単なる傷病者の奪い合いにすぎないという見方もある。傷病者巡礼として発展してきた司教区巡礼にとって，傷病者が独自の巡礼団を組織し司教区巡礼に参加しなくなることは，その存亡の危機を意味するというのである。実際，参加傷病者の減少は，現在ルルド巡礼関係者たちが最も頭を悩ませる問題である。傷病者が参加しないと巡礼団として成り立たないという認識は，それほどまでに根強いのである。

　以下ではまず，新しい巡礼の典型として〈盲人十字軍〉を取り上げ，次に，第二ヴァチカン公会議の成果を受け，ルルド巡礼を時代の要請にあわせる目的で行われた，1970年代の傷病者司牧改革について概説する。

---

　14) この著者は，〈カトリック傷病者・障害者友愛会 La Fraternité Catholique des malades et Handicapés〉の組織付き司祭である。この組織は，傷病者・障害者の間に共同体としての絆を結び，社会への統合を助ける目的で1942年に創設され，1957年にルルドで国際的な組織としての活動を始めた。

1 〈盲人十字軍〉[15]

(1) 歴 史

〈盲人十字軍〉は，会員の精神的相互扶助を目的とするカトリック・アクションの組織として1928年に創設されたが，後に盲人の自助独立を支援する社会活動としての側面を強化した。現在は国際的な支援活動も行い，アフリカでのメガネ製造支援，東欧への薬の寄贈，無料診療所の開設，使わなくなったメガネの回収・修理と寄贈，本の寄付を募り切手を収集して財源にあてるなど，その活動は多岐にわたる。

夏期に会員たちが巡礼先のルルドで会合を持つなど，この会もルルドをネットワークの拠点としていた。1946年，『十字架』紙と雑誌『巡礼者』の支援・協力によって参加者500人による第一回ルルド巡礼が実現し[16]，巡礼を通してさらに活動が拡大した。1958年の聖母出現100周年には，2,800人のフランス人と外国人を会わせた4,000人規模の大巡礼団が組まれた。

1943年に第三代会長に就任したブリー神父は，会の50周年を記念する本の中で，ルルドで盲人の存在が認知されていった様子を，聖体行列への参加の過程として語っている。彼は初めから，盲人は傷病者ではなく普通の巡礼者なのだということを訴える目的で，聖体行列への参加形態を意図的に変えていった。盲人巡礼が始まった当初は，盲人も傷病者と一緒に広場に並べられて聖体の到着を待つだけだったので，まず聖体行列の先頭を歩く許可を得，次に行列の中で十字架を掲げ，聖体顕示台を覆う天蓋を支え，さらには天蓋の周囲で松明を持つ，というように，徐々に参加の機会と役割を増やしていった。神父はこのように，聖体行

---

15) 以下の記述は主に，会の創立50周年記念出版物を参照している（*Dans la lumière de Lourdes* 1994）。他に，会報やパンフレットも参照した。

16) 〈アミシシア〉会報1946年9月号によると，同年7月に行われた司教区活動連合会で報告された同会のレポートが9月19日付『十字架』紙に掲載され，それをきっかけに多くの問い合わせがあり，支部が増えたという。『十字架』紙は〈全国巡礼〉にこだわることなく，新しい傷病者巡礼を積極的に支援していた。

列の中（時には中心部）に場所を得ることと聖域での認知を同視しているが，これは，聖体行列にカトリック医師団が参加した時のことを思い起こさせる。どちらも，巡礼世界の一員であることをアピールする場として，聖体行列を選んでいるのである。

1960年代に入ると巡礼プログラムに変化が生じ，体験談の発表やレクリエーションなど，参加活動の幅が広がった。1970年頃からは，若者，高齢者，聖職者など，カテゴリーごとのカルフール（意見交換会）が活発になった。ブリー神父は，若者は聖体行列を好まず，彼らの間で「聖体の祭儀」が「言葉の祭儀」に取って代わられてしまったと残念そうに述べている。聖体から言葉へという変化は，聖体を介しての諸聖人の通功から，他者と直接向き合う関係へと，リアリティのある紐帯イメージが変化したことに対応していると考えられる。

なお神父は上述のインタビューの中で，ルルドはあくまでも霊性の源であり，盲人の利益のための戦略を練り上げたり，社会的あるいは職業上の駆け引きをするための場ではないと述べている。ルルド巡礼は，社会統合を掲げて闘争する現場ではなく，参加者たちは別の目的で集まっているというのである。また彼は，聖域から死者を悼む祭儀がなくなってしまったことを残念に思うと述べているが，この二つの発言は，後述する〈ルルドー癌ー希望〉巡礼の活動に深く関わっている。

(2) ルルド巡礼

1995年は創立50周年の記念大会で，20カ国が参加し，フランスからは1,500人が集まった[17]。巡礼の間は常に盲人と同行ガイドの二人一組で行動し，黒いサングラスをかけ白い杖をもった姿で大勢がともに歩くという，数多い巡礼団の中でもひときわ目立つ一団を作ることで，自分たちがそこにいること，他の人々と同じ社会の一員であることをアピールする。

巡礼期間中，参加した盲人には証言の場が数多く設けられていた。苦しみと困難，友情によって支えられた喜び，ルルドが教会と世界への参

---

17) 私は1995年4月25-29日に同行調査を行い，北部カンブレーのグループで話を聞かせてもらった。

Ⅱ　第二次世界大戦後の傷病者巡礼：傷病者の自立と社会参加の要求　　423

十字架の道行きを行う〈盲人十字軍〉（1995年4月撮影）

加に道を開いてくれる場所であってほしいという要望などのなかで，繰り返し語られていたのは，「自らの障害を受け入れる／受け入れられない」というテーマであった。「わたしが同行ガイドになりたいといったら，どんなアドバイスをいただけますか」と問うと，「たくさん話すこと。見たことを口に出すのを怖れてはいけません。言っていいことと悪いことを選ぼうとしてはいけないんです」という答が返ってきたが，それが，障害に対して本人もガイドも率直であれという戒めに聞こえたのは，自らの障害を受け入れる困難を語った体験談の数々を聞かされていたからかもしれない。またこれらの話は，「障害を受け入れられるようになる」こと自体が恩寵である，と語っているように聞こえた。

　この巡礼ではまた，普通の社会生活を送ることができなくなってしまった人々の困難と，それへの挑戦がテーマとなっていたため，自らの意志と力で積極的に社会活動に参加することが高く評価されていた。だがその評価にはひとつの大きな特徴がある。盲人であってもなくても，話を聞かせてもらうとすぐに，自分のことではなく「自分の知っている素晴らしい人」の話になってしまう，すなわち，そこで評価される強さは自分自身の強さではなく，誰か他の人の強さなのである。このような，自分のことよりも自分が感心し感動した対象について伝えようとする態度の背後には，自分自身に関心が集中していないという，彼らが抱く人

としてのあり方の理想がある。「自分を忘れる」ことについて，「忘我」といったときには恍惚とした興奮状態を想像させるかもしれないが，他者に関心がある，関心が自分に集中していない時もまた，人は自分を忘れ，自分を越えているのである。「わたしの苦痛」と「他者の苦痛」の意義が異なるように，「強さ」を評価する場合でも，それが自分自身の強さなのか他者の強さなのかによって，その意義は違ってくる。

2 傷病者の司牧

1948年，カトリック・アクションのグループを束ねる組織の内部に〈傷病者組織連絡会 Comité de Coordination des Œuvres et Mouvements de Malades et d'Infirmes〉〔以下CCMIと略記〕が作られ，グループ間の交流が図られるようになった。このようなネットワークが，カトリック世界における傷病者の問題への関心を喚起するにあたり，影響力を発揮したものと考えられる。

彼らが初めに問題にしたのは，傷病者に対して説かれてきた「苦しみの霊性」であった[18]。雑誌 *Présences*〔存在・参加・影響力〕は，「教会は傷病者をどうとらえているか？ 病いの神学のためにピウスXII世が語る病い，教会，そしてフランスの傷病者」と題する1959年の特集号で，苦しみを受け入れ捧げることを傷病者に求める苦しみの霊性が，次の三つの潮流によって修正されてきたとしている（*Présences* 1959）[19]。第一に，傷病者自身による相互支援，第二に，社会活動・社会参加への意欲の高まり。これによって，単なる祈りや苦しみの司牧ではなく，社会活動を視野に収める必要が生じた。そして第三に，傷病者を社会に統合しようとするフランス社会全体の努力があるが，この点に関して教会は遅れをとっていると反省されている。編集責任者のロベール神父は，今や，病いを受け入れることや捧げることを教える霊性とは違った，新

[18) 祭儀司牧研究センターが1948年に行った会合の報告には，傷病者自身による苦しみの霊性批判の，最初期の例がみられる（*La Maison-Dieu* 1948）。

19) *Présences* は，カトリック教会における傷病者の問題を考えるために，1955-74年にかけて発行された雑誌（全129号）で，この間の傷病者司牧に大きな影響を与えた。

II 第二次世界大戦後の傷病者巡礼：傷病者の自立と社会参加の要求　425

しい状況に対応した神学が必要であると訴えている。

　この変化の過程で霊性の中心となっていったのが，「他者の発見」のテーマであった。1950年代から傷病者の体験談・証言集が出版されるようになるが，そこには，病いが他者との関係を見直すきっかけになったという証言が数多く集められている。たとえば，1960年にモンテ・カルロ・ラジオの呼びかけに応えて15人の傷病者から寄せられた体験談を集めた本には，共同体の中でできること・役割があることを知って支えられたという証言，他者に依存するのではなくディスポニーブルでなければならないという意見，あるいは反対に，病気によってすべての傲慢を捨て他者に依存することを受け入れるようになったという体験談など，さまざまな見方，考え方，引き受け方がみられるが，全編を貫くのはやはり，他者の苦しみの発見という主題である（BLANADET 1961）。そこでは「神に選ばれたもの privilégiées de Dieu」というような古い傷病者イメージが否定され，「自分勝手に自分の殻に閉じこもっている権利はない」というように，自分の苦しみに拘泥してはいけないという価値観が共有されている。「正しい傷病者」イメージが，第4章で述べた「正しい患者」イメージとは違うところに，形成されているのである。

　ルルドでも第二ヴァチカン公会議後に，さまざまな問題を協議する個別の検討委員会が設置され，傷病者司牧の見直しが始められた[20]。当時，特に問題になったのが，オスピタリエと傷病者の関係であった。障害者が書いた，ロザリオの祈りを唱える代わりにオスピタリエや他の病人・健常者ともっと交流を持ちたい，ホテルに泊まり自由に聖域を動いて初めてルルドの魅力が分かった，という，傷病者巡礼のやり方とオスピタリテを批判するレポートが，物議をかもしたこともある[21]。〈聖域〉では1965年に正式に検討委員会を設け，傷病者，オスピタリエ，司祭，巡礼団長，傷病者に対して何度もアンケート調査が行われ，その結果や検

---

[20] 聖域発行の研究誌にその歴史がまとめられている（*RSL* 1976; cf. 1965; 1966b; 1966c)。

[21] "une grande infirme en liberté à Lourdes（ルルドで自由になった重度障害者)"と題されたレポート（cf. *RSL* 1966b: 32)。これに反論する，〈ロザリオ巡礼オスピタリテ〉に対して行われた医師の講演記録が，聖域史料室・ビエ神父寄贈史料にある（ADB 6H1. 2. 4)。

討会議のレポートが，聖域発行の研究誌『ルルド研究』で公表された。初めて巡礼の実態調査，参加者の意識調査が行われるようになったのである。その成果をもとに新しい傷病者巡礼の姿が模索され，傷病者の参加に向けて祭儀が見直され，苦しみの捧げものからの意識改革が進められた。以下，傷病者司牧見直しの二大テーマであった「カルフール」の奨励と「傷病者の塗油の秘跡」の改革について，概説する。

(1) カルフール：「言葉」による参加

Présences の特集号「傷病者とルルド」で，一人の巡礼付き司祭がアンケートに答えて次のように書いている (*Présences* n. 64 1958: 25-28)。傷病者にとって，ルルドの大きな恩寵は，他者の発見であるように思われる。それは，人と比べて自分の方がまだましだと喜んだり人を哀れんだりすること（それもまたエゴイズムであり自分に閉じこもることである）ではなく，他者の存在と他者の願いを発見して，自分のことよりもまず他者のことを考えるようになるという恩寵である。行きには自分のことを話すが，帰りには一緒だった人のことを話すようになるというように，巡礼の行きと帰りで傷病者の振る舞いは大きく異なる。唯一，この他者の発見という恩寵だけが，傷病者のルルド巡礼を正当化する。

ここに述べられているのは，苦しみの捧げものという恩寵の授受イメージからの転換である。他者の発見は苦しみの捧げものに替わる，時代に即した恩寵の授受の実践であると，司祭は考えているのである。

先述した，傷病者巡礼に対する傷病者自身の要望と批判も，この二つの恩寵の授受イメージの交代を示唆している。CCMI主導で1965年に行われた傷病者を対象とするアンケートには，傷病者が抱く，司教区での日常的な活動と巡礼への統合の希望がつづられている (*RSL* 1965)[22]。と同時にそこでは，健常者は傷病者を祈りと捧げもののための子羊のように思っている，「私たちの親愛な傷病者」という言葉は自分が誰かの持ち物だっただろうかという思いにさせられて不愉快である，というように，苦しみの捧げものを構成していた，健常者に都合のいい傷病者イ

---

22) 〈聖域〉主導の傷病者巡礼アンケートは，その後，1967年，1978年，1980年にも行われている。

II 第二次世界大戦後の傷病者巡礼：傷病者の自立と社会参加の要求　427

メージが批判されている[23]。さらに巡礼団長総会でも，聖地での中心的共同行為である聖体行列のやり方までが，傷病者を炎天下に長時間放置するなど彼らの大きな負担になっているとして，批判されるようになっていく。「わたしたちの主である傷病者の皆さん」と呼びかけてはいても，健常者に都合のいい傷病者イメージをかれらに押しつけ，自分たちの都合に合わせて祭儀を行ってきたことを，健常者も反省するようになっていったのである。また聖体行列と並んで，傷病者の移動中に町中でロザリオの祈りを唱えることも問題にされていく。かつては恩寵の授受の実践とみなされていた信心業が，諸聖人の通功としてのリアリティを失い，逆に，傷病者とオスピタリエの人間的な交流を障げているとみなされるようになってしまったのである。他方で，一口に傷病者といっても各人の置かれた状況も要望もさまざまで，一人静かに黙想することを好む傷病者もいれば，積極的な参加を求める傷病者もいるということが，アンケートを経てようやく認識されるようになった（RSL 1966b）。こうして各人の希望に沿った巡礼の模索が始められ，巡礼プログラムが緩和・多様化されていった。

　1969年，〈聖域〉評議会は巡礼への傷病者の主体的参加を促進することを決定し（RSL supplement 1971: 27ff），月一回，さまざまな組織のメンバーも出席する会議が重ねられた[24]。その成果が，第1章でも紹介した，巡礼参加者の出会いと発言の場である「カルフール carrefour〔交差点・討議会・意見交換会〕」の奨励であった。これはもちろん，傷病者だけを対象にした改革ではなく，他の一般参加者の要望に応えることも目的としている。〈盲人十字軍〉会長の神父が「言葉の祭儀」と呼んでいた，このような参加の場には，二つの側面がある。

　まず，意見交換と提案の機会を提供するという討議的な面であり，こ

　23）研究誌に掲載された傷病者・障害者をめぐる討論会の記録にも，オスピタリエのメンタリティーが古く，「わたしたちの傷病者」を手中に収めて誰にもさわらせまいとしている，という傷病者の意見がみられる（RSL n. 71 1980: 187）。このような傷病者イメージは完全に払拭されたわけではなく，巡礼団によっては現在も維持されている。

　24）聖域史料室に残された検討会の会合記録をみると，スクール・カトリックを中心に，ACGF, 聖ヴァンサン・ド・ポール会，カトリック傷病者・障害者友愛会（Fraternité Catholique des Malades et Handicapés），Vie Montante〔高齢者司牧〕，オスピタリテなどのメンバーが参加していた（ACEG 6H154）。

れは，同じ問題を抱えた者たちが周囲や社会へ働きかけるための準備の場として機能する。だが同時に，参加者一人一人が自分の言葉で話し，耳を傾け合う場は，体験談，特に苦難の体験を持ち出す場ともなる。討議的な面が「わたしたち」を育てる場であるのに対し，こちらの面は，「他者の（苦しみの）発見」の場としての意義を持つ。なお，このような場の整備は，他者の苦しみと向き合う（向き合わされる）時に生じるさまざまな困難を緩和する役割を果たすと考えられる。話しにくいこと，聞かされて戸惑うような内容は，枠組みとルールを設定されることで表に出やすくなる。私的な苦難の開陳が制度化されることで，人は準備のできた（ディスポニーブルな）状態でそこに望むことができるようになるのである。さらに他者の発見にとって重要なことは，それが「話す」こと以上に「聞く」ことの制度化であるということである。

(2) 傷病者の塗油の秘跡：病い・死の「現前」

危篤の信徒に施されてきた終油の秘跡の見直しが，第二次世界大戦直後から本格的に始まった[25]。焦点は，「治癒の可能性」と「傷病者の共同体への統合」であった。見直しの初期には死のイメージを払拭しようとする傾向が強く[26]，1963年に第二ヴァチカン公会議の決定として，「死の準備の秘跡」から「闘病の勇気と慰めを与えるための秘跡」への改革が正式に指示された。この改革はルルドの聖域関係者を中心とする検討委員会によって進められ，ルルドが試験的実施の舞台となったが，その理由はもちろん，ルルドが大勢の傷病者の集う場所だったからである[27]。

---

25) 以下は主に次の記述を参照している: ANDÈS 1994; *La Maison-Dieu* 1948; *Présences* 1965; *RSL* 1968b.

26) アンデによれば，ドイツ系の神学では死との関連が重視され，終油の秘跡は，信徒がキリストの死を死ぬことを助け，魂の浄化とキリストとの一体化をもたらすためのものと考えられるのに対し，フランス系の神学では，病人の支えとしての側面が強調されるという違いがあるという。また，終油の秘跡は煉獄を免れて天国へ直接到る道だという解釈もあり，20世紀初頭に特にアメリカで支持されたという（ANDÈS op. cit.: 69)。なお，タルブ・ルルド司教は1953年に，この秘跡は治癒の秘跡であるから，危篤になるのを待たず，なるべく早く受けるようにと司教文書で奨めている（ACEG 1H11b: 4)。

27) 巡礼団長会議でも，ルルドこそ祭儀見直しに相応しい現場であるという意見が出されている（ACEG 1H14b)。

II　第二次世界大戦後の傷病者巡礼：傷病者の自立と社会参加の要求　　429

〈ロザリオ巡礼〉が洞窟対岸の草地で行った傷病者の塗油の秘跡（1994年10月撮影）

　1967年7月にパリ司教区巡礼団がルルドで初の試みを行い，1968年にはルルドの年次総会で検討委員会の報告書が150人の巡礼団長に配られ，各司教区の傷病者付き司祭やオスピタリエも交えて検討が重ねられた。1969年に祭儀聖庁によって「傷病者の塗油の共同祭儀」が認可され，同年ルルドで13の巡礼団によって実施された。

　検討会の主要メンバーであるブリザシエ神父によって書かれた数々のレポートは，その後の改革の方向を示唆している[28]。そこには，「im-productif（非生産的な・収益をもたらさない）」という単語の頻出という大きな特徴がある。彼は，「進歩と消費と余暇をもてはやすわたしたちの社会においては，人生の中に『非生産的なもの improductifs』を組み入れることが困難になっている」と書き，現代社会における病い・苦しみ・死をめぐる神学の必要性が説かれている（ACEG 1H14d: 3f.）。このレポートを受けて書かれたと思われる司教祭儀委員会のレポートも，現代社会において非生産的とみなされることは社会から排除されることであると述べ，傷病者の塗油の秘跡を，非生産的なものの統合の秘跡として構想している（ACEG 1H14e）。治癒の可能性を強調しようという方針が先にあったにもかかわらず，早い段階から，苦しみと死を主題とする方向，生産性・経済性の優先という現行の社会規範を批判する方向も，打ち出されていたのである。

　しかしいずれにせよ，秘跡の効果として念頭に置かれていたのは，傷

　28）　特に，1969年10月20-24日の巡礼団長会議用報告書は重要である（ACEG 1H14c）。このレポートによれば，『十字架』紙に改革を支持する記事が掲載され，いくつかの司教区広報に採録されて，好意的な世論の形成に寄与したという。

病者の共同体への統合であった。そのためこの改革では，共同塗油が奨励され，ミサのなかで行うことが望ましいとされた。公衆の見守るなか，居並ぶ苦しむ者達に一斉に塗油を施すことで，かれらの「私的な苦しみ」が地域教会によって見守られ支えられていることを示す秘跡を，作ろうとしたのである。1970-71年の検討会の成果をまとめた著作も，それが信徒の連帯の秘跡であることを強調している（Centre National de Pastorale Liturgique 1972）。

　1970年に秘跡を実施した巡礼団から寄せられた22のレポートによれば，14の巡礼団がミサの中で行い，司教区巡礼団の全参加者立ち会いのもとで行った巡礼団も17を数えた（ACEG 1H11c）。また，聖域最大の屋内施設である聖ピウスⅩ世地下大聖堂で，最も頻繁に行われていた。このように，共同体のただ中で行うという方針に沿って，広い空間で，大勢の中で，かつて終油の秘跡と呼ばれていた祭儀が行われるようになったのである。年代不明のパンフレットには，「傷病者が市民権（droit de cité）を持つルルドにおいて，新しい恩寵が発展する」という一節がある（ACEG 1H13: 1）。苦しみの捧げものの観念が存在したことで，人々の間に弱き者が現れえていたルルドにおいて，傷病者の塗油の秘跡は，それに代わる恩寵の授受の実践となるべく，期待されたのである。

　だが改革は思惑通りには進まなかった。いつのものかは不明だが，塗油の秘跡にあずかった人に配られた証明カードには，次のように書かれている。「私は，病いにあって力を持ち，神を信じ，もし神が望まれるなら健康が回復するように，また社会と教会にあって自らの務めを果たすことができるように，この秘跡の恩寵に身を委ねます。復活の希望のうちに，人々の救いのために，私の試練をキリストの受難と一つにし，すべての人々の苦しみと一つにすることを望みます。周囲の人々に対し，信仰の証人，希望の使者，一致と愛の生きたしるしとなることを望みます。人々とともに信仰を生きるために，キリスト者の共同体の助けを得られますように。最後の時に，司祭から聖体拝領を受け，教会の祈りによって助けられることを望みます」（ACEG 1H11d）。

　一読してわかるように，治癒の希望，社会の中での役割，恩寵の授受，苦しみの捧げもの，共同体の一員として生きる希望，病いと死を乗り越え受け入れる力，というように，何もかもを盛り込んだ，かなり欲張っ

た内容になっている。苦しみ・病い・死をめぐる全般的な問題に応える祭儀をめざした結果,治癒の祭儀なのか,勇気の祭儀なのか,死の祭儀なのか,焦点を絞り込めなくなってしまった感がある。

　祭儀に参加した人々へのアンケート結果をみても (POULAIN 1971; ACEG 1H14a)[29],耐える力・戦う力の獲得,治る希望,他の傷病者との一体感など,めざされた効果が上がっていることを示す回答が得られる一方で,病いと戦う・使命を全うするという側面が弱いという指摘もあった。また,ミサの中で塗油の秘跡を行ったことで十字架やキリストの受難との関係が一層強く感じられたという意見や,家族が子供や老人という「しるし」を必要とするように,共同体も傷病者という「人生の移ろいのしるし」を必要とする,傷病者を排除する共同体は非人間的である,というような,回復・挑戦・力強さなどとは相容れない感想も出され,秘跡を受けた人も受けなかった人も,死の準備のイメージを持っていたという結果も出ている。

　検討会でも,この秘跡によって何を祈念するのかがはっきりせず,受ける者の動機も不明であるということが,大きな問題となった (ACEG 1H11a)。結局は高齢者ばかりが受けることになるのではないかという危惧がある一方で,死にゆく者のための秘跡がなくなる危険があるという指摘もなされるなど,この時代,死をどのように人々の前,集まりのなかに現出させるかが,カトリック教会世界においてさえ明確に定まっていなかった様子が認められる。また,共同での塗油の秘跡はルルド巡礼というコンテクストにはよく合っていたが,教区教会でそれが可能かどうかは疑問である,という医師のコメントもあったが (ACEG 1H14a),この洞察には非常に重要な問題が含まれている。それは,この秘跡を行うのにふさわしい場はどこかという問題であり,それに対して,弱さや死にかかわる祭儀は日常生活空間では行えないのではないかと感じられているのである。このことは,日常がどのような世界・空間なのかを浮き彫りにしている。日常には,弱さや死の出る幕はないと実感されているのである。

---

　29)　「さまざまな証言」と題されたこの資料は,*Présences* の「傷病者の塗油」特集号アンケートや,カルフールでの発言などをまとめたレポートである。

聖域史料室に残されたこれらの資料からは，傷病者の塗油の秘跡を実践する過程で，ブリザシエ神父が重視していた非生産性のテーマの方へと祭儀の焦点が移っていった経緯が見て取られる。傷病者の塗油の秘跡改革に関わったオルトマンも *Maison-Dieu* 誌の特集号論文で，新秘跡が高齢者の祭儀になってしまうと再び死と関係づけられることになるので注意が必要であるといいながらも，結論部では，弱さを人生経験に統合することで現行の社会的価値を批判する働きを祭儀に認め，次のように述べている。わたしたちは効率・利益・消費社会の幸福という，現代社会の教える価値を十分には批判してこず，人生が失敗・苦しみ・死によっても構成されているということを見ないようにしてきたが，「非生産的で無力な（inefficace）傷病者は，わたしたちの社会に対し，人間は生産－消費主体（agent producteur-consommateur）ではなく，経済的価値を超越しているのだということを思い出させてくれる」（ORTEMANN 1973）[30]。同じ号にはまた，次のような提言も見られる。国家の推進する医療は，社会への適応，規範への適応を目的とするが，これは健常者と傷病者の間に，社会に，断絶をもたらす。傷病者は，共同体の一員として正常であるとはみなされなくなることでタブーを負わされ不安を感じるが，その彼らが人々と交渉を持ち続けられるようにしていかなければならない（JACOB 1973）。このように終油の秘跡改革においては，第3章と第4章のテーマであった，経済化・医療化された社会が無視・否定しようとしている人間の一面を，タブーにしない，人々の交渉の場面から排除しないという祭儀の方向性が，明確になっていった。

現在も現場にはとまどいがあるが，その原因は，誰に何を誰とどこで生きさせるかが不明確であり，病・苦・死という私的な経験を持ち出す場としてどこが相応しいのかについての見解がまとまっておらず，それ

---

30) ウートラムは，身体が近代社会において消費と生産に関わる経済的な存在に還元された結果，「連帯の可能性を奪われた個人の身体」になってしまい，教会もそのような個人の閉じた身体イメージを受け入れてしまったために，「キリスト教自体が，イエズスの身体の受苦を骨子とする教義を傍らに押しやって，社会事業を通じての世界救済を旨とするようになった」と批判している（ウートラム 1993: 270, 9）。この視点は公共宗教論の問題点をついており，重要である。本書結論Ⅱを参照のこと。

を皆で受け止めるということに関する合意が得られていないところにある。それは，死という出来事において極まる人間の一面を公共空間に持ち出すことの難しさである。だが逆に，そこに突破の可能性もある。傷病者の塗油の秘跡の改革は，死にゆく一者の通過儀礼[31]から，私的な体験としての病・老・死を持ち出し受け止める公の場の創出へと，祭儀の基調を変化させつつあるのである。

パリ大司教は，傷病者の塗油の秘跡をテーマとするラジオの連続講演で，希望と連帯について語りつつも，やはり死を中心に話を進め，次のように述べている（LUSTIGER 1990）[32]。現代社会における死から目をそむけようとする傾向が，死にゆく者の恐ろしいまでの孤独の原因となっているが，死という孤独な体験において人は他者の存在を最も必要とするのであり，他者への愛と尊敬は死の看取りの内に最もよく表れる。傷病者の塗油の秘跡は，人間の条件である死を，キリストを通して生きることを可能にするのである。

このように終油の秘跡改革では，当初は治癒の希望も含め，病いの困難に立ち向かう力の付与がめざされたが，徐々に，現代社会で否定されている死・弱さなどを人生に統合しようとする問題意識が強くなっていった。イリッチがいっていた「苦しみを生きる文化」の再生が，この祭儀改革のテーマとなったのであり，その中には「死を生きる」ことも含まれるのである。なお，1977年11月に正式の祭式が公布されたときには，それまで主に用いられていた「傷病者の共同塗油 Onction communautaire des malades」という表現から「共同の communautaire」という言葉がはずされ，「傷病者のための秘跡 Sacrements pour les malades」となった。

このように1960-70年代にかけて，第二ヴァチカン公会議が掲げた教会活動の今日化という目標に応え，ルルド巡礼の世界でも傷病者巡礼の

---

31) 終油の秘跡は，死にゆく人が生から死へという人生の局面の移行をスムーズに行えるよう助ける通過儀礼であったが，そこには，死にゆく人の，生者から死者へという社会的身分の変更を，残される人々が承認するという社会的機能もあった。

32) 1987年にラジオ・ノートル・ダムで放送され，雑誌に掲載されたのち出版された。

見直しが進み，苦しみの捧げものにかわる実践と霊性が模索された。その成果が，カルフールと傷病者の塗油の秘跡であった。カルフールが，社会への統合の意欲に応えようとする実践であるのと同時に，苦しみの体験を「言葉」によって開陳する場であるのに対し，傷病者の塗油の秘跡は，病・老・死を傷病者の具体的な「肉体」の姿で公衆の面前に持ち出す場であり，どちらも，苦しみを一人のものにしないというルルド巡礼の伝統を，活性化しようとしているのである。そしてそれはまた，「捧げる」ことから「受け取る」ことへのテーマの転換という意義をもつのだが，この点については〈ルルド－癌－希望〉巡礼の分析の中で論じる。

3　新しい潮流：現行社会システム・価値の批判

傷病者の塗油の秘跡改革の過程で，傷病者巡礼の世界が，生産性至上主義に対し異議を唱えるという側面を強めていったことを見たが，同じ頃，同様のテーマを掲げる巡礼運動がルルドに生まれていた。フランスを中心とする知的障害児巡礼である。以下，その巡礼運動を準備することになった二つの障害児巡礼とあわせて概説する。

(1)〈英国障害児巡礼協会〉
〈英国障害児巡礼協会 Handicapped Children's Pilgrimage Trust〉〔以下 HCPT と略記〕は，1954年に，障害児施設に勤めるストロード医師が数人の子供を引率して，夏休みの旅行としてルルドを訪れたのが始まりであった。以来，巡礼が復活祭の休みに行われるようになっても，一貫して子供たちのバカンスというスタイルを守ってきた。1956年，司教が引率するカトリック学校の巡礼に誘われて同行し，司教の強い薦めで協会を設立して，翌年から HCPT 巡礼が始まった。この時には，8人の子供と8人の付き添いからなる5つのグループで行われたが，活動は雪だるま式にふくれ上がり，現在では，18歳以下の知的・身体障害児と付き添いボランティアをあわせた5,000人程が参加する，大型巡礼へと成長した。参加者は全員，聖域にある傷病者宿泊施設を使わず町なかの

Ⅱ 第二次世界大戦後の傷病者巡礼：傷病者の自立と社会参加の要求　435

〈英国障害児巡礼協会〉の全体ミサに向かう参加者（1995年4月撮影）

ホテルに宿泊してきたが，これはフランスの巡礼団には見られなかった革新的なやり方であった。

　1995年の HCPT 巡礼は，子供約2,500人とボランティア約2,500人で行われた[33]。一グループは子供とボランティア各10人程で構成され，基本的にこの単位で活動する。巡礼の過ごし方は各グループの自由に任されており，子供との接し方やグループの雰囲気はまちまちであった。だが，苦しみの捧げものの霊性も規律・統率への関心もなく，徹底的に祝祭気分を演出する点は共通していた。歌い，遊び，カフェに集い，バスで遠足に出かけるなど，子供たちが楽しめそうなことをどんどんやっていく。旧市街の広場にあるマクドナルドで食事をするような巡礼団を，他に見たことはなかった。迎える町の雰囲気，商店やカフェの人たちの対応も，他の巡礼団に対するものとは違っていた。代金を受け取ろうとしなかったり割引をしたりお土産を渡したりと，機会をとらえては好意を表そうとする[34]。町の通常の経済活動のルールが，彼らを前に変化してしまうのである。また HCPT 参加者の方でも，その厚意を気持ちよく受け，積極的に人々と交流を図るグループもあった。「楽しんでる？」とよく声を掛け合っていたように，この巡礼で最も大切なのは「楽し

　33）　私は1995年4月16-24日の巡礼に参加した。以下の記述は，会のパンフレットや会報も参照している。
　34）　私と同じ時期に聖域を訪れていたアメリカ人女性研究者は，夫と買い物に立ち寄った商店で HCPT の付き添いと間違われて「料金は受け取れない」といわれ，「わたしたちは無関係だから」といってもなかなか耳を貸してもらえず，しばらく押し問答になったという。

む」ことであった。

　ストロード医師によれば，HCPT はオスピタリテ組織をもたないため，聖域の決まり事に従わない「あまり正しいとは言えない peu orthodoxe」運動だと思った人もいたようで，聖体行列に子供達を参加させようとした時に問題が起きたこともあったという（LM 1996）。また HCPT には18歳以下の子供しか参加できないため，1975年に，それ以上の年齢層を対象にした宿泊施設〈ホザナ・ハウス Hosanna House〉がルルドから3キロほど離れたピレネーの高台に建設されたが，外国の巡礼組織が独自の宿泊施設を持つことを〈聖域〉関係者は快く思っておらず，「かれらには巡礼世界の一員になる気がない」という批判の声が今も聞かれる。このようにルルド巡礼の世界とは距離を置いた非仏語圏からの巡礼団だったためか，HCPT の試みは広範な影響を及ぼすには至らなかったようである。〈聖域〉が障害児の巡礼に本格的に向き合うようになるのは，次のポリオ巡礼からであった。

(2) 〈国際ポリオ巡礼〉

1963年，ロレーヌ地方の二人の医師の尽力により，病院を出て列車に乗り旅をするという経験をポリオ患者にもさせたいという目的のもと，フランス国鉄の協力を得て，呼吸器を必要とする22人を含めた167人のポリオ患者が初めてルルド巡礼を行った（ACEG 9E (A)）。この時の成功を受けて，5年後の1968年に第一回〈国際ポリオ巡礼 Pèlerinage International des Polios〉が行われた。

　1967年9月，そのための準備委員会が開かれた。報告書を見ると，「親愛なるポリオの皆さん」・「私たちの親愛な傷病者の皆さん」という表現は避ける，「不具 infirmes」・「病気」という言葉は避け，かわりに「障害を持った handicapés」を用いる，スペクタクル性を利用・強調しない，健常者と同じプログラムにする，など，障害児を迎えるという初めての経験にむけた，非常に具体的な注意事項があげられている。障害児のための場所を教会と世界のなかに作らなければならないという認織，治る希望がある病人とは異なる障害者に対し，固有の霊性を提供する必要があるという問題意識も，ポリオ巡礼の準備を通して得られたようである。また，この巡礼が，傷病者の塗油の秘跡の改革に影響を与えた可

能性もある。巡礼に際し教皇パウロVI世から寄せられたメッセージが，傷病者の塗油の秘跡の式次第に引用されているのである。

　こうして1968年9月，フランスの1,740人を筆頭に，イタリアの458人とベルギーの195人，呼吸器を必要とする患者97人を含む，15カ国からの2,589人のポリオ患者と2,906人の健常者からなる総勢5,495人で，〈国際ポリオ巡礼〉が行われた。巡礼はこの後，5年ごとに行われるようになる。

　準備委員会の報告書を見ると，上述のHCPT巡礼は説教やミサなどの機会を通して聖域司祭団と交渉をもつことがなかったために，〈聖域〉の意識改革に結びつかなかったのではないかと推測される。巡礼団が〈聖域〉を巻き込むことが，巡礼世界の変化には必要なのである。結果としてポリオ巡礼は，三年後に行われることになる知的障害者巡礼の受け入れに必要な，最低限の意識改革を準備したのであった。

(3) 〈信仰と光〉

HCPTの町なかへ出かける感じは，フランスの〈信仰と光 Foi et Lumière〉という知的障害児巡礼にも共通するようである。こちらは10年に一度大規模な巡礼を行うが，未だに参加の機会に恵まれていないため，調査はパリ本部とルルド支部で行った。

　この巡礼運動は，次のようなできごとをきっかけに始まった。1968年にある夫婦が知的障害のある子供2人と共に司教区巡礼に参加しようとしたところ，他の参加者の迷惑になるという理由で，司祭に断られてしまった。夫婦は〈アルシュ Arche〉〔ノアの箱船・教会〕[35]の主宰者であるジャン・ヴァニエのもとへ相談に訪れ，彼の発案で，〈障害者キリスト教事務局 Office Chrétien des Personnes Handicapées〉〔以下OCHと略記〕[36]会長マリー・エレーヌ・マチューの協力も得て，何組かの家

---

　35) 海軍将校から哲学教授に転身したカナダ人ジャン・ヴァニエが，フランスで1964年に創設した知的障害者の共同生活運動。スタッフは全員無償ボランティアである (MATHIEU 1981; VANIER 1995)。

　36) 1963年にマリー・エレーヌ・マチューとビソニエ神父によって創設された。1968年より，会報誌 *Ombres et Lumière* を発行している。1977年にルルドの聖域に開設された〈傷病者・障害者と支援者たちのパビリオン〉は，この会の支部である。

族でルド巡礼を行った。

　このときの経験をより多くの障害者やその家族と分かち合い，教会の中に知的障害児の場所を見いだすことを目的に，3年後の1971年の聖週間に15カ国から12,000人（4,000人の知的障害児）を集めて，第一回〈信仰と光〉巡礼が行われた[37]。〈聖域〉は初め懐疑的だったが，聖域司祭団長のボルド神父が積極的に支援したという。ルルドの町には不安が広がり，巡礼団と町の双方から代表者が出席して準備の会合が何度も開かれた。「巡礼直前の町はどこか臨戦態勢のようだった」とマリー・エレーヌ・マチューが振り返っているように，事故が起きぬよう川辺には50メートルごとに徴兵兵士が並び，警察が道路警備を固め，店を荒らされないようにシャッターをおろした所もあった。町は彼らを闖入者と見なし，仲間として迎え入れようとはしなかったのである。

　こうして実現にこぎつけた巡礼は，終始，祝祭ムードに包まれていたという。聖金曜日にはタルブ・ルルド司教ドンズがミサで説教を行い，障害者の地上での使命は，痛み，他者への信頼，素直な心と沈黙など，現代社会が無視している人間的価値を示すことにあると述べた。また復活祭当日には，教皇パウロVI世からもメッセージが寄せられた。「確信をお持ちなさい。教会のなかにあなた方の場所はあるのです」，「生産性と効率に酔わされた人々の間に，あなたがたは，単純さと喜び，無償の愛を求めるまなざし，愛を見抜く素晴らしい力とそれに応える優しさを持って，存在しているのです」という言葉は，知的障害児巡礼を，非生産性を排除する現代社会に対する批判として評価している。

　また巡礼期間中に医師500人を集めた講演会が開かれ，知的障害者を社会から排除しないために医師に何ができるかが話し合われた。上記の教皇からのメッセージにも，「あなた方の発言が，安寧・力・効率に反するものから目をそむけて命への尊敬を失った社会，物質主義にまみれた社会の無関心を，揺さぶるように」という，医療関係者に向けた言葉が含まれていた。第4章でみたように，医療の仕事には現行の社会規範・経済至上主義を擁護する側面があるが，教皇の言葉は医療従事者に

　37）　以下は主に次の記述を参照している: Foi et Lumière International 1971; *Ombres et Lumière* 1981, 1991.

II 第二次世界大戦後の傷病者巡礼：傷病者の自立と社会参加の要求　439

対し，そのような経済至上主義への奉仕をやめるようにと訴えている。知的障害児巡礼は，傷病者の塗油の秘跡改革の中で焦点となっていった，非生産性のテーマの結実としての意義を持たされたのである。

　実際〈信仰と光〉は，司教区巡礼団に参加を拒まれた家族を支援して始まった巡礼であることから，参加資格や生きる資格を問わない社会をめざすという明確な目標を掲げている。現状を「権力，能力，効率，無関心」の支配する社会，来るべき社会を「連帯，自らを開くこと，訪れ迎え入れること，統合すること」の実現，という語群で対比的に整理し，何も持たない・出来ないことを社会的な絆の端緒にしようと呼びかけ，生産性と効率で頭が一杯の現代社会に反省を促そうとしているのである。

　ルルド国際医学協会機関誌にも，この巡礼に参加して，知性や社会的成功というような社会が依って立つ価値体系に対し異議が唱えられることに衝撃を受けた，という好意的な意見がみられた（POISSONNIER 1971）。反面，リール，アラス，カンブレイ司教区巡礼団長からは，このような特別巡礼に反対する意見が述べられている。それによれば，教会の通常の祭儀が彼らのことを考慮して構成されていないことは分かっているが，それでも，ルルドに集うのは「司教区教会」であるべきであり，障害者，傷病者，健常者のすべてが参加するのでなければそれは不完全であるのだから，分離傾向は望ましくない，というのである。だが知的障害児巡礼は，「両親は障害のある子供を表に出すべきではない」といわれて司教区巡礼への参加を断られた結果やむなく始まったのであり，またOCHの支部長が「司祭たちは自分の教区には知的障害の子供はいないと思いこんでいる」と批判するように，〈信仰と光〉巡礼が実際に目の前で繰り広げられるまで，知的障害児は人前に姿を見せるものではないと思われていた現実，あるいは，教区内に障害児がいるかどうかにさえ関心が向けられていないという現実があった。〈信仰と光〉は，子供たちとその家族がそこにいること，それも，大勢いることを，聖週間に祝祭として知らしめたのである。現在〈信仰と光〉の関係者の間では，このときの祝祭ムードの効果で，これ以後ルルドで徐々に障害者の受け入れが進んでいったと自負されている。

　1981年の巡礼は，赤十字，警察，軍，消防署などの協力のもと，5大陸の27カ国から11,827人（フランス人は51.7%）が参加して行われ，参

加者は162の宿泊施設を利用した。この時の様子を *France Catholique* 紙は次のように書いている。「1971年，ルルドの町は，この『ほかとは違った』巡礼を歓迎しなかった。店を閉めたところもあった。だが今年，そのようなことは全くなかった。知的障害者は受け入れられたのである。公共サービスも協力を惜しまなかった。巡礼団のバッジをつけた警察官までいた」(*Ombres et Lumière* 1981: 53)。ルルドの町もまた，ルルド巡礼の世界を統べる規範であるディスポニーブルを，その行動原理としているかのようである。

　1990年11月，聖域広報室のジュリア神父は集まったジャーナリストに対し，1991年の巡礼シーズンにおいて〈信仰と光〉巡礼は重要な出来事になるだろうと，期待を込めて語った。巡礼の規模はさらに拡大し，60カ国から13,204人（ヨーロッパから11,952人，南北アメリカから787人，中東から245人，アジアから110人（日本人56人），アフリカから61人，オーストラリアから49人）が参加した。

　この年，次のような感想を述べた参加者がいた。初め，巡礼の決定は〈信仰と光〉の進むべき方向ではないように思えた。このようなことにエネルギーとお金をつぎ込むのは間違っている，過去には意味があったかもしれないが，今なすべきことではないと思った。だが巡礼初日に，これこそイエスが求めておられたものだと確信した（*Ombres et Lumière* 1991: 9）。これは，戦略として考えた場合，第一回巡礼の時のような衝撃や影響力はもはやなく，巡礼の役割は終わったという判断であり，これだけの資源をつぎ込んでやるべきことは他にある，という意見である。だが実際に参加してみて，そこには政治的戦略や討議とは異なる意義があるということが，発見されたのであった。またジャン・ヴァニエは1971年の第一回巡礼の時から，〈信仰と光〉を何らかの安定した組織にしようとしてはならないといっていた。〈信仰と光〉は組織ではなく運動である，という一貫した主張からは，彼が，日常生活世界を変えようとする継続的活動とは異なる意義を，この祝祭にみとめているらしいことが推測される。〈盲人十字軍〉の司祭が，巡礼は戦略や闘争の場ではないといっていたことを思い出させるが，この問題については〈ルルド－癌－希望〉巡礼の考察で再び取り上げる。

　知的障害児巡礼は傷病者巡礼の一つの到達点であるが，そこには古典

II 第二次世界大戦後の傷病者巡礼：傷病者の自立と社会参加の要求　441

的傷病者巡礼が抱えていた問題が引き継がれてもいる。障害児のイメージの問題である。*Aujourd'hui la Bible* 誌は1971年に，障害者は祝祭にあっては私たちよりすぐれている，彼らには支配欲もなければ，何ものかを演じようとすることもない，と書いている（Foi et Lumière International 1971: 27）。1981年の『陰と光 *Ombres et Lumière*』巡礼特集号には，「わたしたち司祭にとって，知的障害者において最も印象深いことは，かれらの苦しみではなく，他者を受け入れる能力です」という証言が掲載されている（Ombres et Lumière 1981: 29）。1991年の特集号では，参加した少女が次のように述べている。障害者に対してどう振る舞っていいかわからず，不安を抱えて参加したが，子供を腕に抱いた途端，なにも考えなくなった。子供達の自然な振る舞いと喜びに，自分が受け入れられたと感じた（Ombres et Lumière 1991: 25）。

　〈信仰と光〉巡礼をめぐるさまざまな発言の中では，知的障害児は神との関係において障害を負ってはいない，それどころか，知的障害児はすべての人に対して開かれている，という障害児イメージが確立されている。エゴイストの「わたし」に対して知的障害児は開かれている，子供たちの自然な振る舞いに「わたし」は受け入れられたと感じた，という感想が繰り返される。すなわちここでは，「受け入れる」のは「わたし」ではなく「かれ（ら）」知的障害児である。社会が知的障害児を受け入れる，障害児が社会に受け入れられるということとは別に，それを逆転した物語が並存しているのだが，そこには積極的な意義がある。この物語では，「わたしたち」健常者が作る社会の方が「かれら」の作り出すあるべき社会に対して劣位におかれ，「かれら」に基準としての地位と，参加者を認知し受け入れる主導権を明け渡しているのである。

　実際，先述のようにルルドの商店主たちも，HCPT に対して店の門戸を開くだけでなく，自ら巻き込まれ関係を結ぼうとしていた。二つの障害児巡礼は，理不尽な社会に討議や闘争を仕掛けるのではなく，人々に巻き込まれたい，一員になりたいと思わせてお祭り騒ぎのペースに巻き込み，混ざり合いともに在ることを既成事実化することに，一定の成果を上げていると考えられる。第二次世界大戦後，傷病者巡礼は新たな「わたしたち」の形を模索してきたと述べたが，ここに提案された「わたしたち」の姿は，後述するように，それ以前の傷病者巡礼とは異なっ

ているのである。

　だがここには、「わたしたちの主である傷病者」以上に反駁される怖れのない、「健常者に都合のいい知的障害児イメージ」の危険も潜んでいる。かつて、古典的傷病者巡礼における傷病者イメージに対して傷病者自身から異議が唱えられたように、この巡礼における知的障害児イメージに対しても異議が唱えられるようになるのかどうかは分からないが、いまのところ、それが健常者に都合よく作られたイメージではないかという反省の声は、あがっていないようである。

(4) まとめ：傷病者巡礼の展開

　古典的傷病者巡礼の発展に後押しされるようにして傷病者組織が生まれ、その活動を通して傷病者の社会参加への意欲が高まった結果、苦しみの捧げものという霊性は支持されなくなっていった。そして現在、聖域では障害児の姿がごく自然に目にされるようになっているが、その過程で、巡礼団が模索する「わたしたち」の姿は変化していった。すなわち、古典的傷病者巡礼、社会参加を求める傷病者巡礼、知的障害児巡礼では、めざされる社会のイメージが異なっているのである。

　古典的傷病者巡礼では、「わたしたち」健常者が「かれら」傷病者に犠牲としての特別な使命を認めて至宝と崇め、共に苦しみの捧げものを行うことで「わたしたち」が形成されていた。これに対して傷病者主催の巡礼団は、「かれら」健常者が「わたしたち」傷病者を受け入れるように働きかけようとしていた。それは、傷病者はまだ本当には社会に受け入れられていないという異議申し立てであり、自分たちには社会に参加する正当な権利と実力があるのだということを認知してほしいという要求であった。至宝という形で社会から排除されていた人々が、排除に抗して参入していったのである。

　他方の知的障害児巡礼が現出させる世界は、「かれら」知的障害児が「わたしたち」健常者（経済効率にとりつかれてしまった近代人）を受け入れてくれ、それによって「わたしたち」も目を開かれ「かれら」と共に生きようとする、という筋書きをもつ。それは、主導権が「かれら」にある「わたしたち」である。一方的に今在る「わたしたち」に「かれら」を受け入れてあげるのではなく、「かれら」の一員になりたい

と願う人々が「かれら」の方に歩み寄っていく。人々が統合されるべき世界・規範は,「かれら」のもとに在るのである。こうして傷病者巡礼は,「至宝」・「参入」の後に,「招来」の時代を迎えたのである。

このような歴史的展開の中で,現在,注目を集めている巡礼団がある。〈ルルドー癌ー希望〉である。そこでは,傷病者の司牧改革の成果が,傷病者巡礼の伝統とよく接合されている。最後に,この包括的な巡礼を分析することで,ルルド巡礼史のまとめとする。

III 〈ルルドー癌ー希望〉[38]

〈ルルドー癌ー希望 Lourdes Cancer Espérance〉〔以下LCEと略記〕は,ルルド在住のオスピタリテ会員を中心に創設され,聖域司祭団長ボルド神父の後援と協力を得て,1986年に350人ほどで第一回巡礼が行われた。この時にはルルドを中心に口ずてで参加者が募られた。1989年にフランス公共テレビの宗教番組でLCEパリ支部主催のミサが放送されたのをきっかけに多くの問い合わせがあり,この年巡礼は1,000人を越えた。現在は毎年,フランス全土と仏語圏に広がる支部から集まった癌患者とその家族・友人・医療関係者2,000人ほどによって行われている[39]。

活動の第一の目的は,年一回のルルド巡礼である。毎月発行される会報に,活動状況,体験談などの便りや読み物が掲載され,他の年間を通じての活動は各支部の裁量にまかされている。巡礼の時期を待てない病人がいる場合は,個別に対応して巡礼の手配をする。会の支援によってルルドを訪れると,病院から駅までの送り迎え(出発地・ルルドとも赤

---

38) 以下の記述は主に,私が1994年9月14-18日に行った同行調査によっている。そのほか,パリ支部会合・支部長総会での調査や会報も資料として用いた。
39) 一時イギリスのグループが参加したこともあったが,言葉の問題が壁になって続かなかったという。

十字が協力する)⁴⁰⁾や旅行保険など，さまざまな面で便宜が図られる。

　支部長の多くは癌患者で，特に乳癌の女性が多いというが，参加者の性別・年齢等について統計的な資料はない。当初は高齢者が多かったが若者も徐々に増え，ここ数年は十人前後の子供も巡礼に参加しているという。1994年の巡礼参加者は1,990人，このうち，医師38人，司祭31人，オスピタリエが男女あわせて147人（看護婦はこの中に含まれる），寝たきりの病人28人（付き添い5人），これらの人数を引いた1,741人の約半数が癌患者であろうと事務局では推定している。病気の性質上参加者の入れ替わりが激しいが，遺族が参加し続けたり，病人として参加した人が快復しオスピタリエとしてやってくる例もあるという。できる限り普通の旅をしようと，なるべく傷病者宿泊施設ではなくホテルを利用するようにしている。

　参加者は，「誰が病気なのか話してみるまでわからない」ほど自然な人々の態度と関係，冗談とくつろいだ笑いに満ちた明るさ，そしてこの巡礼があらゆる人に開かれたものであることを，会の特長としてアピールする。だが実はそこには「病人／家族／医療関係者」というカテゴリーが厳然と存在し続け，その違いを際だたせることが，巡礼の重要な実践の一つとなっている。この会は，「癌にかかった者と，彼らの家族も含めた社会との間に立ちふさがる，同情，無理解，沈黙の壁を打ち壊す」(OLLIVON〔s. d.〕: 5) ことを目標に掲げた，各人の立場の違いとそれによって生まれる社会的な葛藤の問題に自覚的な活動なのである。

　LCE巡礼は，上述の司牧改革の成果を生かした新しいタイプの傷病者巡礼として，〈聖域〉関係者から注目されている。巡礼プログラムの内容は，ミサや聖体行列などの祭儀と，講演会や参加者の自由な語り合いなどの発話の場に二分され，祭儀だけでなく，発話の場も毎日設けられる。以下では巡礼を，行いや言葉が交わされ向けられる相手により，「スペクタクル／発話（討議・物語）／祭儀（共同行為・祈り）」という三つの状況に分けて分析する。それぞれの状況は，「わたしたち」や「かれら」というカテゴリー・グループを作り出し，その間の関係に反

　40）　赤十字はLCE発足時から協力を惜しまず，移動の困難な巡礼者の送迎を行い，巡礼期間中は常に聖域に待機している。当初はLCEに事務所の一角を提供していた。現在はルルド市長の計らいで，市の所有する建物の一室がLCEに提供されている。

III 〈ルルド-癌-希望〉　　　　　445

省を迫っている。

1　スペクタクル：アピール

　第1章で述べたように，ルルドの聖域は公開性の高いスペクタクル空間を形成している。そこでは他者の苦しみを眺めることへの批判もあるが，傷病者自身は見られることを必ずしも否定しているわけではない。たとえばLCEの参加者は，会の略称を緑色で染め抜いた白いスカーフを首に巻き，自分たちが一つの大きなグループを作っていることを誇示する。スカーフやバッジは他の巡礼団でもよく用いられるグループ・アイデンティティの表現手段だが，会員は，このスカーフやプラカードをきっかけに話しかけられることを歓迎しており，そうやって会の趣旨を説明できたときには，後から嬉しそうに，相手が自分たちの喜びに満ちた様子に感銘を受けていたようだったと語っていた。
　また彼らは，聖域に集まった巡礼団が合同で行う祭儀のうち，聖体行列とロウソク行列にだけ参加し，もう一つの重要な祭儀である万国ミサには参加していなかった。聖体行列の前に，「人数が少ないと思われるといけないから全員必ず参加するように」と会長から注意があったことを考えあわせると，プログラム構成や参加者の身体的負担の大きさだけでなく，巡礼団の存在を強くアピールできるかどうかも，参加祭儀の選択に影響を及ぼしている可能性がある。というのも，万国ミサは時には万単位の参加者を集めて行われるため，その規模に圧倒されるばかりで，特定の巡礼団が目立つことがないのに対し，各巡礼団がそれぞれの団旗やプラカードを先頭に見物人の見守る中を行進する聖体行列は，自分たちの存在をアピールする絶好の機会なのである。LCEは，巡礼期間中に必ず一度は行列全体の先頭を任され，その写真は毎年のように聖域機関誌に大きく掲載されている。
　ゴッフマンは，表面上はわからず人目に付かない「スティグマ（社会的不面目・秘匿すべき差異）」を持つ者が，そのことを隠し通そうとする時に，「常人」とのコミュニケーションの場面で感じる緊張と情報操作を論じている（ゴッフマン 1970）[41]。癌はそのようなスティグマとして

患者や家族に沈黙や偽りを強いるが[42]，LCEのプラカードやスカーフは，そのスティグマを故意に顕在化し人目にさらす役割を果たしている。社会が秘匿を要請するスティグマの顕在化，まなざしへの不意打ちは，かつて苦しむ肉体を素材に一大スペクタクルが繰り広げられていた空間の伝統を利用して行われるため，社会的に不適切な行為とみなされることを免れているのである。

ルルドのスペクタクルについて，カトリックの日刊紙の記者は次のように書いている。「ルルドを苦しみの展示場だといって非難するのは誤っている。……広場に並べられた傷病者と障害者は証（témoignage）であり呼びかけなのである」(RSL 1974b)。ルルドで頻繁に用いられるこの「témoignage」という語は，「体験談」と訳してしまうと，単に自分のことを公にする行為のようにきこえてしまうが，それは「証言，証，しるし」という，自らの責任で人に告げ知らせる行為を意味している。「発話」の状況において，この証言は重要な役割を任っている。

2　発話：討議・物語

活動10周年を記念して作られた冊子は，病人を抱えた家族の孤立と再生を次のように描写している。病気によって家族の間に緊張が生じ，沈黙が支配するようになり，皆がばらばらになったまま，家族は孤立して途方に暮れる。だが巡礼に参加して，病人が語り出し，他者へと向かい，喜びに輝き希望を見いだすのを見て，家族も自分たちを他者に対して開くようになる。

会は，このように人々が他者に向かって開かれ自由に話し合えるようになることを活動の目標に掲げ，その成功を表すのに「沈黙の壁が破られる」という表現を用いる。だが自由に話し合うといっても，そこには

---

41) この著作のフランス語版の表紙を飾るのは，ルルドの車椅子の列の俯瞰写真である (GOFFMAN 1963)。

42) 自らの癌体験をふまえて書かれたエッセーの中で，スーザン・ソンタグは，「私に『隠喩としての病い』を書かせたのは，ガンにかかった人々がスティグマを押しつけられるという発見であった」と述べている（ソンタグ 1992: 146）。

一定の様式がある。発話の状況は，利害を共有する人々によって構成されるグループが，状況改善のために活用可能な言説をグループ内部で，あるいはグループ間の協議の場面で取り交わす「討議的状況」と，他の誰にも代わってもらうことのできない固有の体験を，理解してもらうことを強要せずに「物語る状況」に二分され，その各々が固有の発話内容をもっている。LCE巡礼では，プログラムの初めに置かれた二つの発話が，そのモデルを提供する。

(1) 発話のモデル

まず，公式の開会前夜に行われる〈再会の夕べ〉で，事前に選ばれた四人の参加者が個人的な体験や支部での出来事を証言した。「みなさんにお礼を言いに来ました」と始めた40歳前後の女性は，前年，癌の夫と巡礼に参加して回心し，「わたしたち自身のものではない力」を得，家族全員で彼の死を幸福の内に迎えた体験を証言しに来たと述べた。「月並みな言い方ですが，〔夫の死まで〕本当に幸福に生きることができましたし，今も子供たちと共に，その幸福を生きています」という証言は共感を呼び，巡礼期間中，彼女はあちこちで参加者たちから声をかけられていた。四番目に語った，ルワンダで医師としても活動している司祭は，日々のすべての苦しみと死はキリストのそれであり，死における神秘とは神が死ぬことにあるのだと結んだ。

翌日，巡礼は癌専門医と大司教の講演によって幕を開けた。医師は，闘病という時の経過の中で患者と家族が直面する問題を，患者の社会的孤立，彼の抱く疎外感と家族の対応の困難，互いに相手を怖がることによって生じる自然な発話の疎外という，疎外の問題としてまとめていた。これを受けて大司教は，家族も教会も，異なる人々が集まって時の経過の中で馴れあうことなく愛を育み守る場，各人の違いをこそ喜び際だたせようとする神の愛の具現であるといい，時間の中で更新され続ける他者への配慮としての愛を語った。

聴衆に向けられたこれらの公的な発話は，次の機能を果たしている。初めの女性の証言は，個人的で感情的な体験を公に語り出す行為のモデルを提供すると同時に，内容においては，自分の内には無かった力を得，そのお礼に証言しに来るという，恩寵の授受についての規範的な物語と

なっている。司祭の話は，キリストの死と類比することで，現代西欧社会において個人的な出来事とみなされている苦しみと死に，普遍性をもたせていた。医師は，闘病の困難に「疎外状況」という名を与え，協力して解決すべき共通の問題として設定することで，討議のテーマと動機を提供した。対して大司教は，愛という主題のもとに「他者」を発話に持ち込んでいる。これらは，討議的状況と物語る状況の交錯と同時に，通常「私的」とみなされる「わたし」の領域と，「社会的」あるいは「公的」とみなされる「他者との関係」の領域の，交錯を予感させる。こうして討議と物語を実践するための基本的な語彙と定型が与えられ，これらをモデルに，巡礼参加者たちの個別の実践が行われていく。

(2) 発話の実践：カテゴリー・グループの形成と他者である「わたし」の現出

物語る状況が巡礼全体の基調をなすのに対し，討議的状況は，巡礼プログラムにそって会合と語り出しを積み重ね，参加者が各々の立場の違いによって異なる社会的カテゴリーに分かれることと，その間に葛藤状況があることを確認していく過程の中に，現れる。

巡礼二日目早朝のほぼ同じ時刻に（それゆえ掛け持ちは想定されていない），看護婦とオスピタリエのミーティングと，医師と司祭の合同ミサが開かれる。この二つの会合は，彼らがスタッフであることを確認する場であるだけでなく，この組み合わせによって，個人の資質と善意によって他者に配慮しようとする専門性の低いグループと，職業として他者に配慮する責任ある専門家グループという，二つのカテゴリーを形成する機能を果たしている。さらに翌日夜には，巡礼執行部，医師，司祭，看護婦とオスピタリテ・スタッフだけが参加する，意見交換会が開かれた。ここでは，病人，家族，司祭，医療スタッフの間にあるコミュニケーションの困難，医師・司祭ら専門家の独占意識と孤立化傾向，医師と看護婦の間にさえある相互不信の問題が議論された。だが短時間の話し合いでは具体的な解決策がまとまるはずもなく，コミュニケーションの円滑化のために何をなすべきかを，各自の体験に即して語り合い意見を述べ合うにとどまった。と同時に，彼らの抱える個人的な悩みが，病人を相手とする専門家に共通の，職業的・社会的立場に由来するものであることが確認されていた。

III 〈ルルド－癌－希望〉

　三日目の午後には，巡礼参加者を小グループに分け，自由な語り合いの場がもたれた。10人強のグループごとに，主に病人が，病気になって味わった苦しみや喜び，家族や友人に支えられた話や見捨てられた話など，公の場に持ち出すべきではないと日常では思われている個人的な苦しみや喜びを，人々に向かって語り出す。目新しい物語はないが，どの発言も最後まできちんと聞かれる。公式プログラム中，病人が公の場で話す唯一の機会だが，問題解決のための意見や情報交換よりも，真情を吐露できることの方に意義が見いだされる，最も物語的な状況である。この小グループでの語り合いと上述の意見交換会には，一つの大きな違いがある。それは，小グループで披露される物語が，まとめられ結論を求められることなく肉声のまま受け取られるのに対し，後者は，共通認識を求めて意見を総括し，一つの大きな声を得ようとすることである。
　参加各人が自分自身について話しながら，各々の立場と所属カテゴリーを意識化することで準備されてきた討議的状況は，四日目午後の，医療スタッフと患者・家族の対話集会で山場を迎える。それほど広くない集会室に，それでも一杯の参加者を集めて行われたこの会では，壇上に並んだ医療スタッフがマイクを通して発言者に答えることで，「病人と家族」に「医療スタッフ」が対峙するという構図が打ち出される。ここでは病人とその家族の疎外感が繰り返し訴えられるだけでなく，壇上の医師も自分たちの立場の難しさや改善の努力を訴え，前日の意見交換会で出ていたコミュニケーションの困難の問題が，現実の葛藤状況として上演される場になっていた。二時間の話し合いの末，会は，「この集まりではいつも医師が非難される。でも来年も絶対来ます」という壇上の医師の言葉と，それを受けた盛大な拍手のうちに終わった。
　ここで注目されるのは，医療従事者としての医師が，巡礼団のなかに居場所を見いだしていることである。第4章で述べたように，ルルド巡礼の世界は医学者としての医師の技術と権威は利用したが，医療従事者としての医師は，傷病者巡礼が否定する社会的価値の体現者として，そこから排除されてきた。ルルド巡礼の世界という，あらゆる参加者に向けて開かれているとされる公開空間は，実際には，医療従事者としての医師を排除することによって成立していたのである。しかしLCE巡礼では，敵役とはいえ，医療従事者としての医師に居場所と発言の機会が

与えられている。そしてここには，巡礼世界の公開性がさらに高まった，という以上の意味があると考えられる。このことは，LCE巡礼という新しい挑戦が医師という立場の参加者を必要とした，病いと死をめぐる経験を見直そうとしたとき，現代社会においてその重要な当事者の一人となっている医師を，見直しの現場から排除することはできなかった，ということを示唆していると考えられるのである。

(3)「物語る状況」の意義

こうして巡礼プログラムは，「医師と司祭」，「看護婦とオスピタリエ」，「病人を中心とする家族・友人」という三つのカテゴリー・グループを作って壁の所在を明らかにし，聖地とは出会いの場であるという約束事の上に，普段は面倒に思われ避けられる交渉のための場を設けて対面させることにより，異なるカテゴリーの間にあった沈黙の壁を壊すのである。そこではコミュニケーションが関心の焦点となっており，参加した医師や司祭は，よそでは残念ながらまだ望むべくもないコミュニケーションがここでは何の困難もなく自然に実現していたといって，この状況を評価していた。だが一口に物語といっても，そこにはある区別が設けられることがある。

たとえばプラマーは，物語る行為の社会的機能を，「政治的」と「個人的」に二分し，前者を高く評価している（プラマー 1998）。ここで政治的な語りとされるのは，親密であるが故に公にすべきものではないとみなされてきた私的な物語の語り出しの中でも特に，市民権を得ていないような体験の告白，すなわち，社会通念に抗して行われる，秘匿すべきスティグマの勇気ある語り出しである。そこでは，それまで発言権を持たず社会的諸権利において冷遇されてきた人々が発言するようになり，発言者と支持者が増加してサポート・コミュニティーが形成された結果，討議的コミュニケーション空間への参入と権利獲得のための政治的闘争が可能になる過程が，評価される。

これに対し，個人的な語りとされるのは，語り手と受け手のアイデンティティの確立に寄与するような，内的経験の語り出しである。そこでは，語り手は私的な物語，特に苦難と救済の物語を語り出すことによって一貫した自己を取り戻し，受け手は，他者の「克服の物語」をモデル

に自らの克服の可能性を学ぶとされる。それは，自己の本質を探し出す作業，自己確立の語彙とモデルを獲得するセラピー的な過程とされる。

　この個人的物語は，政治的物語と並べられると，討議的コミュニケーション過程を評価するのと同じ視座によって，討議的コミュニケーション過程以前の未熟なものとみなされるきらいがある。政治的な語り出しによってサポート・コミュニティーと一つの大きな声を作ることが，他者との交渉に入る行為として高く評価されるのに対し，個人的な物語は，他者との交渉力が弱い自足した物語とみなされ，その受け手も，グループを作り発言する主体となることなく終わる受動的で孤立した物語の消費者として，積極的な評価を与えられないのである。

　だがLCE巡礼では，個人的物語を語る状況が，討議的状況の前段階としてではなく，独自の他者との交渉の領域となっている印象を受ける。確かに小グループでの語り合いでは，病人が自らの肉声で語り出すことで，医師が彼にかわって病いを語る医学の手から，病いの体験を取り戻しているとみなすこともでき，そう考えれば，それは自己の本質・アイデンティティを取り戻す行為であるといえる。だがこの解釈においては，「他者の物語を互いに傾聴する集合的（一対一ではない）状況」の持つ意味が考えられていない。

　アーレントは次のように述べている。「私生活や親密さの中でしか体験できないようなある事柄……は，その内容がどれほど激しいものであろうと，語られるまでは，いかなるリアリティも持たない。ところが，今それを口に出して語るたびに，私たちは，それをいわば・リ・ア・リ・テ・ィ・を・帯・び・る・領域の中に持ち出していることになる」〔強調は引用者による〕（アレント 1994: 75）。この言葉は，なぜ人は「他者」に向けて語ることで「自己」を取り戻すことができるのかを説明する。私の話を聞いてくれる人が私のリアリティを証言してくれるおかげで，私はリアリティを得たり取り戻したりすることができるのである。だが「他者の物語を互いに傾聴する集合的状況」を考慮するとき，すなわち，物語を一緒に聞くということに注目したとき，違う視野が開けてくる。そこでは語り手と聞き手は順次交代し，私は他の「わたし」，すなわち「他者」の喜びと苦しみに触れる。そこでの「わたしのリアリティ」は，他者にとっては「他者のリアリティ」であり「他者というリアリティ」である。物語

を「聞く」ことは，他者のリアリティを「証言する」こと，他者を存立させることなのである。こう考えれば，物語が取り戻させる自己は，「『他者としての』わたし」だといえるかもしれない。このような，サポート・コミュニティーを作ることのない非政治的な物語る行為は，「わたし」と他者をかかわらせる，討議とは別の道筋と考えられる。

3　祭儀：共同行為・祈り

(1) 共同行為：「家族」となる場
祭儀という共同行為は，参加者の間に「わたしたち」という意識を生む。この時，祭儀のシナリオが変われば，そこに作られる「わたしたち」のイメージも変わってくる。LCE の参加者が共同行為を通して作り出す「わたしたち」は，苦しみの捧げものという共同祭祀を行うことで作られていた「わたしたち」とは，当然違ってきている。

10周年記念冊子に掲載された感想の中で，以前 LCE 巡礼に参加して講演を行った医師は，聖体行列，洞窟でのミサ，傷病者の塗油の秘跡，十字架の道行きのいずれにおいても，人々が真剣に祭儀を共に生きていたことが強く印象に残った，と書いている。祭儀はともに生きる時間と空間を作り出しており，そこで生まれる連帯感は，LCE では「家族」と表現される。心安い内輪としての家族には，すべてを口に出さなくても解り合えるという，相互理解へ向けてのコミュニケーション過程に逆行する一面があるが，それがコミュニケーション不全を表沙汰にできる前提条件にもなっている。

だがこの家族には，それ以上に重要な側面がある。〈再会の夕べ〉は，死者を悼み，巡礼に来られなかった人々を思って唱える祈り，不在の確認から始まった。「いつも消息を尋ねあって，誰かが亡くなったときは，残された家族と話すようにしているんです。そのことについて話のできる相手が必要ですから」といわれるように，この家族は去った者の思い出をつなぎ止める場所，誰かが欠けたときに，欠けたことをそのままやり過ごしてしまわないことを約束した人々の集まりなのである。こうして確かめられる不在は，欠損のむなしさではなく，臨在の実感を伴う。

傷病者の塗油の秘跡にあずかった子供をその後亡くした母親は,「秘跡が一番つらい瞬間になるに違いないと恐れていたけれど,いざ秘跡が始まったらあの子の存在を感じてつらくなくなりました」といっていた。また不在を強く感じていればこそ,人々は今,ともに在ることに心を配っているようで,ミサで主の祈りを唱えるときに隣同士で手をつなぎ,握手する手にはいつもしっかりと力が込められていた。

こうして家族は,不在と今在ることに一緒に立ち会う慈しみの場となる。時間とともに変化する不安定な存在としての人間が際だつ場面で,家族は理想的なイメージとなるが,それは,家族が時の流れによって損なわれないからではなく,逆に,家族が時の流れを前提とした集まりとみなされているからではないだろうか。時の流れの中で語り継ぎ生き継ぐことで,家族は去った者の記憶を留め,去った者のリアリティと,去った者と過ごした時間のリアリティを証言する。傷病者の塗油の秘跡に,去った者を思い起こさせる力があったように,LCE巡礼において祭儀は,時間存在として共に生きる家族を作りだす場となっているのである。

(2) 祈り:「他者」への関心

個人的な神との対話のように思われる祈りもまた,「わたし」一人の行為にとどまるわけではない。それもまた,他者の存立に深くかかわっている。祈りとは何かについて,調査中に参加者から直接説明を受けることはなかったが,多くの祈りの言葉や祈りを語る言葉が,会報に見られる。そこでは,他者のために祈る,他者とともに祈る,心を開く,という主題が繰り返されている。

癌で亡くなった会員が死の二日前に書いた詩は,自分のために祈ることは何もないが他の人々のことでお願いしたいことがたくさんある,と神に祈る。支部長黙想会で説教した司祭は他者のために祈る必要を述べ,私が祈るまでもなく神はそれらの人々の祈りをすでにご存知に違いないが,その人達のために祈ることで私たち自身,自分を忘れ心を開くことができるのだと説く。ある女性は,夫が生前,ルルドへ行くのは他の病人のために,彼らとともに祈るためだと常々言っていたから,自分は夫の死後も巡礼に参加し,人々とともに祈るのだと書く。会の10周年記念冊子には二つの祈りが掲載されている。一つは,「主よ哀れみ給え,他

者の十字架を背負った医師を」で始まる「医師のための病人の祈り」，もう一つは1994年に小グループでの語り合いの後に捧げられた祈りで，「耳を傾けることにより，他者に対し自分を開くことができますように，人々のためにいつも準備ができて（disponibilité）いますように」という一節がある。

このように祈りにおいて，関心は自分ではなく他者に向かい，その他者への関心が，ともに祈るという共同行為の形で表現される。〈聖域〉が傷病者を対象に行ったアンケートのまとめの中に，人は神と，一対一の孤独の内ではなく，人々とともにあるところでこそ，よりよく出会うことができる，とあるが，この言葉は，他者がどこに存立するかを教えているように思われる（*RSL* supplement 1971: 24）。祈りの空間は他者に向かう関心を放つ空間であり，神はその関心の内にこそ，他者としての姿を生き生きと現すと感じられているのではないだろうか。他者に向かうこの関心は，「利他」と呼ばれる社会的な関心とは異なるものである。

4 まとめ

(1) 三つの状況の機能

巡礼の三つの状況は，次のような機能を果たしていると考えられる。スペクタクルには，「わたし（たち）」のスティグマを顕在化し，周囲の眼差しに対して異議申し立てをする社会的側面と，苦しみを見るものに突きつけて訴えかけ，呼びかける側面がある。発話には，社会的カテゴリーの先鋭化によって討議的状況を構成し，相互理解を目指すコミュニケーション過程の円滑化を志向する側面と，他者の肉声が語り出す物語を傾聴することによって他者の生にリアリティを与える，他者性のリアリティ過程と呼べるような側面がある。祭儀には，理解に至るコミュニケーション過程ではなく共同行為への参加によって，時間存在として共に生きる家族としての「わたしたち」をつくり，不在の者にまつわるリアリティを証言する側面と，他者に関心を向ける行為としての側面がある。三つの状況のいずれもが，「葛藤の解消を志向する社会的側面」と「他者との関わり」という二面，「コンセンサスの形成」と「自他の違いの

III 〈ルルド―癌―希望〉

意識化」という二面を持ち，スティグマの顕在化，討議的なコミュニケーション空間，共同行為への参加は主に「わたし（たち）の形成」に，スペクタクルによる呼びかけ，発話における肉声の傾聴，祭儀における他者への関心は，主に「他者の存立」にかかわっていると考えられる。

このような「わたしたち」と「他者」の構成は，苦しみの捧げものを行っていたときとは異なっている。最大の違いは，「わたしの苦しみ」が誰かの至宝になることなく，具体的な言葉や姿として，聖体行列やカルフールや傷病者の塗油の秘跡という場で，人々の間に現れ出ていることである。三つの状況のいずれにおいても，苦しんでいない者が「他者の苦しみ」を捧げることなく，他者とともにその苦しみの所在を明らかにし，他者とともにそれに向き合わされている。「わたしたち」と「他者」の構成の変化は，「苦しみ」を巡礼世界に持ち出すやり方の変化に，対応しているのである。

先述のように，ある巡礼付き司祭は，他者の発見という恩寵だけが傷病者巡礼を正当化するといっていた。第1章のスペクタクル批判のところで述べたように，一般に，苦しみを公の場に持ち出すのは不適切な行為であると考えられているが，司祭はそのような判断があるところで，傷病者の肉体的な苦しみを公の場に持ち出すことは正当化されうるといっているのであり，LCE巡礼における三つの状況は，その適切な持ち出し方についての，一つの回答となっているのである。最後に，苦しみを公の場に持ち出すためになぜ正当化が必要なのかを，ハンナ・アーレントの論考を参照しながら考察し，LCE巡礼の三つの状況が，それに対してどのように応えているのかを分析する。

(2) ハンナ・アーレント：「私的」な苦しみ

アーレントは，肉体的な苦しみを公の場に持ち出すことの正当性を考える時の，手がかりとなる議論を展開している。一言でいって，アーレントの考えでは，「肉体」の「苦しみ」は「公的領域」とは相容れない。その理由は，次の三点にまとめられる。

第一に，それは討議的に解決されるべき問題である（アレント 1995: 89-175）。肉体的苦痛は生命過程にかかわる苦しみであり，それは社会問題として，各人の必要を満たすために諸権利間の調整を行う社会的な

討議空間と，そこで下される社会的解決に委ねられるべきである。そしてこれが唯一，複数の人間が「他者の肉体的苦しみ」に関与することのできる場面である。ところでアーレントの議論では，「社会的」という概念は「公的」とは異なる領域を指す。それゆえ肉体的苦痛という生命過程に生起する現象は，この場合も決して，人間の自由な活動が繰り広げられる公的領域に持ち出されているわけではない。アーレントにとって公的領域とは，人が「万人によって見られ，聞かれ，可能な限り最も広く公示される」場，人が「リアリティを帯びる領域」である（アレント 1994: 75）。その対極である「私生活に欠けているのは他人である」（同書: 87f）といわれるように，アーレントの議論においては公的領域は「他者」によって特徴づけられる場なのである。なお，ホセ・カサノヴァが「公共宗教」の役割として正当化しているのは（カサノヴァ 1997），公正な正義と規範についての合意形成を目的とする討議に参加すること，アーレントがいうところの社会的領域への参入である。これは第3章でみた，社会的カトリックの活動が対処しようとした，貧困に起因する肉体的苦痛などの領域である。アーレントとカサノヴァのいずれにおいても，苦しみについての検討は，個人の権利（生存権）に基づく経済的・外部的関係の領域で行われることになる。ここで考えられている肉体的苦痛は，経済的関係の領域に原因を持ち，その領域で解決されなければならない種類のものなのである。

　第二に，生命過程のようにはなはだしく私的なものは，秘匿されるべきである。アーレントは，「私生活の中に隠さなければならなかったものは，常に人間存在の肉体的部分であった。つまり隠されたものはすべて生命過程そのものと結びついており……『肉体によって生命の欲求に奉仕する』労働者であったし，肉体によって種の肉体的生存を保証する女であった」と述べ（アレント 前掲書: 102f），「既成事実」を論拠に，そこに解決すべき問題が発生していない場合には肉体にかかわるものは公の場に持ち出すべきではない，としている。他方，カサノヴァは宗教の私事化について述べた箇所で，「身体の一部や感情を頼まれもしないのに人前にさらす」ことを，「自分のプライバシーを貶めるだけでなく，他人のプライバシーの権利を侵害することになる」不適切で悪趣味な行為の代表例としてあげている（カサノヴァ 前掲書: 86）。ここではプライ

バシーの尊重が，私事の開陳を不適切なものと判断する根拠となっている。

　第三に，肉体的苦痛は，秘匿すべきであるという以前に，そもそも公的領域に持ち出すことが不可能である。それゆえ，秘匿は義務ではなく必然だということになる。「肉体の境界線の内部で生起している事柄，つまり肉体の快楽と苦痛，労働と消費以上に，他人と共通性のない，他人に伝達できない，従って公的領域における他人の眼と耳からしっかりと守られているものは，他にない」（アレント　前掲書: 170）。「激しい肉体的苦痛というのは，おそらく，公的現れに適した形式に転形できない唯一の経験であろう。そればかりか，肉体的苦痛は，私たちからリアリティに対する感覚を実際に奪うので，肉体が苦痛状態にあるときは，真っ先にリアリティが忘れられてしまう。私が自分自身をもはや『認識』できないほどリアリティを見失っている，この最も極端な主観的状態から生活の外部的世界へ脱けだす橋は存在しないように見える。……それは，あまりにも主観的で，あまりにも事物と人々の世界から離れているので，どんな外形（appearance）をとることもできない」（同書: 76）。アーレントにとって快楽と苦痛は，肉体の境界線の内部で生起する事柄，意識を肉体につなぎ止め外側へと向かえなくさせてしまう内閉の契機であり，他者と共通性を持たず，他者に伝えることも他者が理解することもできない，はなはだしく私的なものである。そしてこのような苦しみの「自己中心性」と「説明不可能性」と他者による「理解不可能性」が，苦しみが公の場に持ち出されることを，不適切どころか，不可能にしているのである。なおこの判断の背後には，絶対的に私的なもの，伝達・理解不可能なものは，人と人との交渉の空間である公的領域に参入することはできない，という前提がある。

　このように，アーレントにとって肉体的苦痛は，生命過程にかかわり，私的で，どのような形を与えることもできない，それゆえ，公的領域に持ち出し得ないものなのである。しかしこれは，死にゆくことを「わたし」一人の問題にする考え方である。

　人間の感受性や行動様式の歴史的変遷の研究で名高いノルベルト・エリアスは，晩年の著作で，病いや死など，人間が肉体を持つことによって生じる苦しみが，近代社会においては「私事化」され抑圧されている

ことを問題にしている（エリアス 1990：13-29）。かれは，今や「死にゆく人間に対する人々の関与の度合い」は減ってしまったが，「かつて死は，現代よりはるかに公共のものであった」のであり，死は自明のこととして私的なのではなく，私的になってしまっただけであるといって，肉体の宿命としての死が公共のものではなくなった現状を憂い，医療がそのような人体の孤立を助長していると指摘する。「今にも死を迎えようとしている人々が何よりも必要としているのは，最終的な別離に当たっての力添えと愛情だというのに，死に瀕しているかれらの姿がほかならぬわれわれ自身の死を想起させてしまうために……かれらの求めに応えることがついにできないままに終わってしまう」。現在，病いと死は医療技術によって対処されるべき現象になってしまい，死にゆく者に対して，それ以外の応答の領域はもはや用意されていない。だが，かつて死は公共のものだったのであり，現代においても，死を秘匿義務に抗して公共のものにする必要がある，というのが彼の主張である。

　肉体的苦痛は公的領域に参入できないというアーレントの判断や，エリアスが描き出した死にゆく者の孤独という現状は，現代社会が用意している次のような苦しみへの対処の枠組みに，由来するものと考えられる。現代社会において肉体的苦痛は，経済的・外部的解決か医療的・内部的解決の，どちらかの対象になる。前者の場合，討議に基づく調整によって外的環境の改善が図られ，後者の場合は，医療技術によって身体内部の環境の改善が図られ，いずれの場合も，苦痛の原因の除去に関心が集中する。これが，近代市民社会的な，肉体的苦痛との向き合い方である。

　しかしわたしたちが生きる世界には，討議的にも技術的にも解決できない肉体的苦痛や苦しみが存在する。死はその最たるものであるが，上述の編成では，それに対応する枠組みは設定されていない。そこには，討議と技術で対応できない事態を生きるための文化，イリッチが「苦しみを生きる文化」とよんでいたものが，欠けているのである。ところで，「文化が失われる」とは，どのようなことをいうのだろうか。

　病いや死という肉体的で私的な現象を，アーレントは公的領域から排除してしまう。しかし，彼女は公的領域をリアリティと関係づけており，その上でそこから生命過程にかかわることを除外するということは，生

命過程からリアリティを奪うことに等しい。エリアスが嘆いていたように，肉体的苦痛が私事化されるということは，それが他者との交渉の場面から排除されることであり，誰からも応えられなくなることである。そしてそれは，リアリティを奪われることであると考えられる。苦しみを生きる文化を失うということは，公的な現れから排除されることで他者とかかわらなくなり，その結果，リアリティを失うことであると考えられるのである。

これに対してルルド巡礼の世界では，そのような苦しみを，祭儀を通して生まれる公的領域に位置づけようとしている。LCE 巡礼の三つの状況は，苦しみを公的領域に現出させ，苦しみを生きる文化を回復することで，苦しみにリアリティを回復させようとしているのである。

(3) 〈ルルド−癌−希望〉：被る人々
ⅰ) 秘匿への挑戦

LCE 巡礼は，肉体的苦痛をめぐるアーレント的・市民社会的見解に対し，次のような形で対抗的に応答している。

第一の「討議的に解決すべき苦しみ」と，第二の「肉体的苦痛は秘匿すべきである」という社会通念は，癌という病いにおいては一つの問題として現れる。秘匿すべきであるという社会通念が，癌にかかった人の新たな苦しみの原因となっているのであり，それゆえそこで討議的に解決すべき問題は，「秘匿すべきである」という社会的ルール，タブーの，撤廃なのである。ルルドでは，肉体の宿命としての死を，言葉や姿として公の場に持ちだすことが，討議的意義を持つ。

LCE 巡礼では，死を忌避する習慣とその結果としての経験の欠如から，死を前にして関係者全員が途方に暮れ言葉が交わされなくなり避け合うようになっている現状，死があらかじめ，他者にはどうすることもできない経験をしている死にゆく者と残る者とを分かってしまうかのような現状に，カルフールに参加することで向き合い，それを打開しようとしている。参加者は，普段公の場では口にできない自分の病状や死別の体験を言葉に出せるようになることを，「沈黙の壁が破られる」と言って評価する。それは，秘匿が乗り越えられたことを意味する。

そのような言葉による吐露が行われる一方で，LCE 巡礼は，ルルド

の聖域に居合わせた人々の前に，癌患者・家族・友人・遺族として姿を現す。そうすることでこの巡礼団は，死は人々の間に入ってきてはならないという日常生活世界の暗黙のルールに挑んでいるのであり，その点で，非生産的な弱さを社会に統合しようとする，傷病者の塗油の秘跡改革と同じ目的を持つのである。このように秘匿への挑戦は，カルフールと傷病者の塗油の秘跡，言葉による交渉と生身を持ち出すことによる交渉の，両面でなされている。10周年記念冊子に，巡礼付き司祭は次のように書いている。会の10年間の活動によって，「隠され黙され耐えられる癌から，明かされ語られ受け入れられる癌へ，孤独の内に生きられる癌から共同体の（communautaire）癌へという転換がはかられた」（OLLIVON op. cit.: 8）。

だがLCE巡礼を待つまでもなく，傷病者巡礼はその始まりから，社会通念に対抗してきた。傷病者巡礼とオスピタリテ活動は，自他の肉体を巡礼という多数者の集う場に持ち込んで人目にさらし，日常生活では人々が掛かり合う場面から排除されている「肉体」という局面を，掛かり合いの中心に位置づけてきた。この巡礼形態は，第4章で述べたように，近代医療制度の掲げる規範に対立するものである。巡礼関係者は，医師も含め，傷病者の自由意志と権利を建前に，傷病者を公の場に連れ出してオスピタリエの手にゆだね，病いや死は医療の対象であるという近代社会のルールに従おうとしてこなかったのである。そのようにして築き上げられ開かれていった屋外公共空間に，病み，死に瀕した肉体，車椅子に乗せられた高齢者，障害者，癌やエイズ[43]を掲げるグループが次々に現れ出て，秘匿に挑戦してきた。1970年代の祭儀改革は，その伝統の刷新だったのである。

エリアスの言うように，障害・病・老・死などの肉体的崩壊は秘匿されなければならないものとして公の場から排除される傾向にあるが，これは公の場，アーレントのいう公的領域が，健常や壮健を参加の前提とする場だということを意味する。これに対して，ルルドでは公開空間に，自分一人で引き受けるしかないとされた事態，誰とも共有できない，表

---

43) 1995年，ナント司教の後援で生まれた組織〈エイズ－希望－光 Sida-Espérance-Lumière〉の人々が，司教区巡礼団に参加して体験を語った（*LM* n. 43 1995: 40f）。

に出すのが不適切な私事とされた事態を引き受けている肉体が，持ち出される。死にゆく人々と残される人々が，公の場に姿を現し肉体の宿命に皆で向き合おうとする。これが，近代市民社会的規範に対する，ルルド巡礼の最も新しい挑戦の姿である。

とはいえ，次の違いは重要である。第二次世界大戦直後まで，聖域には第一次世界大戦戦没者慰霊碑があり，その前で死者のためのミサがあげられていた。「死を一人のものにしない」といっても，LCE巡礼がしようとしていることは，そのような公の慰霊とは異なる。かれらは，「フランスのための死者」を祈念する公の碑が撤去されたあとの公の場に，改めて「私事」としての死を持ち出そうとしているのである。そしてその私事は，十字架の道行きという信心業で想起される，十字架を背負って一歩一歩，宣告された死と復活に向かって歩くキリストというモデルを持っている。ただしそこには，苦しみの捧げものが行われていた時のような贖いのテーマはない。十字架にかかることで何らかの成果を得ることは，めざされてはいない。参加者はただ，みなで宿命に向かって胸を張り，顔を上げて，歩いていこうとしているだけである。

ii）苦しみを生きる文化：「被る」ことへのディスポニビリテ[44]

最後に第三の，理解できないもの，形を与えられないものを公の場に持ち出すことの不可能性の問題について。実はそれを考える手がかりは，アーレントの言葉の中にある。アーレントは苦痛の欠如を，世界を経験するための肉体的条件であるといっている。「肉体が苦痛のために全身苦痛に集中するということがないようなときにのみ，私たちの肉体の感覚は，正常に機能し，その感覚に与えられるものを受け取るのである」（アレント 前掲書: 171）。先に引いた一文でも，肉体的苦痛について，「私が自分自身をもはや『認識』できないほどリアリティを見失っている，この最も極端な主観的状態」といわれていた。このような肉体的苦痛は，「私的」という観念を「所有・処分の自由裁量権」としてとらえる時，そのような「私的」に真っ向から対立する。感覚に与えられるも

44）「苦しみ」を「被る」という主題については，エマニュエル・レヴィナスとその思想をめぐる諸論考から多くの示唆をえた。

のを受け取れなくし、自己を外界から遮断する苦痛は、私的な自由を奪う。すなわち苦しみは、私を「『私』に閉じこめる」ということでは「私的」であっても、「私の自由にならない」ということでは「非-私的」な「他性」を帯びるのである。

　苦痛を味わうときの襲われるような感じを思い出すとき、それは完全に異質なものの訪れのように思われる。苦しみが他者に伝えることも他者によって理解することもできないとみなされる理由は、それが私的だからというよりも、苦しんでいる当人にとってさえ、苦しみが理解の対象ではなく、被る他性だからではないだろうか。苦しみがそこにあるとき、人はそれを当事者として「被る」か第三者として「見聞きする」か、どちらかの側に立たされる。そしてこの絶対的な立場の違いが、アーレントが述べていたような理解不可能性という問題の、原因と考えられるのである。

　実際、会話や説教、会報の中で、健康な参加者の「ここへ来るまでは、どう振る舞ったらいいのか、間違ったことをいってしまうのではないかと不安だったけれど、来てみたら何の心配もいらなかった」という感想をよく見聞きする。自分には相手の立場も気持ちも分かるはずはなく、まして軽々しく分かるなどといってはいけないと思うから、どのように相対していいか分からないという怯えが生まれる。つまりこの怯えは、コミュニケーションは分かり合えるものの間に成立するという前提と、自分には分かることのできない他者の世界がそこにあるという認識に由来するのである。だが、参加者の出発時の不安は、帰る時には「心配いらなかった」という感想に変わっている。それは、「理解できた」といって終わるのではなく、「わからなくても一緒にいられる」と納得して終わったことを示唆している。立場の違う、分かり合えるはずのない者たちの間をつなぐものは、理解とは異なる領域にあるのである。

　LCE巡礼三日目の夕方、子供巡礼のスタッフをしている若い男性（彼も以前は病人として参加していた）と話した時、私が「たくさん歩いたりしてさすがに疲れた」と言ったのを受けて、彼はこう言った。「確かに、それに感情にずっしりくるからね (la charge émotionnelle est lourde)」。ここで使われた「charge」という語は「荷；負担、責任、職；攻撃」等を意味し、この語の「受けて果たす・被る」というニュア

ンスを考えると，彼がいわんとしたのは「甚だしく心が被る」ということだと思われる。心が何を被るのかは明言されていない。だが彼が，見たところ健康な外国からやってきた信者でもない調査者の女性，どう見ても他者である私に語った発話の状況を考えると，彼の言葉はやはり「他者の苦しみ」を被る経験を語っていたものと考えられる。それは，「同病相哀れむ」という表現から受ける一般的な印象，自分と同じ苦しみを味わっている者に向けられる，もしかしたら自分への配慮の延長かもしれない心情とは，異なる地平を語っているように思われる。

　スペクタクルを論じたところで引用したユイスマンスにとってもまた，苦しみを「見聞きする」ことは「被り」になっていた。傷病者の悲惨な姿に「目を向ける元気もない……明日まではそっとしておいてもらいたい」と書いたユイスマンスは，その時，迫ってくる他者の苦しみを被っていたのである。アーレントの世界では，他者との交渉からもっとも遠いとみなされていた「わたしの苦しみ」は，「わたし」に対しても「他者」に対しても等しく「他者」である故にか，「他者」に呼びかけ，「他者」から呼びかけてくる。「他者の『わたしの苦しみ（被り）』」が呼びかけてきて，わたしはそれを被り，それに応えようとする。誰にも理解することのできない「他性」は，みなが等しく被るほかはない。あるいはそれは，みなが等しく被ることができるものなのである。

　このようにとらえられた苦しみは，恩寵に似ている。第4章で述べたように，ルルドの奇蹟的治癒は，外来の恩寵を受け入れることとして起こるものとされていた。その恩寵と同じように，苦しみは外側からやってくる。恩寵と苦しみに違いがあるとすれば，それは，恩寵に対しては選択の余地があるのに対し，苦しみに対しては，苦しむ当人にはそのような選択の自由は与えられていないということにある。だがそれ以外のところでは，両者は非常によく似ている。恩寵と苦しみは，いずれも「わたし」が所有し好きに処分できる何かではない。それはわたしの裁量権の及ばない他性を帯びた存在であり，わたしの外側からやって来る。そして「苦しんでいないわたし」は「他者の苦しみ」に対して，恩寵に対するときのように，それを受け入れるか拒絶するか，自分を差し出し他者を被るか否かの，選択を迫られる。ルルド巡礼の世界を統べるディスポニーブルという適切な言動のルールは，当然，この場面にも適用さ

れる。ルルド巡礼の世界で人は，恩寵・苦しみ・他者のすべてに対してディスポニーブルであれといわれているのである。

　換言すれば，ディスポニーブルという適切な言動のルールがあることで，人は苦しみと共にあることができる。また，ディスポニーブルであれという命令に応えればよいというのであれば，巡礼団の内部に「わたしたちの主」を頂いている必要はなくなる。ルルド巡礼の世界に傷病者がいるだけで，そこに居合わせた全員に，被る機会が等しくあたえられることになるからである。奇蹟的治癒を起こすような恩寵は，ごく限られた人のもとしか訪れない。だが苦しみは，巡礼世界の参加者全員のもとを等しく訪れる。全員が等しく，他者の苦しみを被るのである。傷病者巡礼を正当化するといわれていた「他者の発見という恩寵」は，このような，「他者の苦しみを恩寵として被ること」と言い換えられるのではないだろうか。

　苦しみはもはや，私的であるという理由で人に孤立を強いることはない。それは他者に向かう。ある医師は10周年記念冊子に，普段から患者の話をいつでも聞く準備ができている（disponibilité）よう心がけていると書いている。オスピタリエールの女性もまた，病人に耳を傾ける準備（disponible）ができていないといけないと書く。他者の苦しみという迫ってくるものをあえて被り，受け止め，共にいること。それはコミュニケーションではなく，苦しみを被ることの連鎖によって開かれる，他者との関係である。ルルドに傷病者がいなければならない理由はここにある。傷病者は，他性を被ることを引き受けよという呼びかけなのであり，ディスポニーブルは，それへの応えなのである。そして応えた者は，自らそうとは気づかぬままに，恩寵を流通させることになる。

　LCE巡礼四日目の医療スタッフと患者・家族の対話集会で，六十代の男性が，傷病者の社会からの排除を問題にする発言の中で，「病院に造花を置いてはいけない」と口にした。瞬間，会場のあちこちで小さな笑いが起こったが，「これは冗談で言っているんじゃないんだ。本当に，病院には造花なんか置いてはいけない」と当人は憤慨した調子で繰り返し，その語気に場は静まった。造花を置く理由はよくわかる。生花は手間がかかるしやがては枯れてしまう。生花の世話にかかる時間を患者の世話に回す方が，医療の効率を考えれば合理的である。だからせめて造

III 〈ルルド－癌－希望〉

花を飾る。だが慈しむとは，せめて枯れるまでは気をつけて手間をかけ続けること，助けが必要だという呼びかけを被り，それに応えることである。造花は誰にも何も被らせない。被りの連鎖から離脱した存在が病院にあってはならないと，彼は訴えていたのではないだろうか。

　傷病者巡礼において，今や人は「苦しみの被り」に応答することで，恩寵の授受に参加することになる。「与える」ことで参加するのではなく，まず初めに「被る」ことで参加するのである。10周年記念冊子でLCE会長は，皆はじめは何かを求めてやってくるが，巡礼の終わりには，その求めが受け取った豊かさに対する感謝の祈り（action de grâce）に変わったことを理解する，と書いている。「病人に何かしてあげたいと思って参加したが，実際は私の方が多くを受け取っていた」という感想をいくつも見聞きしたが，ここでも人は，誰かの役に立ちたいという，それもまた求めであるものを携えてやってきて，その心づもりとは逆に，恩寵を受けている。ルルド巡礼の世界は，「わたし」が自らの裁量権を有効に行使し，他者に何かをしてあげる空間ではない。それは，私たち自身とは無関係な他性を帯びた恩寵を驚きをもって受け取り，受け取ったものを差し出していく，恩寵の流通空間なのである。

　LCEの参加者は，討議の必要性を十分に認識している。社会的な抑圧という形の被りは，討議のコミュニケーション空間に参入を認められることで解決可能なものであり，それゆえ，そこで解決されなければならない。だが巡礼では，相互理解や調整や解決を志向する討議的コミュニケーション過程とは別の，他者との関係のあり方も提示される。他者の苦しみと共にあって，その解消の努力以外にできることは，理解を志向するコミュニケーション過程ではなく，苦しみという自分自身の理解さえ超えた他性を被る者と，そのようには他性を被っていない者の間に取り交わされる共同行為，それも，被りを主題にした共同行為である。「理解（合意）への過程」ではなく「割かれた時間」としての，肉声による物語の語り出しとその傾聴による他者のリアリティの証言も，傷病者の塗油の秘跡も，そのような共同行為なのである。そしてビエ神父が，傷病者の塗油の秘跡を，「恩寵を受け取る」という奇蹟的治癒の核心を引き継ぐ祭儀ととらえていたように，被りを主題化したそれらの祭儀は，人々がディスポニーブルになることができる場，そこに参加することが

そのままディスポニーブルになることであるような場を提供しようとするものである。傷病者巡礼は，苦しみの捧げものという捧げる祭儀から，苦しみを被る祭儀へと，転換をはたそうとしているのである。

　アーレントの議論にもあったように，苦しみという自由な裁量の及ばない被りの舞台は，近代社会においては私的領域とみなされる「肉体」と「家族」という範囲に限られてきた。その理由は，この被るということが，第3章で論じた19世紀の女性に求められた本質，家族的紐帯を作り出すための核心に据えられた「感受性」の働きととらえられていたからではないかと推測される。苦しみを私的なものにし，家庭を被りの舞台にしたのは，紐帯の構成原理としての感受性の活動領域が，経済的・外部的関係と対峙された家族的関係に限定されていたからではないだろうか。被ることが家庭の外では否定的に評価されること，特に，経済的・外部的関係の世界を活動領域とする「主権・裁量権の基体」としての男性にとって否定的な価値しか持たなかったことは，この観点から説明できるであろう。LCE巡礼は，自分たちは一つの家族であるとアピールするが，それは，そこに広がる関係と空間が，被りの舞台であることを示そうとしてのことではないかと考えられる。それはまた，女性的な関係とみなされていたものから，「女性的」という限定をはずしていく試みとも解釈しうる。

　LCEの人々は，被りの領域の閉塞に苦しみ，それを打開しようとしている。LCE巡礼は，病いと苦しみと死に，苦しみの捧げものという正のスティグマを与えて都合よく使うのでも，非生産性という負のスティグマを負わせて経済的・外部的関係から排除されるにまかせるのでもなく，それらを「私的」というくびきから解き放って「他者」の現出する空間に位置づけようとしている。それは，あらゆる人に開かれた空間に「具体的な苦しむ他者」を存在させることで，討議的に解決できないものとしての他性を被る経験，特に死という最終的な被りと不在の経験を，他者と共に引き受けることのできる公共空間をつくる試みなのである。

　死を主要なテーマとする巡礼団は，今のところ他には見あたらない。これがかつての傷病者巡礼のように，他の巡礼団に対して広汎な影響を

及ぼしていくことになるかどうかはわからない。だが，LCE が到達したこの地点は，今まで知られていなかった全く新しいものというわけではない。同時代の社会における位置づけや世界観の違いについては検討が必要だが，少なくとも，「死者との共同性」と「公論の形成」という点では，LCE はかつての信心会の伝統に連なるものである。いずれにせよ，〈聖域〉による司牧改革がめざした「捧げる」ことから「被る」ことへの転換の中で，LCE 巡礼がその最先端にいることは間違いないであろう。

結　論

　この人々は，種種雑多な部分からなっていながら，これまでについぞなかった仕方で一つに結ばれていると感じられる。明日になれば，それぞれにここを出発して行き，この結びつきは破られよう。しかし，新たな列車の到着で新たな要素がもたらされ，それは再び固められる。　　　（ユイスマンス 1994: 191）

結　論

　ルルドにはなぜ傷病者がいなければならないのか，傷病者の存在によって決定される「わたしたち」とはいかなるものか，という問いから本論考は始まった。それは，ルルド巡礼の世界を「ひとつの世界」にしている適切な言動のルールと傷病者の関係についての問いでもあった。以下では，これまでの議論をまとめてその問いに答えた後，この事例研究がどのような理論領域に関係し，また寄与を期待できるかを考えて，論考を終える。

I　ルルドにはなぜ傷病者がいなければならないのか

　19世紀のフランス・カトリック世界では，神の恩寵の業に人間が自由意志によって積極的に参加することにより救いが実現するという典礼主義を背景に聖体神学とマリア神学が進展し，恩寵の授受を強調する傾向が強められていった。その中でルルド巡礼は，フランス革命後の新秩序形成に対抗し，フランス・カトリック王国を支えていた旧体制を復興しようとする人々が始めた運動であった。かれらは革命を，神との契約を守らなかったというフランス・カトリック王国の罪に対して下された罰と解釈し，その赦しを求めて巡礼を行った。そして傷病者は，「フランスの救い」という贖いを得るための「苦しみの捧げもの」として巡礼への参加を要請されたのである。このように，キリストと契約し過去・現在・未来を共有する記憶の共同体としての「わたしたち」が自らの運命を切り開くために行う祭儀として始まった傷病者巡礼は，自由のための戦いという過去・現在・未来を共有する「わたしたち」からなる共和国と対立していた。それは，帰属グループの正当性をめぐる争いであった。かれらは巡礼運動を通して，自分たちが生きている世界についての通時的枠組みを提示し，社会的影響力をもつ共同行為に多数の参加者を動員することで，記憶の共同体を統括する力を保持しようとしたのである。

　その後，フランス・カトリック王国の復興という目標が現実味を失っ

I　ルルドにはなぜ傷病者がいなければならないのか　471

ていく過程で，傷病者巡礼を主導した人々の関心は，貧困問題の解決と適切な社会関係の構築という課題へと向かっていった。新体制が，福祉という個人の権利に基づく救済事業によって問題を解決しようとしていったのに対し，ルルド巡礼に参加した上流階級の男性たちは，旧体制下の社会規範である，上流階級に付随する社会的義務としてのノブレス・オブリージュの理念に基づき，「わたしたち」高貴な富者と「かれら」貧者の間に献身と敬愛からなる社会的紐帯を構築することにより，問題を解決しようとした。傷病者巡礼においてその理念は，巡礼に参加した貧しい傷病者を「わたしたちの主」とみなしてかれらに高貴な階層が仕え，ロザリオの祈りという言葉の祭儀と肉体労働という身体の祭儀によって恩寵の授受に基づく隣人愛の世界を作り出そうとする，〈オスピタリテ〉の活動として実践された。

　だがその実践の過程で，目の前の苦しみに留保なく手を差し伸べること，すなわち，ディスポニーブルという心身の構えが適切な言動のルールとして確立されていくのにともない，オスピタリテ活動は，奉仕する「わたしたち」と奉仕される「かれら」のいずれもが社会的身分によってあらかじめ規定されることのない，無条件の開かれた支援活動へと変化していった。共和国の現状を批判し，社会的紐帯についての理念と適切な社会関係についての共時的モデルを提供しようとしたオスピタリテ活動は，ノブレス・オブリージュという旧体制下の社会編成から，ディスポニーブルという規範に基づく社会的紐帯へと，めざすべき社会像を変化させていったのである。だが理想の社会像は変わっても，そこには一貫した理念があった。オスピタリテ活動は，私人の無償の行為によって紐帯を作りだすことにより，共和国の社会活動を覆い尽くしているかに見える経済的・外部的関係，経済関係化された社会を，批判しているのである。それは，経済の活性化を追求する社会に対し，恩寵の流通の活性化を対抗的価値として突きつけるものであった。

　傷病者巡礼はまた，カトリック医師団の支援を後ろ盾に治療を放棄することを通し，社会の生産性を高めるために市民は衛生管理と健康維持に努めなければならないという近代市民社会の規範と社会の医療化（としての経済関係化）に対抗するという側面をもった。それは，苦しみを生きる文化を取り戻すことでもあった。さらにルルドで起こるとされる

奇蹟的治癒は,「神の恩寵に対して開かれた世界と人間」というイメージを打ち出すことによって,科学的世界がもつとされ,近代的主体がもつべきとされる,自律性と同一性という価値を相対化していた。

こうして巡礼空間に傷病者の肉体的苦痛が持ち込まれ,近代社会において秘匿を義務づけられた肉体的苦痛や死という私事が公の場に出て行ったことで,ルルドには現在,誰にもどうしてもらうこともできない「わたし」の苦しみを,「わたし」一人のものにせず,共に生きる場が作られようとしている。ルルドでは,「わたし」の肉体が抱える問題が「わたし」の手に取り戻されるのと同時に,「わたし」の肉体的苦痛が「わたし」に固有のものであるという理由で排除されることはないという,一見逆行する二つの事態が認められるが,このことの意味については次節で考察する。

以上のルルド巡礼の経過は,非生産性という人間の局面を社会に統合しようとする過程とみなすことができる。肉体労働の蕩尽として始まったオスピタリテ活動も,反医療的な側面をもつ傷病者巡礼も,生産性を第一の価値とする社会に抗し,他者に対して閉じた壮健な自律的・経済的主体しか参入を認められてこなかった公の場に,他者からの影響に対して開かれ他者に応答する構えのある「わたし」と,肉体の宿命としての弱さと死を,持ち出しているのである。

このように傷病者巡礼は,共和国が掲げる「わたしたち(過去・現在・未来にわたる帰属)」・「わたしたちとかれら(紐帯)」・「わたし(私事)」に関わる理念と規範を批判し,他の選択肢を提示する運動としての意義を担ってきた。なおルルドでは「わたしたち」・「わたしたちとかれら」・「わたし」の順に,巡礼運動が応答すべき中心的課題が展開していったが,これらは進化の過程のように時系列的に並びながら乗り越えられていくものと決まっているわけではない。後述するホセ・カサノヴァは,「わたしたち」や「わたし」から「わたしたちとかれら」へと関心を移し,社会正義をめぐる討議に参加することが,これからの「公共宗教」の進むべき道だと考えているようだが,人の暮らしには「わたしたち」・「わたしたちとかれら」・「わたし」のいずれの局面も欠かすことはできず,そうであれば宗教世界の方でも,状況に応じてそれらに対する見識と応答を適宜用意しようとするものと思われる。

ルルド巡礼では，これらのいずれの局面においても，「キリスト」を参照の枠組みとする「肉体的苦痛」が重要な意味を持たされ，中心的な役割を果たしてきた。そしてここにこそ，ルルド巡礼の世界に傷病者が必要とされてきた理由がある。傷病者はまず，「わたしたち」の救いのため，十字架上のキリストに類比される犠牲として神に捧げられるために，必要とされた。社会的紐帯が巡礼の主題となったときには，神の愛の授受に基づく隣人愛を実践するために，上流階級の男性が仕えるべき「わたしたちの主」として必要とされた。そしてその実践の現場で生まれたディスポニーブルという適切な言動のルールが，ルルド巡礼の世界の方向を決定づけたのである。傷病者は，苦しみの中から他者に救いを求め，ディスポニーブルという規範が必要になる事態を生むために，ルルドになくてはならない存在となった。傷病者は，人と神，人と人を関係づける紐帯の，要に当たる存在なのである。傷病者は現在，神・恩寵・苦しみ・他者を受け入れる「わたし」，それらに対する「disponibilité（ディスポニーブルであること）」の実践者として，巡礼世界に存在している。恩寵の授受が，同じ世界に参加することの手段であり指標でもあるような，恩寵によって規定された空間の中で，傷病者は恩寵の流通に，捧げられる犠牲として参加することから受け手として参加することへと，参加形態を変えてきたのである。受胎告知の場面において神の恩寵を受け入れた聖母の従順は，そのモデルとして重要性を増しつつある。

 傷病者の存在によって決定される「わたしたち」という共同性の質は，この恩寵と苦しみの解釈にかかわっている。それは，人間にとって外在的な他性を帯びた恩寵を，差し出し受け取ることで形成される共同性であるが，その授受は，理解することや代替することが不可能な苦しみを被り受け入れること，訪れる他性を驚きをもって受け入れることによって発生する。そのような，ディスポニーブルという規範に従い他性を被り受け入れることで生まれる「わたしたち」は，規範を共有する一方で，理解や代替という形での共有をあきらめた人々がつくりだす「わたしたち」であるという特徴を持つ。

 このディスポニーブルという適切な言動のルールは，人々のあいだの紐帯のあり方だけでなく，ルルドにおける「公／私」のあり方をも規定

している。第5章でみたように,ルルドでは傷病者の参入によって,秘匿すべき私事が人々の前に開示されていったが,そのことでルルド巡礼の世界が親密で私的な空間として閉じられてしまうことはなかった。逆に,ディスポニーブルを原則とする巡礼世界は,公開性によって特徴づけられることになったのである。

ルルド巡礼の世界では,代表的な傷病者巡礼グループが時代と共に移り変わってきた。当初は,傷病者を中心に地域共同体の再建をめざす司教区巡礼団という「わたしたち」が,巡礼世界の主要構成単位であった。次に,傷病者が主宰する平信徒団体が巡礼を始めたことで,それ以前の古典的傷病者巡礼が批判されるようになり,傷病者の巡礼世界への主体的参加が促進された。そして現在,〈信仰と光〉や〈ルルド－癌－希望〉などが高い評価を得ているが,これはルルド巡礼の世界が,治癒・快復し健常者として通常の社会生活を送ることを何の疑問もなく善しとすることから,治癒の可能性がないとされる人々を排除しない社会へと,理想の社会像を転じていることに呼応している。「傷病者を中心に社会関係を構想する」という出発点は同じでも,追求される理想の社会関係の形は変化しているのであり,代表的巡礼団の推移は,そのような理想の社会関係,好ましい「わたしたち」の変化と,連動しているのである。

このような変化は,ルルドが,隠されていたものをそこへ持ち出し白日の下に曝すことができる公開空間だったからこそ可能であった。その場への参加資格を問わず何ものも排除しない公開空間,どのような「わたしたち」の一員にもなることができなかった人々が,その存在をグループとして公にすることで状況の打開を図るための公開空間が,そこには広がっていた。それは,今ある規範に対し他の選択肢を公にする場として機能しており,代表的巡礼団の交代は,そのような公開空間の存在によって初めて可能となったのである。

と同時にこの空間は,さまざまな「わたしたち」の受け皿となることで,その公開性を強化してきた。ルルドではかつて,フランス・カトリック教会の司教区ネットワークに参加する「わたしたち」の空間に,国外からの巡礼団や平信徒団体など他の「わたしたち」が参入することによって,フランスの聖地から国際的聖地への転換が図られた。このように,参加する「わたしたち」が多様になればなるほど,空間は特定の

「わたしたち」にしか関わらない要素を排し，内輪色を弱めていく。グループの多様性と空間の公開性は，互いに支え合う関係にあるのである。

そしてこの空間の公開性を支えてきたのが，傷病者の存在によって要請されることになったディスポニーブルという適切な言動のルールであった。最初にルルドを訪れた健常者のグループは，社会から排除されていた傷病者に自分たちに都合のいい役割を与え，巡礼空間と活動の中心に位置づけた。そこに生まれたディスポニーブルを旨とする巡礼世界は必然的に，新たにやってくる部外者扱いされていた人々を次々と受け入れていき，結果的にどのようなグループの参入も拒むことがないディスポニーブルな空間が強化された。こうして健常者，傷病者，知的障害児，癌患者と，巡礼世界に参加するグループが拡大し，参加者の立場や抱える問題が変わると，それにあわせて，そこで評価される理想の社会関係や好ましい「わたしたち」も変わっていったのである。

このことは，知的障害児巡礼を例に考えるとわかりやすい。知的障害児の存在を考慮せずに構想されたルールの世界に知的障害児が適応できない（例えばミサのあいだ静かにしていることができないなど）であろうという理由で，彼らは教会の提供する共同行為からさえ排除されていた。他の巡礼参加者の迷惑になるからといって知的障害児の参加を断った巡礼団付司祭は，巡礼環境を守るために，その当時の適切な言動のルールに従おうとしただけなのである。これに対し，知的障害児を考慮に入れ，彼らが参加できるルールを構想したのが，知的障害児巡礼であった。すなわち，先行ルールを基準に参加者を選別するのではなく，新たな参加希望者も参加できるように適切な言動のルールの方を変えていくのである。こうしてディスポニーブルな空間が参加者の枠を広げ，現行ルールによって犠牲を強いられ不利益を被ってきた人々が参加できるようになることで，各参加グループが構想する適切さがつきあわされ，影響を与えあい，支配的なルールが見直され変化する可能性が生まれた。19世紀フランス・カトリック世界が伝統的共同体の復興を目指して始めた巡礼運動は，期せずして，多様な「わたしたち」の共存を可能にする公開性を鍛え上げてきたのである。

こうしてできあがったルルド巡礼の世界には，さまざまな理想の社会関係像を掲げる巡礼団が混在している。本論考では傷病者巡礼の展開を

中心に見てきたが，ルルド巡礼の歴史は決して，傷病者の自立をめざす巡礼団，非生産性を社会に統合しようとする巡礼団などが，旧い世代を淘汰する過程ではなかった。現在でも，地域共同体の絆を強める目的で始まった司教区巡礼団がルルドを訪れる巡礼団の中で高い割合を占め，古典的傷病者巡礼の世界を保持する〈マルタ騎士修道会国際巡礼〉や〈国際軍人巡礼〉は，その壮麗さから注目を浴び続けているが，これらの巡礼団には，新たな潮流に逆行する側面もあるのである。

たとえば，旧貴族階級を成員とするマルタ騎士修道会[1]が主催する〈マルタ騎士修道会国際巡礼〉は，階級主義を特徴とする。現在では一般の人々にも準会員として参加の道が開かれているが，爵位保持者とそうでない人々の間には今だに，互いに住む世界が違うという意識がある[2]。内部でも権威主義を批判する声がささやかれるほど明確で厳格な上下関係と命令・指揮系統をもち，男女の役割分担が強調されるところは，初期の〈全国巡礼〉の様子を思わせる。他方で，そこには貴族的国際主義とでも呼びうるような連帯感が認められる[3]。この会は普段は国単位の活動が中心で，各国間には国際人道支援の実績などを巡る激しいライバル意識があるというが，同時に家族ぐるみの交流が国境を越えて

---

1) マルタ騎士修道会は，十字軍の時代，エルサレムへの巡礼者のために救護施設を運営し彼らを異教徒の攻撃から守るために，フランスを中心とするヨーロッパ各国の騎士階級の人々によって結成された。〈救いの聖母オスピタリテ〉は，誉れ高いマルタ騎士修道会を現代に甦らせるという目的と自負を持って始まった。

2) 「貴族だけど全然お高くとまっていなくて話がわかる」というのが，一般参加者から爵位保持者に対するほめ言葉になっていた。また，ある爵位保持者に間違った名前で呼びかけた爵位保持者の失敗談で雑談の場が盛り上がった時，事情がわからずにいる私に対し，その場にいた爵位保持者も非保持者も，さもおかしそうに，〈マルタ〉には名前を間違えてはいけないという鉄則があるのだ，と口々に説明してくれた。名を重んじる，誇り高い人々なのである。なお，私は1995年4月28日から5月3日にかけて行われた巡礼の，フランス・グループに参加した。

3) アーレントは，18世紀のフランス貴族ブーランヴィリエの著述を例に，「自分たちはネイションの一部，その最も高貴な一部ですらなく，自民族とは完全に切り離された世襲的支配者層であって，自民族よりも他民族の同類の支配者層と遙かに多くの共通点を持つ」と考えるような，貴族の「反ナショナルでインターナショナルな傾向」を指摘している（アーレント 1972: 64-69）。なお，マルタ騎士修道会内での公用語はフランス語である。また，会が国際人道支援のために会員を派遣する際には，任務期間中のみ有効な独自のパスポートが発行される。会員は，帰属する国家とは別に，マルタ騎士修道会の後ろ楯と保障によって，国境を越えるのである。

あり，巡礼の初日には各国の参加者が挨拶し旧交を温め合う姿が見られた。巡礼中に懇親パーティーが開かれ，子供たちもある年齢になるとルルド巡礼にオスピタリエとしてデビューをはたすことが当然視されているというように，そこには国際的・家族的なエリート貴族社会という内輪が形成されており，ルルド巡礼は自分たちの世界と絆を確かめ合う機会となっていた[4]。

その爵位保持者らは，自らの階級の社会的地位と役割に誇りをもつ人々として，聖域内で己の強さ・偉大さを誇示する。特に彼らが聖域の

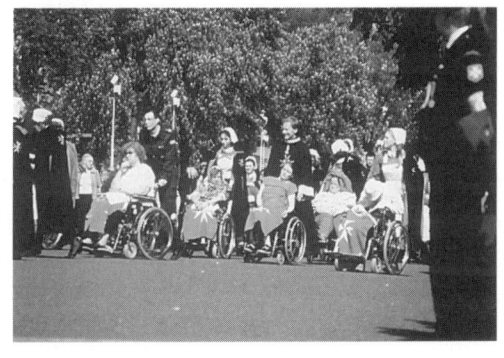

聖体行列の先頭を行く〈マルタ騎士修道会国際巡礼〉の参加者（1995年4月撮影）

---

4)〈マルタ騎士修道会国祭巡礼〉の参加者達に強く勧められ，1995年5月19-21日に参加した〈国際軍人巡礼〉も，前者同様，制服姿が町を埋め尽くし，社会を守る強く責任ある男たちの姿をアピールする。それはまた，同じ巡礼に参加することで，軍人とは敵対するために存在するのではなく同じ社会的使命を負った仲間なのだということ，国境を越えた社会的立場・階級の横のつながりをアピールする点でも，〈マルタ騎士修道会国際巡礼〉に似ていた。勇壮さと溢れる若さで評判のこの巡礼は，第二次世界大戦後に和解の巡礼として始まったもので，現在もキャンプ場で交流会が開かれ，バッジ交換や記念撮影をする姿が見られた。1995年の参加者は，フランス・イタリア・ドイツを筆頭にバチカン市国も含めたヨーロッパ大陸の20か国とアメリカを合わせた約17,000人で，この年は紛争中のボスニア・ヘルツェゴビナとクロアチアからの参加が〈聖域〉スタッフにとってデリケートな問題になっていた。

〈国際軍人巡礼〉でロザリオ大聖堂前に並んだ各国代表（1995年5月撮影）

中心的祭儀である聖体行列の先頭を務める時の威風堂々ぶりは他に類を見ないもので、正会員はマルタ十字を刺繍した真っ黒な式服・マントや軍服を思わせる制服に身を包み、マルタ十字入りの深紅の膝掛けがかけられた傷病者の車椅子を押して進む。社会的責任を負う立場にある階級の人々が、社会的弱者を守り彼らに奉仕するという理想の社会関係が、そこには表されている。しかし、この誇りと強さを巡礼世界に不適切だと判断する人々もいて、「あの人たちは特別」、「自信たっぷり」という批判の声も聞かれた。しかしだからといってこの巡礼団がルルド巡礼の世界から排除されるわけではなく、このような社会関係を支持する人々もまた、聖域に自分たちの場所を保持しているのである[5]。

　このようにルルドのディスポニーブルな空間には、掲げる理想の社会関係や社会参加の姿が異なる「わたしたち」、内部で尊重される適切な言動のルールが異なる多様な「わたしたち」が、各々の尊重するルールを持ち込んでいる。だがそのような違いを超えたところに、かれらを同じ「ひとつの世界」の参加者にする共通ルール、傷病者の存在が要請し傷病者自らが実践して見せているディスポニーブルという最重要・最優先の規範が、指針として存在している。困っている人がいたら手をさしのべ、他者に関心を抱くことは適切なことである、という評価は、わたしが参加したどの巡礼団でも共通していた。そのような準拠枠が共有され尊重されることによって、ルルドはひとつの世界となっているのである。

　このひとつの世界の存在は、カトリック世界全体にも影響を及ぼしている。1984年、ルルドの聖母出現の祝日である2月11日に、教皇ヨハネ・パウロII世は苦しみのキリスト教的意味について述べた教皇令 *Salvifici doloris* を発したが[6]、実はその前年のルルド訪問の際、教皇はタルブ・ルルド司教に、ルルドと傷病者についてのレポートを求めてい

---

　5) 望ましいのは階級社会であり、責任と能力がある限られた人々のリーダーシップによってこそ理想的な社会が実現される、と述べる〈マルタ騎士修道会国際巡礼〉の一般参加者もいる。他方で、いにしえの貴族社会の栄光とプライドを大切に守る爵位保持者らのグループからは距離を置く爵位保持者もおり、巡礼団内でも立場はさまざまであった。
　6) 同じ年、教皇は〈アルシュ〉に二度（1月13日、2月16日）、〈信仰と光〉に一度（3月22日）、メッセージを送っている。

た（*BAMIL* n. 209-210 1985: 40-51）。翌1985年2月11日には医療問題の検討委員会がヴァチカンに創設され，これは現在〈医療従事者司教会議〉となっている。そして1993年には，2月11日が「傷病者の祝日」に定められた[7]。祝日創設の決意を伝える手紙の中で教皇は，「ルドは……救いをもたらす苦しみの享受と，それを捧げることのしるし，希望と恩寵のシンボルとなっています」と述べ，「傷病者の祝日」を「ルルドの聖母を記念する祭儀として」2月11日に祝うことにしたと説明している。教皇はまた，この祝日が，傷病者が苦しみの価値を見いだす助けとなるだけでなく，苦しむ者に仕える良きサマリア人としての教会の存在を示すシンボルともなるように，と要望を述べ，マリアが十字架のもとにたたずんだように，わたしたちも人々の背負うすべての十字架のもとに足を止めよう，と呼びかけている。

こうして，傷病者巡礼によって育まれた霊性が全教会で祝われることとなった。ルルドの傷病者巡礼は，カトリック教会世界全体にとって重要な意味をもつ運動となったのである。

II　関係する理論領域

序で述べたように，本論考は「ひとつの世界」の全体的記述を目指したもので，ここまで，他の事例との比較検討を可能にする枠組みや，この事例研究と一般理論との関係には言及してこなかった。最後にこの点について簡単に整理し，それを改めてルルド巡礼という事例に照らし合わせて論考を終える。

ルルド巡礼の世界の展開を上記の形でまとめたが，そこで主題となった「帰属グループ／社会的紐帯／私事」は，「公／私」概念を巡る議論

---

7) この祝日は，1950年にピウス XII 世によって初めて祝われ，国によってはその後も祭儀が受け継がれていた（Conseil pontifical pour la Pastorale des Services de la Santé 1992）。

の主要な論点である。本論考でも，第1章でルルド巡礼をニュートラルな公開空間におけるスペクタクルとして描出し，第2章で公式の記憶の共同体と日常生活世界の枠組みをめぐるカトリック世界と政府との対立を，第3章で男女の領域分化と社会的紐帯の関係，およびその変更を，第4章で近代の自律的自我観と奇蹟を承認する世界・人間観の対比を，第5章で肉体的苦痛という私事の公開によって生まれる人々のつながりを論じ，ルルド巡礼がもつ，近代社会における「公／私」概念に再考をせまる側面に言及してきた。だが「公／私」概念自体についてはその定義を明確にせず，また語彙としても「公的・公共・公開（空間）」など，文脈に応じて様々な形で用いてきた。以下ではまず，ここまで暫定的に用いてきた「公／私」概念の内容を，「共同体」と「親密圏」という概念と関係づけつつ整理する。取り上げる論者は，現在の公共性論の基本となる議論を行ったユルゲン・ハーバーマスとハンナ・アーレントであり，それらを整理した齋藤純一の議論を介して共同体論との関係を検討する。また，宗教と公共性の関係については，ホセ・カサノヴァと竹沢尚一郎の立場を参照する。これは，現代の社会理論に内包された価値観を確認する作業でもある。

1　正義の実現過程としての「公」

ホセ・カサノヴァは，「公共性」概念を用いて宗教の社会的機能の研究を行っている代表的論者であり，ハーバーマスの公共性論に依拠しつつ，宗教と「公／私」の問題を次のように整理している。それによれば，近代市民社会において宗教は私事化され，主観的で私的な領域にその活動を制限され，生きることの意味を個々人に対して提供し内面の安定に寄与するという役割に甘んじてきた（カサノヴァ 1997: 51f）。この私事化には，私的領域を権力のコントロールから自由な領域として制度化し，「信教の自由」の観念を，いわば裁量権・所有権として確立するという，肯定的な面が認められる。だが，例えばカトリック教会などの既存の宗教組織は，外部権力によるコントロールからの自由と引き替えに，近代以前にもっていた日常生活世界に対する公的制度としての支配権を失っ

ただけでなく,「間主観的な公的関わり」全般を断たれてしまったと,カサノヴァは考える。そしてその公的関わりの回復の道筋として,宗教が脱私事化・再政治化し,共通善をめぐる討議に参加する行為主体としての公共宗教となることを提言する。ここでいう政治とは,ハーバーマスがいうところの「討議による合意形成の過程」である「正当化のプロセス」を指す（同書: 15)。すなわち,彼が宗教に回復させようとしている「間主観的な公的関わり」は,討議の領域に限定されているのである。

　このような,宗教の公共性を社会正義・共通善を決定する討議への参加によって実現しようとする立場は,19世紀に勃興した社会的カトリックの系譜に連なるものであり,宗教に,国の礎である公民を育成する価値体系としての役割を求める市民道徳論とは異なっている[8]。

2　「主体性」の揺籃としての親密圏

カサノヴァが依拠したハーバーマスの公共性論は,政治的公共圏と文芸的公共圏という二つの領域を設定している[9]。18-19世紀初頭のイギリス・フランス・ドイツという歴史的文脈から「市民的公共圏」の理念型を抽象するその論考によれば,近代市民社会は,教養市民層のサロンのような文芸的公共圏から,政治的公共圏が育まれることによって成立した。「フランス革命が,当初は文芸と文学批評に限定されていた公共圏を政治的なものへと突き動かす引き金となった」(ハーバーマス　1994: iv) というのである。

　このうち政治的公共圏は,ものごとに審判を下す公衆が「理性の公共性」を用いて民主的な討議を行い,価値や規範に関する意思形成を実現

---

　　8)　パリで1770年に開かれたフランス聖職者会議では,「宗教だけが真の徳を形成し,それを有用なものとなす。そのような徳高き市民の勇気は,国家の力である」という発言がみられた。(JOULIA 1987: 307)。ここでは聖職者自らが,宗教を市民社会の公序 (ordre public) を支える市民道徳とみなすことで,宗教を擁護しようとしている。なおハーバーマスの議論においては,宗教が担ってきた規範的批判力という機能は,世俗道徳に取ってかわられていくとされている。
　　9)　これに先立つ状況である「王国での公共性」に対しては,支配権の公的顕現をさす「代表具現的公共圏」という概念が用いられている。

するための，条件の整備と実際の討議の領域である。討議の正当性は参加する「公衆の原理的な非閉鎖性」にかかっており，万人が討議に参加しうることが，その領域の存立要件となる（同書: xxix, 38, 55）。

他方，政治的公共圏の前身とされる文芸的公共圏は，フランスで専ら国家や公共体にまつわる事象に関係していた「public」という語が，17世紀に入り「公衆 le public」という形で「芸術と文学の受け手，消費者，批評家としての読者，観客，聴衆」をさすようになったことから始まったとされる（同書: 50）。芸術作品をめぐる談論の輪は，やがて「社会の再生産から遊離した圏という近代的意義を帯びる」ようになり，社会的地位や経済的従属関係が度外視されたその圏に，対等性という討議の規範が生まれたことで，政治的公共圏の確立が可能となったというのである（同書: 57）。

だが，ハーバーマスは文芸的公共圏の意義を，知性の公共的使用と自己啓蒙を促す，公共の議論の練習場としての役割とは，別のところに認めている。彼は，文芸的公共圏がもつ「小家族的親密さ」としての側面こそ，公論の参加者を育んだと考える（同書: 46-85）。文芸という情緒的世界を中心に集まった者達は小家族的な親密領域を形成し，そこでの諸経験から，自由意志，愛の共同体，教養などの理念が生まれ，市民社会を支える教養人がそれらを備えた「主体」として確立されたことで，主体間の協議としての公論が可能になったというのである。それゆえ彼は，文芸的公共圏が廃れて文化が個人の消費行動の集合にすぎなくなると，市民的公共性も崩壊し，経済が唯一の交流圏になると考える（同書: 231）。

ハーバーマスの議論において，小家族的親密圏は，市民の主体性・私的自律の基礎とみなされ，経済活動を離れた私人が「『純粋に人間的な』関係に入りうる人間として自己を理解する圏域」として評価されている（同書: 69）。すなわちそこでは，主体の圏域と経済の圏域が峻別されている。さらに，「資本主義的に機能する財産に関する私法的自由処理権は非政治的なものである」（同書: 47）という発言に明らかなように，彼の議論が前提とするのは，公的な力が発動する場としての政治と，自由な私生活圏の対立である。ハーバーマスは，公権力が解体し，私生活圏とその保障を担う公的討議領域，という編成に変化したことを，近代市

民社会の誕生と考える。自由と所有の圏である小家族的内部空間（文芸的公共圏）（同書: 49）を守るために，主体の自由な私見から万人に共通の善きもの（社会的問題の解決や倫理的価値）を導く手続きの場である政治的公共圏が，存在するのである。

　ハーバーマスの議論の特徴は，小家族的親密圏で構成される私人の主体性が，文芸的公共圏を介して初めから公開性に関係し（同書: 71），対する公的討議には，自律的財産主としての主体間の協議という私的な局面があるという，「公／私」の相補的な関係にある。「公衆として集合した私人達の生活圏」（同書: 46）である市民的公共圏は，万人に関わる判断と公衆による批判の領域だという理由から公的とみなされるが，それはあくまでも私人に共通の問題をめぐって行われる討議の圏域なのである。

　ここでは，「私」から出発して「公」に至ることが可能なのか，可能だとすればそれはいかにしてかが，争点となる。ハーバーマスは，ヘーゲルが「公論は私見の圏内へ送り返される」と認識していたと指摘している（同書：163）。またフランスでは，伝統的に「公」の対義語は「特殊 particulier」であって，辞書において「公」が「私」と対比されるようになるのは1835年以降のことだという（OZOUF 1987)[10]。公論を論じる時には，いかにして特殊な「私見」から「普遍的な利益に適っているとはいかなることかを不偏不党の立場から判断できるような《道徳的な観点》」を導き出すか，いかにして「普遍化された特殊主義」を避けるかという，「私」という「特殊な立場」を乗り越えて「公」に至る可能性と手続きの正当性が，問われることになるのである（ハーバーマス前掲書: xxxi-xxxv）。

　これと同じ批判は，ハーバーマスにも向けられる。それらの批判は，ハーバーマスが市民社会を構成する「主体」を普遍化し，討議への参加を認められず公共圏から排除される人々の存在を度外視して「万人」と

　10）オズーフによれば，フランス革命後の状況は，まさに私見と公論の関係を争点としていた。「世論 opinion publique」は「啓蒙された人々の意見」という内容をもつ語彙として1798年に確立されていたが，ジャコバン派の文献では，この語がもつ主観性と自由のニュアンスゆえにその使用が避けられ，等質的で凝集力の強い「公共精神 esprit public」の方が好まれたという（オズーフ 1995a: 945ff）。

言い切ってしまうような，市民社会への参加資格に関する彼の問題意識の低さを問題にする。しかし興味深いことに，ハーバーマスが公共圏の「万人」（選別された人々）に暗黙のうちに認めていた，財産・教養を「所有」する私人，という性格づけは，アーレントが考える，公的領域への参加者が満たしているべき条件に，よく似ている。

3 「現れ」の空間としての公的領域

アーレントの議論で公的領域のモデルとなるのは，古代ギリシアの都市国家，ポリスである。それは，ともに行動しともに語るという目的のために共生する人々の間に生まれる空間，私が他人の眼に現れ他人が私の眼に現れる「現れの空間 the space of appearance」であり，人々はそこに，単なる肉体的存在や物理的な対象としてではなく，言論と活動という，人間を人間たらしめる「創始する力 initiative」の行使者として現れるとされる（アーレント 1994: 320, 287）。アーレントはまた，ポリスは「すべての人が自らを際だたせ，行為と言葉によって，他人と異なるユニークな自分の『正体 who』を示す機会を殖やすものと考えられた」といい，その現れの空間を，人々が互いに個性を競い合い「他人と取り換えることのできない真実の自分を示しうる唯一の場所」と設定する（同書: 317, 65）。それゆえこの空間は，個性の複数性，新しいユニークなものを世界にもちこむことができるような「唯一性（uniqueness）の複数性（plurality）」を存立要件とする（同書: 286-9）。

　社会と家族は，この複数性の空間と対立する関係に置かれる。アーレントは社会を，人々に対し「たった一つの意見と一つの利害しかもたない単一の巨大家族の成員」であるかのように振舞うよう要求し，規則に適った行動をさせることで成員として正常化する，画一主義の領域と規定する（同書: 62ff）。このような社会は「共同体」が近代的な形態に変化したもので，生命過程そのものが公的に組織された，経済的で私的な領域とみなされる（同書: 71）。その上で彼女は，自我・生命・財産という「私的に所有された分け前」に関心を集中させた状態を「私的」という言葉で表し（同書: 410），「必要［必然］」から生まれそれによって支

配される自然共同体と彼女がみなす「家族」によって，私的領域を代表させる（同書: 51）。アーレントは，「公的領域と私的領域，ポリスの領域と家族の領域，そして共通世界に係わる活動力と生命の領域に係わる活動力」の間の決定的な区別は「古代の政治思想がすべて自明の公理としていた」といい，「必然」対「自由」，「画一性・正常化」対「唯一性・個性」という明確な価値の対立を，「歴史的事実」として措定するのである（同書: 49）。

また，共同体と公的領域では，複数の人間が互いに関係する仕方も異なるとされる。アーレントは，共同体は必要に迫られて結ばれる自然的結合によって成立するのに対し，個性の複数性の領域である公的領域は，「人々の間」としての「共通世界」が存在することによって成立すると考える。「世界は，すべての介在者（in-between）と同じように，人々を結びつけると同時に人々を分離させている」もので，「『公的』という用語は，世界そのものを意味している。なぜなら，世界とは，私たちすべての者に共通するものであり，私たちが私的に所有している場所とは異なるからである」〔強調は引用者による〕（同書: 78f）。誰かの所有物ではない世界という空間の存在が，人の公的活動の条件と考えられているのである。

このような，人を結び，かつ分離する共通世界は，キリスト教の隣人愛（charity）と対比される。人々を相互に結びつける絆として初期キリスト教哲学により発見された隣人愛は，「世界と同様に，なにか人々の間にあるようなもの」ではあっても，公的領域を創設する能力をもたないという点では，「無世界性を説くキリスト教の主要原理」に合致しているとアーレントは述べる（同書: 80）。無世界性とは，共通世界に対する関心を失った状態をさすが，彼女はそのような，共通世界に対する配慮や世話から遠ざけられた世界疎外の状態を近代の特徴と考え，近代を「世界と人間の世界性そのものを犠牲にする」ことで「富の蓄積過程」が可能になった時代とみなしている（同書: 411ff）。国民経済・社会経済・集団的家計という経済領域はすべて，世界への関心を失った私的活動，世界疎外の状態だというのである。

アーレントは，私的に所有された分け前にのみ関心を集中させ，世界への関心を失った状態を批判している。だが，生命の必要と分け前につ

いての心配から自由な領域としての公的領域は，言葉を換えれば，私有に裏付けられた人々の空間である。また，アーレントの議論では，身体と必然性が私的領域に，言説と個性が公的領域に位置づけられているが，「私有」を「私の自由になる」物事ととらえれば，身体よりは言説が，必然性よりは個性が，私有と関係づけられるに相応しいとも考えられる。唯一性を実現するための知性や個性は「私」固有のものでなければならず，その意味でもこの公的領域は，「持っていること」に裏付けられた空間といえる。

4　公的連帯と共属意識

ⅰ)　公の三つの局面

ハーバーマスとアーレントに基づいて公共性概念の可能性を論じる齋藤は，日常言語のレベルで公共性（publicness）という語がもつ意味を三つに整理している（齋藤 2000: ⅷ）。第一に，国家や政治体制にかかわる「公的 official」という局面。これは民間における私人の活動と対比される。第二は，すべての人々に関係する「共通のもの common」という局面で，私権・私益と対比される。そして第三の，何ものも排除せず誰に対しても「開かれている openness」という局面と対比されるのは，プライヴァシーである。齋藤はこの整理を分析の枠組みとして用いてはいないが，本論考ではこれを，公の第一・第二・第三の局面として指定し，以下の論述の中で用いていく。

　齋藤が論じる，人々の生と社会の可能性の論としての公共性論には，ベラーが「記憶の共同体」と呼んだ，歴史解釈（物語）の継承と成員に相応しい生き方の実践によって形成・実感される「帰属意識」に関する部分が，含まれていないという特徴がある。これは彼の，「共同体」に対する批判的な立場に関係している。

　齋藤は共同体を次のような語彙で否定的に規定する。それは，共通の本質を前提とする本質主義を特徴とし，等質な価値に満たされた空間のなかで価値が共有され，情念を統合のメディアとするような，アイデンティティによって制覇される空間であり，成員に一元的・排他的帰属を

求め,「同化／排除」の機制を不可欠とする,閉じた領域とされる。

これに対して公共性は,これらとは対義的な語彙によって肯定的に規定される。それは,差異と人称性を前提とし,相互に異質な価値と人々の間に生起する出来事（共通世界）に対する関心によって成立する,オープンで万人にアクセス可能な言説の空間であり,そこでは人々は複数集団に多元的にかかわることができる（同書: 5f）。

このように共同体と公共性は,「等質・情念・同化と閉鎖／異質・関心・多元化とオープン」という対比でとらえられている。また,公共性の中でも第三の局面が最も重視され,共同体はその公開性という価値と対立する閉域と規定されることで,否定的に評価されている。この価値判断に基づいて,帰属意識が,共同体を特徴づける同化と閉鎖の帰結として否定されるのである。そもそもハーバーマス流の市民的公共性が,共同体から公の第一・第二の局面を受け継ぐ一方で帰属の要素を排していったものとみなしうることを思えば,公の第三の局面が共同体との対比上重要になるのは当然といえよう。公共性をめぐる他の議論でも,公の第三の局面が,社会の諸問題を解決するために行われるべき討議を可能にする公共性として肯定的に語られる傾向にあるのは,同様の理由によると考えられる。

この公の三つの局面という観点からハーバーマスとアーレントの議論を整理すると,次のようになる。

ハーバーマスの公共性論は,第二の,私権と対比される共通性としての公の構成に焦点があり,その実現のための手続き・制度上の条件として,公開性が要請されている。すなわち,第三の局面である公開性という条件を満たした公共領域で行われる支配的制度に関する批判的討議に基づいて,第二の共同性としての公を決定し,そこで得られた合意に基づいて第一の公である公式の制度を整備し,それによって社会生活を保障する,という構成になっている。それは,第一の公の正当性が第二の公の正当性に依拠し,第二の公の正当性が第三の公の正当性にかかっていることを意味する。

ところで,第三の公の正当性について,ハーバーマスの議論は始めから明快だったわけではない。ハーバーマスに対する重要な批判のなかに,彼が描き出した市民的公共圏は私的自律を希求し享受する男性市民の等

質で一元的な空間であり，そこで行われるのが覇権にかかわる合意形成にすぎないという点にハーバーマスは無頓着すぎる，というものがある。この時，等質で一元的な人々によってであっても普遍的な視野に立った議論を行うことが可能である，特定の私見から公論を導きうる，ということが論証できれば，第三の公である公開性の原則，万人に開かれた議論の要請を，緩和することができるはずである。だがそのような批判に対してハーバーマスは，彼の描き出した市民社会が実質的に市場社会を意味していた点を修正し，主導権を握っている公共圏とは別に，非経済的領域としての自律的公共圏が成立する可能性と，そこに対抗文化が生まれる可能性を語るようになった。これは，立場が異なる参加者によって持ち寄られる私見の多様性が，議論の質とそこで決定される共通善の妥当性を高める，という立場に，彼が立ったことを意味している[11]。

　他方のアーレントは，ハーバーマスの議論で中心となる公の第二の局面を「社会（近代化された共同体）」と規定し，公と対立する領域とみなす。その公共性論では，公は第三の「開かれていること」という局面に限定され，人々の間に開かれたその公的領域だけが「世界」として存在する。ハーバーマスや彼に依拠するカサノヴァの議論では，第三の公は第二の公の条件にすぎないが，アーレントの議論では第三の公だけが公の名に値するとみなされ，その結果，「公」と「共通」の関係がハーバーマスの場合とは逆になっている。ハーバーマスは公を，私的領域を横断する共通の価値を追求する圏とみなしたが，アーレントは，共通世界で個別が花開くことを良しとする。

　ただし，「『平等者』だけしかいない」（アーレント　前掲書: 53）といわれるポリスの「公的舞台では，それに適切であると考えられるもの，見られ，聞かれる価値があると考えられるものだけが許され，したがってそれに不適切なものは自動的に私的な事柄となる」（同書: 77）というように，その世界の公開性は，逆説的だが，選別と排除によって維持される。唯一性の場である公的領域に不適切なものは，必然や画一性とい

---

11)　ハーバーマスは新版の序論でキャロル・ペイトマンを引きつつ，「政治的公共圏の構造や政治的公共圏と私的領域との関係が性差を基準に規定されていたという意味で，女性の排除は政治的公共圏にとって本質的であったということ」[同書: x] に，かつては配慮していなかったと，自ら書いている。

う観念でとらえられた万人に共通の生命現象であり，特に肉体的苦痛に
よって代表されることは，第5章でみたとおりである。この選別は，ハ
ーバーマスの市民的公共圏が実質的に一元性の圏であったこと以上に，
大きな問題を孕んでいる。というのも，共通性をめざす過程への参加制
限に対しては，その過程がたとえ限られた人間によってであっても問題
なく遂行される可能性，すなわち代表可能性について検討の余地が残さ
れるのに対し，異質性と複数性の場からの経験や現象の排除は，何をも
ってしても補いえないからである。

  ⅱ) 親密圏

ハーバーマスよりもアーレントの公共性論に可能性を認めている齋藤は，
アーレントが生命現象を同一性・必然性の領域に位置づけ，唯一性・複
数性・自由の領域である公的領域から排除したことを誤りと考え，これ
を正す可能性を「親密圏 intimate sphere」の概念に求めている（齋藤
前掲書: 54-61）。彼は，「公共圏が人びとの〈間〉にある共通の問題への
関心によって成立するのに対して，親密圏は具体的な他者の生／生命へ
の配慮・関心によって形成・維持される」〔強調は原文のまま〕と述べ，
ハーバーマスとアーレントにおいては専ら言説空間と規定されていた公
的領域に具体的な生命現象をもち込み，その「具体的」の内容を，「親
密圏の関係性は間－人格的であり，そうした人称性を欠いた空間は親密
圏とは呼ばれない」，「親密圏の他者は身体性を備えた他者である」とい
う表現で説明する（同書: 92）。すなわちここでは，具体性と身体性と人
称性が関係づけられることで，彼が公共性の特徴としてあげていた人称
性が，特に親密圏の属性であるかのような印象を与える記述になってい
る。

　この時，親密圏が私的領域とわざわざ分けられる理由として，次の二
点が考えられる。

　第一に，アーレントとハーバーマスの議論では「私的」は「所有」に
結びつけられているのに対し，齋藤は親密圏を「所有」という契機とか
かわらせまいとしているのではないか。明言はされていないが，齋藤が
措定する親密圏は，ハーバーマスが価値をおく私有ともアーレントが価
値をおく私有ともかかわりをもたない圏域として，イメージされている

ようにみえる。

　第二に，公共性を巡る議論の中で，「私」は通常，「権力・制度からの自由としての私事」と「権力・制度からの排除としての私事化」という主題にかかわり，そこでは主に「制度」と「私」の関係が問われる。すなわち，「私」は制度上の正義にかかわり，なにが私事として尊重されるべきか，あるいは，なにが私事化という形で抑圧されていると感じられているか，ということが争点となる。これに対して，制度との関係に重点をおかずに「私の公的生活（public life）」を語ろうとするとき，親密圏の概念が用いられているようにみえる。これこそ，討議ではなく現れの空間としてのアーレント的な公的生活に他ならないが，そこには，身体と生命への配慮が重要な位置づけを与えられているという違いがある。だが親密圏をめぐる齋藤の議論は，そこから再び討議の圏域の適正化・活性化という主題に向かっていく。

　齋藤は親密圏の意義について，排斥されていない・肯定されているという感情，「自らの存在が無視されず，自らの言葉が黙殺されない〈間〉をもちうる」ことの重要性，受け入れられることの大切さを述べた上で，「新たに創出される公共圏のほとんどは，親密圏が転化する形で生まれ」，「新しい価値判断を公共的空間に投げかける問題提起は，マジョリティとは異なった価値観を維持・再形成してきた親密圏から生じることが多い」というように，親密圏での対話の親密性が政治的連帯の力になる，という方向に議論を進める。アーレントの現れの空間がハーバーマス型の討議空間へとつなげられ，親密圏での経験に依拠する討議の圏域の活性化が主題となるのである（同書: 96-99）。ここでは，共通の問題への関心の領域で目指される「討議的な解決」の前段階としての，「受容」の要性が指摘されている。齋藤の議論は，人が人とともに暮らすとき，いかに他者の前に現れるか，いかに他者と調停するかという関心とは別に，いかに連帯するかという課題があるということを明示している。この観点から上記の公の三分類をみるならば，第一の公は委任，第二の公は調停・正義，そして，親密圏という性格を加えられた第三の公は連帯，という形で対比することができる。

　齋藤は身体を公的領域にもちこみ，他者への配慮を論じることで，アーレントが考える「公」に「政治的連帯」の可能性を回復させようとし

ているが，これは，人と人との親密な相互受容を「他者への配慮」という形で措定することによって，彼が共同体の属性とみなした「帰属意識」を，適切な形に転化しようとする試みと考えられる。齋藤が設定した親密圏は，帰属意識を公共性論の枠内でどのように語るのかという問題に対する一つの回答とみなすことができる。

　ここで注目されるのは，齋藤が，ハーバーマスではなくアーレントの「公」概念から親密圏を説きおこそうとしていることである。ハーバーマスが小家族的親密圏という概念に与えた，文芸的公共圏へとつながる公開性を備え発言主体が育つ場，という内容は，齋藤が考える親密圏と重なっているようにみえるにもかかわらず，彼はあくまでもアーレントの公的領域論を土台に，親密圏を論じようとする。その理由として彼は，ハーバーマスの議論では親密圏が私的領域の中に位置づけられているのに対し，アーレントの議論の中では親密圏が，社会がふるう「コンフォーミズム〔順応主義〕の力に抗するための空間」として現れることをあげている（同書: 90）。

　たしかにアーレントは，ルソーを親密性の探求者として語った箇所で，彼が「人間の魂をねじまげる社会の耐え難い力にたいする反抗」や「人間の内奥の地帯にたいする社会の侵入にたいする反抗」を通して「自分の発見」に達したと述べている（アーレント 前掲書: 61）。だが同時に，ルソーは「ファースト・ネームだけで呼ばれる唯一の大著述家」であり，「その情緒生活は過激な主観主義に満ちている」というように，そこでいわれる親密さは「人間存在の主観的な方式」を指している。それは，ハーバーマスが文芸的公共圏で育まれる「主体性」とみなしたものと，同義と考えられる。すなわち，アーレントの議論における親密性は，世界を支える「唯一性」にかかわっており，齋藤が望んでいるようには親密圏を導き出さないのである。「私的な家族と違って，魂の親密さは，世界の中に客観的に眼に見える場所をもたない」といわれるように（同書: 61），そこには齋藤がもたせようとしている「連帯」という要素は見られない。上述のような公の第二・第三の局面の連動は，公的領域での出来事を競い合いから連帯へと変更することで，アーレントの立場からは離れていっているのである。それでもなおハーバーマスではなくアーレントに可能性を求める理由は，彼自身の理解とは異なるところにある

と思われるが，この点については後述する。

　iii）ソシアビリテ

社会学の領域で，人々が抱くグループへの共属意識・社会的結合を論じる際に用いられる分析概念に，「ソシアビリテ sociabilité」がある。「人と人との結びあうかたち」を意味するこの概念の使用によって，「わたしたち」という共属感覚が日常の集合的生の実践の中から生み出され，その共属感覚を基盤として組織や制度が形成される過程の分析が可能となり，その結果，国民国家・階級・民族などの概念の虚構性が論じられるようになるものと期待されている（二宮 1995）。すなわちこれも，共同体概念を批判し乗り越えようとする方途の一つであり，その要点は，共同「体」という形での実体化・制度化の批判にある。齋藤が，ごく自然に公共性と共同体を対にして論じていたように，公共性は条件の集合とみなされるのに対して共同体は実体化される傾向にあるが，ソシアビリテ概念は，共同体を実体化せず，共同性・共属意識が醸成される現場への注目を促すものとして，期待されているのである。ゴッフマンの，適切な言動のルールが帰属を生むという考えは，このソシアビリテ概念に近い。また，ソシアビリテ概念を歴史学に導入したのは，第3章で参照したモーリス・アギュロンだということである。

5　「物語による組織化」と「死を契機とする共同性」

宗教研究では，儀礼などの共同行為や，儀礼の動機と考えられる集合的生を分析する必要があるためか，共同性概念の可能性が模索され続けており，その復権によって近代を批判しようとする方向も根強く存在する。ここでは上記の問題関心と接点が多いものとして，竹沢の議論に注目する。彼は，「共同性」概念を用いて連帯を語る。

　ⅰ）物語による組織化

　竹沢は『宗教という技法』の中で，「物語の機能」と「〈私〉の構成」の関係という，ハーバーマスの文芸的公共圏の概念を思い起こさせる主

題を扱っている。しかし，そこで〈私〉に対して与えられる評価は，ハーバーマスとは正反対のものである。竹沢によれば，「物語」という叙述形式には，範型を示しそれに個別事例を同化させることで，人々の経験や社会のあり方をコントロールする働きがあり——宗教は与えられ受容される支配的イデオロギーとしての物語を強く生きる社会的場とみなされる——物語によって構成される世界の中では，〈私〉もまた物語によって成立し世界の中に統合される (竹沢 1992: 7f)。体験談を語ることは，その好例である。それは，出来事について語る行為者を作りだし，そこに体験の主体である調和的〈私〉を主人公として生み出す過程に他ならない。〈個〉が，「始まり－中間－終わりという形式，すなわち完結性をもつ物語」を語ることで，調和的で「首尾一貫した，完結的〈私〉」へと組織されるというのである（同書: 15）。

　このように，主体の成立のメカニズムに関して，竹沢の「物語による調和的〈私〉」の論は，ハーバーマスの「親密な領域における文芸批評」の論と好対照をなしている。その特徴は——フーコーの自己論を参照しつつ，「語りの制度化」が自己の「主体化＝隷属化」をもたらすと述べているように——この言語的に構成された〈私〉が「自由」という観点から評価されないところにある。また竹沢の〈私〉は，齋藤がいうところのコンフォーミズムの力から守られておらず，逆に正常化の力に取り込まれている点で，アーレントがルソーに見いだした親密性とも対立している。だが特に注意が必要なのは，この見方をおし進めていくと，物語の世界には組織化された〈私〉しか存在せず，他者もまた組織化された〈私〉にすぎないという結論が導かれることである。彼の考えでは，物語という範型と，話す機会を与えてくれる聞き手の存在によって，〈私〉は存在可能となる。竹沢はそのような〈私〉と聞き手との間にあるものを，一種の共犯関係としての信頼関係と呼ぶが，それは，相互保証し合う〈私〉たちの世界という様相を呈している。ここでは，わたしが〈ルルド－癌－希望〉巡礼を例に論じた「他者の物語を互いに傾聴する集合的状況」には，何の意味も与えられない。言説は自由を実現するどころか，逆に，組織化と画一化を促進するものとみなされている。

ii） 死を契機とする共同性

　これに対し，共同体を主題とする『共生の技法』では，「言葉」ではなく，死を運命づけられた脆弱な「身体」が，考察の鍵となる。竹沢は，近代以降，共同体が個を拘束するものとして批判されてきたにもかかわらず，共同性が依然として希求され続けている理由を「死」に見いだす（竹沢 1997: 2-8）。彼は，死者をまつることこそ共同体の基礎であると述べるだけでなく，それを宗教の存在理由と考える（同書: 41）。宗教の本質は，「共同でおこなう行為によって人間のあいだに連帯を生み出すこと，そして，死によって癒しがたく切り離される死者と生者の間に連続性をもたらすこと」により，孤独と死という，誰一人逃れえない不安の源泉をぬぐい去ることにあるというのである（同書: 112)[12]。

　はたしてそれが宗教の本質であり，宗教によってのみ遂行されうることなのかどうかは今は問わない。ここで注目したいのは，このような死の受容が，調和的〈私〉の構成のような，物語による組織化とはみなされていないことである。竹沢自身は，組織化という主題と死の受容という主題を関係づけておらず，自らが理想とする死の受容を，国家による死者の祭祀と対比して説明するところでも，組織化の問題には触れられていない（同書: 46ff）。しかし，「祖国のために死ぬ」という形で大義と結びつけることによってなされる死の制度化は，物語化され組織化された死ということができる。ここでは，死者をまつることと物語による組織化の関係を考察する必要があるはずだが，それはなされず，死の共同での受容によって得られるであろう人生や世界の調和が，肯定されて終わっている。

　死を受容する行為が組織化として否定されない理由を考えたとき目をひくのが，身体の脆弱さの観念である。竹沢はそれに大きな意味を持た

　12）幻想としての共同体（ソシアビリテ論者がいうところの虚構としての共同体）を否定し，「他者と共にあること」を共同性と呼んで，あるべき共同性を死に基づいて論じるジャン＝リュック・ナンシーの議論を，竹沢は支持している。ナンシーは『無為（désœuvrée）の共同体』の中で，きたるべき共同体は，自分たちが死すべきものだという事実を（他者の死を通して）提示するものであるべきだという考えを述べている。なおナンシーは，その共同体が「死を越えたものとして求められる内在・合一的融合・他者の内に存続の契機をもつキリスト教的合一」とは違うと説明しているが，彼が仮定するような「キリスト教的合一」イメージの妥当性については，検討を要する。

せ，「私が他者の助けを必要とし，できる範囲で他者を支えようとするのは，そうした身体の脆弱さに意識がいたるときである」，「人間がもし朽ちてゆくこの身体をもたなかったなら，人間は他者と共存する必要がなかったかもしれない」，「〔自他の〕死を前にしたとき，人間は利益や力の追求には限度があること，そして誰もが等しい資格で死にさらされていることを実感することになる」といって，共同体を，人間の脆弱な身体の連帯の場として論じている（同書: 106, 44）。

これは換言すれば，不自由さゆえの連帯といえる。前著で論じられた組織化された〈私〉もまた不自由な存在であったと考えるなら，人間を不自由な存在ととらえる視点は一貫しているといえよう。だが，不自由さへの対応において，二つの議論には違いが認められる。前著では，現在の世界を成り立たせているイデオロギーとしての物語とコードを，それらを侵犯する言語活動によって解体するところに，物語の呪縛を逃れる可能性が求められていた。一般化・規格化からの自由が，言語活動の領域にあったのである。これに対し『共生の技法』では，「制度を中心とする見方は，経済や社会関係を中心とする見方であり，それゆえ人間の生から出発する見方である。……人間の成長と死の視点をもちこむなら，私たちには制度が示すのとは違った世界の姿が見えてくる」（同書: 105）というように，制度にはもともと取り込まれえないものとして死が設定され，制度を離れた次元での不自由さが問題とされている。そして，この不自由に向かい合うのは，自由ではなく連帯だというのである。

このような共同性の理解は，齋藤が考える，具体的な他者の生命への配慮に基づく親密圏の姿に近い。ただし，公共性論で重視されていた言説が，人称性・複数性を保障することなく，逆に否定的にとらえられている点で，大きく異なっている。

6 上記論者における共通理解と関心の違い

以上の論者には，それぞれが評価する価値の違いにもかかわらず，二つの共通点が認められる。

第一に，「一元性」の否定という価値判断である。この時，一元性が

何と結びつけられるかは，論者により異なる。ハーバーマスとアーレントの議論においては，「主体」や「唯一性」を構成するとされる言説は，一元化に抗する力として評価されるが，竹沢の議論では，「支配的イデオロギー」という言葉によって一元化の力と結びつけられる。他方，肉体という生存の条件や生命過程全般は，共通性・必然性を属性とするとして，アーレントでは一元性と結びつけられる。

　一元性の否定はまた，「公式」に対する否定的評価，公権力を制限する方向と結びつく。齋藤は「official」に「公的」という訳語をあてていたが，その論調から考えて「公式」の方がニュアンスとして適切だと思われる。公式の物語による支配を良しとしない竹沢の「物語＝制度」批判も同じ問題意識を有しているが，この立場は，「帰属意識」に対する否定的評価において，「公式の『わたしたち』」を作らないという意志として鮮明に表れる。共同体を否定的に規定する齋藤は，公式の記憶の共同体にかわって，小規模の連帯圏である親密圏が，非公式の記憶の共同体の役割を果たすことが望ましいと考えているようにみえる。またカサノヴァの公共宗教論は，政教分離によって「公式の『わたしたち』」（公の第一の局面）を宗教と関係づけないという原則が定められたところで，かつて宗教組織が有していた公式性を，「共通の価値を目指す協議」（公の第二の局面）への関与という形で保持する可能性を論じたものとみなすことができる。

　この一元性の否定は「公開性」の肯定と表裏をなしており，その公開性は，各論者が評価する価値を支えるために要請されている。ハーバーマスにおいては，正義の実現のために，情報と議論の公開が必要不可欠である。このとき公開性によって保障されるのは，「私有（自由）」という価値である。他方のアーレントにおいては，唯一の「私」が言語活動によって現れ出る共通世界が，万人（公）に開かれていなければならない。ただし，この言説空間からは，肉体的苦痛のように言語化（理解・伝達）できないものは排除される。アーレントは，肉体的苦痛が公的領域から排除される理由を，生命現象の本質であると彼女が考える「必然性」によって説明するが，これを，身体は他者と絶対的に断絶している閉鎖空間ととらえられるため，公開性を原理とする公的領域に持ち出すことは不適切であると判断される，と考えることも可能と思われる。一

方，竹沢の考えでは，死すべき身体は人々に連帯を希求させ，死や身体が公開される場，制度の外側の場としての共同体を生む。アーレントも竹沢も，公開性を肯定的に評価する点は共通しているが，他者と分かち合うことができないという条件をもった身体をどう評価するかという問題では，対立する立場にある。

　第二の共通点として，上記の論者には，人々の生活世界・結合関係は何らかの形で二分されている，という認識がある。ハーバーマスの議論では，人間の活動の圏域は，自律的自己が確立される文芸的公共圏と，権力のコントロールから自由な領域を保障かつ制限するための正義を，検討・実現する領域である政治的公共圏に，二分される。この，自己の領域（私有の圏）の保障に重点をおく論では，市場経済圏の対極に親密圏という名の聖域が設定されている印象をうける。他方のアーレントは，自然や経済という生存の条件から自由な主体が言語・精神活動によって現れる場，一種の聖域としての人間の文化の場を，存在させ保持する必要を説く。ハーバーマスもアーレントも，経済的・外部的関係から自由な領域に価値をおいているが，そのような自由の領域を，ハーバーマスは「私的」，アーレントは「公的」とし，齋藤は，そのアーレントに依拠することで，親密圏を「公」の側に位置づけようとしている。またアーレントは，彼女が「社会」とみなす領域に「参加する場所」という内容を与えていないが，「参加する場所・集合的生ではない」というのはデュルケムが考える経済的・外部的関係の属性であったことを考えれば，彼女の発想自体は特異なものではない。

　このときハーバーマスとアーレントには，前者が守られるべき領域を，後者が参加し現れる場所を評価する，という違いがあるが，「私有（自由）」を評価するという点は，両者に共通している。アーレントの場合，ハーバーマスと違って，経済的意味での私有は「公」に関係しないが，彼女が評価する，行為と言説の能力によって示される「創始する力」と「唯一性」は，言語・精神活動の領域における自由裁量権とみなしうる。それは，「必然（自由な裁量が不可能）」であるがゆえに公的領域から排除される肉体的苦痛と，言表可能性が，対比されていることに明らかである。アーレントは，公的領域に持ち出すのに適した私（唯一・言説）と適さない私（必然・肉体）を二分し，私の自由な裁量の発現のみを，

公の場に相応しいものとみなす。真実の私が現れ出る空間として設定された公的領域は，「誰のものでもない私の精神を十全に行使できる私」の参加に対して開かれているのである。

　公・私のどちらにひきつけるのかという点では意見を異にするものの，二人が価値をおく領域のイメージには共通性が認められる。ハーバーマスは「社会の再生産から遊離した圏」を，アーレントは経済と必然から守られ「私的に所有している場所とは異なる」誰のものでもない場所を評価する。齋藤の親密圏もまた，所有や制度とはかかわらない領域をなしていた。このような，経済活動が棚上げされた圏，必要から解放された，誰のものでもない共通世界，所有や制度から自由な圏は，かつて宗教的な機構と専門家によって保障されていた祭儀空間，ファン・ヘネップが通過儀礼の中間段階と名付け，ターナーが境界状況と呼ぶ時空間の，非宗教化であるようにもみえる。そう考えると，アーレントが自らの規定した公的領域を「世界」と呼び，キリスト教を「無世界的」とみなしたことは興味深い。

　最後に，上記の論者には，この二分と男女イメージの二分を，論旨にかかわる次元で結びつけていないという共通点もある。どの論者においても，男女イメージは仄めかされるにとどまる。アーレントは，「私生活の中に隠されなければならなかったものは……肉体によって種の肉体的生存を保証する女であった」（アーレント　前掲書: 102f）というように女性を肉体の必然性と結びつけてみせることで，必然性から自由な世界は男性的な領域であると暗に示している。アーレント以外の男性論者達は，人にとって本当に重要な他者との関係と彼らがみなす非経済的関係を，第3章で論じた家庭的・女性的結合関係のイメージでとらえているようにみえるものの，そのことについて直接の言及はなされていない。齋藤が親密圏を論じる場面で男女イメージの二分に触れられることはなく，竹沢も，家族という共同体の危機を語るものの，それを男女イメージとは関係づけていない（竹沢: 48-56）。

　これに対して社会学者のギデンズは，男女イメージの二分を考慮に入れた，親密性を主題とする議論を展開し，現代社会を特徴づけると彼が考える，「親密性」の復権を求める欲望と傾向を，女性的なものの抑圧の問題と関係づけている。彼は，現代社会における「セクシュアリテ

ィ」をめぐるさまざまな動きを，「純粋な関係性」を探求する諸実践とみなし，性の解放は，自覚されている場合もいない場合も，社会生活の「感情面での再編成」を媒介する手段としての意義をもつと述べる（ギデンズ1995: 268）。そのうえで，「男性は……愛情を欲している。なぜなら，公的領域における男性の位置づけは，親密な関係の受容からの締め出しという代償を支払うことで獲得できたからである」（同書: 103）というように，そのような感情の領域の復権を求める動きに対し，「私的－感情－女性」という連合が前提され実体化されている中での戦い，という意味合いをもたせている。この視点を欠くことは，親密圏や家庭をめぐる議論から，具体的な提言としての力を削ぐことになるように思われる。

ギデンズの議論でもう一つ注目されるのは，それが，現代社会における「私事」の位置づけを正面から論じていることである。本節の初めに取り上げたカサノヴァが，「間主観的な公的関わり」からの宗教の排除を問題にしていたのに対し，ギデンズは宗教ではなく，親密な関係性の公的関わりからの排除を問題にしている。ここには，正義をめぐる議論にかかわらせることで宗教に間主観的な公的関わりを回復させようとする立場とは，異なる道筋が示されている。それは，宗教的世界が結びついている感情の領域自体を，間主観的な公的関わりの場にする，という選択肢である。セクシュアリティとエロティシズムをめぐるギデンズの親密性論は，「自己」に関心を集中させ「他者」の存在が議論の中でおろそかにされるなどの問題を抱えてはいるものの，生の親密な側面を「私事化せず／『公式』の感情を作ることもなく／間主観的な公的関わりの場と関係づける」というテーマにかかわっている点で重要である。

7　ルドにおける「公」

ⅰ）　公の三つの局面

上記の「公」概念を用いて整理すると，ルルド巡礼は，傷病者の存在を活用しながら，それぞれの時代に最も切実だった社会的要請に応えることで常に「公的」であり続けようとしてきた宗教的活動と考えられる。それはまず，人々を束ねる日常・非日常の枠組みとしての公式性と記憶

の共同体としての正統性を主張し、イデオロギー的同一化傾向を示す、第一の公をめざす運動として始まった。次いで、公人としての自覚をもち公益のリーダーシップをとろうとする人々が、階級の融和による社会問題の解決をめざす時期を迎えるが、ここには、公の第二の局面に、ノブレス・オブリージュの観念に含まれる「公人の責任・義務」の感覚があるということが、よく表れている。そして現在ルルド巡礼は、新たな参加者への門戸の解放と、苦しみ・身体の巡礼空間への参入という、二つの「開かれていること」を特徴とする公開空間をかたち作っている。ルルド巡礼のこの変化の過程は、一元性を否定して公開性を肯定するという、上述の理論と同様の価値の志向を示している。そしてこの三期の中で「苦しみ」の位置づけは、「公式の犠牲／討議的に解決すべき共通の問題／自分の苦しみを公にし（非私事化）、他者の苦しみに対し開かれていること（ディスポニーブル）」へと変わっていった。これは、苦しみを「大義と結びつける／解決する／皆で受け止める」という違いを生んでいる。意味を与えられた公式の苦しみもまた、公にされ受けとめられる私事になることで、一元化を免れていったのである。

　このような、傷病者の存在によって特徴づけられた「公」の追求は、それが展開する空間の公的な性格も変えていった。それは、フランス司教区連合・上流階級・治癒・審査・ノブレスという公式と公益にかかわる場として始まり、やがてカルフール・平信徒・傷病者・傷病者の塗油の秘跡・ディスポニーブルの場へ、私人の私事を人々の間から排除しない公開空間へと、変化していったのである。この、歴史・経済性が排された、特定の「わたしたち」にかかわらなくなっていった空間は、アーレントの共通世界を思い起こさせる。もちろんそれは、第一に、カトリック世界に帰属する恩寵の流通圏である、第二に、傷病者や死にゆく者がそこに肉体の宿命を持ち出している、という二点で、アーレントが理想とする共通世界とは決定的に異なっている。この時、第一の相違点は、共通世界の「共通」を完遂し得ない要因となることが自明であるが、第二の相違点については、それが、共通世界の実現にとって障害なのかどうか明らかではない。そこで最後に、第二の相違点が公開空間に及ぼす影響について考察し、論考を終える。

ii）「身体」がもたらすもの

齋藤は、身体によってこそ「経験の具体的な根跡」が現れの空間にもたらされるのであり、そうでなければそこは「はなはだ具体性を欠く空間にならざるをえない」といって、アーレントが公的領域から生命現象を排除することの問題点を、「具体性」という言葉でとらえようとしていた（齋藤 前掲書: 58）。この「具体性」の内容について、齋藤自身はそれ以上踏み込んだ説明を加えていないが、そこには区別すべき二つの側面が認められる。その二つの違いと関連を整理するために、セイラ・ベンハビーブの次の議論を参照する。この、コールバーグとギリガンの間で起きた道徳心理学の基礎パラダイムをめぐる論争を扱った論文の中で、ベンハビーブは、道徳理論に「具体的な他者」の観点を持ち込む必要性を説いている（ベンハビブ 1997）。以下、論争とそれに対する彼女の論評の概要を記す。

コールバーグに代表される普遍主義的道徳理論の伝統においては、状況から引き離された（disembedded）・非具体的（disembodied：肉体から分離された）存在が、道徳的自我の理想である「準拠的・一般的な他者」として措定されてきた。この自我観を基準に男女の道徳判断の発達を評定すると、女性には「特殊な他者」という観点をとり、状況に縛られるという認知上の特徴があるという結果が得られ、そこから、女性一般の道徳的・認知的未熟が結論づけられてきた。これに対してギリガンは、そのような結果を出す評定基準自体の偏向を指摘し、それが「正義と権利」を重視する倫理的態度だけを評価していること、および、それとは別に「配慮と責任」を重視する倫理的態度が存在することを、論証しようとした。彼女は、道徳理論の世界には、公的人格（理性・認識・自律・独立・自我の主権）と私的個人（自然・感情・養育・絆・他者に対する関係）という二分があり、「男性」という「特殊な主体」の「経験」を普遍化した結果、前者の公的人格のみが道徳的成熟として評価され、その陰で「女性的な経験」が「私化」されてきたと主張する。

ベンハビーブはギリガンの議論を土台に、「一般的な他者」という道徳的自我理想が抱える矛盾を問題にしていく。コールバーグによれば、道徳的自我とは、ロールズがいう「無知のヴェール」の背後に措定された原初状態（original position）に身を置き、「特殊な他者」としての

「自己」のアイデンティティを無視することで,「準拠的な他者」として公正な道徳的判断を下すことができる状態にある者である。これに対してベンハビーブは,無知のヴェールの背後の原初状態に身を置いた途端,自己が消滅するだけでなく,自己から見た時に自己とは異なる者として存在する他者もまた消失してしまい,その結果,公正な道徳的判断を下すために必要な「私と他者の一貫した区別」が不可能になるという矛盾が生じると述べる。そこに発生する「想像によって自己自身を他者の立場におく,単独の自我の沈黙の思考過程」である「道徳的推論のモノローグ」は,他者を欠いた独善に陥ることを免れないというのである(同論文: 192)。ベンハビーブのこの議論は,社会は特殊・具体的な立場が集まってできているのであり,自己もまたその一部であって,自他のどちらか一方の立場だけを無視することは道徳的判断においてはできないはずである,という主張であると同時に,本来はあり得ないはずの「一般的な他者」という立場に立ってきたのは一体「誰」だったのかを反省すべきである,という問題提起でもある。

　彼女はこの議論の中で,ロールズの原初状態には「現実的なパースペクティブの多元性が全く欠如しており,ただ限定されたアイデンティティだけが存在する」(同論文: 190) というように,「具体的な他者」の立場を「パースペクティブ」という観念で置き換えている。そして齋藤もまた,「パースペクティブ」という語を「複数性」をいいかえる形で用いている。彼は,「共約不可能なもの,一般化不可能なもの」の空間である現れの空間では,人々は「立場交換が可能ではないという意味での」「非対称的な位置にある」といい,それを「多元的なパースペクティブが存在する」状態と表現する (齋藤 前掲書: 37-47)。このように彼らは,現実世界の多元性・複数性を,パースペクティブという観念によって置き換えている。しかしこの観念は次の二つの理由から,齋藤が重視する「非対称的な位置」にある人々の「具体性」を表現するのに,適しているとはいえないと考えられる。

　第一にそれは,非対称的な位置という状況を十分には説明しない。「パースペクティブ」という言葉には「透視画法」という意味があることからも明らかなように,それは,あるものをどこかから見る時の,見ている地点がもつ「基点」としての中心性の観念と密接に結びついてい

る。この言葉を用いた場合，各人の立ち位置の「固有性」は強調されるが，位置の非対称性という観念にある「関係性」のニュアンスは，かえって削がれることになる。第二に，この観念を用いて行われる議論が，どの領域にかかわるのかという問題がある。ベンハビーブはパースペクティブという観念を，道徳的判断を論じる場面で用いていた。このとき「具体的な他者」の具体性は，正確には「立場の特殊性」を指している。それは，ハーバーマスの議論にも認められ批判の対象となっていた「普遍化された特殊主義」の問題点を正し，公の第二の局面における議論の正当性を保障するために要請される特殊・具体性であり，適切な判断を下すためにはどのようなパースペクティブも無視されてはならないという，討議における「特殊」の必然性（先験的一般性を設定しない）の論が要請する具体性なのである。これはルルドでは，巡礼世界への参加グループの多様性という形で実現されていた特殊・具体性である。

これに対して，ベンハビーブが依拠したギリガンの議論は，「正しい判断」と「他者への配慮」という二つの異なる倫理的態度を考慮する必要性を主題としていた。ギリガンは，他者に配慮する態度と能力を養う類の経験が，現代社会においては女性に特有の私的なものとされてしまっているため，具体的な他者への配慮が，正義にかかわる正しい判断とは相容れない態度とみなされていることを問題視していた（GILLIGAN 1982）。この議論に上述の公の三分類をあてはめると，次のように整理できる。ギリガンは，公の第三の局面として認知されてしかるべき領域が私化され，そこでの経験が公の第二の局面とのつながりを断たれた結果，公の第二の局面における判断に偏りが生じることになったという，一連の過程を問題にしているのである。

ここで重要なのは，公の第二の局面における特殊・具体的な立場の考慮とは別に，具体的な他者の生に配慮するという経験の次元が設定されていることである。そして齋藤もまた，親密圏という，公の第三の局面ととらえうる領域における具体的な他者の生／生命への配慮の経験を，彼のいう公共圏におけるコミュニケーション過程とは別にたてていた。彼の関心は，正義を実現するための社会的連帯の再生にあるため，その議論は，公共圏において他者のパースペクティブを考慮する必要性へと収束していくのだが（齋藤 前掲書：51），アーレントの公的領域論に対

する批判の核心は，そのようなハーバーマス的な公共性論とは異る次元，生命への配慮を非私事化する必要性に，あったのである。だが忘れてはならないのは，言語活動の次元に限定されているとはいえ，ハーバーマスもまた，情緒的世界としての文芸的公共圏における諸経験が果たす役割を重視していたことである。パースペクティブの特殊性を考慮することと具体的な他者の生命に配慮することは，人間経験の異なる局面を形成している。齋藤の公共性論を紹介したところで述べたように，それは他者との調停と他者との連帯という，二つの異なる関係の有り様なのである。

　この，パースペクティブという観念では表しきれない，身体によって公の第三の局面にもたらされる具体性を考える手がかりとなるのが，第1章で述べた「スペクタクル」である。ここであらためて，苦しみを「見る行為」の意義を，公の第三の局面での出来事として見直すことにする。もちろん，見る行為は公の第三の局面でのみ意味をもつわけではない。たとえばリュック・ボルトンスキーは，公の第二の局面における「見る行為」と「立場」の関係を論じている。その目的は，メディアがもたらす遠くの苦しみについての情報に触れることで始まる，世論やNGOという形での国際人道支援の正当性の論証，遠くの無関係な苦しみに積極的に関与する道義的な必然性の論証にある。その中で彼は，アダム・スミスの「位置についての理論」を参照しているが，この場合の「位置」は，「見物人」と「当事者」という，出来事へのかかわり方が平等ではない者達の間にある「関与の不平等性」のことを専ら指す (BOLTANSKI 1993: 60)。ボルトンスキーは，見物人という位置には利害関係・利己的関心からの自由・超越という利点があるため，見物人は公正・不偏の立場から出来事に関与することができるという，「第三者」という立場がもつ政治的利点の論を展開する。これは，見る行為によって第三者という立場の当事者になった人々により，適切な道徳的行為が可能になるという，公の第二の局面にかかわる主張である。それは，「第三者」というとらえ方をすることにより，道徳的判断の理想的主体とされる「一般的な他者」を「特殊な立場」の一つとして措定し直している点で，ベンハビーブが批判した「一般的な他者」の論にある独善を免れている。これは，「見ている自分」と「見られている他者」が絶対に分かれている（齋藤のいう「非対称性」）という，「見る行為」を成り

立たせている条件がもたらした，積極的効果と考えられる。さらに彼の議論は，国際人道支援活動という「行為」による関与，他者の具体的な生への配慮を論じている点で，公の第三の局面にもかかわっている。そしてルルドにおける見る行為も，このような関与を呼び覚ますものであった。

〈ルルドの聖母オスピタリテ〉の会長を務めたルブゾーマンは，大学卒業直後の1891年に21歳で〈全国巡礼〉に参加した時の思い出を，次のように書いている。「キリスト教教育によって憐れみの心は育まれていたものの，わたしの宗教的感情や想像力によっては［ルルドで］自分が見ることになるものをあらかじめ，思い描くことはできなかった」。「わたしの第一印象は非常に激しいものだった，わたしはそれをけっして忘れないだろう。わたしは初めて，苦しみというものに触れたのだった，しかも何という苦しみであったことか！何と痛ましいスペクタクル」，「自らの苦しみだけでなく，他者の苦しみについても全く無知で健康な若者〔ルブゾーマン〕との間に，何という距離があることか。この若者〔ルブゾーマン〕と彼らの間にある，何という暴力的な対立！」，「なぜ彼らはあのように苛まれているのか？　なぜわたしは丈夫なのか？　悪いところもなく？　なぜこのように，不幸と特権が不公平に配分されるのか？　なぜわたしは幸せで恵まれており，彼らは痛ましく苦しめられているのか？」(REBSOMEN 1937: 9-11)。

ルブゾーマンはここで，苦しむ他者を見ることによって自他の立場の決定的で暴力的な違いを実感し，自分の立場を見つめ直している。肉体的苦痛の存在することで，「ひどい目に遭う／見る」という立場の違いが際だち，非対称性が痛感されている。しかもその非対称的関係において，わたしが置かれている「見る立場」は，見ることしかできないという受身の弱い立場にあり，パースペクティブの観念に含まれる中心性のような能動的な強さをもってはいない。そしてルルドでは，その非対称的立場との直面から，オスピタリテ活動という非対称的な行為が始まるのである。パースペクティブという観念は，個別の視点の存在を明らかにするが，それが非対称かどうかは問われず，視点の間の不平等が問われることもない。というよりも，固有の視点の間に不平等があってはならないという規範が，パースペクティブの観念を用いた議論を支えて

いる。しかし見る行為は，決して替わることができない立場の違いと，そこに存在する不平等の自覚を生み，それが人々をかかわらせる契機となる。

　ここで思い出されるのは，竹沢が行った二つの論考の対照性である。彼の，物語によって構成される調和的〈私〉の論では，自他の別や立場の違いは論じられていなかった。これに対し，「死」を視野に入れた時，他者が議論の中に現れた。死にゆく者と残される者の共約不可能な立場の違いという根元的な経験が，具体的な他者の存在を思い知らせたかのようである。〈私〉の組織化の観念が，社会の一元性を批判する議論の中核をなしていたのに対し，共同体論の中で，死は一元化に抗する役割を果たしている。竹沢の議論においては，他者は一元化に抗する存在として，物語という言語活動を通してではなく死にゆく身体をもつ存在として，パースペクティブとしてではなく失われるものとして，現れている。

　実は齋藤も，公共的空間に具体性をもたらすものとしての身体を論じた箇所で，パースペクティブや物語といった観念を，「声」という，身体に由来するものと結びつけている（齋藤 前掲書: 56-59）。ここまで言語活動と関係づけてこなかったが，パースペクティブという観念は，議論の中では，言語化され発信され他者に伝わり他者に認められる視点，というニュアンスを帯びて用いられる傾向がある。これに対して声という，身体の消滅とともに失われるものは，その視点を有する者の存在の具体性を示す手段として用いられるという特徴をもつ。パースペクティブと声とでは，前者は言語（表象）化の過程の重要性が争点となる議論に，後者は存在の具体性の証が焦点である議論にかかわるというように，議論の文脈が異なっており，表象されたパースペクティブが獲得できるかもしれない永遠性と比べたとき，声は，パースペクティブにはない即物性のレベル，失われるという性質を対照的に際だたせる。そのような声と結びついた時にパースペクティブが獲得する具体性は，身体として今は在るがやがては失われてしまうという生命現象の具体性であり，ルルドのカルフールにおける語り出しが証言していた他者のリアリティは，そのような具体性だったのである。他者の具体性は，逆説的だが，失われることを条件とする具体性なのである。

竹沢は，共同体を別れを運命づけられた他者たちの連帯の場と考え，人間身体の条件である「他者に訴えかける弱さ」が，その連帯の動機となると述べている。このとき，脆弱さが「身体」の属性であるのに対し，死に別れるという出来事が起こるためには他者が必要であり，そうであればそれは「他者性」の属性と考えられる。これは，物語が「私」の属性とされていたのと対照をなす。なお，彼の，言語活動を通して達成されるイデオロギー的一元化の論では，立場の違いという形での他者の存在が視野に入っていなかったが，これは「一般的な他者」の論が抱えている問題に他ならない。一般的な他者の論は一元化された〈私〉の論だということが，ここにはよく示されている。

このような，共同体を身体の脆弱さや死別という不自由を甘受するための連帯の場ととらえる議論と対比すると，アーレントが共通世界から「身体性＝必然性」を排除したのは，自由な領域である世界をあらゆる不自由から守るためであったということが明確になる。しかし，その公的領域もまた，固有性・特殊の圏として措定されていることから，アーレントの議論の魅力もまた，世界という誰のものでもない場所が，「分かつ」ものであるという着眼にあるのではないかと考えられる。

齋藤は，アーレントが，ある一人の人が失われた結果「失われるものとは，この個人とその同輩者達との間に形成されえたはずの，特定の，通常は代替不可能な〈間〉なのです」と述べた箇所を引用したすぐ後に，「ある人の意見が失われるということは，他にかけ替えのない世界へのパースペクティブが失われるこということである」と続けている（同書：50）。だがアーレントはここでは，パースペクティブの唯一性ではなく〈間〉の唯一性を語っているのであり，この二つの唯一性を同視することはできない。なぜならそれは，中心の唯一性ではなく，分かたれているということの唯一性だからである。アーレントは，紐帯や連帯の場ではない現れの空間を世界と呼び，愛によって結ばれる人々の空間を無世界と呼んでいた。他の論者が「結びつき」に関心を向けるところで，アーレントは結合関係を論じず，人の経験における「分かつもの」の重要性と必要性を力説したのである。その世界に連帯と共感を引き入れようとするとき，この分かつことの重要性を考慮に入れないと，アーレントの思想の核心を裏切ることになるであろう。

ただし，人が何によって分かたれるのかについての認識の違いは重要である。アーレントは，「人間の差異性（distinctness）は他者性（otherness）と同じものではない。他者性とは，存在する一切のものがもっている他性（alteritus）という奇妙な質のことである」といい，それは「中世の哲学においては，存在の四つの基本的かつ普遍的な特徴の一つ」であったと述べる（アーレント 前掲書：286）。そして，「他者性が多数〔複数〕性の重要な側面であることは事実である」としつつも，複数性を，存在する一切のものが持つ他性ではなく，人間に固有の差異性である唯一性と関係づける。アーレントは，受身で否応なく分かたれた結果生まれる他性ではなく，能動的に差異化することで積極的に分かたれた結果である唯一性によって，複数性を措定する。そして，言語活動が生む差異性を唯一性と同視し，その唯一性こそ人々の〈間〉を生む（人々を分かつ）と考え，反対に，生命と肉体の必要は人々を結ぶもの，〈間〉を抹消するものと考えたのである。

しかしルルドでは，人は唯一性という個性を持つことによって分かたれるわけではない。アーレントは苦しみを，望ましくない形で人びとを分かち（不可抗力・理解不可能），結びつける（同情）ものとみなしたが，ルルドでは逆に，苦しみは望ましい形で人々を分かち（絶対的な立場の違い），結びつける（ディスポニーブル）ものとみなされる。アーレントは人間の〈間〉を生むものを言語活動と考えたが，身体という生存の条件は，その〈間〉を否応なく生み出す。身体がこの空間にもたらす具体性は，言説が実現するとされる唯一性ではなく，受身の形で分かたれる他者性である。具体的な身体が病いと苦しみを持ち込んだことで，ルルドの公開空間は受動的に分かたれる人々，被る人々の空間となったのである。そこでは人は，自分の自由になる何かを私有することで分かたれてはいない。ルルド巡礼の世界は，「有する」ことの諸相である私有（分かつ）や共有（一つにする）を排し，わたしたち自身のものではない恩寵を受け取り差し出す人々が分かたれる現場空間を，開こうとしているのである。

アーレントの共通世界とルルド巡礼の世界には，能動的に差異化することで積極的に分かれた人々の公開空間と，身体経験によって受動的に分かたれた人々の公開空間という違いがある。しかしどちらも，世界を

「分かつ・分かたれる」経験の現場ととらえ,さらに,「分かつ・分かたれる」経験を,「私」的なものでなはなく「公」的なものとみなす,あるいは,「公」的なものにしようとしている点は同じである。ルルド巡礼の世界は,アーレントが退けた肉体の宿命をそこに持ち出すことによって成立しているが,その世界のこれまでの歩みは,受動的に分かたれる経験に基づいて人々の「公」的なかかわり合いを構想することが,十分可能であることを示しているといえるであろう。

あ と が き

　フランスを救うために始まった傷病者巡礼は，その姿を大きく変えてきました。ルルド巡礼の世界に活力があるかぎり，これからも時代の要請に応えて変化していくことでしょう。あらゆる人に開かれた空間に新たなグループが参入することで巡礼世界の参加者の顔ぶれが多様化し，それぞれが望ましいと考える関係世界をそこに持ち込むことで，巡礼世界において目指される社会関係の姿や適切な言動のルールが変化していく。その様子を調べることで，私自身の日常的な場面での，ものの見方や考え方もかわっていきました。参加者の創意と工夫によって新しい提案がなされ，賛同者が増えることでものごとが変化していく過程を，150年近い歴史をたどりながら，実感をともなって知ることができたのは幸せでした。

　ですが150年の歴史は長く，研究期間は当初の予定を大幅に越え，ルルド巡礼をテーマにしようと決めたときには予想もしていなかった方向に，研究は展開していきました。何かが明らかになり，ここでまとめられそうだと思うたびに新しい問いが生まれ，いつになったら「ひとつの世界」の像が結ばれるのかと，不安を覚えたこともありました。

　その間，東京大学宗教学研究室の先生方，先輩方から，多くのご教示とご助言，厳しいお言葉や温かい励ましをいただきました。博士論文をご指導下さった金井新二先生は，あせらずじっくり取り組みなさいと，常に温かくお見守り下さいました。田丸德善先生，島薗進先生は，各章の草稿をお読み下さり，詳細で貴重なご助言を下さいました。先生方のご指導に，心より感謝致しております。また二宮宏之先生と川田順造先生を中心とするヨーロッパ基層文化の共同研究と，森明子先生が国立民族学博物館で主催されたヨーロッパ人類学の共同研究では，歴史学・人類学の研究者との，刺激的で有意義な出会いに恵まれました。議論を通し，また発表の機会を与えていただいたことで，研究が大きく前進しま

した。あまりにも多くの方々にお力添えをいただきましたので，お名前をあげることは控えさせていただきますが，草稿をお読み下さった皆さま，学会や研究会で数々の有益なコメントをお寄せ下さった皆さまに，心より御礼申し上げます。

諸先生方から賜りました学恩にも，深く感謝致しております。星野英紀先生には，ご著書を通して巡礼研究の基本を教えていただきました。栗原彬先生は，他者の苦しみというテーマに目を開かせて下さいました。本書の出発点は，早稲田大学で卒業論文をご指導くださった堀越知巳先生の宗教学の授業でした。

フランスでも，多くの方たちに支えられて研究を進めることができました。コレージュ・ド・フランスのニコル・ベルモン先生は，急なお願いだったにもかかわらず，研究員としてこころよく受け入れて下さいました。社会科学高等研究院で高等研究論文をご指導下さったアンドレ・ゴーダン先生と引き継いで下さったフィリップ・ブトリー先生は，研究のさまざまな面で親身になってご指導下さいました。ブトリー先生がローマ行きを強くお勧め下さらなければ，本書がこのような形でまとまることはありませんでした。

ルルドの聖域事務局の方々，聖域史料室のリム神父，テレーズ・フランクさん，ロズリン・ド・ボワセゾンさん，聖域司祭団のジュリア神父，広報室のダニエル・オリブさんとクリスチーヌ・ブレイさんは，調査に全面的にご協力下さいました。ノートル・ダム修道院のビエ神父と被昇天会ローマ史料室のモンシュ神父は，貴重な情報をご提供下さっただけでなく，お考えにそわないところがあったはずですのに，研究にご理解をお示し下さいました。参加させていただいた巡礼団の方々，時間を割き資料をご提供くださった方々，お一人お一人お名前をあげることはできませんが，この方たちのご厚意がなければ，この研究をまとめることはできませんでした。心より感謝申し上げます。

そして日仏両国の友人たち。私は「ルール」という言葉をもちいて「ひとつの世界」を考えてきましたが，この言葉は書物のなかから出てきたものではありませんでした。ルルドでのできごとを話す私に，「偽善でも何でもなくて，ルルドではそれが自然なことなんだね」とポジティブに笑った友人，「法律の勉強にいちばん必要な資質は何？」と尋ね

た私に，「ルール感覚」，と神託のように答えた友人。二人は覚えていないと思いますが，彼女たちの何気ない一言が，本書に決定的な影響を与えています。

　最後になりましたが，本書の刊行にあたっては，鶴岡賀雄先生と知泉書館の小山光夫さんに，ひとかたならぬお世話になりました。深く感謝致しております。知泉書館と藤原印刷の皆さまには，格別のご配慮にあずかりながら，初の単著ということもあり大変ご面倒をおかけ致しました。心よりお詫びと御礼を申し上げます。

　　2006年2月

　　　　　　　　　　　　　　　　　　　　　　　寺戸　淳子

史料・参考文献

1 史 料

1　史料室

1）Archives de l'Œuvre de la Grotte［ルルド聖域史料室：AŒG と略記］
A: Histoire des Apparitions
　20A: Opposition de la famille Soubirous à l'exhumation du corps de Bernadette à la suite du projet d'ouverture d'une souscription pour faire revenir son corps à Lourdes (1880)
D: Administration
　1D: Correspondance générale
　　1D64: Lettres relatives à l'Association de Notre-Dame du Salut (1876-1887)
E: Pastorale
　3E: Pèlerinage national
　4E: Pèlerinage du Rosaire
　　4E2: *Pèlerinage du Rosaire 1968. Résultat de l'enquête faite auprès des pèlerins, synthèse par le P. Lapraz o. p.*
　8E: Pèlerinage "Foi et Lumière"
　9E: Pèlerinage des Polios
　11E64: Opera Romana
　11EB: Lourdes-Cancer-Espérance
　14E: Congrès
　　14E2: Congrès médical international (1914)
　17E: Conseil de Pastorale
　18E: Statistiques et bilans touristiques
G: Objectifs et Dynamisme
　6G: Association nationale des Directeurs de Pèlerinages
H: Animation Pastorale
　1H11-21: Liturgie. Onction communautaire des Malades
　　1H11a: La Célébration Communautaire de l'Onction des Malades au cours des pèlerinages à Lourdes, 1972. 2. 1.
　　1H11b: La Célébration communautaire de l'onction des malades dans les Sanctuaires de Notre Dame de Lourdes. Rapport de S. Exc. Monseigneur Pierre Marie THEAS Evêque de Tarbes et Lourdes

1H11c: Onction communautaire des malades. Rapport - Année 1970
1H11d: "J'ai reçu à Lourdes l'Onction des Malades"
1H13: *Célébration communautaire de l'Onction des Malades*
1H14: Témoignages divers
1H14: Célébration Communautaire du Sacrement des Malades à Lourdes. Communication aux Directeurs de Pèlerinage 11/2/69
1H14: Rapport pour le Congrès des directeurs de pèlerinage, Genève 20-24 octobre 1969
1H14: La Célébration Communautaire du Sacrement des Malades dans la vie de l'Eglise d'aujourd'hui [s. d.]
1H14: 1970. 9. 23. Comission Episcopale de Litrugie

5H: Hospitalité
  5H5: Ammuaire des membres fondateurs, titulaires des brancardiers, titulaires des Dames zélatrices (1885)
  5H6: Rapports, notice et règlement pour les Dames hospitalières, status, coutumier
  5H7: Hospitalité de N. D. de Lourdes Exercice 1884. Rapport Général.
  5H19: Lettres du M. de Combettes, le 3 juillet 1881; le 25 février 1883; le 1er août 1884: (le 20 septembre 1882)
  5H20: Lettres: Claudius Marely, le 8 mai 1885; (de Dijon) le 24 août 1885
  5H21: Lettre de l'Hospitalité de Lourdes, le 29 octobre 1888
  5H23: Lettres de l'Abbé Bonnaire, le 8 janvier 1897; de Brancardier Principal, le 15 janvier 1899
  5H30: Mannuels
    -RUFFY, Gaston, *Les Cadets Normands*, Rouen, Imprimerie G. ROLLAND, 1908
    -*Diocèse de Lyon. Petit manuel de l'Infirmière au Pèlerinage des Malades à N. -D. de Lourdes*, Lyon, Bureau de la direction du Pèlerinage diocésain, 1908.
    -*Petit Manuel de l'Infirmière au Pèlerinage des Malades à N. -D. de Lourdes*, Lyon, Bureau de la direction du Pèlerinage Diocésain, 1908.
    -*Petit Manuel des Dames Hospitalières de Notre-Dame de Lourdes par une Médaille d'Argent*, Lourdes, Imprimerie de la Grotte, 1896.
    -*Petit Manuel du Parfait Hospitalier de Notre-Dame de Lourdes*, Lourdes, Imprimerie de la Grotte, 1896.
    -*Statuts et annuaire des Associations des Brancardiers et des Infirmières de la Loire*, diocèse de Lyon, avril 1911.

6H: Malades
  6H23: Jubilé du Pèlerinage National.
  6H153: Réflexion théologique sur les miracles de Lourdes aujourd'hui

史料・参考文献　　　　　　　　　　　　　　517

 6H154: Pastorale des Malades. Dossier n. 1-13
 7H: Bureau médical.
J: Pavillons Pastoraux
 3J: Handicapés
K: Collaborations Pastorales
 2K: Action Catholique
M: Personnel
 3M: Réunion des directeurs de Pèlerinages
P: Relations publiques
 8P: Attaques contre l'Œuvre de la Grotte
  8P5: Complot maçonnique contre Lourdes
  8P6: Franc-Maçonnerie

 1') Archives Dom Billet ［ルルド聖域史料室ビエ神父史料群：ADBと略記］
6G: Association Nationale des Directeurs de Pèlerinage
7G: Association des Recteurs de Sanctuaires
6H: Malades
 6H1.2.2: Divers documents et revues relatifs à la 《La Fraternité catholique des malades》, 1963 à 1969
 6H1.2.4: Dr Berthezène aux hospitaliers du Rosaire, 《Les malades et nous》, N-D de Mont Roland, 1964
 6H1.3.2: lettres, notes et témoignages au sujet 《des malades à Lourdes》, enquête de 1965, de Mgr Rodhain et Streiff
 6H1.3.9: le Vatican et les personnes souffrantes
 6H2.3.4: Chemin de Croix pour les malades, Le sacrement et l'onction des malades, Piscines
7H: Guérisons, Miracles, Bureau Médical
 7H4.2.6: Conférences sur "Les guérisons de Lourdes en schémas" 1937, 1938, 1945
 7H6.3.2: Guérisons 1920/22 (cartes postales)
 7H7.8.3: BILLET, "Les critères des guérisons de Lourdes. Un peu d'histoire (1858-1891)"
 7H8.3: Commission Miracles Scéance du 4 décembre 1974
 7H8.7: Commission Miracles Scéance du 30 sept. 1975
 7H10.1.1.11: Dom BILLET, 《Les malades devant la souffrance et devant le miracle à Lourdes》, *Communio*, 1977
8H1: Accueil Notre-Dame 1964-1972: notes relatives à L'organisation pratique concernant les malades

 2) Archives Augustins de l'Assomption ［被昇天会ローマ史料室：AAAと略

記]
E41: -*Bulletin mensuel de Notre-Dame de Salut*, n. 1 mars 1892 - n. 21 juillet 1899
   -Rapports généraux annuels: le 12 mars 1874; le 2 février 1876; le 2 février 1881
E42: *L'Association de Notre-Dame de Salut au Cinquantenaire de sa Fondation*, Paris, 1925
E48: *Hospitalité de Notre-Dame de Salut. Pèlerinage National à Notre-Dame de Lourdes. Membres décédés*, Toulouse, Imprimerie Catholique Saint-Cyprien, 1904.
HE338: lettre de Mr de Combettes au P. Emmanuel, le 28 VII 1884
HE366: lettre de M de Boysson au P. Emmanuel, le 29 XI 1908
SV1: *Souvenir de l'Hospitalité de N. -D. de Salut* n. 1 1883.
SV4: "Rapport général sur les services de l'Hospitalité de N.-D. de Salult. Pendant le Pèlerinage National de 1884", in *Souvenir* n. 4 1884, p. 3-18.
SV7: *Statuts et coutumiers de l'Hospitalité de N. -D. de Salut*, Toulouse, Imprimerie Catholique Saint-Cyprien, 1885.
SV15: *Hospitalité de Notre-Dame de Salut. Documents, Statuts, Coutumiers, Historique*, 1921
SV17: PIERREBOURG, Patrice de, *La psychologie du Brancardier de Lourdes*, Paris, Association de N. -D. de Salut, [Imprimatur 1956]
SW1-28: Difficultés entre le Conseil de Paris et Toulouse 1912
SX177: Rapport du R. P. V. de P. Bailly à l'Assemblée générale du 7 fév. 1878, p. 157-160.
SX189: Rapport du R. P. V de P. Bailly à l'Assemblée générale du 8 fév. 1880, p. 183-189.
SX206: Les origines de l'Hospitalité
SX239: Rapport du 6 mars 1887
UC3: Coutumier du service médical de l'Hospitalité de N. -D. de Salut pendant le pèlerinage national à Lourdes
UC11: Procès-verbal de la Réunion du Conseil de l'Hospitalité de N. -D. de Salut du 24 mars 1900
UC56: Répartition des dépenses faites à Lourdes par l'Hospitalité de N. -D. de Salut pour l'année 1883
UD4: Réunion deu Conseil Général des pèlerinages, le 23 novembre 1912. Procès Verval de la réunion, p. 2.
UD104: Rapport sur le Pèlerinage de 1913
UW270: Sr M. -Charlotte, Assomptiade au P. Picard

2 定期刊行物：以下には，本文で参照したものの中から，引用した主要記事のみをあげている。

1) 聖域の刊行物

Annales de Notre-Dame de Lourdes [ANDL]

1868a "Une Guérison", p. 17-27, 33-44.
1868b "Guérison d'un ancien gendarme", p. 49-62.
1869a "Guérison de Mme Marie Lassabe de Montfacon", p. 140-145.
1869b "Gérison instantanée de M. Hanquet à Liège (Belgique)", p. 177-184.
1869c "Chronique à Liège (Belgique)", p. 193-196.
1870a "Ier Pèlerinage de Bordeaux", p. 39-42.
1870b "Une jeune poitrinaire guérie", p. 90-95.
1870c "Guérison d'une migraine", p. 110-117.
1870d "Guérison un jour de Pèlerinage", p. 121ff.
1871a "L'Immaculée Conception au Milieu de nos Epreuves", p. 33-38, 57-62, 105-111.
1871b "Une Manifestation Nationale en l'honneur de Notre-Dame de Lourdes", p. 217-222.
1872a "Guérisons et faveurs diverses attribuées à Notre-Dame de Lourdes", p. 67-72, 110, 129, 137.
1872b "Manifestation de foi et d'espérance de la France envers Notre-Dame de Lourdes", p. 153-171.
1874 "Notre-Dame de Lourdes en Belgique", p. 241-250, 273-284.
1875 "Guérison de Mlle Jeanne-Marie de Fontenay de Varolles, près Autin", p. 47-56.
1879 "Le Pèlerinage National de Notre-Dame de Salut; 3. 500 pèlerins", p. 136-144.
1880 "Notre-Dame de Lourdes en 1880", p. 257-272.
1881 "Comité Hospitalier de Lourdes", p. 134-144.
1885 "Guérison de M. Raymond Petit", p. 50-56.
1886 "L'Hospitalité de Notre-Dame de Lourdes en 1886", p. 171-174.
1889 "La Médecine et le miracle. L'histoire de Lourdes écrite par les médecins", p. 14-20, 35-42.
1889 "L'Hystérie et l'examen médical des guérisons de la Grotte", p. 50-58.
1889 "Etudes médicales sur les guérisons de Lourdes. Hystérie et miracle", p. 103-112.
1891 "M. le Docteur baron Dunot de St-Maclou", p. 117-125.
1898 "Confrérie de l'Hospitalité de Notre-Dame de Lourdes", 268f.
1900 "Les médecins à Lourdes. La Faculté catholique de Lille. - La Société Médicale de St-Luc, St-Cosme, St-Damien. - La clinique de Lourdes.", p. 257-268.

1901 "Lourdes et les médecins. Par le Docteur René Le Fur (de Paris)", p. 290 -300; 1902: 49-58.
1904 "Le Pèlerinage des médecins à Rome, Rapport lu au Congrès des médecins à Rome par le Dr. Hoffman, de Hollande", p. 44-51.
1908 "", p. 366.
1928 "L'Hospitalité de N. -D. de Lourdes érigée en Archiconfrérie", p. 245-248.
1929 "L'Archiconfrérie de l'Hospitalité de N. -D. de Lourdes", p. 245-248
1932 "Réunion des Directeurs de Pèlerinages", p. 224.

Bulletin de l'Association médicale internationale de Lourdes [*BAMIL*]
1938 "Table alphabétique des 'Observations' parues dans le Bulletin Médical", n. 59, p. 62-65.
1968 "Réunion des Médecins-chefs de Pèlerinages. Paris, 4 février 1968. Recrutement des Médecins accompagnant les malades à Lourdes. Rapport du Pr. André Jacquinet, Reims", n. 141-142, p. 3-21.
1972 "Témoignages", n. 159-160, p. 16-22.
1978 "Une enquête sur Lourdes: les enseignements d'un discours écrit", n. 181-182, p. 10-22.
1985 "Lourdes et les malades", n. 209-210, p. 40-51.
1990 "La Procession Eucharistique et les médeins en 1990", n. 231-232, p. 43-51.

Hospitalité Notre-Dame de Lourdes [*HNDL*]
1978 "Charte de l'Hospitalité de Notre-Dame de Lourdes", n. 24, p. 60-65.
1979a "Rencontre Amitié de Versailles 24-25 Février 1979", n. 28, p. 73-79.
1979b "Hospitalité Notre-Dame de Lourdes de l'Oise. Résultats du sondage Lourdes 1979", n. 28, p. 80-84.

Journal de la Grotte de Lourdes [*JGL*] (→ *Lourdes, Journal de la Grotte*)
1895 "Paroles de Zola à un rédacteur du SOIR, 31 août 1895", n. 36, le 8 septembre.
1904 "Liberté des Pèlerinages", n. 15 10 avril.
1946 "A celui qui réclame un miracle", n. 2, le 20 janvier.

Lourdes Magazine [*LM*]
1995 "Side-Espérance-Lumière" n. 43, p. 40f
1996 "Pour la joie des enfants, interview du Dr Strode, fondateur du pèlerinage des enfants handicapés anglophones", n. 54, p. 39f.
1998a "Medecin de pèlerinage. Au service des jeunes bénévoles", n. 68, p. 20f.
1998b "Lourdes, ou '' la féminité créatrice. Entretien avec Bernadette Pecassou-Camebrac" (Propos recueillis par François Vayne), n. 73, p. 26ff.
1998c "Le Pèlerinage, réponse à l'exclusion. Rencontre avec Mireille Dumas, journaliste, réalisatrice de l'emission 'La vie à l'endroit' sur France 2

(chaîne nationale de télévision française)", n. 74, p. 39ff.
1999d "Dossier Spécial. Jean-Pierre Bély: le 66e miraculé de Lourdes", n. 81, p. 13-22.
1999 "La Messe internationale, banquet des peuples", n. 83, p. 53f.
2002 "Des reliques dans les Sanctuaires", n. 112, p. 21.

Recherches sur Lourdes, hier et aujourd'hui [*RSL*]
1964 "Les premiers Pèlerinages paroissiaux: Mémoire du P. Miégeville, M. I. C., sur le premier Pèlerinage de Loubajac (H. -P.)", n. 7, p. 56_59.
1964-65 "Miracles à Lourdes. Le Docteur Alexis Carrel et le cas Marie Bailly", n. 8-11
1965 "Recherches sur les malades à Lourdes. Rapport présenté par Mgr Streiff et Mgr Rodhain", n. 12, p. 137-148.
1966a "Miracles à Lourdes. 《Carrel et Zola devant le miracle à Lourdes》 par M. le Chanoine CASSAGNARD", n. 13, p. 21-24.
1966b "Notre enquête: Recherches sur les malades à Lourdes" n. 14, p. 31-41.
1966c "Recherches sur les malades à lourdes" n. 16, p. 179-184.
1968a "Malades et Hospitaliers devant la souffrance", n. 23, p. 123-131.
1968b, "Le «Sacrement des Malades à Lourdes» Onction Communautaire, par le P. Georges BRISACIER", n. 24, p. 178-186.
1971 "Une recherche sur Lourdes et les malades", supplement 1971: Malades et Hospitaliers, p. 27-29.
1972 "Pastorale de Lourdes", n. 37, p. 20.
1974a "L'Année Sainte à Lourdes. Lourdes et la Réconciliation. Synthèse des Carrefours du 12 février 1974", n, 47, p. 133-143.
1974b "Malades à Lourdes. Quelques témoignages", n. 48, p. 199.
1976 "Douze ans de Pastorale des malades à Lourdes (1963 à 1975)", n. 53, p. 17-22.
1977 "Dossier pastoral", n. 58, p. 107ff.
1978 "Les modèles sociologiques d'attachement à Lourdes. Bilan d'une enquête réalisée par le Centre E. S. T. A.", n. 63, p. 137-145.
1980 "Actes du premier colloque malades_handicapés (19-20 avr. 1980)", n. 71, p. 141-221.
1983 "Carrefours du 10 février", n. 82, p. 108.

2) その他
Amicitia. Revue mensuel [*ARM*]
1926a "Le Don de consolation" janvier, p. 3.
1926b "Le Courrier d'Amicitia" janvier, p. 13.
1926c "Maintenir l'Union avec Jésus dans la souffrance du Corps" avril, p. 3 -5.

1926d "Amicitia à Loursdes" décembre, p. 7-11.
1927 "Le Courrier d'Amicitia" janvier, p. 10.
L'Assomption, Nimes, l'Assomption
　　1878 "Pèlerinage National de Notre-Dame du Salut" n. 17 p. 129ff.
La Croix, Paris, La Maison de la Bonne Presse
La Documentation Catholique, Paris, Bayard Presse
DOLENTIUM HOMINUM (Revue de la Commission Pontificale pour la Pastorale des Services de la Santé), cité du Vatican, n. 1, 1986.
La Maison-Dieu (Cahiers de Pastorale Liturgique), Paris, le Cerf
　　1948 n. 15: La liturgie des malades (Session de Vanves 1948)
　　1973 n. 113: Le Nouveau Rituel des Malades
Ombres et Lumière, Paris, OCH
　　1981 n. 55: Pèlerinage à Lourdes-Pâques 81
　　1991 n. 96: Pèlerinage Foi et Lumière
Le Pèlerin [*LP*], Paris, La Maison de la Bonne Presse
Présences (Revue trimestrielle du "Monde des Malades"), Champrosay-Dravèsl, Prieuré Saint-Jean
　　1958 n. 64
　　1959 Numéro Spécial: Les malades qu'en pense l'Eglise? Pour une théologie de la maladie Pie XII parle de la maladie, l'Eglise et les malades en France
La Revue de Lourdes (→ *Lourdes, revue mensuelle* → *ANDL*)

3　ビデオ

L'Accueil des Pèlerins malades ou handicapés à Lourdes, Lourdes, Sanctuaire Notre-Dame de Lourdes, 1998.
Guérisons et Miracles à Lourdes, La Rochelle, Charnelu vidéo visite, n. 92.
Lourdes, La Rochelle, Charnelu vidéo visite, n. 18.
Miracle à Lourdes, Lourdes, Secours Catholique, 1993.
8e Pèlerinage International Lourdes Cancer Espérance, Lourdes, Philippe CABIDOCHE, 1993.
9e Pèlerinage International Lourdes Cancer Espérance, Lourdes, Philippe CABIDOCHE, 1994.
Pèlerinage du Rosaire 1993: "Ouvrons nos cœurs" avec l'Hospitalité du Rosaire, Blagnac, OREA Productions, 1993.
Pèlerinage du Rosaire 1994: "Apprends-nous à prier", Blagnac, AURA Productions, 1994.
The Power of Love, HCPT & Hosanna House Trust, [s. d.]

4　著　作

L'Affaire de Lourdes. Les réformes dans les hôpitaux. Discours prononcé au

Conseil Communal d'Anvers par le Dr. M. Terwagne, Gand, Société coopérative 《Volksdrukkerij》, Abonnement Germinal, n. 7, 1906.

ALBERTON, Mario, 1978, *Un Sacrement pour les malades dans le contexte actuel de la santé*, Paris, Le Centurion.

ALLIER, Louis, [1949], *Les 4 miracles permanents de Lourdes*, Gard, Jonquières-Saint-Vincent.

ALONSO, J. -M., BILLET, B., BOBRINSKOY, B., LAURENTIN, R., ORAISON, M.., 1973, *Vraies et Fausses Apparitions dans l'Eglise*, Paris, P. Lethielleux.

Amicitia à Lourdes. manuel du pèlerin, Bourges/Paris, Tardy, 1958.

ANDÈS, Pierre, 1994, *L'onction des malades*, Paris, FAC-éditions.

ARTUS, E., 1874, *Les miracles de Lourdes et la presse*, Paris, Victor Palmé.

―――1884, *Histoire complète du défi public à la libre pensée sur les miracles de Notre-Dame de Lourdes*, Paris, Soc. Gén. de Libr. Catholique, V. Palmé.

Association de Notre-Dame de Salut, 1929, *Manuel-Souvenir du Pèlerinage National à Lourdes*, Paris, Au Secrétariat de l'Œuvre.

BACKER, Félix de, 1905, *Lourdes et les médecins*, Paris, A. Maloine.

BARBIER, Jean, 1987, *Pour vous, qu'est-ce que Lourdes?*, Paris, Cariscript.

BAUDOUY, Ernest, 1932, *Le père François Picard, second supérieur général de la congrégation des Augustins de l'Assomption (1831-1903)*, Paris, Maison de la Bonne Presse.

BAUNARD, Louis, 1906, *Philibert Vrau et les œuvres de Lille, 1829-1905*, Paris, Maison de la Bonne Presse.

―――1911, *Les Deux Frères. Cinquante années de l'Action catholique à Lille. Philibert Vrau, Camille Feron-Vrau, 1829-1908*, 2vol., Paris, Maison de la Bonne Presse.

―――1913, *Frédéric Ozanam. D'après sa correspondance*, Paris, Ancienne Librairie Poussielgue.

BEAUDOUX, Georges, 1907, *Lourdes et la Séparation*, Auch, Imprimerie Générale du Gers.

BELIN, Jean-Paul, 1930, *L'Apostolat d'un malade. Louis Peyrot et l'Union Catholique des Malades*, Paris, Spes.

BERTRIN, Georges, 1905, *Lourdes. Apparitions & guérisons*, Lourdes, Imprimerie de la Grotte.

BILLET, Bernard, 1966, "L'Histoire médicale de Lourdes et la faculté catholique de médecine de Lille", in *Ensemble* (Revue de l'Université catholique de Lille), n. 2, p. 87-97.

―――1967, "Pour une histoire des pèlerinages de Lourdes", in *RSL* n. 19, p. 115-123.

―――1969, "Jalons pour une histoire du pèlerinage de Lourdes. Bilan de recherches (Communication au Congrès de l'Association Nationale des Directeurs de Pèlerinages, Poitiers, 21-25 octobre 1968)", in *RSL* n. 28, p. 179-184.

―――1973, "Le fait des apparitions non reconnues par l'Eglise", in ALONSO, BILLET, BOBRINSKOY, LAURENTIN, ORAISON 1973, p. 5-54.

―――1974, "Miracles à Lourdes. Les guérisons miraculeuses de Lourdes et celles de l'Evangile", in *RSL* n. 48, p. 200-218.

―――1977, "Jalons pour une 'histoire médicale' de Lourdes" ("Les vrais miracles de Lourdes", in *Communio* "Guérir et sauver", mai 1977, t. II. n. 3. p. 61-66)

―――1991, "Une étape pour Lourdes, l'Eglise et le monde", in Institut catholique de Toulouse/Sanctuaire Notre-Dame de Lourdes 1991, p. 29-38.

BILLET, Bernard, LAFOURCADE, Pierre, 1981, *Lourdes Pèlerinage*, Paris, Desclée De Brouwer.

BIOT, René, 1928, "Lourdes centre d'instruction clinique" in *BAMIL* n. 3, p. 65-68.

―――1938, *Le corps et l'âme*, Paris, Plon.

―――1958, "Lourdes et le progrès des sciences médicales", in *BAMIL* n. 95, p. 2-8.

ビオ，ルネ，1962,『奇跡：医学者の批判』篠原研三訳　デル・コール.

BLANADET, C., 1961, *Des malades vous parlent...*, Rodez, la Maison du Livre.

ブランキ，ジャン・アドルフ，1849,「リール市とノール県の労働者階級」(河野健二編『資料フランス初期社会主義　二月革命とその思想』平凡社, 1979, p.4-10)

BOISSARIE, Gustave, 1889a, "La Médecine et le miracle. L'histoire de Lourdes écrite par les médecins", in *ANDL*, p. 14-20, 35-42.

―――1889b, "Etudes médicales sur les guérisons de Lourdes. Hystérie et miracle", in *ANDL*, p. 103-112.

―――1889c, "Les miracle et la presse religieuse (1)", in *ANDL*, p. 220-226.

―――1891, *Lourdes, Histoire médicale, de 1858 à 1891*, Paris, Lecoffre.

―――1898, "Notre-Dame de Lourdes et le miracle", in *ANDL*, p. 34-40.

―――1894, *Lourdes depuis 1858 jusqu'à nos jours*, Paris, Sanard et Derangeon.

―――1900a, *Les Grandes guérisons de Lourdes*, Paris, Téqui.

―――1900b, "Les médecins à Lourdes", in *ANDL*, p. 257-268.

―――1909, *L'Œuvre de Lourdes*, Paris, Téqui.

Boissarie, Zola. Conférence du Luxembourg, Paris, Maison de la Bonne Presse, 1895.

BONNEFON, Jean de, 1905, *Lourdes et ses tenanciers*, Paris, Louis Michaud.

BORDES, Joseph, 1992, "Lourdes après Vatican II", in *Etudes Mariales*, p. 29-45.

BOUILLARD, Henri, 1948, "L'idée chrétienne du miracle", in *Cahiers laënnec*, n. 4, p. 25-37.

史料・参考文献　　　525

BURGALASSI, Silvano, 1993, *L'UNITALSI in cammino. Le motivazioni socio-religiose dei pellegrinaggi unitalsiani*, Pisa, Edizioni Ets.
CARREL, Alexis, 1935, *L'Homme, cet inconnu*, Paris, Plon.
――1949, *Le Voyage de Lourdes*, Paris, Plon.
CASSGNARD, J. -M., 1958, *Carrel et Zola devant le miracle à Lourdes*, Lourdes, Editions de la Grotte.
CASTEL, Paul, 1962, *Le P. François Picard et le P. Vincent de Paul Bailly dans les luttes de Presse*, Rome, Maison Généralice Pères de l'Assomption.
CAZENAVE, Laurent, 1976, "Douze années de la Pastorale des Malades à Lourdes. Pourquoi avons-nous été poussés à cette recherche sur la pastorale des malades ?", in *RSL* n. 53, p. 16-22.
Centenaire de la Maison PH. VRAU & Cie, Lille, Société anonyme d'Imprimerie et éditions catholiques, 1919.
Centre Catholique des Médecins Français/Association Médicale Internationale de Lourdes, 1994, *Guérisons et miracles. Rapports du Congrès International de Lourdes, 22, 23 et 24 octobre 1993*, Alençon, Imprimerie Alençonnaise.
CHABANNES, Bernard de, 1946, *Au service des malades*, Dourgne, Abbaye d'en-Calcat.
CHARCOT, Jean-Marie, 1897, *Foi qui guérit*, Paris, Félix Alcan, Bibliothèque Diabolique.
Chez les mal lotis. Comment aborder les malades, Paris, Spés (Collection des 《Brochures bleues》 de l' 《Action Populaire》), 1928.
CHOQUET, [s. d.], *Voyage officiel du Maréchal Pétain, chef de l'Etat français, à Pau, Lourdes, Tarbes, 20 avril 1941*, Lyon, Le Nouvelliste.
Cinquante ans de Brancardage au service des malades de Lourdes, Ed. par l' Association des Brancardiers du Nord, Impr. Helbecque et Dlannoy, 1946.
Conseil pontifical pour la Pastorale des Services de la Santé, 1992, *Journée mondiale du malade. pour la célébrer, comment la célébrer*, Cité du Vatican.
COURTIN, J. -B., 1947, *Lourdes, le domaine de Notre-Dame, de 1858 à 1947*, Rennes, Editions Franciscaines.
COZIAN, Alexandre, 1955, *Lourdes. L'Hospitalité au service de Notre-Dame. Quelques guérisons de malades du Finistère*, Brest, Impr. du "Télégramme".
CROS, Léonard, 1925, *Histoire de Notre-Dame de Lourdes. D'Après les documents et les témoins*, 3vol., Paris, Beauchesne.
DAGENS, Claude, 1991, "Des pauvres en pèlerinage, témoins d'une société différente", in Institut catholique de Toulouse/Sanctuaire Notre-Dame de Lourdes 1991, p. 343-350.
Dans la lumière de Lourdes. La Croisade des Aveugles. 50 ans de pèlerinage 1946-1955, Bourg-lès-Valance, Imprimerie JALIN, 1994.
DE GRANDMAISON DE BRUNO, F., 1912, *Vingt Guérisons à Lourdes dis-*

cutées médicalement, Paris, Gabriel BEAUCHESNE.
DELASSUS, A., 1895, "Au pays du miracle", in *Journal des Sciences Médicales de Lille* n. 42, p. 361-372.
DELOBEL, Em., 1907, *Faut-il fermer Lourdes? Question d'hygiééne politique* (Extrait de la Revue de Lille, déc. 1906), Arras, Sueur-Charuey.
DE SAINT-MACLOU, Georges-Fernand Dunot, 1884, "Guérison de la Sœur Eugénia. Août 1883" in *ANDL*, p. 138-142
―――1889, "L'Hystérie et l'examen médical des guérisons de la Grotte", in *ANDL*, p. 50-58.
DESPRES, Armand, 1886, *Les Sœurs hospitalière. Letters et discours sur la laïcisation des hopitaux*, Paris, C. Lévy.
DULLIER, Bernard, 1993, *Prier à Lourdes avec Bernadette*, Paris, Desclée de Brouwer.
DU MANOIR de JUAYE, Hubert (dir.), 1949-71, *Maria: Etudes sur la Sainte Vierge*, 8vol., Paris, Beauchesne et ses fils.
DUPLEIX, A., 1994, "Théologie du Miracle", in Centre Catholique des Médecins Français/Association Médicale Internationale de Lourdes 1994, p. 91-102.
DUPUY, René, 1998, *Le Pèlerinage Militaire International à Lourdes*, Associaton Diocésaine aux Armées Françaises.
DURKHEIM, Emile, 1988, *Les règles de la méthode sociologique*, Paris, Flammarion. (『社会学的方法の基準』宮島喬訳, 岩波文庫, 1978)
L'Eglise, Corps Mystique. Lettre encyclique de Sa Sainteté Pie XII du 29 juin 1943 (Discours du Pape et chronique Romaine, mensuel suppl. au n. 260, déc. 1971), Rennes Editions St-Michel, [s. d.]
ELOY, J., 1910, *Annuaire de l'Association des Brancardiers et Infirmières Artésiens*, Arras, Iprimerie de la Société du Pas-de-Calais.
Ensemble à Lourdes. Manuel des pèlerins, Paris, Tardy, 1992.
Les Equipes Sociales de Malades. Cours d'Auxilia, Paris, Les Equipes Sociales (6e édition) [s. d.]
ESTIENNE, Yvonne, 1968, *48 Ans Sur La Croix. Jeanne ARCHAMBAULT la ⟨Grande Sœur⟩ d'AMICITIA*, Geval, ed. Marie-Mediatrice.
ESTRADE, Jean Baptiste, 1989, *Les Apparitions de Lourdes. Souvenirs intimes d'un témoin*, Lourdes, Imprimerie de la Grotte.
EYRAUD, François, 1914, *Bagnes de la Douleur*, Paris, Téqui.
FERON-VRAU, Paul, 1904, "Lourdes et le pèlerinage des médecins catholiques à Rome, 5-14 avril 1904", in *ANDL*, p. 196-202.
―――1921, *Quarante ans d'action catholique (1873-1912)*, Paris, Bayard.
Foi et Lumière International, 1971, *Foi et Lumière*, Paris.
Foi et Lumière, Cahier du responsable de communauté, Paris, Association Internationale Foi et Lumière, 1993.

史料・参考文献　　　　　　　　　　　　　527

FOUCHE, Suzanne, 1977, *Souffrance, école de vie*, Paris, L'A. D. A. P. T.
La France à Lourdes. Compte rendu officiel publié par le Comité de la manifestation, Paris, Joseph Albanel, 1873.
Mgr. FRANÇOIS, 1973, *Lève-toi... et marche, La Fraternité Catholique des malades et Handicapés*, Lyon, Impr. BOSC Frères.
GAELL, René, 1932, *Le Cœur de Lourdes*, Paris, Bloud & Gay.
Abbé GARDES, 1901, *Une Journée à Lourdes. Lourdes - ses monuments - son richesses - ses foules - ses fêtes - sa supériorité incontestable - son lien étroit avec la France*, Toulouse, Imprimerie St. -Cyprien.
GIBBONS, John, 1934, *Le Vagabond de Notre-Dame*, Paris, Desclee de Brouwer.
GIVELET, Monique, 1947, *La Belle histoire de l'Union Catholique des Malades*, Paris, éd. de l'Arc.
GOUPIL, G., [s. d.], *Pèlerinage national, avril 1899. 70000 hommes à Lourdes*, Paris, le "Peuple Français" [Journal Quatidien].
GUERIN, Dr., 1949, "Le B. C. M. est-il nécessaire?", in *BAMIL* n. 79, p. 8-10.
GUERIN, Louis, 1897, *Le Jubilé du Pèlerinage National*, Paris, Bonne Presse.
Guide de Tourisme Michelin. Pyrénées, Paris, Pneu Michelin, 1980, p. 122-125.
Hospitalité Information, Lourdes, Imprimerie de la Grotte, 1976.
ユイスマンス，J. K., 1994『ルルドの群集』田辺保訳，国書刊行会．
L'Inauguration de la ligne de chemin de fer Morcenx-Tarbes le 18 Août 1859 d'aprèss des documents de l'époque, Tarbes, Imp. A. Hunault & Fils, 1959.
Institut catholique de Toulouse/Sanctuaire Notre-Dame de Lourdes, 1991, *Lourdes ou l'appel des pauvres. Symposium sur la doctrine sociale de l'Eglise 18-21 avril 1991*, [s. l.], MAME.
JACQUINET, A., 1968, "De quelques problèmes de déontologie posés aux médecins de pèlerinage et hospitaliers", in *BAMIL* n. 149-150, p. 10-30.
JAMES, Constantin, 1880, "Lourdes et ses Miracles", in *ANDL*, p. 249ff.
JEAN-PAUL II, 1984, *Le sens chrétien de la souffrance humaine. Lettre apostolique Salvifici doloris 11 février 1984, présentation de Raymond Michel*, Paris, Le Centurion.
ヨハネ・パウロ二世，1987,『救い主の母』荒井勝三郎訳，カトリック中央協議会．
JOULIA, Henri, 1970, "Pastorale de Lourdes", in *RSL* n. 32, p. 172.
Le Jubilé du Pèlerinage National à Lourdes 1873-1897, Paris, Association de Notre-Dame de Salut, 1897.
Jugement Canonique de Mgr. Gély, Evêque de Mende sur la Guérison miraculeuse de Mlle Marie Botel à Lourdes, les 21-22 Août 1907, Mende, Imprimerie C. Paul, [1911].
LACOSTE, E., [1932], *Le P. François PICARD. Second supérieur général de la Congrégation des Augustins de l'Assomption*, Paris, Maison de la Bonne Presse.

LAMBERT, Pierre, 1994, "Le Miracle aujourd'hui", in Centre Catholique des Médecins Français/Association Médicale Internationale de Lourdes 1994, p. 129-131.

LANVERSIN, Bernard de, 1994, "Action de Dieu, action du médecin", in Centre Catholique des Médecins Français/Association Médicale Internationale de Lourdes 1994, p. 122-128.

LASSERRE, Henri, 1869, *Notre-Dame de Lourdes*, Paris, Victor Palme.

LAURENTIN, René, 1953, *Court traité sur la vierge Marie*, Paris, P. Lethielleux.

――――1955, *Sens de Lourdes*, Paris, Lethielleux.

――――1957-66, *Lourdes: documents authentiques*, 7vol., Paris, P. Lethielleux ［第3巻より BILLET, Bernard と共著］.

――――1960-1964, *Lourdes, histoire authentique*, 6vol., Paris, P. Lethielleux.

――――1977, *Lourdes, pèlerinage pour notre temps*, Lyon, Chalet.

――――1978, *Visage de Bernadette*, 2vol., Paris, P. Lethielleux.

――――1979, *Lourdes. Cartes postales d'hier*, Paris, Editions S. O. S.

LE BEC, Edouard, 1917, *Preuves médicales du Miracle. Etude clinique*, Bourges, Vve Tardy Pigelet et fils.

LESAGE, Robert, [1933], *Le Rituel des Malades*, [s. l.] éditions Publiroc.

LHOTTE, Céline, 1957, *Le Chemin de Croix du grand malade*, Mulhouse, Editions Salvator.

Lourdes 1937 (29 avr. - 3 mars) PN du Tiers-Ordes franciscain, obédience des F. M. Capucins. [s. l.] [s. m.] [1937]

Lourdes. Des apparitions au pèlerinage, [s. l.], MSM, 1994

LUSTIGER, Jean-Marie, 1990, *Le sacrement de l'oncion des malades*, Paris, Cerf.

MANGIAPAN, Théodore, 1986, *Lourdes: Miracles et miraculés. Quand, qui et où!...*, Lourdes, Imprimerie de la Grotte.

――――1994, *Les Guérisons de Lourdes. Etude historique et critique depuis l'origine à nos jours*, Lourdes, Œuvre de la Grotte.

――――1983, "Le Contrôle médical des guérisons de Lourdes", in Centre de Recherches d'Histoire Religieuse et d'Histoire des Idées/Centre Culturel de l'Ouest 1983, p. 143-164.

――――1988, "Quand doit-on parler de miracle?", in *La Croix d'événement*, 25 nov. 1988, p. 17.

Manifestation de la France à Notre-Dame de Lourdes. Les 5, 6, 7 et 8 octobre 1872, Toulouse, Imprimerie Pradel, 1873.

Manuel des journées liturgiques de l'Apostolat des malades, Lyon, impr. des Missions Africains, 1941.

MARTIN, Hippolyte, S. J., 1900, "Le siècle du miracle. Les grandes guérisons (extrait des *Etudes* publiées par des Pères de la Compagnie de Jésus,

numéro du 20 janvier 1901)", in *ANDL* 1900, p. 334-343.
MATHIEU, Marie-Hélène, 1981, *Mieux vaut allumer une lampe que maudire l'obscurité*, Paris, OCH.
―― 1963, *Ils ont le droit de vivre (Cahiers d'Educateurs 2)*, Paris, Editions Fleurus.
ミシュレ，ジュール，1977,『民衆』大野一道訳，みすず書房．
―― 1981,『愛』森井真訳，中央公論社．
―― 1991,『女』大野一道訳，藤原書店．
Les Moines de Solesmes, 1987, *Les personnes handicapées dans l'enseignement des papes*, Introduction par Marie-Hélène Mathieu, Sablé-sur-Sarthe, Solesmes.
MONIQUET, Paulin, 1912, *La Divine histoire de Notre-Dame de Lourdes (1858 -1911)*, Paris, Librairie des Saints-Pères.
南山大学（監修），1986,『第2バチカン公会議公文書全集』サンパウロ．
オコナー，パトリック，1991,『ルルド　わたしは奇跡に出会った―― ジャック・トレイナーが語る』長沢トキ訳，中央出版社．
OLIVIERI, Alphonse, 1970, *Y a-t-il encore des miracles à Lourdes?*, Paris, Lethielleux.
OLLIVON, Bernard, [s. d.], *Dédramatiser le cancer*, Lourdes, Lourdes-Cancer-Espérance.
ORTEMANN, Claude, 1971, *Le sacrement des malades. Histoire et signification*, Paris, Chalet.
―― 1973, "La pastorale des sacrements auprès des malades", in *Maison-Dieu* n. 113, p. 115-132.
Pèlerinage communautés et paroisses de Paris. Lourdes 1992. Livret du pèlerin, Paris, Imp. François-Dominique.
Pèlerinages français. Voyages par trains spéciaux, SNCF, [1974].
PELLISSIER, 1958, "La lettre du Président", in *BAMIL* n. 96, p. 4-9.
PERREYVE, Henri, 1946, *La Journée des malades*, Paris, Pierre Téqui.
PEYROT, Louis, [s. d.], *La belle histoire de l'Union catholique des Malades*, Paris, édition de l'Arc.
PHILIPPART, A., [s. d.], *En train blanc à Lourdes (Souvenir d'un malade)*, Louvain, Imprimerie Nova et Vetera.
PICARD, François, 1879, "Le pèlerinage des malades à Lourdes en 1878", in *Assemblée des catholiques*, Paris, Jules le Clère, p. 249-256.
PIERREBOURG, Patrice de, [1956], *La psychologie du Brancardier de Lourdes*, Paris, Association de N. -D. de Salut
POISSONNIER, D., 1971, "A propos des handicapés mentaux aux pèlerinages à Lourdes", in *BAMIL* n. 163-4, p. 69-74.
POULAIN, Noël, 1971, "L'environnement ecclésial des sacrements à Lourdes. A propos de l'onction collective des malades", in *RSL* supplement 1971, p. 35

-40.

PUNET, Pierre de, 1926 "Le rôle apostolique des malades", in *ARM* octobre 1926, p. 6ff. (Extrait de l'article dans *La Vie Spirituelle*, juillet-août 1926)

RAVIER, André, 1981, *Sainte Bernadette: une vie eucharistique*, Lourdes, Œuvre de la Grotte.

——1991, *Le Corps de Sainte Bernadette. D'après les archives du Couvent Saint-Gildard, du diocèse et de la ville de Nevers*, [s. l.]

RAYNAL, 1973, "A propos d'un Pèlerinage diosésain français...", in *BAMIL* n. 161-2, p. 32-35.

REBSOMEN, André, [1930], *Cinquante ans d'Hospitalité (1880-1930)*, Paris, Spes.

——1931, *La Messe des Malades*, Lourdes, éd. Optima.

——1937, *Souvenir d'un brancardier*, Paris, Alsatia.

ルナン，エルネスト，1997,「国民とは何か」(『国民とは何か』鵜飼哲他訳，河出書房新社，p.42-64)

——2000,『イエスの生涯』忽那錦吾・上村くにこ訳，人文書院．

Rencontrer le Seigneur Jésus, Centre National de Pastorale Liturgique, Lyon, Chalet, 1972.

RETTÉ, Adolphe, 1909, *Un Séjour à Lourdes*, Paris, Librairie Léon Vanier.

Les Rituel des Malades. Prières de la Ste communion en viatique, de l'extrême-onction, de l'indulgence de la bonne mort, de l'assistance des mourants, [Extrait du *Manuel de Préparation à la mort*], Avignon, Aubanel Frères, 1914.

RONDELET, Antonin, 1872, *Album des Pèlerinages à Notre-Dame de Lourdes*, [s. l.]

Le Rosaire. Histoire du Pèlerinage, Toulouse, Edition Fédération Pèlerinage du Rosaire, 1998.

RUFFY, Gaston, 1908, *Les Cadets Normands*, Rouen, Imprimerie G. ROLLAND.

Sanctuaire Notre-Dame de Lourdes. Guide du visiteur et du pèlerin, Lourdes, Œuvre de la Grotte, 1997.

ジークムント，ゲオルク，1986,『ルルドにはまだ奇跡があるのか　奇跡の意義と現実』中村友太郎訳，エンデルレ書店．

Souvenir et livre de N.-D. de Lourdes. Grand Panorama de N.-D. de Lourdes peint par Pierre Carrier-Belleuse, Tarbes, Imprimerie Emile Croharé, [s. d.].

THEAS, Pierre-Marie, 1970, *Dans la Lumière de Vatican II*, Lourdes, Œuvre de la Grotte.

——1973, *Ce que croyait Bernadette*, [s. l.], MAME.

TEILHARD DE CHARDIN, Pierre, 1959, "La signification et la valeur constructive de la souffrance", in *Présences* n. 67, p. 39-42.

TEPPE, Julien, 1935, *Apologie pour l'anormal ou Manifeste du Dolorisme*, Paris, éds. de La Caravelle.
TESTES, 1936, *Vies sacrifiées, vies transfigurées*, Paris, Spés.
テンニエス，フェルディナンド，1957,『ゲマインシャフトとゲゼルシャフト 上・下』杉之原寿一訳，岩波文庫．
TRIVIÈRE, Léon, 1943, *Ma messe de malades*, Fontenay-aux-Roses, L. Bellenand.
VAILHE, Siméon, 1934, *Vie du P. Emmanuel D'Alzon (1810-1880)*, Paris, Bonne Presse.
VALETTE, Alfred, 1958, *Le Grand inconnu du centenaire de Lourdes: le Bureau des constatations médicales*, Paris, Editions Alsatia.
VANIER, Jean, 1995, *L'Histoire de l'Arche*, Québec, Novalis.
Vies sacrifiées, vies transfigurées, Paris, impr. E. Ramlot/Spes, 1936.
VINCENT, Eugène, 1907, *Doit-on fermer Lourdes au nom de l'Hygiène ? Réponse de 2. 350 médecins. Non!* Lyon, Librairie Paquet.
ZOLA, Emile, 1958, *Mes voyages, Lourdes, Rome, journaux inédits présentés et annotés par Renê TERNOIS*, Paris, Fasquelle.
―――1995, *Les trois villes, Lourdes*, Paris, Gallimard.

2 参考文献

1 辞 典

『カトリック教会法典』ハイジ・チヴィスカ訳，有斐閣，1962．
『カトリック新教会法典』日本カトリック司教協議会教会行政法制委員会訳，有斐閣，1992．
Dictionnaire de Spiritualité: ascétique et mystique, doctrine et histoire, VILLER, Marcel (dir.), Paris, Beauchesne, 1937-1995
Dictionnaire de théologie catholique, A. Vacant, E. Mangenot et E. Amenn (dir.), Paris, Letouzey et Ané, 1909-50, 15vol.
Encyclopædia of Religion and Ethics, HASTING, James (ed.), 13vol., New York, T. & T. Clarck 1908-26.
Catholicisme,hier, aujourd'hui, demain, Jacquement (dir.), Paris, Letouzey et Ané, 1948-.
『カトリック大辞典』上智大学（編）富山房，5vol．
『キリスト教百科事典』小林珍雄（編）エンデルレ書店，1960．
『社会学事典』見田宗介・栗原彬・田中義久（編）弘文堂，1998．
New Catholic Encyclopedia, McGraw-Hill Book Company, The Catholic University of America, 1967, 15vol.
Dictionnaire de Biographie française, PREVOST, M. et D'AMAT, Roman, Paris, Librairie Letouzey et Ané, 1954.

『キリスト教神学事典』リチャードソン, A.／ボウデン, J.（編）古屋安雄監修, 佐柳文男訳, 教文館, 1995.
『聖書』新共同訳, 日本聖書協会, 1998.
théo. L'Encyclopédie catholique pour tous, Paris, Droguet & Ardant/Fayard, 1993.

2 著 作

ACKERKNECHT, Erwin H., 1986, La médecine hospitalière à Paris, Paris, Payot (traduit par Françoise Blateau).
AGULHON, Maurice, 1968, Pénitents et Francs-Maçons de l'ancienne Provence, Paris, Fayard.
———1977, Le cercle dans la France Bougeoise 1810-1848. Etude d'une mutation de sociabilité, Paris, Librairie Armand Colin.
———1979, La République au village, Paris, Seuil.
———1990, La République, t. I・II, Paris, Hachette.
アギュロン, モーリス, 1989, 『フランス共和国の肖像 闘うマリアンヌ 1789〜1880』阿河雄二郎・加藤克夫・上垣豊・長倉敏訳, ミネルヴァ書房.
ALBERT, Jean-Pierre, 1992, "Le corps défait. De quelques manières pieuses de se couper en morceaux", in terrain 18/mars 1992, p. 33-45.
アンダーソン, ベネディクト, 1997, 『想像の共同体 ナショナリズムの起源と流行』白石さや・白石隆訳, NTT出版.
アレント, ハンナ, 1972, 『全体主義の起源 2. 帝国主義』大島通義・大島かおり訳, みすず書房.
———1994, 『人間の条件』志水速雄訳, ちくま学芸文庫.
———1995, 『革命について』志水速雄訳, ちくま学芸文庫.
アリエス, フィリップ, 1990, 『死を前にした人間』成瀬駒男訳, みすず書房.
ARNAL, Oscar L., 1985, Ambivalent Alliance. The Catholic Church and the Action Française 1899-1939, Pitsburgh, University of Pitsburgh Press.
オースティン, J. L., 1978, 『言語と行為』坂本百大訳, 大修館書店.
バダンテール, エリザベート, 1998, 『母性という神話』鈴木晶訳, ちくま学芸文庫.
BAKER, Keith Michael (ed.), 1987, The French Revolution and the Creation of Modern Political Culture, vol. 1, The Political Culture of the Ole Regime, Oxford, Pergamon Press.
板東慧・佐武弘章・大谷強・小田兼三・小室豊充, 『福祉経済と社会の理論』勁草書房, 1983.
バルネイ, シルヴィ, 1996, 『マリアの出現』近藤真理訳, せりか書房.
バタイユ, ジョルジュ, 1973, 『呪われた部分』生田耕作訳, 二見書房.
———1985, 『宗教の理論』湯浅博雄訳, 人文書院.
BAUBEROT, Jean, 1990, La laïcité, quel héritage?, Genève, Labor et Fides.

BAUDRY, Patrick, 1991, *Le Corps Extrême. Approche sociologique des conduites à risque*, Paris, L'Harmattan.
BAUMONT, Stéphane (dir.), 1993, *Histoire de Lourdes*, Toulouse, Privat.
バフチーン，ミハイル，1988,『フランソワ・ラブレーの作品と中世・ルネッサンスの民衆文化』川端香男里訳，せりか書房．
ベラー，ロバート・N（他），1991,『心の習慣 アメリカ個人主義のゆくえ』島薗進・中村圭志訳，みすず書房．
―2000,『善い社会』中村圭志訳，みすず書房．
BELMONT, Nicole et LAUTMAN, Françoise (dir.), 1993, *Ethnologie des faits religieux en Europe*, Paris, Editions du C. T. H. S.
BENHABIB, Seyla, 1992, *Situating the Self: gender, community and postmodernism in contemporary ethics*, New York, Routledge.
―2000, *The Reluctant modernism of Hannah Arendt*, Lanham, Rowman & Littlefield Publishers, Inc.
ベンハビブ，セイラ，1997,「一般化された他者と具体的な他者――コールバーグ-ギリガン論争と道徳理論」（ジェイ，マーティン編『ハーバーマスとアメリカ・フランクフルト学派』竹内真澄監訳，青木書店，1997, p.171-213）
―1999,「公共空間のモデル――ハンナ・アレント，自由主義の伝統，ユルゲン・ハーバーマス」（キャルホーン，クレイグ『ハーバーマスと公共圏』山本啓・新田滋訳，未来社，1999, p.69-101.）
―2000,「性差と集団的アイデンティティ――グローバルな新たな配置」長妻由里子訳（『思想』2000.7, n.913, p.59-90）
BERTRAND, Michèle (dir.), 1993 *Pratiques de l a prière dans la France contemporaine*, Paris, Cerf.
ブランショ，モーリス，1984,『明かしえぬ共同体』西谷修訳，朝日出版社．
BOLTANSKI, Luc, 1993, *La Souffrance à distance. Morale humanitaire, médias et politique*, Paris, Métailié.
BORSA, Serge, et MICHEL, Claude-Rene, 1985, *La vie quotidienne des Hopitaux en France au XIXe siecle*, Paris, Hachette.
BOUNAGUIDI-FILIPPI, Corinne, 1987, *Le Contrôle médical des guérisons de Lourdes*, Thèse, Faculté de médecine, Marseille.
ブルデュ，ピエール，1988／1990,『実践感覚1・2』今村仁司・福井憲彦・塚原史・港道隆訳，みすず書房．
BOUTRY, Philippe, 1986, *Prêtres et paroisses au pays du Curé d'Ars*, Paris, Les Edition du Cerf.
―1991a, "Industrialisation et déstructuration de la société rurale", in LE GOFF et REMOND (dir.) 1991, p. 271-292.
―1991b, "Les mutations des croyances", in LE GOFF et REMOND (dir.) 1991, p. 465-510.
BOUTRY, Philippe, et CINQUIN, Michel, 1980, *Deux pèlerinages au XIXe siècle.*

Ars et Paray-le-Monial, Paris, Edetions Beauchesne.
BRAGUE, Rémi, 1980, "Le corps est pour le Seigneur", in *Communio*, n. V, 6, nov. -déc. 1980, p. 4-19.
BRETON, Valentin-M., 1934, *La communion des saints. Histoire-dogme-piêtê*, Paris, Librairie Bloud & Gay.
BROWN, Peter, 1981, *The Cult of the Saints: Its Rise and Function in Latin Christianity*, Chicago, University of Chicago Press,.
BYNUM, Caroline Walker, 1982, *Jesus as Mother. Studies in the Spirituality of the High Middle Ages*, Berkeley, University of California Press.
―――1987, *Holy Feast and Holy Fast. The Religious Significance of Food to Medieval Women*, Berkeley, University of California Press.
―――1992, *Fragmentation and Redemption. Essays on Gender and the Human Body in Medieval Religion*, New York, Zone Books.
―――1995, *The Resurrection of the Body in Western Christianity, 200-1336*, New York, Columbia University Press.
Cahiers Internationaux de Sociologie (Revue publiée avec le concours du C. N. R. S.), vol. XCII, Paris, Presses Universitaires de France, 1992.
CALHOUN, Craig (ed.), 1992, *Habermas and the Public Sphere*, Massachusetts, The MIT Press. (キャルホーン，クレイグ編『ハーバーマスと公共圏』山本啓・新田滋訳，未来社，1999)
カンギレム，ジョルジュ，1987，『正常と病理』滝沢武久訳，法政大学出版局．
CARROLL, Michael P., 1986, *The Cult of the Virgin Mary: Psychological Origins*, Princeton, Princeton University Press.
カサノヴァ，ホセ，1997，『近代世界の公共宗教』津城寛文訳，玉川大学出版部．
CHASE Jr., Richard R., 1992, "Jules Michelet and the Nineteenth-Century Concept of Insanity: A Romantic's Reinterpretation", in *French Historical Studies*, vol. 17-n. 3, spring 1992, p. 725-746.
CHÂTELLIER, Louis, 1993, *La religion des pauvres. Les sources du christianisme moderne XVI-XIXe siècles*, Paris, Aubier.
CHAUCHARD, Paul, 1962, *Notre corps ce mystère*, Paris, Beauchesne.
CHELINI, Jean, BRANTHOMME, Henry, 1982, *Les chemins de Dieu. Histoire des pèlerinages chrétiens des origines à nos jours*, Paris, Hachette (Collection Pluriel).
千葉眞，1994，「愛の概念と政治的なるもの――アーレントと集合的アイデンティティーの構成――」(『思想』1994.10，n.844.，p.5-37)
―――1996，『アーレントと現代 自由の政治とその展望』岩波書店．
CHOLVY, Gérard, 1982, "Bilan historique", in REMOND et POULAT (dir.) 1982., p. 323-334.
―――1991, *La religion en France de la fin du XVIIIe à nos jours*, Paris, Hachette.

CHOLVY, Gérard, HILAIRE, Yves-Marie, 1985-1988, *Histoire religieuse de la France contemporaine*, t. 1-3, Paris, Privat.

CHRISTIAN Jr., William, 1981, *Apparitions in Late Medieval and Renaissance Spain*, Princeton, Princeton University Press.

―― 1996, *Visionaries. The Spanish Republic and the Reign of Christ*, Berkeley, University of California Press.

CHRISTOPHE, Paul, 1995, *Grandes figures sociales du XIXe siècle*, Paris, Desclée de Brouwer.

CLAVERIE, Elisabeth, 1990, "La Vierge, le désordre, la critique", in *Terrain* n. 14, 1990, p. 60-75.

―― 1993, "Le Travail biographique des pèlerins dans les lieux d'apparitions contemporaines de la Vierge", in BELMONT et LAUTMAN (dir.) 1993, p. 329-336.

―― 1995, "Malheur et Grâce. L'Economie d'un pèlerinage: San Damiano", in LAUTMAN, MAÎTRE (dir.) 1995, p. 125-130.

COINTET, Jean-Paul, 1996, *Histoire de Vichy*, Paris, Plon.

コマン，ベルナール，1996,『パノラマの世紀』野村正人訳，筑摩書房．

Conférence des Evêques de France, 1995, *L'Eglise Catholique en France*, Sainte-Maxime, Editions C. I. F.

コルバン，アラン，1993,『時間・欲望・恐怖 歴史学と感覚の人類学』小倉孝誠・野村正人・小倉和子訳，藤原書店．

―― 2000,『レジャーの誕生』渡辺響子訳，藤原書店．

DAHLBERG, Andrea, 1987, *Transcendence of Bodily Suffering: an anthropological study of English Catholics at Lourdes*, Ph. D Theses (DX188476), London University.

―― 1991, "The body as a principle of holism: three pilgrimages to Lourdes", in EADE & SALLNOW (ed.) 1991, p. 30-50.

『第二ヴァチカン公会議 教会憲章 付エキュメニズムについて』日本司教団秘書局訳，中央出版社，1968．

ドゥボール，ギー，1993,『スペクタクルの社会 情報資本主義批判』木下誠訳，平凡社．

DELUMEAU, Jean, 1971, *Le Catholicisme entre Luther et Voltaire*, Paris, Presses Universitaires de France.

1992 *La religion de ma mère. Le rôle des femmes dans la transmission de la foi*, Paris, Cerf.

デンツラー，ゲオルク（編著），1985,『教会と国家』相沢好則監訳，新教出版社．

デュビィ，ジョルジュ／マンドルー，ロベール，1989,『フランス文化史 3』前川貞次郎・鳴岩宗三・島田尚一訳，人文書院．

デュビィ，ジョルジュ／ペロー，ミシェル（監修），1996,『女の歴史Ⅳ 十九世紀 1・2』杉村和子・志賀亮一監訳，藤原書店．

ドゥーデン, バーバラ, 1985, 「身体を歴史的に読み解く──〈健康〉という名のイデオロギー批判」玉野井麻利子訳 (『思想』n.736, 1985.10, p.127-135)
────2001, 『女の皮膚の下 十八世紀のある医師とその患者たち』井上茂子訳, 藤原書店.
DUPRAT, Catherine, 1993, *Le temps des Philanthropes. La philanthropie parisienne des Lumières à la monarchie de Juillet*, tome 1, Paris, Editions du Comité des Travaux historiques et scientifiques.
DUPRONT, Alphonse, 1987, *Du sacré. Croisades et pèlerinages. Images et langages*, Paris, Gallimard.
DUQUESNE, Jacques, 1996, *Les catholiques français sous l'Occupation*, Editions Grasset et Fasquelle.
DUVAL, Yvette, 1988, *Auprès des saints corps et âme. L'inhumation ad sanctos dans la chrétienté d'Orient et d'Occident du IIIe au VIIe siècle*, Paris, Etudes Augustiniennes.
EADE, John, 1991, "Order and power at Lourdes: lay helpers and the organization of a pilgrimage shrine", in EADE & SALLNOW (ed.) 1991, p. 51-76.
EADE, John & SALLNOW, Michael, (ed.), 1991, *Contesting the sacred, the anthropology of christian pilgrimage*, London & NY, Routledge.
エリアス, ノルベルト, 1977, 1978, 『文明化の過程 上・下』波田節夫・溝辺敬一・羽田洋・藤平浩之訳, 法政大学出版局.
────1990, 『死にゆく者の孤独』中居実訳, 法政大学出版局.
────1991, 『参加と距離化』波田節夫/道籏泰三訳, 法政大学出版局.
エリアス, ノルベルト/ダニング, エリック, 1995, 『スポーツと文明化 興奮の探求』大平章訳, 法政大学出版局.
ELSHTAIN, Jean Bethke, 1981, *Public Man, Private Woman. Women in Social and Political Thought*, Princeton, Princeton University Press.
FERGUSON, Harvie, 1992, *Religious Transformation in Western Society. The End of Happiness*, London and New York, Routledge.
フィンケルクロート, アラン, 1995, 『愛の知恵』磯本輝子/中嶋公子訳, 法政大学出版局.
フレス, ジュヌヴィーエーヴ, 1996, 「使命から運命へ 性差の哲学史」(デュビィ/ペロー監修, 1996, p.87-139)
FOUCAULT, Michel, 1977, "La naissance de la médecine sociale", in *Dites et écrits 1954-1988*, t. III, Paris, Editions Gallimard, 1994, p. 207-228.
────1979, "La politique de la santé au XVIIIe siècle", *Dites et écrits 1954-1988*, t. III, p. 725-742. (「健康が語る権力」福井憲彦訳, 桑田・福井・山本編, 1984, p.122-141.)
────1981, "Omnes et singulatim: vers une critique de la raison politique" in *Dites et écrits 1954-1988*, t. IV, p. 134-161.
────1982, "Le sujet et le pouvoir", in *Dites et écrits 1954-1988*, t. IV, p. 222

-243.
フーコー, ミシェル, 1975, 『狂気の歴史 古典主義時代における』田村俶訳, 新潮社.
―― 1977, 『監獄の誕生 監視と処罰』田村俶訳, 新潮社.
―― 1983, 『臨床医学の誕生 医学的まなざしの考古学』神谷美恵子訳, みすず書房.
―― 1990, 「自己のテクノロジー」(フーコー, ミシェル他, 1990, p.15-64.)
フーコー, ミシェル (他), 1990, 『自己のテクノロジー』田村俶・雲和子訳, 岩波書店.
FRANK, Arthur W., 1995, *The Wounded Storyteller. Body, Illness, and Ethics*, Chicago, The University of Chicago Press.
フレイザー, ナンシー, 1999, 「公共圏の再考:既存の民主主義の批判のために」(キャルホーン, 1999, p.117-159.)
藤原保信, 1993, 「公共性の再構築に向けて――思想史の視座から」(『20世紀社会科学のパラダイム』岩波書店, 1993, p.289-318.)
藤原保信・千葉眞 (編), 1990, 『政治思想の現在』早稲田大学出版部.
藤原保信・三島憲一・木前利秋 (編著), 1987, 『ハーバーマスと現代』新評論.
福井憲彦, 1995, 「文化と社会の持続と変貌 第二帝政から第一次世界大戦まで」(柴田・樺山・福井編, 1995, p.163-211)
FURET, François, OZOUF, Mona et collaborateurs, 1992, *Dictionnaire critique de la Révolution Française: Idées*, Paris, Flammarion. (フュレ, フランソワ/オズーフ, モナ『フランス革命事典2』河野健二・阪上孝・富永茂樹監訳, みすず書房, 1995)
GALOT, 1964, "L'Immaculée Conception", in DU MANOIR t. VII, p. 8-116.
GEARY, Patrick J., 1978, *Furta Sacra: Thefts of relics in the central Middle Ages*, Princeton, Princeton University Press.
ジョルジョ, ミケッラ・デ, 1996, 「善きカトリック信女」川口陽子訳 (デュビィ/ペロー 1996, p.274-327)
GIBSON, Ralph, 1989, *A Social History of French Catholicism 1789-1914*, London & NY, Routledge.
ギデンズ, アンソニー, 1993, 『近代とはいかなる時代か?』松尾精文・小幡正敏訳, 而立書房.
―― 1995, 『親密性の変容』松尾精文・松川昭子訳, 而立書房.
GILLIGAN, Carol, 1982, *In a Different Voice*, Cambridge, Harvard University Press.
ギルマン, サンダー・L, 1996, 『病気と表象』本橋哲也訳, ありな書房.
GIURATI, Paolo, PACE, Enzo et LANZI, Gioia, 1993, "La recherche individuelle d'un sens religieux de la vie. Une analyse comparative de l'expérience des pèlerins à Lourdes, Medjugorje et Fatima", in BELMONT et LAUTMAN 1993, p. 337-355.

GOBRY, Ivan, 1997, *Frédéric Ozanam ou la foi opérante*, Paris, Téqui.
GODECHOT, Jacques, 1968, *Les Institutions de la France sous la Révolution et l'Empire*, Paris, Presses Universitaires de France.
ゴデショ, ジャック, 1986, 『反革命 理論と行動1789-1804』平山栄一訳, みすず書房.
GODFRIN, Jacqueline et Philippe, 1965, *Une Centrale de Presse Catholique: La Maison de la Bonne Presse et ses publications*, Paris, Presses Universitaires de France.
ゴディノー, ドミニック, 1996,「自由の娘たちと革命的女性市民たち」(デュビィ／ペロー, 1996, p.33-60)
ゴッフマン, アーヴィング, 1970, 『スティグマの社会学』石黒毅訳, せりか書房 (GOFFMAN, Erving, *Stigmate*, Paris, Les Edetions de minuit, 1963)
――1974, 『行為と演技 日常生活における自己呈示』石黒毅訳, 誠信書房.
――1980, 『集まりの構造 新しい日常行動論を求めて』丸木恵祐・本名信行訳, 誠信書房.
GRUAU, Maurice, 1999, *L'homme rituel. Anthropologie du rituel catholique français*, Paris, Métailié.
GUILLAUME, Pierre, 1990, *Médecins, Eglise et foi*, Paris, Aubier.
GUINLE-LORINET, Sylvaine, 1993, *Pierre-Marie Théas. Un Evêque à la rencontre du XXe siècle*, Tarbes, A. G. M. Archives des Hautes-Pyrénées.
ハーバーマス, ユルゲン, 1994, 『公共性の構造転換』細谷貞雄・山田正行訳, 未来社.
HALBWZCHS, Maurice, 1950, *La Mémoire collective*, Paris, Presses Universitaires de France.
HARRIS, Ruth, 2000, *Lourdes. Body and Spirit in the Secular Age*, Penguin Books.
林信明, 1999, 『フランス社会事業史研究 慈善から博愛へ, 友愛から社会連帯へ』ミネルヴァ書房.
HERTZ, Robert, 1970, *Sociologie religieuse et folklore*, Paris, Presses Universitaires de France.
HERVIEU-LEGER, Danièle, 1993, *La Religion pour mémoire*, Paris, Cerf.
エルズリッシュ, クローディーヌ／ピエレ, ジャニヌ, 1992, 『〈病人〉の誕生』小倉孝誠訳, 藤原書房.
HILAIRE, Yves-Marie, 1988, "Paul Féron-Vrau, directeur de《La Croix》(1900-1914)", in REMOND et POULAT 1988, p. 107-123.
――1998, "Un demi-siècle d'utopies et de réalité paroissiale", in *Communio*, n. XXIII, 7-8 1998, p. 58-70.
Centre de Recherches d'Histoire Religieuse et d'Histoire des Idées/Centre Culturel de l'Ouest, 1983 *Histoire des miracles. Actes de la Sixième Rencontre d'Histoire Religieuse tenue à Fontevraud les 8 et 9 octobre 1982*, Angers,

Presses de l'Université.

星野英紀, 2001, 『四国遍路の宗教学的研究 その構造と近現代の展開』法蔵館.

HUGHES-FREELAND, Felicia (ed.), 1998, *Ritual, Performance, Media*, London and New York, Routledge.

HUNT, Lynn, 1992, *The Family Romance of the French Revolution*, California, University of California Press. (ハント, リン『フランス革命と家族ロマンス』西川長夫・平野千果子・天野知恵子訳, 平凡社, 1999)

ハント, リン, 1989, 『フランス革命の政治文化』松浦義弘訳, 平凡社.

市野川容孝, 2000『身体／生命』岩波書店.

池上俊一, 1992, 『歴史としての身体 ヨーロッパ中世の深層を読む』柏書房.

イリッチ, イヴァン, 1979, 『脱病院化社会 医療の限界』金子嗣郎訳, 晶文社.

JACOB, Pierre, 1973, "Modèles socio-culturels sous-jacents au monde de la santé", in *Maison-Dieu*, n. 113, Cerf, 1973, p. 7-28.

イエディン, フーベルト, 1986, 『公会議史 ニカイアから第二ヴァティカンまで』梅津尚志・出崎澄男訳, 南窓社.

ジェイ, マーティン (編), 1997, 『ハーバーマスとアメリカ・フランクフルト学派』竹内真澄監訳, 青木書店.

JASPER, R. C. D., 「典礼運動」(『キリスト教神学事典』p.451f.)

上智大学中世思想研究所 (編訳／監修), 1991, 『キリスト教史 1-11』講談社.

ジョーダノヴァ, ルドミラ, 2001, 『セクシュアル・ヴィジョン』宇沢美子訳, 白水社.

JOUBERT, Jacques, 1991, *Le Corps sauvé*, Paris, Les Editions du Cerf.

JOULIA, Dominique, 1987, "Les deux puissances: chronique d'une séparation de corps", in BAKER 1987, p. 293-310.

―――1991a, "L'affaiblissement de l'Eglise gallicane", in LE GOFF et REMOND (dir.) 1991, p. 11-50.

―――1991b, "Des indicateurs de longue durée", in LE GOFF et REMOND (dir.) 1991, p. 183-207.

―――1991c, "Jansénisme et《déchristianisation》", in LE GOFF et REMOND (dir.), 1991, p. 249-257.

―――1991d, "Les ferveurs catholiques du XVIIIe siècle", in LE GOFF et REMOND (dir.) 1991, p. 407-415.

金子郁容, 1992, 『ボランティア もうひとつの情報社会』岩波新書.

川田順造 (編), 1995, 『ヨーロッパの基層文化』岩波書店.

河原温, 1999, 「中世ローマ巡礼」(歴史学研究会編 1999, p.94-125.)

河野健二, 1995, 『フランス革命の思想と行動』岩波書店.

河野健二 (編), 1979, 『資料フランス初期社会主義 二月革命とその思想』平凡社.

カントローヴィチ, エルンスト・H., 1992, 『王の二つの身体』小林公訳, 平凡社.

―――1993, 『祖国のために死ぬこと』甚野尚志訳, みすず書房.

北森嘉蔵, 1986, 『神の痛みの神学』講談社学術文庫.

喜安朗，1994，『近代フランス民衆の〈個と共同性〉』平凡社．
クラインマン，アーサー，1996，『病の語り　慢性の病をめぐる臨床人類学』江口重幸・五木田紳・上野豪志訳，誠信書房．
小林亜子，1990，「〈POLICE〉としての〈公教育〉——〈祭典〉のユートピアと〈学校〉のユートピア」（谷川他著，1990，p.197-240)
KRAILSHEIMER, Alban, 1995,「ヤンセン派」（『キリスト教神学事典』p.567)
クレーリー，ジョナサン，1997，『観察者の系譜』遠藤知巳訳，十月社．
KSELMAN, Thomas albert, 1983, *Miracles & Prophecies in Nineteenth-Century France*, New Jersey, Rutgers University Press.
工藤光一，1994，「『国民祭典』と農村世界の政治文化——第二帝政下のシャンパーニュ地方」（『思想』836号，1994.2, p.45-71)
——1998,「祝祭と『国民化』——十九世紀末フランス第三共和政下の共和主義祭典」（『思想』884号，1998.2, p.28-51)
桑田禮彰・福井憲彦・山本哲士（編），1984，『ミシェル・フーコー　1926-1984』新評論．
LACAZE, Auguste, 1995, "La Procession du Saint Sacrement. Ses origines dans l'histoire du pèlerinage de Lourdes", in *LM* n. 44, p. 11-14.
LADOUS, Régis (dir.), 1992, *Médecine humaine, médecine sociale. Le Docteur René Biot (1889-1966) et ses amis*, Paris, Cerf,.
LAFFON, Jean-Baptiste, 1971, *Le Diocèse de Tarbes et Lourdes*, Paris, Letouzey & Ané.
——1984, *Le Monde religieux Bigourdan (1800-1962)*, Lourdes, Œuvre de la Grotte.
LALOUETTE, Jacqueline, 1994, "Charcot au cœur des problèmes religieux de son temps. A propos de "La foi qui guérit"", in *Revue neurologique*, n. 150, p. 511-516.
——1997, *La libre pensée en France 1848-1940*, Paris, Albin Michel.
LAMIRANDE, Emilien, 1963, *The Communion of Saints*, New York, Hawthorn Books (trans. A. Manson).
LANDES, Joan B., 1988, *Women and the Public Sphere in the Age of the French Revolution*, Ithaca, Cornell University Press.
LANGLOIS, Claude, 1984, *La catholicisme au féminin. Les congrégations françaises à supérieure générale au XIXe siècle*, Paris, Cerf.
——1991a, "Indicateurs du XIXe siècle. Pratique pascale et délais de baptême", in LE GOFF et REMOND (dir.) 1991, p. 235-247.
——1991b, "Féminisation du catholicisme", in LE GOFF et REMOND (dir.) 1991, p. 292-309.
——1991c, "Une France duelle? L'espace religieux contemporain", in LE GOFF et REMOND (dir.) 1991, p. 310-329.
LAPLANTINE, François, 1986, *Anthropologie de la maladie. Etude ethnologique*

des systèmes de représentations étiologiques et thérapeutiques dans la société occidentale contemporaine, Paris, Payot.
LATTES, Jean-Michel, 1991, "L'encyclique Rerum Novarum et son influence sur la mise en place de droit du travail au XXe siècle", in Institut catholique de Toulouse/Sanctuaire Notre-Dame de Lourdes 1991, p. 127-142.
LAUTMAN, Françoise et MAITRE, Jacques (dir.), 1995, *Gestions religieuses de la santé*, Paris, L'Harmattan.
LE BRETON, David, 1992 *Anthropologie du corps et modernité*, Paris, Presses Universitaires de France.
―――1994, *Corps et sociétés*, Paris, Méridiens Klincksieck.
―――1995, *Anthropologie de la douleur*, Paris, Métailié.
LEBRUN, François (dir.), 1980, *Histoire des catholiques en France*, Paris, Privat.
レクリヴァン,フィリップ,1996,『イエズス会 世界宣教の旅』鈴木宣明監修,創元社.
ル・ゴフ,ジャック,1988,『煉獄の誕生』渡辺香根夫／内田洋訳,法政大学出版局.
―――1989,『中世の高利貸し』渡辺香根夫訳,法政大学出版局.
LE GOFF, Jacques, et REMOND, René (dir.), 1991, *Histoire de la France religieuse*, t. 3, Paris, Seuil.
LENIAUD, Jean-Michel, 1988, *L'Administration des Cultes pendant la période concordataire*, Paris, Nouvelles Editions Latines.
LEONARD, Jacques, 1978, *La france médicale: médecins et malades au 19e siècle*, Paris, Gallimard.
―――1981, *La médecine entre les pouvoirs et les savoirs*, Paris, Aubier.
―――1986, *Archives du corps, la santé au XIXe siècle*, Ouest-France.
―――1992, *Médecins, malades et société dans la France du XIXe siècle*, Paris, Sciences en situation,.
LECLERCQ, Jacques, 1959, *Christianity and Money*, New York, Hawthorn Books (trans. SMITH, Eric Earnshaw).
LEROUX-HUGON, Véronique, 1992, *Des Saintes laïques. Les infirmières à l'aube de la troisième République*, Paris, Sciences en situation.
レヴィナス,エマニュエル,1993,「無用の苦しみ」(『われわれのあいだで』合田正人・谷口博史訳,法政大学出版局,1993,p.128-144)
LOUX, Françoise, 1990, *Traditions et Soins d'aujourd'hui. Anthropologie du corps et professions de santé*, Paris, Interéd..
ルークス,フランソワーズ,1983,『肉体 伝統社会における慣習と知恵』蔵持不三也／信部保隆訳,マルジュ社.
LUBAC, Henri, 1944, *Corpus mysticum, l'Eucharistie et l'Eglise au Moyen Age*, Paris, Aubier-Montaigne.
MACHEREL, Claude, 1996, "《Corpus Christi》, Cosmos et société", in MOLINIE

(dir.) 1996, p. 47-63.

マフェゾリ，ミシェル，2000，『政治的なものの変貌　部族化／小集団化する世界』古田幸男訳，法政大学出版局．

MALAMOUD, Charles et VERNANT, Jean-Pierre (dir.), 1986, Corps des Dieux, Paris, Gallimard.

MARCHASSON, Yves, 1988, "《La Croix》et le Ralliement", in REMOND et POULAT 1988, p. 69-106.

マーンハム，パトリック，1987，『ルルド　一ジャーナリストが見た現代の聖地』遠山峻征訳，日本教文社．

マルティモール，エメ＝ジョルジュ，1987，『ガリカニスム　フランスにおける国家と教会』朝倉剛・羽賀賢二訳，白水社．

MARTOS, J., 「悔悛」（『キリスト教神学事典』p.85.）

松村一男，1999，『女神の神話学：処女母神の誕生』平凡社．

モース，マルセル，1973・1976，『社会学と人類学　Ⅰ・Ⅱ』有地亨・伊藤昌司・山口俊夫訳，弘文堂．

MAYEUR, Jean-Marie, 1972, "Mgr Dupanloup et Louis Veuillot devant les 《prophéties contemporaines》en 1874", in *Revue d'histoire de la spiritualité*, t. 48, fév. 1972, p. 193-204.

―――1986, *Catholicisme social et démocratie chrétienne. Principes romains, expériences françaises*, Paris, Cerf.

―――1988, "《La Croix》et la République", in REMOND et POULAT 1988, p. 206-214.

MAYEUR, Jean-Marie (dir.), 1975, *L'Histoire Religiuse de la France. 19e-20e siècles. Problèmes et méthodes*, Paris, Edetions Beauchesne.

MCDONAGH, Enda, 「赦し」（『キリスト教神学事典』p.573f.）

メルッチ，アルベルト，1997，『現在に生きる遊牧民　新しい公共空間の創出に向けて』山之内靖・貴堂嘉之・宮崎かすみ訳，岩波書店．

MENSION-RIGAU, Eric, 1994, *Aristocrates et grands bourgeois*, Paris, Plon.

MERCATOR, Paul, 1997, *La fin des paroisses? Recomposition des communautés, aménagement des espaces*, Paris, Desclée de Brouwer.

MERSCH, Emile, 1953, "Communion des saints", in *Dictionnaire de Spiritualité*, t. II-2, Paris, Beauchesne, 1953, p. 1292-1294.

港道隆，1997，『レヴィナス　法―外な思想』講談社．

ミッチェル，W. J. T.，1987，『物語について』海老根宏・原田大介・新妻昭彦・野崎次郎・林完枝・虎岩直子訳，平凡社．

宮島喬，1977，『デュルケム社会理論の研究』東京大学出版会．

―――1987，『デュルケム理論と現代』東京大学出版会．

水林彪，1997，「西欧近現代法史論の再構成」（『法の科学』第26巻，1997，p.84-96）

MOINGT, Joseph, 1986, "Polymorphisme du Corps du Christ", in MALAMOUD et VERNANT (dir.) 1986, p. 47-62.

MOLINIE, Antoinette (dir.), 1996, *Le Corps de Dieu en Fêtes*, Paris, Les Editions du Cerf.

MONROE, Kristen Renwick, 1996, *The Heart of Altruism. Receptions of a Common Humanity*, Princeton, Princeton University Press.

MONSCH, Charles, 1982, "Le Père d'Alzon et les débuts de la Bonne Presse", in REMOND et POULAT 1982, p. 279-297.

―――1988a, "La naissance de 《La Croix》", in REMOND et POULAT 1988, p. 21-34.

―――1988b, "《La Croix》et le nationalisme (1883-1917)", in REMOND et POULAT 1988, p. 215-226.

森明子（編），2004，『ヨーロッパ人類学』新曜社．

森山軍治郎，1996，『ヴァンデ戦争　フランス革命を問い直す』筑摩書房．

モリス，デイヴィド・B.,1998，『痛みの文化史』渡邉勉・鈴木牧彦訳，紀伊國屋書店．

ミュシャンブレッド，ロベール，1992，『近代人の誕生　フランス民衆社会と習俗の文明化』筑摩書房．

MULLIN, Robert Bruce, 1996, *Miracles & the Modern Religious Imagination*, New Haven and London, Yale University Press.

ナンシー，ジャン＝リュック，1985，『無為の共同体』西谷修訳，朝日出版社．

―――1996，『共同－体』大西雅一郎訳，松籟社．

ヌフォンテーヌ，リュック，1996，『フリーメーソン』吉村正和監修，創元社．

根本祐二，1995，『マルチ・エンターテイメント・ビジネス』ダイヤモンド社．

日本組織神学会（編），1990，『身体性の神学』新教出版社．

二宮宏之，1995，『全体を見る目と歴史家たち』平凡社．

―――1990，『深層のヨーロッパ』山川出版社．

―――1995，『結びあうかたち　ソシアビリテ論の射程』山川出版社．

―――（編），1984，『アナール論文選3　医と病』新評論．

NOLAN, Mary Lee & NOLAN, Sidney, 1989, *Christian Pilgrimage in Modern Western Europe*, Chapeo Hill & London, The University of North Carolina Press.

荻野美穂，1993，「身体史の射程　あるいは，何のために身体を語るのか」(『日本史研究』n.366, 1993.2, p.39-63)

小倉孝誠，1995，『19世紀フランス　夢と創造』人文書院．

―――1996，『19世紀フランス　光と闇の空間』人文書院．

―――1997，『19世紀フランス　愛・恐怖・群集』人文書院．

O'MEARA, Kathleen, [n. d.], *Frederic Ozanam, His Life and Works*, New York, Catholic School Book Co.

大村敦志，2002，『フランスの社交と法』有斐閣．

大塚久雄，2000，『共同体の基礎理論』岩波現代文庫．

ウートラム，ドリンダ，1993,『フランス革命と身体　性差・階級・政治文化』高木勇夫訳，平凡社.
OUVY, Guy-Marie, et AUDRY, Bernard, 1980, *Les Congrès Eucharistiques. Lille 1881 - Lourdes 1981*, Solesmes
OZOUF, Mona, 1982, *L'Ecole, l'Eglise et la République 1871-1914*, Editions Cana/Jean Offredo.
――1987, "L'opinion publique", in BAKER (ed.) 1987, p. 419-434.
オズーフ，モナ，1995a,「公共精神」(フュレ／オズーフ　1995, p.943-954.)
――1995b,「友愛」(フュレ／オズーフ　1995, p.1173-1186.)
PACE, Enzo, 1989, "Pilgrimage as Spiritual Journey: An Analysis of Pilgrimage Using the Theory of V. Turner and the Resource Mobilizaion Approach", in *Social Compass*, 36 (2), 1989, p. 229-244.
PARAVY, Gaston, 1988, "《La Croix》et la J. A. C." , in REMOND et POULAT 1988, p. 377-407.
PERRIER, Jacques, 1993, *Porter la communion aux malades*, Paris, Cerf.
PERROT, charles, SOULETIE, Jean-Louis, THÉVENOT, Xavier, 1995, *Les miracles*, Paris, Les Editions de l'Atelier.
ペロー，ミシェル，1996,「家のそとに出る」(デュビィ／ペロー, 1996, p.712-766)
PERRY, Nicholas, & ECHEVERRIA, Loreto, 1988, *Under the Heel of Mary*, London/NY, Routledge.
PHILIPPEAUX, Hélène, DALEN, André van, KAUSZ, Raymond, PATRZYN-SKI, Jean-Frédéric, 1991, *La Souffrance assumée. Le passage de la mort à la vie*, Suresnes, Les Editions de l'Ancre.
PIERA, Jean-François, 1979, *Histoire de la laïcisation des Hôpitaux de l'Ass. Pub. de Paris vue à travers le Progrès Médical de 1873 à 1893*, Thèse pour le doctorat en médecine, Diplome d'état (24, oct. 1979), Faculté de Médecine de Créteil.
PLONGERON, Bernard (dir.), 1976, *La Religion populaire. Approches historiques*, Paris, Editions Beauchesne.
プラマー，ケン，1998,『セクシュアル・ストーリーの時代　語りのポリティクス』桜井厚・好井裕明・小林多寿子訳，新曜社.
POULAT, Emile, 1972, *Les 《Semaines religieuses》. Approche socio-historique et bibliographique des bulletins diocésains français*, Lyon, Collection du Centre d'histoire de catholicisme.
――1987, *Liberté, laïcité. La guerre des deux France et le principe de la modernité*, Paris, Cerf.
PRÉVOTAT, Jacques, 1982, "《La Croix》dans la crise de la condamnation de 《L'Action française》(1926-1927)", in REMONDet POULAT (dir.) 1982, p. 227-247.

RAMBO, Lewis R.,「悔い改め」(『キリスト教神学事典』p.191.)
歴史学研究会（編），1999,『巡礼と民衆信仰』青木書店.
REMOND, René, 1985, *L'Anticléricalisme en France de 1815 à nos jours*, Bruxelles, Editions Complexe.
REMOND, René et POULAT, Emile (dir.), 1982, *Emmanuel d'Alzon dans la société & l'Eglise du XIXe siècle. Colloque d'histoire décembre 1980 sous la direction de René Rémond et d'Emile Poulat*, Paris, Editions du Centurion.
―――1988, *Cent ans d'histoire de La Croix 1883-1983. Colloque sous la direction de René Rémond et d'Emile Poulat mars 1987*, Paris, Centurion.
REVEL, Jacques, 1987, "Les corps et communautés", in BAKER (ed.) 1987, p. 225-242.
リーパ，ヤニク，1993,『女性と狂気』和田ゆりえ・谷川多佳子訳，平凡社.
リクール，ポール，1996,『他者のような自己自身』久米博訳，法政大学出版局.
ロッシュ，ダニエル，1984,「能力・理性・献身　王立医学協会の弔辞による啓蒙時代の医師像（1776-1789）」(二宮他編，1984, p.97-135)
ルドー，ファンシュ／クロワ，アラン／ブルディック，ファンシュ，1996,『天国への道　民衆文化と司祭たち』原聖訳，日本エディタースクール出版部.
RUBIN, Miri, 1991, *Corpus Christi. The Eucharist in Late Medieval Culture*, Cambridge, Cambridge University Press.
　1996 "La Fête-Dieu. Naissance et développement d'une célébration médiévale", in MOLINIE (dir.) 1996, p. 31-46.
RUSHTON, J. Philippe, SORRENTINO, Richard M. (dir.)
―――1981, *Altruism and Helping Behavior. Social Personality, and Developmental perspectives*, New Jersey, Lawrence Erlbaum Associates.
齋藤純一，2000,『公共性』岩波書店.
桜井哲夫，1996,『フーコー　知と権力』講談社.
SALLERON, Louis, 1983, "Le Miracle des Evangiles à Lourdes", in Centre de Recherches d'Histoire Religieuse et d'Histoire des Idées/Centre Culturel de l'Ouest 1983, p. 179-191.
SAVART, Claude, 1985, *Les Catholiques en France au XIXe siècle. Le témoignage du livre religieux*, Paris, Beauchesne.
―――1972, "Cent ans après: les apparitions mariales en France au XIXe siècle: un ensemble?", in *Revue d'histoire de la spiritualité*, t. 48, fév. 1972, p. 205-219.
―――1982, "Le Père d'Alzon et la direcion spirituelle des laïques, d'après sa correspondance", in REMOND et POULAT 1982, p. 259-278.
シヴェルブシュ，ヴォルフガング，1982,『鉄道旅行の歴史　19世紀における空間と時間の工業化』加藤二郎訳，法政大学出版局.
関一敏，1993,『聖母の出現，近代フォーク・カトリシズム考』日本エディタースクール出版部.

関哲行, 1999,「中世のサンティアゴ巡礼と民衆信仰」(歴史学研究会編, 1999, p.126-159)
セネット, リチャード, 1991,『公共性の喪失』北山克彦・高階悟訳, 晶文社.
La Séparation de l'Eglise et de l'Etat, présentée par MAYEUR, Jean-Marie, Julliard (Collection Archives), 1966.
柴田三千雄・樺山紘一・福井憲彦(編), 1995,『フランス史3』山川出版社.
島薗進・鶴岡賀雄(編), 1993,『宗教の言葉 宗教思想研究の新しい地平』大明堂.
SICARD, Germain, 1991, "Le chatholicisme social français et les pauvres au XIXe siècle", in Institut catholique de Toulouse/Sanctuaire Notre-Dame de Lourdes 1991, p. 39-50.
SIGAL, Pierre-André, 1985, *L'homme et le miracle dans la France médiévale (XIe-XIIe siècle)*, Paris, Le Cerf.
スミス, ボニー・G., 1994,『有閑階級の女性たち フランスブルジョア女性の心象世界』法政大学出版局.
Social Compass, vol. 36 (2), Pilgrimage and modernity, 1989.
ソンタグ, スーザン, 1992,『隠喩としての病い/エイズとその隠喩』富山太佳夫訳, みすず書房.
SOETENS, Claude, 1982, "Le Père d'Alzon, les Assomptionnistes et les pèlerinages", in REMOND et POULAT 1982, p. 301-321.
高橋清徳, 1984,「コルポラティスム論の歴史的射程」(外尾健一・広中俊雄・樋口陽一(編)『人権と司法』勁草書房, 1984, p.313-329)
高村学人, 1999,「ナポレオン期における中間団体政策の変容——『ポリスの法制度』の視点から」(『社会科学研究』第50巻第6号, 東京大学社会科学研究所紀要, 1999, p.101-127)
竹沢尚一郎, 1992,『宗教という技法 物語論的アプローチ』勁草書房.
───1997,『共生の技法 宗教・ボランティア・共同体』海鳥社.
───2001,『表象の植民地帝国 近代フランスと人文諸科学』世界思想社.
田中正人, 1990,「『二人の子供のフランス巡歴』とその時代——第三共和政初期の初等教育イデオロギー」(谷川稔他 1990年, p.121-160)
谷川稔, 1983,『フランス社会運動史 アソシアシオンとサンディカリスム』山川出版社.
───1990,「司祭と教師——十九世紀フランス農村の知・モラル・ヘゲモニー」(谷川稔他1990, p.15-52)
───1997,『十字架と三色旗 もう一つの近代フランス』山川出版社.
谷川稔(他)1990,『規範としての文化——文化統合の近代史』平凡社.
立岩真也, 1997,『私的所有論』勁草書房.
───2000,『弱くある自由へ——自己決定・介護・生死の技術』青土社.
寺戸淳子, 1989a,「聖処女から聖母へ:マリア神学の解釈学試論」(『東京大学宗教学年報VI』1989, p.33-47)
───1989b,「マリア授乳図をめぐって——乳を与える母のシンボリズム」『象徴

　　　　図像研究 III』p.99-107.
──── 1994, *La Place des malades au sanctuaire de Lourdes de 1874 à 1977*, Mémoire présenté en vue du D. E. A. de l'E. H. E. S. S.
────1995,「聖地のスペクタクル────ルルドにおける奇蹟・聖体・傷病者」(『宗教研究』69-3, 1995, p.73-97)
────1997,「『患者』からの自由：医師の活動からみたルルド巡礼」(『東京大学宗教学年報 XIV』1997, p.13-26)
────1997,「ルルドの夏と冬────『民間信仰』のメルクマールとしての肉体」(『創文』創文社, n. 391, p. 29-32.)
────2000,「被る人々────宗教の，非暴力の，奇蹟のことば」(栗原彬・小森陽一・佐藤学・吉見俊哉編『越境する知　身体：よみがえる』東京大学出版会, 2000, p.79-104)
────2003,「キリストに依る世界────ルルド巡礼は同時代の問題にいかに応答してきたか」(『宗教研究』77-2, 2003, p.151-175.)
────2004,「開かれゆく参加空間────フランス・ルルド巡礼の世界」(森明子編, 2004, p.66-85)
terrain, n. 14, L'Incroyable et ses preuves, Ministères de la Culture et de la Communicaion, mars 1990; n. 18, Le corps en morceaux, mars 1992.
THURSTON, H., 1920, "Saints and Martyrs (Christian)", in *Encyclopaedia of Religion and Ethics*, vol. XI, p. 51-59.
東京大学社会科学研究所（編），1988,『福祉国家 1　福祉国家の形成』東京大学出版会.
Le Tourisme en France, Paris, Assemblées des Chambres Françaises de Commerce et d'Industrie, 1990.
トリヤ，エティエンヌ，1998,『ヒステリーの歴史』安田一郎・横倉れい訳，青土社.
ターナー，ヴィクター，1976,『儀礼の過程』冨倉光雄訳，思索社.
────1981,『象徴と社会』梶原景昭訳，紀伊國屋書店.
TURNER, Victor & Edith, 1978, *Image and Pilgrimage in christian culture. Anthropological perspectives*, New York, Columbia University Press.
上垣豊，1984,「十九世紀フランスにおける巡礼とカトリシスム」(『西洋史学』CXXXVI, 1984, p.19-33)
VARILLON, François, 1975, *La Souffrance de Dieu*, Paris, Le Centurion.
VAUCHEZ, André, 1981, *La sainteté en Occidnet aux derniers siècles du moyen âge. D'après les procès de canonisation et les documents hagiographiques*, Rome, Ecole Française de Rome.
────1987, *Les laïcs au Moyen Age. Pratiques et expériences religieuses*, Paris, cerf.
ヴェーヌ，ポール（他），1996,『個人について』大谷尚文訳，法政大学出版局.
ヴァンサン-ビュフォー，アンヌ，1994,『涙の歴史』持田明子訳，藤原書店.

ヴォヴェル，ミシェル，1992 『フランス革命と教会』谷川稔・田中正人・天野知恵子・平野千果子訳，人文書院．

WARNER, Marina, 1976, *Alone of All Her Sex. The Myth and the Cult of the Virgin Mary*, London, George Weidenfeld & Nicolson Ltd.

渡辺和行，1990,「科学と『祖国』——十九世紀後半フランスの歴史家とナショナリズム」(谷川稔他，1990, p.161-193)

渡邊昌美，1989,『中世の奇蹟と幻想』岩波新書．

ウォーリン，シェルドン S．, 1983,『西欧政治思想史Ⅱ キリスト教と政治思想』尾形典男・福田歓一・有賀弘訳，福村出版．

WEBER, Eugen, 1985, *L'Action française*, Paris, Hachette/Pluriel (traduit par Michel Chrestien).

索　引

ア　行

アーレント，ハンナ　258, 451, 455-63, 466, 476, 483-91, 495-98, 500, 501, 507, 508
アギュロン，モーリス　202, 203, 250, 492
アクション・フランセーズ　180, 226, 227
〈アミシシア〉　403, 412-18, 421
アルス（の司祭）　84-86, 88, 107, 137, 138, 140, 141, 145, 149, 161, 182
（自己）暗示　310, 313, 314, 330, 331, 346, 348, 385, 386
イエズス会　35-37, 39-43, 46, 54, 103, 144, 145, 150, 159, 253, 334, 342, 380
医学（化・界）　124, 125, 205, 307, 309, 311, 313, 316, 318, 322, 329, 333, 349, 353-60, 365, 372, 376, 385, 458
医学審査局（医局）　5, 6, 14, 29, 67, 80, 168, 169, 244, 307, 308, 315, 324, 326, 327, 329-33, 336, 339-43, 345, 347, 348, 354-56, 360, 372-76, 380-86, 392
医師（団）　30, 57, 118, 125, 158, 244, 269, 289, 296, 307, 310, 311, 313, 314, 316-19, 321, 323, 326, 328, 329, 331, 334-41, 344-55, 357-59, 365, 372, 373, 376, 384, 385, 392, 411, 422, 431, 434, 436, 438, 444, 447-52, 454, 460, 464, 471
カレル，アレクシス　337, 338, 341
シャルコ，ジャン・マルタン　8, 122, 125, 206, 312-15, 330, 331, 346, 386
ド・サン・マクルー，ジョルジュ＝フェルナン・デュノ　326, 327, 329, 330, 332, 337, 358
フロン・ヴロー，カミーユ　222, 227, 317, 335, 336, 338, 339
ボワサリー，ギュスターヴ　205, 309, 326, 330-34, 336-40, 345, 346, 348, 361, 373, 374, 378, 379, 385, 392
モンジャポン，テオドール　329, 352, 354, 360, 380
一人称　366, 370, 371, 383, 387, 389, 402
一元・画一（性・化）　24, 27, 485, 486, 488, 489, 493, 495, 496, 500, 506, 507
イリッチ，イヴァン　356, 357, 414, 433, 458
ヴィシー政府　74, 187
ウートラム，ドリンダ　206, 432
受け取る・受け入れる・授受・受容　19, 53, 54, 89, 153, 194, 206, 207, 300, 303, 371, 380, 381, 383, 388, 389, 391, 395, 397, 399, 401, 405, 423, 433, 434, 441, 442, 463, 464, 473
ヴロー，フィリベール　46, 227, 335
衛生　308, 310, 311, 315, 344-46, 353, 356
〈英国障害児巡礼協会〉（HCPT）　101, 109, 120, 434-37
エリアス，ノルベルト　206, 384, 400, 457-59, 460
オザナム，フレデリック　217-19, 221, 223, 224
オスピタリテ　13, 29, 30, 65, 80, 99, 163, 169, 178-80, 195, 198, 199, 209, 219, 228, 229, 231, 232, 243, 265, 266,

287, 288, 292, 411, 436, 448, 460, 471, 472
オスピタリエ（オスピタリエール）
118, 163, 198, 240, 244, 247, 327, 329, 338, 348-53, 356, 358, 359, 379, 399, 401, 402, 425, 427, 429, 444, 448, 460, 464
〈救いの聖母オスピタリテ〉　233, 235, 242, 244, 245, 247, 248, 254, 257, 266, 267, 269-72, 275, 277, 282, 287, 289, 290, 300
〈ルルドの聖母オスピタリテ〉　12, 264, 267, 271, 272, 274, 293, 297, 300, 327
ボランティア　29, 118, 121, 126, 130, 301, 347
『オスピタリテ五十年史』　233, 263, 275, 280, 282, 283, 286, 288, 289
恩寵　39, 40, 43, 44, 47-54, 57, 62, 115-17, 134, 135, 153, 155, 158, 170-72, 192-95, 239, 257, 265, 319, 322, 327, 329, 334, 363, 367, 370, 380, 381, 400-02, 404, 408, 423, 463-65, 470, 472
恩寵（愛）の授受　53, 54, 171, 193, 195, 211, 212, 237, 238, 243, 264, 266, 269, 298, 381, 395, 399, 426, 427, 430, 447, 465, 470, 473

カ　行

悔悛（和解・告解）　56, 88-91, 93, 94, 99, 138, 140, 188, 194, 237
開／閉（内閉）　71, 206, 207, 302, 384, 385, 389, 398, 400, 403, 457, 466, 472, 481, 486, 487, 496
カテゴリー　13, 92, 120, 148, 221, 229, 268, 408, 420, 422, 444, 448-50, 454
家庭（家族）　74, 201, 202, 204-06, 208, 215, 216, 240, 368, 412, 431, 444, 446-50, 452-54, 466, 477, 484, 491, 498
カトリック・アクション　39, 92, 93,
284, 285, 409, 410, 413, 421, 424
〈カトリック労働者教育事業団〉　220, 253
ガリカニスム　36-38, 191
カルフール　94, 293, 422, 426, 427, 434, 455, 459, 460
「かれら」　199, 214, 219, 220, 250, 269, 282, 299-301, 304, 408, 410, 441, 442, 444, 458, 471, 472
感受性　206, 255, 260, 299, 312, 315, 384, 457, 466
奇蹟的治癒　5, 6, 8, 18, 29, 30, 55, 66-68, 86, 90, 114-16, 118, 119, 131, 146, 149, 150, 152-54, 158, 164, 167, 168, 205, 244, 261, 305-406, 408, 463, 464, 465, 472
犠牲　44, 51, 116, 142, 153, 155, 166, 168, 170, 174, 176, 206, 247-49, 256, 257, 260, 261, 265, 289, 350, 368, 369, 395, 412, 473
帰属・共属（意識）　22, 26, 27, 89, 90, 139, 141, 144, 145, 178, 181-84, 187, 199, 240, 288, 298, 384, 470, 479, 486, 487, 491, 492, 496
教皇　6, 16, 35-39, 41, 54, 57, 60, 61, 73, 108, 135, 136, 142, 161, 177, 191-93, 234, 236, 254, 255, 339, 343, 370
アレクサンデルVII世　49, 50
パウロVI世　437, 438
ピウスIX世　42, 46, 56, 73, 76, 108, 161, 162, 167
ピウスX世　41, 42, 47, 69, 70, 73, 79, 108, 112, 184, 194, 338, 339
ピウスXI世　39, 57, 93, 180, 174, 226, 287
ピウスXII世　76, 79, 192, 413, 424, 478
ヨハネXXIII世　60, 79
ヨハネ・パウロII世　53, 298, 299, 302, 478
レオXIII世　38, 41, 73, 74, 108, 111, 217, 221, 222, 344

索　引　551

共同体（共同性）　9, 16, 29, 31, 41, 45,
　　79, 89-91, 107, 112, 119, 120, 134,
　　138-40, 143, 145, 154, 155, 161, 171-
　　73, 175, 176, 181-85, 191, 192, 194,
　　199, 235, 237, 238, 250, 251, 265, 269,
　　299, 301, 322, 328, 367, 408, 415, 420,
　　425, 430-33, 460, 467, 470, 473-76,
　　484-88, 491-97, 499, 507
共同行為　22, 26, 29, 30, 102, 452,
　　454, 455, 465, 470, 475, 492
クゼルマン, トマス・A.　16-19, 24,
　　58, 108, 141, 173, 396-98
具体（的・性）　23, 124, 129, 131, 297,
　　358, 404, 466, 489, 501-03, 505, 506,
　　508
苦しみ（意味・価値）　107, 137, 154,
　　155, 168-70, 174, 176, 193, 195, 258,
　　260-62, 298, 299, 389, 395, 403, 404,
　　413, 415, 424, 429, 455, 458, 461-66,
　　473, 478, 500, 508
　苦しみの捧げもの　29, 30, 163, 169,
　　171, 172, 185, 237, 290, 320, 399, 403,
　　408, 411, 412, 414, 416, 417, 425, 426,
　　434, 442, 452, 455, 461, 466, 470
傾聴・対話　93, 99, 123, 124, 130,
　　451, 452, 455, 465, 493
経済的関係　31, 202, 212, 215, 216,
　　239, 266, 269, 303, 317, 318, 358, 359,
　　432, 435, 456, 458, 466, 471, 497, 498
原因―結果（因果）　31, 385, 390-92,
　　404, 458
献身　206, 247, 256, 257, 279, 328,
　　379, 471
見物（人）・観客　5, 106, 120, 121,
　　124, 125, 129, 189, 445, 504
権利・人権　211, 212, 214, 299, 301,
　　345, 346, 350, 356, 357, 392, 455, 460
公（的）／私（的）　23, 24, 31, 40, 89-
　　91, 94, 104, 120, 127, 151, 156, 157,
　　165, 185, 201, 202, 204, 208, 209, 216,
　　244, 262, 269, 299, 302, 336, 430, 433,
　　444, 447-50, 455-62, 464, 466, 467,
　　472, 473, 479-509
公開（性・空間）　30, 91, 92, 105,
　　106, 108, 262, 315, 329, 332, 368, 373,
　　433, 449, 450, 458, 474, 475, 487, 496,
　　500
公共（性）　29, 109, 121, 144, 150,
　　163, 187, 202-05, 310, 311, 316, 317,
　　319, 339, 346, 347, 359, 361, 371, 373,
　　401, 460, 481
公共宗教　202, 203, 221, 432, 456,
　　472, 480, 496
公論　411, 412, 467
広報室　12, 14, 68, 375, 380, 440
国際聖体大会　46, 79, 339
〈国際軍人巡礼〉　88, 109, 188, 476, 477
国民祭典　181, 185
個人／集団　18, 19, 21, 66, 89, 99, 106,
　　112, 113, 117, 358, 359, 430, 448-51
ゴッフマン, アーヴィング　20, 26,
　　298, 445, 446, 492
コミュニケーション　124, 445, 448-
　　50, 452, 454, 455, 462, 464, 465
コミュナリスム　182-84

サ　行

差異／同質　486, 507, 508
サマリア人　219, 283, 284, 297, 299,
　　302, 353, 478
参加・誓い（engagement）　239, 293
死　50-52, 250, 258-60, 262, 280, 327,
　　335, 428, 430, 432, 433, 447, 457-61,
　　466, 472, 493-95, 506, 507
　死者　86, 203, 227, 237, 238, 243,
　　251, 422, 452, 461, 493, 494
自我・自己　30, 53, 89, 206, 393, 394,
　　396, 397, 451, 499, 501, 502
　自己放棄　247, 248, 256, 261, 279,
　　405, 412
　自分を忘れる　368, 415, 424, 453
慈善　174, 208-11, 217, 218, 231, 257,
　　258, 264, 274, 300, 301, 310, 311, 317

資本主義　31, 95, 123, 169, 217, 238, 239, 311, 357, 362, 364
社会参加・統合　17, 18, 119, 173, 420, 424, 442, 478
社会的身分・地位　90, 210, 252, 257, 263, 279, 300, 331, 347, 351, 396, 471, 476, 477
ジャンセニスム　39, 40, 49, 54
(不)自由　37, 39, 40, 52, 54, 143, 182, 200-03, 206, 214, 295, 346, 357, 358, 382, 392, 404, 405, 446, 456, 460, 462, 463, 470, 480, 481, 485, 489, 493-95, 497, 506-08
終油の秘跡　79, 254, 327, 328, 381, 419, 428
『十字架』　160, 180, 224, 225, 226, 314, 344, 421, 429
十字架(受難)　43, 44, 51, 62, 71, 78, 87, 113, 115-17, 134, 155, 170-72, 174, 237, 249, 395, 414, 430, 431, 447, 461
十字架の道　78, 79, 85-88, 96, 99, 109, 113, 118, 120, 138, 189, 414, 452, 461
主権　191, 201, 207, 269, 302, 400, 466
主体　127, 451, 482, 483, 491, 493, 496, 497
受動(的・性)　52, 123, 125, 127, 193, 302, 304, 451, 505, 508
受肉　18, 41, 44, 54, 394
『巡礼者』　160, 224, 225, 227, 231-33, 263, 421
障害児(イメージ)　408, 409, 434, 436, 441, 442
証言・証人　31, 352, 361, 367, 371, 372, 380, 381, 390, 391, 402, 422, 424, 425, 430, 431, 446, 447, 451, 452, 454
傷病者巡礼　146, 155, 159, 162, 164, 165, 168, 169, 174, 175, 176, 179, 189, 195, 198, 229-31, 244, 274, 286, 287, 291, 299, 304, 322, 325, 357, 408, 419, 420, 449, 460, 465, 466, 470-72, 474, 475

傷病者の祝日　80, 195, 478
傷病者の塗油の秘跡　43, 79, 99, 101, 194, 416, 419, 428-34, 436, 437, 439, 452, 453, 455, 460, 465
傷病者ミサ　80, 291, 417, 418
贖宥　42, 47, 69, 161, 162, 234-39, 243, 264, 271, 286, 287
女性(イメージ)　15, 17, 53, 124, 157, 160, 170, 203-07, 216, 312, 384, 385, 397, 503
諸聖人の通功　23, 29, 171, 172, 176, 193, 219, 237, 238, 265, 269, 282, 283, 350, 395, 400, 411, 415, 416, 422, 427
所有・私有　264, 461, 480, 484-86, 489, 496, 497, 508, 509
自律(性)　368, 472, 482, 487
〈信仰と光〉　120, 437, 474, 478
審査(医学・治癒)　307, 320, 324, 326, 329, 332, 333, 339, 341, 342, 347, 350, 353, 380, 381, 383
信心会　136, 137, 140-42, 145, 148, 202, 203, 227, 250, 262, 271, 286, 287, 292, 300, 411, 467
身体観(心身一元論・二元論)　24, 116, 302, 384, 385, 394-96, 400, 494-97, 501
身体(栄光・祝福)　49-55, 115, 116, 131
身体(経験)　399, 400, 489, 506-08
神秘的肢体　29, 90, 172, 185, 190, 191, 192, 194, 207, 283, 302, 400
親密(性・圏)　71, 73, 80, 104-06, 112, 262, 450, 451, 474, 482, 489, 490, 491, 493, 495-99, 504
〈スクール・カトリック〉　83, 188, 414
〈救いの聖母協会〉　159-64, 167, 168, 171, 173-79, 224, 225, 231, 233-36, 242, 245, 264, 411
スティグマ　445, 446, 450, 454, 455, 466
スペクタクル(見せ物)　5, 29, 30, 65, 66, 77, 78, 82, 93, 98, 101, 104, 106,

索引　　　　　　　　　553

　　　117-19, 121-32, 166, 219, 268, 295,
　　　296, 315, 320, 336, 337, 356, 436, 444-
　　　46, 454, 455, 463, 505
聖域機関誌
　『ルドル研究』　25, 92, 148, 188, 293,
　　　337, 425-27, 446, 454
　ルドル国際医学協会機関誌　177,
　　　341, 342, 350, 351, 355, 361, 381, 439
　『ルドル新聞』　68, 168, 172, 187,
　　　228, 309, 361, 362, 374, 375, 379,
　　　380, 387
　『ルドルの聖母』　25, 68, 128, 129,
　　　146, 147, 149-53, 155-59, 163-66,
　　　170, 175, 180, 183, 229, 231, 233, 257,
　　　258, 271, 272, 279, 280, 287, 288, 307,
　　　309, 321-23, 326, 327, 329-33, 335-
　　　40, 347, 348, 358, 361, 362, 365-74,
　　　379
　Lourdes Magazine　6, 9, 68, 353,
　　　382, 383, 436, 445, 460
聖遺物　45, 71, 72, 74, 79, 106, 115,
　　　134, 135, 186
聖ヴァンサン・ド・ポール　69, 112,
　　　140, 209, 210, 218, 224, 317
〈聖ヴァンサン・ド・ポール会〉　70,
　　　148, 162, 217, 218, 220, 221, 223, 224,
　　　227, 250, 253, 254, 264, 282, 283, 290,
　　　410
政教分離　9, 12, 37, 74, 183, 209, 317,
　　　339, 344, 345
（非）生産（性）　30, 97, 204, 268, 269,
　　　303, 353, 357-59, 429, 432, 434, 438,
　　　439, 460, 466, 471, 472, 476
聖心　42, 46, 84, 86, 107, 142, 144
聖人（列聖）　72, 114, 116, 134, 135,
　　　170, 171, 320, 333, 381
聖職者民事基本法　138, 139, 177
聖体　41-47, 54, 76, 80, 81, 106, 113-
　　　15, 117, 137, 170, 192, 194, 340
　聖体行列　45, 63, 65, 66, 75-78, 103,
　　　109, 118-20, 289, 340, 351, 378, 421,
　　　422, 427, 445, 477

聖体顕示　45-47, 71, 289, 378
聖体拝領　40, 41, 44-47, 69, 112,
　　　113, 140, 166, 194, 254, 263, 327, 328,
　　　372, 377, 382, 400, 417, 430
聖テレーズ　86, 186
〈聖フランシスコ会第三会〉　221, 222,
　　　253, 254
〈聖ルカ協会〉（フランス・カトリック医
　師協会）　334-38, 345
〈全国巡礼〉　5, 6, 65, 81, 109, 146, 147,
　　　159-68, 170, 172, 174-80, 190, 226-
　　　31, 233, 241, 242, 244-46, 248, 250,
　　　252, 255, 258, 270, 281, 283, 285, 321-
　　　28, 331, 332, 347, 349, 371, 375, 376,
　　　377, 379, 384, 411, 413, 421, 476
全体・完全（性）　17, 18, 30, 315, 393-
　　　98, 401-03
疎外　18, 124, 125, 127, 173, 360, 393,
　　　396, 397
ソシアビリテ　491, 492
ゾラ、エミール　8, 9, 34, 65, 66, 68,
　　　79, 97, 114, 130, 228, 314, 332, 333,
　　　346, 378, 386, 387
ソンタグ、スーザン　167, 446

　　　　　　タ　行

ターナー、ヴィクター　17, 22-25, 34,
　　　120, 396, 498
ダールバーグ、アンドレア　17, 23-
　　　25, 52, 115, 116, 394, 395, 396, 399,
　　　400
体験談　94, 119, 352, 422, 424, 425, 492
第二ヴァチカン公会議　25, 52, 79, 91,
　　　93, 193, 194, 293, 419, 425, 428, 433
他者　24, 89, 104, 126, 275, 295, 297,
　　　298, 302, 303, 377-79, 402-05, 416,
　　　446, 448, 451-456, 463-66, 472, 493,
　　　501-03
　他者の発見　425, 426, 428, 455
　他（者）性　301, 462-66, 473, 507,
　　　508

554　　　　　　　　　索　引

立場　　92, 120, 125-27, 154, 239, 244,
　　296, 300, 329, 353, 391, 392, 444,
　　448-50, 462, 475, 477, 488, 496, 501-
　　06, 509
タルブ（・ルルド）司教　　7, 60, 147,
　　153, 186-88, 284, 285, 287, 318, 319,
　　334, 338, 341, 428, 438
男女イメージ　　23, 31, 204, 206-09,
　　211, 218, 239, 240, 252, 255, 256, 258-
　　64, 269, 272, 280, 281, 289, 299, 302,
　　456, 498, 501
紐帯　　192, 195, 199, 200, 203, 208, 213,
　　215-20, 233, 250, 264, 269, 274, 281,
　　282, 290, 299, 300, 317, 396, 471, 472,
　　479, 507
中間団体（コルポラティスム）　　200-
　　02, 217, 221, 255, 299
ディスポニーブル（ディスポニビリテ）
　　291-99, 301- 04, 353, 416, 425, 428,
　　440, 454, 461, 463-66, 471, 473-75,
　　477, 478, 500
デュルケム, エミール　　215, 239, 497
テンニエス, フェルディナンド　　207-
　　09, 215, 238, 258, 282
（非）同一性　　90, 390, 391, 398, 399,
　　404, 405, 472, 489
討議　　112, 447-51, 454-56, 458, 459,
　　465, 466, 472, 480, 481, 483, 490
トリエント公会議　　33, 35, 39, 136,
　　140, 321, 373

　　　　　　　　ナ　行

肉（体）　　43, 44, 54, 71, 76, 130, 131,
　　297, 400, 434, 456, 460, 466, 498
　肉体的苦痛（苦しむ肉体・肉体の苦し
　　み）　　23-25, 29, 115, 121, 123, 130,
　　131, 134, 170, 172, 355, 356, 455-61,
　　472, 473, 489, 496, 505
　肉体労働　　29, 257, 258, 265, 267-69,
　　279, 280, 471, 472
ヌヴェール　　7, 58, 72, 95, 114

ネットワーク　　16, 41, 135, 141, 142,
　　145, 151, 156, 160, 169, 184, 270, 286,
　　287, 300, 337, 411, 412, 417, 421, 424,
　　474
ノブレス・オブリージュ　　210, 218,
　　219, 233, 250, 255, 258, 263, 297, 300,
　　302, 303, 354, 471, 500

　　　　　　　　ハ　行

ハーバーマス, ユルゲン　　480-83,
　　486-93, 495, 498, 503
パースペクティブ　　502-07
バイイー, エマニュエル・ジョゼフ
　　218, 223, 224
排除　　9, 119, 333, 380, 442, 459, 472,
　　474, 475, 477, 483, 486, 488, 489, 495,
　　496, 498, 499
配慮　　255, 358, 416, 485, 490, 501,
　　503, 504, 506
発言・発話　　409, 444, 446-52, 454
パリ　　4, 96-98, 100, 102, 118, 119, 122,
　　140-42, 159, 162, 163, 165, 210, 223,
　　224, 231, 241-43, 312, 315-17, 324,
　　333, 336, 348, 428, 433
パレ・ル・モニアル　　46, 84, 85, 128,
　　142, 144, 145, 155, 156, 162
万国ミサ　　79, 99, 445
ビエ神父　　178, 190, 306, 307, 321,
　　333, 335, 342, 380, 381, 402, 404, 465
被昇天会　　159, 161-63, 165, 168, 169,
　　172, 174, 176-79, 222, 224, 226-29,
　　234, 242, 245, 251, 322, 324, 326, 331,
　　376, 331, 377
　ヴァンサン・ド・ポール・バイイー神
　　父　　159, 160, 164, 167-69, 171,
　　173, 224- 27
　エマニュエル・バイイー神父　　168,
　　177, 226, 234, 247-50, 256, 270
　エマニュエル・ダルゾン神父　　159,
　　160, 172, 207, 224, 225
　フランソワ・ピカール神父　　159,

　　　　　162, 163, 165, 170, 179, 231, 244, 270
ヒステリー　　　122, 206, 308, 311-15,
　　329-32, 384, 385, 398
平等（対等）・不平等　120, 143, 200-
　　14, 238, 240, 299, 300, 353, 359, 481,
　　488, 504, 506
フーコー，ミシェル　　89, 90, 93, 346,
　　354-58, 493
福祉　　211-13, 254, 301, 302, 310, 471
〈不幸な者の祭典〉　　213, 215, 254
復活　　18, 50, 51, 55, 57, 87, 115, 149,
　　362
フランス革命　　84, 85, 107, 138, 141-
　　45, 155, 160, 182, 184, 191, 192, 199,
　　203, 204, 206, 213, 214, 317, 470
〈フランス・カトリック青年同盟〉
　　217, 220, 222, 227, 284
フランスの救い（過去・現在・未来）
　　84-86, 107, 108, 142-45, 158, 160,
　　163, 167, 168, 170, 171, 173-76, 185,
　　186, 190, 195, 287, 377, 470
フリー・メイソン　　15, 108, 183, 203,
　　213, 214, 221, 225, 334, 335
フロン・ヴロー，ポール　　225, 226
ベルナデット　　4, 5, 7, 8, 14, 23, 55, 56,
　　58, 59, 61, 63, 70-74, 80, 82, 83, 86,
　　94, 95, 101, 106, 110-17, 122, 131,
　　145, 318, 319
ベルギー　　11, 14, 44, 67, 188, 271,
　　285, 286, 309, 348, 353, 418, 437
報告書・証明書　　361, 365, 369, 371-
　　374, 376, 387, 390-92
〈ポリオ巡礼〉　　120, 436

マ・ヤ　行

貧しさ（貧窮者・貧者）　　69, 70, 82-
　　84, 95, 110-13, 130, 131, 167, 174,
　　188, 209-11, 218, 226, 230, 232, 233,
　　249, 266, 299, 300, 303, 327, 354, 358,
　　377, 508, 509
マリア（聖母・聖処女）　　4, 12, 35, 41-
　　43, 47-56, 60, 63, 71, 106, 113, 115,
　　133, 136, 142, 156, 173, 194, 302, 394,
　　412
　聖母出現　　4, 5, 7, 17-19, 42, 55-58,
　　73, 76, 80, 96, 105, 108, 117, 131, 146,
　　178, 318-21, 339
　聖母の戴冠　　76, 141, 161
　聖母被昇天　　42, 47, 50, 51, 53, 117,
　　140, 193
　マリアの従順　　47, 52, 54, 117, 249,
　　473
　無原罪　　12, 38, 42, 43, 47-50, 52-54,
　　56, 57, 71, 73, 113, 115-17, 131, 140,
　　141, 145, 155, 158, 167, 338, 394
マルタ騎士修道会　　109, 230, 231,
　　233, 247, 476, 477
ミシュレ，ジュール　　170, 214, 313
〈御旗巡礼〉　　73, 128, 156, 157, 163,
　　167, 170
見る／見られる　　19, 46, 66, 80, 106,
　　118, 119, 123-27, 129, 295, 296, 340,
　　355, 356, 504-06
メディア　　5, 9, 129, 145, 222-24, 306,
　　343, 375, 504
　絵葉書　　59, 101, 110, 121, 129, 374
　新聞　　5, 164, 223, 224
　司教区広報　　144, 145, 150, 327, 328,
　　361, 373
　テレビ　　6, 9, 129, 443
　ラジオ　　425, 433
〈盲人十字軍〉　　109, 120, 404, 421, 427,
　　440
沐浴（場）　　5, 27, 62, 65, 66, 99, 106,
　　130, 131, 241-43, 246, 267, 279-81,
　　310, 344, 347-49, 351, 352, 377, 379
物語（物語る）　　19, 22, 28, 58, 143,
　　149, 153, 185, 321, 349, 361-75, 377,
　　379, 380, 383, 387-91, 401, 402, 447-
　　52, 492-95, 506
唯一性　　484, 485, 488, 495, 508
ユイスマンス，ヨリス―カール　　3, 8,
　　10, 25, 33, 34, 64-66, 87, 98, 99, 103,

104, 118, 119, 121, 126, 127, 129, 130, 133, 140, 166, 168, 197, 228, 281, 294, 305, 403, 407, 463, 469
友愛　120, 212-14, 216, 275, 299, 317, 408, 412
弱さ（脆弱）　89, 193, 195, 207, 213, 297, 472, 493, 494, 506, 507

ラ・ワ 行

ラ・サレット　6, 33, 34, 42, 142, 161, 162
ラセール，アンリ　7, 9, 34, 82, 111, 151, 324, 362
リール　46, 179, 226, 285, 418
リール・カトリック大学　326, 329, 335, 336, 338, 345, 349
隣人愛　9, 211, 213, 216, 237-39, 243, 264, 471, 485
ルール　22, 25-28, 34, 273, 274, 298, 300, 354, 359, 360, 399, 404, 405, 428, 459, 460, 463, 471, 473, 475, 478, 492
ルソー，ジャン・ジャック　207, 491, 493
ルブゾーマン，アンドレ　231, 418, 277, 282, 283, 287, 289, 295, 505
〈ルルドー癌―希望〉　109, 120, 401, 402, 409, 422, 434, 443-67, 474, 493
ルルド国際会議　381, 404, 405
ルルドの日　180, 288, 291, 411, 413, 418
Rerum Novarum　111, 217, 221, 228, 303
（非）連続性　365, 383, 385-87, 390, 493
連帯　9, 189, 200, 202, 213, 237, 238, 275, 287, 300, 302, 303, 411, 416, 432, 439, 476, 490, 491, 493, 495, 496, 507
ロウソク行列　60-63, 75-78, 99, 101, 144, 165, 445
労働（者・組合・問題）　123, 149, 160, 173, 174, 187, 201-03, 212, 216, 217, 219-23, 225-28, 233, 257, 258, 263, 290, 311, 357, 358, 368, 377, 420, 456
ローランタン神父　7, 12, 79, 306, 380, 381
ロザリオの祈り　42, 56, 62-65, 73, 74, 99, 100, 106, 113, 150, 157, 163, 165, 265, 275, 290, 372, 377, 418, 425, 427, 471
〈ロザリオ巡礼〉　78, 87, 104, 109, 147, 189, 414, 425
分かつ（分離・分断）　90, 123-25, 127, 174, 210, 220, 230, 365, 385-90, 396, 398, 404, 439, 459, 485, 496, 507, 508
「わたし」　275, 299, 302, 303, 371, 372, 389-91, 398, 399, 403, 405, 441, 451-55, 457, 463, 465, 472, 473, 489, 492, 493
「わたしたち」　25, 29, 30, 102, 127, 135, 172, 173, 185, 190, 192, 195, 199, 214, 219, 220, 229, 233, 250, 251, 264, 269, 272-74, 276, 281-84, 298-301, 304, 408, 410, 416, 428, 441, 442, 444, 452, 454, 455, 458, 470-75, 478, 491, 496, 500

寺戸 淳子（てらど・じゅんこ）
1962 年生まれ．東京大学大学院（宗教学）博士課程満期退学．現在，青山学院大学，宇都宮大学，聖心女子大学，専修大学非常勤講師．文学博士
〔主要業績〕「被る人々」(『越境する知 2』東京大学出版会，2000 年)，「キリストに依る世界」(日本宗教学会『宗教研究』77-2，2003 年)，「開かれゆく参加空間」(『ヨーロッパ人類学』新曜社，2004 年)

〔ルルド傷病者巡礼の世界〕　　　　　　ISBN4-901654-67-5

2006 年 2 月 25 日　第 1 刷印刷
2006 年 2 月 28 日　第 1 刷発行

著　者　　寺　戸　淳　子
発行者　　小　山　光　夫
印刷者　　向　井　哲　男

発行所　〒 113-0033 東京都文京区本郷 1-13-2　　株式会社　知泉書館
　　　　電話 03(3814)6161 振替 00120-6-117170
　　　　http://www.chisen.co.jp

Printed in Japan　　　　　　　　　　　　印刷・製本／藤原印刷